제2판

Tourism Service Management

관광 서비스 기업의 미래 경영전략 수립에 유용한 정보 제시

관광 서비스 경영론

김병용 저

(주)백산출판사

제2판 머리말

우선 지난 1년 동안 저자가 저술한 관광 서비스 경영론을 대학교 교재로 활용해 주신 많은 교수님께 감사드린다. 저술 활동에 고생했다고 격려해 주신 것이 엊그제 같은데 벌써 일 년이라는 시간이 흘렀다. 특히, 2019년 발병한 코로나 19로 인해 지난 3년간 학생, 교수, 학부모, 교육정책 입안자 모두 대학 교육현장에서 초유의 혼란을 경험하였다. 이러한 경험은 우리 교육의 실체를 되돌아보게 하였고 또 한편으로는 새로운 교수법이 필요함을 인식하게 하는 계기가 되었다. 특히, 코로나로 인한 비대면 수업은 학생들에게 교재의 필요성을 반감시켰고 그로 인해 교재를 발간하는 출판업계가 힘든 시간을 보내야 했다.

관광 서비스 경영론을 출간한 지 1년 만에 개정판을 출간하게 된 데 대해 한편으로는 부끄럽고 다른 한편으로는 무거운 책임감을 통감하고 있다. 초판에 대해 여러 부족함이 많았다는 점에 대해 깊이 반성하는 시간을 보내는 것이 바람직한 저자의 자세라고 생각했지만 부족하고 잘못된 내용을 하루라도 빨리 바로잡는 것이 저작의 책무라고 생각하여 이렇게 개정판을 내게 되었다.

이번 개정판에서 저자가 심혈을 기울인 점을 지적하면 네 가지로 요약할 수 있다.

첫째, 일반 경영론에서 다루어온 주요 내용과 핵심 이론 등을 관광 및 환대 서비스 분야에서 활용하는 데 있어 최대한 쉽게 설명하도록 노력하였다. 이를 위해 관광 서비스 산업에서 회자되는 사례나 연구자들의 연구결과를 최대한 활용하였다. 뿐만 아니라 우리 분야에서 주로 사용하는 개념을 활용하여 설명하였다.

둘째, 코로나로 인해 관광 서비스 분야에서 심각한 변화가 일어나 이에 대한 적절한 대응이 필요하였다. 예를 들면, 국제 관광객 수, 관광 소비자의 행동, 관광 사업체, 관광 콘텐츠, 국가 관광 경쟁력 평가방법 등 많은 변화가 짧은 시간에 걸쳐 일어났다. 이러한 변화와 관련한 각종 통계자료를 포함한 다양한 시각적 자료에 대한 개선의 필요성이 제기되었다.

셋째, 가독성이 떨어진 부분에 대한 수정보완이 필요했다. 연구보고서, 연구논문, 교재 등에서 인용한 내용(그래프, 표, 그림, 사진 등)에 대해 논리적 설명보다는 필요한 부분에 존재 자체만을 강조한 경향이 강하였다. 심사숙고하여 이에 대한 부분을 수정보완함으로써 가독성을 높이고자 노력하였다.

마지막으로, 오류의 수정이다. 교재에는 다양한 그림, 표, 사진, 숫자 등이 있는데 이 중 일부 내용을 이해하는 데는 각별한 주의가 필요할 때가 있다. 원 출처에는 그러한 내용을 주석을 통해 전달하고 있는데 이러한 부분들이 제대로 전달되지 못한 부분들이 있었다. 또한, 그림 내용 중 화살표 방향이나 점선 혹은 실선을 원저자의 것과 다르게 표기하여 혼란을 초래한 예도 있었는데 이를 바로잡고자 노력하였다.

본 교재는 초판과 같이 14장으로 구성되어 있으며, 다음의 세 가지 특징이 있다. 첫째, 장별 주제와 관련이 있는 적합한 사례를 제시하여 관광 서비스 경영론을 학습하고자 하는 독자들의 이해를 높이고자 하였다. 둘째, 다른 서비스 경영론 교재에서 제대로 다루지 않았던 내용을 체계적으로 다루고 있다. 예를 들면, 감정노동 관리, 서비스 생산성 관리, 4차 산업혁명과 관광 서비스 산업의 사례 등을 들 수 있다. 마지막으로, 미래관광 메가트렌드에 대한 내용을 담고 있다. 메가트렌드의 학습은 관광 서비스 기업의 미래 경영전략 수립에 유용한 정보를 제시해 줄 수 있다.

본 교재를 준비하고 집필하기 위해 나름의 노력을 기울였지만, 여전히 미흡한 부분이 있으리라 생각한다. 호텔 · 외식 · 관광 서비스 경영에 관심 있는 많은 분께 조금이나마 도움이 되길 바란다. 마지막으로 이 책이 나오기까지 많은 희생을 하신 김호철 부장님과 이경희 부장님, 그리고 부족함에도 끝까지 믿고 출간해 주신 진욱상 사장님께 깊이 감사드린다.

2022년 12월 코로나가 하루빨리 종식되길 바라면서

김병용

머리말

과거 서비스는 가치를 창출하지 못하고 소비를 부추기는 비생산적 활동으로 취급받아 왔다. 하지만 서비스가 기업의 경영활동은 물론 한 국가경제에 있어서도 중추적 역할을 하면서 재화 중심의 경제에서 서비스 중심의 경제로 급속히 변화하고 있다. 현대사회는 서비스 산업이 한 국가의 전략적 산업으로 자리매김하고 있다. 이제는 재화만 생산하는 순수한 제조기업은 찾아보기가 힘들 정도이다.

대표적 서비스 산업이 관광 서비스 산업이다. 여행, 호텔, 카지노, 항공, MICE, 외식산업 등이 해당된다. 지금까지 이들 관광 서비스 산업은 주로 대면 서비스를 중심으로 성장해 왔다. 하지만 4차 산업혁명과 더불어 비대면 서비스는 물론 융합 서비스가 빠른 속도로 무수히 생성되고 있다.

서비스 경제화와 신서비스의 출현은 새로운 경영방식을 요구하고 있다. 특히, 서비스의 글로벌화와 융복합 서비스로 인하여 관광 서비스 기업이 기존의 서비스 경영방식으로는 고객의 다양한 욕구변화를 충족시킬 수 없게 되었다. 다행스럽게도 많은 산업이 연계되어 있는 관광 서비스 산업은 초연결성과 초지능화로 특징지어지는 4차 산업혁명 시대에 가장 경쟁력을 키울 수 있는 산업이다.

관광 서비스 경영론은 이러한 맥락에서 준비되었다. 훌륭한 서비스 경영론 교재들도 현재 많이 있다. 하지만 이들 교재에서는 관광 서비스 분야에서 직접 적용하기에 아쉬운 부분이 많은 것이 사실이다. 예를 들면, 제조업 관점에서의 생산성에 대한 접근방식, 서비스의 글로벌 경영, 4차 산업과 서비스 경영, 그리고 서비스 산업의 미래 트렌드 등에 있어서 미흡한 부분이 그러하다.

본서는 14장으로 구성되어 있으며, 다음의 세 가지 특징이 있다. 첫째, 다양한 사례를 제시하여 관광 서비스 경영론을 학습하고자 하는 독자들의 이해를 높이고자 하였다. 특히, 관광 서비스 기업의 사례를 중심으로 제시하였다. 둘째, 다른 서비스 경영론 교재에서 제대로 다루지 않았던 내용을 체계적으로 다루고 있다. 예를 들면, 감정노동 관리, 서비스 성과관리, 4차 산업혁명과 서비스 혁신, 그리고 글로벌 서비스 경영 등을 들 수 있다. 마지막으로, 미래 관광 서비스 산업의 메가트렌드에 대한 내용을 담고 있다. 미래 트렌드에 대한 관찰은 관광 서비스 기업의 미래 경영전략 수립에 유용한 정보를 제시해 줄 수 있다.

본 교재를 준비하고 집필하기 위해 나름의 노력을 기울였지만 여전히 미흡한 부분이 있으리라 생각한다. 호텔 · 외식 · 관광 서비스 경영에 관심 있는 많은 분께 조금이나마 도움이 되길 바란다. 마지막으로 이 책이 나오기까지 많은 희생을 하신 김호철 부장님과 이경희 부장님, 그리고 부족함에도 끝까지 믿고 출간해 주신 진욱상 사장님께 깊이 감사드린다.

2021년 여름
김병용

차 례

제 01 장 서비스의 이해

제 02 장 관광 서비스 산업과 서비스 경영의 이해

제 03 장 관광 서비스 경영전략

제 04 장 관광 서비스 수요와 공급능력 관리

제 05 장 관광 서비스 고객의 이해와 대기관리

제 07 장 관광 서비스 인카운터 관리와 서비스 디커플링

제 08 장 감정노동 관리

제 09 장 관광 서비스 마케팅

제 10 장 관광 서비스 품질관리

제 11 장 고객불평 관리와 서비스 회복

제 12 장 서비스 생산성 관리

제 13 장 서비스 경영의 세계화

제 14 장 4차 산업혁명과 미래관광 트렌드

제 01 장

서비스의 이해

제1절
서비스 개념

1. 서비스 어원
2. 서비스 개념변화
3. 학문적 정의
4. 제조업과 서비스업의 차이점

제2절
서비스 특성과 서비스 패러독스

1. 서비스 특성
2. 서비스 패러독스

제3절
서비스 분류

1. 산업표준 분류방식에 따른 서비스 분류
2. 경제적 역할에 따른 서비스 분류
3. 고객접촉 정도에 따른 분류
4. 노동집약도와 고객 상호작용 정도에 따른 분류
5. 서비스 행위와 수혜대상에 따른 분류
6. 기타 분류

학습목표

본 장에서는 다음 내용의 이해를 목표로 한다.

서비스의 어원

서비스의 개념과 학문적 정의

제조업과 서비스업의 차이점

서비스 특성

서비스 특성별 대응전략

서비스 패러독스 원인과 극복방안

서비스 분류

Chapter

01 서비스의 이해

사례 1-1 '문화를 팔다' 年매출 1.5조 원 스타벅스의 성공비결

제3의 공간으로 포지셔닝한 전략 적중
'신뢰·고급' 브랜드로 충성도 높은 고객 확보

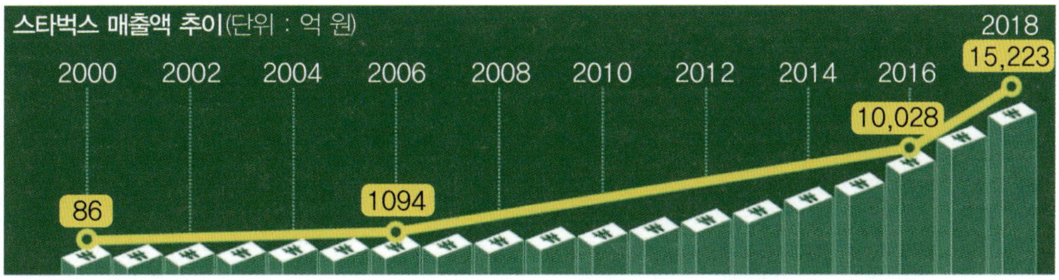

▲ 자료 : 금융감독원, 전자공시시스템

스타벅스 매출, 국내 '톱5' 브랜드 매출 합보다 많아

<전략> 스타벅스가 세계적으로 성공한 핵심 비결 중 하나가 바로 여기에 있다. 지천에 널린 카페 중 "커피 마시러 가자"고 하면 스타벅스로 발길이 향하는 이유 말이다. 스타벅스는 '신뢰와 고급'이라는 확고한 브랜드 이미지를 쌓았다. 스타벅스에 가면 일정 기준 이상의 커피와 서비스를 누릴 수 있을 것이라는 기대가 있다. 혹시라도 주문한 음료가 다소 만족스럽지 않아 바꾸고 싶을 때 다른 카페에서는 그 요구가 영 껄끄럽지만 스타벅스에서는 그렇지 않을 것이라는 기대가 있는 것이다.

지난해 한국 진출 20주년을 맞은 스타벅스는 국내 커피시장에서 가장 강력한 브랜드 파워를 가진 기업으로 성장했다. 스타벅스 열풍은 국내 커피 소비문화를 완전히 바꿔놨다고 해도 과언이 아니다. 일회용 컵에 커피를 담아 들고 다니는 '테이크 아웃' 문화를 전파한 것도, 한끼 식비와 맞먹는 비용을 커피에 지출하게 만든 장본인도 스타벅스다. 1999년 1호점(이대점)을 연 지 18년 만에 매출 1조 원을 넘어선 스타벅스는 이후에도 하루 평균 30만 명이 방문하며 승승장구 중이다. 스타벅스는 2018년 기준 1만 5,000여 명의 임직원이 1,262개 매장을 운영 중이다.

매출 증가세도 놀랍다. 2000년 86억 원이었던 매출은 2016년 커피전문점 브랜드로는 처음 1조 원 고지에 올라섰다. 그리고 2018년 불과 2년 만에 매출 규모를 1조 5,223억 원까지 늘렸다. 국내 상위 5개(이디야커피·투썸플레이스·요거프레소·커피에 반하다·빽다방) 커피 프랜차이즈의 매출액 총합(1조 3,547억 원)보다 훨씬 많은 수준이다. 연매출 1조 원이 넘는 식품기업이 20여 곳에 불과한 현실에 비춰볼 때 가히 독보적인 실적이다. 영업이익도 2000년 4억 원에 불과했지만 2018년 1,428억 원으로 350배 넘게 증가했다. 2005년 14.4%를 고점으로 2016년 6.0%까지 감소했던 영업이익률도 2019년 9.3%를 기록하며 회복세다.

스타벅스 매장마다 손님들의 발길이 끊이지 않자 스타벅스가 있는 주거단지를 가리켜 '스세권(스타벅스+역세권)'이란 말도 나왔다. 스타벅스가 입점하면 인근 점포매출도 함께 올라 건물 시세가 동반 상승한다는 믿음 덕에 건물주들의 러브콜을 받고 있다. 한국만의 현상도 아니다. 미국 부동산 사이트 질로(zillow)에 따르면 1997년부터 2014년까지 미국 내 일반주택의 평균 지가 상승률이 65%였던 것에 반해 스타벅스 주변 주택은 96%가 올랐다.

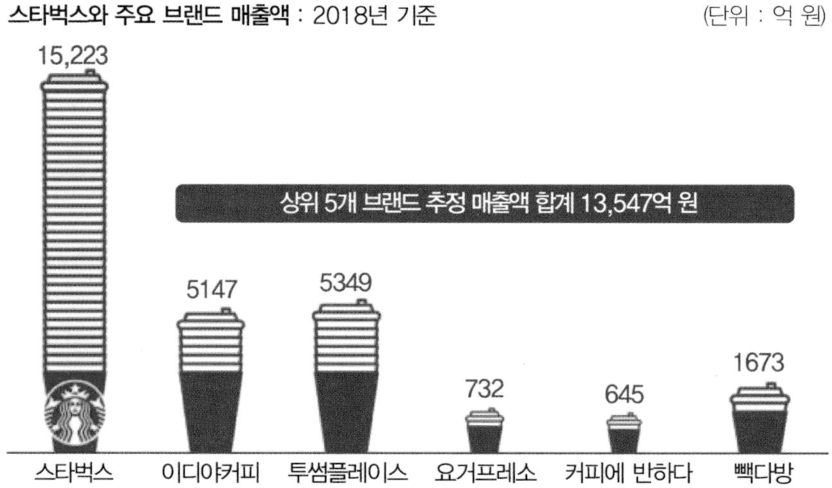

▲ 자료 : 금융감독원, 공정거래위원회

스타벅스 전에는 없었던 커피의 '가치 소비'

스타벅스 성공비결은 뭘까. '문화를 판다'는 스타벅스만의 독특한 전략과 국내 고객들의 특성을 적극 반영한 현지화 전략 등으로 브랜드 파워를 키워 충성도 높은 고객들을 계속 끌어모은 점이 주효했다는 분석이다. 스타벅스 이전과 이후로 나뉘는 모습이 있다. 바로 커피의 문화화(化)다. 스타벅스는 '스타벅스는 다르다'를 적극 마케팅했고, 대중들로 하여금 이렇게 느끼게끔 하는 데 성공했다. 이른바 '제3의 공간' 전략이 적중한 셈이다.

"커피 이상의 특별한 경험을 소개합니다. 스타벅스가 일상을 풍요롭게 하는 제3의 공간으로서 지역사회 속에서 고객과 함께하며 새로운 커피문화를 정착시키고 있다." 스타벅스 코리아 홈페이지에 들어가면 가장 먼저 나오는 문구다. '제3의 공간'은 미국 사회학자 레이 올덴버그가 제일 먼저 사용한 개념이다. 가정을 제1의 공간, 직장을 제2의 공간으로 한다면 그 외의 공간이 제3의 공간이다. 현대인들은 상업 공간을 휴식이나 여가 등의 공간으로 사용하는데, 스타벅스는 제3의 공간을 스스로의 정체성으로 '포지셔닝'했다.

스타벅스는 '제3의 공간'이라는 가치에 맞는 의미를 부여하기 위해 다양한 서비스를 제공했다. 사실 스타벅스 이전까지 고객에게 눈치를 주지 않는 카페 분위기는 국내 소비자들에게 낯설었다. 지금도 스타벅스에서는 음료 한 잔을 시켜놓고 개점부터 폐점 시간까지 있어도 아무런 문제가 없다. 노트북과 책을 펴놓고 공부나 일을 하는 문화도 스타벅스가 이끌었다고 해도 과언이 아니다. 스타벅스는 소비자들이 편안함을 느끼면서 다양한 체험을 할 수 있게 인테리어에도 각별히 신경을 썼다. 미국 스타벅스는 본사 2,000명 직원 가운데 10%에 달하는 200

명이 인테리어 부서 인력일 만큼 인테리어 마케팅에 적극적이다. 대부분 테이크 아웃을 하는 미국과 달리 한 장소에 오래 앉아 대화하는 걸 선호하는 우리 특성에 맞게 의자와 테이블 수를 대폭 늘린 점도 주효했다. 남녀 화장실이 분리돼 있다는 점도 강점으로 작용했다.

여기에 고급스럽고 신뢰가 가는 이미지가 더해졌다. 대중들이 사용하는 상당수의 텀블러와 머그컵에 스타벅스 로고가 박혀 있는 데는 다 이유가 있다. '빨리빨리' 문화가 강한 우리 기질을 파악해 스마트폰 애플리케이션을 통해 원하는 제품을 미리 주문한 뒤 매장에서 찾아올 수 있는 '사이렌오더'를 세계에서 최초로 시행한 것도 고객들에게 "스타벅스는 다르다"고 느끼게 한 대목이다. 이 시스템은 미국 본사가 벤치마킹해 현재는 미국에서도 사용되고 있다. '알바' 없이 모든 직원을 정규직으로 채용해 서비스 질을 강화하고 '문경 오미자 피지오' '이천 햅쌀 라떼' 등 다양한 지역의 특산물을 활용한 새 음료를 내놓는 점도 고객들에게 신선하게 다가왔다는 분석이다.

자료 : 시사저널(2020.2.11.)

제1절 서비스 개념

서비스는 경제용어로 용역(用役)이라 일컬어지는데 물질적 재화 이외의 생산이나 소비에 관련한 경제활동을 의미한다. 오늘날 서비스 기업이든 제조 기업이든 고객만족을 위해 서비스를 가장 중요한 요소로 여기고 있을 뿐만 아니라 수익의 많은 부분이 서비스에서 창출되고 있다. 자국의 경쟁력 강화를 위해 서비스 산업을 국가발전의 핵심동력으로 취급하고 있다. 서비스는 개인, 기업, 국가 등과 같은 경제주체가 일상에서 널리 사용하는 개념이지만 모호하게 사용하는 것도 사실이다. 따라서 관광 서비스 경영의 이해를 위해 서비스의 개념을 먼저 이해하는 것이 중요하다. 본 절(節)에서는 서비스의 어원과 개념에 대해서 살펴본다.

1 서비스 어원

서비스(Service)라는 용어는 '노예의 상태'라는 의미의 라틴어 'Servitium'과 노예를 의미하는 프랑스어 '세르부스(Servus)', 그리고 영어의 'Servitude' 'Servile' 'Servant' 등에서 유래된 것으로 알려져 있다(강기두, 2018). 즉, 서비스란 '노예가 주인에게 충성한다' 혹은 '시중들다'라는 의미에서 유래되었음을 알 수 있다. 서비스는 중세시대 이전에는 노예와 하인계층이 귀족 혹은 왕실과 같은 특권계층을 위해 의무적으로 제공한 봉사의 행위였다.

일상생활에서 서비스는 매우 다양한 의미로 사용되고 있다. 예를 들면, 특정 제품을 구매할 때 추가적인 비용부담 없이 무상으로 제공되는 '덤'의 의미가 있다. 또한, 판매한 상품의 유지 혹은 수리 등을 무료로 해준다는 의미로 사용되기도 하고, 호텔 직원의 서비스가 훌륭하다고 할 때 직원의 친절한 태도를 의미하기도 한다. 뿐만 아니라 서비스의 개념은 상황에 따라 봉사나 안전의 의미도 함축하고 있다. [표 1-1]은 서비스 상황에 따라 개념의 차이를 정리한 것이다.

[표 1-1] 일상생활에서의 서비스 의미

서비스 상황	서비스 의미
A 레스토랑에서 식사 후에 커피 한 잔을 서비스로 받았다.	덤, 무료
우리 회사 고객에게는 3년간 서비스를 보증합니다.	애프터 서비스
제주도 H호텔 직원의 서비스는 최고 수준이다.	친절
오늘 우리 가족을 위해 온종일 서비스하였다.	봉사
최고의 서비스는 고객을 지켜드리는 것이다.	안전

2 서비스 개념변화

서비스의 개념은 하나의 의미로 정의하기 어려운데 그 이유는 시대변화와 산업구조의 변화에 따라 다양한 의미로 사용되어 왔기 때문이다. 시대변화에 따라 서비스 개념이 어떻게 변하였는지 살펴보면, 중세시대 이전에는 의무적인 봉사행위의 의미로 사용되었다. 중세사회에서는 서비스를 비생산적이고 비경제적인 활동으로 그리고 비물질적인 재화로 간주하여 서비스를 경시하는 문화가 자리하고 있었다.

근대사회에서도 서비스 경시문화가 존재하였지만 서비스에 대한 태도가 변하기 시작하였다. 근대사회에서는 서비스를 유형적인 제품을 판매하기 위한 부수적인 역할로 보기 시작하였다. 서비스 경제가 중심이 된 현대사회에서는 서비스를 중요한 경제활동으로 인식하고 있으며 서비스 산업이 한 국가의 전략적 산업으로 자리매김하고 있다. 시대별 서비스의 개념변화를 요약하면 [표 1-2]와 같다.

[표 1-2] 시대별 서비스 개념변화

시대구분	서비스 의미
중세 이전	주인에게 시중드는 의무적 봉사나 노예의 의미를 지님
중세사회	비생산적인 활동으로 그리고 비물질적인 재화로 간주하여 서비스를 경시함
근대사회	제품판매를 위한 부수적인 수단으로 취급하였으며 경제적인 가치를 부분적으로 인정하기 시작하였으며 산업으로 발전하기 시작
현대사회	서비스 중심의 산업과 경제발달로 고객에 대한 무형적인 가치를 제공하는 것이 중요한 경제활동임을 인식함

자료 : 안연식(2019). 서비스 경영. 도서출판 창명, p.10

3 학문적 정의

앞서 설명한 바와 같이 서비스 개념은 일상생활에서 그리고 시대별로 다르게 정의되고 있다. 서비스 개념은 또한 학문적 관점에 따라 다르게 정의된다. 예를 들면, 경제학적인 관점과 경영학적인 관점으로 나누어볼 수 있다. 그 내용을 살펴보면 다음과 같다.

1) 경제학적 정의

경제학에서는 서비스를 용역(用役)으로 간주하며 유형적 제품을 의미하는 재화(財貨)와 구분하고 있다. 중상주의(重商主義, 16세기 말에서 18세기까지 유럽의 지배적 경제이론 및 경제정책)자들은 화폐만을 부(富)로 간주하고 화폐를 만들어내는 노동만을 생산적 활동이라 생각하였다. 한편, 18세기 후반에 등장한 중농주의자(重農主義者)들은 토지를 부(富)로 인식하여 농업만을 생산적 활동으로 정의하고 이외의 나머지 상·공업 활동들은 비생산적 활동이라 주장하였다. 여기서 생산적 활동(Productive labor)은 물건을 생산하여 부를 창조하는 것을 의미하며 비생산적 활동(Unproductive labor)은 물건을 만들지 않는 것을 의미한다. 이러한 해석이 이루어진 주된 이유는 20세기 초까지 산업이라는 용어가 제조기업을 의미했기 때문이다.

서비스에 대한 정의는 경제학자들에 의해 최초로 이루어졌다. Adam Smith(1776)는 제품과 서비스를 재화(Goods)와 용역으로 구분하였으며 서비스는 직접 부를 창출하지 못하기 때문에 비생산적 노동으로 여겼다. 예를 들면, 의사, 배우, 교사, 음악가, 가수 등의 서비스 노동은 비생산적이라는 것이다. Say(1803)는 Smith의 주장을 부인하며 부(富)의 본질은 효용이며 생산이란 물질의 창조가 아닌 효용의 창조라고 주장하였다. 예를 들면, 비행기에서 고객에게 친절한 서비스를 제공하여 만족을 향상시키는 승무원의 활동은 고객에게 효용을 주는 생산적인 활동인 것이다. 그는 서비스를 소비자에게 효용을 주는 생산활동으로서 비물질질적 부(富)로 정의하였다.

2) 경영학적 정의

서비스 산업이 국가경제에 있어 중요한 역할을 함에 따라 기업들은 새로운 경영기법을 찾기 시작하였다. 과거 제조업에서 사용하던 경영기법을 서비스 산업에 그대로 적용하는 데는 무리가 따른다. 이에 서비스 혹은 서비스 산업의 특성을 이해하려는 많은 노력들이 행해졌으며 그 하나로 다양한 관점에서 서비스에 대한 정의가 이루어져 왔다. 경영학적 정의는 활동론적 정의, 속성론적 정의, 봉사론적 정의, 그리고 인간 상호관계론적 정의로 구분될 수 있다.

첫째, 활동론적 정의는 서비스를 활동으로 보는 개념이다. 미국 마케팅협회(AMA, 1960)는 서비스를 판매를 목적으로 제공되거나 상품판매와 연계해서 제공되는 제활동, 편익, 만족이라고 정의하였다. 그 예로써 항공, 관광, 교육, 컨설팅 등이 해당된다. 같은 맥락에서 Zeithaml 등(2013)은 서비스를 하나의 주체가 다른 주체에게 제공하거나 공동으로 생산하는 행동(Deed), 과정(Process), 성과(Performance)로 정의하였다. Berry(1980)는 서비스를 소유가 불가능한 행위나 일의 수행 또는 노력을 포함하는 무형의 상품으로 정의하였다.

둘째, 속성론적 정의는 서비스가 지닌 속성을 중심으로 정의한 것이다. Rathmell (1966)은 시장에서 판매되는 무형의 상품이라 정의하였는데, 여기서 무형과 유형의 차이는 손으로 만질 수 있느냐 없느냐에 따라 구분된다. 서비스의 무형적 속성이란 서비스가 지닌 여러 가지 속성 중 하나일 뿐이지 서비스를 결정짓는 본질은 아니다. Gummenson(1987)은 서비스를 매매하는 것은 가능하지만 직접 만질 수 없는 것이라 하였다.

셋째, 봉사론적 정의는 인간에 대한 봉사 혹은 인간적 봉사의 측면을 강조한 정의이다. Levitt(1972)에 따르면, 인간이 제공하는 봉사적 서비스를 인간으로부터 분리하여 인간노동을 기계로 대체하면, 즉 서비스 표준화 혹은 시스템화하면 서비스의 효율성과 생산성이 향상된다고 하였다. 하지만 모든 인간노동을 기계로 대체할 수 있는 것은 아니다.

[표 1-3] 서비스의 학문적 정의

구분		연구자	정의
경제학적 정의		Smith(1776)	비생산적 노동
		Say(1803)	효용을 창출하는 비물질적인 부(富)
경영학적 정의	활동론적 정의	AMA(1960)	판매를 목적으로 제공되거나 상품판매와 연계해서 제공되는 편익이나 만족
		Zeithaml 등(2013)	하나의 주체가 다른 주체에게 제공하거나 공동으로 생산하는 행동, 과정, 성과
		Berry(1980)	소유가 불가능한 행위나 일의 수행 또는 노력을 포함하는 무형의 상품
	속성론적 정의	Rathmell(1966)	시장에서 판매되는 무형의 상품
		Gummenson(1987)	직접 만질 수는 없는 것
	봉사론적 정의	Levitt(1972)	인간에 대한 봉사 혹은 인간적 봉사
	인간 상호관계론적 정의	이유재(2013)	고객과 직원과의 상호작용을 통해 고객욕구를 충족시켜 주는 것
		Lehtinen(1983)	일련의 행동으로 물리적인 기계나 사람들과의 상호작용 과정에서 발생하여 고객만족을 제공하는 것

자료 : 안연식(2019). 서비스 경영. 도서출판 창명, p.11. 자료 수정보완

마지막으로, 인간 상호관계론적 정의는 서비스를 인간 상호관계 측면에서 정의한 것이다. 서비스는 고객과 직원과의 상호작용을 통해 고객욕구를 충족시켜 주는 것이다(이유재, 2013). 관광지에서 여행 안내자로부터 여행안내를 받거나 비행기를 탈 때, 레스토랑에서 식사할 때 등 이 모든 상황에서 고객과의 상호작용이 일어난다. 한편, Lehtinen(1983)은 일련의 행동으로 물리적인 기계나 사람들과의 상호작용 과정에서 발생하여 고객만족을 제공하는 것이 서비스라고 주장하였다. 위의 학문적 정의를 요약하면 [표 1-3]과 같다.

4 제조업과 서비스업의 차이점

오늘날 제조기업의 서비스화 가속으로 분리가 불분명한 때도 있지만 여전히 서비스업과 제조업의 차이점은 뚜렷하게 존재한다. 여기서는 산출물의 특성, 비저장성, 고객과의 접촉 정도, 생산요소, 품질측정, 생산활동의 지리적 분포 등 여섯 가지 기준으로 분류해 설명하고자 한다.

첫째, 제조업은 유형의 재화를 생산하는 것에 반해 서비스업은 무형의 산출물을 생산한다. 서비스업의 가장 기본적인 특성이 산출물의 무형성이다.

둘째, 서비스 기업은 제조업과는 달리 고객수요에 대응할 수 있는 재고라는 완충장치를 이용할 수 없어 시간적이나 공간적으로 제약을 많이 받는다. 제조업에서는 수요가 없어도 저장할 수 있어 미래수요에 대비하여 생산할 수 있지만, 서비스업에서는 수요가 발생하지 않으면 생산능력이 사라진다.

셋째, 제조업은 고객과의 접촉이 크지 않고 고객의 반응도 천천히 그리고 느리게 나타난다. 하지만 서비스업은 고객과의 접촉 및 역할이 크고 고객반응이 즉시 나타나는 경향이 강하다. 서비스는 생산과 소비가 동시에 발생하는 특성을 지니고 있기 때문이다.

넷째, 서비스 기업의 생산요소는 그 특성상 기계화하는 데 한계가 있기 때문에 기계화가 용이한 제조업보다 노동집약도가 높게 나타난다. 제조업은 자본집약적인데 그 이유는 노동력 혹은 생산량에 비해 자본의 투입비율이 상대적으로 높은 시설이나 장비가 주요 생산요소이기 때문이다.

다섯째, 제조업은 유형의 대상에 대해 품질을 객관적으로 측정·평가하기가 용이하다. 그러나 서비스업은 보통 무형의 서비스에 대해 품질을 주관적으로 측정·평가하기 때문에 품질의 평가에 어려움이 따른다.

마지막으로, 서비스업과 제조업은 지리적 분포에서도 차이가 발생한다. 제조업은 생산활동을 지리적으로 한곳에 집중시킬 수 있다. 그 이유는 생산된 제품을 각 소비처로 쉽게 운반할 수 있기 때문이다. 따라서 한곳에 생산공장을 위치시키더라도 재화를 필요로 하는 전 지역의 수요를 충족시킬 수 있다. 하지만 호텔, 레스토랑, 은행 등과 같은 서비스업은 지점이 지리적으로 분포되어 있어야 한다. 왜냐하면 서비스는 보관, 운반될 수 없고 따라서 소비현장에서 바로 생산되어야 하기 때문이다. 제조업과 서비스업의 특징을 비교하면 [표 1-4]와 같다.

[표 1-4] 제조업과 서비스업의 특징 비교

구분	서비스업	제조업
산출물의 특성	무형	유형
재고유무(저장성)	산출물에 대한 재고 불가능	산출물에 대한 재고 가능
고객접촉	고객접촉이 많음	고객접촉이 적음
최초 접촉 이후	반응시간이 짧음	반응시간이 김
생산설비 규모	소규모 설비	대규모 설비
산업특성	노동집약적	자본집약적
품질측정	어려움(주관적)	용이함(객관적)
생산활동의 지리적 분포	여러 지역으로 분산	한곳에 집중 가능
표준화 여부	비표준화	표준화
소유권	일반적으로 소유권은 이전되지 않음	구매 시 소유권 이전
가시성	구매 전에는 존재하지 않음	구매 전에 보여줄 수 있음

자료 : Krajewski, J., & Lizman, L.P.(1999). Operations management(5th ed.). Addison Wesley. 저자 수정보완

제2절 서비스 특성과 서비스 패러독스

서비스 특성은 관광 서비스 마케팅 측면에서 다양한 대응전략을 요구한다. 관광 서비스 기업의 마케터들은 서비스의 특성으로 인한 문제점과 그에 대한 적절한 대응방안 혹은 마케팅 전략을 수립하여 실행해야 한다. 관광 서비스 기업들이 서비스 특성에 대응하는 서비스를 고객에게 제공하고 있지만 서비스 불만이 증가하는 역설적인 현상, 즉 서비스 패러독스 현상이 나타나고 있다. 이는 고객이 체감하는 서비스 수준을 제공하지 못한다는 의미이다. 본 절에서는 서비스의 네 가지 특성과 서비스 패러독스의 원인 및 극복방안에 대해 학습한다.

1 서비스 특성

서비스에 대한 정의는 학문적 관점에 따라 다르지만, 서비스 특성은 공통적으로 무형성, 생산과 소비의 비분리성, 이질성, 소멸성 등의 네 가지로 요약된다(그림 1-1 참조). 이러한 서비스 특성들은 기업경영 측면에서 다양한 문제점들을 야기하므로 마케터들은 이에 대한 적절한 대응방안 혹은 전략을 찾는 노력을 해야 한다.

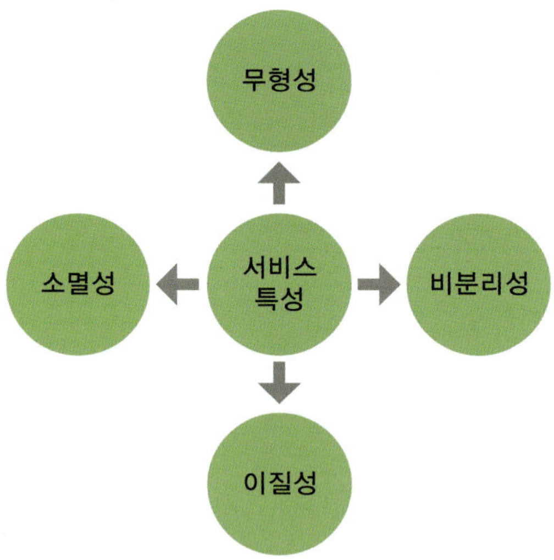

자료: Kotler, P., Bowen, J., & Makens, J.(2003). Marketing for hospitality and tourism(3rd ed.). Prentice-Hall, p.42

[그림 1-1] 서비스 특성

1) 무형성(Intangibility)

서비스와 재화가 구분되는 가장 기본적인 특성은 무형성이다. 이는 서비스와 재화를 구별하는 특성 가운데 가장 핵심적인 것으로 보고, 듣고, 만지고, 냄새를 맡아서 평가할 수 있는 물체(Object)나 사물(Thing)이 아니라 행위(Deed), 수행(Performance), 노력(Effort)이라는 것이다(Rathmell, 1996). 예를 들어, 해외 관광지에서 고객에 대한 투어 가이드의 세심한 배려는 무형적인 요소로 구성되어 있으므로 보거나 만질 수 없다.

서비스의 무형적인 특성으로 인해 다양한 문제점들이 존재한다. 첫째, 저장의 어려움이다. 즉, 수요가 많은 성수기에도 완충역할을 할 수 있도록 저장하는 것이 불가능하다. 둘째, 서비스는 특허로 보호받기 어렵다. 서비스 제공과정에서 유형적인 기기들은 특허의 보호를 받을 수 있지만 그 과정 자체가 보호받는 것은 아니다. 따라서 서비스는 모방하기가 쉽다. 셋째, 서비스를 진열하거나 커뮤니케이션하기가 어렵다. 서비스가 무형적이기 때문에 구매 이전에 고객에게 알려주기 매우 어렵다. 마지막으로, 가격책정이 어렵다. 유형제품의 가격은 생산원가에 추가 이익을 반영하여 책정되지만, 서비스는 생산원가의 기초가 인건비이기 때문에 가격책정이 어렵다.

이러한 문제점들을 해결하기 위하여 다양한 방안들이 고려될 수 있다. 첫째, 실체적이고 유형적인 단서를 제공하는 것이 중요한데, 고객은 서비스를 평가할 때 물리적 증거나 유형적인 단서를 많이 활용하기 때문이다. 실체적인 단서의 예로써 관광지 브로슈어, 조리사의 자격증, 메뉴판, 직원의 유니폼, 레스토랑 테이블 등이 있다. 둘째, 구전을 통해 정보전달을 활용하는 것이다. 구전을 통한 정보(친구, 가족)는 대중매체로부터 나오는 것보다 신뢰성이 훨씬 높다. 마지막으로, 좋은 기업 이미지를 만드는 것이다. 고객은 기업이 제공하는 서비스를 구매하기 이전에 먼저 기업의 이미지를 보고 서비스를 판단하게 된다.

2) 생산과 소비의 비분리성(Inseparability)

이는 서비스의 생산과 소비가 동시에 이루어진다는 것을 의미한다. 즉, 서비스는 서비스 제공자에 의해 생산되며 동시에 고객에게 의해 소비된다. 유형적 상품은 제조되고 조립된 후 물리적으로 운반되고 판매 혹은 저장되지만, 관광 서비스 상품은 먼저 판매되고 그 다음에 생산과 소비가 동시에 이루어진다.

이러한 비분리성(혹은 동시성)의 특성으로 인해 고객은 서비스가 생산되는 동안 현장에 머물러야 한다. 예를 들어, 관광객은 자신이 구매하는 서비스를 경험하기 위해서는 비행기를 타야 하고, 호텔에 숙박해야 하며, 레스토랑을 방문해야 한다. 또한, 비분리성으로 인하여 고객이 서비스 생산과정에 직접 관여하거나 참여해야 하는데, 이는 서비스 품질관리를 어렵게 하는 요인이 되기도 한다. 그리고 고객의 관여 때문에 제품 생산처럼 사전에 품질을 통제하기 어렵고 대량생산 체제를 구축하기도 어렵다.

이러한 서비스의 비분리성을 해결하기 위해 첫째, 다점포 전략이 필요하다. 즉, 고객에게 편리한 장소에 서비스 점포 혹은 지점 등을 배치함으로써 고객이 특정한 서비스 점포(지점)를 직접 방문하는 번거로움을 줄일 수 있다. 둘째, 생산과 소비가 동시에 발생하므로 서비스 품질은 고객과 짧은 만남의 순간에 결정된다. 따라서 유능한 직원의 채용은 물론 교육과 훈련이 중요하다. 또한, 고객을 적극적으로 관리해야 한다. 예를 들어, 레스토랑에서 흡연자와 비흡연자를 분리하여 다른 고객에게 미칠 부정적 영향을 최소화해야 한다.

3) 이질성(Heterogeneity)

서비스의 이질성(혹은 변동성)이란 서비스의 품질이 서비스를 경험하는 주체마다 다르다는 의미이다. 또한, 서비스 품질은 제공하는 사람뿐만 아니라 언제, 어디서, 그리고 어떻게 서비스가 제공되는가에 따라 달라진다. 예를 들면, 동일한 장소를 여행했더라도 여행자의 경험은 다르게 나타날 수 있다. 즉, 여행경험은 자신의 컨디션이나 여행안내원의 태도에 따라 다르게 지각될 수 있다.

이로 인해 서비스 품질을 통제하기가 매우 어렵다. 특히, 대부분의 서비스는 사람에 의해 생산되기 때문에 다양한 서비스 제공자들에게 일관된 품질의 서비스 생산을 기대하기 어렵게 된다. 이처럼 서비스는 직원마다 또는 장소나 시간 등의 상황, 기계 사용능력 등에 따라서도 품질이 달라진다.

이런 이유로 서비스를 일정수준 이상의 균일한 품질로 만들려는 노력과 고객의 이질적 욕구를 충족시켜 주기 위해서 고객맞춤 서비스 전략이 필요하다. 직원의 교육과 훈련도 서비스 이질성을 극복하는 좋은 방법이다. 일관성 있는 서비스 제공을 위해 끊임없이 노력하는 기업의 예를 들면, 맥도날드사의 햄버거 대학(Hamburger University)과 대한항공의 서비스 아카데미(Service Academy) 운영을 들 수 있다.

4) 소멸성(Perishability)

서비스의 소멸성(혹은 비저장성)이란 저장이 불가능하다는 것을 의미한다. 즉, 미래 수요에 대비해서 저장할 수 없다는 것이다. 예를 들어, 예약되지 않은 항공기 좌석은 저장될 수 없고, 항공기 좌석 구하기가 어려운 성수기를 위해 여분으로 남겨둔다는 것도 불가능하다. 서비스를 제품처럼 저장해 두거나 재고관리를 할 수 없으므로 과잉생산에 따른 비용손실과 과소생산에 따른 판매기회 상실이라는 문제점들이 발생할 수 있다.

이러한 문제점을 해결하기 위해서는 수요를 조절할 능력을 배양하는 것이 중요하다. 수요조절 방안으로서 첫째, 서비스 가격의 차별화를 들 수 있다. 즉, 성수기에는 고가격 전략 그리고 비수기에는 저가격 전략을 펼치는 것이다. 둘째, 비수기 수요창출이다. 비수기를 위한 패키지 상품을 개발한다든지, 새로운 서비스를 제공한다든지, 가격을 대폭 할인하는 것이다. 셋째, 예약 시스템을 도입하는 것이다. 예약 시스템의 도입을 통해 주말에 집중되는 예약손님을 주중으로 분산시킬 수 있다. 넷째, 서비스의 수요가 증대될 때는 임시직원을 채용하여 공급을 확대하고, 수요가 감소할 때는 유휴시설이나 장비의 새로운 용도를 개척하여 활용해야 한다. 마지막으로, 예약이나 대기와 같은 형태로 수요를 재고처럼 보관하는 전략도 필요하다. 예를 들면, 실내외 테마파크 출입구에 번호표 제도나 의사의 예약 진찰제도 등이 서비스의 소멸성에 대한 재고화 전략의 예이다. 서비스 특성별 문제점과 대응전략을 요약하면 [표 1-5]와 같다.

[표 1-5] 서비스 특성에 따른 문제점과 대응전략

서비스 특성	서비스 특성에 따른 문제점	대응전략
무형성	• 저장하기 어려움 • 특허로 보호받기 어려움 • 쉽게 진열하거나 커뮤니케이션하기 어려움 • 가격결정이 어려움	• 유형적 단서제공 • 구전을 활용한 정보제공과 커뮤니케이션 강화 • 브랜드 이미지 관리

서비스 특성	서비스 특성에 따른 문제점	대응전략
비분리성	• 서비스 전달과정에 고객이 머물러야 함 • 서비스 전달과정에 고객참여 혹은 관여함 • 품질관리의 어려움	• 다점포 전략(서비스망 분산) • 유능한 직원채용, 교육과 훈련 • 적극적 고객관리
이질성	• 품질의 규격화와 일관성 유지 어려움	• 맞춤 서비스 제공 • 서비스 표준화 • 직원 교육과 훈련
소멸성	• 과잉생산으로 인한 과다비용 발생 • 과소생산에 따른 판매기회 상실	• 가격 차별화 • 비수기 수요창출 • 임시직 직원채용 • 예약제도 활용 • 재고화 전략

자료 : Zeithaml, V.A., Parasuramann, A., & Berry, L.L.(1985). Problems and strategies in service marketing. Journal of Marketing. 49(2) : p.35. 내용 수정보완

2 서비스 패러독스

오늘날 고객은 과거에 비해 경제적으로 더 풍요롭고, 더 많은 선택을 하고, 서비스에 대해 더 많은 경험과 지식을 가지고 있다. 이로 인해 고객의 서비스 기대수준은 점점 더 높아지고 있다. 고객의 높은 서비스 기대수준을 충족시키기 위해 관광 서비스 기업들은 최고의 서비스를 제공하려 노력하고 있다. 하지만 고객들은 제공된 서비스에 만족하지 못하는 현상이 자주 발생하는 것이 현실이다. 이것이 서비스 패러독스이다. 서비스 패러독스 원인과 극복방안에 대해 설명하면 다음과 같다.

1) 서비스 패러독스의 개념과 원인

서비스 패러독스(Service paradox)란 경쟁우위를 위해 최신 시설에 높은 비용을 투자하고 서비스를 제공하였으나 투자금액 대비 높은 성과를 얻지 못하는 경우를 의미한다(Johnstone et al., 2014). 즉, 관광 서비스 기업이 다양하고 향상된 서비스를 제공함에도 불구하고 고객들이 체감하는 서비스의 만족도는 오히려 떨어진 현상을 말한다.

관광 서비스 기업이 양질의 서비스를 제공하고 있지만 고객이 만족을 체감하지 못하

는 원인은 다양하다. 이유재(2013)는 서비스 획일화, 서비스의 인간성 상실, 기술의 복잡화, 그리고 일선부서의 인재확보 악순환 등의 4가지를 지적하였다. 이외에도 고객과 서비스 제공자 간의 가치 차이와 부서 간 의사소통의 격차를 들 수 있다(박건현, 2011). 이들 여섯 가지에 대해 살펴보면 다음과 같다.

(1) 서비스 획일화

서비스 기업은 비용절감을 위해 서비스를 획일화하고 직원의 자유재량을 최소화하고 있다. 하지만 고객은 획일화된 서비스나 제품보다는 자신의 개성을 최대한 살릴 수 있는 서비스나 제품을 선호한다. 예를 들면, 고객은 피자가게에서 자신만의 피자를 주문하기 위해 토핑을 선택하며 SNS로 관련 정보를 검색하고 의견을 구한다. 고객의 개성을 무시한 획일화된 서비스의 제공은 서비스의 차별성을 상실하게 만들 수 있다. 또한, 직원의 자유재량을 최소화하여 비용을 절감하고 있다. 즉, 서비스 획일화를 위해 기계화를 도입함으로써 서비스 실패를 줄이고 있다.

(2) 서비스의 인간성 상실

서비스 기업이 서비스 생산과 제공과정에서 효율성만을 강조하다 보면 인간을 기계의 부속품처럼 취급하게 되어 인간성이 무시되게 된다. 즉, 비인격화된다. 특히, 비용절감을 위해 한정된 직원이 많은 고객을 대하게 되면 정신적 · 육체적으로 피곤해져 기계적으로 반응하기 쉽다. 서비스 산업에서 직원의 정신적 · 육체적 피로는 서비스 품질에 직접 영향을 미치기 때문에 서비스 직원의 인간성 상실은 제조업의 경우보다 더 심각한 문제가 될 수 있다.

(3) 기술의 복잡화

새로운 기술을 이용한 서비스가 너무나 빠르게 등장하고 있다. 요즘에는 고객이 직접 주문을 하는 자동주문기계(Kiosk), 드라이브 스루 시스템, 사물인터넷(IoT)과 인공지능 기술을 활용하여 고객에게 맞는 제품을 추천해 주는 지능형 서비스 도입 등을 통해 고객과 서비스 직원 간의 접촉을 최소화하고 있다. 또한, 모바일 결제, 안면 인식기술,

인공지능, 빅데이터, 물류 시스템 등을 결합하여 직원이 없는 무인매장도 속속 등장하고 있다. 하지만 고객과 직원 모두 새로운 기술의 진보에 적응하지 못하면 고객의 서비스 만족도는 오히려 낮아지게 된다.

(4) 일선부서의 인재확보 악순환

관광 서비스 기업은 노동집약적인 특성으로 인해 인건비 비중이 매우 높다. 원가절감의 방안으로 인건비를 축소하면 숙련된 직원의 감축이 불가피해지고 그 자리를 정규직이 아닌 임시 계약직 또는 인턴사원이 채우게 된다. 이는 서비스의 품질저하를 초래하여 고객의 욕구와 필요에 부합하는 서비스를 제공하지 못하게 된다.

(5) 고객과 서비스 제공자 간의 가치 차이

서비스 패러독스 현상의 또 다른 이유는 고객이 중시하는 가치와 서비스 기업이 중시하는 가치에 차이가 존재하기 때문이다. 서비스 기업은 고객 서비스를 지속적으로 강화하지만 고객은 이에 대해 특별한 가치를 느끼지 못하는 경우가 종종 있다. 그 이유는 고객으로부터 서비스 제공자가 제공하는 서비스에 대해 공감, 즉 정서적 만족을 이끌어내지 못하기 때문이다.

(6) 내부 구성원 간 의사소통의 격차

조직 내부 구성원 간 의사소통의 격차도 중요한 원인이다. 일반적으로 마케팅 부서에서 서비스 품질의 향상을 위해 캠페인을 기획하고 실천방안을 제시하지만 일선부서 직원들은 관심을 갖지 않는 경우가 많다. 심지어 이런 방안이 무엇인지 모르기도 한다. 부서 간 의사소통이 부재한 상황에서 새로운 서비스 캠페인을 진행하거나 매뉴얼을 제작하여도 고객 서비스 향상은 물론 고객만족도가 높아지기 어렵다. 관리자는 현장에서 고객 및 직원과 소통하고 무슨 일이 일어나고 있는지를 확인해서 신속하게 조치하는 것이 더 중요하다.

2) 서비스 패러독스 극복방안

국가경제에 있어서 서비스 산업은 그 비중이 빠른 속도로 확대되고 있고 국민들의 삶의 질에도 중요한 영향을 미친다. 서비스 패러독스를 효과적으로 극복함으로써 서비스 산업의 질적 경쟁력을 키우는 것이 필요하다. 서비스 패러독스 탈피를 위해 주의해야 할 요소들을 'SERVICE'로 요약할 수 있다(표 1-6 참조).

[표 1-6] 서비스 패러독스 극복방안

주의할 점		내용
S	Sincerity, Speed, Smile	서비스는 성의 있고, 신속하게, 그리고 상냥한 미소를 동반해야 한다.
E	Energy	서비스 제공 시 직원의 걸음걸이나 표정에는 활기가 넘쳐야 한다.
R	Revolutionary	신선하고 혁신적인 요소가 부가된 서비스를 제공해야 한다.
V	Valuable	서비스는 고객과 서비스 제공자 모두에게 이익이 되고 가치가 있어야 한다.
I	Impressive	서비스는 기쁨, 감동, 감명이 있어야 한다.
C	Communication	서비스에는 상호 커뮤니케이션이 필요하다.
E	Entertainment	서비스는 고객을 진심으로 환대하는 것이어야 한다.

자료 : 이유재(2013). 서비스 마케팅(제5판). 학현사, p.33 바탕으로 내용정리

제3절 서비스 분류

서비스 산업은 다양한 분야로 이루어져 있으므로 체계적인 이해를 위해서 서비스 분류체계를 파악하는 것이 필요하다. 서비스는 크게 산업표준, 경제적 역할, 고객접촉 정도, 노동집약도와 고객 상호작용 정도, 서비스 행위와 수혜대상, 그리고 기타 방식으로 구분될 수 있다. 본 절에서는 이에 대해 설명하고자 한다.

1 산업표준 분류방식에 따른 서비스 분류

Clark(1951)는 산업구조를 경제발전 단계에 따라 1차 산업, 2차 산업, 3차 산업으로 분류하는 일반적인 기준을 제시하였다(표 1-7 참조). 이러한 분류기준에 의하면 3차 산업이 서비스 산업에 해당한다. 경제가 발전함에 따라 새로운 융복합 산업이 생겨나고 있다. 6차 산업이 좋은 예이다. 농촌융복합산업으로 불리는 6차 산업은 농촌에 존재하는 유무형의 자원을 바탕으로 농업(1차 산업)과 식품, 특산품 제조가공(2차 산업) 및 유통 · 판매 · 문화 · 체험 · 관광을 서비스(3차 산업) 등과 연계하여 새로운 부가가치를 창출하는 활동을 말한다(중앙일보, 2018.5.24.)

[표 1-7] 경제발전 단계

구분	농경사회(1차 산업)	산업사회(2차 산업)	서비스사회(3차 산업)
경제부문	농업, 어업, 광업	제조업	서비스업
노동력	육체의 힘	기계에 의존	예술적, 창의적 능력
사회생활 단위	대가족	개인, 소가족	커뮤니티
생활수준 측정	생존	재화량	건강, 교육, 여가측면의 삶의 질
사회/조직구조	권위적	관료적	상호의존적
기술	원료	전기 에너지	정보

자료 : 이상식(2021). 스마트한 서비스 경영. 유원북스, p.15. 내용수정

한국표준 산업분류에 의하면 제조업과 서비스업이 주요 산업이다. 서비스업은 4개 산업군과 20개 세부 산업군으로 구성되어 있고, 제조업은 4개 산업군과 40개 세부 산업군으로 되어 있다. 이 중 전통적인 서비스 산업으로 분류되는 관광산업은 숙박, 외식, 여행, 컨벤션 등을 포함하며, 이들은 대면 서비스가 중심이 되기 때문에 흔히 환대산업(Hospitality industry)이라고 불린다(Kotler & Levy, 1969). 한편, WTO(GATS)는 서비스 분류목록에서 서비스업을 총 11개 부문(사업, 통신, 건설, 유통, 교육, 환경, 금융, 보건 및 사회, 관광, 문화 · 오락 · 스포츠, 운송 등)으로 분류하고 있다.

우리나라 서비스업의 분류는 [표 1-8]과 같이 유통 서비스, 생산자 서비스, 사회 서비스 그리고 개인 서비스로 분류된다. 관광 서비스 산업은 대부분 개인 서비스 산업군에

포함된다. 새롭게 등장하는 미래 서비스업(예 : 헬스케어, 동물간호복지사)을 소개하면 [사례 1-2]와 같다.

[표 1-8] 서비스업의 분류[1)]

산업군	세부산업	주요 내역
유통 서비스	도·소매	도소매 서비스
	운수·보관	철도운송, 도로운송, 항공운송, 하역·보관·창고 기타
생산자 서비스	출판	소프트웨어 개발공급, 출판, 영상·오디오물 제작 및 배급
	방송	방송 서비스
	통신	우편, 유·무선 통신, 기타 전기통신
	정보	정보 서비스, 컴퓨터관리 서비스
	금융·보험	중앙은행, 기타 금융기관, 보험, 금융
	부동산	주거서비스, 부동산 임대 및 공급, 부동산 관련 서비스
	임대	기계장비 및 용품 임대
	전문·과학기술	연구개발, 법무 및 경영지원 서비스, 광고, 건축·토목 관련 서비스
	사업시설관리	청소소독 및 시설유지 서비스
	사업지원	인력공급 및 알선, 기타 사업지원 서비스
사회 서비스	공공행정	공공행정 및 국방
	공공교육	공공교육
	교육	교육 서비스
	의료·보건	의료 및 보건
	사회복지	사회보험 서비스, 사회복지 서비스
개인 서비스	숙박·음식점	음식점 및 주점, 숙박 서비스
	예술·스포츠·여가	문화 서비스, 스포츠 및 오락 서비스
	기타 서비스	사회단체, 수리 서비스, 개인 서비스

자료 : 미래한국 Weekly(2021.5.21.). 서비스 산업 경쟁력 OECD 최하위권

1) 산업통계분석시스템(ISTANS, www.istans.or.kr)에서 사용하고 있는 기준이며, 이는 국제표준산업분류체계(ISIC)와 한국표준산업분류체계(KSIC)에 따라서 만들어진 것임

사례 1-2 미래산업으로 부상한 서비스 산업… 헬스케어·환경·여가 분야 주목

정부, 서비스 분야 신직업 활성화 방안 발표

치매전문인력·동물간호복지사 등 육성… 내년 상반기 직업사전 추가

정부가 미래 신산업으로 서비스업을 지목했다. 헬스케어, 환경·여가, 정보수집·관리 분야가 앞으로 새로운 직업군으로 주목받을 것으로 전망된다. 정부는 26일 경제관계장관회의에서 이 같은 내용을 담은 '신서비스 분야 중심 신직업 활성화 방안'을 발표했다. 정부는 이번 신직업 분야가 미래 잠재력이 있는 직업이라고 판단해 민간 시장에서 제대로 활성화될 수 있도록 촉매제 역할을 지원하겠다는 구상이다.

신직업 육성계회은 지금까지 3차례 발표됐다. 2013년에 44개, 2015년 17개, 2016년 10개 직업이 새로 추가됐다. 이처럼 정부가 신직업을 확대하는 배경에는 우리나라 직업 개수가 미국, 일본 등 선진국에 비해 적은 상황이기 때문이다. 우리나라 직업사전에 등재된 직업 수는 2011년 이후 5년간 4060개 증가에 그쳤다. 증가한 직업도 기존에 없던 분야보다는 이미 있는 직업을 등재해 관련·유사직업이 대부분이다.

'19년 수록 예정 신직업(예시)

직업명	직무개요
블록체인 개발자	볼록체인 기술을 적용하여 금융 등 각종 정보시스템을 기획·분석·개발
크라우드펀딩 기획자	자금이 필요한 기업이나 사업프로젝트가 크라우드펀딩에 참여할 수 있도록 펀딩의 구조를 설계하고 기업과 투자자에게 펀딩이 쉽게 전달되도록 기획
개인 간 대출서비스 운영자	온라인 플랫폼을 통해 대출을 원하는 사람과 투자자를 중개하는 P2P대출 서비스를 운영
인공암벽 시설설계 기술자	인공암벽시설(실내외에 인공으로 만들어진 암벽 구조물)을 설계
스마트팜 컨설턴트	사물인터넷 등 ICT를 활용하여 농가시설을 현대화하고, 스마트팜의 설계·구축·운영 등에 관해 조언하고 지도
산업용 로봇 자동화 설비설계 기술자	산업용 로봇을 생산현장에 설치하기 위해 설치 대상공정을 분석하고 로봇 주변장치 및 자동화 설비를 설계
마리나 운영원	마리나 시설을 유지·관리하고 이용 선박에 접안, 계류 등 관련 서비스를 제공
3D프린터 운영기사	원활한 3D프린팅을 위해 출력과정 중 출력오류에 대처하고 출력 후 안전하게 제품을 회수
도시재생 코디네이터	도시·마을 재생지역의 특성·자원·의견을 수렴하여 세부 사업계획을 수립 및 운영하고, 마을 공동체 활성화 프로그램 등 개발·운영

올해는 서비스업에 초점을 맞췄다. 분야별로는 헬스케어의 경우 법적 토대 마련, 인력양성 등을 통해 유전체 분석가, 의료기기 과학 전문가, 치매전문인력, 치유농업사 등을 육성한다. 의료기관이 아닌 검사기관이 직접 실시할 수 있는 검사 허용항목 확대를 검토하고, '의료기기산업육성법' 제정을 추진할 계획이다.

환경 · 여가 분야는 자격제도 정비, 관련 산업 활성화 등을 통해 냉매회수사, 실내 공기질 관리사, 동물간호복지사 양성에 나선다. 냉매회수업 시장 활성화, 실내공기질관리사 자격제도, 동물간호복지사 자격 · 교육 관련 법적 토대 마련 등이 추진된다. 이 가운데 냉매회수사는 오존층 파괴 및 지구온난화를 유발하는 냉매 적정 회수를 위한 전문 인력이다. 지난달 29일 등록제가 시행됐지만 인력이 부족한 상황이다. 실내공기질 관리사 역시 미래 직업으로 주목받고 있다. 지하역사, 어린이집 등 다중이용시설 실내공기질 전문 관리 및 컨설팅을 할 수 있는 전문 인력이다. 내년 상반기 중 국가전문자격제도 도입을 추진하고 있어 관련 시장 확대가 기대되는 분야다.

정보 수집 · 관리 분야는 정보의 수집 및 안전한 활용 등을 위해 공인탐정, 개인정보보호 전문관리자 제도 도입 관련을 검토할 방침이다. 눈에 띄는 분야는 공인탐정이다. 각종 위법행위와 사고 피해 확인, 행방불명자 소재 파악 등을 공식적으로 할 수 있는 직업이다. 공인탐정은 OECD 35개국 가운데 우리나라만 도입하지 않은 직업 중 하나다.

한편 정부는 내년부터 미래 유망직업 등을 중심으로 한국직업사전 추가 수록 및 보완 작업에 착수한다. 내년 상반기 중에는 이들 직업을 산업 동향, 취업알선 구인구직자료, 해외사례 등을 분석해 신생 유망직업 추가수록 및 워크넷 DB화를 마칠 예정이다.

이 밖에 신중년 전직 지원을 위한 '신중년 진로 가이드북' 개발 · 보급, 청년층은 카드뉴스, 클립동영상 등 전달매체 다양화로 맞춤형 홍보에 나선다.

자료 : 아주경제(2018.12.26.)

2 경제적 역할에 따른 서비스 분류

서비스는 모든 경제활동에서 중심적 위치를 차지하고 있다. 서비스는 제조업은 물론 여러 산업의 생산활동을 연결하는 네트워크 역할을 하고 있다. [그림 1-2]는 경제에서 중심적 역할을 담당하는 각 서비스가 영역별로 기업의 생산활동과 가계의 소비활동에 어떻게 연계되어 있는지를 나타낸다. 따라서 경제가 제대로 작동하고 삶의 질을 높이기 위해서는 서비스 활동이 절대적으로 필요하다.

사회기반 서비스는 사회간접자본을 이용한 서비스로서 금융 서비스, 상품의 분배와 유통 서비스, 개인 서비스 영역에 영향을 미치고 있다. 금융 서비스와 비즈니스 서비스는 기업의 자금조달과 회계 및 법률 등의 활동을 지원하고, 분배 및 유통 서비스는 기업의 생산과 판매에 필요한 공급과 유통을 담당하여 개인 서비스와 소비자를 연결해 주고 있다.

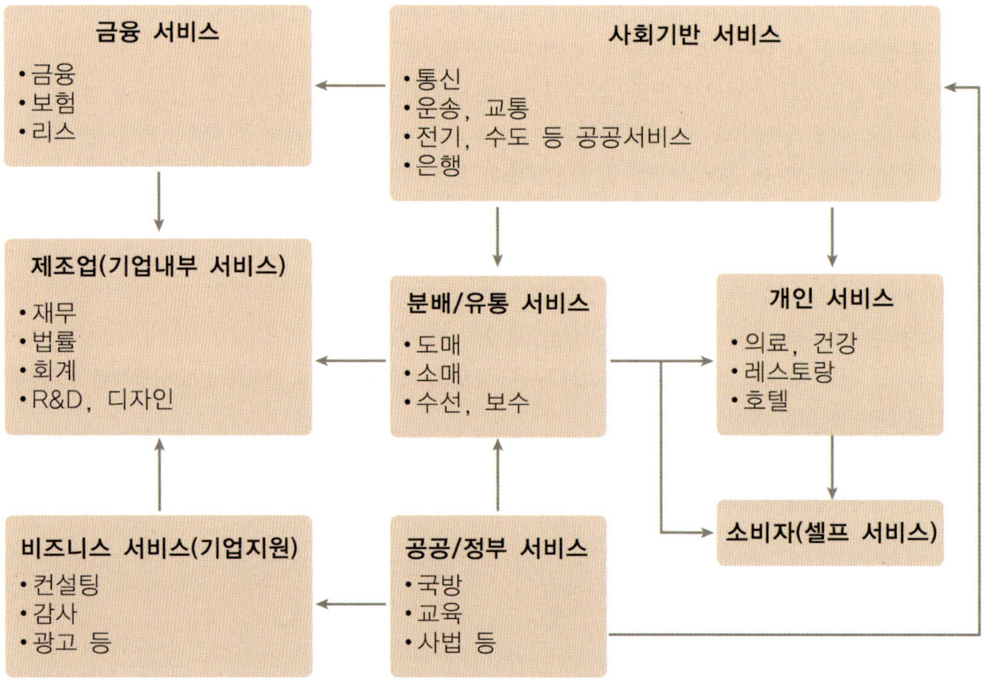

자료: Fitzimons, J.A., Fitzimons, M.J., Sanjee, K.(2014). Service management. McGraw-Hill, p.4

[그림 1-2] 서비스의 경제적 역할

3 고객접촉 정도에 따른 분류

서비스 제공시스템과 고객과의 접촉 정도에 따라 고접촉 서비스와 저접촉 서비스로 분류된다. 고접촉 서비스 또는 순수 서비스는 높은 수준의 고객접촉을 통해 제공되는 서비스로서 고급 호텔레스토랑, 헬스케어, 미용실, 의료상담 등이 해당한다. 고접촉 서비스에는 원만한 인간관계와 대인접촉 기술을 갖춘 직원이 필요하다. 그리고 서비스 능력을 수요에 정확히 맞추어야 한다. 또한, 고객이 서비스 제공시스템에 존재하고 있으므로 고객욕구에 민감해야 하며 대기시간의 관리도 중요하다.

중간 정도의 고객접촉을 통해 제공되는 혼합 서비스는 고객이 서비스의 생산과 제공 과정에서 서비스 제공기업 혹은 직원을 도울 필요가 있는 상황에 해당한다. 즉, 정보의 제공, 개인적인 노력, 물리적 소유물을 제공해야 하는 것 등을 포함한다. 예를 들어, 하와이 여행을 위해 항공사 비행기 좌석을 예약할 때 고객은 항공사 직원이 요구하는 개인정보를 제공해야 한다. 은행, 자동차 수리센터, 항공사, 호텔 등이 이에 해당된다.

낮은 수준의 고객접촉을 통해 제공되는 저접촉 서비스는 제조업과 유사한 물리적 대상물과 매체, 대량 유통채널을 이용하는 특성이 있어 유사제조 서비스라 불린다. 이 서비스는 공항 키오스크, ATM, 배송센터, 통신판매, 홈쇼핑 등을 포함하며 고객들과 실질적으로 접촉하지 않아도 된다. 저접촉 수준의 서비스는 고객들의 요구가 잠재적으로 업무에 방해될 수 있으므로 고객과의 접촉이 없는 곳으로 옮기면 생산이 훨씬 더 부드럽게 진행될 수 있다. 즉, 고객과 접촉이 낮은 활동을 고객으로부터 분리하여 후방으로 배치하게 되면 업무의 효율성이 높아지게 된다. [표 1-9]는 고객접촉 정도에 따른 서비스 분류를 요약한 것이다.

[표 1-9] 고객접촉 정도에 따른 서비스 분류

고객접촉 정도	서비스 유형	예시
높은 수준	순수 서비스 (Pure service)	• 고객의 개별적 요구에 신속하고 유연하게 대처 • 회원제 헬스클럽, 고급 호텔레스토랑, 개인 서비스, 결혼상담 서비스, 미용실, 교육
중간 수준	혼합형 서비스 (Mixed service)	• 은행 지점, 자동차 수리센터, 항공사, 호텔
낮은 수준	유사제조 서비스 (Quasi-manufacturing service)	• 내부효율에 초점을 두고 원가 및 비용관리에 주력 • 통산판매, 패스트푸드점, 극장, 은행 본사, 스포츠 관람, 홈쇼핑, 도매업

자료 : Chase, R.(1978). Where does the customer fit in a service operation? Harvard Business Review. 56 : 137-142. 내용 수정보완

4 노동집약도와 고객 상호작용 정도에 따른 분류

서비스의 전달 프로세스에 영향을 미치는 고객과의 상호작용(즉, 고객화 정도)과 노동집약 정도의 두 가지 요소에 따라 [표 1-10]과 같이 서비스 유형을 네 가지로 분류할 수 있다(Schmenner, 1986). 네 가지 서비스 유형(서비스 매트릭스)은 서비스 공장(Service factory), 대량 서비스(Mass service), 서비스 숍(Service shop), 전문 서비스(Professional service)이다. 이러한 분류방법은 서비스 프로세스를 개선하여 경쟁력을 높이는 데 유용하다.

여기서 노동집약도가 낮다는 것은 개인의 서비스 능력보다 자본비용이 많이 소요되는 장비, 시설, 건물 등을 이용한 서비스를 제공한다는 의미이다. 반대로 노동집약도가 높다는 것은 서비스를 제공하는 데 있어 노동으로 인한 인건비가 자본비용보다 더 많이 소요됨을 의미한다. 그리고 고객접촉의 정도가 클수록 고객의 적극적 개입이 등장하여 고객과의 상호작용 수준, 즉 개별화 수준이 높아진다.

[표 1-10] 서비스 프로세스 매트릭스

구분		고객과의 상호작용(고객화, 개별화, 맞춤화)	
		낮음	높음
노동 집약도	낮음	서비스 공장 (Service factory)	서비스 숍 (Service shop)
		자본비용 〉 노동비용 대중교통, 항공사, 호텔, 리조트 등	자본비용 〉 노동비용 병원, 미용실, 자동차 수리센터 등
	높음	대량 서비스 (Mass service)	전문 서비스 (Professional service)
		자본비용 〈 노동비용 소매업, 대형마트, 학교, 은행 등	자본비용 〈 노동비용 의사, 변호사, 세무 컨설팅, 건축사

자료: Schmenner, R.W.(1986). How can service businesses survive and prosper? Sloan Management Review. 27(3): 25. 내용 수정보완

1) 서비스 공장(Service factory)

노동집약도가 낮고 고객과의 상호작용도 낮은 특성을 지닌 서비스 유형이다. 공장과 비슷한 흐름의 생산이 가능한 표준화된 서비스를 대량으로 공급하는 항공사, 화물트럭, 중저가 호텔, 휴양시설 등이 해당한다. 대체로 서비스 공장형의 서비스는 단순화, 표준화, 효율화를 추구하고 있다.

2) 서비스 숍(Service shop)

노동집약도가 낮고 고객과의 상호작용이 높은 특성을 지닌 서비스 유형이다. 고객화가 높은 서비스를 제공하지만 서비스에 설비가 가지고 있는 능력이 많이 포함되므로 자본투자도 많이 소요되는 병원과 자동차 정비소 등이 해당된다. 대체로 표준화에 의한 대량 서비스와 전문화에 의한 고객화의 이점을 지향하는 서비스 유형이다.

3) 대량 서비스(Mass service)

노동집약도가 높고 고객과의 상호작용이 낮은 서비스를 제공하는 형태이다. 서비스를 제공할 때 필요한 노동력이 기업에서 차지하는 비중이 높고 표준화된 비차별적 서비스를 제공한다. 이 유형은 서비스 규모의 확대에도 불구하고 서비스 프로세스는 단순 반복적으로 수행되어 노동력의 규모를 축소하는 데 중점을 둔다. 은행이나 대형마트에서와 같이 단순 반복적인 작업은 ATM 등 자동화를 도입하고 있다. 소매업, 도매업, 교육 서비스 중 대규모 강의 등이 해당한다.

4) 전문가 서비스(Professional service)

노동집약도와 고객과의 상호작용 모두 높은 서비스를 의미한다. 이 유형은 시설이나 장비를 사용하지 않고 전문가로서의 지식 등을 갖춘 전문인력이 요구됨으로써 노동집약도가 높고 고객과의 상호작용도 높다. 전문적으로 교육받은 전문가가 고객화(맞춤화)가 높은 서비스를 제공하는 것으로 의사, 변호사, 회계사, 건축사 등이 그 예이다.

Schmenner(1986)는 [그림 1-3]과 같이 노동집약도와 상호작용(고객화) 정도에 따라 경영자가 직면하는 과제를 제시하였다. 각 사분면 안의 서비스 프로세스는 각각이 독특한 관리적인 도전에 직면한다. 이에 대한 설명은 아래와 같다.

첫째, 노동집약도가 낮고 자본집약도가 높은 서비스 공장과 서비스 숍의 경우에는 공통적으로 자본 의사결정이 중요하며 기술발전에 의한 자본의 효율성 증대가 중요한 경쟁력 요소가 된다. 자본재의 양은 쉽게 변경할 수 없으며 이익이 나기 위해서는 이용률이 높아야 한다. 이 유형에 속한 서비스 기업들(예 : 호텔, 리조트 병원 등)은 자본의 효율성 증대를 위한 기술혁신과 수요관리가 당면한 과제가 된다.

둘째, 노동집약도가 높고 자본집약도가 낮은 대량 서비스와 전문 서비스에 해당하는 기업의 경우는 직원의 관리가 중요한 경쟁력의 요인이 될 수 있다. 대량 서비스의 경우에는 직원들이 단순 서비스 제공자들이기 때문에 생산성 향상을 위한 교육훈련과 노동관리, 노동력의 효율적 활용 등이 중요한 경쟁력의 요인이 될 수 있다. 예컨대, 직원의 근무일정을 일별, 주별, 월별 계획을 세워 관리할 필요가 있다. 한편, 전문 서비스의 경우에는 전문가 집단에 대한 인사관리가 중요한 경쟁력 요인이 된다.

셋째, 고객접점의 정도가 낮은 서비스 공장과 대량 서비스의 경우에는 서비스의 생산과정에 있어 자본투입과 노동투입의 정도가 다르지만 고객과의 상호작용 정도에 있어서는 공통적으로 낮기 때문에 고객관리에 있어 표준화된 서비스의 제공이 중요하다. 즉, 서비스 품질 보장능력이 중요한 경쟁력 요인이 될 수 있다. 그리고 표준화된 서비스를 제공하는 데 있어 인간적인 측면을 무시하지 않는 것이 중요하다.

마지막으로, 고객접점의 정도가 높은 서비스 숍과 전문 서비스의 경우는 고객과의 높은 상호작용을 유지하기 위해 높은 인건비가 소요될 수밖에 없으며 저가격으로 경쟁력을 유지하기보다는 고객에게 제공하는 서비스의 품질이 중요한 경쟁력 요인이 된다. 따라서 서비스 제공인력의 비용상승을 억제하면서 품질을 높게 유지할 수 있는 인력관리 전략이 중요하다.

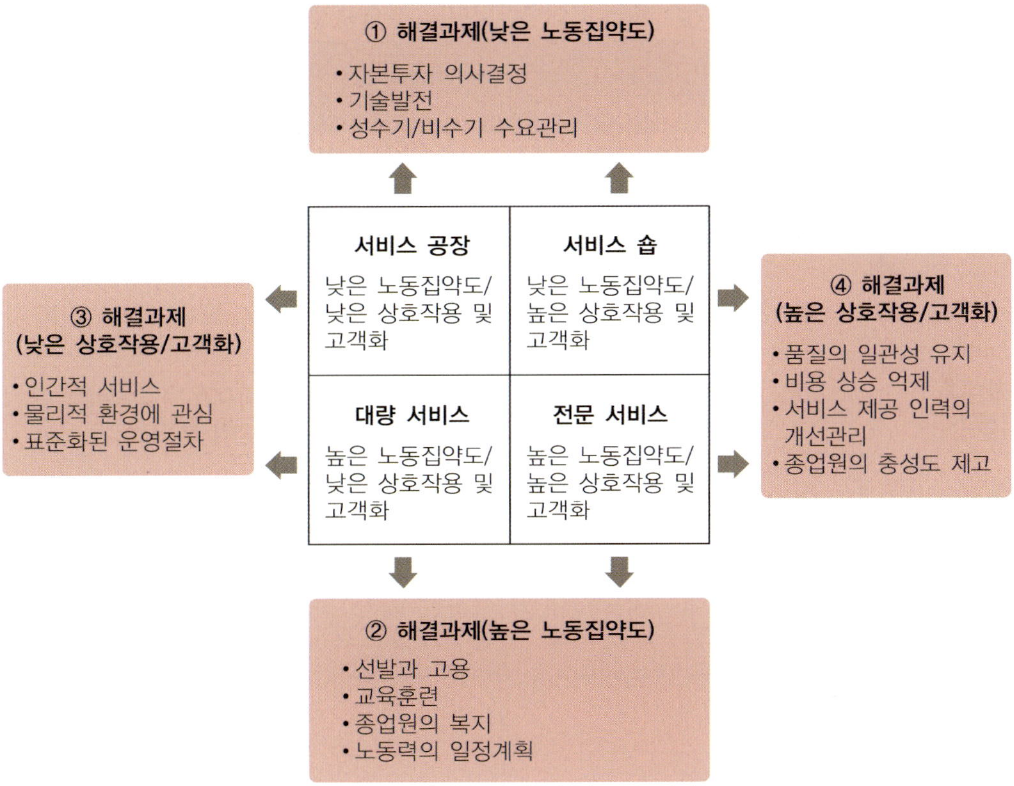

자료: Schmenner, R.W.(1986). How can service businesses survive and prosper? Sloan Management Review. 27(3): 27. 내용 수정

[그림 1-3] 서비스 유형별 해결과제

5 서비스 행위와 수혜대상에 따른 분류

서비스 성격의 유·무형성과 서비스 수혜 대상자가 누구인지 혹은 무엇인지에 따라 네 가지로 분류된다. 네 가지 서비스 유형은 사람 신체에 대한 유형 서비스, 사람 정신에 대한 무형 서비스, 물리적 소유물에 대한 유형 서비스, 그리고 무형자산에 대한 무형 서비스이다(표 1-11 참조). 이러한 분류는 서비스 상품의 본질과 그것이 제공하는 핵심편익을 이해하는 데 도움이 된다. 또한, 프로세스를 개선하여 경쟁력을 제고하는 데 도움이 된다.

[표 1-11] 서비스 행위의 성격과 서비스 수혜대상에 따른 분류

<table>
<tr><th colspan="2" rowspan="2">구분</th><th colspan="2">서비스 수혜대상자</th></tr>
<tr><th>사람</th><th>사물(물리적 대상물)</th></tr>
<tr><td rowspan="4">서비스 행위의 성격</td><td rowspan="2">유형적 행위</td><td>신체에 대한 유형 서비스
(인적 프로세스)</td><td>유형자산에 대한 유형 서비스
(물적 프로세스)</td></tr>
<tr><td>• 고객이 서비스 현장에 있어야 하며, 서비스 과정에 협조 및 참여해야 함
• 헬스케어, 미용, 병원, 레스토랑, 여객운송 등</td><td>• 서비스 대상의 유형자산은 서비스 제공장소에 있어야 하지만 고객은 선택적임
• 화물운송, 택배, 시설유지 및 보수, 세탁, 보관 등</td></tr>
<tr><td rowspan="2">무형적 행위</td><td>정신에 대한 무형 서비스
(정신적 자극 프로세스)</td><td>무형자산에 대한 무형 서비스
(정보처리 프로세스)</td></tr>
<tr><td>• 고객이 정신적으로 서비스 전달과정에 참여해야 하며, 인터넷·통신·방송 등을 이용할 때는 특정 장소에 구애받지 않음
• 교육, 광고, 심리치료, 박물관, 엔터테인먼트 등</td><td>• 고객의 서비스 요구사항이 잘 전달되었다면 고객은 서비스 과정에 반드시 참여할 필요가 없음
• 은행, 회계, 법률, 증권, 보험, 인터넷 서비스 등</td></tr>
</table>

자료: Lovelock, C.H.(1983). Classifying service to gain strategic marketing insight. Journal of Marketing. 47(Summer): 12. 내용보완

1) 신체에 대한 유형 서비스(인적 프로세스)

이는 고객의 신체를 대상으로 물리적 접촉을 통한 유형적 서비스이다. 여기에는 헬스케어, 미용, 병원, 레스토랑, 여객운송 등의 서비스가 해당된다. 신체에 대한 서비스나 정신에 대한 서비스와 같이 서비스 대상이 사람인 경우에는 대체로 인적 의존도가 높고 직원과의 상호작용이나 서비스의 전달장소가 중요하다.

사람의 신체에 대한 유형 서비스의 특징으로 세 가지를 들 수 있다(정용길, 2016). 첫째, 서비스는 생산과 소비가 동시에 일어나기 때문에 서비스가 제공되는 동안 고객은 서비스가 제공되는 물리적 현장에 있어야 한다. 따라서 서비스 제공자의 위치, 서비스 전달환경, 수요와 공급관리 등이 중요하다. 둘째, 서비스 전달과정에서 고객의 참여(협조)가 필요하다. 예를 들면, 카지노에서 게임을 즐기기 위해 무슨 종류의 게임을 하고 싶은지, 호텔에서 어떤 유형의 객실을 원하는지, 혹은 병원에서 무슨 진료를 받을 것인지 등 고객이 원하는 것을 말해야 한다. 마지막으로, 서비스 제공자는 서비스 제공

과정에서 고객의 경제적 비용, 시간적 비용이나 신체적 노력과 같은 비재무적 비용, 두려움이나 고통과 같은 정신적 비용을 고려해야 한다.

2) 정신에 대한 무형 서비스(정신적 자극 프로세스)

이는 고객이 제공받는 정신적인 서비스로 사람의 마음에 감동을 주거나 태도나 행동에 영향을 줄 목적으로 제공하는 서비스이다(허희영, 2021). 즉, 교육, 광고, 전문적 조언, 심리치료 등과 같은 서비스는 사람의 감성이나 지성 등과 같은 정신적 영역에 영향을 미쳐 사람의 사고나 행동을 변화시킨다.

하지만 이러한 유형의 서비스는 고객이 서비스 생산현장에 반드시 머무를 필요가 없다. 가령, 온라인 교육과 같이 고객은 언제 어디서든지 해당 서비스를 이용할 수 있으므로 이러한 서비스를 편리하게 제공하기 위해서는 환경조성이 중요하다. 그리고 이 유형에 해당하는 서비스는 미래에 소비하거나 반복적인 소비를 위해 저장이 가능하다(예 : TV 광고).

3) 유형자산에 대한 유형 서비스(물적 프로세스)

이는 서비스 수혜대상이 사람이 아닌 고객의 소유물이라는 점에서 사람 신체에 대한 유형 서비스와 구분된다. 이러한 서비스는 고객이 서비스 제공자(직원)와 직접 접촉이 일어나지 않기 때문에 자산의 보존이 중요하다(안연식, 2019). 예를 들면, 운송(택배, 이삿짐), 시설유지 및 보수, 세탁물 보관 등의 경우 고객은 서비스 제공자에게 자신이 소유하고 있는 물건(유형제품)을 맡기면 된다.

이 서비스를 경험하기 위해 고객은 서비스의 제공현장에 존재하지 않아도 된다. 따라서 서비스 제공기업은 서비스 전달과정이나 시설을 보다 유연하게 운영할 수 있게 된다(정용길, 2016). 또한, 고객들은 사람 중심의 유형 서비스보다 적게 참여하거나 관여한다.

4) 무형자산에 대한 무형 서비스(정보처리 프로세스)

이는 고객이 보유하고 있는 돈, 데이터, 기록 등의 무형적 자산을 대상으로 하는 서비스 유형으로 정보화 시대에 가장 발전하고 있는 서비스 유형이다. 정보의 효과적인 수집과 처리에 의존하는 서비스 유형에는 은행, 회계, 법률, 경영컨설팅 등의 전문 서비스가 있다. 정보는 서비스 산출 면에서 가장 무형적인 형태를 지니고 있다. 하지만 정보는 보고서, 서적, 파일 등과 같이 영구적이고 유형적인 형태로 전환될 수 있다.

6 기타 분류

서비스 기업이 제공하는 서비스는 비소유 유형에 따라 구분될 수 있다. 서비스 기업은 고객에게 서비스에 대해 소유권을 제공하는 대신에 사용권을 제공한다. [표 1-12]는 비소유 서비스 유형과 그에 따른 서비스 기업이 해결해야 할 관리적 이슈를 정리한 내용이다.

[표 1-12] 비소유에 따른 서비스 유형

비소유 서비스 유형	대표적 사업	고객가치	관리 이슈
제품대여 서비스	복사기, 정수기, 렌터카 등	독점적 사용을 위한 일시적 권리 획득	제품의 지속적 유지보수, 위치선정
장소 및 공간 대여 서비스	백화점이나 호텔 내 숍인숍 등	일정 공간의 독점적 사용권한 획득	시설물 유지보수(청소 등), 규모의 경제 실현(여러 건물 동시 관리)
노동력 및 전문기술 용역	자동차 수리, 수술, 컨설팅 등	업무수행을 위해 타인 고용	직원 교육훈련으로 최고 능력유지, 근무일정 관리로 유휴 노동력 방지
물리적 시설활용 서비스	테마파크, 캠프장, 골프장, 농구장 등	일정기간 시설 출입 권리 획득	대기 및 혼잡도 통제
네트워크 활용 서비스	인터넷, 전화	참여권한 획득	지속적 가용성 유지, 업데이트

자료 : 안연식(2019). 서비스 경영. 도서출판 창명, p.19. 내용수정

토론주제

- 서비스 개념이 변화하는 이유는 무엇인가?
- 세계 경제에서 서비스화가 가속화되는 이유는?
- 서비스의 특성으로 인한 문제점을 해결할 방안은 무엇인가?
- 서비스 패러독스의 극복방안은?
- 우리나라 서비스 산업 분류와 선진국 분류와의 차이점은?
- 관광 서비스 산업에서 새롭게 등장하는 서비스 사례는?

참고문헌

강기두(2018). 서비스마케팅. 북넷.

미래한국(2021.5.21.). 서비스산업 경쟁력 OECD 최하위권. https://www.futurekorea.co.kr/news/articleView.html?idxno=145988

박건현(2011.6.). 행복을 창조하는 기업. 동아비즈니스리뷰, Issue1.

시사저널(2020.2.11.). '문화를 팔다' 年매출 1.5조 원 스타벅스의 성공비결. https://www.sisajournal.com/news/articleView.html?idxno=195199

아주경제(2018.12.26.). 미래산업으로 부상한 서비스산업… 헬스케어·환경·여가 분야 주목. https://www.ajunews.com/view/20181226101117676

안연식(2019). 서비스경영. 도서출판 창명.

이상식(2021). 스마트한 서비스 경영. 유문북스.

이유재(2013). 서비스마케팅(제5판). 학현사.

정용길(2016). 서비스 마케팅. 이프레스.

중앙일보(2018.5.24.). 농촌서 진행중인 '1+2+3=6'차 산업혁명에 올라타라.

허희영(2021). 서비스경영. 북넷.

American Marketing Association(1960). Marketing definitions : A glossary of marketing lerms. American Marketing Association, Chicago.

Berry(1980). Services marketing is different. Business. 30(May-June) : 24-29.

Chase, R.(1978). Where does the customer fit in a service operation? Harvard Business Review. 56 : 137-142.

Clark, C.(1951). Urban population densities. Journal of the Royal Statistical Society. 114(4) : 490-496.

Fitzimmons, J.A., Fitzimmons, M.J., Sanjeev, K.(2014). Service management. McGraw-Hill.

Fitzsimmons, J.A., & Fitzsimmons, M.J.(2007). Service management(5th ed.). New York : McGraw-Hill.

Gummenson(1987). The new marketing-Developing long-term interactive relationships. Long Range Planning. 20(4) : 10-20.

Johnstone, S., Wilkinson, A., & Dainty, A.(2014). Reconceptualizing the service paradox inengineering companies. IEEE Transactions on Engineering Management. 61(2) : 275-284.

Kotler, P., & Levy, S.J.(1969). Broadening the concept of marketing. Journal of Marketing. 38 (January) : 10-16.

Kotler, P., Bowen, J., & Makens, J.(2003). Marketing for hospitality and tourism(3th ed.). Prentice-Hall.

Lehtinen, J.(1983). Customer oriented service system. Working paper, Service Management Institute, Helsinki.

Levitt, T.(1972). Production-line approach to service. Havard Business Review, September : 41-52.

Lovelock, C.H.(1983). Classifying service to gain strategic marketing insight. Journal of Marketing. 47(Summer) : 9-20.

Rathmell M.J.(1966). What is meant by services? Journal of Marketing, October, 30 : 32-36.

Say, J.B.(1803). A treatise on political economy ; or The production, distribution, and consumption of wealth. Batoche Books.

Schmenner, R.W.(1986). How Can Service Businesses Survive and Prosper? Sloan Management Review. 27(3) : 21-32.

Smith, A.(1776). An inquiry into the nature and causes of the wealth of nations(1st ed.).

Zeithaml, V.A., Parasuramann, A., & Berry, L.L.(1985). Problems and strategies in service marketing. Journal of Marketing, 49(2) : 33-46.

Zeithaml, V.A., Bitner, M.J., & Dwayne, D.G.(2013). Services marketing. Integrating customer focus across the firm(6th Ed.). New York : McGraw-Hill Irwin.

제 02 장

관광 서비스 산업과 서비스 경영의 이해

학습목표

본 장에서는 다음 내용의 이해를 목표로 한다.

- 서비스 산업의 현황
- 서비스 산업의 생산성
- 관광 서비스 산업의 역할
- 서비스 경제화의 촉진요인
- 관광 서비스 산업의 경쟁력
- 관광산업의 발전요인
- 서비스 경영개념
- 서비스 경영의 학문적 특징

Chapter

02 관광 서비스 산업과 서비스 경영의 이해

사례 2-1 '제조업 강국' 한국, 일자리 많은 서비스 산업 경쟁력은 바닥권

미국의 전기차 업체 테슬라는 자율주행 기능을 원하는 고객에게 1만 달러(약 1,115만 원)가량을 추가로 받는다. 소프트웨어를 업그레이드해 자율주행 기능을 탑재해 주는 옵션이다. 이 비용이 주력 판매차종인 '모델 3' 가격의 약 20%에 이른다. '가전명가'로 불리던 일본의 소니는 게임, 영화 등 콘텐츠 중심 기업으로 탈바꿈하기 위해 최근 사명을 소니그룹으로 바꿨다. 이 회사의 영업이익 절반은 이미 콘텐츠 분야에서 창출된다.

국가별 서비스 산업 생산성(단위 : 달러)

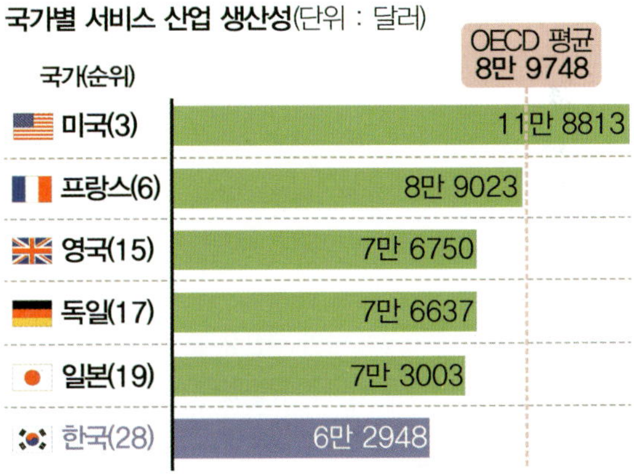

▲ 자료 : OECD stats(2018년 기준)

한국 서비스 산업 생산성 · 순위 추이

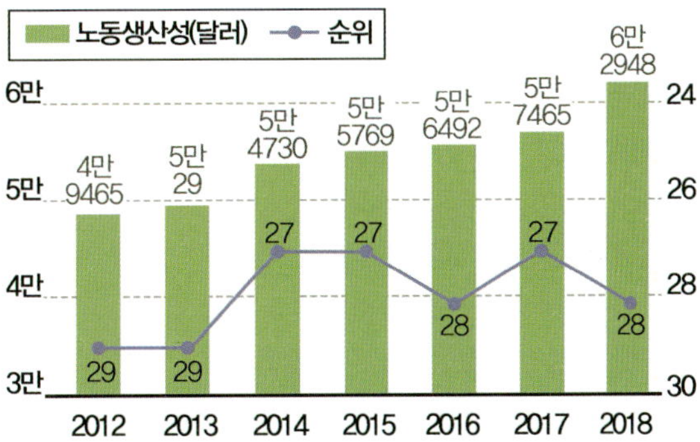

세계적인 제조업체들이 서비스 관련 부가가치 창출에 집중하고 세계 각국 역시 서비스 산업육성에 공을 들이고 있는 가운데 국내 서비스 산업의 경쟁력이 주요 국가에 비해 크게 뒤처져 있다는 분석이 나왔다.

전국경제인연합회(전경련)는 20일 경제협력개발기구(OECD) 통계를 바탕으로 국가별 서비스 산업 경쟁력을 분석해 발표했다. 그 결과 한국의 취업자당 노동생산성은 OECD 평균의 70.1%로 33개국 중 28위인 것으로 나타났다. 특히 제조업 노동생산성 대비 서비스 산업 노동생산성 수준은 50.3%에 그쳐 OECD 33개국 중 32위로 최하위권을 기록했다. 한국의 서비스 산업 생산성이 그리스(24위), 슬로베니아(27위), 리투아니아(29위)와 비슷한 바닥권인 셈이다.

서비스 산업의 미래경쟁력을 좌우할 연구 · 개발(R&D) 투자도 주요국에 비해 부족한 것으로 나타났다. 한국의 서비스 산업 R&D 규모는 2018년 기준 72억 달러에 그쳤다. 미국(1365억 달러, 2017년), 일본(163억 달러, 2018년), 독일(133억 달러, 2017년) 등 주요 제조업 강국에 비해 턱없이 낮다. 전체 R&D에서 서비스 산업 R&D가 차지하는 비중도 9.1%로 한자리 수에 그쳤다.

그 결과 서비스 수지는 2000년부터 21년 연속 적자를 기록하고 있다. 최근 10년간(2011~2020년) 누적된 서비스 수지 적자 규모만 1678억 달러다. 특히 고부가가치 산업과 밀접한 관계를 가진 지식재산권 사용료 수지는 누적적자가 339억 달러로 전체 서비스 수지 적자의 20.2%를 차지하고 있다.

전경련은 "테슬라 등 글로벌 기업들이 제조업 사업 영역을 소프트웨어·구독 서비스 등 고부가가치 서비스 산업과 융합·확장하는 데 주력하고 있지만 한국기업들은 이러한 흐름에 적응하지 못하고 있다"고 분석했다. 또 공유 차량·새벽 배송 등 새로운 서비스에 대한 규제 리스크도 높아 생산성 향상에 걸림돌로 작용하고 있다고 덧붙였다.

자영업자 비율이 높아 경쟁이 과도한 것도 생산성 향상에 불리하다는 평가도 나온다. 한국의 비임금근로자(자영업자와 무급가족 종사자를 포함) 비율은 2018년 기준 25.1%로 OECD 34개국 중 6위를 기록했다. 전경련은 "정부가 서비스 산업 발전기본법 제정을 2011년부터 꾸준히 추진했지만 의료산업 분야 등 일부 쟁점에 막혀 10년째 아무런 진전이 없다"고 지적했다.

유환익 전경련 기업정책실장은 "제조업보다 많은 일자리를 창출하는 서비스 산업은 비대면 분야가 성장함에 따라 중요성이 더욱 커질 것으로 예상된다"며 "서비스 산업 발전기본법 제정, 고부가가치 서비스업 융합·전환 촉진 등을 통해 경쟁력을 키울 필요가 있다"고 말했다.

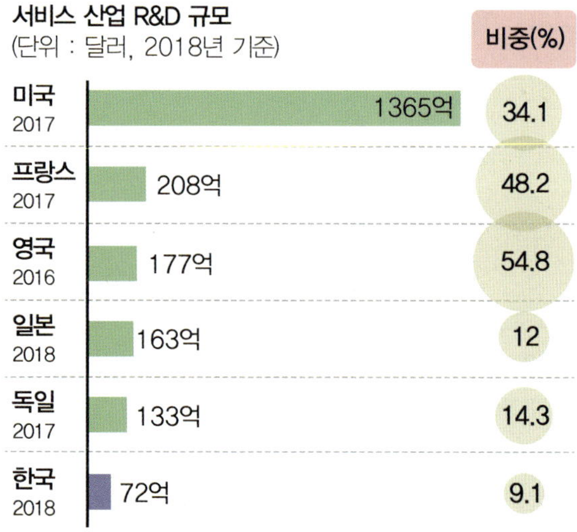

▲ 자료 : OECD stats

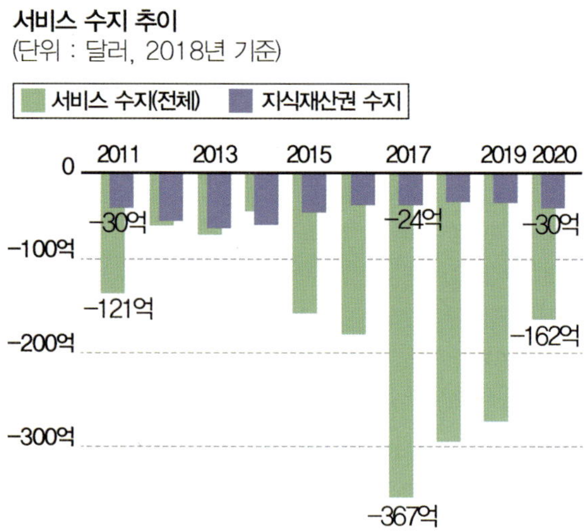

▲ 자료 : 한국은행

자료 : 중앙일보(2021.4.20.)

제1절 서비스 산업의 이해

서비스 산업은 고용창출의 효과가 높아 제조업에 비해 상대적으로 많은 일자리를 창출하고 있다. 그래서 서비스 산업의 활성화가 고용없는 성장의 대안으로 부각되고 있다. 서비스 소비가 증가하면 서비스업의 활동이 촉진되며 서비스 산업이 성장하고, 서비스 산업의 성장은 다시 고용창출, 소비촉진으로 이어지는 선순환을 일으킨다. 특히, 관광, 의료, 음식, 금융 등의 서비스 산업은 젊은 층이 선호하는 분야이다. 본 절에서는 서비스 산업의 개념, 서비스 산업 현황, 그리고 서비스 산업의 문제점에 대해 살펴본다.

1 서비스 산업의 개념

서비스 산업이란 경제주체(예 : 가계 - 소비주체, 기업 - 생산주체, 정부 - 생산 및 소비주체)의 경제활동에 의하여 타 경제주체나 경제객체(재화와 서비스)의 상태를 변화시키는 무형의 경제재[2]에 대한 생산활동을 하는 산업을 통칭한다(김선태, 2014). 경제학에서는 경제활동에 있어서 사고팔 수 있는 대상이 되는 것을 재화와 용역(서비스)으로 분류하는데 물건을 만들어내는 산업을 제조업, 용역을 만들어내는 산업을 서비스업이라고 한다.

국민계정상의 서비스업은 경제활동별로 구분된 GDP(Gross Domestic Product : 국내총생산) 중 농림어업, 제조업 등을 제외한 대부분의 산업을 의미한다. 여기서 국민계정이란 한 나라 재화와 서비스의 거래, 자금흐름을 일정한 계정형식에 따라 기록한 것으로 국가 재무제표(국민소득통계, 국제수지표 등)이다. 미국 하버드 대학교의 Levitt 교수는 "서비스 산업은 없으며 모든 산업은 서비스 부문이 많은가 적은가의 차이만 있을 뿐"이라고 주장하였다.

2) 대가를 지불해야 획득할 수 있는 자원을 의미하는데, 석유, 자동차, 음식 등과 같은 거의 모든 제품은 경제재에 속한다.

2 서비스 산업의 현황

우리나라 서비스 산업은 고용창출이나 GDP 기여도에서 지속적으로 성장해 왔다. 하지만 선진국에 비해서 우리나라 서비스 산업은 국가경제나 고용비중 측면에서 아직 부족한 점이 많다. 여기서는 서비스 산업이 경제에서 차지하는 비중을 고용측면과 무역규모의 측면에서 살펴본다.

1) 서비스 산업의 경제비중

경제협력개발기구(OECD)에 따르면, 우리나라 서비스 산업은 명목GDP에서 차지하는 비중이 주요 국가들에 비해 낮은 편이다(표 2-1 참조). 2020년 기준 우리나라는 62.4%로 미국(81.2%), 영국(80.5%), 프랑스(79.8%) 등 해외 주요 국가들에 비해 낮은 수준이다. 특히, 일본, 한국, 중국 등 아시아 국가들이 여전히 서구 국가들에 비해서는 낮은 편이다. 국가별 GDP(혹은 명목부가가치) 대비 서비스업 비중이나 고용비중은 자료작성의 주체마다 차이가 있는데 국제기구나 국내기관이 서비스업 범위를 다르게 설정하고 있기 때문이다.

[표 2-1] 주요 국가별 명목GDP 대비 서비스업 비중

(단위 : %)

항목	2015년	2016년	2017년	2018년	2019년	2020년
미국	80.2	80.9	80.6	80.3	80.8	81.2
영국	78.6	79.3	79.0	79.0	79.4	80.5
프랑스	78.5	78.9	78.9	78.9	78.9	79.8
이탈리아	74.5	74.2	74.1	73.9	74.0	73.9
캐나다	72.1	73.3	71.7	72.4	72.5	72.4
일본	69.7	69.7	69.4	69.6	69.9	70.0
독일	69.2	68.7	68.6	69.0	69.6	69.9
한국	60.6	60.5	60.0	60.9	62.5	62.4

자료 : 산업통계분석시스템(ISTANS) 홈페이지(국제통계)

우리나라의 산업구조를 산업별 구성비율로 살펴보면 서비스 산업과 제조업의 비중은 지속적으로 증가하였으나 농·어업의 비중은 감소하였다. 특히, 농림어업은 1970년 대비 10분의 1 이상 감소하였다. 서비스 산업은 GDP 대비 1970년 50.7%에서 2015년 60.6%, 2020년 62.4%로 그 비중이 지속적으로 증가하고 있다(표 2-1 참조).

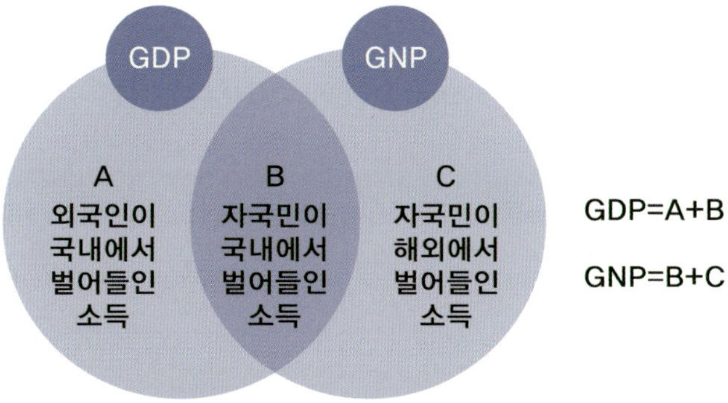

[그림 2-1] 국내 총생산(GDP)과 국민 총생산(GNP) 개념차이

2) 서비스 산업의 고용비중

우리나라 서비스 산업의 고용 기여도는 주요 국가들에 비해 낮게 나타났지만 주요 국가들과의 차이는 크지 않은 것으로 나타났다(표 2-2 참조). 영국을 제외하면 대부분의 국가들이 70%대를 유지하고 있다. 한편, 국가별 세계 서비스 시장 점유율을 보면 미국이 30.5%로 압도적 우위를 차지하고 있으며 우리나라는 1.7%에 불과한 것으로 나타났다(표 2-3 참조). 이러한 결과는 서비스 수준이나 능력이 아직 세계시장에서 경쟁력을 갖추지 못하고 있음을 나타낸다.

[표 2-2] 국가별 서비스업의 고용인원 비중

(단위 : %)

항목	2015년	2016년	2017년	2018년	2019년	2020년
영국	80.34	80.52	80.69	80.92	80.91	81.88
프랑스	77.17	77.13	77.21	77.54	77.38	78.03
일본	70.92	71.34	71.49	71.76	72.13	72.38

항목	2015년	2016년	2017년	2018년	2019년	2020년
독일	70.92	71.31	71.32	71.41	71.61	N/A
한국	69.74	70.20	69.90	69.80	70.28	69.98
이탈리아	69.65	69.99	70.21	70.14	70.24	69.65

주 : OECD는 만 15-64세 인구를 생산가능인구로 인정함
자료 : 산업통계분석시스템(ISTANS) 홈페이지(국제통계)

[표 2-3] 국가별 세계 서비스 시장 점유율

(단위 : %)

구분	2015년	2016년	2017년	2018년	2019년	2020년
미국	30.3	30.6	30.1	29.9	30.5	30.5
중국	11.5	11.8	12.3	13.2	13.5	N/A
일본	6.3	6.9	6.4	6.2	6.2	6.3
독일	4.3	4.3	4.4	4.5	4.3	4.4
영국	4.3	3.8	3.6	3.6	3.5	3.6
프랑스	3.5	3.5	3.5	3.5	3.4	3.4
이탈리아	2.5	2.5	2.5	2.5	2.3	2.3
캐나다	2.2	2.1	2.1	2.1	2.1	2.0
한국	1.7	1.7	1.7	1.7	1.7	1.7

자료 : 산업통계분석시스템(ISTANS) 홈페이지(국제통계)

3) 서비스 무역현황

2021년 우리나라 무역액은 1조 2,596억 달러였다(수출 6,445억, 수입 6,151억 달러)(관세청 홈페이지). 이는 2020년 9,801억 달러(수출 5,129억, 수입 4,672억 달러) 대비 28.5% 증가한 수치이다. 한국무역협회에 따르면, 2019년 우리나라 서비스 무역규모는 2,095억 달러이며, 이 중 서비스 수출이 1,220억 달러이고 서비스 수입은 875억 달러였다. 우리나라 서비스 수출액이 전 세계 서비스 수출시장에서 차지하는 비중은 2% 미만이며, 서비스 수입액이 전 세계 시장에서 차지하는 비중은 약 3% 정도이다.

2019년 기준 서비스 산업의 무역비중은 20%(2,095억/1조 456억 달러) 초반대로 낮은 편이다. 즉, 서비스 경제화로 서비스 산업이 GDP에서 차지하는 비중이 높아지는 것에

비해 서비스 산업의 교역규모는 아직 그 비중이 제조업에 미치지 못하고 있다. 현재의 서비스 무역통계가 모든 서비스 업종 및 서비스 공급유형의 통계를 포함하지 못하고 있어 서비스 무역의 규모 및 비중이 과소평가되는 측면이 있다(김천곤 외, 2017).[3)]

우리나라 서비스 수지는 2000년부터 21년 연속 적자를 면치 못하고 있고, 최근 10년(2011~2020년)간 누적된 적자규모는 1,678억 달러이다(연합뉴스, 2021). 이 적자규모에서 고부가가치 산업과 밀접한 관계인 지식재산권 사용료 수지는 누적적자가 339억 달러인데, 이는 전체 서비스 수지 적자의 20.2%에 이르는 규모다(그림 2-2 참조).

한편, 업종별 서비스 무역수지 추이를 살펴보면, 건설서비스, 운송서비스, 통신 · 컴퓨터 · 정보서비스를 제외한 대부분의 서비스 업종이 무역 적자를 보이고 있다. 특히, 여행서비스, 사업서비스, 가공서비스가 서비스 무역수지 적자규모가 큰 업종이다. 관광수지는 연도별 차이는 있으나 지속적으로 적자를 기록하고 있다(표 2-4 참조).

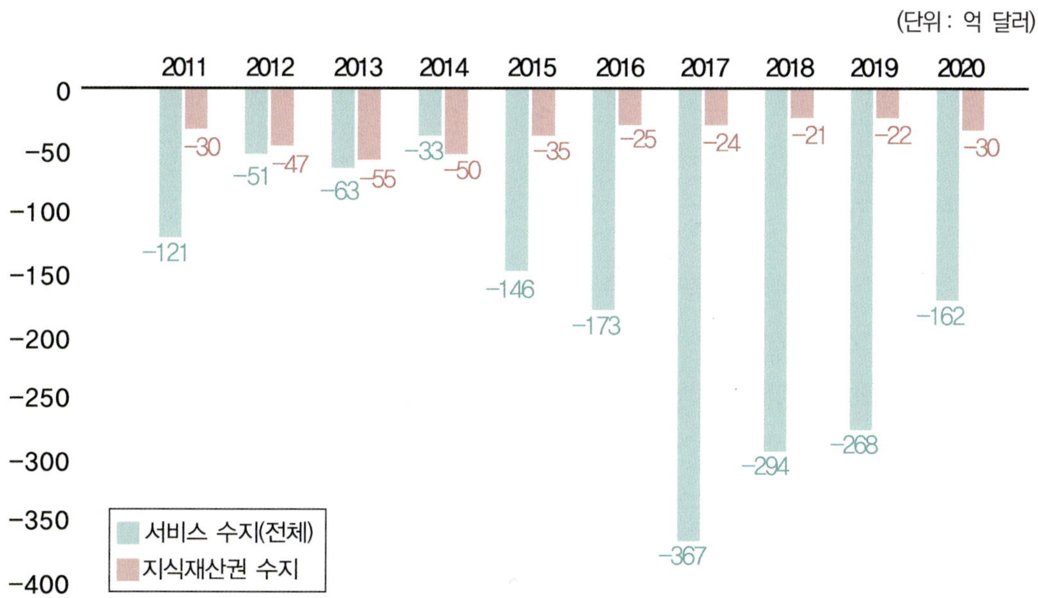

자료 : 한국은행

[그림 2-2] 우리나라 서비스 수지 추이

3) GATS(서비스무역에 관한 일반협정)는 서비스 거래방식을 4가지 유형으로 구분함. 유형1(국경 간 공급), 유형2(해외소비), 유형3(상업적 주재-자회사, 합작회사, 지사 등을 통한 거래), 유형4(자연인의 이동)로 구분. 현재 서비스 무역의 비중은 유형3의 비중이 전체 서비스 무역의 70% 내외로 가장 큰 것으로 추정됨.

[표 2-4] 우리나라 연도별 관광수지 현황

(단위 : 억 달러, %)

구분	2014	2015	2016	2017	2018	2019	2020	2021
관광수지	-21.34	-68.52	-69.35	-146.96	-130.66	-85.16	-31.75	-35.69
관광수입	173.4	146.8	167.5	132.6	184.6	207.5	104.4	102.8
관광수입 성장률	21.3	-15.3	14.2	-20.8	39.2	12.4	-49.7	-1.52
관광지출	194.7	215.3	236.9	279.6	315.3	292.6	134.5	138.5
관광지출 성장률	12.3	10.6	10.0	18.0	12.8	-7.2	-54.0	3.7

자료 : 한국은행, e-나라지표

3 서비스 산업의 문제점

우리나라 서비스 산업의 문제점을 어느 하나로 특정지을 수는 없다. 다양한 문제점들이 복합적으로 연계되어 있기 때문이다. 여기서는 규모의 영세성, 낮은 노동생산성, 서비스 산업의 지역편중, 그리고 내수시장 중심의 산업구조로 구분하여 설명한다.

1) 규모의 영세성

통계청이 실시한 전국 사업체 조사에 따르면, 전체 사업체 수는 2019년 4,175,286개, 2020년 6,032,022개, 2021년 6,075,912개이다(표 2-5 참조). 2020년 대비 2021년에는 43,890개 증가에 그쳤지만 2019년 대비 2021년은 1,856,736개가 증가하였다. 전체 사업체 중 제조업체와 서비스업체가 차지하는 비중은 2021년 기준 각각 80.8%(4,909,643/6,075,912)와 9.5%(579,363/6,075,912)로 서비스업체 수가 압도적으로 많았다.

최근 3년간 전체 사업체의 종사자 수는 2019년 22,716,910명, 2020년 24,813,449명, 2021년 24,992,505명이며, 2020년 큰 폭으로 증가하였다. 전체 사업체 종사자 수 대비 서비스업체 종사자 수와 제조업체 종사자 수가 차지하는 비중은 2021년 기준 74.1%와 16.9%로 나타났다. 서비스업 종사자 수는 2021년에는 전년 대비 소폭 상승하였으나 2020년은 전년 대비 1,203,813명이나 대폭 증가하였다.

사업체당 종사자 수나 사업체당 매출액을 보면 서비스업의 영세성이 두드러진다.

2020년 기준 서비스업 업체당 종사자 수와 매출액은 3.7명(18,172,469명/4,892,156개)과 13억 7천만 원(4,251조 원/4,892,156개)이다. 제조업의 업체당 종사자 수와 매출액은 7.4명(4,260,429명/579,645개)과 31억 3천만 원(1,816조 원/579,645개)으로 나타나 서비스업보다 2배 이상 높다.

영세규모인 1~4명을 고용한 사업체 수는 2020년 기준 5,214,101개로 전체 6,032,022개의 86.4%를 차지하고 있고 이들 업체에 종사하는 직원 수는 총 7,709,916명이다(통계청, 2020). 1~4명을 고용한 제조업 수는 419,338개로 전체 제조업체 수 579,645개 대비 72.3%이나 서비스업은 88.1%(4,311,000개/4,892,156개)로 제조업보다 높아 상대적으로 영세하다는 것을 알 수 있다. 규모별 종사자 수 현황을 보면, 제조업의 경우 1~4명을 고용한 회사는 419,338개이며 이 회사에 근무하는 종사자 수는 764,487명으로 제조업 전체 종사원 4,260,429명 대비 17.9%이다. 이에 반해 서비스업의 경우 1~4명을 고용한 회사는 4,311,000개이며 이에 근무하는 종사자 수는 6,309,923명으로 서비스업 전체 종사원 18,172,469명 대비 34.7%이다.

[표 2-5] 전국 사업체 현황

구분 (자료조사 기간)		2019	2020	2021
		'19년 2.13.~3.12.	'20년 6.4.~6.29.	'22년 2.9.~3.6.
전체	사업체 수(개)	4,175,286	6,032,022	6,075,912
	종사원 수(명)	22,716,910	24,813,449	24,992,505
	매출액(백만 원)	6,195,097,953	6,710,918,882	N/A
제조업	사업체 수(개)	440,766	579,645	579,363
	종사원 수(명)	4,123,817	4,260,429	4,230,387
	매출액(백만 원)	1,896,310,237	1,816,488,828	N/A
서비스업	사업체 수(개)	3,580,073	4,892,156	4,909,643
	종사원 수(명)	16,968,656	18,172,469	18,518,593
	매출액(백만 원)	3,745,116,924	4,251,905,410	N/A

주 : 2020년 자료조사는 6월에 이루어져 코로나19로 인한 사업체 수나 종사원 수의 증감이 2020년 말 기준으로 볼 때와 차이가 있을 수 있음. 2021년 자료는 잠정치임.

자료 : 통계청(2022). 2021 전국사업체 조사 ; 통계청(2020). 2020 전국사업체 조사.

2) 낮은 노동생산성

서비스 산업은 높은 경제적 비중에 비해 노동생산성이 낮아 효율성이 낮은 편이다(그림 2-3 참조). 2018년 기준 OECD 통계에 의하면 서비스 산업 경쟁력을 보여주는 노동생산성이 한국은 62,948달러로 OECD 33개국 중 28위인 것으로 나타났는데, 이는 OECD 평균 89,748달러의 70.1%에 불과하다(전국경제인연합회 홈페이지). 미국이 118,813달러로 가장 높고 프랑스(89,023달러)와 영국(76,750달러) 순으로 나타났다. 하지만 2012년 49,465달러, 2015년 55,769달러, 2018년 62,948달러로 지속적으로 증가하는 추세를 보이고 있어 긍정적인 측면도 보이고 있다.

우리나라 서비스업의 생산성은 제조업과 비교해서 매우 낮다(그림 2-4 참조). 2018년 기준 미국(82.4%), 프랑스(78.5%), 영국(74.4%) 등의 서비스업 노동생산성은 제조업의 70% 이상이다. 우리나라 서비스업의 노동생산성은 2015년 제조업의 51.0% 수준이었으나 2018년에는 50.3%로 소폭 하락하였다. 최근 제조업의 노동생산성이 하락하면서 서비스 산업의 생산성 격차가 소폭 줄어드는 추세를 보이고 있다. 하지만 이는 착시효과로서 서비스 산업의 생산성 증가보다는 상대적으로 제조업의 생산성이 감소하였기 때문이다.

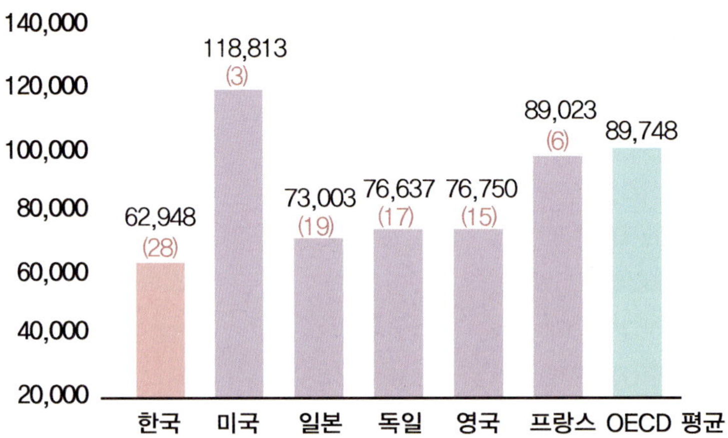

자료 : OECD Stats(2018년 기준), 구매력평가지수(PPP) 적용, 괄호 안은 OECD 내 순위

[그림 2-3] 주요국의 서비스업 노동생산성

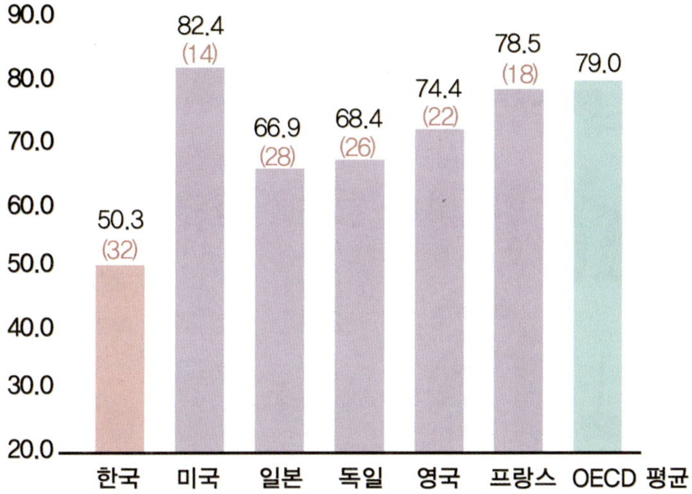

자료 : OECD stats(2018년 기준). 구매력평가지수(PPP) 적용. 괄호 안은 OECD 내 순위

[그림 2-4] 주요국의 제조업 대비 서비스업 노동생산성

우리나라 서비스 산업의 노동생산성이 낮은 이유는 다양하다. 우선, 서비스 산업이 제조업만큼 근로자의 기술 숙련도를 요구하지 않으므로 제조업으로부터 방출된 인력이나 제조업에 참여할 수 없는 인력들이 소규모 창업의 형태로 서비스 산업에 진출하는 경우가 많다(김천곤, 2018). 우리나라 제조업은 외환위기 이후 구조조정, 기술혁신 등 복합적 요인으로 고용이 감소하였으나 글로벌 경쟁에 덜 노출된 서비스 산업의 경우 제조업 인력방출의 충격을 완충하는 역할을 수행하였다고 볼 수 있다(박정수 외, 2014). 이러한 변화는 생산성이 떨어지는 서비스 산업 종사자를 양산하고 있음을 보여주는 사례이다. 또한, 서비스 산업에 연구개발을 위한 투자의 부족도 한 원인이다. 서비스 산업의 연구개발(R&D) 규모는 2018년 기준 72억 달러에 그쳐 미국(1,365억 달러), 일본(163억 달러), 독일(133억 달러) 등에 비해 매우 부족하다.

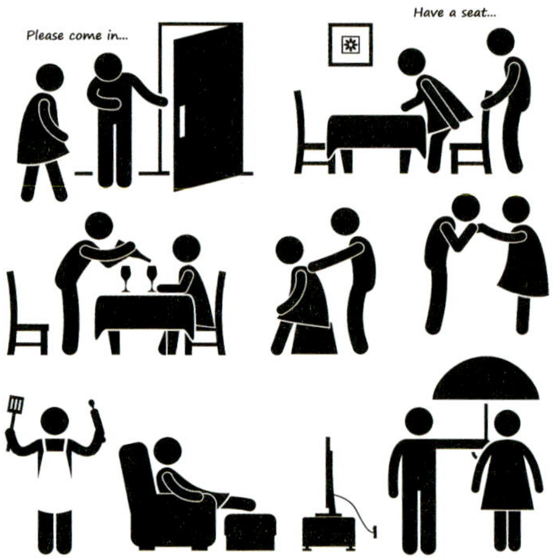

[그림 2-5] 단순노동이 많은 서비스업

[그림 2-6] 기술개발의 제조업

3) 서비스 산업의 지역편중

우리나라 서비스 산업은 수도권에 밀집되어 있어 지역 간 불균형이 심한 편이다. 2020년 전국 사업체 조사결과, 서비스업의 사업체 수, 종사자 수, 그리고 매출액은 각각 4,892,156개, 18,172,469명, 그리고 4,252조 원이다(표 2-5 참조). 이 중 수도권(서울, 경기, 인천)의 비중은 전국의 서비스업 사업체 수, 종사원 수, 그리고 매출액 대비 각각 50.0%, 54.8%, 67.5%를 차지한다(통계청, 2020). 2018년의 47.2%(서비스 사업체 수), 52.8%(종사자 수), 65.7%(매출액) 대비 지역성장의 격차가 심화되고 있는 것으로 나타났다. 특히, 300인 이상 큰 규모의 서비스 산업은 대부분 서울에 집중적으로 분포해 있다. 서비스 업체의 수도권 편중은 전체 인구의 50% 이상이 수도권에 살고 있기 때문으로 추정된다.

지역의 산업구조는 지역경제의 성장 및 안정에 긍정적으로 기여한다. 하지만 산업구조가 일부 특정 산업에 과도하게 집중되어 있으면 경제의 외부충격이 발생할 경우 경제의 안정성이 흔들리고 회복하는 데 더 많은 시간이 소요될 수 있다. 따라서 편중된 지역의 산업구조를 더욱 다양하게 구성하는 것이 지역경제의 안정적인 성장에 도움이 될 수 있다.

4) 내수시장 중심의 산업구조

서비스의 글로벌화가 빠르게 진행됨에도 불구하고 국내 서비스업의 국제 경쟁력이 부족하여 우리나라 서비스 수출 비중은 다른 OECD 국가에 비해 아직 낮은 수준이다. 서비스 무역수지는 산업의 국제 경쟁력에 의해 결정된다. 따라서 서비스 무역수지의 적자는 우리나라 서비스 산업의 국가 경쟁력이 약하다는 의미로 해석된다.

국민의 소득수준이 높아지면서 국내 시장에서 서비스 수요가 다양해지고 고급화되고 있다. 하지만 국내 서비스업체들이 이를 충족시키지 못해 글로벌 외국 기업들이 국내 서비스 시장을 잠식하고 있다. 특히, 우리나라 기업의 해외진출이 증가하면서 법률, 경영컨설팅 등 사업 서비스에 대한 수요가 증가하고 있으나 우리나라 서비스 기업의 글로벌화가 지체되면서 현지 업체에 주로 의존하고 있기 때문에 사업 서비스 수출의 증가로 연결되지 못하고 있다.

제2절 서비스 경제화와 관광 서비스 산업

서비스로의 산업구조 변화를 서비스 경제화라 보는데, 서비스 경제화는 서비스 산업의 양적 성장과 질적 성장의 의미로 요약할 수 있다. 국가경제에서 서비스 산업이 고용과 부가가치 창출에 미치는 영향력이 확대되는 서비스 경제화(Transition to service economy)가 진행되면서 서비스 산업의 중요성이 더욱 부각되고 있다. 경제성장에 따른 소득수준 향상, 출산율 감소 및 고령인구의 증가 등 인구구조의 변화, 정보통신 기술발달 등으로 새로운 서비스 수요가 생성·확대되고 있다는 점을 고려하면, 서비스 산업이 국가경제에서 차지하는 비중은 앞으로도 더욱 커질 것으로 예상된다. 본 절에서는 서비스 경제화의 촉진요인, 관광산업의 현황과 관광경쟁력, 그리고 관광 서비스 산업의 발전요인을 학습한다.

1 서비스 경제화의 촉진요인

인공지능(AI), 사물인터넷(IoT), 클라우드(Cloud), 빅데이터(Big data) 등이 이끄는 4차 산업혁명은 제조, 조립, 판매 위주 제조업의 변화를 촉진하고 있다. 또한, ICT 기술의 발전과 산업 간 융복합의 촉진으로 인해 제조업의 서비스화는 제조기업이 혁신성장을 하기 위한 필수요소가 되었다. 서비스-제조의 융복합이 활발해지면서 서비스 경제화는 향후에 더욱 가속화될 것으로 보인다. 여기서는 서비스 경제화의 촉진요인으로 제조기업의 서비스화, 서비스 기업의 보조 서비스 확대, 온디맨드 서비스 확산, 서비스의 고급화와 전문화, 인구구조의 변화 등 다섯 가지로 구분하여 설명한다.

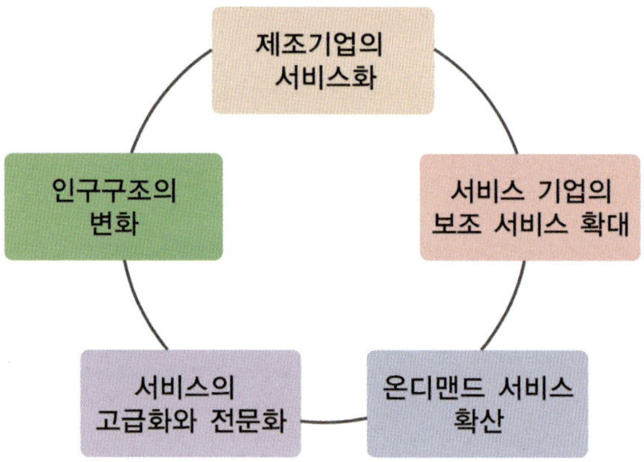

[그림 2-7] 서비스 경제화의 촉진요인

1) 제조기업의 서비스화

이는 기존 제조업이 제품을 생산하여 판매하는 것에서 제품과 결합된 서비스 분야(AS, 제품유지 · 보수 · 관리)로 확대 · 강화되면서 각종 서비스를 판매하는 것이다. 예를 들어, 영국 항공기 엔진 제조사인 Rolls Royce는 제트엔진 판매 대신 가스요금이나 수도요금과 같이 사용한 출력량과 시간에 따라 요금을 부과하는 'Power by the Hour' 서비스 사업을 시작하였다. 이 서비스로 항공사는 제트엔진을 구입할 필요가 없어지고 비행기를 운항했을 때만 사용료를 지불하면 되므로 비용절감에 큰 도움이 되었다(Kastalli &

Van Looy, 2013). 이후에는 'Total Care'를 적용하여 엔진의 수리점검과 사전예방 서비스를 제공하고 있다. 애플(Apple)은 스마트폰과 태블릿 등의 전자제품 제조업체에서 AI, 음성인식 등 ICT 기술을 접목하고 iTunes, 앱스토어를 통해 고객과 하드웨어, 서비스를 연결하는 서비스 회사로 변화하고 있다. 국내 생활가전 기업들(예: 코웨이, SK매직, 청호나이스 등)은 제품 자체 판매에서 렌털 서비스로 사업을 다각화하여 서비스 기업으로 변모하고 있다. 이들 기업들은 열악한 동남아 상수도 인프라 사정으로 정수기 수요가 확대되는 것에 착안하여 베트남, 말레이시아 등에 진출하여 현지화에 성공하였다(심혜정, 2020).

2) 서비스 기업의 보조 서비스 확대

이는 서비스 기업이 자신의 본원적(핵심) 서비스 이외에 보조 서비스를 추가하거나 이를 확장하는 것을 의미한다. 신규고객 유치와 기존고객 유지강화를 위해 관광 서비스업계에서는 보조 서비스 제공을 위해 치열하게 경쟁하고 있다. 예를 들어, 호텔의 경우 본원적 서비스는 객실을 이용한 숙박이다. 하지만 수영장, 피트니스센터, 나이트클럽, 카지노 등의 보조 서비스를 확대하여 차별화를 도모하고 있다. CGV는 고객들에게 짧은 대기시간, 넓은 좌석, 좌석 간의 여유공간 등을 제공하고 있다.

3) 온디맨드 서비스 확산

온디맨드는 경제학적 의미로 공급자 중심이 아닌 수요자 중심으로 서비스가 제공되는 것을 의미한다. 즉, 온디맨드(On-demand) 서비스란 소비자의 요구나 주문에 맞춰 소비자가 원하는 시점 및 장소에 필요한 제품 또는 서비스를 제공한다는 의미이다. 서비스 기업은 고객 개개인을 하나의 시장으로 보고 고객이 원하는 것을 희망하는 시간과 장소에서 제공해 줄 수 있어야 한다. 소비자의 다양한 욕구를 실현할 수 있는 기술의 발전과 기술 간의 융복합화로 인해 새로운 형태의 서비스 제공이 가능해지고 있다. 온디맨드 서비스는 자동차, 숙박시설 등의 재화를 공유하는 공유경제 서비스 모델(예: Uber, Airbnb 등)에서 점차 수요 맞춤형 서비스 공급을 추구하는 온디맨드 서비스로 발전하고 있다(사례 2-2 참조).

[표 2-6] 온디맨드 서비스 사례

분야	기업	
패션	버버리(영국)	120만 개 디자인 조합을 통해 고객이 원하는 트렌치코트 제작
봉제	버드시스(미국)	어린이가 그린 그림을 그대로 인형으로 제작해서 제공
제조	지멘스(독일)	고객이 디자인하고 주문한 제품을 24시간 내에 출시

자료 : 아시아경제(2021.6.4.). 온디맨드(On-Demand) 서비스 시대… '시장'보다 '고객'을 점유하라.

사례 2-2 공유경제 어디까지 와 있나?

숙박·차량 공유 서비스 세계로 급속 확산 중
한국은 낡은 규제에 묶여 아직도 걸음마 단계

최근 국내외에서 큰 주목을 받는 이른바 '공유경제' 패러다임은 과거 우리 사회가 보여줬던 아나바다 운동을 일부 연상시킨다. 소유가 아닌 '나눔'을 통해 경제적 이익과 사회적 가치를 동시에 얻을 수 있는 공유경제는 아나바다 운동과 큰 궤를 같이한다.

공유경제는 그리 어려운 개념이 아니다. 우리는 이미 오래전부터 실생활에서 아주 쉽게 공유경제를 실천해 왔다. 새 학기가 시작됨과 동시에 중·고등학교 근처에는 졸업생들이 입었던 손때 묻은 교복을 물려주는 교복 장터가 마련된다. 긴 휴가를 떠나는 사람들은 자신의 주차공간을 이웃사촌, 혹은 주차공간이 필요한 이들에게 대여해 준다. "미국 내에는 8,000만 개의 전동드릴이 있다고 합니다. 연평균 전동드릴 사용시간은 13분밖에 되지 않죠. 모든 사람이 굳이 전동드릴을 소유할 필요가 있을까요? 고작 13분밖에 쓰지 않는데 말이에요."

세계적으로 공유경제 패러다임을 촉발한 것은 우버, 에어비앤비 같은 스타트업들이었다. 특히 에어비앤비가 공유경제 시장 활성화에 크게 기여했다. 글로벌 숙박공유 기업 에어비앤비(Airbnb)의 창업자인 브라이언 체스키

(Brian Chesky)의 말이다. 먼지만 쌓여가는 물품은 비단 전동 드릴뿐만이 아니다. 미국 내 한 연구결과에 따르면 개인 승용차가 주차장에 머무는 시간은 전체 사용 기간 중 무려 95%에 달한다고 한다. 비단 미국만의 사례는 아니다. 기자가 거주하는 아파트 주차장에는 일주일 내내 주차장에 고이 모셔져 있는 차량이 부지기수다.

'공유경제'의 주요 분야와 글로벌 대표 기업

<table>
<tr><th colspan="2">주요 분야</th><th>서비스 제공이용 방식</th><th>주요 글로벌 기업</th></tr>
<tr><td colspan="2">숙박</td><td>빈집 · 빈방을 숙박공유 플랫폼에 제공</td><td>에어비앤비(Airbnb)</td></tr>
<tr><td rowspan="2">교통</td><td>차량공유</td><td>모바일 기반 무인렌트업,
시간단위 대여 · 이용</td><td>집카(Zipcar),
씨티카셰어(Citycarshare)</td></tr>
<tr><td>승차공유</td><td>비상업용 자동차 이용한 유상 운송</td><td>우버(Uber), 리프트(Lyft)</td></tr>
<tr><td rowspan="4">금융
(크라우드
펀딩)</td><td>증권형</td><td>펀딩 대가로 지분 취득, 배당수익 등 수취</td><td rowspan="2">코펀드미(GoFundMe),
킥스타터(KickStarter)</td></tr>
<tr><td>대출형</td><td>펀딩 대가로 약정된 금리 · 원금 수령
(P2P 대출)</td></tr>
<tr><td>기부형</td><td>기부금 및 개인적인 프로젝트 자금 모집</td><td>이쿼티넷(EquityNet),
크라우드큐브(CrowdCube)</td></tr>
<tr><td>보상형</td><td>펀딩 대가를 물품으로 수령(사전 판매)</td><td>렌딩클럽(Lendingclub), 조파(Zopa)</td></tr>
<tr><td colspan="2">공간</td><td>매장, 회의실, 주차장 등을 공동 이용</td><td>리퀴드스페이스(LiquidSpace),
저스트파크(JustPark)</td></tr>
<tr><td colspan="2">재능</td><td>노동(청소, 수리 등), 지식 · 경험 공유</td><td>태스크래빗(Taskrabbit), 핸디(Handy)</td></tr>
</table>

자료 : 기획재정부

저물어가는 소유의 시대, 부상하는 공유의 시대

공유경제의 개념이 처음 등장한 때는 1984년으로 거슬러 올라간다. 마틴 와이츠먼 하버드대 교수는 당시 발표한 '공유경제 : 불황을 정복하다'라는 논문에서 공유경제를 처음 언급했다. 하지만 당시 와이츠먼 교수가 말한 공유경제는 그저 '수익공유'의 개념에 가까웠다. 최근 통용되는 공유경제의 정의와는 사뭇 거리가 있다.

16년 후인 지난 2000년 미국의 미래학자 제러미 리프킨은 자신의 저서 '소유의 종말'을 통해 공유경제의 본질에 조금 더 접근한 개념을 소개했다. 리프킨은 "머지않아 소유의 시대가 막을 내리고 '접근'이 경제활동의 중심이 되는 시대가 열릴 것"이라고 주장했다. 특히 리프킨은 "소유권(Ownership)은 시간이 흐를수록 제한적이고 구시대적인 개념으로 여겨질 것"이라며 "누구나 모든 재화에 접근하고자 하는 갈망이 증가할 것"이라고 언급했다. 여기서 '접근'은 소유하지 않은 사람도 모든 재화를 이용할 수 있는 범용성의 확대로 해석할 수 있다.

공유경제 중심에 선 쌍두마차 '우버 · 에어비앤비'

우버는 스마트폰 애플리케이션(이하 앱)을 통해 승객과 운전기사를 연결해 주는 일종의 콜택시 플랫폼이다. 분명 운송 서비스지만 우버가 소유한 택시는 없다. 우버는 그저 모바일 앱을 통해 승객과 운전기사를 연결해 주는 허브에 국한한다. 모든 결제는 우버 앱을 통해서 진행되며 승객이 결제한 택시 요금의 약 20%를 우버가 수수료로 가져간다. 나머지는 운전기사의 몫이다. 요금은 날씨와 시간, 요일에 따라 차등적으로 책정된다. 눈이나 비가 오는 날에는 가격이 올라가고 평일 낮 시간대는 가격이 내려가는 방식이다.

자료 : 서울경제신문(2016.8.17.)

4) 서비스의 고급화와 전문화

관광 서비스 기업들에 의한 서비스의 고급화와 전문화는 중요한 생존전략이다. 서비스의 고급화 사례들은 쉽게 찾아볼 수 있다. 롯데호텔은 명동 롯데호텔 신관 17층부터 34층을 6성급을 지향하는 고급 럭셔리 호텔 이그제큐티브 타워(Executive Tower)와 또 다른 6성급 럭셔리 호텔 브랜드인 시그니엘(Signiel)을 롯데월드타워에 운영 중이다. 2007년 론칭한 삼성물산(에버랜드)의 전문푸드 서비스 브랜드인 웰스토리(Wellstroy)는 기존 급식의 고정형태에서 벗어나 차별화된 새로운 식음 서비스 문화를 선보이기 시작했다. 내외부적으로 모든 시설과 차량의 로고를 변경하고 인테리어를 고급화하였다.

서비스의 전문화도 관광 서비스 기업들이 많이 사용하고 있다. 특급 호텔들이 호텔 내의 호텔로 불리는 귀빈층(Executive floor) 운영이 그 좋은 예이다. 잦은 해외출장, 바쁜 일정, 복잡한 업무에 시달리는 현대 비즈니스맨을 위해 최고의 만족감을 안겨주고 호텔의 이미지 제고를 위한 서비스 전문화 전략이다. 또한, 주방 · 인력 · 관리를 한번에 제공하여 대행해 주는 주방 오퍼레이션 전문 서비스, 트레킹과 허니문 전문 여행사 등도 이에 해당한다.

5) 인구구조의 변화

우리나라의 인구구조는 2000년 기준 유소년 인구가 20.9%이고 고령인구는 7.0%에 불과하였다. 2017년에는 유소년 인구비중이 13.1%로 감소했지만 고령인구는 14.2%로 2배 이상 증가하여 초고령 사회로 진입하였다.[4] 2045년에는 유소년 인구가 전체 인구의 10.1%, 생산가능 인구는 54.3%, 고령인구는 35.6%로 고령화 추세가 더욱 심화될 것으로

4) UN에서 정한 기준에 따르면 총인구 중 65세 이상 인구가 차지하는 비율이 7% 이상이면 고령화사회, 14% 이상이면 고령사회, 20% 이상이면 초고령사회로 구분한다.

전망된다.

인구의 고령화와 같은 인구구조의 변화는 서비스 수요에 변화를 유발하게 된다. 고령화 추세에 따른 소비자 수요패턴의 변화와 함께 여행, 치매예방, 건강관리 등 고령자 친화적 서비스에 대한 수요가 늘어날 것으로 예측된다. 미국의 렌데버(Rendever)는 VR(가상현실) 콘텐츠를 제작·보급하여 집 또는 시설(요양원, 요양병원 등)에 거주하는 고령자의 사회적 고립감을 해소하고 사회관계를 증진시키고 있다(김정근, 2020). 매일유업은 성인 영양식 전문 브랜드 '셀렉스(Selex)'를 론칭하고 고단백 음료와 프로틴바를 출시하였고, CJ제일제당도 40세 이후 생애전환기별 맞춤형 건강기능식품 브랜드 '리턴업(Returnup)'을 론칭하였다(뉴시스, 2020).

2 관광산업 현황과 관광경쟁력

서비스 무역수지에서 적자의 폭을 키우는 데 관광수지가 큰 역할을 하고 있다. 아직 우리나라의 관광경쟁력이 부족하다는 것을 나타낸다. 여기서는 세계관광 시장의 동향과 한국 관광산업의 현황을 살펴본다. 또한, 우리나라가 세계 관광 선진국에 비해 어느 정도의 관광경쟁력을 보유하고 있는지에 대해서도 학습한다.

1) 세계 관광시장 동향

2020년 신종 코로나바이러스(코로나19) 팬데믹 사태로 전 세계 관광객 수가 30년 전인 1990년 수준으로 급감하였다(UNWTO, 2021). UNWTO(세계관광기구)에 따르면, 코로나19 대유행으로 2019년 14억 5,900만 명이던 세계 관광객이 2020년에는 4억 900만 명, 2021년에는 4억 4,600만 명으로 감소하였다(그림 2-8 참조). 감소폭만 놓고 보면 3,700만 명이 감소한 2009년(9억 5,600만 명) 글로벌 경제위기 당시의 40배에 이른다. 1950년 이후 매년 증가해 온 국제 관광객은 2003년 사스(SARS : 중증급성호흡기증후군) 사태와 2009년 글로벌 경제위기로 각각 0.4%와 4%가 줄었다.

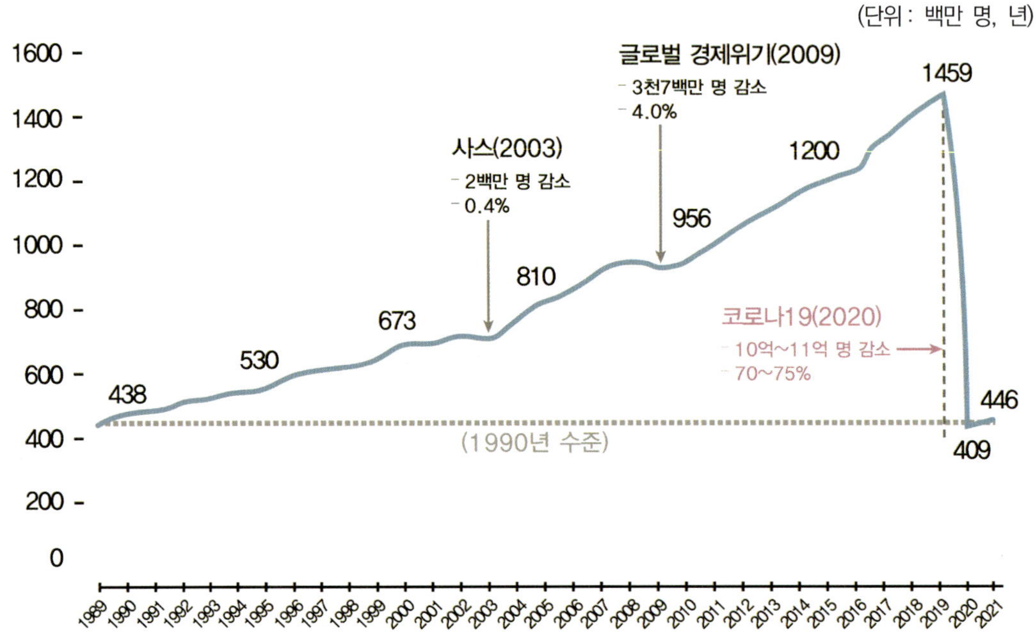

주 : 2021년은 추정치임

자료 : UNWTO(2022). UNWTO World Tourism Barometer. 20(5). p.5. 바탕으로 정리

[그림 2-8] 연도별 세계 관광객 현황

2020년 기준 세계 관광객 수의 감소폭이 가장 큰 지역은 3억 명이 감소한 아시아·태평양 지역으로 전년 대비 84%나 감소하였다. 중동과 아프리카는 73%와 72%, 유럽은 68%(약 5억 명), 미국과 캐나다, 남미 등 미주 지역은 68%가 줄었다.

국제 관광객 감소에 따른 세계 관광업계의 피해 규모가 2020년에 1조 3,000억 달러(약 1,453조 원)에 달할 것으로 예상된다(UNWTO, 2021). 이 수치는 2019년 세계 관광시장 거래액 1조 4,810억 달러(약 1,655조 원)의 90%에 해당하는 규모다. UNWTO는 코로나19 사태로 관광업계가 입은 피해가 2009년 세계 경제위기의 11배가 넘으며, 이로 인해 전 세계에서 1억~1억 2,000만 개의 관광 관련 일자리가 사라질 것으로 분석하였다. UNWTO 관광 전문가의 84%가 2023년부터 해외여행 시장이 코로나 사태 이전으로 돌아갈 것이라 전망하고 있다.

한편, UNWTO는 관광산업 장기전망 분석을 통해 2030년 국제 관광객이 18억 명에 달할 것으로 예측하였다. 뿐만 아니라 세계 GDP가 2015년에는 약 9.8%(7조 5천억 달러)가 관광산업을 통해 창출됐으며 2025년에는 10.5%까지 확대될 것으로 예측됐다(WTTC, 2015).

2) 한국 관광산업의 현황

한국관광공사에 따르면 2020년 출국한 한국인 수는 2019년 대비 85.1% 급감하였다. 2019년 한국인은 모두 2,871만 4,247명이 출국한 것에 반해 2020년에는 427만 6,006명만이 출국했다. 2020년 출국자 중에는 코로나 사태 전인 1월 출국자 251만 3,030명이 포함되어 있는데, 이를 제외하면 176만 2,976명에 불과하다. 따라서 2020년 2월부터 12월까지 11개월간 하루 평균 5,283명 정도만 출국한 셈이다.

우리나라 관광사업은 관광진흥법에 의해 여행업, 관광숙박업, 관광객이용시설업, 국제회의업, 카지노업, 유원시설업, 관광편의시설업 등 7가지로 분류된다. 2017년에서 2020년까지 4년간 관광사업체의 현황을 살펴보면 [표 2-7]과 같다. 전체 사업자 수는 2017년부터 2019년까지 큰 변화가 없다가 2020년 코로나로 인해 전년 대비 1,310개(3.9%)가 감소한 32,015개였다. 전체 관광사업체 중 여행업이 16,660개(52.0%)로 가장 많았으며 다음으로 관광객이용시설업 6,079개(19.0%), 관광편의시설업 3,237개(10.1%), 유원시설업 2,689개(8.4%)의 순으로 나타났다. 지역별로 살펴보면, 서울이 10,442개(32.6%)로 가장 많았으며, 다음으로 경기 4,502개(14.1%), 부산 1,892개(5.9%), 제주 1,800개(5.6%) 등의 순으로 나타났다(문화체육관광부, 2021, 2020).

관광사업체의 종사자 수는 2017년 280,270명, 2018년 267,561명, 2019년 276,447명, 2020년 191,524명으로 나타났다(표 2-8 참조). 2020년 관광사업체 종사자 수는 전년 대비 30.7%인 84,923명이 감소하였다. 업종별로는 여행업이 61,784명(32.3%)으로 가장 많고 다음으로는 관광숙박업 49,930명(26.1%), 관광편의시설업 26,446명(13.8%), 관광객이용시설업 19,752명(10.3%)의 순으로 나타났다(문화체육관광부, 2021, 2020). 2020년 기준 관광사업체 1개소당 평균 종사자 수는 6.0명(2017년 8.5명, 2018년 8명, 2019년 8.3명)이며, 업종별로는 카지노업이 417.9명으로 가장 많고 이어서 관광숙박업이 22.5명이다. 가장 많은 사업체가 있는 여행업은 1개소당 평균 종사자 수가 2020년 3.7명에 불과하며 관광객이용시설업의 3.2명 다음으로 적었다.

관광산업 통계자료를 종합해 볼 때 한국 관광산업 수준이 높다고 보기 어렵다. 한국 관광산업의 GDP 총 기여도는 2019년 기준 2.8%이며 고용 총 기여도는 3% 수준이다(사례 2-3 참조). GDP 기여도에 있어서 OECD와 국제 평균 10.4%와 10%에 비해 매우 낮은 수준이다. 또한, 한국 관광산업은 영세하다. 2020년 전체 32,015개 관광사업체 중 매출 1억 원 미만 사업장이 82.7%(26,474개), 매출 1억 원 이상 5억 원 미만 사업장이 10.6%(3,401개)로 대다수를 차지한다. 매출 5억 원 이상 10억 원 미만 사업장은 2.9%(937개), 매출 10억 원 이상 사업장은 3.8%(1,203개)에 불과하다. 하지만 관광산업은 타 산업보다 고용창출 효과가 큰 산업이다. 10억 원을 투자했을 때 발생하는 일자리 수 취업유발계수가 관광산업은 약 20명으로 9명 수준인 제조업에 비해 배 이상 높다.

[표 2-7] 최근 4년간 관광사업체 현황

(단위 : 개소)

구분	2017	2018	2019	2020
여행업(일반여행업, 국외여행업, 국내여행업, 국내·외여행업)	19,944	19,039	18,223	16,660
관광숙박업(관광호텔업, 수상관광호텔업, 한국전통호텔업, 가족호텔업, 호스텔업, 소형호텔업, 의료관광호텔업, 휴양콘도미니엄업)	1,843	2,110	2,218	2,223
관광객이용시설업(전문휴양업, 종합휴양업, 야영장업, 관광유람선업, 관광공연장업, 외국인관광 도시민박업)	3,963	4,323	4,657	6,079
국제회의업(국제회의시설업, 국제회의기획업)	877	886	1,040	1,110
카지노업	17	17	17	17
유원시설업(종합유원시설업, 일반유원시설업, 기타유원시설업)	2,548	3,000	2,981	2,689
관광객편의시설업(관광유흥음식점업, 관광극장유흥업, 외국인전용유흥 음식점업, 관광식당업, 관광순환버스업, 관광사진업, 여객자동차터미널시설업, 관광펜션업, 관광궤도(삭도)업, 한옥체험업, 관광면세업, 관광지원서비스업)	3,884	4,077	4,189	3,237
합계	33,089	33,452	33,325	32,015

주 : • 2021.9.24.부터 여행업 분류 변경(일반여행업-국외여행업-국내여행업 ⇒ 종합여행업-국내외여행업-국내여행업)
• 2020.4.28.부터 한옥체험업이 관광편의시설업에서 관광객이용시설업으로 변경

자료 : 문화체육관광부(2021). 2020 관광산업체조사
문화체육관광부(2020). 2019 관광사업체조사

[표 2-8] 최근 4년간 관광사업체 종사자 현황

(단위 : 명)

관광사업 유형	2017	2018	2019	2020
여행업	107,209	99,077	103,311	61,784
관광숙박업	71,769	69,926	70,658	49,930
관광객이용시설업	25,535	23,154	23,863	19,752
국제회의업	12,166	9,100	10,235	8,383
카지노업	7,033	7,330	7,925	7,105
유원시설업	27,561	26,189	24,811	18,124
관광객편의시설업	28,998	32,785	35,644	26,446
합계	280,270	267,561	276,447	191,524

자료 : 문화체육관광부(2021). 2020 관광산업체조사
문화체육관광부(2020). 2019 관광사업체조사

사례 2-3 한국 관광산업 GDP 기여도 2.8%… "51개국 중 '꼴찌'"

우리나라 국내총생산(GDP)에서 관광산업이 차지하는 비중이 주요국 중 꼴찌 수준인 것으로 나타났다. 9일 한국문화관광연구원 관광지식정보시스템에 따르면 지난해 국내 관광산업의 GDP 기여도는 2.8%로 관련 통계가 있는 51개 국가 중 최하위였다. 이는 연구원이 세계여행관광협회(WTTC)의 200여 개국 중 주요국 51개국의 수치를 별도로 요약해 정리한 것이다.

지난해 세계 200여 개 국가의 관광산업 GDP 기여도 전체 평균은 10.4%였다. 한국 다음으로 비중이 낮은 국가는 대만으로 4.4%였고 폴란드(4.5%), 러시아(4.8%), 네덜란드(5.0%), 우크라이나(5.2%), 벨기에(5.4%) 등도 낮은 수준이었다.

마카오가 72.0%로 압도적인 1위였고 뒤이어 아이슬란드(33.8%), 크로아티아(25.1%), 필리핀(24.6%), 태국(21.9%), 그리스(21.2%) 등의 순이었다. 마카오는 세계적인 카지노 도시국가이고 아이슬란드와 크로아티아, 그리스는 유럽권의 유명 관광 국가다. 필리핀과 태국은 전 세계 관광객이 많이 찾는 유명 동남아 관광 국가다. 중국은 10.9%, 미국은 7.8%, 일본은 7.5% 등으로 우리나라보다 높았다.

한국의 관광산업이 고용에 미치는 기여도 역시 주요국 중 최하위였다. 지난해 한국 관광산업의 고용기여도는 3.1%로 51개국 중 가장 낮았고 뒤이어 폴란드(4.5%), 우크라이나(4.7%), 러시아(4.7%), 이란(5.5%), 대만(5.6%), 벨기에(5.8%) 등의 순이었다. 이에 반해 마카오는 50.3%로 1위였고 아이슬란드(35.1%), 그리스(26.7%), 필리핀(26.3%), 크로아티아(23.3%), 뉴질랜드(22.9%) 등이 뒤를 이었다.

한국의 관광산업이 GDP와 고용에 미치는 기여도가 주요국 중 최하위를 보이는 것은 전체 경제 규모에서 반도체 등 제조업이 차지하는 비중이 워낙 큰 이유도 있지만 관광비용이 많이 들어 접근성이 떨어지는 것도 주요

요인으로 꼽힌다. 유럽 관광 국가들은 기차나 자동차 등으로 방문하기 용이하지만, 한국은 비행기를 타고 오는 경우가 대부분을 차지해 관광비용이 상대적으로 높을 수밖에 없다. 이 때문에 관광자원을 더욱 적극적으로 발굴해야 한다는 지적이 적지 않았다.

전효재 한국문화관광연구원 관광산업연구실장은 "예전보다 관광객이 지출하는 경로가 매우 많아졌는데 이를 반영하지 못하고 직접적인 부문만 산출하다 보니 관광산업 규모가 실제보다 과소 추정되는 면도 일부 있다"며 "캠핑카 같은 경우 관광·레저 산업으로 포함되지 않고 있는데 관광산업 규정을 조정하려는 움직임도 있다"고 말했다.

자료 : 연합뉴스(2020.10.9.)

관광산업 GDP 기여도 순위

2019년 관련 통계가 있는 51개국 중

▲ 자료 : 한국문화관광연구원

3) 한국 관광산업의 경쟁력

관광경쟁력은 한 국가의 관광 생산성과 관련한 총체적 능력을 의미한다. 세계경제포럼(WEF : World Economic Forum)은 2007년부터 2019년까지 세계 각 국가의 여행·관광 경쟁력을 4대 분야 90개 지표로 구성된 관광경쟁력 지수(The Travel & Tourism Competitiveness Index)를 바탕으로 국가별 관광경쟁력 순위를 격년 단위로 발표해 왔다.

WEF는 2021년부터 관광경쟁력 지수 대신 관광발전 지수(The Travel & Tourism Development Index)로 확대 개편하였다. 기존 4대 분야(환경조성, 관광정책 및 기반조성, 인프라, 자연 · 문화)에서 5대 분야(자연 · 문화 제외, 관광수요 촉진요인과 관광의 지속가능성 추가)로 그리고 90개 지표에서 38개를 제외하고 60개를 추가해 총 112개 지표로 확대개편하였다. 기후 · 환경 · 온실가스, 디지털 플랫폼 활용도, 빈곤율 · 사회보장지출 · 성평등 등의 지표를 추가했고, 코로나19로 인한 감염병 위기를 감안해 의료서비스 접근성, 전염병 발병률 등을 추가하였다. 개편 이유는 코로나19로 인한 환경변화를 반영하고 다른 나라들을 벤치마킹할 수 있는 지표를 강화하기 위해서였다.

2021년 관광발전 지수 평가결과 우리나라 종합순위는 117개 평가대상 국가 중 15위를 기록하였다. 이는 WEF가 2007년부터 관광경쟁력 지수를 발표한 이래 최고 순위이다. 2019년 관광경쟁력 지수를 관광발전 지수로 재평가한 결과도 발표했는데 19위로 나타났다. 국가별로는 일본, 미국, 스페인, 프랑스, 독일 등이 1위에서 5위를 차지했다. 아시아 지역에서는 우리나라가 4위를 기록했는데, 일본에 이어 싱가포르(9위), 중국(12위), 대한민국(15위), 홍콩(19위), 아랍에미리트(25위) 등이 세계 30위 내에 들었다.

분야별로 살펴보면 우리나라는 5대 분야 모두 순위가 상승하였다(표 2-9 참조). 이 중 관광정책 및 기반조성이 10계단 상승(45위 → 35위)해 가장 큰 폭으로 개선됐다. 인프라, 관광수요 촉진요인 분야도 각각 14위로 가장 높은 순위를 기록했다. 하지만 환경조성(19위), 관광정책 및 기반조성(35위), 그리고 관광의 지속가능성(39위) 등의 3분야는 우리나라 전체 순위 15위보다 후순위에 있어 관광산업의 도약을 위해 개선되어야 할 것으로 보인다.

[표 2-9] 2021년 WEF 관광발전 지수 분야별 순위

<table>
<tr><td rowspan="3">분야
(5)</td><td>환경조성</td><td>관광정책 및 기반조성</td><td>인프라</td><td>수요촉진 요인</td><td>관광의 지속가능성</td></tr>
<tr><td>19위(↑4)</td><td>35위(↑10)</td><td>14위(↑3)</td><td>14위(↑2)</td><td>39위(↑6)</td></tr>
<tr><td>기업환경</td><td rowspan="2">관광정책의
우선순위</td><td rowspan="2">항공 운송
인프라</td><td rowspan="2">자연자원</td><td rowspan="2">환경 지속가능성</td></tr>
<tr><td rowspan="5">부문
(17)</td><td>안전 및 보안</td></tr>
<tr><td>보건 및 위생</td><td rowspan="2">국제개방성</td><td rowspan="2">육상 · 항만
운송 인프로</td><td rowspan="2">문화자원</td><td rowspan="2">사회경제적
회복력 및 조건</td></tr>
<tr><td>인적자원 및 노동시장</td></tr>
<tr><td>정보통신기술
준비수준</td><td>가격경쟁력</td><td>관광객 서비스
인프라</td><td>비레저자원</td><td>관광 수요
영향 요인</td></tr>
</table>

자료 : 문화체육관광부(2022.5.31.). 보도자료

3 관광산업의 발전요인

오늘날 관광은 인간의 기본적 권리로 인식되어 모든 국민들이 즐길 수 있는 시대가 되면서 관광산업 혹은 관광사업이 양적 · 질적 성장을 하게 되었다. 관광산업의 발전은 다양하고 복합적인 요인들에 의해 이루어진다. 여기서는 관광산업의 발전요인을 네 가지로 구분해 설명하고자 한다.

1) 가처분소득 및 여가시간 증대

가처분소득(Disposable income)이란 일정기간에 개인이 획득한 소득 중에서 세금 등을 제외한 개인이 실제로 자유롭게 소비 또는 저축으로 처분할 수 있는 소득을 의미한다. 가처분소득의 증가와 주5일 근무제로 인한 근로시간 단축에 따른 여가시간의 증대는 관광, 레저, 스포츠, 건강, 오락, 문화, 외식 등의 욕구를 유발하게 된다.

최근에는 현재 자신의 행복을 가장 중시하여 소비하는 태도인 'YOLO(You Only Look Once : 인생은 오직 한 번뿐)', 일상 속 소소한 즐거움에서 오는 행복을 뜻하는 '휘게(Hygge)' 등이 새로운 트렌드로 떠오르고 있는데, 이는 개인들이 일상 속에서 다양한 문화를 향유하고 여가 관련 소비를 통해 삶의 질을 높이고자 하는 성향을 잘 보여주고 있다(송철재 · 윤지연, 2017).

2) 라이프 스타일의 변화

라이프 스타일은 전체 사회, 특정 집단, 또는 개인이 지니고 있는 독특한 생활방식 또는 생활양식을 말한다. 최근에는 일(Work)과 삶(Life)의 균형(Balance)을 의미하는 워라밸이 개인의 라이프 스타일을 변화시키고 있다(사례 2-4 참조). 워라밸의 진정한 의미를 누리기 위해서 대다수 국민들이 취미생활이나 여가생활을 즐기고 있다. 국민여가활동조사(문화체육관광부, 2021)에 따르면, 2021년 우리나라 국민의 평균 여가시간은 평일 3.8시간, 휴일 5.8시간으로 전년 대비 각각 0.1시간과 0.2시간씩 증가하였다. 2016년부터 평일과 휴일 여가시간이 지속적으로 증가하는 추세를 보이고 있다(그림 2-9 참조).

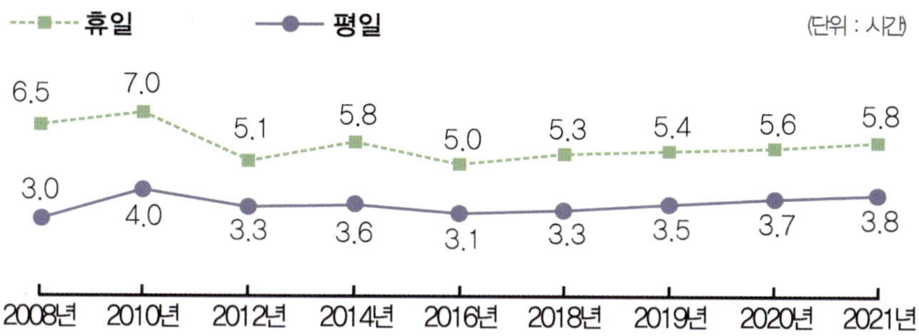

자료 : 문화체육관광부(2021). 2021 국민여가활동조사. p.79

[그림 2-9] 우리나라 국민들의 여가시간 추이

사례 2-4 워라밸 트렌드에 여가시간 · 연차 사용일 증가!

평균 여가시간 평일 3.5시간, 휴일 5.4시간, 연차사용일 수 9.9일

우리 국민의 연차휴가일 수가 증가하고, 평균 여가시간이 증가하는 등 '일과 삶의 균형'을 추구하는 '워라밸(Work and Life Balance)' 문화가 정착되고 있는 것으로 나타났다. 문화체육관광부와 한국문화관광연구원이 ▲국민 여가활동 조사 ▲근로자 휴가조사 통계를 발표한 자료에 따르면, 지난해 여가시간은 0.4시간 늘었고, 2018년 연차사용일 수도 전년보다 1.4일 증가했다. 지난해 월평균 여가시간은 평일 3.5시간, 휴일 5.4시간이었으며, 2018년 연간 근로자 연차휴가일 수는 9.9일이었다.

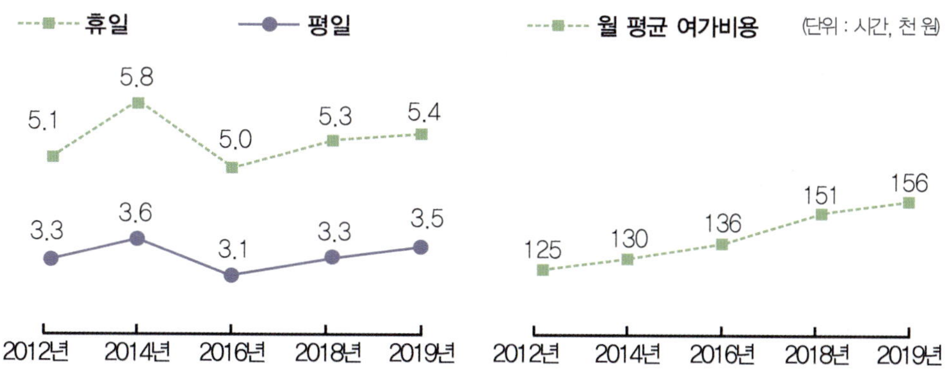

여가시간 및 비용 추이

여가시간 확대, 주 52시간제 정착, 사회적 공감대 형성 영향

특히 여가시간 증가세는 지난 2016년부터 뚜렷해졌다. 2012년부터 2016년까지 평균 여가시간이 평일 0.2시간, 휴일 0.1시간 감소한 데 비해, 2016년부터 2019년까지는 평일과 휴일 각각 0.4시간씩 증가했다. 여가시간

증대와 함께 여가 비용도 함께 늘어났다. 지난해 월평균 여가비용은 15만 6천 원으로, 2016년 대비 약 14.7%(2만 원) 증가했다. 전년(2018년)보다는 5천 원 늘었다.

이 같은 여가시간 확대는 주 52시간제 도입으로 여가시간이 늘어난 데다, 가족과 여가를 함께하는 사회적 분위기가 점차 정착됐기 때문으로 풀이된다. 또한, 여가를 보낼 수 있는 다양한 문화기반 시설과 프로그램이 늘어난 것도 여가시간 증대에 영향을 미친 것으로 보인다. 실제로 문화가 있는 날 프로그램이 지난해 매월 2,560개로, 3년 전(2016년 2,158개)보다 402개 늘었고, 생활문화센터도 2019년 191개소로 2016년(105개소)에 비해 86개소가 확충됐다. 공공스포츠클럽, 도서관과 박물관 등 문화기반 시설이 증가했다.

뿐만 아니라 「국민여가활성화 기본법」을 지난 2015년 11월부터 시행한 데다 '여가친화 기업 인증제' 및 '가족친화인증제' 등 제도적인 뒷받침을 통해 여가시간 확대에 대한 사회 공감대의 형성도 한몫을 한 것으로 보인다. 여가시간 확대로 지난해 여행을 즐기는 관광활동(14.6%)이 전년(15.9%)보다 1.3%P 증가했고, 휴식활동(92%)도 전년(86%) 6%P, 스포츠 관람 활동도 15.4%로, 전년(16.6%)보다 1.2%P 증가했다.

행복과 삶의 질 중시, 연차 사용률 높여

인생은 한 번뿐 현재 삶을 중시하는 욜로족(YOLO : You Only Live Once)이 등장하는 등 현재의 행복과 삶의 질을 중시하는 분위기가 직장인들의 연차 사용률, 사용일 수 증대로 이어지고 있다. 2018년 상용근로자 연차 사용률은 72.5%로 전년(59.2%)보다 13.3%포인트 증가했고, 연차사용일 수도 9.9일로, 전년(8.5일) 대비 1.4일 늘어났다. 연차휴가는 주로 휴식(33.7%)과 여행(32.1%), 집안일(18.6%) 등을 목적으로 사용한 것으로 집계됐다.

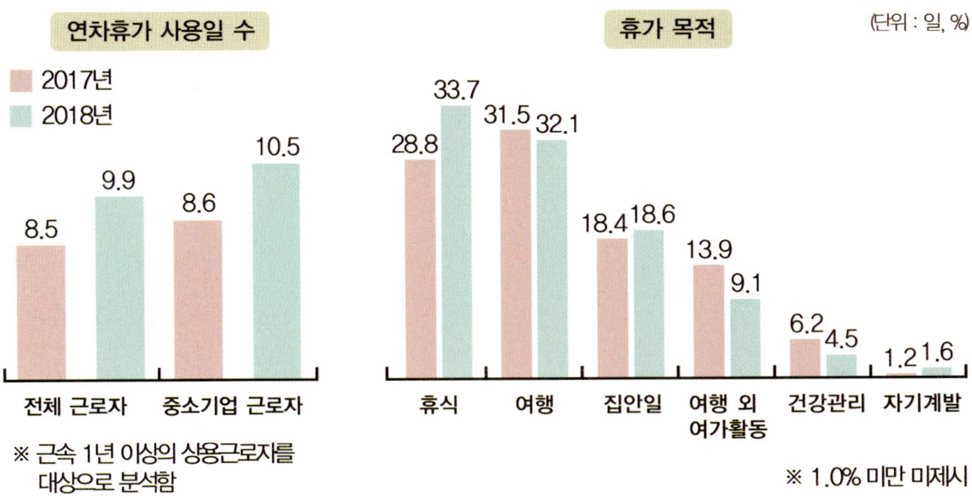

연차휴가 사용 현황

휴가에 대한 근로자들의 만족도는 63.5점으로 전년(60.2점) 대비 3.3점 증가했다. 연차사용 시기를 월별로 살펴보니, 7~8월 연차휴가 사용이 2018년 31.6%로 전년(36.8%)보다 5.2%포인트 감소했지만, 그 외 시기는 고르게 증가해, 여름 휴가철에 집중된 수요가 연중으로 분산된 것으로 확인됐다.

휴가를 사용하지 못하는 이유로는 ▲대체인력 부족(22.1%), ▲연차수당 수령(22.0%), ▲업무량 과다(12.1%) 등의 순으로 나타났다. 반면, 조직 상사의 눈치(6.5%) ▲조직의 규제 분위기(2.2%) 등으로 인해 휴가를 사용하지 않는 이유는 전년에 비해 크게 감소, 휴가를 자유롭게 사용하는 분위기가 조성된 것으로 드러났다.

한편, 정부는 국민이 일상 속에서 문화여가를 향유하는 환경을 만들기 위해 국민들의 환경과 여건에 따른 다양한 정책을 추진할 계획이다. 지난해 12월 국무총리 주재 '국가관광전략회의'에서 논의된 '여행자 중심의 지역관광 발전 전략'도 적극적으로 추진하고, 문화 향유의 소득과 지역 격차를 해소하기 위해 '통합문화이용권' 지원 금액을 지속적으로 인상할 계획이다. 또 문화예술행사 접근성이 떨어지는 읍면 지역에 다양한 프로그램을 지원해 문화예술행사에 대한 접근성을 높이고, 생활문화센터, 도서관, 국민체육센터 등 생활 사회간접자본(SOC)도 확충할 방침이다.

자료 : 투어코리아(2020.2.7.)

3) 교통수단의 발달

관광 서비스 산업과 교통수단은 불가분의 관계에 있다. 교통수단은 관광객을 관광목적지까지 신속, 쾌적, 안전하게 이동시키는 매개체로서의 역할을 하므로 관광의 필수 불가결한 구성요소이기도 하다. 교통수단은 의사소통 수단과 마찬가지로 시간이 흐름에 따라 급속한 발전이 이루어졌다.

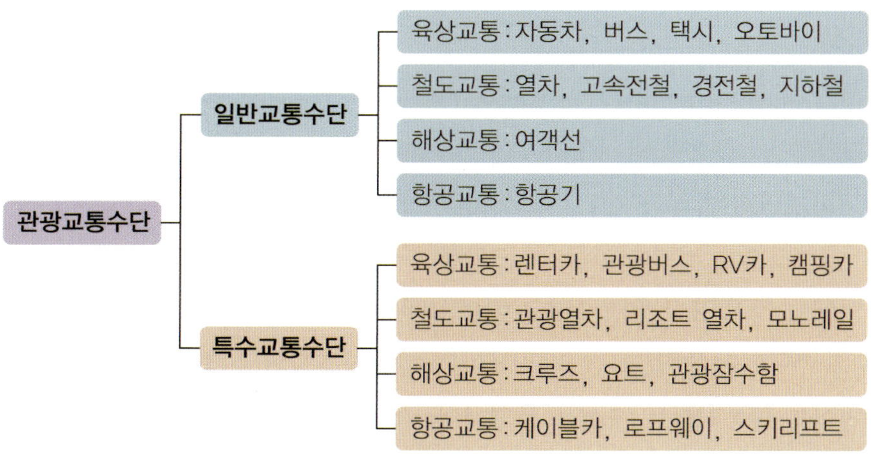

자료 : 이경모 · 김창수(2004). 관광교통론. 대왕사

[그림 2-10] 교통수단과 관광 서비스 산업과의 연관성

인간은 이제까지 없었던 전혀 새로운 이동수단을 개발하고 있다. 인간이 아닌 인공지능이 운전하는 자율 주행차(Self-driving car)부터 사람을 태우고 나는 유인 드론, 진공튜브열차 '하이퍼루프(Hyperloop)'는 새로운 미래를 알리는 신호탄이다. 관광측면에서 교통수단의 혁신은 인간의 공간이동을 변화시키고 시간이동을 획기적으로 단축해 개인의 욕구를 근본적으로 변화시킬 것으로 예상된다.

4) 관광욕구의 증대

욕구(Need)란 인간이 심리적으로 가지고 있는 내적인 결핍상태로서 원하는 상황과 실제상황 간의 차이이다. 그러므로 관광욕구는 실제 관광행동을 일으키는 원동력이다. 위에서 언급한 개인의 가처분소득 증대, 여가시간 증대, 라이프 스타일 변화, 교통수단 발달 등은 모두 관광욕구를 활성화하는 데 중요한 역할을 한다. 또한, 교육수준의 향상도 관광욕구를 불러일으킨다. 역사와 문화에 관한 지식을 그 현장에서 직접 확인하고 재인식하려는 욕구가 그 예이다.

제3절 서비스 경영의 이해

기업은 환경변화에 적극적으로 대응하는 경영을 수행해야만 지속가능한 성장을 할 수 있다. 일반적으로 경영(Management)이란 단어는 기업경영을 의미한다. 경영은 기업경영 이외에도 정부 또는 비영리조직에도 적용하는 개념으로서 의미가 매우 포괄적이다. 영리를 추구하는 기업과 같은 조직이든 비영리조직이든 경영은 조직의 목표를 이루고자 벌이는 활동이라는 사실은 분명하다. 서비스 경영에서는 서비스 기업의 경영을 다룬다. 본 절에서는 서비스 경영의 개념과 서비스 경영의 특징(혹은 이론적 발전)에 대해 살펴본다.

1 서비스 경영의 개념

경영이란 조직의 목표를 효과적으로 달성하기 위해 조직 구성원들 간에 상호협력을 통해 경영의 기능(계획, 조직, 지휘, 통제)을 수행하는 과정을 의미한다. 협의의 경영개념은 영리를 추구하는 기업을 의미하지만, 오늘날은 영리조직과 비영리조직을 포함하는 광의의 조직경영(예 : 국가경영, 기관경영, 병원경영, 학교경영)을 의미한다. 서비스 경영 역시 모든 조직에 적용 가능한 개념이지만, 주로 서비스 기업의 경영을 다룬다. 대표적 서비스업으로는 관광 및 여행업, 호텔업, 항공업, 전시 및 컨벤션업, 외식업, 카지노업, 주제공원업, 금융, 보험, 의료 등이 포함된다.

서비스 경영은 서비스업이나 서비스 중심의 조직을 대상으로 하는 경영으로서 '서비스를 제대로 하는 것'을 의미한다(이상식, 2021, p.27). 즉, 고객이 원하는 가치를 효과적이고 효율적으로 창출하고 전달하기 위해 물리적 제품, 서비스, 서비스 환경, 서비스 전달 시스템을 관리하는 것을 의미한다(안연식, 2019). 서비스 고객이 원하는 가치에 도달하기 위하여 조직 구성원 모두가 총체적인 노력을 기울이는 과정이나 행위가 바로 서비스 경영이다.

2 서비스 경영의 학문적 특징

서비스 경영은 고객접점의 경험과 관찰을 통해 발전해 왔다. 따라서 실용적 학문의 성격이 짙다. 서비스 경영의 학문적 특성으로는 인간에 관한 연구, 경험에 기초한 연구, 시대적 패러다임의 규명, 학제적 연구 등 네 가지로 살펴볼 수 있다(허희영, 2021).

1) 인간에 관한 연구

서비스를 연구한다는 것은 궁극적으로 인간을 연구한다는 의미이다. 서비스에 관한 연구에서 서비스의 수요와 공급의 주체는 인간이며, 각 경제주체는 서비스 교환과정에서 서비스의 효용을 극대화하고자 한다. 서비스 경영학은 인간이 어떻게 그리고 서비스 제공자가 제공한 서비스를 통해 얼마나 욕구충족이 되는지에 관심이 많다.

2) 경험에 기초한 응용학문

경영학은 실생활에 그대로 적용되지 않고 이론적인 것이 많은 기초학문이라기보다는 기초학문을 토대로 실생활에 당장 적용할 수 있는 응용학문의 성격이 짙다. 서비스 경영학은 소비자의 서비스 경험과 현상을 설명하고 예측하는 실천적 학문의 특성을 지닌다. 따라서 서비스 경영학은 실증적 조사방법을 통하여 경험적 지식구조를 확인하고, 탐색적 인과관계를 예측하여 이를 일반적인 경영이론으로 제시하는 학문이라고 할 수 있다.

3) 서비스 패러다임의 규명

Kuhn(1962)은 『과학적 혁명의 구조』라는 저서에서 패러다임(Paradigm)을 현상이나 사물을 이해하는 데 있어 독특한 규칙이나 사고의 체계라고 정의하였다. 서비스 패러다임은 특정 시대에 나타나는 현상들을 이해하는 사고의 틀이다. 따라서 환경의 변화는 새로운 패러다임의 변화를 초래하며, 결국 지배적인 가치판단 기준 및 성공적 서비스 경영을 위한 원리의 변화를 요구한다. 즉, 고객의 다양하고 복잡한 욕구를 반영하기 위해 서비스를 이해하는 사고의 틀을 변화시켜야 한다. [그림 2-11]은 20세기 초 품질경영의 패러다임에서 오늘날 창조경영 패러다임으로의 변화과정을 나타내고 있다.

자료 : 조동성(2012). 제45차 제주경제와 관광포럼 세미나, p.4

[그림 2-11] 경영 패러다임의 변화

4) 학제 간 연구

학제 간 연구(Interdisciplinary study)는 사회문화 현상을 탐구할 때 한 분야, 즉 역사적 관점, 경제적 관점, 정치적 관점 등을 별개로 보는 것이 아니라 여러 학문을 통합하여 사회문화 현상을 보는 관점이다. 복잡한 사회문화 현상을 하나의 학문의 관점에서만 보면 복잡한 사회문화 현상을 일면적 현상으로 이해하게 되는 문제점이 발생한다. 실제로 서비스 경영은 경영환경, 법 · 규제 등과 같이 우리 사회 거의 모든 부분과 관련되어 있다.

토론주제

- 우리나라 서비스 산업이 당면한 문제점은?
- 우리나라 서비스 산업의 생산성이 선진국에 비해 낮은 이유는?
- 제조업 대비 서비스 산업의 생산성이 낮은 이유는?
- 세계 관광산업의 미래 동향은?
- 우리나라 관광산업의 국가 경쟁력 향상방안은?
- 우리나라 관광산업 발전의 성장요인과 저해요인에는 무엇이 있는가?

참고문헌

김선태(2014). 서비스산업에서 블루오션이 보인다. KDI 경제정보센터.
김정근(2020). 실버산업의 해이사례와 활성화 전략. 보험연구원. KIRI 고령화 리뷰. 37 : 30-42.
김천곤(2018). 서비스 산업 육성과 발전과제. 고려대학교 미래성장연구소.
김천곤・강민성・박문서(2017). 서비스무역 통계 현황 및 개선방안. 산업연구원.
뉴시스(2020.1.6.). 늙어가는 한국... 실버산업 중 식품이 가장 유망.
https://mobile.newsis.com/view.html?ar_id=NISX20200103_0000878889
문화체육관광부(2020). 2019 관광사업체조사
문화체육관광부(2021). 2020 관광산업체조사
문화체육관광부(2021). 2020 국민여가 활동조사
문화체육관광부(2022.5.31.). 대한민국 관광발전 세계 15위, 역대 최고 순위 보도자료.
서울경제신문(2016.8.17.). 공유경제 어디까지 와 있나.
https://www.sedaily.com/NewsVIew/1L06EI9Q94
심혜정(2020.4.3.). 한국 제조업의 서비스화 현황과 해외 진출 사례. Trade Brief. 한국무역회. No. 6 : 1-8.
아시아경제(2021.6.4.). 온디맨드(On-Demand) 서비스 시대… '시장'보다 '고객'을 점유하라.
https://www.asiae.co.kr/article/2021060406191695007
연합뉴스(2020.10.9.). 한국 관광산업 GDP 기여도 2.8%… "51개국 중 '꼴찌'"
https://www.yna.co.kr/view/AKR20201008163700030
이경모・김창수(2004). 관광교통론. 대왕사.
이상식(2021). 스마트한 서비스경영. 유원북스.
이유재(2013). 서비스마케팅(5판). 학현사.
중앙일보(2021.4.20.). 해외여행 2023년부터 회복할 것. 세계관광기구 암울한 전망.
https://news.joins.com/article/23988753
통계청(2020). 2020 전국사업체 조사. https://kosis.kr/
통계청(2022). 2021 전국사업체 조사. https://kosis.kr/
투어코리아(2020.2.7.). 워라밸 트렌드에 여가 시간・연차 사용일 증가
https://www.tournews21.com/news/articleView.html?idxno=41150
한국문화관광연구원(2019). 관광트렌드 분석 및 전망 : 2020-2024.
허희영(2021). 서비스경영. 북넷.

Kastalli, I. V., Van Looy, B.(2013). Servitization : Disentangling the impact of service business model innovation on the performance of manufacturing firms. Journal of Operations Management. 31(4) : 169-180.

Krajewski, Lee J., and Larry P. Lizman(1999). Operations Management(5th ed.). Addison Wesley.

UNWTO(2022). UNWTO World Tourism Barometer. 20(5) : 1-6.

WTTC(2015). Travel & Tourism Economic Impact 2015.

Tourism Service Management

제 03 장

관광 서비스 경영전략

학습목표

본 장에서는 다음 내용의 이해를 목표로 한다.

서비스 경영전략의 개념과 특성
미션과 비전 차이점
비전과 목표의 차이점
서비스 경영전략 수립과정
기업수준의 전략유형
기업수준의 전략유형별 특징
SWOT 분석
경쟁전략의 의미
경쟁전략의 유형과 특징

Chapter

03 관광 서비스 경영전략

사례 3-1	전략의 중요성

전략과 전술의 차이는 무엇일까? 전략이란 거시적으로 계획하고 운영하는 방향이며, 흔히 큰 그림을 의미한다. 전술이란 특정한 목표를 수행키 위한 전략의 하위 개념으로서 전략적 목적을 달성하는 데 초점을 둔다. 이렇게 보면 전술적으로 이득을 본다면 전략적으로 이득을 볼 수 있을 것처럼 보인다. 하지만 큰 그림 전략을 짜는 행위, 즉 전략은 매우 중요하다. 그 이유를 2차 대전의 추축국과 연합국을 한번 비교해 보며 알아보자.

추축국은 전쟁 초기 독일 민족이 많이 사는 폴란드 단치히의 반환을 요구하며 전쟁을 시작했다. 히틀러와 독일 군부는 이전의 뮌헨 협정을 통해 연합국이 체코슬로바키아를 버린 것처럼 폴란드도 버릴 것이라고 전술적으로 생각하며 전쟁을 시작했다. 또 육군 최강국인 프랑스를 점령해도 연합국인 영국에 진출할 계획이 없었기에 프랑스 점령 이후부터 부랴부랴 상륙작전 예행연습을 했다. 그들은 영국이 프랑스만 항복하면 따라서 항복할 것이라고 낙관적으로 판단했기 때문이다.

전쟁 중기 독일은 영국이 항전하는 이유는 소련이 건재하기 때문이라고 생각하고, 소련은 "발로 차기만 하면 무너질 헛간"이라고 안일하게 평가했다. 독일은 바르바로사 작전을 통해 소련으로 진격을 했다. 하지만 뚜렷한 전략적 목적이 없었기에 당시 소련의 지도자인 스탈린의 이름을 딴 도시인 스탈린그라드에 집중한 결과 전략적으로 대실패를 보고서 패망의 길로 들어섰다. 일본 또한 진주만 공습을 통해서 전함 수를 잠시나마 압도하는 이득을 보았지만, 하와이나 미드웨이를 점령해 미국 본토를 습격한다는 등의 뚜렷한 전략적인 목표가 없었기에 패배의 길로 들어섰다.

이에 비해 연합국은 어땠을까? 비록 프랑스, 폴란드 전역에서 6주 만에 패하고 소련의 영토가 나치의 군홧발에 유린당하기는 했지만, 소련이 주 전선에서 나치를 상대하는 동안 연합국은 횃불 작전과 함께 이탈리아 남부, 프랑스의 노르망디로 상륙해서 나치를 기습한다는 대전략을 가지고 싸웠다. 또한, 태평양 전역에서는 태평양의

광활한 섬 하나하나 점령하지 않고 주요 거점이 되는 섬만 빠르게 점령하고 일본 본토에 다가가는 징검다리 작전을 쓰면서 태평양 전쟁을 더욱더 빠르게 끝낼 수 있었다.

연합국은 비록 전투에서는 졌지만 결국 전쟁에서 이겼다. 이 승리의 원동력은 무엇이었을까. 바로 큰 그림을 하나하나 완성해 나가는 그들의 대전략이 밑바탕이 되었을 것이다. 우리의 삶에서도 똑같이 적용될 수 있다. 공부할 때나 회사를 운영할 때도 닥치는 대로 일을 하기보다는 큰 그림을 그리면서 퍼즐 조각을 하나하나 맞춰가는 것도 하나의 방법이 될 수 있다.

자료 : 미디어경청(2019.10.28.)

제1절 서비스 경영전략의 개념과 특성

전략은 조직에서 가장 중요한 개념의 하나다. 중요한 목표나 계획을 논의할 때 빠지지 않고 사용되는 말이다. 관광 서비스 기업들은 점점 복잡해지고 변화가 심한 경영환경에 처해 있어서 기업 내부의 효율적인 관리에만 의존해서는 생존하기 힘든 상황에 있다. 따라서 경영자들은 기업의 생존과 발전을 위해 기업을 둘러싸고 있는 사회, 경제, 정치, 문화, 기술, 환경 등의 거시환경뿐만 아니라 경쟁자, 공급자, 소비자 등과 같은 과업환경의 변화를 자세히 살펴서 대응하여야 한다. 본 절에서 관광 서비스 기업의 경영전략 수립과정을 이해하기 전에 서비스 경영전략 개념과 서비스 경영전략의 특성을 학습한다.

1 서비스 경영전략의 개념

전략(Strategy)이란 용어는 고대 그리스어인 '스트라테고스(Strategos)'에서 유래했으며 '장군' 또는 '장군의 기술'이라는 의미를 지니고 있다. 즉, 전략은 전투에서 장군이 이기기 위해 사용하는 방법 또는 역량을 말한다. 전략은 군대의 장성들이 발휘할 수 있는 기술이나 술책으로 사용되었으나 지금은 경영자들이 소유해야 하는 필수역량으로 인식되고 있다. 기업은 다양한 선택과 경쟁관계가 있는 시장을 무대로 하고 있다. 즉, 이겨야 하는 경쟁자(전쟁에서는 '적'을 의미)가 있고 판매를 위한 경쟁(전투)이 있다. 따라서 치열한 경쟁에서 승리하기 위한 방책이자 수단으로서 전략이라는 개념은 기업경영에서 매우 유용하다.

전략의 개념은 다양하게 정의되고 있다. Chandler(1962)는 전략을 기업의 장기적인 목표설정과 그 목표를 달성하기 위한 행동을 결정하고 경영자원을 배분하는 것으로 정의하였다. Ansoff(1969)는 조직목표를 달성하기 위한 의사결정의 지침으로 정의하였다. Andrew(1971)는 전략을 기업의 목표와 그 목표를 달성하기 위한 여러 가지 계획이나 정책으로 정의하였다. Poter(1980)는 가장 독특하고 유리한 위치를 만들어내는 것이라고 정의하면서 포지션 이론(Position theory)을 주장하였다.

이처럼 전략을 바라보는 생각은 다양하다. 위 내용을 바탕으로 서비스 경영전략을 정의해 보면 시장환경의 변화 속에서 서비스 기업이 존속과 성장을 위한 활동을 계획적으로 해 나가는 일련의 의사결정이다(허희영, 2021). 의사결정이란 기업의 장기목표 결정과 이를 달성하기 위한 활동방향과 자원배분의 결정을 의미한다.

한편, 전략과 동반해서 전술이라는 용어도 자주 사용된다. 전략은 중장기적인 방향, 정책, 계획을 의미하고 전술은 단기간의 전략적 목표를 이루기 위한 기술이나 방법을 의미한다. 전략은 전술을 낳고 전술은 전략을 실현하는 구체적인 행동방식이다.

2 서비스 경영전략의 특성

서비스 경영전략은 개념상 몇 가지 특징이 있다. 첫째, 경영전략은 어떤 특정 기업의 종합적 의사결정 유형으로 보아야 한다. 서비스 경영전략은 서비스 기업이 원하는 목표, 목표를 실현하려는 정책, 사업의 성격, 경영자원의 확보, 고객, 종업원, 주주에 대한 기여 등에 대한 종합적인 의사결정이다. 이 의사결정은 경쟁기업과 그 유형을 달리한다는 특징이 있다.

둘째, 서비스 경영전략은 미래지향적인 장기계획의 관점에서 인식되어야 한다. 기업은 하나의 연속적 실체이기 때문에 미래지향적 의사결정 체제에서 계획되고 통제되어야 한다. 경영전략에 있어서 지금 내리는 판단은 5년 또는 10년 후에 나타날 결과를 미리 분석해서 이루어지므로 많은 혼란을 자초할 수 있다. 따라서 경영환경 변화에 적극적으로 대비하거나 동태적이고 장기적인 계획체계를 갖추어야 한다.

셋째, 서비스 경영전략은 총괄적 의사소통 과정으로 보아야 한다. 그 이유는 생산, 마케팅, 재무, 회계, 인사, 정보 등의 기능 부분들이 기업이 무엇을, 왜, 어떻게 하려고 하는지를 총괄적으로 이해하고 실천하기 위한 종합적 계획이기 때문이다.

넷째, 서비스 경영전략은 계획, 조직, 실행, 통제의 경영관리 과정과 결합하여야 한다. 전략 자체는 계획에 불과한 것이므로 이를 계획하고 수행하는 데 필요한 조직과 실행 그리고 결과에 대한 통제를 하나의 관리과정으로 확립하는 관리체제가 선행되어야 한다.

마지막으로, 서비스 경영전략은 근본적으로 국내외 경쟁시장에서 유리한 경쟁우위를 확보하려는 계획과 활동을 의미한다. 경쟁기업보다 우수한 경쟁우위를 확보함으로써 더욱 효과적으로 기업의 목표를 달성할 수 있으며, 이를 통하여 기업의 생존과 발전을 실현할 수 있다.

제2절 서비스 경영전략 수립

서비스 경영전략의 수립절차는 크게 5단계로 구성되는데, 미션과 목표설정, 외부 및 내부환경 분석, 전략수립, 전략실행, 전략평가를 포함한다(그림 3-1 참조). 전략을 수립하는 방법에는 여러 가지가 있지만 대부분의 기업은 환경과 비전, 미션 등을 고려하여 수립한다. 전략을 수립한 대로 실행하는 것이 바로 경영활동이기 때문에 전략을 어떻게 수립하느냐는 기업의 성패를 좌우할 수 있다. 본 절에서는 서비스 경영전략 수립과정을 학습한다.

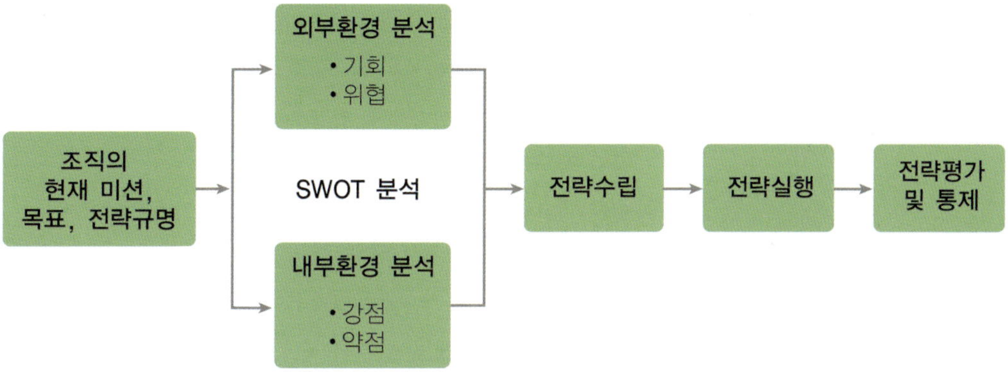

자료: Robbins, S.P., & Coulter, M.(2012). Management(7th ed.). Pearson, p.254

[그림 3-1] 서비스 경영전략 수립과정

1 미션 및 비전과 목표설정

1) 미션(Mission)

조직이 나아가야 할 방향을 정하는 첫 번째 일은 조직의 사명 즉, 미션을 정하는 일이다. 미션은 조직이 존재하는 이유나 사명 또는 임무를 말한다. 미션을 바탕으로 기업은 어느 영역에 집중해야 할 것인가를 생각하게 되고, 어떤 유형의 조직형태를 구성할 것인가를 숙고하게 되며, 시장과 고객의 욕구가 무엇인가를 판단하게 된다.

일반적으로 조직의 사명은 서비스나 제품의 유형과 고객에 대한 태도 등에 반영되어 있다. 미션에 포함되어야 할 내용은 고객이 누구인지 목표시장은 어디인지 주요 서비스는 무엇인지 등이며 이를 정리해 보면 [표 3-1]과 같다. 예를 들어, 노스웨스트 항공사는 "…안전하고 편리한 항공교통을 제공하고 우리의 사람들과 고객들을 제품과 과정에 포함시켜 항공사가 보상을 받고 이윤을 얻으며 품질 높은 경험을 하도록 한다"라고 정의하고 있다. GKL(그랜드코리아레저)는 "관광산업 성장을 지원함으로써 국민경제 발전에 이바지한다"로 정의하고 있다. [그림 3-2]는 글로벌 기업의 사명을 정리해 놓은 것이다.

[표 3-1] 미션에 포함해야 할 내용

항목	내용
고객	누가 회사의 고객인가?
시장	기업은 지역적으로 어디에서 경쟁하는가?
생존, 성장, 수익성에 대한 관심	기업은 성장과 재무적 안정성에 전념하고 있는가?
철학	회사의 기본적인 신념, 가치, 윤리적 우선순위는 무엇인가?
대중적 이미지에 대한 관심	기업은 사회적·환경적 문제에 대해 어떻게 대처하는가?
제품 또는 서비스	기업의 주요 제품 또는 서비스는 무엇인가?
기술	기업은 기술적으로 앞서 있는가?
자아개념	기업의 주요 경쟁우위와 핵심 경쟁력은 무엇인가?
종업원에 대한 관심	종업원들은 기업의 가치 있는 자산인가?

자료: Robbins, S.P., & Coutler, M.(2016). Management(13th ed.). New York: Pearson Education, Inc. p.238

기업	미션
Google	**구글(Google)** 세상의 모든 정보를 조직화하여 이를 누구나 보편적으로 접근할 수 있고 누구에게나 도움이 되게 한다.
SAMSUNG	**삼성** 보다 나은 글로벌 사회가 되도록 하는 데 공헌할 수 있는 우수한 제품과 서비스를 창출하기 위하여 우리의 재능과 기술을 바친다.
STARBUCKS	**스타벅스** 이웃에 있는 단 한 명에게 한 잔의 커피를 통해 마음에 영감과 풍요로움을 주는 것이다.
Disney	**디즈니** 어린이들의 꿈과 희망을 현실로 만든다.
모두투어	**모두투어** 사람들에게 가치있는 경험과 즐거움을 제공한다.

자료: 장영광·정기만(2017). 생활 속의 경영학. ㈜신영사, p.183. 내용 수정보완

[그림 3-2] 글로벌 기업의 미션 사례

2) 비전(Vision)

비전은 조직의 미션을 달성하기 위한 중장기 목표 혹은 이루고자 하는 미래상(未來像)을 말한다. 따라서 비전은 추상적인 단순한 선언문이 아니라 조직에 목표를 부여하고, 사업방향을 확립케 하며, 조직운영과 행동의 기준을 제공하는 동시에 조직 구성원들에게 동기를 부여함으로써 기업의 존재 및 성장을 촉진하는 역할을 한다(그림 3-3 참조). 비전을 수립하는 것보다 더 중요한 것은 조직 구성원이 공감하는 공유된 비전의 존재이다. 그러기 위해서는 비전 자체를 쉽고 명확하게 규정하는 것이 필요하다.

예를 들어, 코카콜라(Coca Cola)의 비전은 '물을 이기는 것'이며, 세계 1위의 항공기 제조회사인 보잉(Boeing)의 비전은 '항공기 운항의 표준모델'이 되는 것이다. 세계 최대의 건강식품 전문점인 GNC의 비전은 '미국 국민의 100%가 우리 점포에서 2마일 안에 있도록 하는 것'이다. 내국인 전용 카지노를 운영하고 있는 강원랜드의 비전은 '즐거운 삶과 더 나은 세상을 만드는 행복쉼터'이다.

경쟁의 개념을 물로 확대한 코카콜라, 비행기를 제조하는 수준이 아니라 글로벌 운항의 표준모델 차원에서 미래표준에 도전하는 보잉, 그리고 전체 미주지역에서의 꼼꼼한 커버리지를 비전으로 설정한 GNC 사례는 우리에게 분명한 것을 시사한다. 바로 도전적이며 콤팩트한 비전에서 우리는 3가지를 쉽게 느낄 수 있다. 바로 쉽다는 것, 명확하다는 것, 그리고 강력하다는 것이다.

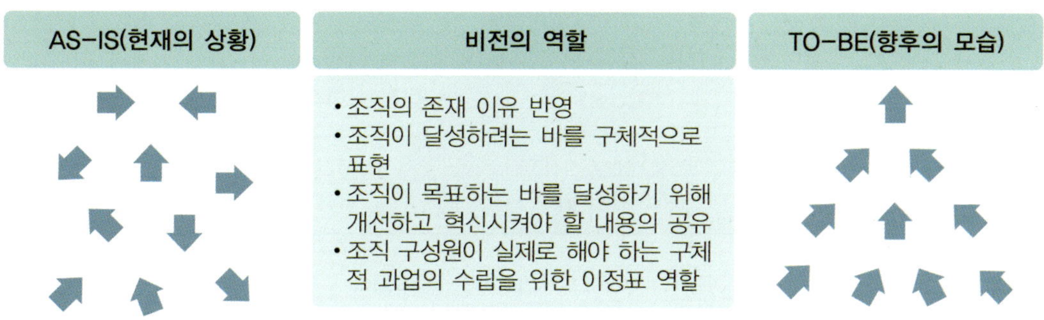

자료: https://m.blog.naver.com

[그림 3-3] 비전의 역할

3) 조직목표(Goal)

조직목표는 비전을 구체화한 것으로 조직이 바라는 미래상의 주요 성과 혹은 결과이다. 기업의 생존과 성공에 영향을 주는 모든 분야에서 구체적인 성과목표가 필요하다. 조직목표를 통해 조직 구성원들은 자신들이 무엇을 해야 하고 무엇에 의해 평가받는지 알 수 있다. 따라서 기업 전체의 차원에서부터 하향적으로 조직구조의 깊은 곳에 이르기까지 필요하다.

목표설정은 조직의 방향을 구체적인 성과목표로 지향하게 할 뿐만 아니라 무엇을 성취할 것인가를 모르고 우왕좌왕하는 목적상실을 막아준다. 조직목표는 또한 조직 내외에서 조직이 얼마나 좋은가(예 : 건강한가? 효율적인가? 성공적인가?)를 평가하는 측정기준을 제공한다. 목표에는 단기적인 목표와 장기적인 목표가 필요하며 시장위치, 경쟁지위, 수익성, 성장성 등이 포함된다. [그림 3-4]는 조직의 미션, 비전, 목표, 전략과의 관계를 나타낸다.

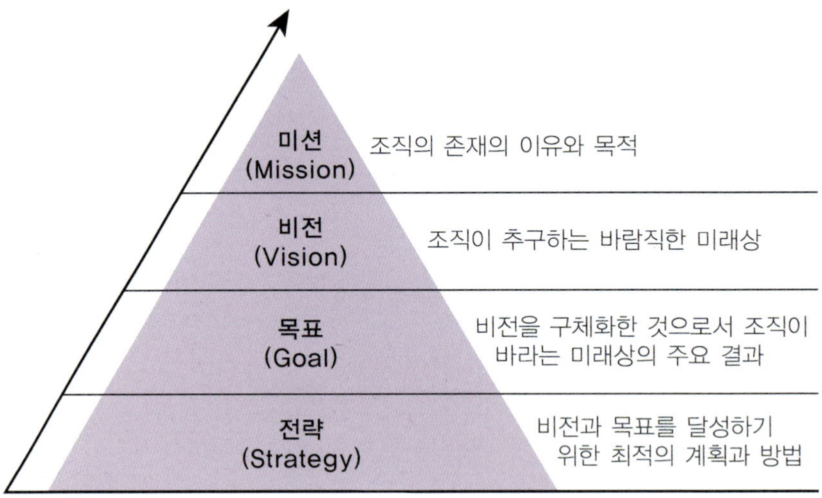

자료 : 장영광 · 정기만(2017). 생활 속의 경영학. ㈜신영사, p.196. 내용보완

[그림 3-4] 미션, 비전, 목표, 전략과의 관계

2 환경분석

서비스 경영전략을 수립하기 위한 첫 단추가 환경분석이다. 환경분석에는 외부환경 분석과 내부환경 분석이 있다. 이어서 기업별, 사업별, 기능별 세부 전략을 수립하여 실행하게 된다. 여기서는 이에 대한 세부적인 내용을 살펴본다.

1) 외부환경 분석

외부환경 분석이란 전략수립에 관계되는 중요한 외부요인이 무엇인가를 확인하는 것이다. 외부환경(혹은 거시환경)은 기업을 둘러싼 외부요인으로 모든 기업에 공통적으로 영향을 미치는 환경을 말한다. 이러한 분석을 통하여 기업이 당면한 실제적, 잠재적인 기회(Opportunity)와 위협(Threat)을 파악하고 대처할 방안을 마련할 수 있다. 기회란 조직이 적절한 대응을 했을 경우 성과가 증가할 수 있는 사건을 의미하고, 위협이란 적절한 대응이 있지 않으면 현재의 상태보다도 성과가 나빠질 수 있는 사건을 의미한다.

외부환경	구성요소	내용
외부환경	인구통계적 환경	나이, 소득, 성별, 교육수준, 거주지
	정치 · 법률적 환경	법률제정, 규제, 관세, 정치불안 등
	사회문화적 환경	라이프 스타일, 사회적 가치관, 전통, 규범, 생활환경 등
	경제적 환경	GNP, 인플레이션율, 실업률, 환율변동, 소비자 물가지수 등
	기술적 환경	특허, 정보통신, 수송방식, 에너지 사용형태, 커뮤니케이션 등
	자연적 환경	기후, 토지, 산, 바다 등
	경쟁자 환경	시장점유율, 경쟁강도, 진입장벽 등

자료 : 저자정리

[그림 3-5] 외부환경 구성요소5)

외부환경의 구성요소에는 인구통계적 환경, 자연적 환경, 정치 · 법률적 환경, 사회문

5) 외부환경 요소 중 고객, 공급자, 유통업자, 채권자, 지역사회, 정부와 내부환경 요소 중 노동조합, 주주 등을 합쳐 과업환경이라 함. 과업환경이란 기업의 마케팅활동으로 인해 이득이나 손해를 보는 이해관계자들을 의미함

화적 환경, 경제적 환경, 기술적 환경, 경쟁자 환경이 있다(그림 3-5 참조). 정치적(Political), 경제적(Economic), 사회 · 문화적(Socio-Cultural), 기술적(Technological) 환경분석을 PEST분석이라고도 한다.

외부환경의 분석기법에는 포터(Porter)의 산업구조 분석모델이 널리 이용되고 있다(그림 3-6 참조). 이 분석모델은 다섯 가지 경쟁적 세력을 분석하며 이들 세력에 의해 산업의 수익이 결정된다. 5가지 요소는 수평적 경쟁요인인 잠재적 진입자, 기존 사업자, 대체재가 있고 수직적 경쟁요인인 공급자와 구매자로 구성된다. 이 다섯 가지 요소들의 힘이 강하면 기업의 위험은 증가되고 위협이 된다. 하지만 힘이 약하면 기회가 된다. 즉, 기업은 가격경쟁력이 강해져 이익이 증가하게 된다.

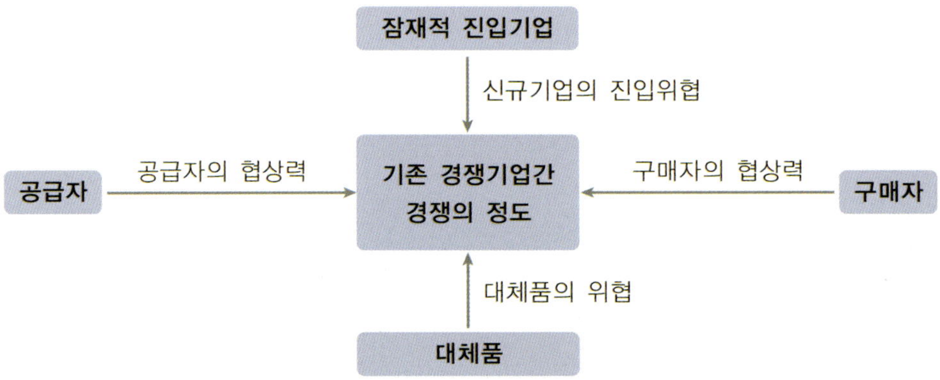

자료 : Porter(1980). Competitive strategy : Techniques for analyzing industries and competitors. New York: The Free Press, p.5

[그림 3-6] Porter의 산업구조 분석모델(5 Forces model)

(1) 산업 내 경쟁 정도(Rivalry among existing competitors)

진출하고자 하는 산업 내 경쟁 정도가 높을수록 산업의 매력은 감소한다. 동종업체와의 경쟁이 치열해지면 가격, 광고, 품질 등에서 치열하게 경쟁하게 되므로 자사의 수익을 압박할 수 있다. 산업 내 경쟁 정도의 결정요인에는 경쟁사의 특성(경쟁사 수, 규모 및 유사성), 산업의 성장률, 제품이나 서비스 차별화 정도, 교체비용, 고정비, 철수장벽(시설이나 장비를 철수하기 힘들면 경쟁 정도 증가), 경쟁사의 전략 등이 있다.

(2) 신규기업의 진입위협(Threats of new entrants)

진입장벽이 높을수록 신규 진입자가 산업에 진출하기 힘들어진다. 신규기업의 진입위협이 낮으면 시장점유율 쟁탈전이 더욱 치열해져 자사의 수익에 부정적인 영향을 미치게 된다. 이미 진출해 있는 기업의 경우에는 진입장벽이 높을수록 산업이 매력적이며 앞으로 진출할 기업에는 산업이 매력적이지 않다. 신규 진입장벽의 결정요인에는 규모의 경제, 제품 차별성, 브랜드, 소요자본, 유통채널 접근성, 원가우위, 정부정책 등이 있다.

(3) 대체재의 위협(Threats of substitutes)

대체할 수 있는 제품이 많을수록 산업의 매력은 감소한다. 동종 경쟁사뿐만 아니라 타 업종 경쟁사 중에 서비스나 제품을 대체할 수 있는 서비스나 제품도 포함한다. 예를 들어, 서울우유의 경쟁사는 남양우유, 건국우유 등이 동종 경쟁자이며 주스, 탄산음료, 요구르트와 같은 타 업종 제품도 우유 대체품으로 경쟁자가 될 수 있다. 대체재 위협의 결정요인에는 대체재의 상대적 가격이나 기능, 대체품의 특성 등이 있다.

(4) 구매자의 협상력(Buyer's bargaining power)

구매자(고객)의 협상력(혹은 교섭력)이 강할수록 산업의 매력은 감소한다. 즉, 고객이 자사보다 교섭력이 우위에 있으면 고객은 자사에 유리한 가격으로 서비스나 제품을 주문하기 때문에 자사의 이익에 부정적인 영향을 미치게 된다. 구매자의 구매량이 많을 때, 표준화 제품(부가가치가 낮은)을 구매할 때, 구매자의 정보력이 많을 때는 구매자의 협상력이 강해진다.

(5) 공급자의 협상력(Supplier's bargaining power)

서비스 공급업자(예 : 레스토랑 식자재 납품회사)가 자사보다 높은 협상력을 가지고 있을 때 산업의 매력은 감소한다. 서비스나 제품을 생산 혹은 취급하는 경쟁사가 적을수록, 공급자의 서비스나 제품에 대한 수요가 많을 때, 타 제품으로 대체되지 않을 때 공급자의 협상력이 강해진다.

2) 내부환경 분석

내부환경(혹은 미시환경) 분석이란 자사의 경영자원을 분석하는 것이다. 내부환경 분석의 목적은 관광기업이 보유한 내부자원과 능력을 평가하여 강점(Strength)과 약점(Weakness)을 파악하는 것에 있다. 내부자원은 크게 재무자원(현금, 신용, 자본조달 능력 등), 물적 자원(공장, 설비, 입지 등), 인적 자원(직원경험, 교육훈련 등), 기술자원(특허, 정보력 등), 그리고 조직자원(조직문화 등)을 포함한다.

3) SWOT 분석

SWOT는 강점(Strength), 약점(Weakness), 기회(Opportunity), 위협(Threat)의 머리글자를 모아 만든 단어로 경영전략을 수립하기 위한 분석도구이다. 강점과 약점은 기업의 내부환경 분석을 통해 그리고 기회와 위협은 외부환경 분석을 통해 도출하게 된다.

		외부환경	
		기회(O)	위협(T)
내부환경	강점(S)	SO전략(공격적) 강점을 활용해 기회를 살리는 전략	ST전략(방향전환) 강점을 활용해 위협을 최소화하는 전략
	약점(W)	WO전략(다극화) 약점을 보완하며 기회를 살리는 전략	WT전략(방어) 약점을 보완하며 위협을 최소화하는 전략

[그림 3-7] SWOT 분석과 전략유형

SWOT 분석의 중요한 목적은 거시환경 분석에서 도출된 시장의 기회와 위협을 내부환경 분석의 결과에서 도출된 장·단점과 비교·조화시켜 기업의 목표설정 및 전략수행으로 이어 나가는 데 있다. [그림 3-7]에서 보는 바와 같이 SWOT의 조합에 따라 공격적 전략(SO), 방향전환 전략(ST), 다극화 전략(WO) 그리고 방어전략(WT)으로 나누어진다.

(1) SO전략

SO전략은 시장상황에 기회요인이 있고 회사의 역량에도 강점이 있을 때 적합하다. 대표적 사례로 롯데호텔의 중국 선양지역 진출을 들 수 있다(https://4bridge.tistory.com/58). 다양한 계열사를 두고 있는 롯데는 호텔 단독이 아닌 계열사와 함께 진출하여(롯데타운 건설) 호텔 단독 진입으로 발생할 수 있는 위험요소를 최소화할 수 있는 강점이 있었다. 또한 최고급 시설과 서비스 역량으로 모스크바에 진출하여 성공한 경험도 가지고 있었다. 이러한 강점을 가지고 철도교통의 요충지로 급성장하고 있고 한국 상품이 많이 진출해 있는 중국의 선양으로의 진출을 결정하였다.

(2) ST전략

ST전력은 자사의 역량에는 강점이 있지만 시장상황이 나빠져 경영을 압박하는 위협요인이 존재할 때 적합하다. 환경이 위협적으로 변했음에도 강점이 있으면 대부분의 기업은 환경 변화에 눈을 감고 기존 사업을 유지하려 한다. 시간이 지나면서 어려움을 겪다가 파산까지 가게 된다. IBM은 100년이 넘도록 지속해 온 하드웨어 메인프레임 사업을 접고 지금은 컨설팅 · 소프트웨어, 그리고 인공지능(AI)을 주력 분야로 삼고 있다. 현재 소프트웨어 회사로 완전하게 변신했다.

(3) WO전략

시장에는 기회요인이 존재하지만 자사가 그 기회를 살릴 만큼 충분한 강점을 가지지 못했을 경우에 적합한 전략이므로 섣부른 투자나 확대전략은 위험한 상황을 유발할 수 있다. 대표적 사례로 오리온의 중국진출을 들 수 있다. 한중 수교 후 오리온도 1993년 베이징 사무소를 열었다. 중국진출 이후 5년 동안 오리온은 중국시장에 대해 면밀히 조사하면서 자신에게 부족한 역량을 강화해 나갔다. 중국으로 파견된 직원들이 정해진 기간 동안 근무하고 본사로 돌아오는 순환근무제가 아니라 완전히 중국 사업부의 직원이 되게 했다. 이는 중국문화에 대한 이해부족과 중국 소비자의 파이에 대한 부정적 시선을 극복하는 계기가 되었다. 현재 오리온은 중국에서 파이류 1위 브랜드이다.

(4) WT전략

시장환경도 좋지 않고 자사의 역량과 강점이 적고 약점이 많은 상황이다. 선택과 집중전략이 필요하고 사업의 축소 또는 철수전략까지도 선택해야 하는 상황이다. 대표적 사례로 피자헛을 들 수 있다(https://4bridge.tistory.com/58). 피자헛은 2000년대 매출 신장률이 급하락하고 매장 수 또한 정체되면서 경영위기를 맞게 되었다. 이에 반해 최대 경쟁사인 미스터피자는 2~3년간 30% 이상의 매출성장을 달성하였고 매장 수도 꾸준히 증가하여 업계 1위인 피자헛을 강력하게 압박하고 있었다. 피자헛은 2008년 12월 '투스카니 파스타'를 기반으로 한 '파스터핫'을 론칭했다. 또한, 한 판에 9,900원인 fresh delight 피자와 스마트 런치 세트(6,000원)를 잇따라 출시하며 '피자헛은 비싸다'라는 소바자의 선입견을 깨고 고객 방문 횟수를 증가시키는 데 성공하였다.

3 전략수립

경영자는 전략을 수립할 때 실질적인 외부환경 및 가용자원과 조직역량을 고려하여 조직목표를 달성하는 데 도움이 되는 전략을 수립해야 한다. 경영전략은 어떠한 수준에서 분석할 것인가에 따라 기업전략(Corporate strategy), 사업전략(Business strategy), 기능별 전략(Functional strategy)으로 나누어진다. [그림 3-8]처럼 기업 전체적으로 참여할 사업영역을 결정하는 기업전략과 개별사업부 내에서의 경쟁전략을 다루는 사업전략이 있다. 기업전략은 사업전략(혹은 사업부 전략)을 수립하는 데 기본이 되고 사업전략은 기능별 전략을 수립하는 데 기본이 된다.

1) 기업전략

기업전략은 기업이 경쟁하는 시장과 산업의 범위를 결정한다. 기업전략은 다각화,

수직적 통합, 인수합병, 해외 사업진출과 같은 결정이나 각 사업분야에 경영자원을 배분하고 신규사업 진출과 기존 사업부문에서의 탈퇴와 같은 결정을 의미한다. 기업전략(혹은 전사적 전략)은 또한 사업수준과 기능부서 수준에서 나오는 제안들을 검토하고 전략적 우선순위에 의한 자원할당과 관련된 이슈들을 다룬다(조동성, 2010). 기업전략에 대한 세부적 내용은 제3절에서 다룬다.

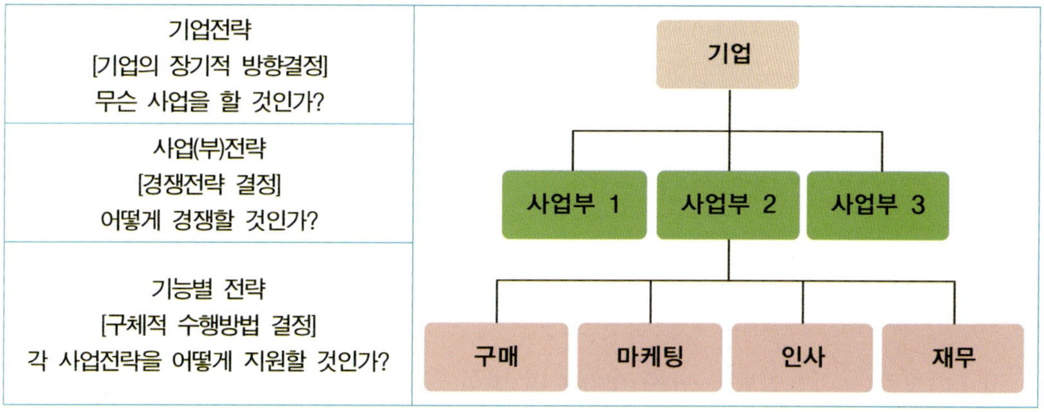

자료 : 저자정리

[그림 3-8] 경영전략 수준 예시

2) 사업전략

기업이 경쟁에서 이기려면 경쟁 대상기업보다 경쟁우위(Competitive advantage)에 설 수 있는 전략이 필요하다. 경쟁우위를 확보하고 유지하는 전략이 사업수준의 경쟁전략이다. 사업수준의 경쟁전략은 서비스 전략의 바탕이자 중심이 된다. 왜냐하면, 기본적 경쟁전략의 선택에 따라 이어지는 구체적이고 세부적인 전략의 내용과 방향이 정해지기 때문이다. 이에 대한 세부적 내용은 제4절에서 다룬다.

3) 기능별 전략

이 전략은 사업전략을 실행하기 쉽도록 각 기능 부서단위로 실행할 전략을 규정하고 구체화하는 것이다. 예를 들어, 인사, 재무, 생산, 마케팅 등의 기능별 부서에서 제품기획, 영업활동, 자금조달, 광고기획 등에 대해 세부적인 수행방법을 결정한다.

4 전략실행

효과적으로 전략을 계획한다고 하더라도 적절히 실행되지 않으면 성과가 나타나지 않는다. 전략의 선택이 이루어지면 전략의 집행을 위한 실행계획이 구체적으로 수립되어야 한다. 선택된 전략이 새로운 시장에 진입하려는 것이라면 진입수단으로서 신서비스 개발을 위한 체계적인 계획이 수립되어야 하며, 새로운 설비와 인원을 확보하기 위한 계획이 작성되어야 한다. 그리고 전략에 적합한 조직구조가 개발되어야 하며 구체적 실행계획에 따른 예산편성과 실행절차가 명시되고 그 실행절차에 따라 전략이 집행된다.

5 평가(통제)

전략수립이나 전략실행은 한번 정해지면 변하지 않고 지속하는 것이 아니라 상황에 따라서는 개선과 조정이 필요하다. 산업과 경쟁조건의 변화, 새로운 기회나 위협요인의 등장, 목표 우선순위의 조정 등에 따라 전략의 수정이 불가피해진다. 전략실행에서도 여러 가지 측면이 계획대로 진행되지 않아 조정이 필요할 수도 있다. 따라서 전략계획 과정에 대한 평가와 통제의 과정을 거치면서 전략적 의사결정 과정을 효과적으로 추진할 수 있다.

제3절 기업전략

기업전략에서는 기업이 어떤 사업을 수행할 것인가, 그리고 각 사업부에 자원을 어떻게 배분할 것인가 등에 관련된 문제를 비롯하여 자원획득, 기업이 사용할 신기술의 결정, 목표고객의 결정, 기업활동의 통제방법 등과 같은 사항을 다룬다. 따라서 기업수준의 전략은 기업이 앞으로 나아가야 할 방향을 제시하고, 각 사업부가 수행하여야 할 역할을 정의해 준다. 기본적인 기업전략으로는 성장전략, 안정전략, 축소전략이 있다(Glueck, 1972).

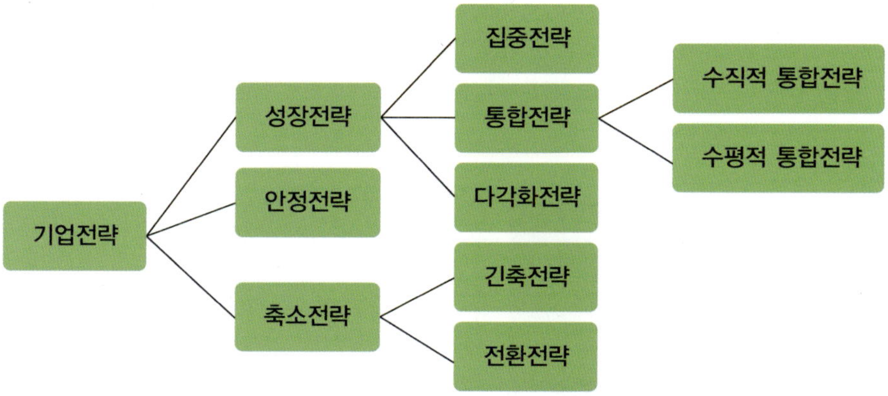

자료 : 저자정리

[그림 3-9] 기업전략의 유형

1 성장전략

성장전략(Growth strategy)은 기업의 규모를 확장하고 현재의 영업범위를 확대하는 전략을 말한다. 성장전략은 신제품 개발, 신시장 개척, 인수합병, 다각화, 해외시장 진출, 내적 성장발전 등을 통해서 달성할 수 있다. 기업의 강점요인을 효과적으로 활용할 기회가 도래할 때 주로 적용하는 전략이다. 대표적 성장전략으로는 집중 성장전략, 통합 성장전략, 다각화 성장전략이 있다. 그러나 지나친 성장 위주로 전략을 지향하게 되면 수익성이 악화될 수 있다. [사례 3-2]는 성장 위주로 전략을 추구하다가 실패한 맥도날드의 얘기다.

사례 3-2 성장은 결코 전략이 아니다

Michael Porter 교수는 '전략이란 무엇인가?'라는 논문에서 전략에 가장 나쁜 영향을 미치고, 기업의 전략을 심각하게 왜곡하는 요인으로 '성장하려는 욕구'를 꼽았다. 그는 이를 성장의 덫(growth trap)이라고 불렀다.

많은 기업을 실패하게 만드는 가장 중요한 이유는 무엇인가? Jim Collins는 [위대한 기업이 실패하는 이유]에서 지난 성공에 대한 자만심을 바탕으로 '더 큰 규모' '더 빠른 성장'과 같은 과도한 욕심이 실패의 주요 원인인 경우가 대부분이었다고 이야기했다. 맞는 말이다. 국내외를 막론하고 한때 성공적이었던 기업이 몰락하는 가장 큰 이유는 '성장추구'에 있다.

현실에서 가장 안타까운 것 중의 하나가 많은 기업이나 경영자가 성장을 전략이라고 오해하는 것이다. 새로운 경영자가 취임하면 으레 비전을 발표한다. 그 비전은 '2020년 매출액 얼마' '세계시장 몇 위' 같은 내용으로 채워진다. 성장은 전략이 아니다. 성장은 전략의 결과다. 따라서 성장 자체를 전략이라고 오해하는 그 순간부터 비극이 싹트며, 나비효과처럼 기업의 운명에 돌이킬 수 없는 결과를 초래하게 된다.

1998년 맥도날드도 최고경영자가 된 그린버그는 1990년대 들어 정체된 성장을 극복하기 위해 점포 수 확장, 지속적 메뉴 확대와 신규 고객증대 등을 통해 적극적으로 성장을 추진했다. 이러한 성장 일변도의 정책은 곧 문제를 야기했다. 신규점포가 기존 점포의 매출을 앗아가는 일이 빈번히 발생해 점포당 매출액은 1993년 130만 달러에서 2002년에는 90만 달러로 하락했다. 해외시장에 대한 과다한 비용지출로 말미암아 영업이익은 같은 기간 동안 절반 이하로 줄어들었다. 이익 감소를 만회하려고 프랜차이즈 점포들은 원칙과 절차를 무시하기 시작했다. 음식 질이 낮아졌으며, 화장실은 더러워졌고, 매장 직원들은 불친절해졌다.

2002년에는 맥도날드 역사상 처음으로 분기 손실을 기록했고 주가는 16달러까지 떨어졌다. 이사회는 그린버그를 해고하고 캔탈루포를 새로운 CEO로 임명했다. 그는 맥도날드 경쟁력의 원천이었던 운영 수월성을 강화하는 것으로 전략의 초점을 분명히 했다. 새로운 점포개설이나 국제시장 진출은 늦추고 기존 점포혁신, 메뉴개선과 빠른 제공, 청결한 화장실 관리, 스태프 직원의 사기고양 등을 통해서 다시 고객의 신뢰를 회복하자 이익은 늘어나기 시작했다. 주가는 극적인 반등을 기록했다. 그린버그의 전략이 '성장을 위한 성장'이었다면 캔탈루포의 전략은 '강점의 강화를 통한 성장'이었던 것이다.

기업은 어떻게 성장을 추구해야 하는가? 첫째, 올바른 목표를 설정해야 한다. 매출액이나 시장점유율 같은 양적 목표가 아니라 장기적 수익성에 근거해 목표를 설정하도록 권하고 있다. 목표가 잘못 설정되면 전략은 길을 잃고 기업은 엉뚱한 방향으로 가게 된다.

둘째, 오랫동안 경쟁력을 쌓아온 핵심사업에서 성장할 방법을 우선적으로 찾아야 한다. 수요감소, 새로운 경쟁자 출현, 후발국 추격 등과 같은 요인으로 핵심사업의 상황이 전과 달라지면, 많은 기업이 기축 사업의 경쟁력을 더욱 강화하기 위해 노력하는 대신 기업활동의 초점을 다른 사업 분야로 바꾸고 새로운 길을 찾아 헤맨다.

셋째, 새로운 사업분야로의 진출은 기존사업에서 구축한 역량을 강화하거나 확장함으로써 이를 통해 자연스럽게 성장이 이뤄지도록 해야 한다. 성장을 추구하다가 회사가 지켜야 할 핵심가치나 고유의 역량을 잃지 않아야 한다(본 사례는 전체 내용 중 일부 부분만을 발췌하여 수록하였음).

자료 : 동아비즈니스리뷰(2014.11, 1월호)

1) 집중 성장전략

집중 성장전략(Concentration growth strategy)은 현재의 사업 내에서 성장할 기회를 모색하는 전략을 말한다. 이는 기업이 기존의 제품 혹은 시장에서 성장기회를 충분히 탐색하지 못한 경우에 활용한다. 관광 서비스 기업 중에 Coca Cola(음료), McDonald(외식), Marriott International(호텔)은 강력한 집중적 성장전략을 추구하는 대표적인 기업들이다.

대표적 집중 성장전략으로 Ansoff의 Matrix가 있다. Ansoff(1957)는 기업의 제품과 시장의 두 개 차원을 이용하여 4가지 전략유형을 제시하였는데, 시장침투 전략, 시장개척 전략, 제품개발 전략, 다각화 전략이 그것이다(그림 3-10 참조).

시장 \ 제품	(기존)	(신규)
(기존)	시장침투 전략	제품개발 전략
(신규)	시장개척 전략	다각화 전략

자료 : Ansoff, H.I.(1957). Strategies for diversification. Harvard Business Review. September-October : 113-124

[그림 3-10] 기업전략의 유형

(1) 시장침투 전략(기존시장-기존제품)

기존시장에서 기존제품으로 시장점유율을 증대시키기 위한 전략이다. 이를 위하여 기업이 채택할 실행방안으로는 현재 자사제품을 사용하고 있는 고객에게 더 많이 혹은 자주 사용하도록 유인하거나 경쟁제품을 사용하고 있는 고객에게 자사제품을 구매하도록 설득하는 것이다. 또는, 자사제품이나 경쟁제품을 전혀 이용하지 않고 있는 고객을 자극하여 자사제품을 구매하도록 유도하는 것이다. 예를 들어, 과자, 치킨, 유통사, 마트 등이 제품을 업그레이드하고 포장을 변경하고 맛을 조금씩 달리하는 전략이 이에 해당한다.

(2) 제품개발 전략(기존시장-신규제품)

기존시장에 새로운 제품을 도입하는 것이다. 즉, 새로운 기능을 추가하거나, 기존제품을 뚜렷하게 개량하거나, 전혀 새로운 기술을 활용하여 같은 기능을 수행하는 신제품을 개발하는 것 등을 말한다. 신제품 개발에는 완전히 새로운 제품개발에 대한 투자가 포함되기 때문에 유통, 마케팅 및 인력에 대한 추가 투자가 필요하다. 성공사례로서

2001년 광동제약이 출시한 '비타500'을 들 수 있다. 드링크 시장에서 동아제약의 박카스가 40년 넘게 지존의 자리를 지켜왔다. 새천년을 맞이하면서 사람들의 건강에 관한 관심이 커지고 있었던 2001년 '비타500'이라는 비타민 음료를 출시하여 큰 성공을 거두고 있다.

(3) 시장개척 전략(신규시장-기존제품)

기존제품을 가지고 새로운 시장을 개척하는 전략으로 시장다변화 전략이라고도 한다. 즉, 기존제품으로 새로운 세분시장의 잠재고객이 지닌 욕구를 충족시키는 방법을 모색하거나, 새로운 유통경로를 개발하여 새로운 시장을 개척하는 전략이다. 또한, 지금까지 영업활동을 수행하지 않았던 새로운 지역에서 기존제품을 판매하는 것도 이에 해당한다. 신시장 개척의 사례로 K-pop, K-drama, K-food, K-beauty의 글로벌 시장진출을 들 수 있다(사례 3-3 참조).

(4) 다각화 전략(신규시장-신규제품)

다각화는 신제품이 새로운 시장에 출시될 때 사용되는 전략이다. 다각화의 경우 제품과 시장이 모두 새롭기 때문에 많은 투자금액이 소요된다. 따라서, 다각화는 마지막 옵션으로 고려해야 하며 회사가 재정적으로 건실한 경우에만 채택되어야 한다. 예를 들어, 세계 최고의 이커머스 기업 아마존은 다양한 사업영역을 가지고 있는 기업이다. 시애틀의 차고 안에서 시작된 베조스의 벤처는 2억 3천만 개에 달하는 상품을 판매하고 있는 초우량기업으로 거듭났다. 또한, 아마존은 세계에서 가장 큰 클라우드 서비스를 제공하고 있고, Prime Service를 통해 음악과 비디오 스트리밍 서비스도 제공하고 있으며, 그리고 eBook 시장도 만들고 있다.

사례 3-3 K-푸드 '수출 드라이브'… 세계 식품 영토 넓힌다

작년 실적 역대 최고 힘입어 현지화된 제품으로 판로 확대 자신감
CJ 해외판매 급증… 5년 내 미국 매출 6조 목표
대상 전 세계 이슬람 겨냥 할랄시장 본격 공략
농심 미국 제2공장 올해 완공 유럽·남미까지 진출

코로나19 악재 속에서도 전 세계 K-푸드 열풍을 일으킨 식품업계가 올해도 수출드라이브 노선을 택했다. 전략은 판로 확대다. 이미 현지 판매망을 상당부분 확보한 업계는 더 나아가 영토를 넓히겠다는 것이다.

업계 한 관계자는 "현재는 국내 식품기업이 해외에서 괄목할 만한 성과를 거두고 있지만 나라마다 음식문화와 소비행태가 달라 애로사항이 많다"며 "업계에서 판매망을 더욱 확장하려는 것은 시장정보 확보는 물론 시장 변화에 능동적으로 대처해 현지 입맛에 맞는 제품개발이 가능하기 때문"이라고 말했다.

식품업계가 무리해서라도 판로 확대에 공을 들이는 이유는 작년 업계 실적과 연관이 크다. 전 산업이 코로나19 여파로 맥을 못 춘 상황에서도 식품산업은 그 어느 때보다 눈부신 활약을 펼쳤기 때문이다.

특히 해외에서의 성과가 기대 이상 호실적을 거뒀다. CJ제일제당은 작년 식품사업부문 매출(8조 9,687억 원)이 전년 대비 12% 증가했는데, 해외 매출이 31% 증가하며 성장을 주도했다. CJ제일제당의 제품 경쟁력과 슈완스의 영업력이 결합해 폭발적인 시너지를 내고 있다. 실제 양사는 B2C 유통망 통합 시스템을 구축해 미국 전역에 거미줄처럼 퍼져 있는 3만 개 이상 점포에서 K-푸드 비비고를 비롯한 아시안 푸드 전 제품을 판매할 수 있는 길을 마련했다.

CJ제일제당은 앞으로도 슈완스와의 협업을 더욱 강화하면서 차세대 핵심제품 발굴에 힘쓰고, 냉동 및 상온 가정간편식으로 포트폴리오를 확대해 오는 2025년 미국 내 식품 매출 6조 원을 달성한다는 목표다.

▲ 미국의 한 대형마트에서 소비자가 CJ제일제당의 '비비고 비빔밥' 제품을 구매하기 위해 꺼내 들고 있다.(제공=CJ제일제당)

대상은 작년 매출(3조 1,132억) 3분의 1(9,714억 원)을 해외에서 올렸다. 미국, 중국, 일본, 유럽, 동남아시아 등 전 세계 21개 해외법인을 두고 있는 대상은 올해 할랄시장 공략을 본격화한다. 할랄인증 품목을 늘려 전 세계 무슬림 소비자들을 겨냥한다는 전략이다.

작년 역대 최고 매출(2조 6,398억 원)을 기록한 농심도 해외에서만 1조 원 이상을 벌었다. 올해 중으로 미국 제2공장 설립을 마무리하고 가동을 시작해 미주시장 성장에 힘을 더한다는 계획이다. 제2공장에는 봉지면 1개 라인과 용기면 2개 라인이 우선 설치된다. 모두 고속 생산라인으로 완공되면 제2공장에서만 연간 약 3억 5,000개의 라면을 더 생산할 수 있게 된다. 기존 제1공장 생산량을 합치면 연간 총 8억 5,000개의 라면을 미주 시장에 공급할 수 있다. 이를 통해 유럽, 남미시장까지 진출해 수출에서만 전체 매출 50% 이상을 달성한다는 목표다.

오리온은 국내 매출이 전년 대비 2%대 증가한 것에 반해 중국, 베트남, 러시아 등 해외법인에선 모두 두 자릿수 이상의 성장률을 이어가 매출 수출비중이 67%에 달한다. 오리온은 올해 미국시장 공략을 본격화한다. 지난 2월 미국 현지에 신규법인을 설립한 오리온은 현지에서 인기리에 판매 중인 초코파이, 꼬북칩 등의 마케팅을 강화하고, 코스트코 등 대형 유통채널로 판매처를 확대할 방침이다.

전 세계 '불닭' 신화를 쓰고 있는 삼양식품 역시 해외 매출 비중이 전체 매출(6,485억 원) 57%로 늘었다. 올해는 중국, 동남아시아 시장에 집중된 매출 구조 개선을 위해 본격적인 일본시장 진출을 앞두고 있다.

업계 한 관계자는 "이미 포화상태가 절정에 달해 이익을 내기 어려운 구조가 된 내수시장과 달리 해외시장은 작년 사상 최대 실적을 거둘 만큼 K-푸드의 위상이 올라가 올해는 더욱 성과를 올려야 한다는 업계 부담도 커지고 있다"며 "올해는 이미 진출한 상태에서 안정적 운영을 펼치는 기업과 공격적 투자로 사업 다각화를 꾀하려는 기업과의 경쟁구도를 예의주시하는 것이 관전 포인트"라고 강조했다.

자료 : 식품음료신문(2021.4.26.)

2) 통합 성장전략

통합 성장전략(Integration growth strategy)은 현재의 사업과 관련 있는 사업을 구축하거나 획득하기 위한 기회를 모색하는 전략이다. 기업은 관련 기업들을 흡수·통합하여 지속해서 성장하려고 한다. 통합 성장전략은 수직적 통합전략(전방통합, 후방통합)과 수평적 통합전략으로 나누어진다.

수직적 통합전략(Vertical integration strategy)은 제품이나 서비스의 생산과정상이나 유통경로상에서 공급자나 수요자를 통합하는 전략을 말한다. 이에는 전방통합과 후방통합 두 가지가 있다. 제조업체가 자사제품을 판매하는 도매상이나 소매상을 흡수·통합하여 제품판매 및 마케팅 활동의 효율화를 도모하려는 전략이 전방통합(전방 수직적 통합전략)이다. 후방통합은 제조업체가 자사에 원료 및 부품을 공급하는 원자재 공급업체를 흡수·통합하여 원자재 공급의 안정화 및 효율화를 이룩하려는 전략이다. 스타벅스는 커피원료 조달, 커피제조, 포장, 자사 소유의 소매점으로의 유통에 이르는 활동을 모두 통제하면서 수직적으로 통합하였다.

수평적 통합전략(Horizontal integration strategy)은 자사가 동일한 산업 내의 다른 기업을 흡수 · 통합하는 것을 말한다. 대한항공의 아시아나 항공의 인수(2021년 현재 진행 중)나 현대자동차의 기아자동차 인수가 수평적 통합의 사례이다.

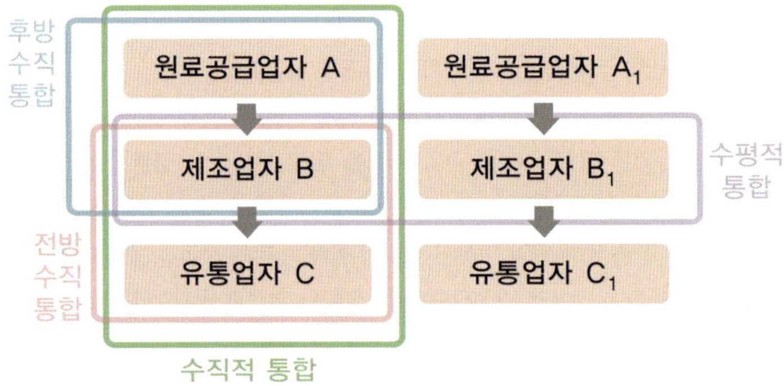

[그림 3-11] 전방통합과 후방통합

3) 다각화 성장전략

다각화 성장전략(Diversification growth strategy)은 현재의 사업과 관련이 없는 새로운 사업영역에 진출하여 성장을 추구하는 전략이다. 다각화 전략에는 신사업 영역이 현재의 사업영역과 관계있는 관련 다각화 전략(Related diversification strategy)과 두 영역이 전혀 관계가 없는 비관련 다각화 전략(Unrelated diversification strategy)으로 나누어진다.

관련 다각화 전략의 사례로 펩시콜라를 들 수 있다. 펩시는 콜라사업 이외에 건강음료(Gatorade), 스낵(Frito-Lay), 피자(Pizza Hut) 사업으로 큰 성공을 거두고 있다. 말보로는 밀러맥주로 알려진 사브 밀러(Sab Miller), 냉동치즈와 식료품 제조업체인 Kraft를 인수하여 비관련 다각화 전략을 추구해 왔다.

2 안정전략

안정전략(Stability strategy 혹은 현상유지 전략)은 기업이 현행 제품이나 시장규모에 만족하고 현상유지를 꾀하면서 저성장을 추구하는 전략이다. 안정전략은 '아무것도 하지 않는(Do-Nothing)' 전략도 이익증대 목표를 포기하는 전략도 아니다. 이 전략은 기업의 외부환경이 안정되어 있을 때 선호하는 전략이며, 경영전략의 변화에 따른 위험을 회피하고자 할 때 주로 사용된다.

미국 유아 식품기업인 Gerbert는 1970년대 신생아 출산율 저하로 인해 유아식품 외의 다른 사업에서 성장 동인을 찾기 시작했다. 그래서 성인식품 사업을 시작했는데 실패하였다. 1978년 신생아 출산율이 상승하였지만 '같은 부모에게 더 많은 상품을 팔자(Selling more to the same mothers)'라는 전략으로 안정전략을 고수하였다.

3 축소전략

축소전략(Retrenchment strategy)은 손실을 보는 사업을 축소하는 것이다. 이 전략은 어떤 산업에 사업성이 있을지라도 경쟁력이 없을 때 나타나며, 경쟁력 저하는 매출과 이익의 저하와 자금부족 현상을 초래한다. 따라서 축소전략은 종업원을 해고하고 R&D 비용, 마케팅 비용 등 여타 비용지출을 축소하게 된다.

축소전략에는 긴축전략과 전환전략 두 가지가 있다. 전자는 경미한 성과문제(예 : 매출, 이익)가 있을 때 조직의 자원과 역량을 재활성화시키고 다시 한 번 경쟁할 수 있는 준비를 하는 전략이다. 후자는 성과문제가 훨씬 심각해서 구조조정과 같은 과감한 행동을 취하는 전략이다.

Greyhound의 경우 버스 승객 수가 1979년에 6,400만 명에서 1985년에는 3,300만 명으로 반토막이 났다. 버스 이용자들의 대다수가 저가 비행기를 이용하였기 때문이다. 이에 Greyhound는 98개나 되는 회사 소유의 버스정류장을 폐쇄하고, 여러 도시에 버스운행을 중단하여 1만 명의 직원 중 3분의 1을 해고하였다.

제4절 경쟁전략

경영전략의 핵심은 경쟁자에 비해 어떻게 하면 경쟁우위를 가질 수 있는가에 있다. 경쟁우위를 창출하려면 기업 자신이 보유하고 있는 경영자원이나 핵심기술이 다른 경쟁기업에 비해서 독특한 것이어야 한다. 또한, 그런 경쟁우위는 현재 산업이 요구하는 주요 성공요인과 부합하는 것이어야 한다.

경쟁영역 \ 경쟁우위	저원가	차별화
넓은 영역	원가우위 전략 (Cost Leadership)	차별화 전략 (Differentiation)
좁은 영역	원가 집중화 (Cost Focus)	차별적 집중화 (Differentiation Focus)

자료 : Porter, M.(1988). Competitive advantage. Free Press, p.12

[그림 3-12] Porter의 본원적 경쟁전략 유형

서비스 기업이 선택할 수 있는 경쟁우위 전략 중 가장 많이 사용되는 세 가지 기본전략은 남들보다 저렴하게 서비스를 제공하든지(원가우위 전략), 남들과 다른 서비스를 제공하든지(차별화 전략), 남들과 비교하여 한두 가지 서비스는 뛰어나게 잘하든지 중에서 하나를 선택하는 것(집중화 전략)이다. 이것이 마이클 포터가 제시한 본원적 경쟁전략이다. 본원적 경쟁전략(Generic competitive strategy)이란 특정 산업군 내에서 경쟁우위를 점하기 위한 전략이다.

1 원가우위 전략

1) 원가우위 전략의 개념

원가우위 전략(Cost leadership strategy)은 원가절감을 통해 경쟁사보다 낮은 원가로 우위를 확보하는 전략이다. 원가우위 전략을 사용하려면 생산·판매에서 동일시장 내 최저수준 원가로 생산할 수 있어야 한다. 원가는 가장 낮게 그러나 서비스의 품질은 경쟁자들의 것과 동일수준이거나 적어도 고객들이 받아들일 수 있는 수준이어야 한다.

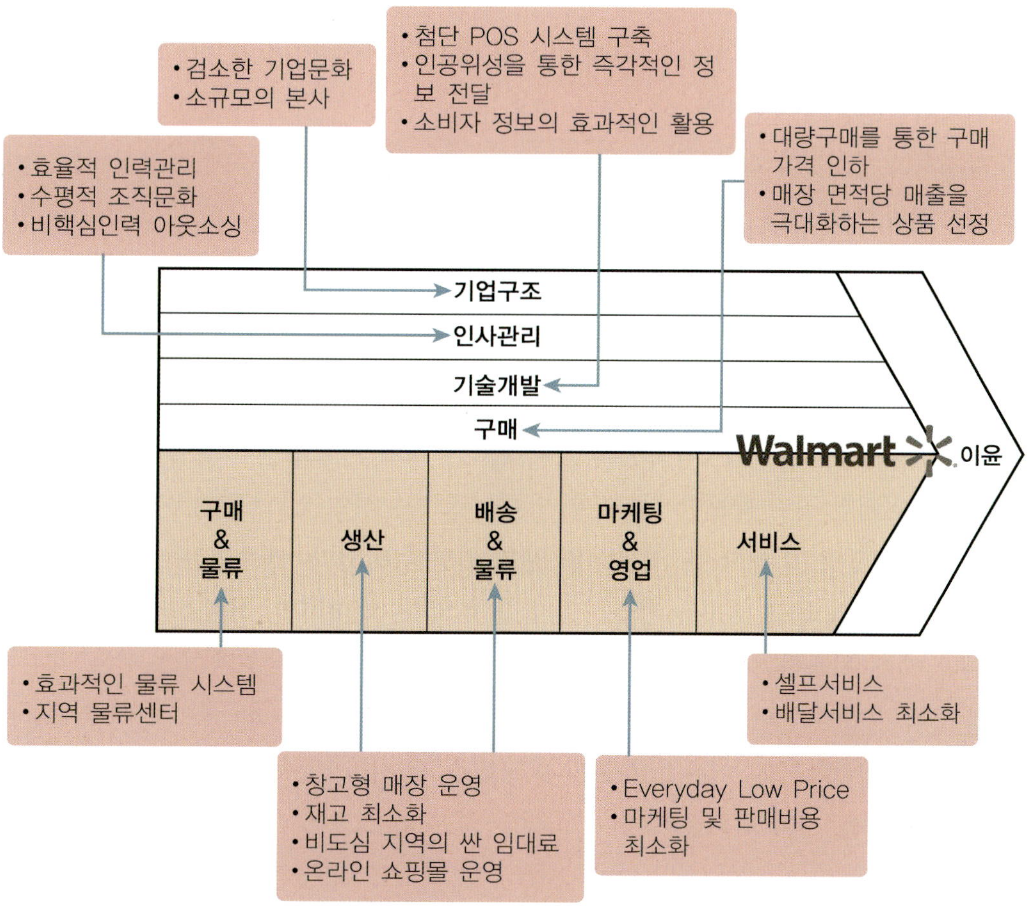

자료: 안면식(2019). 서비스 경영. 도서출판 창명, p.93

[그림 3-13] Walmart의 가치사슬 분석: 원가우위 전략

업계 최저수준의 원가우위를 확보하기 위해서 대규모 자본을 투자해서 생산공정을 개선한다든지, 저임금 노동력을 쓴다든지, 원가절감에 유리한 원재료를 선택한다든지 등의 방법을 사용할 수 있다. 온라인 서비스의 활용도 좋은 대안이 될 수 있는데, 기차표나 버스표의 자동예약 및 발권 서비스 기술은 운영비용을 절감한 사례이다.

이지젯(EasyJet) 항공사나 맥도날드(McDonald)는 타 경쟁업체들에 비해 낮은 가격을 책정함으로써 경쟁우위를 확보하였다. Walmart는 EDLP(Everyday Low Price)라고 불리는 저비용-저가격 정책을 구사하고 있다. 특히, 가치사슬 분석결과 소규모의 본사 규모, 첨단 POS시스템 구축, 재고 최소화 등을 통해 원가를 절감하고 양질의 제품을 최저가격에 판매하는 원가우위 전략을 통해 라이벌 K마트를 압도하였다(그림 3-13 참조). 중저가 커피전문점을 지향하는 이디야는 젊은 층을 목표시장으로 하고 있으며 품질경영을 강조하고 있다. 이 회사는 경쟁사 대비 점포규모와 인테리어 등에서 고정비를 줄여 원가를 절감하고 있다.

2) 원가우위 전략의 위험성

서비스 시장의 경우 저가격 전략을 쓸 수 있는 범위가 제한적일 수 있다. 다양한 방법을 동원해서 원가우위를 확보한다 하더라도 업계에 기술혁신이 일어나거나 새로운 설비가 도입되면 이미 확보한 원가우위가 무너질 가능성이 있다. 원가우위에만 집중하느라 다른 요인을 소홀히 해 경쟁력을 잃을 위험성도 있다. 제품과는 달리 대부분의 서비스는 가격의 높고 낮음을 판정하기가 쉽지 않다. 왜냐하면, 서비스의 가격은 서비스 제공 시에 지불하는 명목가격보다는 그 서비스를 체험하는 고객이 느끼는 '체감가격'의 성격이 강하기 때문이다. 저가격 서비스라는 브랜드로 자리 잡으면 이미지를 바꾸기가 매우 어렵다. 그 이유는 제품과 비교했을 때 서비스는 브랜드의 이미지가 훨씬 더 강한 영향을 미치기 때문이다.

3) 원가우위의 원천

(1) 규모의 경제

규모의 경제(Economy of scale)란 생산량이 증가할수록 단위당 투입비용이 감소하는 것을 의미한다. 산출량의 증가에 따라 단위당 평균비용이 감소하기 때문에 기업은 생산규모를 일정수준까지 증가시킴으로써 비용우위를 창출할 수 있다. 규모의 경제는 생산설비의 규모에 따라 발생하기도 하지만 구매, 유통, 광고와 같은 경영활동에서도 나타난다. 그러나 고객들이 표준화된 제품을 저렴하게 구매하는 것보다 다양한 제품을 원한다면 대량생산을 통해 비용을 낮출 기회는 그만큼 제한된다.

(2) 경험곡선 효과

경험곡선 효과(Experience curve effect 또는 학습곡선 효과) 또한 기업의 비용우위를 결정하는 중요한 요인이다. 경험곡선 효과란 누적 생산량이 매번 2배로 증가함에 따라 단위당 비용은 일정한 비율로 떨어지는 현상을 의미한다. 이는 작업자들이 생산과정을 반복하면서 작업 효율성을 높이는 방법을 고안하고 낭비와 비효율을 없앰으로써 생산성을 높이기 때문에 발생한다. 규모의 경제와 다른 점은 경험곡선 효과는 무조건 생산량이 증가한다고 해서 단위당 비용이 줄어드는 것이 아니라 작업자의 경험을 통해서 공정개선의 노력을 해야만 이루어진다는 점이다. 작업공정이 길고 투입인력이 많고 작업시간이 오래 걸리는 항공기, 조선, 토목 같은 사업에서 주로 나타난다.

(3) 생산요소

생산요소는 노동, 자본, 대지, 원료 등을 포함한다. 기업들은 생산에 필요한 각종 원부자재를 구매하고 있는데 공장의 입지, 원료 공급처, 부품 공급업자와의 관계에 따라 투입비용이 다를 수 있다. 국가 간 임금의 차이가 있기 때문에 공장의 입지를 임금이 낮은 국가로 옮겨서 생산하는 것도 비용을 낮출 수 있다. 특히, 서비스 산업에 있어서 입지는 매우 중요하다. 예를 들어, 페블비치나 제주도 해안가에 위치한 호텔들은 아름다운 주변환경이 경쟁력의 원천이 된다.

2 차별화 전략

1) 차별화 전략의 개념

차별화 전략(Differentiation strategy)은 자사 고객이 경쟁사 서비스와는 다르다는 인식을 가질 수 있도록 차별화된 서비스를 제공함으로써 경쟁력을 확보하는 전략이다. 원가우위 전략은 비슷한 서비스 가운데 가장 가격이 낮은 서비스에서 경쟁력을 찾지만, 차별화 전략은 가격이 낮지 않더라도 다른 서비스들과는 무엇인가 분명하게 차이가 나는 서비스로부터 경쟁력을 찾는다. 한마디로 표준화된 서비스 대신 차별화된 서비스를 제공하는 것이다.

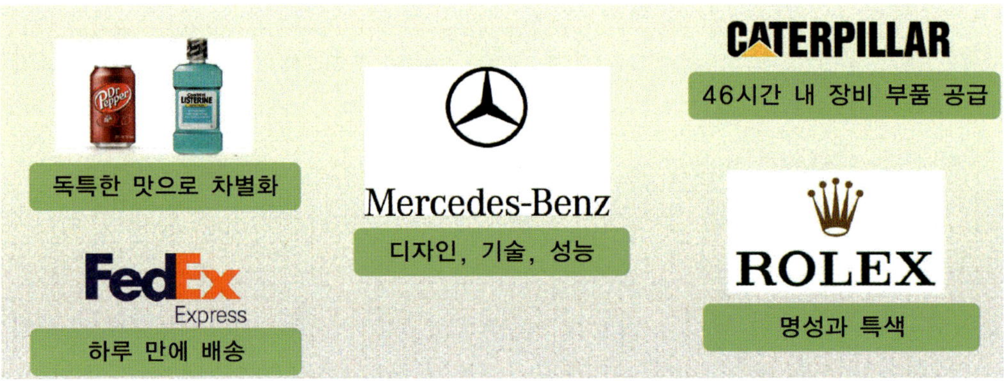

[그림 3-14] 제품의 차별화 전략 사례

차별화는 가격, 서비스, 브랜드 이미지, 품질, 디자인, 기술 등 다양한 요소들에 의해서 이루어질 수 있는데 여기서는 가격, 서비스, 그리고 브랜드 이미지 차별화에 관해 설명하고자 한다. 가격 차별화는 높은 가격이라도 고객이 즐겁게 살 수 있도록 제품과 서비스에 가치를 제공하여 차별화하는 것이다. 하지만 차별화에 드는 비용을 감당하고도 남을 만큼 제품이나 서비스의 판매가격 면에서 프리미엄을 인정받을 수 있어야 한다. 서비스 차별화는 서비스 혹은 제품에 수반되는 서비스를 차별화하는 것이다. 예를 들어, 고객훈련, 자문 서비스, 애프터 서비스, 종업원, 배달, 사전 정보제공, 설치 등을 활용하는 것이다. 브랜드 이미지 차별화는 기업 혹은 브랜드 이미지를 경쟁사와 차별하여 브랜드에 대한 호의적인 태도를 창출하려는 것이다. 이미지는 회사나 브랜드를 인식시키는 상징(심벌)이나, 공중관계, 제품, 광고 등에 의해 형성되는데 일단 한번 형성되면 그것을 바꾸는 데는 오랜 시간과 비용이 투자되어야 한다.

차별화 전략의 사례는 다양하다. Starbucks는 직영매장 운영, 사이렌 오더를 통한 개인 서비스, 바리스타 직접 채용 및 교육훈련 등과 같은 차별전략을 구사하고 있다(그림 3-15 참조). 두바이의 6성급 부르즈 알 아랍 호텔(Burj-Al-Arab Hotel)은 공항에서 헬기운송을 제공하고 고객이 원하면 미국 브로드웨이 공연 티켓을 확보해 주는 고객맞춤 서비스를 제공하여 서비스를 차별화하고 있다.

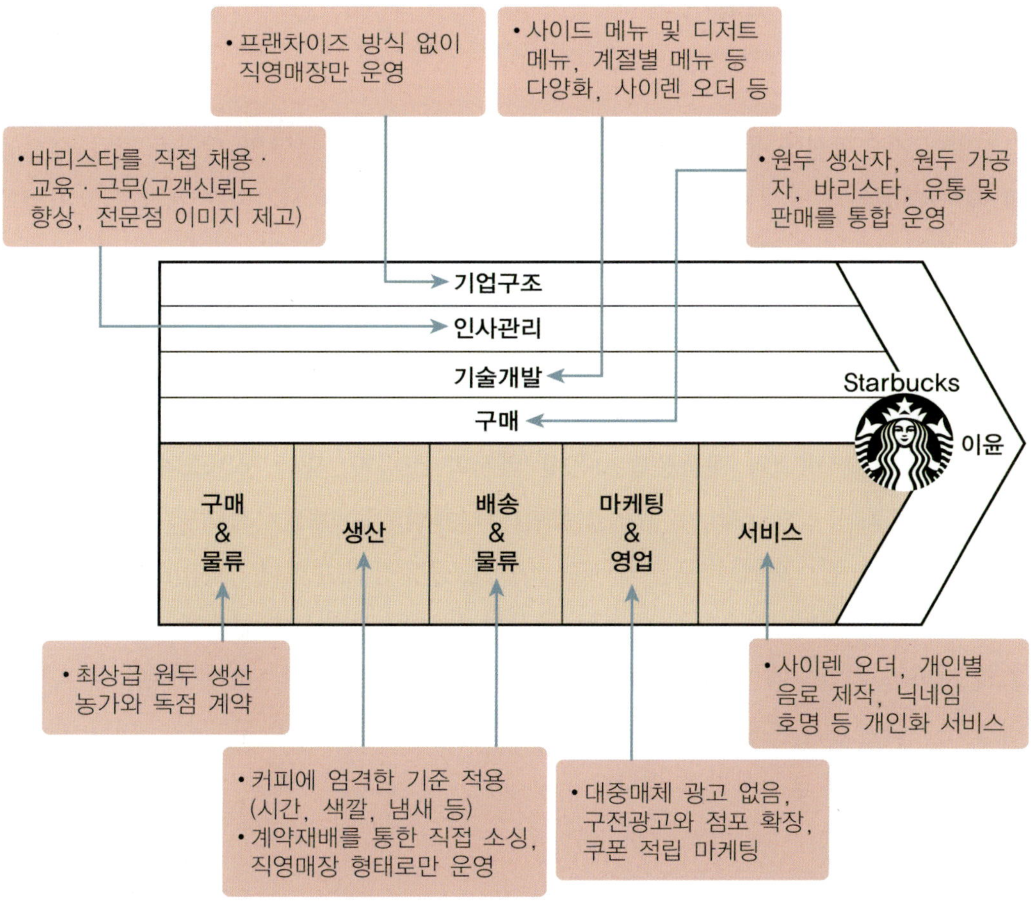

자료 : 안면식(2019). 서비스 경영. 도서출판 창명, p.96

[그림 3-15] Starbucks의 가치사슬 분석 : 차별화 전략

2) 차별화 전략의 위험성

과도한 차별화는 오히려 위험요인이 된다. 원가우위 기업보다 가격이 지나치게 높으면 고객은 차별화 효용성보다 훨씬 저렴한 제품을 선택하게 될 가능성이 크다. 또한, 경쟁사들이 손쉽게 모방할 수 있을 때 차별화 전략은 강점이 아닌 위험요인이 된다. 제품의 디자인이나 물리적 특성에 기초하고 있는 차별화는 경쟁사가 모방하기 쉬워진다. 특히, 관광 서비스 산업에서 서비스의 모방이 쉽게 발생한다. 그 이유 중 하나는 서비스를 특허권으로 보호하기가 쉽지 않기 때문이다.

3) 차별화 우위의 원천

(1) 기술혁신

기업이 기술혁신을 통해서 신제품을 만들거나 새로운 유통망의 개척과 같은 혁신을 할 때 경쟁우위가 발생한다. 기술혁신을 통하여 신제품이나 신기술을 개발하고 차별화된 가치를 고객에게 제공함으로써 높은 가격 프리미엄을 얻을 수 있다. 서비스 기업들은 주로 개발된 기술(예 : AR, VR, IoT, 플랫폼 등)을 적극적으로 활용하여 서비스의 생산이나 유통에 있어서 서비스 혁신을 꾀하고 있다. 예를 들면, 새로운 서비스(AR/VR을 이용한 가상 피팅(옷 입어보기), 가상관광 체험, 드론 택배, 서비스 융합(서비스와 IT융합-u헬스케어, 서비스와 제품융합-AI음성 비서와 스피커, 자사 서비스와 타사 서비스 융합-대중교통 통합요금제), 유통채널 통합(멀티채널, 옴니채널), 신개념 서비스(플랫폼 비즈니스-애플 앱스토어나 구글 플레이스토어, 공유경제-우버나 에어비앤비) 등이 급속히 확산되고 있다. 기술혁신 등으로 등장한 새로운 서비스나 신개념 서비스 비즈니스가 서비스 기업들에 있어 차별화의 원천이 되고 있다. [사례 3-4]에서처럼 서비스 기업들이 기술발전을 바탕으로 서비스 개선은 물론 고부가가치화를 추구하거나 새로운 형태의 서비스를 출현시키고 있다.

사례 3-4 디지털 기술로 서비스 산업의 진화는 이미 시작되었다

서비스 산업의 진화

<전략> 서비스 산업은 기술의 발전으로 인해 서비스 자체의 개선을 통해 고부가가치화가 가능해지거나 기존과는 다른 새로운 형태의 서비스를 출현시키기도 한다. 정보통신기술(ICT), 가상·증강현실(VR·AR) 등 기술의 발전으로 서비스의 제공과 소비에 있어 시공간적 제약이 줄어들고, 서비스의 저장과 이전 및 지속적 향유, 그리고 대중에 대한 동일 서비스의 동시 제공이 점차 가능해지면서 서비스 산업은 획기적으로 진화해가고 있다. 서비스 산업의 진화는 [표 1]과 같이 기존 서비스의 개선을 통한 고부가가치화라는 초기과정을 거쳐, 플랫폼을 기반으로 하는 비즈니스 모델, 기술이나 타 산업과의 결합을 통한 융합형 서비스의 출현으로까지 나아가고 있다.

디지털 기술의 발전과 서비스 산업에의 영향

5G의 상용화 등 정보통신기술의 발전으로 이미 네트워크 기반의 서비스가 일반화되었으며, 플랫폼을 기반으로 하는 비즈니스 모델들이 발전하였다. 이에 더하여 빅데이터, 인공지능(AI), 블록체인, 실감기술 등 디지털 기술의 발달과 이들 기술 간의 융합은 기존 서비스의 고도화와 더불어 새로운 비즈니스 영역을 창출하는 등 서비스 산업의 획기적인 변화와 발전을 가져오고 있다.

[표 1] 서비스 산업의 진화 형태

	분류	주요 내용	
개선	$\alpha \rightarrow \alpha'$	개념	버시스 자체의 고부가가치화
		특징	새로운 서비스, 프로세스 및 마케팅 개선
		예시	이동통신의 진화(LTE → 5G), 무료 견적 서비스 제공, 당일 특급배송 시스템 도입 등
혁신	플랫폼 + α	개념	플랫폼 기반의 비즈니스모델
		특징	자원 활용의 효율화, 수요의 편리화 등
		예시	유통(아마존, 배달의 민족 등), 운송(우버, 모두의 주차장 등), 음식(공유주방 등), 숙박(에어비앤비 등), 여행(트리바고, 아고다 등), 법률(헬프미 등), 개인 서비스(홈 마스터, 세탁특공대 등)
	α + tech	개념	기술이나 여타 산업과의 결합을 통한 융합형 서비스
		특징	서비스의 고부가가치화, 고객 대응 최적화 등
		예시	Fintech(금융), Insurtech(보험), Proptech(부동산), Edutech(교육), Legaltech(법률) 등

자료 : 산업연구원(2019), 주요국 서비스산업 정책과 한국에의 정책적 시사점

이와 같은 기술적 변화요인으로 인해 기존의 서비스 제공방식의 한계에서 벗어나 다양한 형태의 서비스 제공방식이 가능해졌다. 대면거래로 인한 불편함과 시공간적 제약요인들이 비대면 방식의 서비스가 활성화되면서 해소되고 있고, 공급자 위주의 한 방향 서비스 제공에서 수요자와 공급자가 서로 소통하며 피드백과 서비스 품질 개선이 지속해서 이루어지는 양방향 서비스가 가능해졌다. 빅데이터와 인공지능 기술의 발달은 개인별로 차별화된 고객 맞춤형 서비스를 가능하게 하였으며, VR · AR을 활용한 실감체험형 서비스는 시공간적 제약요인의 해소를 넘어 새로운 유형의 서비스들을 제공하고 있다.

서비스 산업의 전개방향

디지털 기술의 발달은 서비스 산업의 모습을 변화시켜가고 있으며, 변화양상도 기술이 진화해감에 따라 다양한 모습으로 진화해가고 있다. 지금까지는 ICT 기술의 발달로 플랫폼을 기반으로 고객들에게 서비스를 제공함으로써 거래비용을 절감하고 소비자 편익을 증대시키는 비즈니스 모델들이 발전해 왔다면, 앞으로는 인공지능, 빅데이터, 실감기술 등을 활용하여 개별 소비자에 특화된 맞춤형 서비스를 제공하는 방향으로 더욱 발전해 나갈 것으로 예상된다. 이와 같은 현상은 유통, 금융, 의료, 교육, 콘텐츠, 관광, 기타 개인 서비스 등 서비스 산업의 거의 모든 분야에서 전개되고 있다(표 2 참조).

[표 2] 기술발전에 따른 서비스의 특징과 대응

기술발전	제공되는 서비스의 특징	경제주체의 대응
인터넷의 구축 및 보급	서비스의 비대면화, 편리화	시간 및 공간의 제약을 해소한 비즈니스모델
5G 도입	서비스의 초고속, 초저지연, 초연결 ⇒ 실감형 콘텐츠, 원격의료 등 제공	
데이터 축적과 AI 활용	소비의 불확실성 제거, 고객 만족 ⇒ IBM Watson(의료, 금융, 유통)	고객 맞춤형 비즈니스모델
블록체인 기술 진전	서비스의 익명성, 투명성, 확장성 ⇒ 지급수단에서 계약, 증명 등으로 확대	신뢰를 기반으로 하는 비즈니스모델
디바이스(Device)의 다양화	서비스의 개인화, 편리화 ⇒ 웹(Web) 기반 또는 앱(App) 기반 서비스	편리화, 개인화된 비즈니스모델
로봇의 첨단화	서비스의 무인화, 단순화, 지능화 ⇒ 서비스 생산성 제고 또는 서비스 품질 개선	편리화, 개인화된 비즈니스모델
AR/VR, 홀로그램 등 실감기술의 진전	서비스의 몰입감, 현장감 ⇒ 서비스 품질 개선	실감 체험형 비즈니스모델

자료 : 산업연구원(2021), 서비스산업의 미래 모습과 전략 로드맵

유통분야에서는 빅데이터와 실감기술 등을 활용하여 개별고객의 특징과 선호를 바탕으로 고객경험을 강화하는 온라이프 서비스가 발전할 것이다(표 3 참조). 금융, 통신, 기타 사업지원 서비스 등에서는 자원의 효율적 활용을 최적화하고 빅데이터를 활용하여 소비자 관점의 맞춤형 서비스를 제공하는 사업들이 추진될 것이다. 교

육, 의료, 사회복지 등의 사회 서비스 분야에서는 고객의 데이터를 분석하여 개별고객의 수준과 환경에 맞는 고객맞춤형 서비스를 개발·제공하고 생애 주기 전반을 관리하는 서비스로 발전해 나갈 것이다. 콘텐츠, 관광, 기타 개인 서비스 분야에서도 디지털 기술과 결합한 서비스의 세분화와 전문화를 통해 고객 한 사람 한 사람이 자신의 특성과 기호에 맞게 선택할 수 있는 영역이 지속적으로 확장되어갈 것이다.

[표 3] 서비스 산업별 중장기 비전

	가까운 미래(2021~2023)	중장기 미래(2024~2030)
유통·물류 서비스	프로세스의 효율화를 통해 고객에게 간편하고 신속한 서비스 제공	빅데이터와 로봇, 실감기술 등의 활용을 통해 개인화된 온라이프(또는 온오프라인 통합 고객 경험 강화를 위한) 서비스 제공
생산자 서비스	시공간적 제약을 벗어난 자원 활용을 통해 제공자와 수요자의 편익을 극대화한 플랫폼 기반의 비즈니스모델 제공	자원의 효율적 활용과 빅데이터 활용을 통한 소비자 관점에서의 맞춤형 서비스 제공
사회 서비스	(ICT 기반의) 플랫폼 활용을 통하여 고객에게 수준별 서비스 제공	고객 데이터의 분석과 상품개발, 관리를 통한 개별 고객 생애 전반의 가치 창출(또는 개별 고객 생애 전반 관리)
개인 서비스	간편성, 접근성, 신뢰성 등을 제고하는 플랫폼 기반의 서비스로 영역 확대	서비스의 세분화, 전문화를 통한 고객의 선택 가능 영역 확장

* 유통·물류 서비스 : 도소매, 운수·창고
* 생산자 서비스 : 금융·보험, 통신, 전문·과학·기술서비스, 사업시설관리·사업지원·임대 서비스
* 사회 서비스 : 교육, 보건·사회복지 서비스

자료 : 성열용(2022). 기술과 혁신. 9/10월호. 455호

(2) 시간단축

시간관리는 고객이 새로운 서비스나 제품의 필요성을 인식하는 순간부터 실제 소비를 통하여 그 욕구가 충족될 때까지의 총 소요시간을 단축하는 데 그 목적이 있다. 특히, 시간절감 전략은 고객과 접촉이 많은 서비스 산업에 적용할 경우 더욱 극적인 효과를 거둘 수 있다. 식재료 판매업체인 Kurly는 우리나라 최초로 새벽 배송시대를 열었는데, 채소와 과일 등 신선식품을 밤 11시까지 주문하면 다음날 아침 7시 이전에 배송하는 서비스로 경쟁우위를 확보하고 있다.

(3) 우수한 품질

우수한 품질의 서비스란 고객이 사용하기에 적합하고 고객의 욕구에 맞는 것이다. 고객은 최고수준의 품질에는 그만한 대가를 지불하려고 한다. 품질향상 노력은 특정 부서만의 문제가 아니고 기업 전체에 관련된 것이다. 품질은 현장직원을 중심으로 단순히 불량률을 낮추는 차원에서 탈피하여 끊임없이 고객욕구를 파악하고 이를 충족시키려 하는 전략적인 관점에서 고려되어야 한다.

3 집중화 전략

1) 집중화 전략의 개념

집중화 전략(Focus strategy)은 전체시장을 타깃으로 하기보다는 작지만 성격이 분명한 표적시장(혹은 목표시장)에 집중하는 전략이다. 즉, 기업이 특정 표적시장만을 상대로 원가우위나 차별화를 꾀하는 사업수준의 경쟁전략이다. 비록 전체시장에서 차별화나 원가우위를 누릴 능력을 갖지 못한 기업일지라도 표적시장을 집중공략한다면 수익을 낼 수 있다고 보고 구사하는 경쟁전략의 하나다. 집중화 전략 중에서도 특정 표적시장을 상대로 원가우위 전략을 펴는 경우를 원가우위 집중전략, 특정 표적시장을 상대로 차별화 전략을 펴는 경우를 차별화 집중전략이라고 부른다. 차별화 전략이 서비스 자체의 성격이나 이미지의 차이를 강조한다면, 집중화 전략(원가우위 혹은 차별화)은 서비스가 제공되는 시장이나 범위의 분해를 강조한다.

집중화 전략이 성공하려면 우선 목표시장을 설정해야 한다. 하지만 전체시장을 상대하는 기업이 세분시장을 쉽게 공략할 수 있다면 집중화 전략을 펴는 기업은 경쟁우위를 확보하기 어려워질 수 있다. 1960년대 미국 음료시장에서 쌍벽을 이루던 거대기업 Coca-Cola나 Pepsi의 틈바구니를 비집고 도전장을 냈던 Royal Crown은 콜라에 집중하는 집중화 전략을 구사하였다. 하지만 코카콜라와 펩시가 콜라를 포함한 음료 전반을 생산·판매하면서 규모의 경제를 활용한 원가우위 경쟁전략을 구사하는 바람에 콜라시장에서 퇴출되고 말았다.

집중화 전략사례로 항공운송 업체인 FedEx는 저가격 익일배달 서비스(Overnight service)의 개념을 도입하여 급성장하였다. 경쟁업체들이 모든 것을 두루 잘한다는 전략을 쓰는 동안 다른 영역을 과감히 포기하고 오로지 속달 서비스 부문에만 집중하면서 동시에 가격경쟁력도 유지함으로써 경쟁업체들과의 차별화에 성공하였다. 따라서 집중화 전략은 전체시장이 아닌 특정 표적시장 안에서의 원가우위 전략 또는 차별화 전략이라고도 할 수 있다.

2) 집중화 전략의 위험성

집중화 전략이 갖는 위험은 소량생산을 하므로 생산원가가 원가 선도기업보다 높다는 점이다. 이러한 불이익을 회피하기 위해서 원가상 불이익이 적은 특정 표적시장을 선택해야 한다. 차별화 전략을 추구하는 기업들은 집중화 전략을 구사하는 기업의 고객들을 더 만족시킬 수 있는 제품을 공급할는지 모른다. 하지만 전략적으로 선택한 표적시장과 전체시장과의 사이에서 요구되는 서비스의 차별이 적은 경우 표적시장을 선택한 것 자체가 의미 없게 된다. 이에 따라 집중화 추구 기업은 원가우위나 차별화 전략 추구자로부터 항상 틈새시장을 방어해야 한다.

토론주제

- 외부환경 분석과 내부환경 분석을 하는 목적은 무언인가?
- 기업사명, 비전, 목표, 그리고 전략의 차이점은 무엇이며 어떻게 관련이 있는가?
- 경영전략을 합리적으로 활용하기 위해 기업은 어떻게 해야 하는가?
- 기업전략과 경쟁전략의 차이점은 무엇인가?
- 관광 서비스 산업에서 수평적 통합과 수직적 통합의 성공사례는?
- 관광 서비스 기업은 ESG 경영, 즉 환경(Environment), 사회(Society), 지배구조(Governance)에 어떻게 대비하고 있는가?

참고문헌

김병용(2014). 관광학원론(개정판). 한올출판사.
동아비즈니스리뷰(2014.11, 1월호). 성장은 결코 전략이 아니다.
마케팅 전략 도구로써의 'SWOT분석' 이해.
https://4bridge.tistory.com/58
매일경제신문(2021.5.6.). 대학 캠퍼스에 뜬 드론 · 로봇… "도미노피자 배달 왔어요"
https://www.mk.co.kr/news/economy/view/2021/05/434464/
미디어경청(2019.10.28.). 전략의 중요성, https://www.goeonair.com/news/article.html?no=14145
성열용(2022). 디지털 기술로 서비스 산업의 진화는 이미 시작되었다. 기술과 혁신. 9/10월호. 455호.
식품음료신문(2021.4.26.). K-푸드 '수출 드라이브'… 세계 식품 영토 넓힌다.
http://www.thinkfood.co.kr
안면식(2019). 서비스경영. 도서출판 창명.
장영광 · 정기만(2017). 생활 속의 경영학. ㈜신영사.
조동성(2010). 전략경영. 도서출판 서울경제경영.
허희영(2021). 서비스경영. 북넷.

Andrews, K.R.(1971). The concept of corporate strategy. Irwin, Homewood.
Ansoff, H.I.(1957). Strategies for diversification. Harvard Business Review. September-October : 113-124.
Ansoff, H.I.(1969). Business strategy. Penguin Books.
Chandler, A.D.(1962). Strategy and structure : Chapters in the history of the American industrial enterprise. Cambridge, MA : MIT Press.
Glueck, W.F.(1972). Strategy formation and management action. New York : McGraw-Hill.
Porter, M.(1980). Competitive strategy : Techniques for analyzing industries and competitors. New York : Free Press.
Robbins, S.P., & Coulter, M.(2012). Management(7th ed.). Pearson.
Robbins, S.P., & Coutler, M.(2016). Management(13th ed.). New York : Pearson Education, Inc. p.238.

제 04 장

관광 서비스 수요와 공급능력 관리

제1절
관광 서비스 수요개념과 수요특성

1. 관광 서비스 수요의 개념
2. 관광 서비스 수요의 특징

제2절
관광 서비스 수요예측 방법

1. 관광 서비스의 수요예측 목적
2. 관광 서비스의 수요예측 방법
3. 수요예측의 성공요인

제3절
관광 서비스 수요관리 전략

1. 수요조절 전략
2. 수요재고화 전략

제4절
관광 서비스 공급관리 전략

1. 서비스 공급능력의 개념
2. 공급능력 관리전략
3. 수율관리

학습목표

본 장에서는 다음 내용의 이해를 목표로 한다.

관광 서비스 수요의 개념과 특징

양적 관광 서비스 수요예측 방법의 특징

질적 관광 서비스 수요예측 방법의 특징

수요예측의 성공요인

수요조절 전략의 의미와 수행방법

수요재고화 전략의 의미와 수행방법

서비스 공급능력 관리방법

수율관리의 의미

Chapter

04 관광 서비스 수요와 공급능력 관리

사례 4-1 10년 앞도 못 내다본 벡스코, 수요예측 실패? 벌써 포화

부산 전시컨벤션산업에서 핵심시설인 벡스코(BEXCO)가 제2전시장을 개관한 지 10년도 안 돼 제3전시장 건립을 추진 중이다. 제3전시장 건립문제를 놓고 전시업계에서는 국내외에서 전시컨벤션 시설이 대형화되는 추세에도 부산시와 벡스코가 전시컨벤션 수요예측은 물론 시설확충과 관련해 10년 앞도 내다보지 못한 결과라고 지적한다.

벡스코 2020년 가동률 60% 포화상태

벡스코는 2001년 제1전시장(2만 6천500㎡)으로 출발했다. 2012년 제2전시장(2만㎡)을 만들어 전시면적을 4만 6천500㎡로 늘렸다. 하지만 확장 10년도 안 돼 폭발적인 성장세를 보이는 전시컨벤션 수요를 제대로 감당하지 못하고 있다.

격년으로 열리는 부산 국제조선해양 대제전(코마린 · 마린위크), 2013년 벡스코 1 · 2전시장을 동시에 사용했지만, 2015년부터 전시면적 부족으로 야외주차장에 텐트를 설치하는 방법으로 임시전시장을 추가로 확보할 수밖에 없었다. 코마린 주최자 관계자는 "벡스코 제2전시장 완공 당시 전관을 사용하는 시점까지 다소 여유가 있을 것으로 예측했지만 단 1회 만에 1 · 2전시장 전관을 사용할 정도로 전시회 규모가 폭발적으로 성장했다"고 말했다.

올 11월 열린 국내 최대 규모 게임전시회 지스타 때도 마찬가지로 주최 측이 전시장 부족 문제를 제기했다. 벡스코에 따르면 2017년 벡스코 전시장 가동률은 57%였고 2018년 가동률은 58%로 추정된다. 이 추세대로 가면 2020년에 전시장 가동률이 60%에 도달할 것으로 예상했다. 전시컨벤션 업계에서 가동률이 60%가 되면 포화상태로 판단한다.

벡스코 관계자는 "전시회가 대형화되면서 참가업체를 배정할 때 어려움이 발생하고 있다"며 "특히 전시장 부족으로 대규모 국제행사를 유치하는 데 애로를 겪고 있다"고 말했다. 전시업계는 "벡스코가 전시장을 확충해 전시행사 규모가 커진 측면도 있지만, 전시컨벤션산업 성장 속도를 따라가지 못해 세계적인 전시회로 성장하는 데 걸림돌로 작용하고 있다"고 지적했다.

전 세계 전시장 대형화 추세… 국내 '너도나도' 확장 대열 합류

마이스산업(회의, 인센티브 관광, 컨벤션, 전시회)이 무역·유통·관광 등 다양한 분야에서 새로운 수요를 견인하고 창출하는 신성장 산업으로 떠오르면서 전시컨벤션 인프라 대형화는 세계적인 추세다.

세계 2위 규모인 상하이 국가전시컨벤션센터(40만㎡)를 보유한 중국에서는 선전전시컨벤션센터가 50만㎡ 규모로 확충돼 현재 세계 1위 전시장인 독일 하노버 컨벤션센터(46만 6천100㎡)를 뛰어넘을 예정이다.

13억 인구인 인도는 30만㎡ 규모 전시컨벤션센터 건립에 나섰고, 일본 도쿄는 2020년 하계올림픽 개최를 계기로 대규모 전시장 일대를 숙박, 공연, 쇼핑, 엔터테인먼트 등이 포함된 대규모 마이스 복합단지를 조성하고 있다.

국내 최대규모 전시장인 경기 고양시 킨텍스(10만 8천483㎡)는 2022년 제3전시장을 건립한다. 제3전시장이 완공되면 킨텍스 전시 면적은 17만㎡로 늘어난다.

서울에 있는 코엑스(3만 6천㎡)도 2025년이면 지금보다 3배 규모인 10만㎡로 확장된다. 전시업계에서는 벡스코가 세계 전시컨벤션센터는 물론 수도권 전시컨벤션센터와 경쟁하려면 마이스산업의 미래에 대한 정확한 예측과 이를 근거로 한 확장 플랜을 가져야 한다는 지적이 나오고 있다.

전시업계 관계자는 "전 세계 도시에서는 면적이 20만㎡가 넘는 대형 전시장을 이미 구축했거나 계속 확충하고 있다"며 "부산에 신규 전시장을 계획한다면 장기적인 수요까지 고려해 20만㎡ 이상 규모의 전시장을 신축해야 한다"고 말했다.

자료 : 한국경제TV(2018.12.31.)

제1절 관광 서비스 수요개념과 수요특성

관광 서비스 산업은 수요와 공급을 맞추기가 쉽지 않다. 서비스 자체를 재고로 쌓아 둘 수 없으므로 불규칙한 수요를 충족하기가 쉽지 않다. 수요예측을 정확하게 하느냐에 따라 고객에게 약속한 서비스를 약속한 시점에 정확히 전달하느냐 하지 못하느냐가 좌우된다. AMR 리서치가 실시한 조사에 따르면, 소비재 산업에서는 평균 26%, 최대 40%의 수요예측 오류가 발생한다고 한다(KDI 경제정보센터). 본 절에서는 관광 서비스 수요의 개념과 관광 서비스 수요의 특성에 대해 학습한다.

1 관광 서비스 수요의 개념

수요(Demand)란 어떤 상품이나 서비스에 대해 고객이 그 상품이나 서비스를 구매하고자 하는 욕구를 말하며, 수요량은 고객이 구매하고자 하는 양을 말한다. 각 가격수준에 대응해 고객이 몇 개를 살 의향이 있고 동시에 살 수 있는지를 말하는 것이 수요량이고 이러한 상황 전체가 수요이다.

[표 4-1]에서 고구마의 가격이 5,000원일 때의 수요량은 10이고, 가격이 4,500, 4,000, 3,500, 3,000으로 내려감에 따라 각 가격에 대응되는 수요량은 15, 20, 25, 30으로 증가한다. 여기서 고구마에 대한 각각의 가격과 그 가격에 대응하는 수요량에 대한 정보를 통틀어 고구마의 수요라고 한다. 수요는 사전에 계획한다는 의미이지 실제 구매수량을 말하는 것이 아니다. 수요는 특정 가격에 의해 결정되는 수요량의 집합이므로 가격이 변함에 따라 수요량이 변하는 것이지 수요가 변한다고 말할 수 없다(Haynes & Fotheringham, 1984).

[표 4-1] 고구마에 대한 수요량

가격(원)	3,000	3,500	4,000	4,500	5,000
수요량	30	25	20	15	10

경제학자들은 수요를 특정 기간 동안 지불 가능한 가격에 특정 재화나 서비스를 구매할 의사가 있거나 혹은 구매할 수 있는 재화의 양으로 정의한다(Mankiw, 2006). 경제적 관점에서 보면, 관광 서비스 수요(Tourism service demand)는 특정시기와 특정지역에 있어서 관광 서비스 경험을 얻기 위해 소요되는 비용과 그곳을 방문하는 관광참여 수와의 상호관계를 나타내는 개념이다(Stynes, 1983). 일반적으로 관광 서비스 수요는 관광을 행하고자 하는 관광객의 욕구로 정의되거나 구체적으로 관광에 참여하기를 희망하는 사람의 수를 의미한다(Allan & Fesenmaier, 1985). 또는 관광자원을 이용하는 관광객 수 혹은 관광지를 방문하거나 관광활동에 참여하기를 원하는 사람들의 수를 나타내기도 한다(Ewing, 1980).

관광 서비스 수요를 측정하기 위한 변수로 관광객 수와 관광총량의 개념을 주로 사용한다(이강욱 외, 2006). 관광객 수는 방문객 수에 관광객 비율을 곱해서 산출한다(관광객 수 = 방문객 수 × 관광객 비율). 그리고 관광총량은 관광객 수에 체재일을 곱한 연인원을 의미한다(한국관광공사, 1993).

2 관광 서비스 수요의 특징

관광 서비스 수요의 특징으로 수요의 가격탄력성과 소득탄력성, 환경 민감성, 수요의 계절성을 들 수 있다. 이에 대한 내용은 아래와 같다.

1) 수요의 가격 및 소득탄력성

탄력성(Elasticity)이란 가격이 변할 때 수요량이 변하는 정도를 수치로 측정한 것이다. 가격변화보다 수요량 변화가 크면 탄력적이고, 가격변화보다 수요량 변화가 적으면 비탄력적이라고 한다. 수요의 탄력성은 수요의 가격탄력성(Price elasticity of demand)과 수요의 소득탄력성(Income elasticity of demand)으로 나누어볼 수 있다. 전자는 가격에 대한 수요변화량을, 후자는 소득에 대한 수요변화량을 나타낸다. 즉, 가격 혹은 소득의 변화에 따라 수요량이 얼마나 탄력적으로 반응하는지를 계산하는 것이다. 이때 주의해야 할 점은 양의 개념이 아니라 %의 개념이라는 점이다.

$$\text{수요의 가격탄력성} = \frac{\text{수요량의 변동률(\%)}}{\text{가격변동률(\%)}} = \frac{\dfrac{\text{변화 후 수량} - \text{변화 전 수량}}{\text{변화 전 수량}}}{\dfrac{\text{변화 후 가격} - \text{변화 전 가격}}{\text{변화 전 가격}}}$$

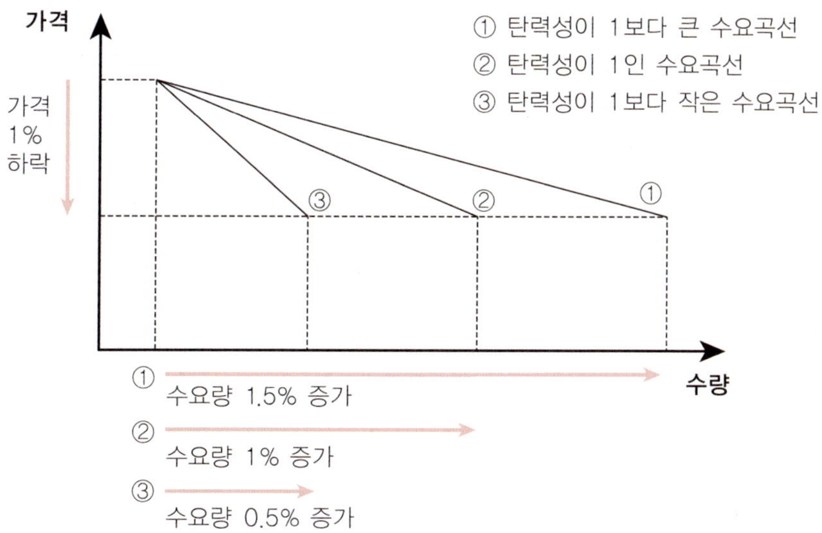

자료 : 저자정리

[그림 4-1] 수요의 가격탄력성과 수요곡선

가격의 변동보다 수요량이 더 크게 변동하는 재화를 탄력적이라고 부른다(탄력성 〉 1). 대체재가 많은 경우에 주로 해당한다. 예컨대, 가나 초콜릿의 가격이 상승하면 허쉬 초콜릿을 먹든지 아예 초콜릿을 안 먹든지 하는 방법으로 가나 초콜릿 구매를 줄인다. 이러한 경우는 탄력성이 높은 것이다. 즉, 가격변화 대비 수요량 변화가 크다는 의미이다(허쉬 초콜릿을 많이 먹든지 아예 안 먹든지). 이와는 반대로 버스요금이 오르더라도 버스이용 횟수를 쉽게 줄이지 못한다. 이러한 경우에는 수요의 가격탄력성이 낮은 것이다(탄력성 〈 1).

일반적으로 관광 서비스에 대한 수요의 가격탄력성은 1보다 크다. 즉, 가격이 내려가면 가격 변화폭보다 그 이상의 수요량이 증가한다는 것을 의미한다(그림 4-1에서 ①번을 나타낸다). 수요의 가격탄력성이 크다는 것은 관광기업이 매출액을 한층 더 증가시킬 수 있다는 것을 의미한다. 또한, 교통기관이나 숙박시설 등에서 할인가격 내지 단체할인 요금을 가능하게 하는 근거가 된다. 따라서 항공좌석의 경우 빈 좌석으로 가기보다는 요금을 할인해서라도 좌석을 채우는 것이 유리한 것이다.

하지만 호텔과 같이 고객 개인의 명성이나 사회적 체면과 연관이 있는 서비스나 재화의 경우 가격하락이 곧 수요증가를 유발하지 않을 수도 있다. 이는 가격이 표적시장에 적정 수준일 때 수요가 최대화되지만, 그보다 낮으면 고객이 자신의 사회적 지위나 체면에 손상이 될 것을 우려해 결과적으로 수요가 위축될 수 있기 때문이다(이화인, 1999).

관광 서비스 상품은 가격의 소득탄력성도 1보다 큰 것으로 알려져 있다. 관광 서비스 상품에 대한 소득탄력성이 1보다 크다는 것은 소득이 변화하는 이상으로 관광에 대한 수요가 크다는 것을 의미한다. 따라서 개인의 소득이 증가하고 있는 시기에는 관광에 대한 수요는 소득의 증가를 뛰어넘는 기세로 증가하는 경향이 있다. 하지만 소득의 증가가 예견되지 않으면 관광에 대한 수요는 급격히 감소하는 경향이 있다.

2) 환경 민감성

환경 민감성이란 관광 서비스 수요에 영향을 미치는 자연적(태풍, 지진 등), 사회적(화재, 사고, 산불 등), 정치적 환경(테러, 입국제한 등)의 변화에 관광활동이 민감하게 반응한다는 의미이다. 예를 들어, 정치나 사회의 불안정성이 높은 관광지에 저렴한 가격의 관광 서비스 상품이 등장한다 할지라도 관광객들에게 좋은 매력이 될 수는 없다. 그 이유는 여행에 대한 불안감을 느끼게 되기 때문이다. [사례 4-2]는 2019년 발생한 코로나로 인해 우리나라 관광산업이 얼마나 민감하게 반응했는지를 잘 설명해 주고 있다.

사례 4-2 코로나에 관광업 매출 67%↓… 국제회의업 -84%·여행업 -83%

한국문화관광연구원 보고서… 국내 주요 관광지 입장객 '반토막'
관광레저소비 지출액 19% 감소 추정

지난해 신종 코로나바이러스 감염증(코로나19) 사태로 국내 관광 관련 업체들의 평균 매출이 3분의 2나 줄어들었다는 조사결과가 나왔다. 17일 한국문화관광연구원의 '코로나19의 관광산업 영향과 대응방안' 보고서에 따르면 국내 관광사업체 500개 가운데 지난해 1~9월 매출액이 전년 동기보다 감소한 업체 비율은 97.6%에 달했다.

이번 조사는 지난해 10월 15~22일 전화로 이뤄졌다. 매출이 줄어든 업체의 평균 매출 감소율은 66.6%였다. 업종별로는 국제회의업이 -84.0%로 매출 감소폭이 가장 컸다. 그다음으로 여행업(-83.3%), 외국인 관광 도시민박업(-77.7%), 카지노업(-71.1%), 한옥체험업(-65.8%) 등의 순이었다. 다만, 해외여행이 막힘에 따라 캠핑 붐이 일면서 야영장업은 매출 감소율이 37.7%로 상대적으로 작았다.

(단위 : 명, %)

내용		사례 수	증가업체 비중	감소업체 비중	전년 동기 대비 감소율(1~9월)
전체		500	2.4	97.6	66.6
여행업		100	-	100.0	83.3
관광숙박업		110	0.9	99.1	58.6
관광객이용 시설업	야영장업	30	13.3	86.7	37.7
	외국인관광 도시민박업	30	-	100.0	77.7
	한옥체험업	30	-	100.0	65.8
국제회의업		50	-	100.0	84.0
카지노업		10	-	100.0	71.1
유원시설업		50	4.0	96.0	63.3
관광 편의시설업	관광식당업	30	3.3	96.7	47.6
	관광펜션업	30	-	100.0	60.3
관광벤처기업		30	13.3	86.7	51.9

관광업계에선 코로나19 여파가 내년까지 이어질 것이라는 우려가 컸다. 코로나19 영향이 언제까지 갈지 묻는 말에 17.6%는 내년 상반기, 23.4%는 내년 하반기를 꼽았다. 올해 하반기까지로 본 응답은 31.4%였다.

코로나19 대응방안(복수응답)에 대해서는 43.0%가 '특별한 방안이 없다'고 답했다. 36.8%는 휴직과 구조조정 등 인력조정을 제시했다.

실제 퇴직과 휴직 등이 잇따랐다. 코로나19 확산 이후 근로자 고용형태와 관련해 어떻게 대응하고 있느냐는 질문(복수응답)에 '퇴사(61.2%)'를 가장 많이 꼽았고 그 뒤를 '유급휴직(40.6%)' '교대 · 단축 근무(18.8%)' '무급휴직(9.6%)' '임금삭감(8.6%)' 등이 이었다.

작년에는 해외여행뿐만 아니라 국내 여행수요도 급감한 것으로 조사됐다. 문화관광연구원이 2019년 10월부터 작년 6월까지 국내 주요 관광지 184곳의 월 입장객 수를 이전 3년간 월별 평균치와 비교했더니 입장객 감소율이 지난해 2월 44.7%, 3월 53.8%, 4월 50.8%, 5월 42.2%, 6월 40.6% 등 50% 안팎에 달했다.

소비자 지갑도 닫힌 것으로 나타났다. 문화관광연구원이 작년 1월 2일~8월 30일 신한카드 회원의 관광분야 신용카드 지출액과 신한카드 시장점유율을 토대로 추정한 결과 이 기간 관광레저소비 지출액은 93조 7천662억 원으로 전년 동기보다 19.0% 감소했다.

보고서는 "코로나19 장기화로 무조건적인 여행 자제보다는 일상 속에서 지속가능한 안전 여행에 대한 명확한 가이드라인이 필요한 시점"이라며 "관광산업의 경쟁력을 높일 수 있도록 다각적인 정책 지원이 요구된다"고 지적했다.

자료 : 연합뉴스(2021.1.17.)

3) 수요의 계절성

수요의 계절성(Seasonality)이란 수요의 주기적 변동 혹은 특정시기 편중성을 의미한다. 즉, 관광 성수기와 비수기를 의미한다. 우리나라 관광 서비스 산업의 경쟁력을 약화시키는 요인으로 뚜렷한 4계절을 들 수 있다. 예를 들면, 스키장과 해수욕장의 영업은 3~4개월에 불과하므로 수익성을 확보하기가 힘들다. 뚜렷한 4계절은 장점이기도 하지만 관광사업 차원에서 보았을 때 영업일수를 단축하게 하는 불리한 요인이 된다.

계절성 극복을 위한 방안으로 적정한 시설의 물리적 공급 외에도, 직장 등의 휴가시기 자율화, 법정 휴가제도의 분산(예 : 학교 등), 각종 할인제도나 서비스 제공, 직장인 근무시간이나 기간의 탄력적 운용이 요구되고 있다. 또한, 국제회의 산업, 카지노 산업, 테마파크 산업육성도 중요한 대안으로 자리 잡고 있다.

제2절 관광 서비스의 수요예측 방법

서비스 산업에서는 서비스 수요가 대부분 일시적이고 무형성을 띠고 있어 예측이 쉽지 않으며, 공급과 동시에 소비되는 서비스의 특성 때문에 더욱더 정확한 수요예측이 필요하다. 제조기업과 서비스 기업 간의 가장 큰 차이는 제조기업은 수익계획을 세운 후에 수요예측을 통해 이익을 창출하지만 서비스 기업은 수요예측을 통해 수익계획을 세우고 이익창출을 꾀하는 게 일반적이다. 본 절에서는 관광 서비스 수요예측의 목적과 수요예측 방법에 대해 학습한다.

1 관광 서비스의 수요예측 목적

관광 서비스 기업의 경영자는 서비스 공급능력을 보다 효율적으로 관리하기 위하여 서비스 수요와 관련된 여러 가지 문제에 관하여 지속적인 의사결정을 한다. 미래의 서비스 수요에 대해 예측하는 중요한 목적은 의사결정을 보다 합리적으로 하기 위함이다. 관광 서비스의 수요예측을 하는 목적을 장기, 중기, 단기적인 측면으로 나누어보면 아래와 같다. [사례 4-3]은 일본에서 AI를 활용해 고객의 수요를 정확히 예측하여 매출의 손실을 방지하는 레스토랑과 커피숍의 사례이다.

사례 4-3 AI로 손님 예측, 적중률 98%… "재료손실↓ 매출↑"

日 음식점, 택시 등 AI 활용 업무 효율성 높여
일본경제신문, 기업 사례 보도

[전략] 내일 몇 사람이 가게에 올지, 어떤 음식이 팔릴지를 알 수 없을까. 인공지능(AI) 기술로 고정밀도 수요예측이 가능해진 가운데 손님의 수를 예측하는 기업들이 늘어나고 있다. 일본경제신문은 일본 음식점 에비야와 NTT도코모 등이 AI를 활용해 손님 수요를 예측한 사례를 기사로 보도했다. 해당 음식점들은 데이터의 적절한 활용으로 매출을 크게는 5배까지 끌어올리기도 했다.

에비야, 손님 예측시스템 완성 '90% 이상' 맞춘다

보도에 따르면 1900년경부터 일본 미에현 이세시에서 영업하고 있는 음식점 에비야는 다음날 방문객 수를 90% 이상 맞히는 예측기술을 통해 새로운 경영역사를 쓰고 있다.

과거 에비야는 그날 있었던 주문을 종이로 기록하는 작은 음식점이었다. 에비야의 오다지마 사장은 장인이 운영하던 에비야의 과거 매상, 주변 호텔의 숙박 수, 인터넷상의 소문, 인근 행사, 날씨 등 여러 항목의 데이터를 모아 방문 손님의 숫자를 예측했다. 각 항목 중 어느 것이 고객 수에 가장 영향을 줄지 AI가 기계 학습하고 날마다 중시하는 변수를 바꿨다. 그 결과 1개월간 예측 오차 203명을 기록했다. 적중률 98%다.

▲ 최근에는 다양한 산업에서 AI를 고객수요를 예측하는 데 적극적으로 활용하고 있다.

에비야는 메뉴마다 주문 수도 산출해 식자재 양과 종업원 수 배치 등을 결정하고 있다. 이 데이터들은 마케팅에도 활용돼 2012년 7월 1억 엔이던 매출을 2019년 5배 가까이 늘리는 데 성공했다. 한 달에 200kg씩 버리던 쌀 폐기량은 70%가 줄었고, 상한 고기나 생선 폐기도 거의 없어졌다. 에비야는 이 시스템을 다른 음식점에도 도입할 수 있도록 EBILAB를 설립했다. 현재 30여 개 업체에 시스템을 제공하고 있다.

'출근길 커피 한 잔' 주문 예측, 대기시간 없이 테이크 아웃

또 다른 사례는 커피숍이다. 일본 업체 뉴이노베이션은 수요예측 AI를 탑재해 무인카페로봇 √C (루트 시)를 개발하고 오사카 난바에 설치했다. 사람이 올 만한 시간에 미리 커피를 만들어놓고 로봇이 팔로 운반해 선반에 올려놓는 것이다. 사람은 커피콩 보충과 기계 보수만 하면 된다. 루트 시는 2022년 다양한 도시에 보급할 계획이다.

루트시를 개발한 나카오 CEO는 일본경제신문과의 인터뷰를 통해 "매일 아침 같은 카페에서 같은 커피를 부탁한다면 줄을 서서 기다릴 필요가 없을 것"이라며 "커피는 사람의 이동기점이 되기 때문에 이동데이터도 얻을 수 있다"고 말했다. [하략]

자료 : HelloDD(2019.9.30.)

1) 장기적 목적

1년 이상의 기간을 대상으로 수요예측하는 것을 말한다. 장기적 측면에서의 수요예측은 개별 서비스 품목에 대한 예측보다는 전체 서비스에 대한 수요의 추세를 파악하고 시장변화를 예측하여 서비스 시설의 변경 또는 증설을 계획하는 것이 주목적이다. 하지만 1년 이상의 장기 수요예측은 불확실성이 많아 정확도가 떨어진다. 예측기간이 장기이므로 서비스 기업과 관련된 활동과 계획에 미치는 영향이 크고, 경영자의 장기적 측면에 관한 의사결정이 서비스 기업의 운명을 바꾸어놓을 수도 있다. 장기 수요예측은 주로 전문가의 의견을 통한 주관적인 예측기법(예 : 전문가 패널)을 사용하는 경우가 많다.

2) 중기적 목적

3개월 이상 1년 이하의 기간을 대상으로 하는 수요예측을 말한다. 경기변동에 의한 수요의 증감을 파악하여 인력의 수급계획을 수립하는 데 주목적이 있다. 중기적 수요예측에서의 인력은 서비스 활동시간으로 표현되기도 한다. 중기적 수요예측은 인과형 서비스 수요예측 모델(예 : 회귀분석)을 사용하여 예측하는 것이 효과적인 것으로 알려져 있다.

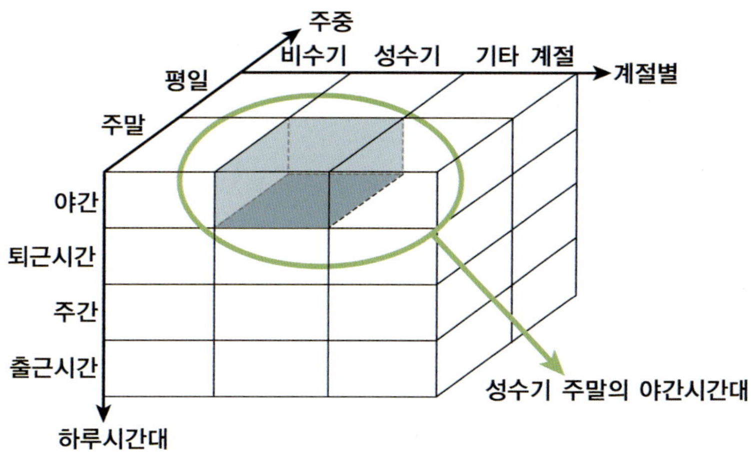

자료 : 이유재(2013). 서비스 마케팅. 학현사, p.452

[그림 4-2] 시간대별 서비스 수요의 유형

3) 단기적 목적

3개월 이내의 분기별 혹은 월, 주, 일별 단위의 단기 수요예측의 목적은 서비스 기업이 제공할 서비스의 수와 시간대를 예측하기 위함이다. 과거의 추세나 계절성을 고려한 시계열 분석기법이 많이 사용된다. 고객 수와 서비스 시간이 예측의 대상이 되며 그 결과로 서비스 일정계획이 구체적으로 결정된다. [그림 4-2]처럼 서비스 수요는 시간별, 요일별, 주별, 월별, 계절별 등 복합적 요인들에 의해 변한다. 여기서 하루 네 가지 시간대와 요일별 두 가지, 그리고 계절별 세 가지 시간대를 결합하면 최대 24가지 시간별 수요의 수준 혹은 유형을 알 수 있다.

2 관광 서비스의 수요예측 방법

수요예측은 수요예측의 목적(예 : 장기, 중기, 단기)에 따라 적합한 방법을 선택해서 활용해야 한다. 일반적으로 수요예측 방법에는 정성적 방법과 정량적 방법이 있다(그림 4-3 참조). 정성적 방법은 주관적 평가법으로 델파이 방법, 역사적 유추법 등이 있다. 정량적 방법은 시계열 방법과 인과모형 방법으로 나누어진다. 어떤 수요예측 방법이 좋을 것인가 하는 문제는 예측방법의 특징, 정확도, 이용분야, 필요한 자료준비, 그리고 수요예측의 시간 등에 따라 다르다.

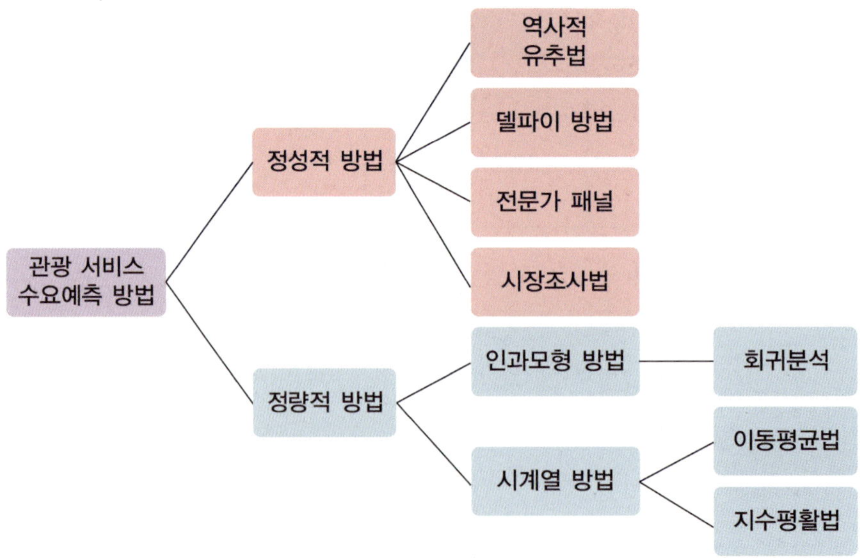

자료 : 저자정리

[그림 4-3] 관광서비스 수요예측 방법분류

1) 정성적 수요예측 방법

정성적(Qualitative method) 또는 질적 기법은 개인의 주관이나 판단 또는 여러 사람의 의견에 입각하여 수요를 예측하며 주로 중·장기 예측에 많이 사용된다. 중장기 예측은 경제, 정치, 사회, 기술 등의 외부환경 변화에 따라 시장잠재력이 변하므로 주관적인 판단이나 의견에 기초하여 수요를 예측할 수밖에 없게 된다. 또한, 과거의 자료가 충분하지 않은 경우에도 유용하게 활용된다.

비교적 간편하고 편리하지만 예측자의 주관적인 판단이나 편견이 개입되어 객관성이 부족하고 미래예측의 정교함이 높지 못한 편이다(김경동·이온죽, 1986). 또한, 정성적 예측기법은 중장기적 예측에 적합한 예측기법으로 예측기법의 적용에 소요되는 시간과 비용이 많이 든다. 제품개발, 기술예측, 시장전략, 공장입지 선택과 같이 중장기적 전략결정에 주로 적용된다. 대표적 정성적 예측기법에는 역사적 유추법, 전문가 패널, 델파이 방법, 시장조사법이 있다(Archer, 1987).

(1) 역사적 유추법

역사적 유추법(Historical analogy)은 과거의 모습이나 현상이 미래에도 유사하게 나타날 것이라는 가정하에서 미래를 예측하는 방법이다. 활용 가능한 자료의 부족이나 자사(혹은 자국)의 경우에 처음으로 등장하는 상황이 발생했을 때 경쟁기업(타국)의 과거 사례나 경험이 적절한 판단의 기준을 제공해 줄 수 있다. 하지만 그다지 인과적인 것이 아닌 피상적으로 유사한 것을 기초로 하여 유추할 경우 위험할 수 있다. 비용이 적게 소요되고 중장기 수요예측에 효과적이다. 하지만 신제품과 비슷한 기존제품 중 어느 것을 선정하느냐에 따라 예측결과가 크게 달라질 수 있다.

(2) 전문가 패널

전문가 패널(Panel of experts consensus)은 여러 사람의 의견이 한 사람의 의견보다 더 낫다는 가정하에서 전문가, 담당자, 고객 등으로 위원회를 구성하여 자유롭게 의견을 나눈 후 결론을 유도하는 방법이다. 델파이법이 비공개적인 데 반하여 패널조사법은 공개적으로 진행된다. 신속한 결정과 상호 의견교환을 통한 편견을 배제시킬 수 있다는 장점이 있다. 하지만 영향력 있는 회의 주도자 수명에 의해서 회의 결과가 좌우될 수 있다는 단점이 있다. 또한, 비용이 저렴하지만 정확성이 떨어진다.

(3) 델파이 방법

델파이 방법(Delphi technique)은 미국 RAND사에서 기술예측을 목적으로 개발한 기법으로 과거자료가 없거나 경험이 없어 판단의 근거가 없을 때 사용하는 기법이다. 이 방법은 미래상황에 대하여 전문가나 담당자로 구성된 위원회를 구성하고 개별적 질의를 통해 의견을 수집하여 이를 종합 · 분석 · 정리하고 의견이 일치될 때까지 개별적 질의과정을 되풀이하는 방법이다. 분석 · 정리된 질의결과는 다음 질의 시 응답자에게 제시된다. 따라서 델파이 방법은 설정한 문제나 주제에 대해서 전문가 집단의 연속적인 응답을 통한 의견일치를 예측이나 진단으로 활용하는 조사방법이다.

전문가 참여수(패널 수)에 대해서는 의견이 다양하다. 패널 수가 적을수록 효과적이고 4명의 패널로 충분하다는 견해가 있으며(송선진 · 유도근, 1992), 패널의 수가 커질수록 신뢰도가 높아진다는 주장도 있다(최해선, 1998). 또한, Tersine와 Riggs(1976)는 10~15명의 응답자를 패널로 구성하는 것이 효과적이라고 주장하였다.

장점으로는 비교적 신속한 처리가 가능하고 적은 비용이 소요된다는 점과 기본적인 데이터가 부족하거나 계량화하기 어려운 문제에 대해 유용하다(최혜경, 2001). 그러나 전문가들의 책임감이 적어지고 좋은 의견과 잘못된 의견이 동일한 비중으로 평가되므로 명확하게 해석하기 어려운 점이 있다.

(4) 시장조사법

시장조사법(Market research)은 정성적 예측기법 중 가장 정량적이고 객관적인 방법으로 소비자로부터 수요에 관한 정보를 직접 얻는 방법이다. 대상 시장에 대하여 설문지, 전화, 또는 개별방문을 통하여 자료를 수집하고 이에 기초하여 예측하거나 가설을 설정하고 검정한다. 시간과 비용이 많이 들지만, 단기예측 시 비교적 정확한 수요예측이 가능한 방법으로 알려져 있다. 이들 정성적 접근방법의 장단점을 요약하면 [표 4-2]와 같다.

[표 4-2] 정성적 수요예측 방법의 장단점

수요예측 방법	장점	단점
역사적 유추법	유사사례나 경험을 사용하기 때문에 사용하기가 용이하고, 비용이 적고, 중장기 수요예측에 효과적	신제품과 비슷한 기존 제품 중 어느 것을 선정하느냐에 따라 예측결과 차이가 큼
전문가 패널법	신속한 결정과 상호 의견교환을 통한 편견 배제	영향력 있는 회의주도자 몇 명에 의해서 회의결과와 결정이 좌우됨
델파이 방법	기본적인 데이터가 부족하거나 계량화하기 어려운 문제에 유용	전문가의 책임감이 적고 좋은 의견과 잘못된 의견이 혼재되어 해석의 어려움 발생
시장조사법	정성적 기법 중에서 가장 정량적이고 단기예측 시 정확한 수요예측 가능	시간과 비용이 많이 소요

자료 : 문화관광연구원(2007). 2007 관광수요 예측. 저자 수정보완

2) 정량적 수요예측 방법

이는 계량적인 자료들을 이용하여 관광수요를 예측하는 것이다. 대표적 정량적 수요예측 방법(Quantitative method)에는 시계열 방법과 인과형 방법이 있다. IBF(Institute of Business Forecasting & Planning)가 2014년에 조사한 결과에 의하면 수요예측 방법으로 가장 많이 활용되는 것은 시계열 방법인 것으로 나타났다(그림 4-4 참조). 시계열 방법 중에서는 단순/추세평균법(이동평균법)이 가장 많이 활용되고 있다.

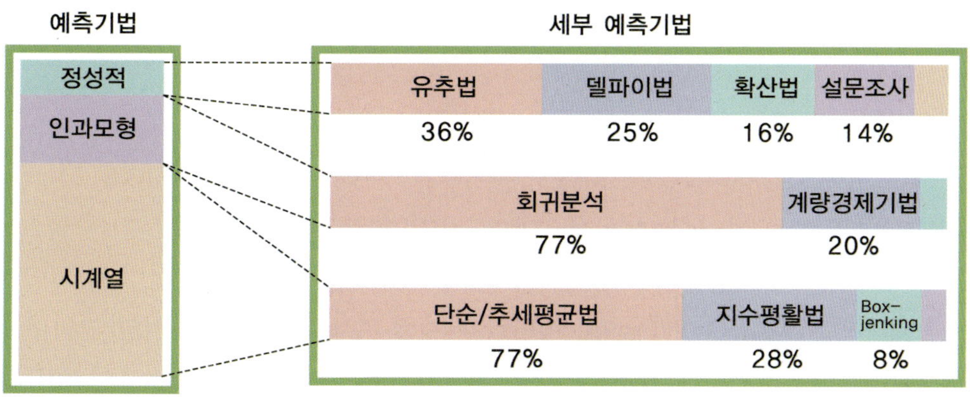

자료 : IBF(Institute of Business Forecasting & Planning)

[그림 4-4] 수요예측 방법의 선호도

(1) 시계열 수요예측 방법

어떤 현상이나 사건에 대한 자료는 시간개념을 기준으로 횡단자료와 시계열 자료로 구분한다. 동일시점을 기준으로 수집한 자료가 횡단자료이고, 시간의 흐름에 따라 수집한 자료가 시계열 자료(Time series)이다. 시간을 나타내는 변수의 단위로는 초, 분, 시간, 일, 주, 월, 분기, 연(年), 세기 등이 있다. 시계열 자료라고 해서 시간 개념만으로 측정되는 것은 아니다. 시간단위 외에도 사회적 변화나 환경적 변동요인을 기준으로 시계열 자료를 구분하는 경우도 있다. 시계열적 변동의 종류에는 경향(추세)변동, 순환변동, 계절변동, 우연(불규칙)변동이 있다(그림 4-5 참조).

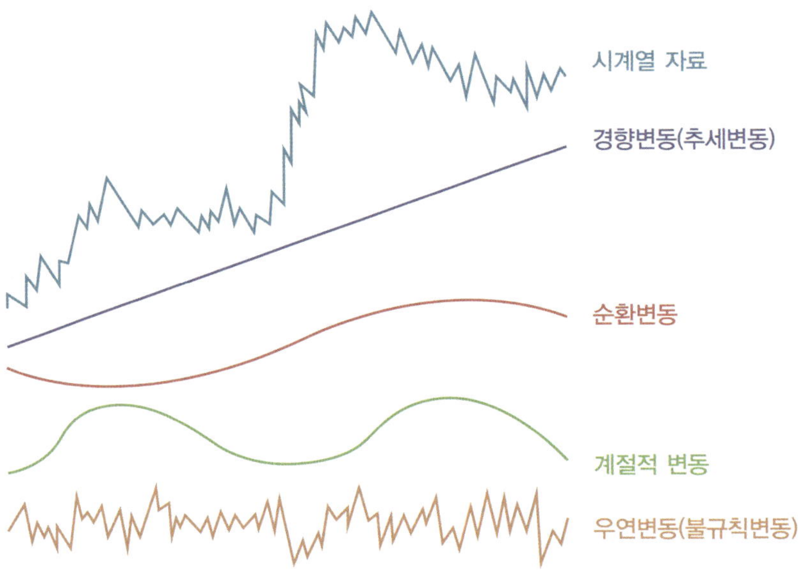

자료 : 이성태(2007). 관광수요예측. 문화관광연구원, p.56

[그림 4-5] 시계열 자료의 변동유형

첫째, 경향(추세)변동(Trend variation)이란 시계열 자료가 갖는 장기적인 변화추세이다. 추세(Trend)란 장기간에 걸쳐 지속적으로 증가 또는 감소하거나 혹은 일정한 상태를 유지하려는 성향을 의미한다. 추세변동은 장기적인 추세경향을 나타내므로 직선이나 부드러운 곡선의 연장선으로 표시한다.

둘째, 순환변동(Cyclical variation)은 대체로 2~3년 정도의 일정한 기간을 주기로 순환적으로 나타난다. 시간의 흐름에 따라 상하로 반복되는 변동으로 추세선을 따라 변화하는 것이 순환변동이다. 경기변동 곡선은 공황과 경기회복, 호황과 불경기로 인하여 수년을 주기로 나타나고 있는데 순환변동을 나타내는 좋은 예이다.

셋째, 계절을 주기로 발생하는 변동을 계절변동(Seasonal variation)이라 하고, 보통 계절에 따라 순환하며 변하는 특성을 지닌다. 계절변동이 순환변동과 다른 점은 순환주기가 짧다는 점이다. 즉, 순환변동이 나타나는 주기는 2~3년 정도인데 계절변동은 보통 계절에 따라 영향을 받으므로 1년을 주기로 나타난다.

마지막으로, 시계열 자료에서 어떤 규칙성이 없이 예측 불가능하게 우연히 발생하는 변동을 우연(불규칙)변동(Irregular variation)이라 한다. 우연히 발생하기 때문에 불규칙 변동을 측정하는 것은 어려운 과제이다. 불규칙 변동이 많이 존재하는 시계열 자료에서는 신뢰성 있는 예측을 하기 쉽지 않다.

시계열 예측방법을 사용하기 위해서는 과거의 수요패턴이 미래에도 지속된다는 기본적인 가정이 필요하다. 그러나 과거의 수요패턴이 항상 유지된다고 볼 수 없으므로 추세, 순환, 계절, 불규칙 변동 등과 같은 중단기 예측에는 이용될 수 있으나 중기 및 장기예측에는 적합하지 않다(이성태, 2007). 또한, 관광수요에 영향을 미치는 형태 및 분석자료 해석의 이해 정도에 따라 유의해서 선택해야 한다. 대표적 시계열 방법에는 이동평균법과 지수평활법이 있다.

① 이동평균법(Moving average method)

이 방법은 과거 시계열 자료를 연속적으로 산술평균하여 관광수요를 예측하는 방법이다. 평균값을 취하는 이유는 시계열의 불규칙적인 변동을 제거하기 위한 것이다. 이 방법은 미래 추정방법 중 가장 간단한 방법이다. 아래와 같이 간단히 식으로 나타낼 수 있다.

$$X_n = \frac{\Sigma X_{t-n}}{n} = \frac{(X_t + X_{t+1} + ...X_{t-n})}{n},\ t = 1,\ 2,\ \cdots,\ (t-n),\ n$$

X_n = 기간 n의 수요예측량

X_{t-n} = 기간 $t-n$의 실제 수요량

n = 기간 수

예를 들어, 2022년 카지노 입장객의 수요를 예측한다고 가정하자. 연도별 방문객 현황은 [표 4-3]과 같으며 과거 6년의 자료(2016~2021)가 있다. 2022년의 입장객 수요를 추정하기 위해서 2021년이 기준연도가 된다.

연도별 입장객 증가량의 합계(5년간 2,200,000명)를 먼저 구하고 이를 다시 시계열 5(n 기간)로 나누면 2017년부터 2021년까지의 연평균 입장객 증가량은 440,000(2,200,000÷5)명이 산출된다. 연평균 증가추세에 따라서 연평균 입장객은 440,000명씩 증가한 셈이므로 이것을 2021년 입장객 수인 4,200,000명에 합산하면 2022년의 추정 입장객 수는 4,640,000명이 된다. 이러한 추정방법은 단기적인 다음 연도의 추세를 파악하는 데 편리하며 신뢰성도 높다.

[표 4-3] 이동평균법에 의한 수요예측

연도	입장객 수(명)	증가량(명)
2016	2,000,000(X_t)	-
2017	2,200,000(X_t+1)	+200,000
2018	2,500,000(X_t+2)	+300,000
2019	3,300,000(X_t+3)	+800,000
2020	3,800,000(X_t+4)	+500,000
2021	4,200,000(X_t-n)	+400,000
2022	4,640,000(X_n)	+2,200,000 (2017~2021년 합계)

② 지수평활법(Exponetial smoothing)

시계열 자료에 동일한 가중치를 부여하는 이동평균법과 달리 지수평활법은 최근 실적치에 높은 가중치를 부여하여 수요를 예측하는 가중이동균법이다(정충영, 1988). 지수평활법을 적용하는 경우에는 주어진 기간의 시계열 값과 그 기간(혹은 시점)의 예측치만 있으면 다음 기간(혹은 시점)의 예측치를 산정할 수 있다. 시계열 자료가 추세, 순환변동, 계절적 변동이 심하지 않고 비교적 안정된 경우에 적합하나 초기 예측치가 필요하다는 단점이 있다(최혜경, 2001).

지수평활법은 다음과 같이 간단히 수식으로 나타낼 수 있다.

$$F_{t+1} = \alpha D_t + (1-\alpha) F_t$$
$$= F_t + \alpha (D_t - F_t)$$

F_t : 기간 t에서의 시계열 초기 예측치

D_t : 기간 t에서의 시계열 자료의 실측치

α : 평활상수($0 \le \alpha \le 1$, 평활상수 값이 클수록 수요예측치에 더 반영됨)

$D_t - F_t$: 예측오차

지수평활법을 적용하고자 할 때 초기 예측치가 필요하나 초기 예측치가 존재하지 않을 때는 지난 기간의 시계열 자료를 단순 이동평균하여 초기 예측치로 활용할 수 있다. [표 4-4]의 자료를 토대로 평활상수 $\alpha = 0.4$를 임의로 적용하여 2022년 카지노 입장객 수요를 예측하기 위해 위 공식에 대입하여 풀이하면 다음과 같다. [표 4-4]에서 2021년 초기 예측값(3,6500,000)은 과거 4년치(2017~2020) 자료를 평균한 값이다(여기서는 4년으로 함). 그리고 2021년 입장객의 실측치가 4,500,000이라 가정하자. 그러면 2022년 예측값은 다음과 같이 계산된다.

2022 예측 = [(α) × (2021 실측값)] + [(1 − α) × (2021 예측값)]

= {초기예측값 + (α)(실측값 − 초기예측값)}

$$
\begin{aligned}
2022\ \text{수요예측} &= \{3,650,000 + (0.4)(4,500,000-3,650,000)\} \\
&= \{3,650,000 + (0.4)(850,000)\} \\
&= 3,650,000 + 340,000 \\
&= 3,990,000
\end{aligned}
$$

[표 4-4] 지수평활법에 의한 수요예측

연도	입장객 수(명)	
2016	2,500,000	
2017	2,900,000	
2018	3,500,000	
2019	4,000,000	
2020	4,200,000	
2021	초기 예측(F_t) (2017~2020 평균값 : 3,650,000)	실측치(D_t) 4,500,000
2022	3,990,000(F_{t+1})	

(2) 인과모형 수요예측 방법

인과모형 예측기법(Causal method)은 수요에 영향을 주는 요인들을 파악하고 수요와 이 요인들 간의 인과관계를 파악함으로써 수요를 예측하는 기법이다. 따라서 인과모형 예측기법에서는 수요를 종속변수로 하고 수요에 영향을 주는 요인들을 독립변수로 사용한다. 인과모형 예측기법에는 회귀분석, 산업연관분석, 투입산출모형(Input output analysis), 선도지표법(Leading indicator method) 등이 있다. 여기서는 가장 보편적으로 사용되는 회귀분석에 대해 설명한다.

회귀분석(Regression analysis)은 수요에 영향을 주는 요인을 독립변수(Independent variable)로, 수요를 종속변수(Dependent variable)로 하여 독립변수에 대한 함수로써 수요를 통계적으로 모형화한 것이다. 모형화된 함수를 회귀방정식이라 하며 독립변수의 값이 주어지면 회귀방정식을 통하여 수요의 예측값을 산정한다. 독립변수가 하나면 단순 회귀분석(Simple regression analysis)이라 하고, 둘 이상이면 다중 회귀분석(Multiple regression analysis)이라 한다.

주로 관광객 수나 관광수입을 종속변수로, 소득수준과 소비자 물가지수 및 환율, 항공료 등을 독립변수로 사용하여 이들의 인과관계를 규명한다. 회귀분석은 중장기 예측에 유용하지만 중요 변수를 누락하거나 다중공선성(Multicollinearity : 독립변수 간의 높은 상관관계)과 같은 문제가 발생할 수 있다.

가령, 관광 서비스 수요에 영향을 미치는 요인을 x라 하고 수요를 $\hat{y}$라고 하면 회귀방정식은 다음과 같다. 독립변수 x에 값이 주어지면 종속변수 $\hat{y}$값이 산정되어 요인의 특정 값에 대한 수요의 예측치가 된다.

$$\hat{y} = a + bx \text{ (} a = \hat{y}\text{의 절편, } x = 0\text{에서 } \hat{y}\text{의 값, } b\text{ : 기울기)}$$

$$a = \frac{\sum_{i=1}^{n} y_i - b\sum_{i=1}^{n} x_i}{n}$$

$$b = \frac{n\sum_{i=1}^{n} x_i y_i - \sum_{i=1}^{n} x_i \sum_{i=1}^{n} y_i}{n\sum_{i=1}^{n} {x_i}^2 - \left(\sum_{i=1}^{n} x_i\right)^2}$$

예를 들어, 관광객이 관광지에 도착하는 데 걸리는 소요시간에 따른 방문객 수에 대한 회귀방정식을 풀어보면 다음과 같다. 관광지 15곳에 대한 소요시간과 방문객 수에 대한 조사결과는 [표 4-5]와 같다. 회귀방정식을 추정하기 위하여 소요시간을 x로 방문객 수를 y로 놓고 계산한다. 위 식에 의하여 $a = 4.40$, $b = 1.78$이 산정되며 회귀방정식은 다음과 같다.

$$\hat{y} = 4.40 + 1.78x$$

[표 4-5] 관광지별 도착 소요시간과 방문객 수

관광지	소요시간(분) x_i	방문객(수) y_i	xy	${x_i}^2$	${y_i}^2$
1	30	70	2,100	900	4,900
2	40	60	2,400	1,600	3,600
3	30	50	1,500	900	2,500
4	50	80	4,000	2,500	6,400
5	60	130	7,800	3,600	16,900
6	30	60	1,800	900	3,600
7	40	70	2,800	1,600	4,900
8	50	90	4,500	2,500	8,100
9	40	90	3,600	1,600	8,100
10	30	50	1,500	900	2,500
11	20	30	600	400	900
12	10	20	200	100	400
13	25	50	1,250	625	2,500
14	15	50	750	225	2,500
15	20	40	800	400	1,600

한편, 소요시간과 방문객 수에 대한 회귀방정식을 그래프로 표시하면 [그림 4-6]과 같다. 우상향 직선이 추정 회귀선(추세선)이며, 이는 회귀방정식, 즉 $\hat{y} = 4.40 + 1.78x$를 적용해서 만들어진 직선이다.

이 회귀방식을 이용하여 미래 16번째 관광지의 소요시간이 28분이라고 가정하면 입장객 수는 다음과 같이 54.24명으로 예측된다.

$$\hat{y} = 4.40 + 1.78x$$

$$\hat{y} = 4.40 + 1.78 \times 28\text{분}$$

$$= 4.40 + 49.84 = 54.24$$

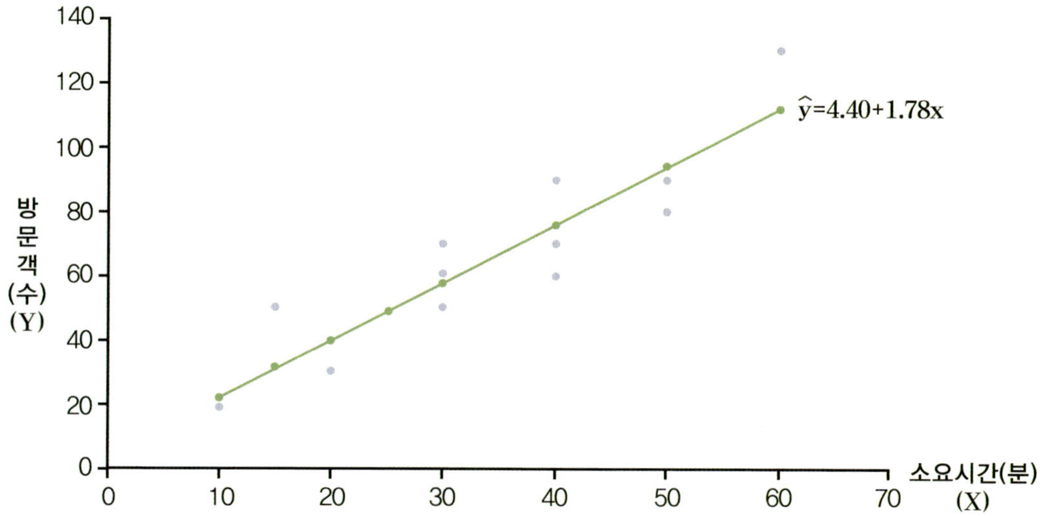

[그림 4-6] 추정 회귀선

3 수요예측의 성공요인

예측은 어떠한 방식을 취하던 과거의 경험과 이력에 기초해 이루어진다. 하지만 미래는 과거와는 다른 상황으로 전개될 가능성이 크므로 미래의 수요예측은 오류 가능성을 내포하고 있을 수밖에 없다. 따라서 성공적 수요예측을 위한 요인을 정리하면 네 가지로 요약할 수 있다(양윤재, 2010).

첫째, 수요의 개념을 명확히 하는 것이 중요하다. 많은 관광 서비스 기업들은 판매량을 수요와 혼동하는 경우가 많다. 판매량은 서비스나 제품의 특성, 가격수준, 영업활동을 어떻게 하느냐에 따라 달라질 수 있어서 단순한 예측의 관점을 넘어 목표설정의 개념이 많이 개입된다. 하지만 판매량을 설정하기 이전에 시장에서 필요로 하는 서비스나 제품의 수요를 먼저 규명해야 한다. 전체적인 수요의 규모와 시장을 파악한 후에 기업이 판매할 수 있는 세분시장의 잠재성이 얼마나 되는지 분석해야 수요에 대한 대응계획을 수립할 수 있다.

둘째, 활용목적에 따라 수요예측의 요건을 정의해야 한다. 수요예측은 경영전략 수립, 마케팅 전략 수립, 생산계획 수립 등 다양한 목적으로 활용될 수 있다. 가령, 수요예측 기간을 1개월, 분기, 1년 중 어느 정도로 할 것인지, 예측 주기를 매 분기, 매월, 매주 중 어떤 빈도로 할 것인지, 예측수준을 서비스, 제품, 카테고리 가운데 어디에 초점을 둘 것인지를 활용목적에 따라 각기 차별적으로 정의해야 한다.

셋째, 맞춤화된 수요예측 계량모델을 찾아야 한다. 즉, 수요변화의 구조와 특성을 반영하는 모델이어야 한다는 의미이다. 예를 들면, 어떤 요인이 어떤 시장에서 얼마나 수요를 변화시키는지를 잘 반영하는 모델이어야 한다. 또한, 수요예측이 큰 서비스 혹은 제품과 그렇지 않은 서비스 혹은 제품을 대상으로 수요예측 모델을 선별해서 적용해야 한다.

마지막으로, 수요예측 보정체계가 필요하다. 즉, 계량 예측모델이 정교하더라도 미래의 수요를 항상 정확하게 예측하기는 어렵다. 돌발 변수나 예외상황이 발생할 수도 있기 때문에 상황변화에 유연하게 대처할 수 있도록 해야 한다. 이를 위한 유용한 방법은 경험이 풍부한 전문가의 판단이나 수요예측에 직간접적으로 관여한 부서 직원 간의 합의에 기초해 예측값을 수정하는 것이다.

제3절 관광 서비스 수요관리 전략

관광 서비스 기업이 서비스 수요와 공급의 균형을 맞추기 위해 두 가지 전략을 세울 수 있다. 하나는 수요의 변동을 약하게 함으로써 기존의 공급량에 수요를 맞추는 수요관리 전략이고, 또 다른 하나는 변동하는 수요에 맞도록 공급(가용)능력을 변화시키는 공급능력 관리전략이다. 본 절에서는 우선 관광 서비스의 수요관리 전략에 대해 살펴보고자 한다(공급능력 관리전략은 제4절에서 설명함). 수요관리 전략에는 수요조절 전략과 수요재고화 전략이 있는데 이에 관한 내용은 다음과 같다.

1 수요조절 전략

관광 서비스에 대한 수요는 서비스 제공기업의 직접적인 통제에 있지 않다. 서비스의 수요는 가격, 경쟁사의 서비스, 잠재고객의 생활수준, 접근성과 같은 요인들에 의하여 영향을 받는다. 서비스 제공기업은 다양한 전략 중에서 하나 혹은 그 이상을 사용함으로써 수요를 효과적으로 관리할 수 있게 된다. 대표적인 수요조절 전략으로는 보완서비스 개발, 서비스 제공시간과 장소조절, 가격 차별화, 커뮤니케이션 증대, 비수기 수요촉진 전략이 있다.

1) 보완적 서비스 개발

보완적 서비스는 주 서비스의 대기시간 동안 수익원 혹은 고객만족으로 유도할 수 있는 추가적인 서비스를 말한다. 예를 들어, 레스토랑에 바(Bar)의 추가 운영, 영화관이나 공연장에 함께 입점해 있는 오락공간, 카페, 레스토랑 등은 기다리는 고객이 지루하지 않고 수익성을 창출할 수 있도록 도와준다.

▲ 바(Bar)가 추가된 레스토랑

2) 서비스 제공시간과 장소조절

수요를 조절하는 방법으로 서비스의 제공시간과 장소를 적절하게 조절하는 전략도 유용하다. 서비스의 제공시간 조절에는 수요가 집중될 때 서비스 제공시간을 연장하여 고객을 분산시키고, 수요가 적을 때는 서비스 제공시간을 단축하여 서비스 인력과 에너지를 절약할 수 있다. 서비스의 장소조절 사례는 호텔의 출장 뷔페를 들 수 있다. 호텔 레스토랑의 출장 뷔페는 고객이 있는 곳으로 접근함으로써 고객이 몰리는 혼잡 없이 서비스를 제공하는 것이다.

3) 가격 차별화

가장 이해하기 쉽고 간편하게 사용되는 전략으로서 서비스의 가격할인이 대표적이다. 서비스의 가격할인은 수요의 증가를 가져온다. 즉, 서비스 수요가 피크일 때 고가격 정책으로 수익성 향상을 도모하고 수요부족 시에는 저가격 정책으로 수요를 증가시키는 전략이다. 가격전략은 단기간의 수요변화를 꾀할 때 사용되는데 어떤 기업은 자신들의 서비스 수요를 높이기 위해 보통 가격보다 더 낮은 가격에서 서비스를 제공하기도 한다. 예를 들어, 밤 시간대의 통화요금이나, 주말의 장거리 전화요금 또는 개인 휴대전화 서비스의 시간대별 할인이나 지역할인 서비스, 영화관의 조조할인 서비스와 심야할인 서비스 등을 들 수 있다.

4) 커뮤니케이션 증대

고객과의 지속적인 커뮤니케이션을 통해 서비스나 가격과 같은 정보를 제공하는 전략이다. 호텔의 경우, 외부 커뮤니케이션인 광고, 예약직원, 여행사 등을 통해 언제 수요가 집중되고 언제 한가한 시간인지 알려줄 수 있다. 이러한 커뮤니케이션을 통해 수요가 집중되는 시기를 미리 알게 되면 고객들은 빠르고 좋은 서비스를 받기 위해 혼잡한 시기를 피하게 된다. 커뮤니케이션 증대전략은 상품이나 가격 등과 같은 다른 마케팅 믹스 변수들과 함께 사용할 때 효과적이다.

5) 비수기 수요촉진

관광 서비스 기업 대부분은 고정비가 많고 변동비가 적은 구조로 되어 있어 비수기 때 수요를 적극적으로 창출해야 한다. 여름이 비수기인 스키 리조트의 경우 세미나 또는 산악자전거 동호회 모임을 유치하여 비수기 수요를 촉진하고 있다. 여름철 매출의 절반에도 미치지 못하는 골프장들은 겨울철에 눈썰매장으로 개조하여 영업하기도 하고, 호텔들은 겨울 혹은 여름 패키지를 개발하여 판매하고 있다. 가격 차별화 전략에서 사례로 들었던 영화관의 조조할인 서비스도 고객이 찾지 않는 오전 시간대의 수요를 촉진하기 위한 하나의 예이다.

2 수요재고화 전략

무형의 서비스는 재고화가 어려우므로 관광 서비스 기업은 수요를 재고화하려는 노력을 활발히 하고 있다. 수요재고화 전략으로 대표적인 것이 예약시스템, 초과예약, 대기시스템을 이용하는 전략이다.

1) 예약시스템

예약시스템은 예약을 통해 서비스를 고객에게 제공하는 것이다. 이것은 서비스를 재고처럼 관리할 수 있게 해주며 고객이 서비스를 기다리면서 소비해야 하는 시간을 줄여준다. 예약제도는 수요를 분산시켜 고객의 대기시간을 감소시키며, 예약이 많이 몰리는 시간에 가격을 할증시킴으로써 수요를 분산시키는 동시에 이익을 증대시키는 역할도 하게 된다.

예약시스템을 활용하는 경우에는 고객이 서비스 예약을 쉽게 사용할 수 있도록 만들어주어야 하며, 예약한 고객에게는 서비스를 안전하게 전달해야 한다. 항공사, 호텔, 영화관, 고급레스토랑 등은 비교적 예약시스템이 잘 되어 있다. 손해를 최소화하기 위해 호텔과 같은 관광 서비스 기업들은 신용카드 번호를 접수해 놓았다가 예약 불이행(No show)이나 막바지 취소 시 일정비율의 범칙금을 내도록 하여 예약 부도율을 최소화하고 있다.

현재 널리 이용되는 항공사 예약시스템으로는 아마데우스(Amadeus), 갈릴레오(Galileo), 세이버(Sabre), 월드스팬(Worldspan), 아바쿠스(Abacus) 등이 있다. 이런 GDS(Global Distribution System) 시스템을 운영하는 회사는 대부분 항공사이거나 분리된 기업들이다. 각 GDS 시스템은 상호 예약 로그를 교환할 수 있게 되어 개별 항공사 예약 시스템(CRS : Computerized Reservations System)과도 데이터를 주고받을 수 있다.

2) 초과예약

예약시스템의 약점은 예약 불이행(No-Show), 즉 예약한 고객이 나타나지 않는 경우가 생길 수 있다는 것이다. 만약 이것이 다른 고객으로 즉시 대체될 수 없다면 서비스 기업에 손실이 된다. 이러한 위험을 예방하기 위하여 실시하는 제도를 초과예약(Overbooking)이라고 하며, 서비스 기업이 가지고 있는 능력보다 많은 예약을 받음으로써 미래에 발생할 손실을 예방하려는 것이다.

이 제도의 약점은 예약 불이행이 발생하지 않아서 수요가 공급능력을 넘어버릴 수도 있다는 것이다. 이러한 상황에서는 예약한 손님에 대해 신용을 지키지 못한 책임으로 그에 대한 보상을 해줘야만 하고 해당 고객의 불만족도 없애야만 한다. 관광 서비스 기업들은 초과예약을 해결하기 위해 예약한 고객에게 예약취소를 요청하기도 한다. 항공사의 경우 취소하는 고객에게는 항공권 무료지급이나 무료 숙박권을 제공하기도 한다.

3) 고객 대기 시스템

이미 수요가 발생하여 고객이 서비스를 기다리는 경우 고객이 되도록 지루해 하지 않도록 배려하는 대기 시스템이 필요하다. 고객이 서비스를 기다리지 못하고 중도에 나간다면 서비스 업체에 그만큼의 손실이 발생한다. 고객이 서비스를 받기 위해 대기할 수 있는 시간이 얼마인지를 파악하면 고객 서비스 제공자를 몇 명 배치해야 하는지를 결정할 수 있게 된다.

고객의 대기문제를 해결하기 위한 방법에는 정량적인 방법과 심리적인 방법이 있다(비즈니스동아리뷰, 2008.5). 정량적 방법으로 대표적인 것이 단일 서버 모형이다. 여기서 '서버'란 은행이나 보험회사의 창구처럼 서비스를 제공하는 곳을 말한다. 이 모형은 시간당 고객 수를 나타내는 도착률과 시간당 처리 고객 수를 보여주는 서비스율을 통해 대기라인 평균시간, 라인 길이 등과 같은 기본 서비스 정보를 계산해 낸다.

고객대기 문제를 단순히 계량적으로 접근하기보다는 마케팅과 심리학적인 방식으로 접근해 대기시간 문제를 해결하기도 한다. 예를 들어, 승강기에 TV 모니터나 거울을 설치하여 잠깐이나마 고객이 시간을 활용할 수 있도록 배려하고 있다. 미국의 팝가수 마이클 잭슨이 신라호텔에 투숙했을 때 호텔은 그가 승강기를 타고 이동할 때 그의 뮤직비디오를 틀어주어 깊은 감명을 주기도 하였다.

제4절 관광 서비스 공급관리 전략

일반적으로 수요변동의 양, 속도, 예측 가능성, 수요초과 정도 등이 공급능력에 영향을 미친다. 수요는 시간의 흐름에 따라 심하게 변화한다. 서비스 수요는 경제, 사회, 계절적 요인에 민감하게 반응하지만, 서비스의 공급은 수요변동에 신속하게 대응하기 힘들다. 본 절에서는 서비스 공급능력의 개념과 공급능력 관리전략을 나누어 설명한다. 그리고 수요와 공급관리의 최적화를 통해 수익을 최대화하는 수율관리에 대해서도 학습한다.

1 서비스 공급능력의 개념

서비스 공급능력(Service capacity : 인원, 장비, 시설 등)은 서비스 가용능력이라고도 하며, 시간당 고객의 서비스 요구를 충족시킬 수 있는 생산(산출)수준이다. 관광 서비스 기업에서는 고객을 최대한 수용할 수 있는 최대 공급능력과 고객에 대한 서비스의 질을 최적으로 유지할 수 있는 수준인 최적 공급능력으로 나누어 관리한다.

최적 공급능력이 최대 공급능력보다 작은 것이 일반적이지만 어떤 서비스의 경우에는 일치하는 경우도 있다. 수요가 최적 공급능력을 넘어설 때는 모든 고객이 같은 양질의 서비스를 받을 수 없으므로 고객이 불만족을 느끼고 서비스 품질평가가 낮아질 수 있는 위험이 있다. 반면, 서비스의 수요가 공급능력에 못 미쳐서 설비가 남아돌면 수익성이 악화되는 것은 물론 고객에 대한 서비스의 질도 낮아지는 악순환을 겪게 된다(수요부족 → 시설 공급과잉 → 직원감축 → 서비스 품질저하).

2 공급능력 관리전략

서비스 기업이 고객의 수요를 이동시킬 수 없다면 수요의 변동에 적응하기 위해서는 공급능력을 변화시키는 방법을 선택하여야 한다. 수요가 예측가능하다면 공급능력 고정전략을 사용하고, 수요가 예측 불가능하다면 공급능력 변화전략을 사용하는 것이 바람직하다.

1) 공급능력 고정전략

문제가 적게 발생할 수준으로 가용능력을 유지하는 전략이다. 이는 공급능력 변화전략과는 반대로 수요가 안정적이고 예측 가능하며, 서비스의 질을 낮게 제공하면 사업에 심각한 영향을 미치므로 숙련된 고급 노동력이 필요하거나 고가의 장비나 전문적인 장비가 필요한 서비스의 경우에 사용하는 전략이다. 일반적으로 서비스는 연속적인 과정을 통하여 제공되는데 서비스의 질을 좌우하는 인력, 장비, 시설의 용량이 제한되어 있으면 서비스 전달과정에서 병목현상이 발생한다.

2) 공급능력 변화전략

시설, 인력, 장비 등의 공급능력을 수요변화에 따라 변동시키는 전략을 의미한다. 이는 수요의 변동이 심하고 예측 불가능하며 원가에서 변동비의 비중이 높으며 비숙련 노동력으로도 충분한 경우에 사용하는 전략이다. 공급능력 변화전략으로는 임시고용직 활용, 고객참여 증대, 직원의 다능화 교육, 그리고 시설·장비 활용의 유연성 확대 등이 있다.

(1) 임시 고용직 활용

관광 서비스 기업은 성수기에 필요한 서비스 제공 인원을 임시 고용직으로 활용하여 서비스 공급능력을 확대하고 있다. 피크타임의 수요증가에 신속하게 대응하고 고정 인건비도 절감하는 효과가 있기 때문이다. 예를 들면, 호텔 연회장의 경우 대규모 이벤트가 있으면 근무 중인 직원으로 불충분하므로 일일 파트타임 근로자를 활용하는 경우가 많다.

(2) 고객참여 증대

서비스 전달과정에서 고객을 참여시키는 것은 서비스의 신속성뿐만 아니라 인건비의 절감효과도 있다. 고객참여는 고객 스스로 서비스에 대한 만족을 위해 노력한다는 의미이기도 하다. 예를 들어, 인터넷 뱅킹, 셀프 주유소, 자동 호텔 체크인과 체크아웃, 패스트푸드점의 주문과 테이블 정리 등을 고객이 직접 함으로써 직원의 역할을 일부 대신해 주고 있다. 고객참여에 대한 보상으로 고객은 원하는 서비스를 저렴한 가격, 시간절약, 맞춤 서비스의 혜택을 누리며, 서비스 제공자는 인건비를 줄이면서 서비스 공급능력을 높일 수 있다.

(3) 직원의 다능화 교육

다능화 교육 혹은 교차훈련(Cross-training)은 서비스 직원에게 자신의 업무 외의 다른 업무를 교육하고 훈련하는 것을 의미한다. 직원의 다능화 교육은 서비스 기업이 적은 인력으로도 다양한 서비스를 제공할 수 있다는 장점이 있다. 또한, 단순 반복적인 업무에서는 직무의 확대가 종업원의 역량 향상과 만족도 제고에 긍정적 영향을 미칠 수 있다. 예를 들면, 사우스웨스트 항공사는 직원의 다능화 교육을 통해 티케팅, 탑승창구 업무, 수하물 처리업무 등을 수행할 수 있게 하고 있다.

(4) 공급능력의 유연성 확대

관광 서비스 기업은 서비스 공급시설이나 장비의 공유화, 임차, 아웃소싱을 통해 서비스 공급능력을 확대할 수 있다. 요즘 외식업에서는 대형주방을 여러 칸 분리하거나 시간대별로 기업이 나눠 쓰는 방식의 공유주방이 인기를 얻고 있다(사례 4-4 참조). 또한, 호텔의 컨벤션 룸이나 회의실 등은 행사의 규모나 이용 인원수에 따라 유동적으로 변화시켜 수요가 있는 행사단위에 적절히 대응하고 있다. 호텔은 Turn away 서비스를 제공하고 있는데, 초과예약으로 객실이 부족한 경우 예약 손님을 다른 호텔로 안내하는 서비스로 예약받은 호텔이 비용을 지급하는 서비스다. 서비스 공급능력의 유연성 확대를 위해 아웃소싱도 활발히 활용되고 있다. 호텔의 하우스키핑(Housekeeping)이나 카지노 기업의 인력 아웃소싱 등이 좋은 예이다.

사례 4-4 공유주방의 진화… 구매 · 주문 · 배달까지 '척척'

IT기술 접목한 '2세대' 약진
배달시장 포화상태로 경쟁 심화
단순 공간임대형 사업은 쇠퇴
공유주방 · 푸드코트 결합 '먼키'
조리 이외 전 과정 디지털화
'사장님 앱'선 AI가 매출 예상

▲ 음식조리를 제외한 전 과정을 디지털화한 외식 플랫폼이 2세대 공유주방으로 주목받고 있다. 온 · 오프 연계 플랫폼 '먼키'의 서울 영등포점 모습 [사진 제공 = 먼슬리키친]

코로나19를 계기로 도약기회를 맞은 공유주방 산업이 새로운 격변기에 들어섰다. 단순 공간임대에 머문 1세대 공유주방은 시들해진 반면 정보기술(IT)을 접목한 2세대 디지털 공유주방이 급부상하고 있어서다. 음식조리를 제외한 모든 업무를 자동화해 혼자서도 식당을 운영할 수 있는 온 · 오프 연계 플랫폼이 외식산업의 새로운 출구가 될 수 있다는 전망도 나온다.

단순 임대형 공유주방의 쇠퇴

식품업계에 따르면 국내 공유주방 시장규모는 2019년 1조 원에서 지난해 2조 5,000억 원으로 커진 것으로 추산된다. 코로나19를 계기로 온라인 음식배달 시장 거래액이 같은 기간 9조 7,000억 원에서 25조 7,000억 원 수준으로 폭발적으로 성장하면서 배달영업을 중심으로 하는 공유주방 시장도 덩달아 커졌다. 공유주방은 주방설비 기기가 갖춰진 공간을 여럿이 함께 나눠 사용해 비용 부담을 줄인 사업모델이다.

다만 최근 들어 공유주방 시장 내에서도 희비가 엇갈리고 있다. 단순히 주방설비를 갖춘 공간을 임대하는 수준에 머문 공유주방 업체는 배달시장 성장에도 어려움 겪고 있다. 2015년 위쿡을 시작으로 공유주방 사업을 하는 스타트업과 부동산 임대 사업자가 크게 늘어난 데다 지방자치단체까지 청년 복지 차원에서 공유주방 문을 열면서 시장경쟁이 심화됐기 때문이다.

공유주방 입점 업체들의 수익성도 악화 일로를 걷고 있다. 배달시장이 포화상태로 접어들고, 배달 수수료 부담도 점차 커지면서다. 투자업계 관계자는 “단순 부동산 임대 수준의 공유주방 사업은 성장성 한계에 직면했다”며 “1세대 공유주방 업체들은 최근 추가 투자금을 유치하지 못해 어려움을 겪고 있다”고 전했다.

IT 접목한 2세대 공유주방의 부상

공간임대 사업을 넘어 공유주방에 IT를 접목해 한 단계 더 진화한 2세대 공유주방 업체들은 위기 속에서 더욱 주목받고 있다. 공유주방과 푸드코트를 결합한 형태의 먼슬리키친(먼키)이 대표적이다. 먼키는 배달 중심의 공유주방과 달리 공용 홀 매장 운영을 통해 배달과 홀 매출을 동시에 올릴 수 있는 구조를 만들었다. 조리를 제외한 전 과정을 디지털화한 것도 기존과 크게 달라진 점이다.

커지는 공유주방 시장 (단위 : 원)

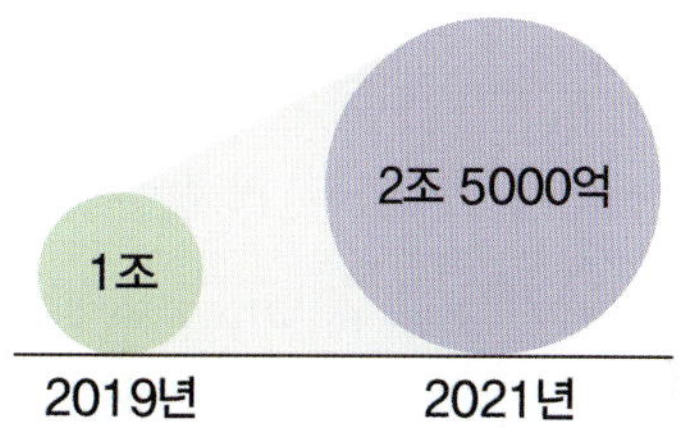

자료 : 업계 추산

예를 들어, 앱을 통해 인공지능(AI)과 빅데이터를 기반으로 내일 예상 매출은 물론 시간대별 매출, 어떤 메뉴가 얼마나 팔릴지까지 파악할 수 있다. 이를 토대로 조리에 사용할 식재료는 가장 저렴한 곳에서 필요한 양만 자동주문할 수 있다. 매장을 찾은 소비자의 주문은 키오스크로 받고, 여러 배달 앱 주문까지 한번에 모아 주방으로 전달한다. 김혁균 먼슬리키친 대표는 “외식사업자는 ‘조리’에만, 소비자는 ‘식사’에만 집중할 수 있도록 나머지 모든 과정을 디지털화하는 게 목표”라고 말했다.

먼키는 공유주방의 한계를 뛰어넘어 단체급식으로 사업영역 확대를 추진하고 있다. 현재 7개 점포를 운영하는 먼키는 올해 20호점, 2025년까지 50호점으로 늘릴 계획이다. 서울 · 수도권에서 2025년까지 점포 반경 1.5㎞ 단위로 매장을 확대할 계획이다. 지난해 600억 원의 거래액을 기록한 먼키는 2025년 거래액 5,000억 원 달성과 기업공개를 목표하고 있다. 김 대표는 “인건비 부담이 커지면서 외식업계의 ‘1인 사장’ 체제는 더욱 가속화할 것”이라고 전망했다.

자료 : 한국경제신문(2022.3.7.)

3 수율관리

수율관리(Yield management) 혹은 수익관리란 수요와 공급관리를 통해 수익을 극대화하는 것을 말한다. 수율관리의 목적은 이익을 최대화하거나 서비스 기업의 능력을 주어진 시간대에 최대한 활용하는 것이다. 수율을 산출하는 공식은 다음과 같다.

수율 = 실제수익 × 잠재수익
실제수익 = 실제 사용량 × 실제가격 평균
잠재수익 = 공급능력 × 최대가격

위 공식에서 보듯이 수율은 가격과 공급능력의 함수로 기업의 공급능력을 이용해 최대한 얻을 수 있는 잠재수익 중에서 실제로 달성한 수익이 상대적으로 얼마인가를 나타낸다(이유재, 2013). 수율관리를 잘 하기 위해서는 세분화된 시장의 과거 수요패턴에 대한 자료와 현 시장의 수요를 예측하는 방법을 숙지하고 있어야 한다.

수율관리는 다음과 같은 상황에서 적합하다. 첫째, 세분시장이 명확히 나누어져 있어야 한다. 고객의 욕구, 가격지불 의도 등 몇 개의 세분시장으로 구분할 수 있을 때 서비스에 대한 차별적인 가격과 제공을 통해 수율관리가 효과적으로 사용될 수 있다. 예를 들어, 비용이 별문제가 되지 않는 부유한 여행객, 짧은 시간에 목적지에 가야만 하고 정해진 날짜에 꼭 돌아와야만 하는 사업목적의 여행객, 비용이 중요한 문제가 되는 휴가객, 친구와 가족을 방문하는 사람 또는 가격만 적당하다면 언제든 이용할 수 있는 사람 등과 같이 고객별로 구분하고 항공사는 일등석, 비즈니스석, 일반석, 그리고 할인석과 같이 그룹별로 서비스의 수준을 다르게 제공함으로써 수율을 높인다.

둘째, 수요의 변동성이 높을 때, 즉 성수기와 비수기의 구분이 명확하고 계절적인 수요가 발생할 때 수율관리의 적합성이 높다. 성수기에는 고가격으로 비수기에는 저가격으로 고객을 유인하는 것이다.

셋째, 사전판매가 가능할 때 수율관리가 쉬워진다. 여유 있는 예약에서 임박한 판매까지 시간이 지남에 따라 서비스 가격은 변동하게 되는데, 사전판매 및 선불판매(예

: 항공좌석, 여행상품)를 할 수 있다면 수율관리의 적합성이 상승한다. 예를 들어, 여행상품, 스포츠 경기, 뮤지컬 공연, 항공기 티켓 등의 경우, 먼저 사는 고객들이 나중에 구매하는 고객보다 더 높은 가격을 지불할 용의를 갖고 있다.

넷째, 서비스처럼 재고가 소멸하는 특성이 있을 때 적합하다. 서비스가 판매되지 못하면 서비스 공급능력이 소멸되는 경우에 수율관리의 적합성이 상승한다. 일반적으로 항공사는 일등석 고객 또는 전체 운임을 지불하는 유료고객으로 모든 좌석을 채우고 싶지만 비행기에는 대부분 많은 빈 좌석이 발생하기 때문에 항공사는 할인된 가격으로라도 고객에게 남아 있는 좌석을 판매하여 수율을 높이고자 한다.

마지막으로, 서비스 공급능력을 변경할 경우 변경으로 인한 비용이 높을 때 적합하다. 서비스 공급능력을 변경하면 비용이 많이 들어 수요의 변동에 맞추어 서비스 공급능력을 쉽게 조절할 수 없다면 서비스 공급이 제한되어 공급량 이상의 수요에 대해서는 포기해야 하는 상황에서 수율관리의 적합성이 상승한다.

토론주제

- 왜 관광수요 예측이 필요한가?
- 관광수요 예측이 어려운 이유는 무엇인가?
- 정성적 수요예측과 정량적 수요예측의 장단점은 무엇인가?
- 관광수요 예측의 성공사례와 실패사례는?
- 관광수요 예측 시 주의해야 할 점은 무엇인가?
- 원화 환율이 상승하면 관광수요는 어떻게 변동하는가?

참고문헌

김경동 · 이온죽(1986). 사회조사연구방법. 박영사.

매일경제신문(2020.1.10.). 공유주방 덕에 500만원이면 식당 창업… 외국자본도 뛰어든다. mk.co.kr/news/it/view/2020/01/35011/

문화관광연구원(2007), 2007 관광수요 예측.

연합뉴스(2021.1.17.). 코로나에 관광업 매출 67%↓… 국제회의업 -84% · 여행업 -83%.

비즈니스동아리뷰(2008.5.13.). 넘치는 재고‥ 긴 대기행렬‥ 서비스 혁신에서 찾아라. Issue2.

송성진 · 윤도근(1992). 델파이 기법을 적용한 노인요양시설의 수요전망에 관한 연구. 대한건축학회논문집. 45 : 85-94.

양윤재(2010.11). 고객 파고든 수요예측, 미래 성공의 실천전략. 동아비즈니스리뷰. Issue2.

이강욱 외(2006). 관광수요예측 가이드라인 설정 연구. 한국문화관광정책연구원.

이성태(2007). 관광수요예측. 문화관광연구원.

이유재(2013). 서비스마케팅. 학현사.

이화인(1999). 호텔마케팅. 학현사.

정충영(1987). 수요예측의 방법. EM문고.

최혜경(2001). 관광수요예측기법에 관한 연구. 관광품질 시스템연구. 7(3) : 290-310.

최해선(1999). 델파이 기법을 이용한 진료재료 보험인정기준을 위한 연구. 연세대학교 보건행정대학원.

한국경제TV(2018.12.31.). 10년 앞도 못 내다본 벡스코, 수요예측 실패? 벌써 포화.

한국경제신문(2022.3.7.). 공유주방의 진화… 구매 · 주문 · 배달까지 '척척' https://www.hankyung.com/economy/article/2022030702071

Allan, S.M., & Fesenmaier, D.R.(1985). Methods for assessing and forecasting outdoor recreation activity participations at regional destination in Texas. Contract Report Submitted to Texas Parks and Wildlife Department.

Archer, B.(1987). Demand forecasting and estimation in travel, tourism, and hospitality research. Beverly Hills : John & Wiley & Sons ; CA : Sage Publication.

Ewing, G.O.(1980). Progress and problems in the development of recreational trip generation and trip distribution models. Leisure Science. 3(1) : 1-24.

Haynes, K.M., & Fotheringham, A.S.(1984). Gravity and spatial interaction models.

HelloDD(2019.9.30.). AI로 손님 예측, 적중률 98%… "재료손실 ↓ 매출 ↑" https://www.hellodd.com/news/articleView.html?idxno=69729

Mankiw, N.G.(2006). Principles of economics(3rd ed.). Thomson Learning.

Stynes, D.J.(1983). An introduction to recreation forecasting, In S.R. Lieber and D.R. Fesenmaier(eds.). Recreation planning and management. PA : Venture publications, pp.85-95.

Tersine, R.J., & Riggs, W.E.(1976). The delphi technique : A long-range planning tool. Business Horizons. 19(2) : 51-56.

https://www.wowtv.co.kr/NewsCenter/News/Read?articleId=AKR20181228121100051

UNWTO(2008). Tourism Highlights 2008.

Tourism Service Management

제 05 장

관광 서비스 고객의 이해와 대기관리

학습목표

본 장에서는 다음 내용의 이해를 목표로 한다.

고객과 소비자 개념의 차이점

고객유형별 특징

고객편익의 종류

고객비용의 종류

고객만족과 고객가치의 차이점

고객생애가치의 의미와 중요성

고객생애가치의 계산법

고객대기시간 감소방안

대기관리 원칙

Chapter

05 관광 서비스 고객의 이해와 대기관리

사례 5-1 무엇이 브랜드를 더 매력적으로 만드는가?

[전략] 경쟁자들과 차별화된 내 브랜드 특성을 말하라

'봉구비어'는 '나는 호프집이 아니라 스몰비어 전문점'이라고 말하고 있다. '계절밥상'은 '나는 패밀리레스토랑이 아니라 한식전문 뷔페'라고 말한다. '비타500'은 '난 청량음료도 아니고 비타민도 아닌, 마시는 비타민'이라고 이야기한다.

이러한 차별화의 메시지는 '가치(Value)'를 담고 있어야 한다. 여기서 말하는 '가치'란 '경쟁자들과 차별화된 내 브랜드의 특성이 당신에게 주는 의미' 정도로 정의할 수 있다. 특히, 제조사는 이러한 가치를 소비자들뿐만 아니라, 나에게 원료를 조달해 주는 협력사, 유통사, 대리점 등 그 모든 이해관계자들에게 제안해야 한다.

소비자가 그 가치제안을 받아들이면 소비자들은 구매, 프리미엄 가격지불, 재구매, 고객충성이라는 것으로 응답해 준다. 협력사도 마찬가지다. 제조사의 가치제안을 받아들이면 디스카운트, 안정적 공급, 품질유지 등의 행동으로 응답해 준다.

가치제안의 3대 메시지는 무엇으로 구성되나?

가치제안의 메시지는 크게 세 가지로 나눌 수 있다. 첫 번째는 '기능적 편익'에 대한 가치제안이고, 두 번째는 '정서적 편익'에 대한 가치제안이고, 세 번째는 '자아표현적 편익'에 대한 가치제안이다.

첫째, '기능적 편익'이란 내 제품 브랜드의 기능적인 유용성의 특성에 기반한 접근이다. '우리 브랜드는 철분과 칼슘을 더 강화한 우유다. 그래서 어린이들에게 좋다.'라는 메시지를 던진다면, 이는 전형적인 기능적 편익에 기반한 메시지를 만든 것이다. 의약품이나 기능성 식품광고에서도 이런 메시지들은 흔히 발견된다. '더 오래 지속된다.'라거나 '더 빠르게 작용한다.'라는 메시지들이 이러한 전형적인 기능적 편익이다. 롯데 자일리톨 껌은 치아를 보호하는 기능적 편익이 있다는 것을 강조하였고, 하이트 맥주는 한때 150m 지하 암반수로 만들어서 깨끗하다는 기능적 편익 메시지로 당시 국내 맥주시장 점유율을 놀라울 정도로 빠르게 뒤집었다.

둘째, 정서적 편익은 고객에게 내 제품 브랜드에 대한 특별한 감성이나 느낌을 전달하고자 하는 접근이다. 에비앙 생수는 끊임없이 '순수함'이라는 느낌을 소비자들에게 전달하고 있다. 성공적인 '정서적 편익' 메시지에 기반하여 브랜드를 재생시킨 케이스는 단연 오리온 초코파이다[중략]. 1989년에 '말하

지 않아도 알아요.'로 시작하는 '정(情)' 캠페인은 제과 업계에 신선한 충격을 던졌다. 맛있다는 이야기도 없고, 어떻게 먹어야 맛있다는 이야기도 없고, 단지 정(情), 따뜻한 느낌이라는 정서적 편익 메시지를 전했다. 그럼에도 소비자들은 기꺼이 지갑을 열었다.

마지막으로 자아표현적 편익은 내 브랜드의 제품을 사용하는 고객이 다른 사람들에게 어떠한 이미지를 전달할 수 있도록 해줄 것인가에 관한 것이다. 스타벅스 커피를 테이크 아웃하여 들고 다니면서 마시는 여성은 자신이 다른 사람들에게 '세련된 뉴요커'의 이미지로(실제로는 스타벅스의 출발은 시애틀이다) 비추어질 것으로 생각할 것이다.

▲ "스타벅스 커피를 테이크 아웃하여 들고 다니면서 마시는 여성은 자신이 다른 사람들에게 '세련된 뉴요커'의 이미지로 비추어질 것이라고 생각할 것이다."

오리온의 닥터유는 초반에 '현명한 엄마들의 꼼꼼한 선택'이라는 자아표현적 편익을 제공하였다. 특정 브랜드라고 하긴 어렵지만, 꾸준히 판매가 상승하고 있는 유기농 관련 제품들은 유아 자녀를 가지고 있는 엄마들에게 '나는 아이를 소중히 하는 엄마'라는 자아표현적 편익을 제공한다[중략]. 자아표현적 편익의 메시지가 흔히 발견되는 산업군은 주로 자동차나 패션과 같은 타인에게 보여주기 용이한 제품들을 판매하는 분야다.

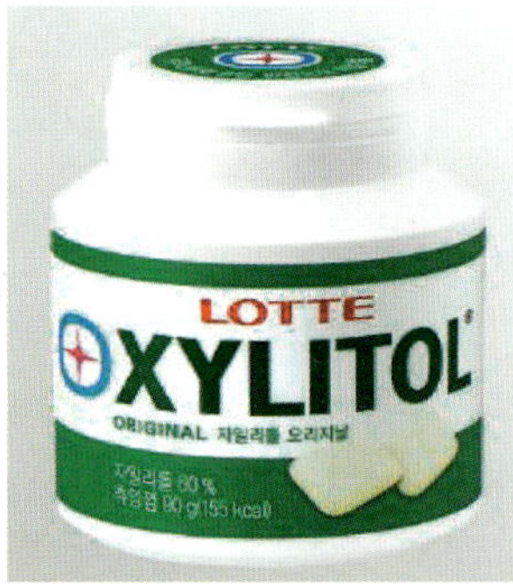

이런 가치 제안의 메시지는 반드시 기능적 편익 하나만, 또는 정서적 편익 하나만, 자아표현적 편익 하나만을 담아야 하는 것은 아니다. 롯데 자일리톨 껌은 치아를 보호한다는 기능적 편익 메시지와 안심이라는 정서적 편익, 그리고 아이를 세심하게 돌보는 현명한 엄마라는 자아표현적 메시지까지 담고 있었고, 이러한 메시지들은 소비자들에게 제대로 전달되었다.

봉구비어는 고급 이미지와는 거리가 멀지만, 잔 맥주와 적은 양의 안주를 합리적인 가격에 가볍게 주문해 먹을 수 있다는 기능적 편익, 그리고 혼자 가도 심적인 부담 없다는 정서적 편익, 그리고 나는 열심히 일했기 때문에 리프레시가 필요한 샐러리맨이라는 자아표현적 편익을 제공하고 있다.[중략]

새로운 제품을 개발할 때 어떤 가치제안을 할 것인가의 출발점은 8가지(새로움, 개선된 성능, 고객맞춤, 차별화된 디자인, 가격 경쟁력, 비용절감, 위험감소, 편리함)에서 고를 수 있다. 고객에 대하여 새로움으로 승부할 것인지, 아니면 고객의 비용을 절감해 주는 방향으로 승부를 할 것인지, 또는 기존 경쟁사들의 제품의 성능을 획기적으로 개선하는 방향으로 접근해야 할 것인지 등을 결정해야 한다. 그런데 여기서 가장 유의해야 할 점은 이 가치 제안 메시지가 최종 소비자들만을 고려해서는 안 된다는 점이다. [후략]

자료 : 식품저널(2015.7.17.)

제1절 고객의 개념 및 유형

기업이 원하는 방향으로 고객의 마음을 유인하려는 노력보다 충족되지 않은 고객의 욕구를 찾아서 그것을 충족시켜 주는 것이 관광 서비스 기업이 성공하는 길이 되고 있다. 오늘날 관광 서비스 기업이 해야 할 가장 큰 일은 고객이 무엇을 원하는가를 정확히 파악하여 그에 맞는 제품이나 서비스를 제공하는 것이다. 그만큼 고객의 중요성이 높아졌다. 본 절에서는 소비자의 개념, 고객의 개념, 그리고 고객의 유형에 대해 설명한다.

1 소비자의 개념

소비자(Consumer)는 '써서 없애버린다'라는 의미의 'Consume'에서 유래되었다. 즉, 무엇인가를 사용해서 없애버리는 사람이라는 의미이다. 오늘날 소비자는 기업에서 생산 및 판매하는 제품이나 서비스를 소비하는 불특정 다수의 사람을 지칭한다. 우리나라 소비자기본법에서는 소비자를 "사업자가 제공하는 물품 또는 용역을 소비생활을 위하여 사용하는 자 또는 생산활동을 위하여 사용하는 자"로 정의한다.

20세기 말 이전까지 소비자들은 기업의 판매대상으로 취급받았다. 하지만 기업 입장에서 더이상 자신만의 노력으로 판매를 유지 · 확장시키는 데 한계가 있다는 것을 깨닫게 되면서 소비자를 다르게 인식하기 시작하였다. 80 : 20법칙(상위 20%의 소비자가 80%의 서비스를 구매한다든가 상위 20%의 상품판매가 기업 전체 판매의 80%를 점한다든가 하는 것)이나 소비자를 판매의 대상을 넘어 다양한 행동양식, 선호도, 태도 등을 가진 중요한 존재로 인식하고 양방향 의사소통의 대상으로 이해하기 시작하였다. 마침내 기업들은 소비자를 더욱 이해하고 그들과 밀착된 의사소통을 해야만 기업의 이윤창출에 기여할 수 있다는 것을 깨닫게 되었다.

2 고객의 개념

고객은 습관을 의미하는 관습(Custom)이라는 용어에서 유래되었다. 고객이란 한자로 '되돌아볼 고(顧)'와 '손님 객(客)'을 쓴다. 모든 사람은 무엇인가 행동을 하고 의사결정을 할 때 기대를 하게 되고 되돌아보며(顧) 느끼는 감정이 있는데, 고객이란 이처럼 되돌아보고, 평가하고, 피드백을 주는 사람이라 할 수 있다.

고객(顧客)에 대한 일반적 정의는 자사의 서비스나 제품을 구매하는 개인이나 가구(家口)를 의미한다. 이와 같은 사전적 의미를 넘어 고객은 기업경영의 최고 가치이며 기업과 함께 가야 할 중요한 존재로 여겨지고 있다. 특히, 서비스 분야에서의 고객은 서비스 제공자가 서비스를 제공함으로써 호의를 베푸는 것이 아니라 고객이 서비스 제공자에게 서비스를 제공할 수 있도록 기회를 베풀어주는 사람으로 고객을 이해하는 것이 중요하다.

소비자와 고객의 차이점은 브랜드나 기업에 대한 구매자의 친밀감, 유대감, 그리고 신뢰할 수 있는 관계의 유무 혹은 정도의 차이라고 할 수 있다. 소비자는 특정 브랜드에 대한 충성도(Loyalty)가 없는 상품의 단순 구매자이지만, 고객은 특정 브랜드에 대해 감정적 · 이성적 관계를 가진 상품의 반복적 구매자이다.

3 고객의 유형

고객은 단순한 판매의 대상이 아니라 서비스와 상품을 반복적으로 구매하는 소비자, 그리고 기업과 직간접적으로 거래관계를 맺고 있는 모든 이해관계자를 의미한다. 이러한 이해관계자, 즉 고객을 조직 내외를 기준으로 분류하면 내부고객과 외부고객으로 나누어진다. 또한, 고객관계의 진화과정과 상품에 대한 기대와 태도를 기준으로 분류할 수 있다(그림 5-1 참조).

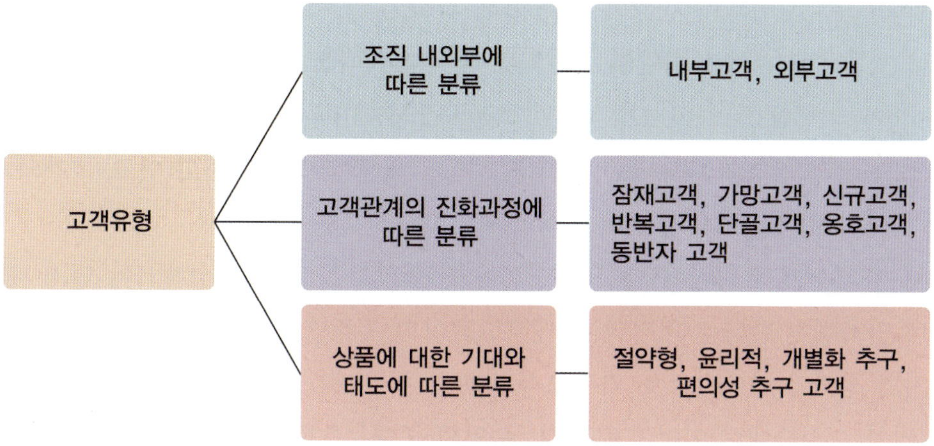

자료 : 저자정리

[그림 5-1] 고객의 분류

1) 조직 내외부에 따른 분류

(1) 내부고객(Internal customer)

직원은 단순히 기업의 고용인 또는 하수인이 아니다. 직원은 고객에게 가치 전달자로서 기업의 목표를 수행하는 실행자이며 기업은 그 대가로 직원에게 보상을 제공한다는 측면에서 기업과 또 다른 관계를 형성하고 있다. 다시 말해, 기업은 고객과의 관계 구축 외에도 직원과의 관계 또한 돈독하게 구축할 필요성을 갖는다. 따라서 기업관점에서 보면 직원은 기업의 관계 구축대상이며 마케팅 대상이기도 하다.

이러한 이유에서 직원을 내부고객이라 부른다(이유재 · 허태학, 2001). 커피 전문점 스타벅스의 CEO Howard Schultz는 "스타벅스에서 가장 중요한 이는 고객이 아니다. 가장 중요한 이는 우리 직원들이다. 회사가 직원들을 돌보면 직원들은 저절로 고객을 돌볼 것이다"라고 강조하였다.

내부고객의 중요성은 역할의 중요성과 만족의 중요성이라는 두 가지 차원으로 나누어볼 수 있다(이유재 · 허태학, 2001). 첫째, 내부고객의 역할에 대한 중요성이다. 이는 내부고객이 (외부)고객과의 접점에 있기 때문에 나타난다. 넓은 의미에서 모든 직원은 고객과 마주하고 있으며 고객과 만남 앞에 놓여 있다. 이러한 내부고객의 접점역할은 기업이 고객에게 가치를 전달하고 관계를 증진시키는 데 있어서 고객으로 하여금 기업이 고객과 가깝게 느껴지도록 한다. 따라서 내부고객은 기업과 고객 사이의 경계(Boundary)로서 기업의 대표자인 동시에 고객의 대변인 역할을 하고 있고, 고객과의 접점에 위치한 마케터로서의 임무를 수행한다고 할 수 있다.

둘째, 내부고객의 만족에 대한 중요성이다. 외부고객 만족을 위해서는 먼저 내부고객부터 만족해야 한다는 의미이다. 내부고객이 만족하면 충성도가 높아지고 충성도가 높아지면 성과가 좋아지므로 외부고객 만족이 이루어지고 외부고객 만족은 고객충성도를 거쳐 수익증대로 이어지게 된다. 수익의 증대는 다시 내부고객의 인센티브로 반영되어 직원만족도가 높아지고 이러한 만족을 통해 수익증대의 선순환이 계속된다.

(2) 외부고객(External customer)

외부고객을 말할 때 서비스나 제품을 구매하여 사용하는 사람으로 주로 최종 소비자를 의미한다. 외부고객은 기업이 존재하는 가장 기본적인 이유 중의 하나이다. 고객욕구의 충족은 고객만족과 고객충성도를 낳으며 이로 인한 호의적인 구전은 다른 고객의 구매 가능성을 유발하게 된다. 이 때문에 고객의 욕구를 이해하지 못하고 이를 서비스 개발 및 전달에 반영하지 않으면 서비스 기업은 생존할 수 없게 된다.

고객은 서비스 기업의 입장에서 볼 때 크게 세 가지의 중요한 역할을 수행한다. 첫째, 고객은 서비스의 생산에 직접적으로 참여하는 생산자의 역할을 한다. 둘째, 고객은 생산된 서비스를 구매 및 소비하는 사용자의 역할을 한다. 마지막으로, 다른 고객의 소비경험에 영향을 미치는 영향자로서의 역할을 한다. 이처럼 서비스 산업에서 고객은 서비스 생산자, 사용자, 그리고 영향자로서의 역할을 동시에 수행한다.

2) 고객관계의 진화과정에 따른 분류

고객은 고객관계의 진화과정에 따라 여섯 가지 유형으로 분류할 수 있다. 일곱 가지 유형은 잠재고객, 가망고객, 신규고객, 반복고객, 단골고객, 옹호고객 그리고 동반자 고객을 말한다.

(1) 잠재고객(Suspect)

잠재고객(혹은 구매 용의자)은 자사의 서비스나 제품을 구매하지 않은 사람들 중에서 향후 자사의 고객이 될 수 있는 잠재력을 가진 집단을 의미한다. 즉, 자사가 제공하는 서비스나 제품에 대해 모르거나 인지하고 있어도 관심이 없는 고객을 의미한다. 잠재고객을 가망고객으로 만들기 위해서는 자사의 서비스나 제품의 존재를 알릴 필요가 있다. 잠재고객을 신규고객으로 전환하는 데 어느 정도의 시간과 비용이 소요된다.

(2) 가망고객(Prospect)

가망고객(혹은 구매 가능자)은 잠재고객과 같이 우리 회사의 서비스나 제품이 필요하고 구매할 능력이 있으며, 자사의 서비스나 제품을 구매한 적은 없으나 알고 있는 사람을 말한다. 이 고객이 특정 서비스나 제품에 관심을 나타낼 때 다양한 혜택을 제시하여 구매로 이어지도록 하는 것이 중요하다.

(3) 신규고객(First time customer)

신규고객은 우리 회사 서비스나 제품을 처음으로 구매한 사람을 말한다. 서비스나 제품을 처음 구매했기 때문에 구매한 서비스나 제품에 대한 경험이나 혜택에 따라 우리 회사의 고객이 될 수도 있고 경쟁사의 고객이 될 수도 있다. 따라서 구매한 고객들이 이후에 우리 회사에서 재구매할 수 있도록 전략을 세우는 것이 중요하다.

(4) 반복고객(Customer)

반복고객은 우리 회사 서비스나 제품을 최소 2번 이상 구매한 사람을 말한다. 우리 회사에서 2번 이상 반복구매를 하였기 때문에 맞춤상품이나 혜택 등과 같이 개별화된 마케팅 메시지를 전달하여 재구매를 높이는 전략이 중요하다.

(5) 단골고객(Client)

단골고객은 우리 회사 서비스나 제품만을 구매하는 사람을 말한다. 단골고객은 우리 회사와 지속적이고 강한 유대관계를 가지고 있어 경쟁사의 유인전략에도 쉽게 동요되지 않는 고객이다. 이에 단골고객이 방문하였을 때 적극적으로 자사 서비스나 제품의 혜택을 알려 구매뿐만 아니라 후기 작성 등 적극적인 액션을 할 수 있도록 유도해야 한다.

(6) 옹호고객(Advocates)

옹호고객(지지고객 혹은 충성고객)은 단골고객처럼 우리 회사의 서비스나 제품만을 구매하고 나아가 주위에 적극적으로 추천하고 알리는 사람을 말한다. 단골고객에서 옹호고객으로 발전하기 위해 옹호고객을 소중하고 특별하게 생각하고 있다는 것을 느낄 수 있도록 해야 한다. 옹호고객을 유지관리하기 위해서 구매주기를 기준으로 구매횟수가 많거나 구매금액이 높은 고객만을 따로 선정하여 고객 로열티를 제공하는 전략이 중요하다.

(7) 동반자(Partner) 고객

기업과 고객이 함께 융합된 상태로 고객이 기업의 의사결정에 참여하고 함께 이익을 나누는 단계이다. 고객관계 진화과정에 의한 고객의 분류내용을 요약하면 [표 5-1]과 같다.

[표 5-1] 고객관계 진화과정에 의한 분류

고객유형	고객 의미
잠재고객	서비스나 제품을 구매할 능력이 있는 모든 사람
가망고객	서비스나 제품을 구매한 적은 없으나 알고 있는 사람
신규고객	서비스나 제품을 처음으로 구매한 사람
반복고객	서비스나 제품을 최소 2번 이상 구매한 사람
단골고객	특정 회사 서비스나 제품만을 구매하는 사람
옹호고객	특정 회사 서비스나 제품만을 구매하고 주위에 적극 추천하는 사람
동반자 고객	회사와 고객의 융합

자료 : 저자정리

[그림 5-2]는 고객생애단계(혹은 관계의 지속성)와 충성도(혹은 회사 기여도)를 기준으로 나타낸 그래프이다. 그래프 맨 아래 잠재고객에서 신규고객이 되고, 단골이 되고, 브랜드 혹은 회사의 옹호자가 된다. 고객이 회사의 옹호자가 되면 그때부터 회사 보호막의 역할을 한다. 그 다음 레벨은 회사의 중요한 의사결정까지 아이디어를 줄 수 있는 관계인 동반자, 즉 파트너 고객이 되는 것이다. 오래가는 회사는 이 파트너 고객을 얼마나 많이 만드느냐가 중요하다. 이렇게까지 고객과의 관계를 설계하고 끌고 갈 수 있어야 진정한 글로벌 서비스 기업이 될 수 있다.

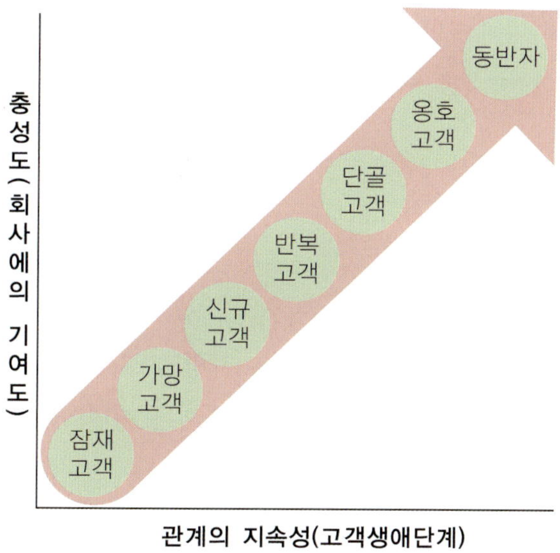

[그림 5-2] 고객관계의 진화에 따른 고객의 계층적 구조

3) 상품에 대한 기대와 태도에 따른 분류

고객은 상품에 대한 기대와 태도에 따라서도 분류될 수 있다. Stone(1954)은 절약형 고객, 윤리적 고객, 개별화 추구고객, 편의성 추구 고객의 네 가지로 분류하였다. 이에 대한 설명은 아래와 같다.

(1) 절약형 고객

경제형 고객으로도 불리며 자신이 투자한 시간, 돈, 노력에 대해 최대한의 편익을 얻으려는 고객이다. 이런 유형의 고객은 대부분 까다롭고 경쟁기업에 대한 정보도 밝은 편이다. 따라서 이런 유형의 고객을 잃는 것은 경고신호로 받아들여야 할 것이다.

(2) 윤리적 고객

도덕적 고객이라고도 하며 서비스 기업의 윤리적인 행동에 큰 비중을 두는 고객이다. 이런 고객을 유치하기 위해서는 기업의 사회적 이미지가 깨끗하고 윤리적이어야 한다. 기업에서 윤리적 마케팅의 하나로 일부 수익금을 소외계층을 위해 기부하거나 환경을 위해 공헌하는 이미지를 부각하는 사회적 마케팅은 이러한 고객을 유지관리하는 데 도움이 된다.

(3) 개별화 추구 고객

개인 간의 교류를 선호하는 고객이다. 즉, 서비스를 받을 때 획일적이고 누구에게나 하는 형식적인 서비스보다는 자기를 인정하는, 가령, 자기의 이름을 불러준다든지 하는 개인적 관심을 원하는 고객이다. 이러한 고객에게는 개별화(맞춤화) 서비스가 효과적이다.

(4) 편의성 추구 고객

서비스를 제공받는 데 있어서 편의성을 중시하는 고객으로 편의를 위해서라면 추가 비용을 지급할 수 있는 고객이다. 예를 들어, 추가로 비용을 지급하더라도 백화점의 배달 서비스나 선물용으로 포장해서 발송해 주는 서비스를 선호한다. 위의 네 가지 고객의 유형을 요약하면 [표 5-2]와 같다.

[표 5-2] 상품에 대한 기대와 태도에 따른 분류

고객유형	정의	특징
절약형 고객	자신이 투자한 시간, 돈, 노력에 대해 최대의 효용을 얻으려는 고객	까다롭고 경쟁사에 대한 정보도 밝음
윤리적 고객	서비스 기업의 윤리적인 행동에 큰 비중을 두는 고객	관광 서비스 기업의 사회적 마케팅에 관심이 많음
개별화 추구고객	개인 간의 교류를 선호하는 고객	맞춤형 정보를 제공하는 서비스가 효과적임
편의성 추구고객	서비스를 받는 데 있어서 편의성을 중시하는 고객	추가적 비용을 지급하더라도 서비스 전달이나 소비에서 편의성 중시

자료 : 안연식(2019). 서비스 경영. 도서출판 창명, p.278. 내용수정

제2절 고객가치

서비스 중심경제에서 가장 중요한 것은 고객기반의 평생가치 및 고객가치를 극대화하는 것이다. 기업은 스스로 정한 고객에게 가치 있는 무엇인가를 제공하는 것이 자신의 존재 목적임을 인식해야 한다. 많은 관광 서비스 기업들은 고객가치를 증대시키는 것에 중점을 두어 경영하고 있다. 본 절에서는 고객가치의 개념과 고객가치를 구성하는 고객편익 및 고객비용에 대해 살펴본다. 그리고 기업의 장기적인 가치가 기업과 고객의 관계적 가치에 의해 결정되는 고객생애가치에 대해서도 학습한다. 글로벌 기업들은 다양한 고객가치를 제공하고 있다(사례 5-2 참조). 예를 들면, 구글은 구글 검색, 안드로이드 모바일 운영체계, 구글맵, 유튜브, 인공지능 프로젝트(알파고) 등을 통해 차별적 고객가치를 제공하고 있다.

사례 5-2 구글 vs 아마존의 차별화된 고객가치 서비스, 기업이 가치창출을 할 수 있는 한 가지 방법은?

<전략> 고객생애가치란 소비자가 평생에 걸쳐 구매할 것으로 예상되는 이익 흐름에 대한 현재가치를 말하며, 장기적인 관점에서 판매자가 수익성을 극대화하기 위해 사용하는 개념이다. 구글과 아마존은 고객생애가치를 창출해 현재까지도 전 세계적으로 큰 성장세를 보이고 있고 고객들로부터 오랫동안 사랑을 받는 중이다.

<중략> 구글이 가지고 있는 차별적 고객가치는 구글 검색, 개방형 플랫폼인 안드로이드 모바일 운영체제, 구글맵, 유튜브, 구글의 인공지능 프로젝트: 알파고와 듀플렉스, 구글의 자율 주행 자동차 프로젝트 웨이모 등이 있다. 아마존이 가지고 있는 차별적 고객가치에는 아마존 프라임 서비스(무료 특급 배송 + 무료 콘텐츠 제공), 아마존의 무인 슈퍼마켓 아마존고, 인공지능 플랫폼 알렉사와 아마존 에코 등이 있다. 두 기업 모두 '어떻게 하면 고객들이 더 편리하게 서비스들을 활용할 수 있을까?'에 대한 고민으로 시작해 고객들에게 서비스를 제공하는 중이고 이러한 서비스들은 고객들의 큰 사랑을 받았고 현재도 받는 중이다.

'고객가치(고객가치는 기업의 생명줄이다!)' 저자 김종훈은 고객가치는 기업의 생명줄이고 우리가 아닌 고객이 가치 있다고 생각하는 것만이 살아남는다고 강조했다. 그는 "차별적 가치창출은 '그냥 다르다'가 아닌 '가치 있게' 달라야 한다"고 말했다.

"기업의 목적? 시장 창조! 기업의 존재 이유? 고객가치 기여"

피터 드러커가 쓴 책 '경영의 실제'에서 그는 모든 비즈니스는 반드시 위대한 미션으로부터 출발해야 하며 기업의 존재 목적은 고객과 동떨어질 수 없다고 이야기했다. 그는 고객의 불편을 해결해 주고자 하는 창업자의 동기와 진정성을 이웃사랑으로 표현하며 사업의 동기가 매우 중요하다고 강조했다. 또 "당신이 이웃을 사랑하는 가장 효과적인 방법은 바로 당신이 가장 관심 있어 하는 바로 그 사업을 통해서 하는 것"이라고 조언했다.

기업의 존재 이유? 고객가치 기여!

페이스북 마크 주커버그 CEO는 야후가 2006년 10억 달러를 제시할 때 매각을 찬성하던 초기 투자자 틸과 브레이어에게 다음과 같이 말했다. "형식적인 거다. 회의는 10분 이상 걸리지 않을 거다. 우리가 지금 회사를 파는 일은 절대로 없을 거다."

마크 주커버그 CEO는 마음속에서 그 자금으로 해야 할 일은 오직 한 가지. 바로 자신의 소셜 네트워킹 사이트를 성장시키는 데 투자하는 것이라고 생각했다. 그는 자신이 이미 이룩해 놓은 사업을 사랑했으며, 그것을 더 의미 있게 만드는 길을 발견했던 것이었다.

기업이 가치창출을 할 수 있는 한 가지 방법? 일의 의미를 중요하게 여기는 것!

기업이 가치창출을 할 수 있는 한 가지 방법은 바로 일에 있어 의미를 중요하게 여기는 것이다. '죽음의 수용소에서' 저자 빅터 프랭클은 인간의 삶을 추동하는 것은 의미라고 이야기했다. 직원들은 내재적 요인으로 자유로이 선택한 업무를 향해 분투하며 성장하기 위해 시간을 보낼 때 더 나은 성취를 이루게 된다.

유튜브 '가인지 TV'에서는 행복과 개인적 성장에 관한 연구의 2가지 명제를 예시로 들었다. 인간은 성장하고, 목표를 좇으며 분투하려는 성향을 자연스럽게 타고난 존재고 인간은 그러한 충동을 따름으로써 더 가치 있는 일을 창출할 수 있다고 한다.

빅터 프랭클 "인간의 삶을 추동하는 것은 의미"

기업이 성장하고 싶다면? 기업가 정신을 유지하라!

가인지 컨설팅그룹 김경민 대표는 "직원들이 내키지 않은 일을 할 때 내키지 않을 뿐 아니라 비효율적인 일을 의무적으로 해내기 위해 시간을 투여하게 된다." "이러한 작업을 둘러싸고 있는 구조는 전혀 바람직하지 않다. 이렇게 비효율적인 구조에서는 어떠한 놀라운 성취도 이루어낼 수 없다"라고 말했다.

기업의 성장을 보고 싶다면? 기업가 정신을 유지하라! 결국, 기업가 정신을 유지하는 기업이 성장하는 법이다. 김 대표는 "조직이 12명 이상으로 늘어났다면 12명 느낌의 스타트업으로 기업을 만들어라. 12~15명 스타트업의 개념으로 움직일 수 있도록 만들고 일부 팀을 만들어 운영하는 것이 좋다"고 제안했다. 이어 그는 "기업가 정신이 가능한 형태로 기업을 만들고 운영한다면 과거에 경험할 수 없는 큰 성장과 즐거움이 가능한 회사가 될 것이다"라고 전했다.

구글과 아마존처럼 고객들로부터 사랑받고 싶은 기업이 되고 싶다면 고객들 관점에서 바라보고 고객가치를 창출해야 한다. 가치창출을 하는 기업이 되려면 그 직원들에게 자율성을 줘서 일을 주도적으로 할 수 있게끔 기회를 줘야 한다.

가치창출하는 기업이 되려면? 직원들에게 자율성을 줘라.

자료 : 사례뉴스(2021.8.18.). 일부 수정보완

1 고객가치의 개념

가치(Value)란 비용을 고려한 혜택이라고 볼 수 있다. 혜택(편익)은 고객이 원하는 속성이나 기능이 서비스 안에 반영된 혜택과 구매과정(구매 전, 구매 중, 구매 후) 같은 일련의 과정상에서 나타나는 혜택으로 나눌 수 있다. 반면 비용은 단순한 금전적 지출에 한하지 않고 고객이 구매나 사용상 겪을 수 있는 시간적, 공간적 불편함과 같은 비금전적 비용까지 포함하는 개념으로 이해하여야 한다.

따라서 고객가치(Customer value)는 고객이 서비스나 제품의 사용경험으로 얻는 편익과 그 서비스나 제품을 구매하기 위하여 지불한 비용의 차이다(Zeithaml, 1988). 고객가치는 고객을 위한 가치, 고객의 가치, 그리고 고객에 의한 가치의 의미를 모두 포함하는 개념이다. 고객을 위한 가치(Value for customer)는 관광 서비스 기업이 고객을 위해 가치를 제공하는 것을 의미하고, 고객의 가치(Value of customer)는 고객이 지니고 있는 가치(정서적 애착감이나 오피니언 리더)이며, 고객에 의한 가치(Value by customer)는 고객이 기업과의 관계에서 스스로 창출하는 가치를 의미한다(이유재 · 허태학, 2007). 고객가치는 단순하게 아래 식으로 나타낼 수 있다.

고객가치(고객지각 가치) = 편익(혜택 혹은 효용) − 비용(고객비용)

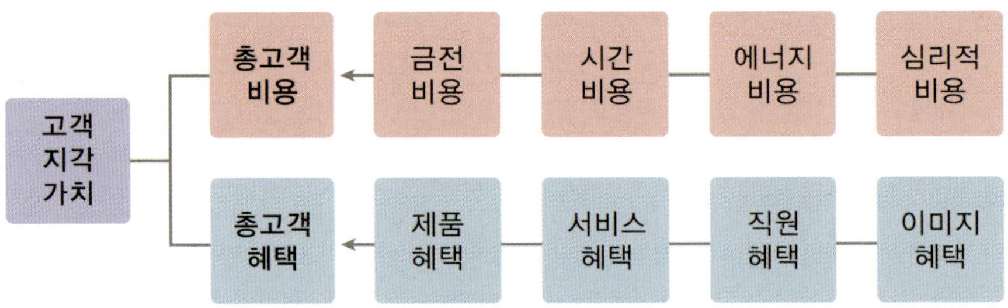

자료 : 저자정리

[그림 5-3] 고객가치, 고객혜택, 고객비용의 구성요소

고객가치를 창출한다는 의미는 고객입장에서 볼 때 고객이 얻는 것이 희생보다 더 크다는 것을 의미한다. 그래서 고객가치가 창출되면 기업의 입장에서 서비스나 제품을 고객이 경쟁사의 것보다 더 선호한다는 것을 의미하며, 그것은 매출로 이어지고 또한 이익으로 연결되는 것이다. 이러한 기업의 매출이나 이익이 증대되면 기업가치가 창출되고 기업가치가 창출되면 주주의 가치가 증대되는 것이다.

기업가치의 창출은 전적으로 고객에 의한 가치창출만으로는 달성하기 어려운데, 그 이유는 기업의 가치창출에 직·간접적인 직원의 노력이 큰 비중을 차지하고 있기 때문이다. 고객가치 창출활동을 직접 수행하는 매개체는 바로 직원이고 그래서 직원의 가치가 다시 고객가치 창출활동의 전제가 되는 것이다. 그래서 직원의 직무만족을 통한 가치창출의 선순환 문제가 중요하게 부각된다.

2 고객편익

고객편익(Customer benefit)은 다양하게 정의된다. Gutman(1982)은 고객이 제품 혹은 서비스 구매나 경험을 통해 얻고자 하는 주관적 보상이나 기대로 정의하였다. Peter와 Olson(1987)은 제품의 속성과 관련하여 고객이 주관적으로 느끼는 필요와 욕구로서 서비스나 제품의 사용으로부터 고객이 기대하는 주관적 보상이나 기대로 정의하였다. 대부분의 서비스나 제품은 단 한 가지의 편익만 제공하는 것이 아니라 다양한 편익을 동시에 제공하기 때문에 서비스와 제품은 편익의 묶음이라고 할 수 있다. 예를 들어, 레스토랑에서의 친구 생일축하 파티는 배고픔을 충족시키는 기능적 편익뿐만 아니라 사회적 교류를 강화시키는 사회적 편익도 제공하고 있다.

고객편익은 [표 5-3]과 같이 연구목적에 따라 차이가 존재한다. 고객편익은 대체로 기능적 편익, 감정적(정서적) 편익, 그리고 상징적 편익의 세 가지로 수렴된다. 이에 관해 설명하면 다음과 같다.

[표 5-3] 연구자들에 의한 편익의 유형

학자명	고객편익의 유형
Block 등(1986)	실용적 편익, 쾌락적 · 감정적 편익
Peter & Olson(1987)	기능적 편익, 심리적 편익, 사회적 편익
Aaker(1992)	기능적 편익, 심리적 편익
Keller(1993)	기능적 편익, 경험적 편익, 상징적 편익
Aaker(1996)	기능적 편익, 정서적 편익, 자아표현적 편익
허원무 등(1996)	기능적 편익, 경제적 편익, 경험적 편익, 상징적 편익
Gwinner 등(1998)	혁신적 편익, 사회적 편익, 경제적 편익
Assael(1998)	기능적 편익, 쾌락적 편익

자료 : 저자정리

1) 기능적 편익

서비스나 제품을 이용하면서 직접 얻을 수 있는 기능적 이점(눈에 보이는 결과)이 기능적 편익(Functional benefit)이다. 이 편익이 가장 본질적인 편익인데 그 이유는 서비스나 제품의 구매결정에 가장 중요하게 영향을 미치기 때문이다. 예를 들어, 항공사가 제공하는 좌석의 예약, 탑승수속, 기내 서비스 등이 기능적 편익에 해당한다. 호텔의 비즈니스 센터(팩스, 인쇄, 인터넷)는 고객이 신속하게 업무를 처리할 수 있도록 기능적 편익을 제공한다. 롯데 자일리톨 껌은 치아를 보호하는 기능적 편익을 강조하고, 하이트 맥주는 150m 지하 암반수로 만들어서 깨끗하다는 기능적 편익 메시지로 높은 시장점유율을 유지하고 있다. 하지만 기능적 편익은 시간이 지날수록 차별성이 없어지고 모방하기 쉽게 된다(임재문, 2010). 이러한 기능적 편익의 한계점을 극복하기 위해 감정적 편익 혹은 상징적 편익이 포함된 서비스를 제공하는 것이 필요하다.

2) 감정적 편익

제품이나 서비스를 구입, 소유, 사용하면서 얻는 심리적인 즐거움, 만족감, 행복감 등과 같은 정서적 편익(Emotional benefit)을 의미한다. 만약 고객이 특정 서비스를 구매하여 사용할 경우 그것이 자신에게 긍정적 느낌을 준다면 그 서비스는 감정적 편익을 제공하고 있는 것이다. 대표적인 브랜드로 오리온 초코파이를 들 수 있다. 1989년에 '말하지 않아도 알아요.'로 시작하는 '정(情)' 캠페인은 제과업계에 신선한 충격을 던졌다. 맛있다는 이야기도 없고, 어떻게 먹어야 맛있다는 이야기도 없고, 단지 정(情), 따뜻한 느낌이라는 감정적 편익을 강조하였다(사례 5-1 참조).

3) 상징적 편익

다른 사람들에게 '나는 이런 사람이야'라고 고객자신의 개성을 표현하면서 자부심, 품위, 차별화된 지위 등을 얻게 되는 편익을 말한다. 예를 들어, 최고급 호텔의 스위트룸 숙박이나 공항 VIP라운지 이용은 고객으로 하여금 차별화된 서비스라는 상징성을 부여한다. 프로스펙스를 신고 815콜라를 마시면서 자신이 애국적인 사람임을 보여주는 편익이 여기에 해당된다. 대개 고급 리조트, 크루즈여행, 고급의류나 화장품 등 고급 서비스 혹은 제품들은 상징적 편익을 강조한다.

3 고객비용

고객은 제품과 서비스를 구매할 때 서비스나 제품으로 얻게 되는 편익에 대해 어떤 희생을 할 것인가를 생각한다. 고객이 지각하는 희생, 즉 비용은 서비스나 제품을 구매하기 위해 포기하는 것이다. 지각된 비용은 가격과 같은 금전적인 비용과 시간, 탐색, 노력 등의 비금전적인 비용으로 구성된다.

한편, 지각된 비용을 노력과 위험의 두 차원으로 설명하기도 한다. Murphy와 Enis(1986)는 노력(Effort)을 서비스나 제품을 얻기 위해 지불하거나 소모해야 하는 금전, 시간, 에너지로 정의하였고, 위험을 구매한 후 서비스나 제품이 원하는 혜택을 제공하지 못하는 상황으로 정의하였다. 여기서는 고객의 지각된 비용을 금전적 비용과 비금전적 비용으로 구분하여 설명하기로 한다.

1) 금전적 비용

서비스 구매가격은 고객이 지급하는 직접적인 비용, 즉 가격을 의미한다. 일반적으로 금전적 비용은 서비스의 구매가격 외에 구매 후의 운영비용도 포함한다. 금전적 비용에는 거래비용(구매비용), 사용비용, 그리고 처분비용이 있다(The PR Times 2015, 2.15). 거래비용은 소비자가 서비스나 제품 구매 시에 부담하는 비용이다. 가령 휴가차 제주도 방문 시 항공권 구매비용, 호텔 숙박비, 공항 주차, 주유, 세금 등이 이에 해당한다. 사용비용은 서비스나 제품구매 후에 발생하는 비용이다. 예를 들면, 카지노 업체의 게임기 설치비, 딜러 교육훈련비, 게임장 에어컨 설치 및 유지 보수비 등이 이에 해당한다. 처분비용은 고객들이 다 쓴 제품을 처분할 때 지각하는 비용이다. 호텔이나 항공기의 감가상각비, 레스토랑 주방의 설비 교체 또는 폐기비용 등을 들 수 있다. 현대자동차는 2009년 미국에서 차를 구매한 후 1년 내에 실직하면 되사주는 캠페인을 펼쳐 미국 소비자로부터 호평을 받은 바 있다.

2) 비금전적 비용

서비스를 구매하는 과정에서 고객은 정보탐색, 구매, 그리고 서비스 사용에 따른 시간, 노력, 심리(예 : 구매에 대한 정신적 부담) 등 다양한 비금전적 비용을 부담하게 된다. 비금전적 비용에는 크게 네 가지 유형이 있다(Wirtz, Chew, & Lovelock, 2012).

첫째, 시간비용이다. 시간적 비용은 서비스나 제품을 구매하기 위해 투자한 시간을 의미한다. 고객은 서비스를 받기 위해 대기하는데, 대기시간은 서비스 전달과정의 일부로서 고객은 줄을 서서 대기하는 것에 대해 시간을 낭비하는 것으로 보아 이것을 비용으로 인식한다.

둘째, 신체적 비용이다. 서비스 구매 시 피로감이나 불편함 등의 신체적 비용은 고객이 서비스 기업을 방문하거나 대기시간이 길어질 때 발생한다. 예를 들어, 항공기 탑승을 위해 서비스 수속을 기다리거나 레스토랑에서의 셀프 서비스를 이용할 때 신체적 불편함이 발생하는데 이것도 신체적 비용에 해당한다.

셋째, 심리적 비용이다. 이는 서비스나 제품을 구매하기 위해 겪은 심리적인 불안감, 마음고생, 지각된 위험, 두려움 등을 의미한다. 예를 들어, 해외여행을 하기 위해 공항의 출입국심사나 세관심사 등과 같이 특정한 서비스를 구매하거나 사용하는 경우에 발생한다. 또한, 고객이 구매한 서비스나 제품이 자신의 이미지와 어울리지 않을 가능성이 있으면 고객은 지각된 위험을 느낄 수 있다.

마지막으로, 감각비용이다. 인간의 오감각 기관에 영향을 주는 불쾌한 감각의 인지를 의미한다. 서비스 현장에서 감각비용은 혼잡도, 소음, 불쾌한 냄새, 너무 덥거나 추울 때, 불편한 좌석, 그리고 청결하지 못한 좌석이나 테이블 등에서 발생한다.

4 고객만족과 고객가치

Egger와 Ulaga(2002)는 고객만족과 고객가치의 개념적 차이를 다섯 가지로 구분하여 설명하고 있다(표 5-4 참조). 고객만족은 기대와 지각된 성과 간의 불일치에 대한 감정적인 반응으로 정의되나 고객가치는 인지적 관점의 구성요소로 편익(혜택)-희생(비용)의 불일치(혹은 차이)로 정의된다. 두 개념은 지향점에 있어서도 차이가 있다.

[표 5-4] 고객만족과 고객가치의 개념적 차이

고객만족(Customer satisfaction)	고객가치(Customer value)
감정적 개념(Affective construct)	인지적 개념(Cognitive construct)
구매 후 관점(Post-purchase perspective)	구매 전/구매 후 관점 (Pre/Post-purchase perspective)
전술 지향적(Tactical orientation)	전략 지향적(Strategic orientation)
현재고객(Present customers)	현재 및 잠재고객 (Present & potential customers)
공급자의 제품이나 서비스(Supplier's offerings)	공급자 및 경쟁자의 제품이나 서비스 (Supplier's & competitor's offerings)

자료: Eggert, A., & Ulaga, W.(2002). Customer perceived value: A substitute for satisfaction in business markets? Journal of Business & Industrial Marketing. 17(2): 110

고객만족은 현재 고객이 인지하는 현재 제품 및 서비스를 현재 고객에게 어떻게 효과적으로 제공할 것인가에 초점을 둔 전술지향적이다. 고객가치는 미래 지향적인 전략적 측면으로써 현재 및 잠재고객의 요구사항을 가장 잘 충족시킬 수 있는 가치를 어떻게 제공할 것인가에 초점을 맞추고 있다. 또한, 고객만족은 해당 서비스 제공자의 서비스나 제품에 대한 감정적 평가이지만 고객가치는 서비스 제공자는 물론 경쟁자의 서비스나 제품을 비교하여 가치를 평가하게 된다.

5 고객생애가치

고객과 지속적으로 좋은 관계를 유지할 수 있다면 고객생애가치를 높일 수 있고 사업성공의 비결이 될 수 있다. 고객이 몇 명 되지 않는 기업에서는 이를 실천하기 쉽지만, 수많은 고객을 가진 대기업에서는 고객 각자와의 관계를 유지하기가 매우 어렵다. 하지만 정보기술의 발전은 고객과의 관계를 체계적으로 관리하도록 해줌으로써 고객생애가치를 극대화하는 데 큰 도움이 되고 있다. 여기에서는 고객생애가치의 개념과 측정 그리고 고객생애가치의 향상방안에 대해 살펴본다.

1) 고객생애가치의 개념

고객생애가치(CLV : Customer Lifetime Value, 혹은 고객평생가치)는 고객이 특정 기업의 서비스나 제품을 이용하는 총 기간 동안 가져다주는 순이익을 화폐가치로 나타낸 것이다. 단순히 단 한 번 구매했을 때의 가치를 따지는 것이 아니라 고객이 평생 동안 특정 기업에 이바지할 수 있는 가치를 계산한다. 따라서 고객생애가치는 장기적인 시각으로 고객들의 만족도를 높여서 더 큰 성과를 거두는 것을 목적으로 한다.

예를 들어, A라는 커피 전문점에서 매일 커피를 한 잔씩 마시는 고객이 있다면 커피 한 잔 값인 3,000원이 아니라 그 이상의 가치로 인식해야 한다. 이 고객이 쓰는 금액은 하루 3,000원에 불과하지만 한 달이면 90,000원, 1년이면 1,080,000원, 그리고 만약 30년 동안 꾸준히 커피를 마신다면 32,400,000원이 된다. 또한, 이 고객은 주위 사람들과 함께 방문할 수도 있을 것이고 고객을 추천할 수도 있다.

▲ 하루 한 잔의 커피가 서비스 기업에게 가져다주는 가치는 계산이 불가능할지도 모른다.

[그림 5-4] 커피 한 잔의 가치

2) 고객생애가치의 측정

고객생애가치를 계산해 보면 다음과 같다. 매년 고객이 똑같은 금액을 쓴다고 가정하고, 고객유지비율(Retention rate)이 매년 일정하다고 가정하면 다음과 같은 공식을 얻을 수 있다. 아래 식에서 할인율을 적용하는 이유는 가령 내년의 1,000원이 올해의 1,000원과 동일한 가치를 지니지 않기 때문이다. 즉, 미래가치를 현재가치로 환산하기 때문이다.

CLV = (1년 고객에 의한 총이익) - (신규고객 유치비용) +
(2년 고객유지율) × [(2년 고객에 의한 총이익) - (고객유지 비용)] +
(3년 고객유지율) × [(3년 고객에 의한 총이익) - (고객유지 비용)] +⋯

$$CLV = \frac{M-c}{1-r+i} - AC$$

M : 고객 1인당 평균매출(보통 1년 단위로 계산)

c : 고객 1인당 평균비용(보통 1년 단위로 계산)

r : 고객유지율(어떤 고객이 다음해에도 여전히 남아 있을 확률)

i : 이자율 또는 할인율

AC : 고객획득 비용(Acquisition cost : 고객이 첫 방문 또는 첫 구매를 하게 하는 데 드는 비용)

예를 들어, M = 100, c = 30, r = 70%, i = 10%, AC = 50이라 가정하면, CLV는 125가 된다.

$$CLV = \frac{100-30}{1-0.7+0.1} - 50 = 125$$

위의 식에서 몇 가지 시사점을 얻을 수 있다. 첫째, 신규고객 유치에 드는 비용이 기존고객을 유지하는 데 드는 비용보다 크다는 것을 나타낸다. 신규고객의 획득비용을 낮추면 CLV에 즉시 영향을 미친다. 위 계산에서 CLV가 125였는데 AC를 50에서 30으로 낮추면 CLV가 150이 된다.

둘째, 고객유지율을 높게 유지하는 것이 중요하다. 예를 들어, 위 공식에서 고객유지율(r)이 70%에서 80%로 높아지면 CLV는 무려 50이나 상승해서 180이 되며, r이 60%로 낮아지면 CLV는 130에서 90으로 크게 떨어진다. 고객유지율이 높을수록 고객생애가치가 큰 폭으로 상승하기 때문에 고객유지율이 가장 중요한 지표가 된다. 따라서 당장 매출을 올리려는 생각보다는 고객유지율을 높이는 마케팅 전략이 더 중요하다.

마지막으로, 비용을 그대로 둔 채 고객 1인당 평균 매출을 올리거나 고객 1인당 평균 매출을 그대로 둔 채 고객 1인당 평균비용을 낮추는 것도 CLV에 즉각 영향을 미친다. 위 식에서 1인당 평균비용(c)을 30에서 20으로 낮추면 CLV는 125에서 150으로 높아진다.

3) 고객생애가치 향상방안

고객생애가치를 높이기 위해 관광 서비스 기업은 [그림 5-5]처럼 세 가지, 즉 신규고객 확보, 고객유지율 향상, 그리고 교차판매와 상향판매 전략을 활용할 수 있다. 이에 대한 설명은 다음과 같다.

신규고객 확보	고객유지율 향상	교차판매와 상향판매
• 선별적 신규고객 확보 • 경쟁자보다 더 큰 가치 제공 • 신규고객 프로모션 (샘플 · 쿠폰 제공, 이벤트 개최)	• 고객충성도 증진 프로그램 실시 • 고객만족도 향상 • 전환장벽 구축	• 고객에게 기존 구매한 서비스(제품) 이외의 추가 서비스(제품) 판매 • 고가 서비스나 제품 판매

[그림 5-5] 고객생애가치 향상방안

(1) 신규고객 확보

고객생애가치를 높이기 위한 첫 번째 방법은 신규고객을 확보하는 것이다. 하지만 선별적으로 신규고객을 확보하는 것이 중요하다. 자사의 신규고객이 될 가능성이 낮은 잠재고객에게 획득 노력을 기울이는 것은 시간과 비용의 낭비이다. 따라서 잠재고객에 대한 정확한 분석이 선행되어야 한다. 그리고 우량한 신규고객을 획득하기 위해서는 경쟁자보다 더 큰 가치를 제공해야 한다. 이를 위해서는 혜택(편익)을 높이거나 비용을 낮추어야 한다. 또한, 신규고객 유치를 위해 샘플 · 쿠폰 제공이나 이벤트 개최와 같은 다양한 프로모션도 효과적이다.

(2) 고객유지율 향상

앞서 설명한 바와 같이 고객유지 비율이 조금만 향상되어도 고객생애가치는 큰 폭으로 증가한다. 고객유지율을 높이면 대개 비용도 늘어나므로 비용과 효과를 비교해야 한다. 고객유지율을 높이기 위해 다음의 세 가지 방법이 일반적으로 활용되고 있다.

첫째, 고객충성도 증진 프로그램을 실시하는 것이다. 충성도(Loyalty)란 어떤 회사의 서비스나 제품을 구입한 고객이 향후 그 회사의 서비스나 제품을 재구매하는 성향을 가리킨다. 고객충성도를 높이기 위해서 고객들에게 금전적 또는 비금전적인 인센티브를 제공하는 프로그램을 충성도 증진 프로그램이라 부른다. 오늘날 항공사, 호텔, 외식,

카지노 기업들이 활용하고 있는 각종 마일리지 프로그램이나, 자사제품이나 서비스를 사용하는 고객들을 회원으로 가입시켜서 다양한 혜택을 주는 멤버십 클럽, 그리고 커뮤니티 등이 여기에 속한다.

둘째, 고객만족도의 향상이다. 제품이나 서비스에 높은 만족도를 갖고 있는 고객은 충성도도 높은 것으로 알려져 있다. 고객만족을 높이기 위해서는 고객의 기대를 초과하는 성과를 제공하여야 한다. 하지만 고객이 너무 높은 기대수준을 갖고 있으면 성과수준이 기대수준에 못 미쳐서 불만족을 낳을 수도 있다. 그러므로 고객의 기대수준을 적절히 관리하는 것이 필요하다.

셋째, 전환장벽(Switching barrier)을 구축하는 것이다. 전환장벽이란 고객이 경쟁회사의 제품이나 서비스로 쉽게 전환하지 못하도록 하는 눈에 보이지 않는 장벽을 말한다. 예를 들어, 항공사들이 가장 먼저 도입한 마일리지 제도는 고객의 전환비용을 높이기 위한 매우 유용한 전략이었다. 항공 마일리지의 가치는 많이 쌓여야 높아지기 때문에 고객들은 가능하면 하나의 항공사로 마일리지를 모으는 경향을 보여주었다. 브랜드도 고객의 전환비용을 창출하기 위한 중요한 수단이다. 명품 브랜드를 사용하던 고객이 질적으로 동등하면서도 가격은 훨씬 싼 보다 대중적인 브랜드로 전환하는 것은 심리적으로 쉽지 않다.

(3) 교차판매와 상향판매

고객생애가치를 높일 수 있는 또 하나의 방법은 교차판매(Cross-selling)와 상향판매(Up-selling) 전략이다. 전자는 한 제품과 서비스를 구매한 고객에게 다른 제품과 서비스를 추가로 구매할 수 있도록 유도하는 전략이다. 예를 들어, 햄버거를 구매하러 온 고객에게 직원이 아이스크림이나 커피도 추천하여 함께 판매하는 것이다(그림 5-6 참조). 미국의 시어즈(Sears)는 자사의 계열사인 부동산 회사를 통해 주택을 구매한 고객에게 시어즈 백화점에서 TV, 냉장고, 세탁기 등의 가전제품을 구매할 경우 최대 25%의 할인 혜택을 제공하고 있다(황인수, 2005).

상향판매는 한 제품을 구매한 고객에게 더 많은 혹은 고급의 제품이나 서비스를 판매하는 전략이다. 즉, 고객에게 더 높은 가격의 제품이나 서비스를 제시해 판매하는 것이다. 예를 들어, 햄버거 단품만 구매하려는 고객에게 세트메뉴를 권해서 구입하게 하는 것이다. 상향판매 전략이 성공하기 위해서는 직원의 차별화된 전문성이 필요하다. 그렇지 않으면 고객입장에서 볼 때 차별화된 전문성을 갖지 못한 직원이 회사의 단기이익을 위해 고객을 매출증대의 수단으로 이용하고 있다는 인상을 줄 수 있다(여행신문, 2018.9).

[그림 5-6] 교차판매와 상향판매 사례

제3절 고객 대기관리

대기시간이 고객만족도에 미치는 영향은 생각보다 클 수 있다. 실제 서비스 시간에 만족감을 느꼈더라도 기다리는 시간이 길어지면 결과적으로 불만족스러운 느낌을 갖게 된다. 고객은 불편한 상황에서 기다려야 하는 경우도 있고 영문도 모른 채 기다리는 경우도 있다. 서비스 직원도 피크타임 때 많은 고객을 상대하므로 충분한 서비스를 제공하지 못할 때도 있으며 이에 따라 감정소모도 커진다. 본 절에서는 대기시간 관리, 대기인식 관리, 그리고 대기관리 원칙에 대해 학습한다.

1 대기시간 관리

1) 대기시간 관리의 개념 및 중요성

대기는 고객이 서비스받을 준비가 되어 있는 시간부터 서비스가 제공되기까지의 시간을 의미한다(안연식, 2019). 어떤 서비스이든 기다림은 일어나게 되어 있는데, 고객 도착의 불안정이나 서비스 시간의 변동 등에 의해서 기다림이 발생한다. 따라서 기다림은 어쩔 수 없으므로 서비스 운영관리자는 기다리는 고객을 어떻게 다루어야 할지 깊이 생각해야 한다.

기다림이 일상생활에서 불가피한 일이기는 하지만 바람직한 상황은 아니다. 고객이 서비스를 받기 위해 기다리는 것은 고객의 기분을 상하게 하는 부정적 경험이고, 이는 서비스에 대한 만족수준뿐만 아니라 서비스 기업에 대한 충성도(재구매)를 약화시키는 요소이다(Diaz & Ruiz, 2002). 특히, 대기시간이 '인내영역' 이상이라고 느낀 고객들은 불만을 느끼게 되고 서비스 품질도 아주 낮은 것으로 인식하게 된다(Chebat & Filiatrault, 1993). 관광 서비스 기업들은 고객의 대기시간 감소를 위해 조리시간 단축, 사진 이벤트, 앱이용 주문과 결제 등 다양한 전략을 사용하고 있다(사례 5-3 참조).

사례 5-3 **기다림은 NO, 고객 대기시간 줄여야 성공한다**

[전략] 대기하는 시간이 길면 길수록, 기다리는 고객은 브랜드 자체에 대한 부정적인 이미지를 가질 수 있기에 고객 대기시간을 줄이는 것은 고객만족의 첫걸음이라 할 수 있다. 특히 주문 후 조리과정이 반드시 포함되는 외식업에서는 고객 대기관리는 필수요소다. 반대로 효과적인 고객 대기관리가 이미지 상승효과를 가져올 수 있다는 사실을 명심해야 한다.

조리시간 단축은 가장 효과적 방법!

외식업의 경우 고객이 주문한 메뉴를 최대한 빨리 내오는 것이 최고의 고객 대기관리법이다. 고객이 궁극적으로 원하는 것은 핵심제품이기 때문. 비비큐, 굽네치킨, 훌라라치킨, 죠스떡볶이, 토마토도시락, 한솥도시락 등 다수의 외식업 프랜차이즈들이 원팩 시스템을 갖춘 것도 같은 이유다. 본사 직영 생산공장에서 재료를 가공, 포장해 가맹점에 공급함으로써 조리시간을 단축할 수 있음은 물론 식자재 보관이 용이하고 재료 손실률을 줄일 수 있는 것이 장점이다.

가맹점 자체의 기발한 발상으로 조리시간 단축에 성공한 사례도 있다. 치킨이 맛있는 맥주집 '바보스(www.babos.co.kr)' 망원역 점주 한영돈 씨(남, 40세)는 주간메뉴와 야간메뉴를 다르게 구성했다. 메뉴판도 야간용이 따로 있다. 시간대에 따라 고객들이 주문하는 메뉴에 차이가 있음을 파악한 한 씨는 고객들이 몰리는 야간에는 조리시간이 짧고 맛에 자신 있는 메뉴들만 골라냈다. 바보스 망원역점의 대표 인기메뉴인 버터갈릭 포테이토는 5분~10분이면 고객 앞에 제공된다. [중략]

이미 서비스가 시작되었음을 느끼게 하라

고객의 대기 체감시간을 줄이는 것도 방안이 될 수 있다. [중략] 프리미엄 오븐치킨 전문점 '돈치킨(www.donchicken.co.kr)' 서울대 입구점 점주 류지수 씨(여, 38세)는 사진 이벤트로 고객들의 대기시간을 즐겁게 했다. 음식을 기다리는 고객들을 대상으로 화기애애한 모습이나 유쾌한 모습을 연출토록 해 사진을 찍어준 것. 메뉴가 나온 후에는 맛있게 먹는 모습도 촬영했다. 고객들의 연락처를 받은 후 사진을 일일이 전송해 줬음은 물론이다. 촬영된 사진을 놓고 매월 콘테스트도 열었다. 당첨된 고객에게는 영화티켓이나 도서상품권을 증정했고, 큰 호응을 이끌어냈다. 고객들은 사진 이벤트를 즐거운 놀이로 인식하고 친구와 가족까지 대동해 매장을 찾았다.

친환경 유기농 죽/수프 전문점 '본앤본(www.bnb.or.kr)' 안산 고잔점은 브랜드 장점까지 부각시킨 사례. 안산 고잔점은 고객 주문과 동시에 우엉차를 제공했다. 본 메뉴가 나오기 전 건강차를 선보임으로써 이미 서비스가 시작되었음을 느끼게 해준 것이다. 고객들은 본 메뉴를 기다리기에 앞서 건강차를 음미했고 어떤 차냐며 관심을 보이기도 한다. 매장 벽면에 친환경 유기농 재료의 장점을 홍보한 대형 포스터도 읽을거리 역할을 했다. 건강차와 홍보포스터는 고객의 대기체감시간 축소뿐만 아니라 본앤본이 자랑하는 건강한 맛을 환기시키는 효과까지 가져왔다.

애플리케이션을 이용한 대기관리도 주목돼

스타벅스는 앱을 이용해 커피를 선택, 결제한 후 매장에서 바로 커피를 받을 수 있는 서비스를 제공 중이다.

아웃백 스테이크는 앱으로 메뉴 안내를 한다. 기다리는 고객들은 앱으로 메뉴를 확인할 수 있으며, 음식을 선택할 경우 결제 금액까지 표시되는 계산기능도 갖춰 예산에 맞게 메뉴를 정할 수 있다.

요가전문 교육기업 '아메리카요가(www.americayoga.co.kr)'는 교육시간 확인 및 예약기능이 탑재된 앱을 제공했다. 요가 교육업체 중 자체적 앱 제공은 아메리카요가가 유일하다고. 앱을 통해 사람들이 몰리는 교육 시간대를 확인할 수 있고, 원하는 시간에 교육을 받고 싶다면 예약까지 가능하다. 수강생들의 반응은 대만족. 빈자리 없이 가득찬 교육 시간에 방문해 헛걸음하지 않아도 되기 때문이다. 아메리카요가는 차별화된 개인 맞춤 교육과 함께 효과적인 고객 대기관리로 요가 교육업계에서 독보적 1위를 지키고 있다.

자료 : 이투데이(2015.3.4.)

2 대기시간 감소방안

고객의 서비스 대기시간을 줄이기 위해서 관광 서비스 기업은 다양한 방법을 활용할 수 있다. 미국 올랜드 디즈니월드는 매직킹덤의 신데렐라 성 지하벙커에 '디즈니 운영통제센터'를 가동하여 실시간 관람객의 흐름을 관리하고 있다(이데일리, 2010.10). 이는 서비스 운영관리와 고객 인식관리 측면으로 구분하여 살펴볼 수 있다.

1) 서비스 운영관리

첫째, 예약제도의 활용이다. 호텔이나 여행사처럼 예약을 받은 후 고객들이 도착하자마자 서비스를 제공하면 양자 모두 경제적이다. 예약은 고객의 수요를 분산시키는 효과도 있지만, 서비스 대기시간을 단축하게 하는 효과도 있다. 예를 들어, 에버랜드는 'Q-Pass'를 통해 고객이 인기 어트랙션을 대기시간 없이 빠르고 편리하게 이용할 수 있도록 하고 있다.

둘째, 커뮤니케이션의 활용이다. 항상 고객과의 의사소통이 제대로 이루어질 수 있도록 해야 한다. 서비스 이용에 있어서 혼잡한 시간이나 한가한 시간을 안내하거나 업무 프로세스를 고객에게 전달할 수 있도록 해야 한다. 호텔 프런트 데스크에서 예약 고객에게 객실예약 확인과 같은 커뮤니케이션은 고객의 불안을 감소시키는 데 중요한 역할을 한다.

셋째, 공정한 대기 시스템을 구축해야 한다. 늦게 도착한 고객이 먼저 서비스를 받게 되면 먼저 온 고객이 화를 내게 되어 곤혹스러운 상황이 발생하게 된다. 고객은 식사하기 위해 10~20분 기다리는 것은 참을 수 있지만 자기보다 늦게 온 사람이 먼저 서비스 받는 상황이 발생하면 분노한다. 만약 시스템 구축이 어렵다면 고객들이 공정하게 기다릴 수 있도록 방법을 모색해야 한다. 대기선 활용, 번호표 제공, Express line 등을 활용할 수 있다.

넷째, 혼잡과 정체를 줄이고 원활한 고객흐름을 유지하기 위해서는 고객의 동선관리가 필요하다. 혼잡한 공항, 관광지, 테마파크 등에서는 출구와 입구를 분리하여 불필요한 혼란을 방지하고 있다. 출구와 입구를 분리하여 놀이기구를 타려는 고객들은 지정된 대기선을 따라 줄을 서게 하면 질서있게 탑승할 수 있으며 먼저 타려고 밀거나 끼어드는 것을 막을 수 있다.

마지막으로, 실물제시 방법이다. 관광 서비스 기업에서 제공하는 방법을 제대로 이해하지 못하는 고객(예 : 노인, 장애인 등)에게는 직접 실물을 제시하고 사용하도록 도와주어야 한다. 버거킹은 앱쿠폰이나 종이쿠폰을 키오스크에서 사용하는 방법을 누구나 쉽게 서비스받을 수 있도록 하고 있다.

[그림 5-7] 외식업체 무인 주문기(좌 : 버거킹, 우 : 맥도날드)

2) 고객 인식관리

고객 인식관리는 서비스 기업이 운영방식을 통해 물리적으로 대기시간을 감소키는 것이 아니라 고객의 인식을 변화시켜 체감 대기시간을 줄이는 방법이다. 이에는 여섯 가지 방법이 주로 사용된다(안연식, 2019).

첫째, 고객에게 서비스가 시작되었다는 느낌을 주어라. 서비스가 일단 시작되면 고객의 우려는 상당히 가라앉는다. 레스토랑에서 식사를 기다리는 고객에게 메뉴판을 주거나 병원에서 기다리는 환자에게 진찰 기록지를 주면 기다리는 것이 아니라 서비스가 시작되었다고 생각한다. 고객은 서비스가 시작되고 나서의 기다림보다 처음의 기다림에 더 불만을 품게 된다.

둘째, 예상 대기시간을 알려주어 안도감을 주어라. 불확실하고 설명이 없는 기다림은 불안감을 유발하므로 직원이 손님의 존재를 재확인해 준다거나 기다릴 시간을 알려준다. 예를 들어, 레스토랑 직원이 조리시간을 미리 알려주면 얼마나 오래 기다리게 될지 모르는 불안이나 약속을 지키지 못한 데 따른 불쾌감이 사라지게 된다.

셋째, 이용되지 않는 자원은 보이지 않도록 하라. 즉, 호텔의 경우 일반 행정직원은 후방에 배치하여 보이지 않게 한다. 또한, 고객과 상호작용하지 않는 활동은 고객이 볼 수 없는 곳에서 수행한다. 서비스 생산과 서비스 전달 등을 분리하는 디커플링(Decoupling)을 적용하는 것이 효과적이다.

넷째, 고객을 유형별로 대하라. 고객을 성격에 따라 분류하면 차별적인 대응을 할 수 있다. 예를 들면, VIP, 단골고객, 예약고객, 일반고객 등을 별도의 라인으로 서비스하는 방법이 만족도와 충성도를 높이는 데 효과적일 수 있다. 항공사의 경우 일등석 승객에 대해서는 기다리지 않고 바로 탑승하도록 서비스를 제공하고 있다.

다섯째, 즐거움으로 대체하라. 서비스 기업에서 맞이하는 첫인상은 나머지 서비스 전체를 경험하는 데 있어 큰 영향을 미치므로 대기하는 시간을 즐거운 경험으로 만들어주는 것이 좋다. 디즈니월드에서는 기다리는 고객들에게 '보물의 땅' 지도를 연구하면서 또는 통로에서 진행되는 캐스트들의 흥겨운 볼거리를 통해서 즐거운 시간을 보내도록 하고 있다(안연식, 2019).

마지막으로, 판단을 흐리게 하라. 좋은 배치는 고객이 지각하는 거리감을 바꿀 수 있다. 예를 들어, 100여 명의 고객들이 일직선으로 줄지어 서 있게 되면 무척 길고 지루하게 느껴진다. 하지만 지그재그식으로 서 있게 되면 시작점에서 고객이 서 있는 지점까지의 거리는 짧게 느껴지게 된다. 이러한 예는 레스토랑에서도 볼 수 있다. 가령, 고객에게 대기시간을 예상보다 길게 통보한 후 실제로는 짧게 하면 고객이 기뻐하게 된다.

3 대기관리 원칙

기다림의 문제를 해결하기 위해 분석적 모형 대신 행위적 측면에서 접근할 수 있다(Maister, 1985; Parasuraman et al., 1985). 이들 학자들은 고객만족이 실제 대기시간보다는 지각된 대기시간에 근거를 두고 있기 때문에 실제 대기시간뿐만 아니라 고객들이 대기시간을 어떻게 지각하는가에 관해서도 관심을 기울여야 한다고 주장하였다. Maister(1985)는 실제 대기시간뿐만 아니라 이들에 대한 고객의 지각에 관심을 두고 심리적 대기시간을 줄이는 8가지 원칙을 제시하였다.

첫째, 아무 일도 하지 않고 있는 시간이 뭔가를 하고 있을 때보다 더 길게 느껴진다. 이 경우에는 대기 중 무언가 할 수 있도록 소일거리를 제공하면 된다. 레스토랑에서 고객들에게 요리과정을 직접 구경할 수 있도록 한 경우가 이에 해당한다. 중요한 것은 고객이 견딜 만하거나 즐겁고 생산적이어야 한다는 사실이다. 호주 시드니에 있는 이케아 매장은 부인과 함께 매장에 온 남편들을 위해 매장 입구 쪽에 맨랜드(Manland) 공간을 마련하여 잡지, TV, 인터넷, 실내 축구장을 제공하고 간식도 제공해 주고 있다.

둘째, 구매 전 대기가 구매 중 대기보다 더 길게 느껴진다. 이를 해결하기 위해 서비스 기업은 고객이 줄을 서 있을 때 직원이 나와 미리 주문을 받거나 메뉴판을 고객에게 건네준다. 또한, 고객으로 하여금 스스로 키오스크로 선주문하도록 함으로써 대기시간이 짧게 느껴지도록 할 수 있다.

셋째, 근심은 대기시간을 더 길게 느껴지게 한다. 기다리는 손님에 관심을 기울이는 것은 너무나 당연하다. 예를 들어, 스키 초보자에게 전문가가 함께 있으면서 안전에 대해 초조함과 불안감을 갖지 않도록 안심시켜 주면 기다림이 길고 힘들게 느껴지지 않는다. 또한, 서비스를 받지 못할까봐 걱정하는 경우 직원이 걱정할 필요가 없다는 점을 고객에게 전달함으로써 고객은 근심을 덜게 된다.

넷째, 언제 서비스를 받을지 모른 채 무턱대고 기다리는 것이 얼마나 기다려야 하는지를 알고 기다리는 것보다 대기시간이 길게 느껴진다. 직원이 고객의 존재를 확인해주는 것이 좋고 예상되는 대기시간을 알려주는 것이 좋다. 일상생활에서 콜센터에 전화를 걸었을 때 얼마나 기다리면 되는지 예상 대기시간을 알려주면 고객은 인내심을 가지고 기다리게 된다.

다섯째, 원인을 모르는 대기는 더 길게 느껴진다. 예를 들어, 공항에서 비행기를 기다릴 때 기후변동이나 비행기 고장으로 비행기가 연착할 때 적절한 이유를 대기고객에게 전달해 주면 고객의 불평이 줄어든다. 주문 현황 모니터에 음식이 만들어지는 과정을 시간으로 알려주어 대기시간이 짧게 느껴지도록 하는 방법도 많이 사용되고 있다.

여섯째, 불공정한 대기시간이 더 길게 느껴진다. 이는 공정성의 문제이다. 나중에 도착한 고객이 먼저 서비스를 받는 불공정한 서비스가 발생하지 않도록 하는 것이 중요하다.

일곱째, 서비스가 더 가치 있을수록 사람들은 더 오랫동안 기다린다. 이는 고객 인내심 문제이다. 인기있는 신제품이 출시될 때 열성고객들은 매장 앞에 텐트를 치고 며칠을 대기할 때도 있다. 기업은 이런 상황을 종종 홍보에 사용하는데 그 이유는 지나가는 사람들의 눈길을 사로잡기도 하고 매체노출이 많아지기 때문이다.

[그림 5-8] 2016년 쉐이크쉑 버거 강남점 출시 모습

마지막으로, 혼자 기다리는 것이 더 길게 느껴진다. 테마파크에서 긴 줄에 서 있을 때 친숙한 캐릭터들이 고객에게 다가와서 말을 건네기도 하는데 바로 이런 이유 때문이다. 또한, 친구나 가족, 연인과 함께 기다리면 지루함이 줄어든다.

대기 고객관리에서 심리적 대기시간을 줄이는 것도 중요하지만 실질적인 대기시간을 줄여주는 게 무엇보다 중요하다. 버스 정류장의 전광판은 위성항법장치(GPS) 정보를 이용해 자신이 원하는 버스가 몇 분 후에 도착하는지 알려줘 심리적 대기시간을 줄여준다. 요즘에는 스마트폰 앱을 통해 버스가 몇 시 몇 분에 오는지 알 수 있기 때문에 집에서 미리 계획을 세워 느긋하게 나올 수 있다. 갈수록 많은 사업이 서비스화되고 있어 고객의 대기시간을 진정으로 줄이려는 노력이 더욱 중요해지고 있다.

토론주제

- 고객유형 분류의 장점과 단점은 무엇인가?
- 서비스 생산과 제공에 있어 과거와 현재 고객 역할이 어떻게 변화해 왔는가?
- 미래에 예상되는 고객역할은?
- 고객의 가치를 향상시키기 위한 방법은 무엇인가?
- 고객만족과 고객가치의 차이점은 무엇인가? 그 이유는?
- 고객생애가치의 향상방안과 해당 사례는?
- 고객 대기관리가 왜 중요한가?
- 고객 대기시간 감소방안은 무엇이며 구체적 사례는?

참고문헌

사례뉴스(2021.8.18.). 구글 vs 아마존의 차별화된 고객가치 서비스, 기업이 가치창출을 할 수 있는 한 가지 방법은? http://www.casenews.co.kr

식품저널(2015.7.17.). 무엇이 브랜드를 더 매력적으로 만드는가? foodnews http://www.foodnews.co.kr

안연식(2019). 서비스경영. 도서출판 창명.

여행신문(2018,9.10). [오형수의 잘 팔리는 세일즈] 교차판매를 넘어선 상향판매가 필요하다! https://www.traveltimes.co.kr

이유재(2001). CRM을 위한 내부고객관리. 경영논집. 35(4) : 287-310.

이유재・허태학(2007). 고개만족을 넘어 고객가치를 경영하라. 21세기북스.

이투데이(2015.3.4). 기다림은 NO, 고객 대기시간 줄여야 성공한다. https://www.etoday.co.kr/news/view/1083992

임재문(2010). 제품편익과 소비자-브랜드 관계 및 브랜드 애착, 구전 간의 구조적 관계에 관한 연구. 경영정보연구. 29(1) : 117-144.

허원무・이완수・황용희・황미진(2006). 이동통신 서비스 고객의 충성도 제고를 위한 편익 및 결속관리 전략. 광고연구. 70 : 229-255.

황인수(2005). 교차판매 효과를 고려한 상품의 가치평가에 관한 연구. 경영정보학연구. 15(3) : 209-221.

Chebat, J.C., & Filiatrault, P.(1993). Waiting lines and services quality : The case of banks. Journal of Bank Marketing. 11 : 35-40.

Diaz, A.B., & Ruiz, F.(2002). The consumer's reaction to delays in service. International Journal of Service Industry Management. 13(2) : 118-140.

Eggert, A., & Ulaga, W.(2002). Customer perceived value : A substitute for satisfaction in business markets? Journal of Business Industrial Marketing. 17(2) : 107-118.

Gutman, J.(1982). A means-end chain model based on consumer categorization processes. Journal of Marketing. 46(Spring) : 60-72.

Maister, D.(1985). The psychology of waiting Lines. In J.A. Czepiel, M.R. Solomon, & C.F. Surprenant(eds.). The Service encounter : Managing employee/customer interaction in service

businesses. Lexington, MA : D.C. Heath and Company, Lexington Books.
Murphy, P.E., & Enis, B.M.(1986). Classifying products strategically. Journal of Marketing. 50(3) : 24-42.
Parasuraman, A.P., Zeithaml, V.A., & Berry, L.L.(1985). A conceptual model of service quality and its implication for future research. Journal of Marketing. 49(January) : 41-50.
Peter, J.P., & Olson, J.C.(1987). Consumer behavior and marketing strategy. McGraw-Hill/Irwin.
Stone, G.P.(1954). City shoppers and urban identification : Observations on the social psychology of city life. The American Journal of Sociology. 60 : 36-45.
The PR Times(2015.2.15). 혜택만 제공한다고 능사가 아니다.
https://www.the-pr.co.kr
Wirtz, J., Chew, P., Lovelock, C.(2012). Essentials of services marketing(2nd ed.). Prentice-Hall.

Tourism Service Management

제 06 장

고객참여와 고객경험관리

제1절
고객참여의 효과와 증대방안

1. 고객참여의 개념
2. 고객참여의 효과
3. 고객참여의 증대방안

제2절
고객참여행동

1. 고객행동의 분류
2. 고객참여행동의 수준

제3절
고객경험관리

1. 고객경험의 개념
2. 고객경험의 분류
3. 고객경험관리
4. 고객경험관리 프로세스
5. 고객만족경영과 고객경험관리
6. 고객관계관리와 고객경험관리

학습목표

본 장에서는 다음 내용의 이해를 목표로 한다.

고객참여 개념과 효과

고객참여 증대방안

고객참여행동의 정의

고객참여행동의 유형

고객참여행동의 유형별 특징

고객경험의 정의

고객경험의 분류

고객경험지도의 의미

고객만족경영과 고객경험관리

고객관계관리와 고객경험관리

Chapter

06 고객참여와 고객경험관리

사례 6-1 '4차 산업혁명 시대' 고객경험에 투자하는 기업들

유통 · 금융 · 뷰티 · 숙박 · 자동차업계, '개인 맞춤형' 전략으로 승부

[전략] 고객경험 비즈니스는 브랜드가 고객과 만나는 모든 접점에서 개별고객의 특성, 선호, 취향, 구매의도 등을 종합적으로 반영한 개인화된 경험을 일관되고 지속적으로 전달하는 것을 말한다. 좋은 제품이나 서비스를 합리적인 가격에 제공하는 것만으로는 생존할 수 없는 경험 비즈니스 시대가 열린 것이다.

▲ 데이비드 핸슨 핸슨로보틱스 창업자 겸 최고경영자(CEO)가 만든 로봇 소피아(오른쪽)와 로봇 아인슈타인. [사진 제공 = 디지털뉴스국, 전종헌 기자]

이처럼 고객경험에 대한 중요성이 부각되면서 국내에서도 디지털 혁신에 속도를 내고 있다. 연세대학교 의료원은 최근 콘텐츠와 플랫폼 전반에 걸쳐 개인화된 경험을 전달하기 위해 어도비 익스피리언스 클라우드를 도입했다. 환자, 교수진, 학생 및 의료전문가 등 개별 사용자들이 원하는 정보를 쉽게 찾을 수 있는 디지털 의료 서비스 환경을 조성하기 위함이다. 연세의료원은 사용자 그룹과 그룹별 행동패턴을 기반으로 다양한 기기에 걸쳐 개인화된 경험을 제공할 계획이다.

유통업계는 AI와 음성인식 기술을 결합한 기술을 고객경험 제공에 활용하고 있다.

이마트는 휴머노이드 로봇 '페퍼'를 통해 매장에서 고객에게 맞춤형 서비스를 제공한다. AI 기반 대화형 챗봇 기능이 집약된 페퍼는 수입식품 코너에 서성이는 고객에겐 어떤 요리를 하고 싶은지 질문을 건네고 고객 답변에 따라 요리에 필요한 소스 등의 정보를 제공한다.

롯데백화점도 AI 채팅 로봇 '로사'를 운영하며 고객에게 개인화 경험을 전달하고 있다. 로사는 롯데백화점 스마트폰 앱에서 고객과 채팅을 주고받으며 상품을 추천하고 매장안내를 돕는다. 'AI 딥러닝 추천 엔진'을 통해 소비자의 구매패턴 등 100여 가지 특징을 분석해 맞춤형 서비스도 제공한다.

금융권은 디지털상에서의 고객경험 전달에 치열한 경쟁을 벌이고 있다. 신한은행은 '초맞춤형 서비스의 구현'이라는 디지털 전환 최종 목표 아래 통합 플랫폼 '쏠(SOL)' 앱을 통해 고객이 회원가입, 계좌개설, 지인에게 적금 선물 등의 금융서비스를 2분 30초 내 경험할 수 있도록 했다. 신한은행은 쏠 앱을 통해 '쏠편한 입출금통장', '쏠편한 저금통 서비스' 등 고객관점에서 디지털 금융을 재정립한 신상품을 잇따라 선보였다.

현대카드는 '트래블 라이브러리' '뮤직 라이브러리' '쿠킹 라이브러리' '디자인 라이브러리' 등의 라이브러리를 서울에서 운영하며 고객이 문화생활을 즐기고 로열티를 높일 수 있도록 고객경험을 제공하고 있다.

전문가들은 크리에이티브를 중시하는 기업문화를 조성하고, AI, AR, 빅데이터, IoT 등 데이터와 콘텐츠를 활용하는 기술을 더욱 고도화해야 경험 비즈니스를 꽃 피울 수 있다고 강조한다.

[중략] 에어비앤비는 빅데이터와 머신러닝 기술을 결합해 가격책정 및 예약 알고리즘 모델을 개발, 호스트에겐 숙박가격을 추천하고 소비자에게 숙박예약 가능성과 최적화된 가격 등을 제공해 예약률과 매출을 높이고 있다.

▲ 휴머노이드 로봇 '페퍼'
[사진 제공 = 이마트]

공간 마케팅도 크리에이티브 중심으로 고객경험을 향상시키려는 대표적인 방식이다. 아모레퍼시픽은 신사옥 2층을 고객과의 소통을 위한 '아모레퍼시픽 아카이브'라는 공간을 통해 본사의 70여 년 역사를 한눈에 살펴볼 수 있게 했고, 본사에는 '아모레스토어'가 마련돼 있어 아모레퍼시픽 그룹의 전 브랜드를 한 공간에서 경험할 수 있도록 했다.

신발 전문 매장인 ABC마트는 '그랜드스테이지 강남본점'을 통해 문화와 패션을 체험할 수 있는 공간을 구성했다. 매주 인기 브랜드와 협업, 스페셜한 아이템을 단독으로 선포이고 브랜드를 체험할 수 있는 다채로운 프로그램을 진행한다. [후략]

자료 : 매일경제신문(2018.11.25.)

제1절 고객참여의 효과와 증대방안

관광 서비스 기업이 서비스 프로세스에 적정한 수준의 고객참여를 결정하는 것은 쉬운 의사결정이 아닐 수 있다. 고객의 참여는 프로세스 효율뿐만 아니라 서비스 품질에도 영향을 줄 수 있기 때문이다. 고객은 서비스 경험에 활동적으로 참여하는 것을 가치있다고 여길 수 있다. 하지만 높은 수준의 고객참여는 리스크를 수반한다. 만약 고객이 직접 하는 것이 직원이 할 때보다 실패할 가능성이 높은 서비스에 셀프 서비스가 도입된다면, 이는 운영 효율성과 고객만족 양자 모두에 부정적으로 작용할 가능성이 크다. 본 절에서는 고객참여의 효과와 증대방안에 대해 살펴보고자 한다.

1 고객참여의 개념

고객참여에 대한 정의는 마케팅 연구에서 주로 이루어져 왔는데 두 가지 관점으로 나누어볼 수 있다. 우선, 서비스의 생산 및 전달과정에 대한 고객의 관여도로서 고객참여를 이해한 경우이다. Dabholkar(1990)는 고객참여를 고객이 서비스의 전달과 생산과정에 관여하는 정도로, Cermak 등(1994)은 서비스의 전달과정에 고객이 관여되어 행하는 행동으로 정의하였다. 즉, 서비스의 생산 및 전달과정에서 고객의 관여 정도를 고객참여로 본 것이다.

고객의 역할을 기준으로 고객참여를 정의한 경우도 있다. Rodie와 Kleine(2000)는 서비스 전달 및 생산과정에서의 고객의 정보적, 물리적, 감정적 투입으로 이해하고 있다. 정보적 투입은 고객의 정보와 정신적 노력을 의미하는데 서비스 이용을 위해 고객정보를 제공하거나 공유하는 것을 말한다. 물리적 투입은 고객의 유형적 및 물리적 노력을 뜻하는 것으로 서비스를 구매하기 위해 매장을 살펴보거나 직원의 말을 경청하는 것을 의미한다. 감정적 투입은 직원과의 감정적인 부분을 조절하면서 서비스 생산과정에 참여하는 것을 의미한다. Namasivayam(2003)은 서비스 생산과정에서 고객의 역할을 고객참여로 이해하였으며, Kelley 등(1990)은 고객참여에 있어 고객의 기술적 역할(예 : 무슨 활동에 참여할 것인가?)과 기능적 역할(예 : 어떻게 참여할 것인가?)을 강조하였다.

여기서 고객의 역할은 참여행동과 동일한 의미를 지니고 있다고 할 수 있다. 고객은 서비스 생산과 전달과정, 제품개발에 대한 아이디어 제공, 서비스 경험에 대한 후기 등의 역할을 수행할 수 있는데, 이러한 역할을 수행하는 실제모습이 행동이다. 따라서 고객역할은 행동이라는 개념이 전제되어 있어 행동의 의미를 내포하고 있다고 볼 수 있다.

고객참여(Customer participation)는 고객접촉(Customer contact)과 혼동하여 사용하는 경우가 많다. 고객접촉은 단순히 서비스 접점에서 서비스 제공자와 고객이 접촉하는 것을 의미한다. 이에 반해 고객참여는 서비스 생산과 전달과정에서 고객이 서비스 제공자와의 상호작용을 통해 서비스에 영향을 미치는 것까지 포함한다.

2 고객참여의 효과

서비스 제공자 관점에서 고객의 셀프 서비스는 여러 가지 이점이 있겠지만 최소한의 인원으로 서비스 제공이나 시스템 운영이 가능해져 인건비를 낮추는 효과가 가장 크다. 고객관점에서는 약간의 불편함만 감수한다면 낮은 비용으로 서비스를 제공받거나 24시간 서비스를 받는 등의 혜택을 누릴 수 있다. 여기서는 고객참여의 효과를 다섯 가지———비용절감, 서비스 최적화, 고객에 의한 서비스 품질통제, 고객의 우군화, 고객 간 정보공유———로 구분하여 설명한다(안연식, 2019).

1) 비용절감

고객참여로 인한 비용절감은 인건비에서의 절감이 가장 크다. 고객참여, 즉 셀프 서비스는 고객 스스로 서비스를 제공함으로써 발생하는 서비스 품질의 저하보다 절감되는 비용이 더 큰 상황에서 적합하다. 또한, 셀프 서비스는 서비스의 수요변동이 심하고 예비의 서비스 공급능력을 가지고 있을 때 효과적이다. 예를 들면, 미술관이나 박물관에서 고객이 직접 오디오 가이드를 사용하면 관람객이 집중되는 피크타임에 방문하더라도 오래 기다릴 필요 없이 즉시 안내 서비스를 제공받을 수 있어 고객만족도가 증가하고 박물관에서는 비용을 절약할 수 있다.

2) 서비스 최적화

위 사례에서 오디오 가이드를 사용하는 관람객은 그들이 원하는 순서대로 미술작품이나 유물들을 관람할 수 있어 정보(혹은 해설)의 양이나 깊이를 스스로 정할 수 있다. 따라서 미술관이나 박물관은 고객을 위해 비디오 가이드 제공 시 언어나 정보종류 및 양을 다양하게 선택가능하도록 서비스를 디자인하는 것이 중요하다.

3) 고객에 의한 서비스 품질통제

고객은 품질을 직접 관리할 수 있고 품질의 개선과정에도 참여할 수 있다. 예를 들어, 서비스 기업은 포커스 그룹 등을 통해 새로운 서비스나 신제품을 개발할 때 고객의 의견을 듣는 것이 일반적이다. 직접 참여하게 되는 서비스의 경우 거의 실시간 피드백이 가능하다. 사우스웨스트 항공사(Southwest Airlines)는 승무원 면접 시 자사 비행기에 자주 탑승하는 고객들을 초청한다(Merlo 등, 2014). 이들의 피드백을 활용해 다음 면접단계로 올라갈 지원자를 결정한다.

4) 고객의 우군화

서비스의 소비는 고객이 얻는 경험이다. 특정 기업이 제공하는 서비스에 대해 좋은 경험을 한 고객은 신뢰를 가지고 지인이나 다른 고객에게 추천하게 되므로 해당 기업의 입장에서 볼 때 그러한 고객은 우군이 된다. 또한, 해당 기업의 서비스를 경험한 고객은 신규고객 획득과 고객전환에 도움을 주는 역할도 한다.

코카콜라가 1980년대에 선보인 뉴코크(New Coke)는 실패사례로 널리 알려져 있다(Mlerlo 등, 2014). 코카콜라의 뉴코크 출시를 지켜본 고객들은 거친 비판을 쏟아냈는데, 이에 회사는 자발적인 고객참여를 통해 자사 브랜드가 고객들에게 어떤 의미를 갖고 있는지 알게 되었다. 뚜렷한 변화, 변화가 초래한 고객참여, 이전의 콜라 제조법으로 회귀하겠다는 결정으로 고객들이 돌아왔고 고객들의 자발적 참여의 입소문은 코카콜라의 비고객으로 하여금 브랜드 전환효과를 가져왔다.

5) 고객 간 정보공유

이는 고객의 구전효과이다. 의료관광 사업에 참여하고 있는 국내의 병원들은 대부분 치료에서 회복한 고객 자신의 경험담(예 : 병원시설, 직원 친절성, 치료효과 등)을 SNS를 통해 정보를 공유하고 있다. 병원이나 의료관광 유치기업들도 이러한 내용을 수집하여 해외 잠재고객에게 적극 홍보하여 그 효과를 누리고 있다. 하지만 고객 간 공유되는 정보는 긍정적인 것만 있는 것이 아니다. 아무리 적은 수의 고객이라 하더라도 고객

간 부정적인 정보의 공유는 서비스 기업의 이미지에 심각한 영향을 줄 수 있다.

3 고객참여의 증대방안

관광 서비스 기업은 고객참여를 확대하기 위하여 다각도로 노력하고 있다. 이유재(2013)는 고객참여 증대방안으로 네 가지———고객의 과업정의, 적합한 고객유치, 고객교육, 효과적 보상———를 제시하였다(그림 6-1 참조).

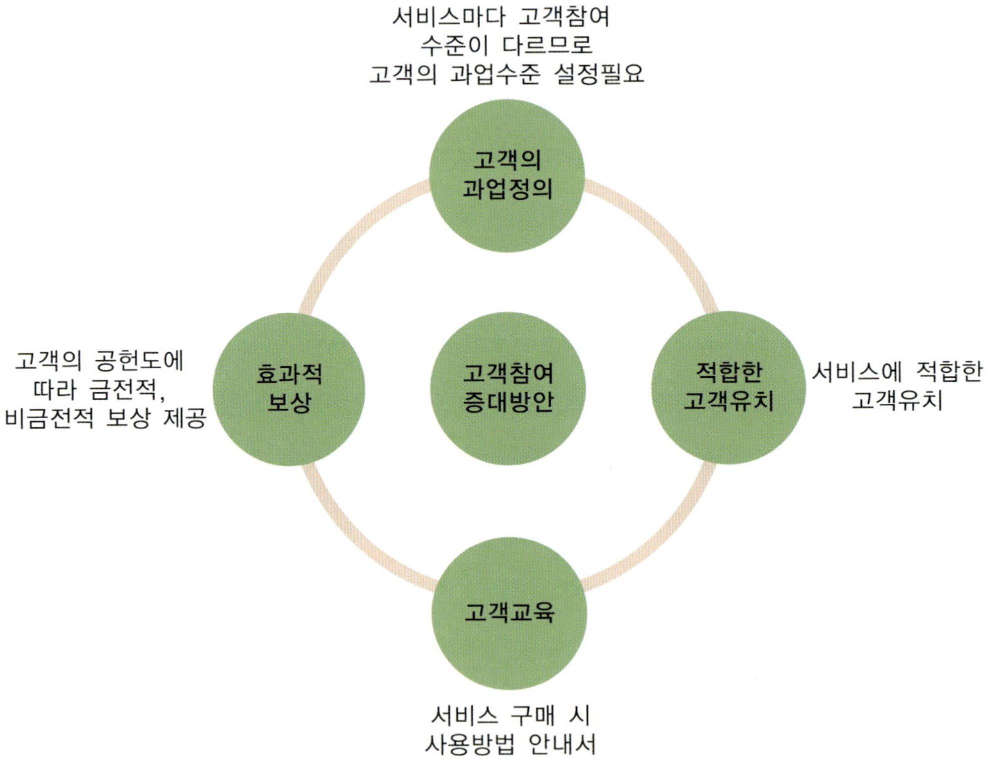

자료 : 저자정리

[그림 6-1] 고객참여 증대방안

1) 고객의 과업정의

이는 관광 서비스 고객이 수행해야 할 과업을 정의하는 것이다. 업종(판매하는 종목, 패스트푸드), 업태(판매하는 상품종류, 김밥) 및 콘셉트에 따라 서비스 유형이 다르고 그 차이로 고객이 서비스 과정에 참여하는 수준도 다르기 때문에 고객의 욕구를 고려한 과업수준을 설정하는 것이 중요하다. 특히, 고객의 과업을 이해하고 공감하기 위해서는 실제 고객이 과업을 어떻게 수행하고 있는지 그 프로세스를 이해하고 분석해야 한다.

사례 6-2 "과업 재정의로 고객에게 진짜 봄을!"

사우스웨스트 항공사는 CEO인 허브 켈러허를 포함해 직원들이 승객에게 즐거운 여행을 선사하는 것으로 유명하다. 그래서 기내 방송 하나도 재미있게 한다. "손님께서 담배를 피우고 싶다면 언제든지 날개 위에 마련된 테라스로 자리를 옮겨 피우시기 바랍니다. 저희가 특별히 준비한 영화 '바람과 함께 사라지다'도 함께 즐기실 수 있습니다."

우리는 왜 일하는가

기업의 사전적 의미는 이윤획득을 목적으로 운용하는 자본조직이다. 하지만 기업의 본질적인 존재목적은 이윤획득에 있지 않다. 그렇다면 기업의 존재 이유는 무엇이고, 충실해야 하는 존재 목적은 무엇일까? 그것은 바로 고객가치를 창조하는 것이다.

예를 들어 의류회사가 "고객이 자신에게 맞는 이미지를 연출할 수 있게 하고 자신감이 있는 삶을 살도록 돕는다"라는 고객가치를 창조한 뒤, 이 가치를 충실하게 이행했을 때, 고객들은 값을 지불할 것이다.

이윤은 기업이 고객가치를 충실히 제공했을 때 고객들이 제공하는 값지불로 따라오는 것이다. 따라서 기업이 영속하려면 이 '고객가치'를 만들어낼 수 있어야 한다. 즉 기업이 지향해야 할 것은 고객가치를 창조하는 일이다.

과업 재정의로 고객에게 진짜 봄을

애인에게 100일 선물을 하는 사람의 과업은 과연 무엇일까?

김로망이라는 사람이 있다. 그는 보고 있어도 보고 싶은 애인과 사귄 지 내일이면 100일이 된다. 어떤 선물을 줄지 한 달간 고민했다. 장미꽃 100송이와 목걸이를 선물로 주기로 결정했다.

만약 이 선물들을 택배기사가 대신 전달한다면, 택배기사의 과업은 '장미꽃 100송이와 목걸이를 안전하게, 약속한 시간까지 애인에게 배달하는 것'일 수 있다. 택배기사는 정한 시간까지 잘 도착하기 위해 내비게이션을 켜고 배송에 소요되는 시간을 알아볼 것이다.

하지만 김로망이 직접 선물을 전달한다면, 그의 과업은 완전히 달라진다. 그의 과업은 '애인을 세상에서 가장 행복하게 해주는 것'이다. 김로망은 아마도 장미꽃 100송이와 목걸이를 전달하는 장소와 시간, 전달하는 방법, 전달하면서 말할 멘트 등 가능한 모든 것을 고민할 것이다.

이렇듯, 과업을 무엇으로 정의하느냐에 따라 일의 태도와 일의 종류가 완전히 달라지게 된다. 서울 지하철 2호선의 이상헌 차장, 쿠팡맨, 그리고 사우스웨스트 항공사 직원들의 과업정의는 같은 업종에 있는 다른 사람들의 정의와 달랐던 것이다.

고객에게 진짜 봄을 선물하고 싶다면, 두 가지 질문을 던져보자.

나의 과업은 무엇인가?

그 과업은 고객가치에 초점을 두고 있는가?

자료 : 사례뉴스(2018.4.5.)

2) 적합한 고객유치

이는 관광 서비스 기업이 설정한 서비스 수준에 적합한 고객을 유치해야 한다는 의미이다. 이를 위해 서비스 내용과 제공범위를 광고나 홍보 등의 커뮤니케이션을 통해 고객들에게 제공해야 하고 그들의 기대를 관리해야 한다. 적합한 고객을 유치하기 위해선 우선 고객특성에 따라 시장을 세분화해야 한다. 예를 들어, 일부 놀이시설에 대해 어린이들에게 키 제한을 두고 있는 에버랜드나 롯데월드, 30분 순환운동으로 유명한 여성전용 휘트니스 커버스(Curves)가 좋은 예이다.

3) 고객교육

고객참여를 증대시키기 위해 고객에 대한 적절한 교육이 선행되어야 한다. 고객들은 자신들의 역할을 효과적으로 수행하기 위해 교육을 원할 수도 있다. 리조트나 호텔에서 고객에게 룸 카드키 사용법이나 식품회사에서 음식의 조리방법을 알려주는 설명서 등도 고객교육의 한 예이다.

4) 효과적 보상

고객의 공헌도에 따른 적절한 보상은 고객참여의 동기유발이 된다. 예약고객을 위한 할인이나 점심식사 1시 이후 할인과 같은 금전적 보상과 추첨을 통한 경품제공과 같은 비금전적 보상도 있다. 예를 들어, 서울 L7호텔의 경우 고객이 소셜미디어 채널을 팔로우했거나 이메일 뉴스레터 구독 신청을 한 사람들에게 제공하는 멤버십 이벤트 초대권 또는 할인권 등을 제공하여 고객들에게 계속 참여할 이유와 정당성을 부여하고 있다.

제2절 고객참여행동

고객은 서비스 생산 및 전달과정에서 서비스 성공을 위해 일정한 역할을 담당한다. 서비스 생산과 전달과정에서 고객의 참여는 서비스 품질향상은 물론 고객만족에 긍정적 영향을 미친다. 또한, 서비스 생산과 전달과정에서 고객참여는 서비스 기업들에게 비용절감은 물론 독특한 경험을 제공해 준다. 고객참여행동은 서비스 기업에 긍정적인 영향만 미치는 것이 아니다. 불평행동이나 불량행동과 같은 역기능적 결과도 낳고 있다. 본 절에서는 고객참여행동의 개념과 수준 그리고 다양한 고객참여행동의 유형에 대해 살펴본다.

1 고객행동의 분류

고객은 서비스 생산이 이루어지기 전부터 직원과의 상호작용을 통해 가치창출에 참여하게 된다. 특히, 관광 서비스 분야에서는 고객과 직원 간 접점에서의 상호작용 활동이 무엇보다 중요한데, 고객이 공동가치 창출에 있어서 공동생산자로서의 역할을 수행하기 때문이다. 즉, 고객의 행동이 수동적에서 능동적으로 변화하고 있다.

[표 6-1]에서처럼 직원의 역할은 역할 내 행동(In-role behavior)과 역할 외 행동(Extra-role behavior)으로 구분된다(Bateman & Organ, 1983). 이를 바탕으로 부분적 직원으로서의 고객도 역할 내 행동과 역할 외 행동으로 구분해 설명할 수 있다(안진우 · 천명환, 2016). 이때 필수적인 성격의 고객참여행동(Customer participation behavior)은 직원의 역할 내 행동과 비교하여 이해될 수 있고, 자발적인 성격의 고객시민행동(Customer citizenship behavior)은 직원의 역할 외 행동의 개념으로 이해될 수 있다. 또한, 고객행동은 역기능적 행동을 포함하고 있는데 고객불평행동과 고객불량행동으로 구분할 수 있다. 여기서는 고객행동을 고객참여행동, 고객시민행동, 고객불평행동, 그리고 고객불량행동으로 구분하여 살펴본다.

[표 6-1] 직원행동과 고객행동의 비교

구 분	순기능 행동		역기능 행동 (고객행동)
	직원행동	고객행동	
역할 내 행동 (In-role behavior) (요구되고 기대되는 행동)	직무수행 행동	고객참여행동 (고객공동생산)	고객불평행동 (환불, 교환, 수리)
역할 외 행동 (Extra-role behavior) (자발적이고 재량적인 행동)	조직시민행동 (사회봉사)	고객시민행동 (후기 작성, 추천, 구전)	고객불량행동 (폭력, 기물 파괴, 절도)

자료 : 안진우 · 천명환(2016). 인적자원관리연구. 23(1) : 348을 바탕으로 수정보완

1) 고객참여행동

고객참여행동은 서비스의 생산과 전달과정에서 고객이 행해야 할 필수적인 행동으로 고객의 역할 내 행동이다. 고객참여행동을 필수적인 고객의 역할로 이해하는 것은 서비스의 비분리성이라는 특성으로 인해 고객이 서비스 프로세스에 반드시 참여해야만 하기 때문이다. 고객참여행동은 필수적인 고객의 역할을 얼마나 적극적으로 수행하

는가와 관련된 적극성의 개념도 포함하고 있다. 즉, 필수적인 역할이라고 해도 적극적인 수행이 이루어지지 않으면 서비스의 성공을 확신하기 어렵다.

고객참여행동은 서비스 접점에서 직원과의 원활한 상호작용을 유발하고 이를 통해 고객의 긍정적 감정형성에 중요한 역할을 한다. 서비스 생산과 전달과정에서 직원은 고객의 참여행동으로 인해 고객을 위해 더욱 노력하게 되고 이는 궁극적으로 고객의 긍정적인 감정을 형성하는 계기가 된다. 또한, 고객참여행동은 고객접점에서 고객자신의 감정에 영향을 미치고 이를 통해 자신의 만족과 서비스 품질 등에 영향을 미친다. 결국 고객과 접점 직원과의 관계확립에도 긍정적인 영향을 미치게 된다.

고객참여의 시대인 요즘 '슈머 마케팅(~sumer marketing)'이 유행이다(대구신문, 2021. 5.9.). 프로슈머(Prosumer)에서 한 단계 더 진보한 크리슈머(Cresumer), 즉 '창조적 소비자(Creative consumer)'가 한 예이다. 2004년 파산 위기에 직면했던 레고는 고객과의 공동창조 작업으로 위기에서 벗어났다. 2005년에 인터넷 기반의 공동창조 플랫폼인 'Design By Me'를 개설했고, 2008년부터는 다수의 고객들을 제품개발에 참여시켜 그들의 의견을 수집하고 그중 괜찮은 아이디어를 선별해 상품으로 출시하는 'Lego Ideas' 서비스를 실시하였다. 레고는 공동창조를 완벽하게 이해했고 기업 시스템에 그러한 문화를 흡수한 덕분에 회생하게 되었다.

2) 고객시민행동

고객시민행동은 자발적이고 비명시적인 고객의 역할 외 행동이다. 즉, 고객참여행동(예 : 서비스 주문, 아이디어 제공)이 서비스 생산과 전달과정에서 고객의 필수적 참여행동이라면 고객시민행동은 고객의 자유재량적인 행동이다. Groth(2005)는 고객시민행동을 서비스 조직의 기능을 효과적으로 향상시킬 수 있는 고객의 자발적이고 자유 재량적인 행동이라고 정의하였다. 이러한 정의는 고객의 추천행동, 피드백 행동, 다른 고객 돕기행동, 주변인과의 상호작용 행동 등의 의미를 광범위하게 포함한다.

자발적이고 비명시적인 행위이지만 고객시민행동은 기업에게 보이지 않는 가치를 제공해 준다. 왜냐하면 반드시 요구되지는 않지만 타 고객에게 양보하거나 구전하는 등의 행위는 서비스 기업의 가치에 긍정적인 영향을 미치기 때문이다. 고객은 특정 기업에 대한 이미지가 우호적이면 그 기업의 업적이나 서비스 향상을 위해 자발적으로 기여하려 노력하게 되기 때문이다.

3) 고객불평행동

고객불평행동(Customer complaint behavior)은 제품이나 서비스의 소비에 대한 불만족경험 이후에 나타나는 행동적 · 비행동적 반응을 모두 포함하는 포괄적 개념이다. 행동적 반응은 '불평의 표현'을 전달하는 행동으로서 반품, 환불, 교환, 수리 요청 등이 해당된다. 또한, 불만족한 소비에 대해 고객이 아무런 행동도 취하지 않는 비행동적 반응도 서비스 제공자에 대한 감정이나 태도를 반영하는 것이라고 볼 수 있다. 불평행동은 불만, 불만족, 항의, 불쾌감 또는 후회의 표현으로 정의되기도 한다. 따라서 고객불평행동은 불만족의 공개적인 표현 혹은 공개적인 행동이라 할 수 있다(고객불평에 대한 세부내용은 제11장 제2절 참조).

4) 고객불량행동

고객불량행동(Dysfunctional customer behavior)은 서비스 기업과 직원, 그리고 다른 고객에게까지 문제를 유발하는 행동이나 폭력적인 방법을 말한다. 속임, 사기, 절도 등과 같은 비윤리적 범죄, 언어적 · 물리적 폭력의 고객불량행동은 서비스 현장에서 자주 볼 수 있는 행동패턴이다. Lovelock(1994)은 불량고객을 'jay customer'로 명명하여 고의적으로 기업과 직원 또는 다른 고객에게 문제를 일으키는 고객이라고 정의하였다. 따라서 고객불량행동은 서비스 접점에서 정상적인 서비스 제공을 방해하는 역기능적 고객행동이다.

서비스 산업에서 고객불량행동은 서비스 직원들이 업무에 적응하는 것을 힘들게 만든다. 서비스 직원은 고객의 불량행동을 경험하지만 불량고객은 그 즉시 떠나기 때문에 직원들의 감정적인 문제를 해결하지 못한다. 서비스 직원은 감정표현의 제한 때문에 고객에게 불만이 있더라도 표현하기 어렵고 부정적인 감정도 해소시킬 방법이 거의 없다. 이로 인해 회사에 대한 부정적 태도가 형성되어 결국 성과저하라는 결과로 이어지게 된다.

한편, 불량고객은 그 특성을 꼬집어 이야기하기가 어렵다. 어떤 고객이 불량고객인지를 알기 위해서는 우선 기업이 유지하고자 노력해야 하는 고객의 특성을 열거하는 것이 필요하다(이유재, 2002). 왜냐하면 이렇게 열거된 특성에 반대되는 특성을 지닌 고객을 불량고객이라고 부를 수 있기 때문이다. 기업뿐만 아니라 모든 조직의 관점에서 올바른 고객의 특성들을 파악하여 나열하면 [표 6-2]와 같다. 또한, 이유재(2002)는 산업의 유형에 상관없이 다양한 불량고객을 [표 6-3]처럼 다섯 가지로 분류하였다.

[표 6-2] 올바른 고객의 특성

올바른 고객의 특성	특성에 대한 설명
순가치	기업이 고객에게 서비스나 제품을 제공하는 데 드는 비용 대비 고객이 기업에게 제공하는 가치
도덕성	기업과의 관계에 있어 고객의 법 준수 여부
절약·검약	경제적 능력 한도 내에서 소비하거나 지출하는지 유무
시간엄수	기업과 약속한 시간 내에 대금 지불유무
기업 커뮤니케이션 활동에 대한 반응	적절한 기업 커뮤니케이션 활동에 어느 정도 반응하는지의 여부
개인 정보제공	기업이 고객정보를 얻고자 할 때 신뢰성 있는 정보를 제공하는지의 여부
건전한 습관	음주, 금연, 남녀평등에 대해 위배되는 행동을 하는지 유무
안전	안전 운전, 안전에 관한 습관이 있는지 유무
권리와 책임 수용	상호이익을 위해 기업과 협력하고자 하는 자세가 되어 있는지
불평	정당할 경우에만 고객불평을 제기
추천의도	서비스가 좋으면 다른 사람에게 추천할 의도 유무
안정성	안정적이고 예측이 가능한 고객

자료: Stone, M.(1999). Managing good and bad customers. Part 1. Journal of Database Marketing. 6(3): 222-232 ; Part 2. Journal of Database Marketing. 6(4): 299-314 ; 이유재(2002). 불량고객의 유형과 전략적 관리. 경영논총. 36(4): 119. 수정 후 재인용

[표 6-3] 불량고객의 유형

불량고객의 유형	유형별 특징
도둑형 (Thief)	서비스나 제품에 대한 대가를 지불하지 않거나 훔치는 고객 혹은 원래 정해진 가격을 다 지불하지 않으려 하는 고객
규칙 위반형 (Rule breaker)	서비스 기업이 정한 규칙(예 : 회사 시설보호나 자산보호를 위한 규칙 등)을 무시하고 행동하는 고객
호전형 (Belligerent)	공항, 호텔, 식당 등 어느 곳에서든 얼굴을 붉히면서 고함을 질러대고 욕하고 삿대질하는 고객들
내분형 (Family feuders)	다른 고객에게 시비를 걸거나 싸우는 고객
파괴형 (Vandal)	집기, 가구, 시설, 장비를 고장내거나 파손하는 고객

자료 : 이유재(2002). 불량고객의 유형과 전략적 관리. 경영논총. 36(4) : 120-124. 저자 내용정리

2 고객참여행동의 수준

서비스 유형에 따라 고객참여행동의 수준이 달라질 수 있다. 서비스 유형에 따라 고객참여행동의 수준을 세 가지로 구분할 수 있으며 수준별 특징을 정리하면 [표 6-4]와 같다.

낮은 수준의 고객참여행동에 해당하는 서비스란 개별고객의 욕구에 맞게 다양한 서비스보다는 표준화된 서비스를 의미하는데, 항공 서비스와 같이 고객이 탑승을 하면 동일하게 모든 서비스를 제공받을 수 있는 경우이다. 중간 수준의 고객참여행동을 필요로 하는 서비스란 미용 서비스와 같이 고객의 욕구에 맞게 다양한 형태의 헤어스타일 연출이 가능하고 그러기 위해서 고객과 서비스 제공자 간에 일련의 정보교환 과정이 필요한 경우를 말한다. 높은 수준의 고객참여행동이 필요한 서비스란 다이어트 프로그램 서비스 업체와 같이 서비스가 성공하기 위해서 고객의 적극적이고도 충분한 노력과 역할이 필요한 경우를 말한다.

[표 6-4] 고객참여행동의 수준별 특징

구분	낮은 참여수준	중간 참여수준	높은 참여수준
개념	• 서비스 제공과정에 고객 참여(현시성이 중요)	• 서비스 생산과정에 고객자원의 다양한 투입이 요구됨	• 서비스 생산을 위해 고객은 공동생산자로서 역할을 함
특징	• 서비스가 표준화되어 있음 • 동일수준의 서비스 제공 • 서비스 요금지불이 유일할 정도로 고객의 단순한 참여임	• 표준화된 서비스를 고객화된 서비스로 변경 가능 • 서비스의 제공은 고객의 구매 요구에 의해 진행 • 충분한 결과를 얻기 위해 고객의 입력(정보, 물리적 재료)이 필요하지만 없어도 해당 서비스 제공가능	• 적극적인 고객참여를 통해 고객화된 서비스 제공 가능 • 고객이 구매하고 적극 참여해야 우수한 서비스 생산 가능 • 고객참여는 의무이며 서비스 결과를 공동으로 만들어감
서비스 사례	항공서비스, 숙박서비스, 패스트푸드 서비스	미용 서비스, 정기검진 서비스, 풀서비스 레스토랑	결혼상담 서비스, 개인 트레이닝(레슨, 과외, 운동)

자료 : 안진우(2011). 소매서비스업에서의 고객참여행동 수준에 관한 연구. 경영정보연구. 30(3) : 197-198. 재인용

제3절 고객경험관리

제품이나 서비스 제공을 통해 고객의 오감을 자극하는 경험을 창출하고 그것을 통해 고객의 마음을 움직이게 하는 것이 중요하다. 관광 서비스 기업은 서비스나 제품에 대한 풍부한 경험을 고객과 커뮤니케이션함으로써 친근함과 긍정적 이미지를 심어주게 된다. 마트의 시식코너부터 새로운 경험문화를 즐기는 젊은 층을 위해 핫플레이스에 팝업스토어를 열어 고객과의 소통에 집중하는 것까지 모두 경험을 판매하기 위한 기업 활동이다. 요즘 기업들은 유형적인 재화보다 무형적인 경험판매의 중요성을 인식하고 이에 대한 적극적 노력을 기울이고 있다(사례 6-3 참조). 본 절에서는 고객경험의 개념, 고객경험의 분류, 고객경험관리, 고객경험관리 프로세스에 대해 설명한다.

사례 6-3 물건 말고 즐거움을 팔아라

소비자의 시간을 점유하라…
특명받은 기업들

남산에 위치한 그랜드 하얏트 서울 호텔. 지하 1층에는 실내라는 사실이 무색하게 작은 골목길이 마련돼 있다. 골목길 이름은 '소월로 322'. 표지판도 있다. 그랜드 하얏트 서울 호텔의 주소지인 '서울 용산구 소월로 322'를 본떴다. 골목길로 들어가면 일식, 철판요리, 양식, 꼬치구이를 판매하는 레스토랑 네 곳이 자리 잡고 있다. 길목 한가운데는 크고 작은 꽃들로 장식돼 있다. 꽃잎이 만발한 길거리를 연상시키는데, 실제로 꽃을 판매하는 꽃집이다. '송리단길' '망리단길'처럼 사람들이 자주 찾는 공간을 재현한 것이다. 기존 200석 규모의 대형 일식당에서 길거리 콘셉트로 공간 인테리어를 바꾼 뒤 매출은 15%, 이용 고객은 12% 증가했다.

▲ 호텔 지하를 길거리처럼 꾸민 그랜드 하얏트 서울 호텔의 '소월로 322' 식당

호텔들이 투숙객의 호텔 내 체류 시간을 늘리고, 외부고객을 유입시키기 위해 공간을 재구성하고 있다. 문화적 요소를 더해 고객이 오래 머무르도록 만드는 전략을 이용한다. 고객이 공간에 흥미를 느껴야 매출 증가로 이어지기 때문이다.

홍대입구역 인근에 있는 '라이즈 오토그래프 컬렉션 호텔'은 '크리에이터의 문화공간'을 자칭한다. 대부분 호텔은 투숙객의 편안한 휴식을 위해 폐쇄적인 분위기를 지향하지만, 이곳에는 베이커리 카페가 문 앞에 자리 잡고 있다. 지나가는 사람들도 자유롭게 방문하는 공간이다. 지하 1층 아라리오 갤러리에는 홍대입구역의 특색을 나타내는 작품이 전시돼 있다.

호텔뿐만 아니라 유통 매장들도 공간콘셉트를 바꾸고 있다. 온라인 소비가 익숙해지면서, 오프라인 매장의 매력도를 높이지 않으면 고객이 시간을 할애하지 않기 때문이다. 소비자가 머물고 싶은 공간을 만드는 것이 매장의 목표가 됐다. 매장 운영자들은 사람이 오랜 시간 체류하는 '핫 플레이스(인기 많은 공간)'의 특징을 파악하고 벤치마킹한다.

2015년 정용진 신세계 부회장은 "백화점의 경쟁자는 놀이공원과 야구장"이라고 했다. 이듬해 신세계그룹은 그의 야심작인 스타필드 하남을 선보였다. 아쿠아필드, 스포츠몬스터, 키즈센터, 영화관 같은 엔터테인먼트 공간과 고메스트리트, 잇토피아 등 맛집으로 구성한 F&B 시설, 신세계백화점, 이마트 트레이더스 등 유통 매장이 모여 있는 종합 놀이공간이다.

화장품 매장도 '문화센터'로 탈바꿈하고 있다. H&B(헬스앤드뷰티) 스토어 롭스 이태원점은 전체 매장 면적의 약 10%인 80㎡(24평) 규모의 '뷰티랩'을 만들었다. 이곳에서 메이크업 아티스트들이 뷰티 강연을 한다. 일정이 없는 날에는 고객이 자유롭게 앉아서 쉴 수 있다.

올리브영은 2017년 제주도에 '복합 문화 매장'을 열었다. 제주탑동점은 화장품 쇼핑뿐 아니라 지역 아티스트의 예술 작품을 감상하고 문화 강좌도 듣는 공간이다. 제주 지역 콘텐츠 그룹 '재주상회'와 제주 로컬 잡지 '리얼 제주인'이 협업해 매장을 꾸몄다.

자료 : 조선일보(2019.5.4.)

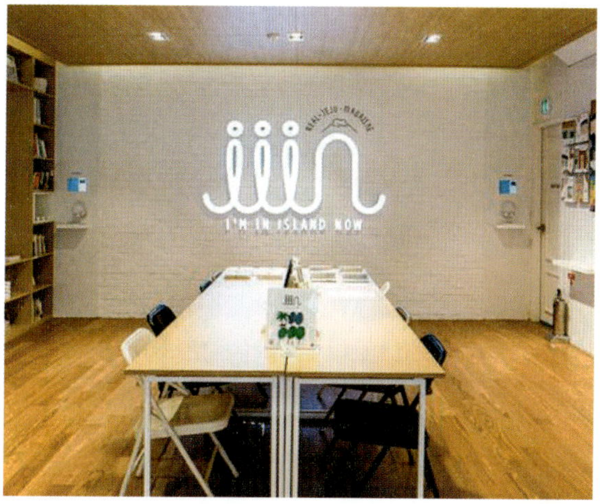

▲ 올리브영 제주탑동점 안에 있는 문화공간. 이곳에서 문화 강좌가 열린다.

1 고객경험의 개념

무형적인 서비스 상품이 고객에게 제공하는 가장 큰 혜택은 소유보다 고객경험(Customer experience)이다. 경험에 대한 본격적인 연구는 Pine과 Gilmore(1998)가 고객은 강렬하게 기억에 남을 경험을 추구한다면서 경험경제의 개념을 제시하면서 시작됐다. 그들에 따르면 경험은 개인적으로 몰입하게 만들고 사람의 심금을 울리게 한다고 하였다. 고객경험은 기업이 제공하는 서비스와 고객이 직·간접적으로 접촉하면서 유발되는 주관적인 고객의 반응으로도 정의된다(Meyer & Schwager, 2007).

고객경험은 서비스 생산이나 전달과정의 상황에 따라서 긍정적일 수도 있고 부정적일 수도 있다. 또한, 고객경험은 감정적일 수도 있고 이성적일 수도 있다. 그러나 중요한 것은 고객이 자신의 경험을 얼마나 기억하느냐 하는 문제이다. 즉, 고객경험이 실제로 기업에 영향을 미치는 정도는 고객이 오랫동안 그리고 인상 깊이 기억하고 있는가에 따라 달라진다.

차별화된 고객경험의 제공사례는 관광 서비스 기업들에게서 쉽게 찾아볼 수 있다. 예를 들어, TGI Fridays는 고객에게 생일 축하노래를 들려주고 사진도 찍어주는 등 즐거운 추억을 만들도록 경험의 기회를 제공하고 있다. 우리나라 겨울축제의 대표 브랜드인 화천 산천어 축제에서는 참가자들이 맨손으로 산천어 잡기 체험을 통해 참가자들에게 최고의 흥을 제공한다. 또한, 보령머드 축제는 외국인 관광객이 평소 즐길 수 없었던 '머드'를 직접 바르고 체험하면서 새로운 경험을 한 사람들이 입소문을 내서 해마다 방문객이 증가하고 있다. 이외에도 국내외 기업의 고객경험 도입사례를 요약하면 [표 6-5]와 같다.

[표 6-5] 고객경험 도입사례

기업명	고객경험관리 도입사례
인천공항	공항이용 환승객의 환승 시 발생하는 대기시간을 고객관점에 커버하고자 상업시설, 편의시설, 그리고 문화체험 활동을 제공하여 인상적이고 차별화된 서비스를 체험토록 함
아모레 퍼시픽	체험 가능한 유통 채널 '아리따움'을 오픈하여 고객만족 향상 및 매스티지(Mass + prestige) 화장품 시장의 활성화에 기여
AVIS 렌터카	자동차 렌트와 관련된 고객경험을 분석하여 공항 내 렌터카 배정, 비행기 출발 시각 모니터 설치 등의 서비스 제공
크리스피 도넛	위생상태, 불만 파악을 중심으로 고객경험분석, 즐거운 구경거리 제공, 달콤한 도넛, 체험, 즐거운 기다림을 슬로건화
Goggle	야후, 라이코스 등 경쟁사들의 검색환경의 문제점 분석. Page Rank 관리로 정확하고 편리한 검색 서비스 제공

자료 : 박진 · 김은희 · 김동환(2018). 고객경험이 고객만족과 고객충성도에 미치는 영향에 관한 사례연구 : 기업 CEO를 위한 시사점. 전문경영인연구. 21(4) : 24 일부 내용

2 고객경험의 분류

고객경험은 다양한 기준에 따라 분류할 수 있다. 예를 들면, 고객참여 형태, 경험수준, 경험의 체득경로, 평가결과(예 : 긍정경험과 부정경험) 등에 따라 분류할 수 있다. 여기서는 대표적인 Pine과 Gilmore에 의한 고객의 참여형태에 따른 분류와 Schmitt에

의한 체득경로에 따른 분류를 살펴본다.

1) Pine과 Gilmore의 분류

Pine과 Gilmore(1998)는 경험영역을 고객의 개인적 참여형태와 환경과의 연관성 두 가지 차원을 통해 네 가지 영역으로 분류하였다. 개인적 참여형태는 수동적 및 능동적 참여로 구분되며, 환경과의 관계는 경험을 제공하는 분위기나 환경에의 흡수(Absorption, 낮은 몰입)와 몰입(Immersion, 높은 몰입)으로 구분된다.

[그림 6-2]처럼 이 두 가지 차원을 기준으로 엔터테인먼트 경험, 교육적 경험, 현실도피적 경험, 심미적 경험으로 구분된다. 엔터테인먼트와 심미적 경험은 수동적 참여로 고객 경험의 결과에 영향을 미치지 않는다. 반면, 교육적 및 현실 도피적 경험은 능동적 참여로 고객 경험의 결과에 중요한 영향력을 미치게 된다.

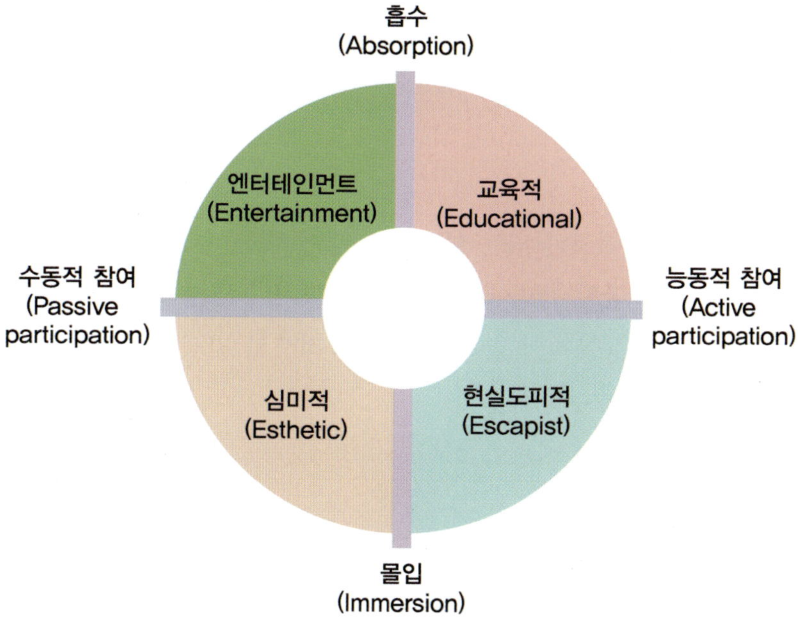

자료: Pine, B.J., & Gilmore, J.H.(1998). Welcome to the experience economy. Harvard Business Review. 76(4): 102

[그림 6-2] 고객경험의 네 가지 영역

(1) 엔터테인먼트 경험

이 경험은 고객의 수동적 참여(혹은 소극적 참여)를 통한 경험으로서 TV 시청, 공연 관람, 콘서트 참가, 음악회 관람 등 감각기관을 통해 소극적으로 경험을 흡수(낮은 수준의 몰입)하는 것이다. 엔터테인먼트 경험은 고객의 감각기관을 통해 환상적이고 감성적인 경험을 하게 되는 것을 의미한다(Holbrook & Hirschman, 1982). 최근에 오픈한 대형 백화점들은 다채로운 행사나 공연을 개최하여 소비자들에게 엔터테인먼트 경험을 제공해 주고 있다.

(2) 교육적 경험

교육적 경험은 고객이 신체적으로 적극적인 참여를 통해 경험을 흡수하는 것이다. 즉, 고객이 새로운 것을 습득하기 위해 능동적으로 참여하나 낮은 수준의 몰입(즉 흡수)을 통해 얻는 경험영역이다. 예를 들어, 백화점이나 호텔 등에서 고객을 위해 판매하는 제품을 활용한 요리법과 준비과정을 설명하는 것이 교육적 경험에 해당한다. 관광을 통한 문화탐닉이나 지식습득(예 : 역사적 지식)은 교육적 경험의 좋은 기회가 된다.

(3) 심미적 경험

고객이 감각기관을 통해 수용되는 물리적 환경에 대해 수동적으로 경험하고 감상하는 것을 의미한다. 관광활동 측면에서 보면 산책하거나 역사적인 장소를 방문하는 것(예 : 박물관, 미술관)은 능동적인 활동 없이 수동적으로 감상하는 것으로서 심미적 경험에 해당한다(Jurowski, 2009).

(4) 현실도피적 경험

고객이 능동적으로 참여하고 몰입하는 경험으로서 일상활동에서 벗어나 새로운 세계에 몰입하는 경우를 말한다. 아웃도어 스포츠, 테마파크, 카지노, Universal Studios의 오락용 시뮬레이터는 현실 도피적 경험을 제공하는 좋은 예이다(Pine & Gilmore, 1998). 문화예술의 경우에서는 공연을 보는 것처럼 소극적인 역할이 아닌 실제공연에 영향을 미치는 연기자가 되는 경우에 해당한다.

2) Schmitt의 분류

Schmitt(1999)는 경험을 어떤 자극(예 : 마케팅 자극)에 대한 반응으로 나타나는 개인적 사건들이며, 실제 혹은 가상의 사건에 대한 직접적 관찰과 참여로부터 나온다고 주장하였다. 그는 경험을 체득하는 경로에 따라 다섯 가지로 분류하였다. 즉, 감각경험(Sense), 감성경험(Feel), 인지 혹은 사고경험(Think), 행동경험(Act), 관계경험(Relate)으로 분류하였다. 이 중에서 감각경험, 감성경험, 그리고 인지경험을 개별적 경험으로, 행동과 관계경험을 공유적 경험으로 구분하였다(그림 6-3 참조).

감각경험(혹은 체험)은 고객의 오감각(시각, 청각, 촉각, 미각, 후각)을 자극하여 제품이나 서비스(혹은 브랜드)와 관련한 즐거움과 흥분, 아름다움, 만족감을 경험하는 것을 의미한다. 감성경험은 고객이 제품이나 서비스 구매 혹은 사용으로부터 즐거움이나 자부심과 같은 긍정적인 감정 또는 기대 이상의 특별한 감정을 느낄 수 있도록 하는 경험을 의미한다. 인지경험은 고객의 호기심과 지성(혹은 지식)에 호소하여 제품이나 서비스에 대한 창조적 생각을 하도록 하는 경험을 의미한다. 인지경험의 핵심은 고객들이 서비스나 제품(혹은 브랜드)을 새롭게 지각하도록 만드는 것이다. 행동경험은 감각, 감성, 인지적 경험과 달리 신체적인 행동을 유발한다. 행동경험은 개인적으로 일어난 경험뿐만 아니라 다른 사람들과의 상호작용에서 일어나는 경험도 포함한다. 관계경험은 위의 네 가지 요소들을 모두 포함하며 고객이 주변 고객과 유기적으로 연결되어 있다는 소속감을 느끼거나 자신이 특정 브랜드 이용자들과의 커뮤니티 형성을 통해 얻는 경험을 의미한다(Kwon & Chang, 2012).

마케터들은 이러한 경험들을 고객에게 제공하기 위해 커뮤니케이션(광고, 홍보, 연차보고서 등), 브랜드명, 시각적 · 언어적 아덴티티(브랜드명, 로고), 공동 브랜딩(전략적 제휴, 스폰서, PPL, 프랜차이징), 공간적 환경(건물, 사무실, 소매점, 전시부스 등), 웹사이트와 전자매체, 제품의 외형(제품디자인, 포장, 진열 POP), 인적 요소(판매사원, AS 담당자, 기타 직원) 등 다양한 경험제공 수단을 활용한다(CHMITT, 1999). 각 경험의 유형과 개념 정의를 요약하면 [표 6-6]과 같다.

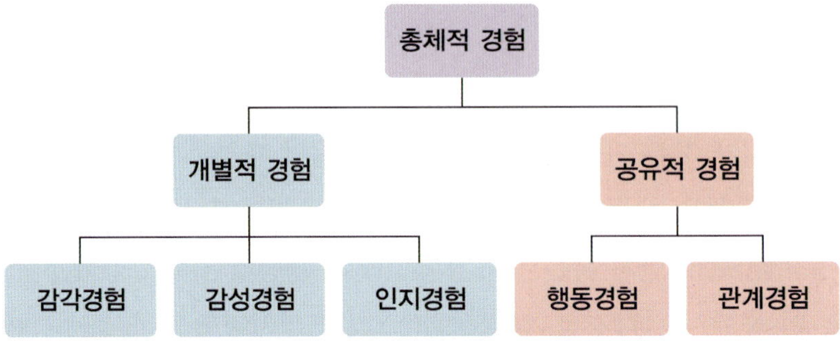

자료 : Schmitt, B.(1999). Experiential marketing. Journal of Marketing Management, 15 : 60 내용 수정

[그림 6-3] Schmitt의 경험 체계도

[표 6-6] 경험의 유형과 개념정의

경험유형	개념정의
감각경험(Sense)	감각기관(오감각)을 자극하여 즐거움과 흥분, 아름다움, 만족감 등을 자연스럽게 느끼는 심리적 경험
감성경험(Feel)	서비스나 제품을 구매하는 데서 얻어지는 기분, 느낌 등
인지경험(Think)	고객의 지적 욕구를 자극하여 창조적 인지력과 문제해결을 통해 얻는 경험
행동경험(Act)	고객의 육체적인 체험, 상호작용을 통한 경험
관계경험(Relate)	위의 4가지 경험을 모두 포함하며, 개인의 이상적인 자아나 타인, 문화 등과 연결시켜 고객의 자기향상 욕구를 충족하기 위한 경험

자료 : 저자정리

3 고객경험관리

관광 서비스 기업들은 매일 많은 고객접점에서 결정적 순간(MOT : Moment of Truth)을 맞이하고, 고객과 관계를 맺고, 각기 다른 고객경험 요소를 통합한다. 관광 서비스 기업은 일관성 있는 고객경험을 제공하기 위해 서비스 품질을 관리하고, 감동적인 경험을 제공하여 고객의 충성도를 유발한다. 고객경험관리의 개념은 이전의 고객만족경영과 고객관계관리의 개념과 완전히 다른 별개의 것이 아니라 이들과 밀접한 관련이 있다. 여기에서는 고객경험관리의 개념과 중요성, 고객만족경영과 고객관계관리와의

차이점을 비교해 본다.

1) 고객경험관리의 개념

고객경험관리(CEM : Customer Experience Management)는 서비스와 제품에 대한 고객의 경험을 체계적으로 관리하는 프로세스를 의미한다(박정현, 2006). 경험관리를 프로세스로 보는 이유는 기업이 고객의 제품이나 서비스의 탐색에서 구매, 사용단계까지 전 과정에 대한 분석 및 개선을 통해 긍정적인 고객경험을 창출하기 때문이다. 따라서 고객경험관리는 마케팅 콘셉트가 아니라 고객중심의 경영전략인 동시에 결과가 아닌 과정에 중심을 두는 고객만족경영의 의미까지 포함하는 개념이다(최정일 외, 2020).

2) 고객경험관리의 중요성

고객은 단순히 서비스와 제품의 품질을 넘어 기업과의 고객접점에서 최고의 경험을 얻고자 한다. 많은 서비스 기업들은 스스로 경쟁사보다 차별화되고 우수한 서비스와 제품을 고객에게 제공하고 있다고 믿고 있다. 하지만 기업은 고객에게 차별화된 서비스를 제공한다고 주장하고 있으나 고객은 차별화된 서비스를 제공받지 못한다고 인식하고 있다.

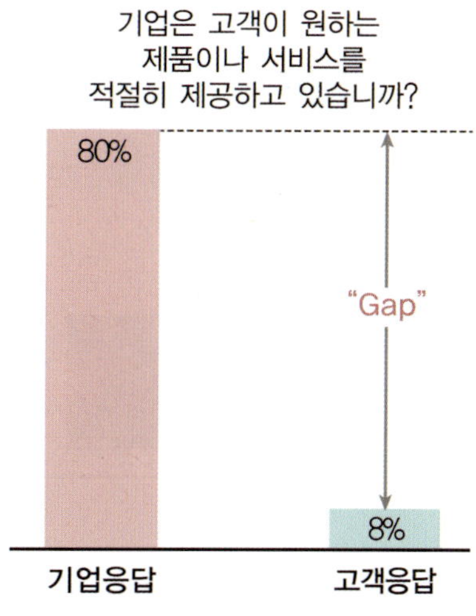

자료 : Bain & Company(2005)

[그림 6-4] 기업과 고객의 인식 차이

이러한 인식은 많이 개선되었지만 여전히 고객의 기대에는 못 미치고 있다. 2005년 Bain & Company가 전 세계 362개 기업을 대상으로 고객중심 경영에 대한 조사를 실시하였다. "당신과 거래하는 기업이 경쟁사보다 차별화되고 우수한 제품과 서비스를 제공하고 있는가?"라는 질문에 응답한 약 8%의 고객만이 "그렇다"라고 응답하였다(그림 6-4 참조).

2000년대는 좋은 서비스와 제품을 합리적인 가격에 제공하는 것만으로는 생존할 수 없는 경험비즈니스 시대이다. 포레스터(Forrester) 컨설팅이 최근 아태지역 기업 1,269

곳을 대상으로 경험비즈니스 현황에 대해 설문조사한 고객경험의 비즈니스 영향력 보고서에 따르면, 고객경험에 투자하는 기업의 매출성장률은 23%로 투자하지 않은 기업(13%)보다 훨씬 높게 나타났다(매일경제신문, 2018.11.25.).

고객경험관리가 중요한 배경으로는 첫째, 고객의 경험에 대한 소비욕구가 더욱 강해지고 있기 때문이다. 과거와 다르게 오늘날 고객은 더이상 서비스나 제품의 특징이나 편익만을 추구하지 않는다. 스타벅스의 커피는 일반커피에 비해 비싸지만 고객들은 스타벅스 커피 한 잔의 경험을 만끽하기 위해 지갑을 열고 있다(그림 6-5 참조).

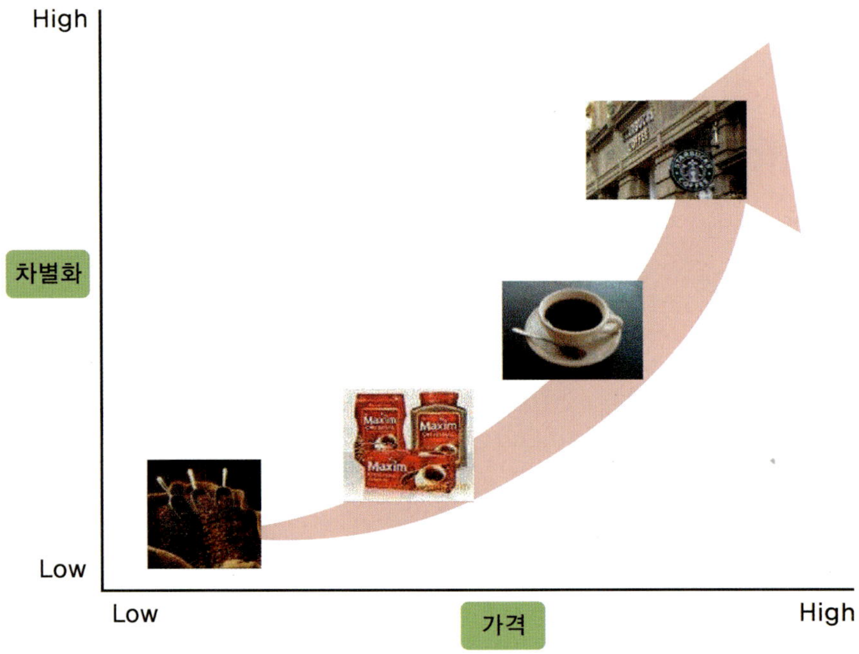

자료 : 에이블컨설팅(2017). 왜? 고객경험관리가 필요한가. 발표자료, p.6

[그림 6-5] 고객경험의 가치 : 스타벅스 사례

둘째, 경험의 품질이 기업의 성과를 좌우하기 때문이다. 관광 서비스 기업들은 서비스와 제품의 차원이 아닌 경험을 판매함으로써 경쟁사보다 높은 고객충성도를 유지하여 지속가능한 경쟁우위의 원천으로 삼고 있다. 앞서 언급한 기업들의 고객경험 도입 사례에서도 경험관리의 중요성을 찾아볼 수 있다(표 6-5 참조).

마지막으로, 고객경험관리는 고객의 행복지수를 높여준다. 한 연구조사에 따르면, 유형적 재화만 구매하는 소비에 비하여 경험이 제공된 소비가 훨씬 높은 행복감을 제공한다는 것이다(그림 6-6 참조). 더 중요한 사실은 타인의 시각에도 경험이 동반된 서비스를 구매하는 것이 더 긍정적으로 보인다는 것이다. 즉, 인간은 소비생활을 통해서 소비가 다른 사람에게 보여지고, 공유되며, 사회적 자아를 반영하고, 사회적 상호작용을 도울수록 소비자의 행복이 증진된다는 것이다(Brucks, 2012). 이는 고객경험이 고객의 유치에 기존의 마케팅 수단보다 더 효과적일 수 있음을 시사한다.

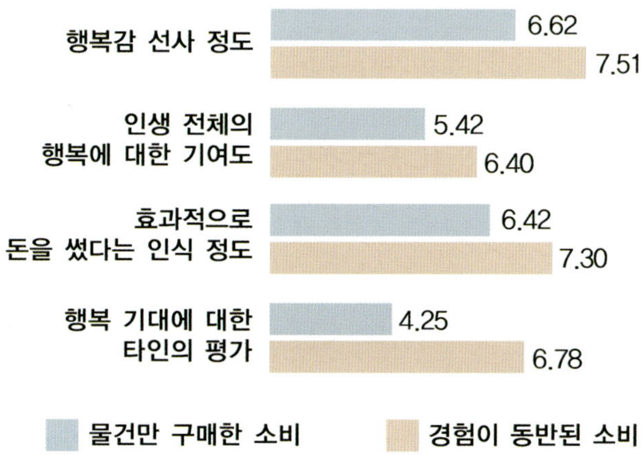

주 : 9점 척도 사용

자료 : Boven, L.V., & Gilovich, T.(2003). To do or to have? That is the question. Journal of personality and social psychology. 85(6) : 1193-1202 ; 최정일 외(2017). 서비스 경영 4.0. 문우사, p.11. 재인용

[그림 6-6] 경험 동반 유무에 따른 소비의 행복감

4 고객경험관리 프로세스

[그림 6-7]처럼 고객경험관리는 4단계———고객경험 해부, 차별적 경험 디자인, 고객 피드백 반영, 일관된 경험제공———로 구성된다(박정현, 2006). 각 단계별 핵심내용을 살펴보면 다음과 같다.

고객경험관리 프로세스	고객의 경험과정을 해부하라	차별적 경험을 디자인하라	고객의 피드백을 반영하라	일관되고 통합된 경험을 제공하라
주요 내용	• 고객의 경험세계는 제품과 서비스 자체, 커뮤니케이션, 사람 등 3가지 차원으로 구분됨 • 경험의 3가지 차원을 바탕으로 구매 전 과정에서 고객접점을 파악하여 경험요소를 정의함	• 고객경험의 3가지 차원에서 고객 접점별로 고객의 기대와 실제 경험과의 차이를 파악하여 만족, 불만족 요인을 간파한 후 경험의 우선순위를 매김 • 우선순위를 바탕으로 독특한 판매경험의 조합(USE)을 구성함	• 고객의견과 경험에 대한 평가를 적극적으로 반영함 • 독특한 판매 경험에 대한 실효성과 매력도를 증대시킴	• 다양한 접점을 통해서 고객경험이 일관성 있게 제공되도록 경험의 질을 관리함 • 고객경험관리 부서를 활용하는 것도 효과적인 방법임

자료 : 박정현(2006). 고객경험관리(CEM)에 주목하라. LG주간경제, p.17

[그림 6-7] 고객경험관리 프로세스

1) 고객경험과정의 해부

고객경험관리를 성공적으로 행하기 위해서는 먼저 고객의 경험을 파악해야 한다. 고객경험은 서비스와 제품 자체, 커뮤니케이션, 그리고 사람의 3가지 차원으로 구분할 수 있다. 고객은 서비스와 제품을 탐색, 구매, 사용하는 모든 단계에서 브랜드를 경험한다. 또한, 고객은 회사 홈페이지, TV광고, 신문광고 등의 다양한 접점에서 브랜드를 경험한다. 그리고 고객은 서비스 제공기업의 임직원, 매장직원, 친구, 기타 주변 사람들을 통해서도 브랜드를 경험한다.

이 세 가지 차원을 바탕으로 고객의 경험요소들을 파악한다. 이를 위해 고객경험지도(Customer experience map, 또는 고객여정지도)가 이용된다. 고객경험지도는 고객이 경험하는 장소에서 그 과정을 단위별로 세분하여 고객경험과정을 한눈에 볼 수 있는 하나의 도구이다. 고객관리 전문 회사인 GCCRM은 고객이 스타벅스 매장에 들어가서 나올 때까지의 과정을 20개의 고객경험 단위로 해부하였다. 고객경험지도에는 고객의 세부적인 경험 단위별로 고객들이 어떻게 느끼는지가 그려져 있는데, [그림 6-8]에서 보는 바와 같이 20개의 고객경험이 그려져 있다.

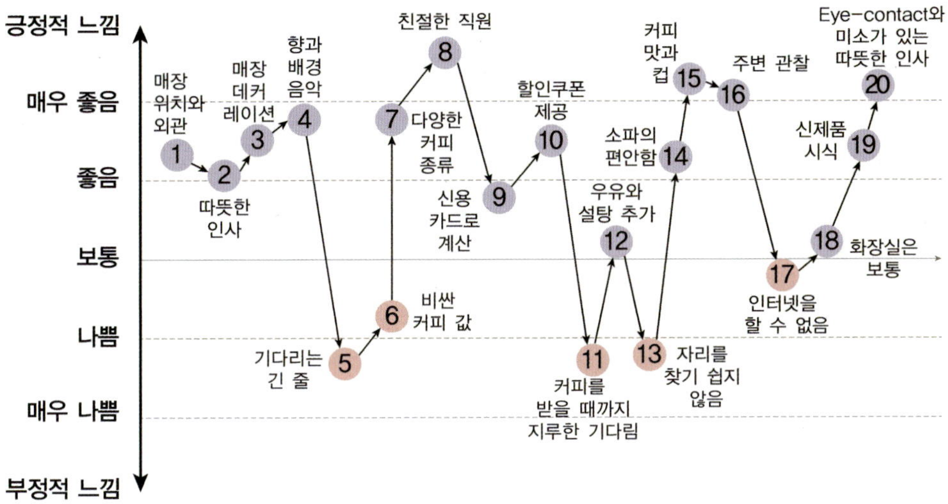

주 : 붉은색 번호는 부정적인 경험이 발생하는 접점을 나타냄
자료 : 황혜정(2007). 가치창출 고객경험에서 찾아라. LG주간경제, p.3

[그림 6-8] 스타벅스의 고객경험지도

2) 차별적 경험의 디자인

두 번째 단계는 경쟁사 대비 차별화된 경험을 창조하는 것이다. 즉, 경험의 3가지 차원에서 고객접점별로 고객의 기대와 실제경험의 차이를 파악해 만족, 불만족 요인들을 파악한 후 경험의 우선순위를 매긴다. 마지막으로, 우선순위를 바탕으로 USE(Unique Selling Experience), 즉 독특한 판매경험의 조합을 구성한다(박정현, 2006).

크리스피 크림도넛은 던킨도너츠 등 경쟁사와는 다른 특별한 가치를 제공하기 위해 고객경험을 분석하였다(CEO Report, 2007). 그 결과 고객들은 도넛의 새로운 맛뿐 아니라 즐거운 구경거리에 대한 니즈가 매우 크다는 것을 알았다. 이에 크리스피 크림도넛은 '달콤한 도넛, 도넛 체험 그리고 즐거운 기다림'이라는 독특한 판매경험을 디자인했다. 달콤한 도넛의 경험을 위해 프랑스 요리사에게 사들인 제조비법을 응용해 오리지널 글레이즈드(Glazed)라는 맛있는 도넛을 만들었다. 크리스피 크림도넛은 즐거운 기다림을 위한 새로운 경험도 제공했다. 매장 바깥에 'Hot Doughnuts Now(갓 나온 뜨거운 도넛 판매)' 불빛이 켜지면 바로 그때 도넛이 제조되고 있음을 의미하기 때문에 고객들은 기다리는 즐거움을 맛볼 수 있다. 크리스피 크림도넛은 또한 고객들이 매장에서 기다리는 동안 지루하지 않도록 도넛을 무료로 주는 것으로 유명하다.

자료 : 크리스피 크림도넛 홈페이지(http://www.krispykreme.co.kr/)

[그림 6-9] 크리스피 크림도넛 선물세트

3) 고객의 피드백 반영

이는 고객의 의견과 경험에 대한 평가를 반영하여 독특한 경험에 대한 실효성과 매력도를 증대시켜야 한다는 의미이다. 고객 피드백을 적극적으로 반영하지 않으면 고객으로부터 공감대를 끌어낼 수 없다. 고객은 기업의 피드백을 보며 신뢰를 쌓는다. 고객의 참여욕구는 더욱 거세지고 있다. 최근에는 생산적 소비자를 의미하는 프로슈머(Prosumer)를 넘어 창조적 소비자인 크리슈머(Cresumer)[6]라는 신조어가 생겨났다.

4) 일관되고 통합된 경험 제공

기업은 고객에게 제공하는 3가지 차원에서의 경험이 통합된 고객가치를 제공할 수 있도록 노력해야 한다. 다양한 접점을 통해서 고객경험이 일관성 있게 제공되도록 기업 내부에서 경험의 질을 종합적으로 관리해야 한다. 일관된 경험이 제공되지 않으면 다양한 접점에서의 경험이 오히려 잡음이 되어 기업이 의도했던 브랜드 메시지 전달이 실패할 수 있다. 판매직원이나 웹사이트에서 제공하는 정보에 이르기까지 광고, 홍보, 매장 디자인을 포함한 브랜드 경험의 모든 요소를 통합하여 한 가지 확실한 통합적인

6) R&D, 생산 및 유통 등 기업의 프로세스 전 과정에 적극적으로 참여하는 소비자

메시지를 전달해야 한다.

5 고객만족경영과 고객경험관리

고객만족경영(CSM : Customer Satisfaction Management)과 고객경험관리(CEM)의 차이점을 정리해 보면 [표 6-7]과 같다. CEM은 고객이 기업과 만나는 모든 접점에서 고객이 만족한 경험을 갖게 하여 긍정적 감정을 형성 · 확대시키고, 이를 통해 잠재고객들을 신규구매로 유도하고, 기존 고객들은 재구매를 하도록 유도하여 경영성과를 제고하는 경영방식이다. CSM이 기업이 제공하는 제품이나 서비스에 대한 고객만족을 통해 재구매나 신규구매를 목표로 한다면, CEM은 고객접점에서 고객이 만족한 경험을 갖도록 하여 고객이 신규구매나 재구매를 하도록 유도하는 것을 목표로 삼고 있다.

[표 6-7] 고객만족경영과 고객경험관리의 차이점

	고객만족경영(CSM)	고객경험관리(CEM)
출현시기	1990년대 초	2000년대 초
출현배경	재구매를 위해서는 고객만족이 필수라는 것을 깨달음	고객만족과 고객접점에 대한 확장된 개념이 필요해졌음
기본목적	만족한 고객의 추천을 통한 신규구매 및 재구매 유도	고객만족을 통한 기존 고객의 재구매와 고객경험 개선을 통한 잠재고객의 신규구매 확대
제공의 본질	제품(유형), 서비스(유형)	(기억할 만한) 경험
대상고객	기존 고객(미사용 고객은 만족시킬 수 없음)	기존 고객 및 잠재고객 (사용 고객, 미사용 고객 포함)
특징	구매 및 사용 후 만족이 핵심(구매·설치·사용·A/S)	구매 및 사용 전후의 모든 접점에서 긍정적 경험 전달이 핵심(인지·탐색·고려·구매·배달·설치·사용·A/S·폐기)
접근방법	상품·서비스·브랜드 등을 크게 분류하여 개선점 도출(결과 지향적)	고객과 접촉하는 경험의 과정을 세부적으로 나누어 긍정적이 되도록 설계하고 실행(과정 지향적)

자료 : 황혜정(2008.8.27.). 고객경험도 하나의 브랜드다. LG Business Insight. p.4에서 내용 보완함

또한, CEM은 CSM처럼 이미 기업의 서비스나 제품을 사용하는 고객의 경험을 관리하여 인식을 개선하고 이를 통해 고객을 유지하고자 한다. 동시에 사전구매 경험이 없는 잠재고객들에 대해서도 긍정적인 인식이 형성되도록 노력하여 구매로 연결되도록 한다. 이렇게 잠재고객을 대상으로 삼고 그들의 경험을 관리하여 신규고객을 획득하고자 하는 부분에 있어서 CEM은 기존 고객을 주된 대상으로 하는 CSM과 차이를 보인다.

6 고객관계관리와 고객경험관리

기업이 추구해 온 고객관계관리(CRM : Customer Relationship Management) 또한 고객경험을 총체적으로 관리하는 데는 한계가 있다. 하지만 CRM 역시 고객경험에 기반한 마케팅이기 때문에 CRM의 보완적 수단으로 고객경험관리의 활용도가 높아질 수 있다(최정일 외, 2020). CRM은 신규고객을 확보하고 판매를 성사시키기 위한 노력이 기존 고객에게 서비스나 제품을 판매하기 위한 노력과 비교하여 훨씬 더 힘들고 비용도 많이 소요된다는 관점에서 시작되었다.

CRM은 고객을 관리하는 것이 아니라 고객과의 관계를 관리하는 것이다(류승범, 2011). CRM에서 핵심지표는 고객평생가치의 점유율이다. 기존 고객과의 관계가 강화되면 재구매나 교차구매(Cross selling)가 이루어지고 고객점유율이 증가하게 된다. CRM을 위해서는 고객 서비스 프로세스의 자동화나 고객 데이터 분석 등이 필요하고 이를 위해서 CRM 소프트웨어가 필요하다.

CRM와 CEM의 차이점을 요약하면 [표 6-8]과 같다. CRM은 고객과의 거래 이후에 수집된 고객정보를 활용하여 고객과의 관계가치를 개선한다. 또한, 기업내부의 프로세스를 개선하고 고객의 실적자료를 활용하여 고객의 이성에 호소하는 가치를 제안(예 : 제품이나 서비스 소개)한다.

CEM은 고객이 생각하는 것이 무엇인지를 많은 고객접점을 통해 고객정보를 수집하고 활용하여 차별화된 경험을 제공한다. 그리고 고객의 경험 프로세스를 개선하고 고객의 실적 및 태도 자료를 활용하여 고객의 감정에 호소하는 가치를 제안(예 : 제품이나 서비스 소개)한다.

[표 6-8] 고객관계관리와 고객경험관리의 차이점

관점	CRM	CEM
추구목표	고객 관계가치 개선	차별화된 경험을 통해 고객충성도 강화
방향성	Inside Out전략(기업 → 고객)	Outside In전략(고객 → 기업)
프로세스	기업 내부의 프로세스 개선	고객의 경험프로세스 개선
데이터 수집대상 및 측정시기	기업이 고객에 대해 아는 것을 파악하고 활용 고객과의 거래 이후 수집	고객이 기업에 대해 생각하는 것을 파악하고 활용 고객접점에서 수집
가치제안	이성적 가치에 소구	감성적 가치에 소구
자료	거래실적	거래실적 및 고객의 태도(혹은 반응)
분석방법	OLAP, 데이터마이닝	시장조사, VOC

자료 : 동아비즈니스리뷰(2011.1). CRM과 CEM 비교. p.1에서 내용수정

토론주제

- 고객참여를 원하는 고객과 원하지 않는 고객 간의 차이점은 무엇인가?
- 서비스 생산과 전달에 있어 고객참여는 어느 수준까지 허용하는 것이 좋은가?
- 관광 서비스 기업은 왜 고객 불만족과 고객불평행동에 주목해야 하는가?
- 고객은 항상 새로운 경험을 원하는가?
- 고객경험이 왜 중요한가?
- 고객경험과 고객 서비스의 차이점은 무엇인가?
- 고객경험을 어떻게 관리해야 하는가?

참고문헌

대구신문(2021.5.9.). 고객참여시대의 '슈머'마케팅
https://www.idaegu.co.kr/news/articleView.html?idxno=345939

매일경제신문(2018.11.25.). '4차 산업혁명 시대' 고객 경험에 투자하는 기업들
https://www.mk.co.kr/news/business/view/2018/11/736765/

박정현(2006). 고객경험관리(CEM)에 주목하라. LG주간경제, pp.15-20.

박진 · 김은희 · 김동환(2018). 고객경험이 고객만족과 고객충성도에 미치는 영향에 관한 사례연구 : 기업 CEO를 위한 시사점. 전문경영인연구. 21(4) : 21-38.

사례뉴스(2018.4.5.). "과업 재정의로 고객에게 진짜 봄을!" http://www.casenews.co.kr

안연식(2019). 서비스경영. 도서출판 창명.

안진우(2011). 소매서비스업에서의 고객참여행동 수준에 관한 연구. 경영정보연구. 30(3) : 191-215.

안진우 · 천명환(2016). 고객참여행동과 고객시민행동이 종업원의 직무에 미치는 영향 비교. 인적자원관리연구. 23(1) : 345-363.

에이블컨설팅(2017). 왜? 고객경험관리가 필요한가. 발표자료.

이유재(2013). 서비스마케팅(5판). 학현사.

이유재(2002). 불량고객의 유형과 전략적 관리. 경영논총. 36(4) : 115-139.

조선일보(2018.3.6.). "접시는 손님이 직접 치워주세요" 셀프 서비스 늘어나는 외식업계
https://biz.chosun.com/site/data

조선일보(2019.5.4.). 물건 말고 즐거움을 팔아라
https://biz.chosun.com/site/data/html_dir/2019/05/02/2019050202725.html

최정일 · 김연성 · 유한주 · 장정빈 · 황조혜(2020). 서비스 경영 4.0. 문우사.

황혜정(2007). 가치창출 고객경험에서 찾아라. LG주간경제.

황혜정(2008.8.27.). 고객경험도 하나의 브랜드다. LG Business Insight. pp.1-30.

Bateman, T.S., & Organ, D.W.(1983). Job satisfaction and the good soldier : The relationship between affect and citizenship. Academy of Management Journal. 26 : 587-595.

Bitner, M. Faranda, W.T., Hubbert, A.R., & Zeithaml, V.A.(1997). Customer contributions and roles in service delivery. International journal of service industry management. 8(3) : 193-205.

Boven, L.V., & Gilovich, T.(2003). To do or to have? That is the question. Journal of Personality and

Social Psychology. 85(6) : 1193-1202.
Brucks, M.(2012). Consumer sociality and happiness. Advances in Consumer Research. 40 : 255-260.
CEO Report(2007). 가치 창출, 고객 경험에서 찾아라. LG 주간경제. pp.8-11.
Cermak, D., & File, K.(1994). Customer participation in service specification and delivery. Journal of Applied Business Research. 10(2) : 90-100.
Dabholkar, P.(1990). How to improve perceived service quality by improving customer participation. In Developments in Marketing Science. B.J. Dunlap, ed. Cullowhee, NC : Academy of Marketing Science, pp.483-487.
Groth, M.(2005). Customers as good soldiers : Examining citizenship behaviors in internet service deliveries. Journal of Management. 31(1) : 7-27.
Holbrook, M.B.(1980). Representing pattern of association among leisure activities : A comparison of two technique. Journal of Leisure Research. 12(3) : 242-256.
Jurowski, C.(2009). An examination of the four realms of tourism experience theory. Paper presented at the 2009 ICHRIE Annual Conference & Marketplace Schedule. July 28 - August 1.
Kelley, S.W., Donnelly, J.H., & Skinner, S.J.(1990). Customer participation in service production and delivery. Journal of Retailing. 66(3) : 315-335.
Kwon, S., & Chang, D.(2012). A Study on strategy to use brand space style and experience elements : With a focus on bank service space. Archives of Design Research. 25(1) : 77-92.
Lovelock, C.H., & Young, R.F.(1979). Look to consumers to increase productivity. Harvard Business Review. 57(3) : 168-178.
Lovelock, C.(1994). Product plus : How product + service = competitive advantage. New York : McGraw-Hill.
Merlo, O., Eisingerich, A.B., & Auh, S.(2014). Why customer participation matters. Sloan Management Review. 55(2) : 81-88.
Meyer, C., & Schwager, A.(2007). Understanding customer experience. Harvard Business Review. 85(2) : 116-126.
Namasivayam, K.(2003). The consumer as transient employee consumer satisfaction through the lens of job-performance models. International Journal of Service Industry Management. 14(4) : 420-435.
Pine, B.J. & Gilmore, J.H.(1998). Welcome to the experience economy. Harvard Business Review. 76(4) : 97-105.
Rodie, A.R., & Kleine, S.S.(2000). Customer participation in service production and delivery, in Handbook of Services Marketing and Management. Teresa A. Swartz and D. Lacobucci(eds.). Thousand Oaks. CA : Sage Publications, pp.111-125.
Schmitt, B.(1999). Experiential marketing. Journal of Marketing Management. 15 : 53-67.
Stone, M.(1999). Managing good and bad customers. Part 1. Journal of Database Marketing. 6(3) : 222-232. ; Part 2. Journal of Database Marketing. 6(4) : 299-314.

Tourism Service Management

제 07 장

관광 서비스 인카운터 관리와 서비스 디커플링

제1절
서비스 인카운터의 개념과 특성

1. 서비스 인카운터의 개념
2. 서비스 인카운터의 특성
3. 서비스 인카운터의 구성요소

제2절
서비스 인카운터 유형과 직원의 역할

1. 서비스 인카운터의 유형
2. 서비스 인카운터 직원의 역할
3. 서비스 인카운터의 성공요인

제3절
서비스 인카운터 평가와 디커플링

1. 서비스 인카운터의 평가
2. 서비스 디커플링

학습목표

본 장에서는 다음 내용의 이해를 목표로 한다.

서비스 인카운터의 정의

서비스 인카운터의 특성

서비스 인카운터의 구성요소별 특징

서비스 인카운터의 유형별 장단점

서비스 인카운터 직원의 역할

서비스 인카운터의 품질평가

서비스 디커플링의 정의

서비스 디커플링의 효과

Chapter

07 관광 서비스 인카운터 관리와 서비스 디커플링

사례 7-1 MOT, 고객접점에 집중하자

Moments of Truth, 투우사와 황소가 대결하는 순간, 투우사가 위험해질 수 있는 중요한 순간이라는 유래에서 나온 단어이다. 마찬가지로 고객이 기업의 브랜드나 제품 서비스를 마주하는 순간은 기업에게 중요한 타이밍이다. 매장을 바라볼 때, 엘리베이터를 탈 때, 직원과 마주했을 때 등 고객과 기업이 접촉하는 결정적인 순간에 긍정적인 브랜드 이미지를 구축하고 고객들의 만족도를 높여야 한다.

이러한 고객접점을 잘 활용한 마케팅 사례로 SAS 스칸디나비아 항공사를 들 수 있다. 스칸디나비아 항공사는 노르웨이, 스웨덴, 덴마크 3개국의 연합 항공사로서 대형 항공사들을 대적하기 위해 고객들의 패턴을 분석하였다. 그러자 고객 1명당 약 5명의 직원과 평균 15초 접촉한다는 것을 알게 되었고 그 15초 안에 스칸디나비아 항공사의 이미지를 심어주어야겠다고 결심했다. 직원 교육을 통해 고객만족을 최우선으로 하고 정시출발/도착을 지키며 성공적인 MOT 마케팅을 실현하였다.

또 다른 성공사례는 고객불만에 적절한 대처를 보인 노드스트롬 백화점이다. 고객들이 제품을 교환, 환불하고 싶을 때 직원들이 스스로 각자의 방식으로 응대할 수 있게 하고 고객만족 정도에 따라 보상제도를 실시함으로써 사후 관리의 질을 높였다고 한다. 제품의 불만이 발생했을 때 매장에 방문한 MOT 시점을 적절히 활용한 사례라고 할 수 있다.

우리에게 친숙한 브랜드인 스타벅스 역시 MOT 마케팅을 잘 보여주고 있다. 스타벅스 로고가 스타벅스를 자주 가지 않는 사람들에게도 친숙한 것을 보면 카페에 얼마나 많은 노력을 기울였는지 알 수 있다. 카페 안으로 들어가면 그 힘이 더욱 느껴진다. 직원들의 전문성과 친절함을 타 카

페보다 높여 고객이 커피를 주문할 때 스타벅스의 진정한 이미지를 느낄 수 있게 한다. 그러한 차별성은 충분한 복지제도를 통해 직원들이 주인의식을 가지고 일할 수 있는 시스템에서 나왔다.

기업들은 앞으로도 고객의 만족도를 높이기 위해 고객들과 직접 마주하는 순간에 집중하고 서비스 품질을 향상시키기 위해 어디에 투자하고 시스템 구축을 어떻게 해야 할지 끊임없이 고민해야 할 것이다. 결국 많은 고객들과 소통하는 것은 직원들이기 때문에 직원들의 행동이 브랜드를 대표한다는 것을 잊지 말자.

자료 : 소비자평가(2018.1.1.)

제1절 서비스 인카운터의 개념과 특성

고객의 욕구를 만족시키기 위한 기업 간 경쟁이 치열해지면서 서비스와 제품의 기능적 품질 간의 차별화가 약해지고 있다. 이에 고객이 서비스와 만나는 최초의 지점인 서비스 인카운터(접점)는 서비스나 제품 그리고 서비스 제공자에 대한 첫인상을 형성하고, 향후 재방문에 큰 영향을 끼칠 수 있어 서비스 기업들은 서비스 인카운터 관리의 중요성을 높게 인식하고 있다. 여기서는 서비스 인카운터의 개념을 정의하고, 서비스 인카운터의 특성, 그리고 구성요소에 대해 차례로 살펴본다.

1 서비스 인카운터의 개념

관광 서비스 산업에서 서비스 인카운터(Service encounter)라는 용어는 매우 중요하고 널리 통용된다. 이 용어는 스칸디나비아 항공사의 사장인 칼슨(Carlzon)이 주창한 개념으로 고객과 한 기업의 서비스가 만나는 순간을 지칭한다(Normann, 1991). 즉, 기업이 서비스를 제공할 때 고객과 직접 만나는 접점으로 고객은 이 순간을 통해 서비스를 구매할 것인지를 판단하게 된다. 서비스 인카운터는 흔히 '진실의 순간(Moment of Truth)'

혹은 '결정적 순간'으로 더 잘 알려져 있다. 원래 이 개념은 투우사가 소의 급소를 찌르는 순간을 말하는데 '피하려 해도 피할 수 없는 순간' 또는 '실패가 허용되지 않는 매우 중요한 순간'을 의미한다.

서비스 인카운터에 대한 초기 연구들은 서비스 기업이 제공하는 인적요소의 상호작용에 초점을 두었다. Solomon 등(1985)은 서비스 환경에 있어서 고객과 서비스 제공자 간의 대면(Face-to-face) 상호작용으로 정의하였고, Keaveney(1995)는 고객과 서비스 직원과의 인간적 상호작용으로 정의하였다. Bitner 등(2000)도 서비스 인카운터를 고객과 서비스 제공자가 상호작용하는 순간으로 정의하였다. 이들 정의는 서비스 인카운터를 고객과 서비스 제공자(기업 혹은 직원) 간의 인간적 상호작용으로 제한함으로써 인간관계에 초점을 맞추고 있다.

이후에는 물리적 환경, 서비스 전달, 서비스 참여자의 고객접촉 및 태도, 서비스 환경 및 물적 증거 등을 포함하는 포괄적 정의가 주류를 이루고 있다. Shostack(1985)은 고객이 직접적으로 서비스와 상호작용하는 것이며, 서비스 제공자, 물리적 설비, 다른 가시적 요소들을 포함한 고객이 인지하게 되는 모든 대상과 접촉하는 것으로 정의하였다. Lovelock 등(2002)도 서비스 인카운터는 고객과 서비스 직원과의 접점은 물론 고객과 물리적인 시설이나 설비, 기타 서비스 환경과의 접촉관계로 정의하면서 서비스 인카운터를 하나의 시스템으로 보아야 한다고 강조하였다.

학자들의 논의를 요약해보면, 서비스 인카운터는 고객이 서비스의 물리적 환경 및 직원과 접촉하는 순간으로 정의할 수 있다. 하지만 서비스 인카운터에 있어서 고객과 서비스 제공자의 접촉이라는 인간의 상호작용 요소, 즉 대인 서비스 접점의 중요성이 간과되어서는 안 된다. [표 7-1]은 서비스 인카운터에 대한 학자들의 정의를 정리한 것이다.

서비스 인카운터는 곱셈의 법칙이 적용된다. 즉, 고객이 서비스를 구매하기 위해 매장에 들어올 때부터 나갈 때까지 여러 직원과 몇 번의 짧은 순간을 경험하게 된다. 그때마다 서비스 '곱셈법칙($100 \times 0 = 0$)'이 적용된다. 즉, 서비스를 100번 잘해도 한 번을 잘못하면 뺄셈의 법칙($100 - 1 = 99$)이 아닌 전체 서비스가 불량하다는 곱셈의 법칙이 적용된다는 의미이다. 예를 들어, 호텔에 투숙하여 만족스럽게 일정을 보내고 체크아웃할 때 장시간 줄을 서서 기다리거나 요금계산의 오류가 발생하면 그동안의 서비스 전체는 물거품이 되는 것이다.

접점 서비스 공식

100 × 0 = 0 : 100번을 잘해도 한 번의 실수로 모두 물거품이 될 수 있다.

100 + 1 = ∞ : 한결같은 서비스는 고객에게 무한신뢰를 얻는 원천이 된다.

[표 7-1] 학자별 서비스 인카운터 정의

연구자	서비스 인카운터의 정의
Norman(1984)	고객과 서비스 만남 또는 서비스와 접촉(진실의 순간 또는 결정의 순간)
Shostack(1985)	고객이 직접적으로 서비스와 상호작용하는 것
Surprenant & Solomon(1987)	고객과 서비스 제공자 간의 동적 상호작용
Keaveney(1995)	서비스 환경에 있어서 대인 간의 대면 상호작용
Bitner 등(2000)	직원, 물리적 시설, 기타 유형적 요소 등을 포함하는 것으로 고객과 기업이 상호작용하는 순간
Pine & Gilmore(2002)	고객이 서비스, 제품 및 기업과 처음으로 대면하여 받는 지속적인 개인의 인상
Lovelock 등(2002)	고객과 서비스 직원과의 접점과 고객과 물리적인 시설이나 설비, 기타 서비스 환경과의 접촉관계를 포함하는 하나의 시스템
Davis & Heineke(2003)	고객과 서비스의 만남

자료 : 저자정리

2 서비스 인카운터의 특성

인적 상호작용이라는 맥락에서 서비스 인카운터의 특징은 다양하다. Czepiel(1990)은 서비스 인카운터의 특징을 고객과 직원의 인적 상호작용의 관점에서 일곱 가지를 제시하였다. 그리고 Solomon 등(1985)은 서비스 인카운터의 특징으로 다섯 가지를 제시하였다. 위 연구자들이 제안한 특성은 다음과 같이 다섯 가지로 정리할 수 있다.

1) 쌍방거래

서비스 인카운터는 서비스 구매고객과 서비스 제공자 양 당사자 간의 거래이다. 따라서 서비스 인카운터는 양측의 상호만족에 중점을 둔다. 서비스 접점에서 양 당사자 간 만족요인을 파악하면 서비스 설계, 서비스 수준설정, 서비스 직원의 선발 및 교육훈련, 동기부여, 그리고 고객 서비스 등에 활용할 수 있다.

2) 인적 상호작용

고객접점은 서비스 제공자와 고객 간의 인적 상호작용이다. 이러한 상호작용은 양 당사자 간의 의사소통을 통하여 원활히 이루어진다. 고객이 진정으로 느끼는 서비스 품질은 서비스 제공자와 고객 간의 상호작용 결과이다. 고객과의 상호작용은 서비스 제공자에게 고객의 경험에 대한 다양한 통찰력을 제시해 준다. 즉, 서비스 제공자는 고객과의 상호작용을 통해 고객만족, 고객회복, 직원의 동기부여, 교육방법 등에 대해 개선할 수 있는 기회를 얻게 된다.

3) 목적 지향성

서비스 인카운터는 고객의 욕구충족을 위해 이루어지므로 목적 지향적이고 업무 지향적인 특성을 지니다. 서비스 접점에서 고객이 원하는 목적은 매우 다양하다. 예를 들면, 서비스 인카운터에서 고객은 서비스 구매에 관련된 사항을 요청하는 경우가 대부분이지만 그렇지 않은 경우도 많이 발생한다. 또한, 서비스 직원은 서비스 접점에서 특정 직책이 부여되면 그 직책에 걸맞은 역할을 수행하게 된다.

4) 직무와 관련된 정보교환

서비스 인카운터에서는 서비스 제공자의 직무수행과 관련하여 고객 관련 정보교환이 활발히 이루어진다. 항공사에서 고객에게 비행기 탑승권을 판매하는 직원은 고객에게 여행 목적지, 결제수단과 방법, 좌석위치 등에 대해 정보를 교환하는데, 이러한 정보요청은 서비스 제공자에게 주어진 업무이다. 고객과의 정보교환이 제대로 이루어지지 않으면 고객접점은 부정적인 결과를 낳게 된다. 서비스 인카운터에서는 때때로 직무와 무관한 정보교환도 이루어진다(예 : 택시기사와 승객 간의 대화 등).

5) 제한적 서비스

제공되는 서비스의 내용과 특성 및 고객의 위치에 따라 서비스 접점의 범위가 제한된다. 예를 들면, 뷔페식당에서 맛볼 수 있는 국수요리의 경우, 고객이 국수요리에 필요한 적절한 재료와 양을 요리사에게 제공해야 맛있는 요리가 완성된다. 또한, 호텔 프런트 직원이 아픈 고객에게 전문적인 의학적 정보를 제공해 줄 수는 없다. [표 7-2]는 서비스 인카운터의 특성과 내용을 정리한 것이다.

[표 7-2] 서비스 인카운터의 특성과 내용

특성	내용
쌍방거래	고객과 서비스 제공자 양 당사자 간의 쌍방 거래
인적 상호작용	서비스 제공자와 고객에 의해 인위적으로 만들어진 상호작용
목적 지향성	고객의 욕구충족을 위해 이루어지므로 목적 지향적임
직무 관련 정보교환	서비스 인카운터에서는 직무와 관련된 정보교환이 이루어짐
제한적 서비스	서비스의 내용과 특성 및 고객의 위치에 따라 서비스 접점의 범위가 제한됨

자료 : 저자정리

3 서비스 인카운터의 구성요소

서비스 인카운터의 구성요소는 고객 서비스 경험의 품질에 영향을 미친다. 뿐만 아니라 서비스 제공자나 기업의 서비스 공급능력에도 영향을 미치게 된다. 서비스 인카운터를 구성하는 요소는 다양하지만 여기서는 Schmenner(1995)가 제시한 구성요소와 Bateson(1985)이 제시한 구성요소를 중심으로 살펴본다.

1) Schmenner의 서비스 인카운터 구성요소

Schmenner(1995)는 서비스 인카운터가 곧 서비스 기업의 경쟁력을 결정짓는 요소라고 규정하면서 서비스 과업, 서비스 표준, 그리고 서비스 생산시스템(서비스 전달시스템 포함) 세 가지 요소로 구성된다고 주장하였다(그림 7-1 참조). 그러므로 서비스 인카운터에 영향을 미치는 세 가지 요소들 간의 전략적 일관성이 서비스 기업의 성패를 좌우한다.

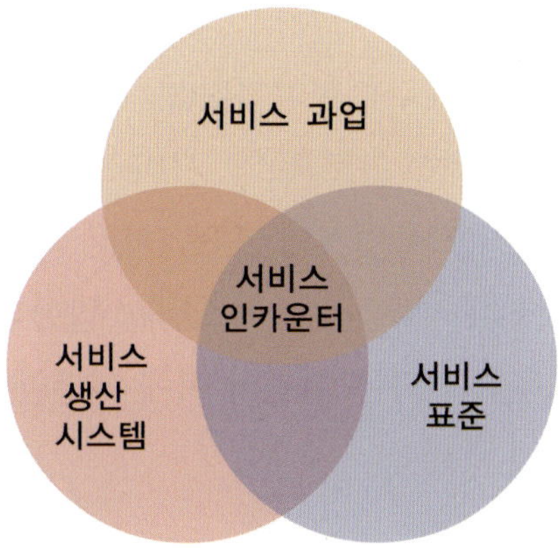

자료: Schmenner, R.W.(1995). Service operations management. Prentice-Hall, p.19

[그림 7-1] Schmenner의 서비스 인카운터 구성요소

(1) 서비스 과업

서비스 과업은 서비스의 존재이유이며, 서비스 기업이 달성하고자 하는 서비스의 목표에 대한 설명이다. 서비스 과업은 고객이 서비스에 대해 느끼는 가치와 가장 밀접한 관계가 있으므로 흔히 고객의 목소리라 표현되기도 한다. 따라서 서비스 과업은 항상 고객 지향적인 관점에서 결정되어야 하며 그렇지 않을 경우 그 서비스는 시장에서 경쟁우위를 확보하지 못하게 된다. 레스토랑의 경우, 서비스 과업은 음식의 가격, 음식의 품질, 고객이 주문하고 고객에게 음식이 전달되는 시간 등을 포함한다.

(2) 서비스 표준

서비스 표준은 이러한 과업요소에 대한 표준을 설정하는 것이다. 즉, 고객에게 효과적으로 서비스를 제공하는 방법에 대한 정의이다. 레스토랑에서 고객이 주문하고 나서 얼마의 시간 내에 음식을 제공하는가와 음식의 품질에 대한 기준 등을 포함한다. 서비스 표준은 서비스에 대한 품질과 효율성을 통제하고 관리하는 역할을 하기 때문에 그 중요성을 가진다.

(3) 서비스 생산시스템

서비스 생산시스템은 투입(I : Input), 변환과정(T : Transformation process), 그리고 산출(O : Output)로 구성되어 있다(ITO 프로세스). 서비스 생산시스템은 고객 및 직원, 시설이나 기술 등의 물리적 자원을 투입시켜 절차, 처리 혹은 변환과정을 거쳐 서비스 혹은 제품이라는 산출물을 생산 · 제공하는 시스템을 말한다. 예를 들면, 음식을 만들어내는 주방시설과 고객이 음식을 먹는 환경이 이에 해당한다. ITO의 프로세스 과정을 도식화하면 [그림 7-2]와 같다.

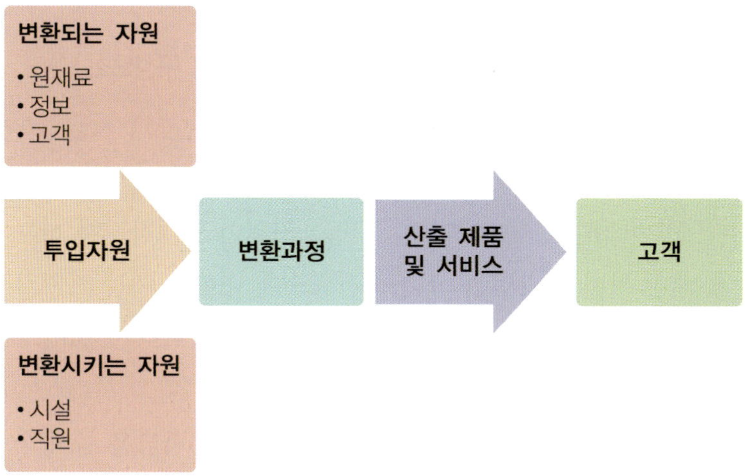

자료 : Slack, N., Brandon-Jones, A., & Johson, R.(2013). Operations management(7th ed.). Pearson, p.14

[그림 7-2] ITO 프로세스

서비스의 경우 변환되는 자원에 고객이 포함되어 있다는 점에 주목해야 한다. 따라서 변환되어 나오는 산출물은 고객의 소유물이 될 수도 있고 고객의 무형재산이 될 수도 있다. 병원의 경우, 환자의 아픈 몸이 병원에 들어가서 건강한 몸으로 나온다. 학교의 경우 지식이 부족한 상태에서 들어가 정신적으로 지식이 풍부한 상태로 나온다. [표 7-3]은 ITO 프로세스 예시를 정리한 것이다.

[표 7-3] ITO 프로세스 예시

서비스 기업	투입요소	변환과정	산출물
항공사	승객, 화물, 비행기, 조종사, 승무원	운송 및 기내서비스	목적지 도착
병원	환자, 의사, 간호사, 의료시설, 의료기구, 약품	진료행위, 치료행위	육체적, 정신적 건강회복
은행	은행원, 은행사무실, 금융상품, 예금, 대출, 신용카드, 금고	고객자산 관리	고객자산 증식, 고객자산 보호
대학교	학생, 교수, 직원, 캠퍼스, 강의실, 교과목	교육	졸업생 배출, 인격함양, 지식배양
미용실	고객, 미용사, 미용실, 미용기기	커트, 염색, 파마	원하는 헤어스타일

자료 : https://m.blog.naver.com/

2) Bateson의 서비스 인카운터 구성요소

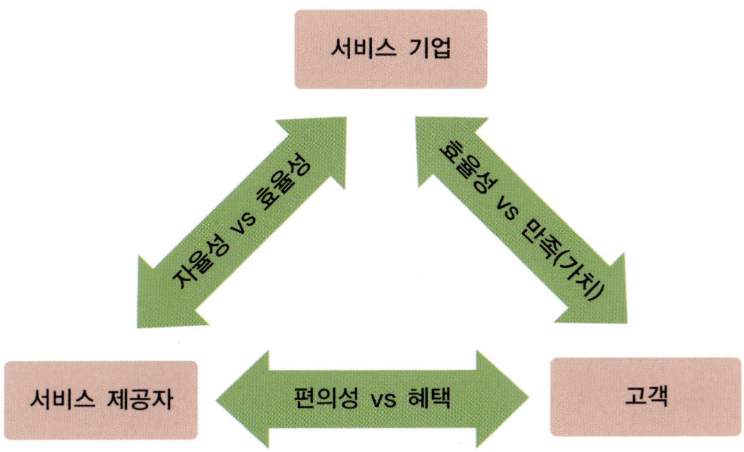

자료 : 서비스경영학회 역(2010). 스마트 시대의 서비스경영. McGraw-Hill Korea, p.253에서 내용수정

[그림 7-3] 서비스 인카운터의 삼각구조

Bateson(1985)에 따르면, 서비스 인카운터는 서비스 기업, 서비스 제공자, 고객으로 구성되어 있으며 이들의 상호작용 결과에 의해 서비스 인카운터가 평가된다. 즉, 서비스 기업과 고객은 효율성과 고객만족, 서비스 기업과 서비스 제공자(직원)는 효율성과 자율성, 서비스 제공자와 고객은 편의성과 고객혜택이라는 상반된 목적달성을 위해 대립한다는 것이다. [그림 7-3]에서 서비스 인카운터의 삼각구조는 균형의 관계를 나타내기도 하지만 균형이 깨지면 갈등의 원인이 될 수 있음을 암시한다.

(1) 서비스 기업

서비스 기업은 수익을 확보하고 경쟁력을 유지하기 위하여 가능한 효율적으로 서비스를 전달하는 데 관심이 있다. 즉, 서비스 기업은 서비스 제공자의 자율권과 재량권을 제한하고 고객에게는 표준화된 서비스 옵션만을 제공하여 생산성을 높이고자 한다. 이에 따라 고객은 표준화된 서비스에 대한 선택권만 갖게 되므로 고객 위주의 맞춤형 서비스를 기대할 수 없다. 맥도날드에서는 감자튀김조차 덤으로 주기를 시도하는 직원도 없고 이를 기대하는 고객도 없다. 또한, 고객은 햄버거에 들어가는 내용물을 어떻게 해달라는 요구나 식사를 마치고 나올 때 쓰레기를 그대로 두고 나올 엄두조차 못 낸다. 이처럼 원가우위 전략을 주로 사용하는 맥도날드나 피자헛 등의 프랜차이즈 기업들은 서비스 접점을 주도하고 통제하고 고객에게 추가 서비스를 기대해서는 안 된다는 사실을 지속적으로 주입시킴으로써 성공을 거두고 있는 것이다.

서비스 기업에 의한 서비스 접점의 지배는 고객화(맞춤화)된 서비스 제공과 서비스 제공자의 직무만족에 부정적인 영향을 미칠 수 있다. 예를 들면, 서비스 기업의 직원은 고객을 동정할 수 있지만 '규칙 때문에' 그리고 '어쩔 도리가 없어서'와 같은 상황에서 업무를 수행하므로 직무만족감은 줄어들 수 있다.

(2) 서비스 제공자

만약 서비스 직원이 서비스 접점에서 자율적인 권한을 갖게 되면 고객에 대해 상당한 통제권을 갖게 되고 고객도 서비스 제공자가 전문적인 지식을 갖고 있다고 인식하기 때문에 직원의 판단을 신뢰하게 된다. 예컨대 수거해야 할 소화물 수집통이 열리지 않아 수집통을 통째로 회사에 실어 온 미국의 택배회사 페덱스(FedEx) 직원의 일화는 '익일 배달'을 최고의 서비스로 인식한 데서 비롯된 것이다.

서비스 접점에서 직원이 많은 재량권을 행사하게 되면 고객의 불필요한 요구를 받아들이게 되므로 업무 처리속도가 늦어질 수도 그리고 추가적인 업무를 수행할 수도 있다. 따라서 서비스 제공자는 고객욕구를 충족시키는 데서 발생하는 업무의 부담이나 스트레스 그리고 비용을 줄이기 위해 서비스 접점의 활동범위를 축소하려는 경향이 있다.

(3) 고객

고객은 서비스 접점에서 최대한의 혜택을 얻기 위해 서비스 접점에 대한 통제권을 가지려 한다. [그림 7-3]에서처럼 고객은 서비스 접점에서 가능한 많은 통제권을 요구하는데, 그 이유는 서비스 기업과 직원으로부터 가치와 혜택을 최대한 얻으려 하기 때문이다.

표준화된 서비스의 경우, 셀프 서비스는 고객에게 제공된 한정된 서비스를 고객이 완전히 통제할 수 있는 선택권을 부여한다. 신용카드 단말기가 설치된 주유소에서의 셀프 서비스는 고객이 그 누구와도 상호작용 없이 원하는 일을 마칠 수 있기 때문에 아주 적은 서비스를 필요로 하는 고객에게 매우 효율적이면서도 만족스럽게 이루어진다. 고급 호텔이나 카지노의 경우는 고객화된 서비스 제공을 최우선 가치로 여기기 때문에 고객의 참여권한이 많이 주어진다. 고객화된 서비스에서는 모든 시스템의 자원이 서비스를 위해 필요하지만 효율성 면에서 많은 비용이 들게 된다(Evans, 1983).

제2절 서비스 인카운터 유형과 직원의 역할

고객은 서비스의 생산과정에 존재하면서 능동적인 참여를 해야 하는 경우가 많다.

서비스 전달과정에서 서비스 시스템과 고객 간의 원활한 흐름을 유지하면서 고객만족을 향상시키는 데 있어 서비스 인카운터 직원의 역할은 필수적이다. 본 절에서는 서비스 인카운터의 다양한 유형과 유형별 특성, 서비스 인카운터 직원의 역할, 그리고 서비스 인카운터별 성공요인에 대해 살펴본다.

1 서비스 인카운터의 유형

서비스 인카운터 유형은 다양하게 분류된다. 서비스 인카운터는 원격 인카운터, 전화 인카운터, 그리고 대면 인카운터로 분류되기도 하고(Shostack, 1985), 셀프 서비스, 원격 서비스, 그리고 상호작용 서비스로 분류되기도 한다(Bitner, 1992). Froehle과 Roth (2004)는 기술, 고객, 그리고 서비스 제공자 간의 상호작용 여부를 기준으로 다섯 가지로 분류하였다. 이들에 의한 서비스 인카운터 유형과 해당 관련 서비스를 소개하면 [표 7-4]와 같다.

[표 7-4] 서비스 인카운터의 유형

연구자	서비스 인카운터 유형	해당 서비스
Shostack(1985)	• 원격 인카운터 • 전화 인카운터 • 대면 인카운터	• 인터넷 예약 서비스 • 전화예약 서비스 • 호텔 셀프 체크인 서비스
Bitner(1992)	• 셀프 서비스 • 원격 서비스 • 상호작용 서비스	• ATM, 우체국, 키오스크, 영화관 • 전화, 자동응답 서비스 • 호텔, 병원, 미용실
Froehle과 Roth(2004)	• 무기술형 서비스 • 기술지원형 서비스 • 기술도움형 서비스 • 기술연결형 서비스 • 기술생성형 서비스	• 법률상담, 물리치료사, 컨설팅 • 호텔체크인, 헬스케어 서비스 • PC이용 주식 · 재무 설계사 상담 • 콜센터, 레스토랑 예약 • 은행ATM, 열차 무인발권시스템

자료 : 최정일 외(2020). 서비스 경영 4.0. 문우사, p.127. 내용 수정

1) Shostack의 분류

(1) 원격 인카운터

이는 서비스 기업이 고객과 직접적으로 접촉하지 않고 서비스가 이루어지는 서비스 접점을 의미한다. 예로써 호텔이나 리조트 숙박을 예약하기 위해 인터넷 예약사이트나 스마트폰 앱을 이용하는 것이다. 기술이 발달함에 따라 원격 인카운터를 이용하는 사례가 크게 증가하고 있다.

(2) 전화 인카운터

고객과 서비스 기업 간에 가장 빈번하게 발생하는 서비스 인카운터 경로이다. 고객의 음성만을 인식하기 때문에 고객이 지각하는 서비스 품질은 음성의 어조, 음색, 직원의 전문지식 수준, 효과적인 고객 문제해결의 중요한 판단기준이 된다.

(3) 대면 인카운터

고객과 서비스 제공자와의 직접적인 인적 접촉으로 인해 발생하는 서비스 접점이다. 대면 인카운터에서는 서비스 제공자의 언어적 행동이나 비언어적 행동인 감성 및 태도나 몸짓, 복장 등에 의해 서비스 품질이 결정된다. 특히, 관광 서비스 기업 같은 서비스 사업체는 인적 서비스가 많은 비중을 차지하고 있어 대면 고객접점이 매우 중요하다.

2) Bitner의 분류

(1) 셀프 서비스

셀프 서비스에서는 직원과의 직접적인 접촉 없이 서비스 전달이 이루어지는 것을 의미하며, 서비스 환경 내에서 고객의 활동이 많다. 최근에는 일상생활에서 셀프 서비스의 사례를 쉽게 찾아볼 수 있다. 예를 들면, 무인 호텔, 레스토랑에서 음료의 셀프 서비스, 패스트푸드점의 무인 주문기 등이 그 예이다.

(2) 원격 서비스 인카운터

Shostack의 분류에서 설명한 것처럼 인터넷이나 모바일 앱 등을 통해 이루어지는 서비스 접점이다.

(3) 상호작용 서비스 인카운터(고객–직원 간)

이는 서비스 환경 내(예 : 레스토랑 실내)에서 고객과 서비스 제공자 사이에 인적 상호작용으로 발생하는 서비스 접점이다. 이러한 고객과 서비스 제공자 사이의 상호작용은 서비스 품질과 고객만족에 직접적인 영향을 미친다.

3) Froehle과 Roth의 분류

정보통신 기술의 발전은 서비스 인카운터에서 이루어지는 고객과 서비스 기업 그리고 고객과 서비스 직원 간의 상호작용에 많은 영향을 미친다. 서비스 인카운터의 기술은 전통적인 대면 접촉방식을 탈피하여 다양한 형태의 서비스 접점을 출현하게 만들었다. [그림 7-4]와 같이 기술의 역할에 따라 서비스 접점은 다섯 가지로 분류된다.

자료 : Froehle, C., & Roth, A.(2004). New measurement scales for evaluating perceptions of the technology-mediated customer service experience. Journal of Operations Management. 22 : 3

[그림 7-4] 기술의 역할에 따른 서비스 인카운터의 유형

(1) 무기술형 서비스 인카운터(Technology-free service encounter)

이것은 기술이 서비스 제공자와 고객 사이의 상호작용에 전혀 영향을 미치지 않는 방식이다. 즉, 고객과 서비스 제공자와의 인적 서비스 접점이다. 호텔 테라피, 법률상담, 컨설팅(면담), 미용실, 병원 물리치료처럼 인적 노동이나 인간적 감성이 수반되는 인적 서비스를 제공하는 경우이다.

(2) 기술지원형 서비스 인카운터(Technology-assisted service encounter)

이 방식은 고객에게 서비스 전달이 쉽도록 서비스 제공자만이 기술을 활용하는 방식이다. 예로써 호텔의 프런트 데스크 직원이 컴퓨터를 활용하여 체크인 프로세스를 진행하는 것이 이에 해당한다.

[표 7-5] 기술지원형 서비스 접점사례

서비스 산업	기술지원 대상	기술지원 내용
항공	여행사	항공권 관리시스템
레스토랑	직원	POS(Point of sales)
영화관	티켓박스	티켓예약 확인시스템
금융보험	창구(접수, 상담)직원	금융종합시스템
유통	재고관리	RFID, 재고관리시스템

자료 : 허희영(2021). 서비스 경영. 북넷, pp.156-157 내용정리

(3) 기술도움형 서비스 인카운터(Technology-facilitated service encounter)

이 유형은 서비스 제공자와 고객이 모두 같은 기술을 사용하는 경우이며, 기술이 서비스 제공자와 고객의 원활한 면대면 의사소통을 돕는 방식이다. 보험이나 재무 컨설턴트가 고객과의 미팅에서 노트북을 사용하여 상담하는 고객 맞춤형 서비스와 같은 경우가 이에 해당한다(회사의 금융자료나 재무모델 활용).

[표 7-6] 기술도움형 서비스 접점사례

서비스 산업	기술지원 대상	기술지원 내용
레스토랑	이용고객, 직원	메뉴 자동주문 및 정산, 진동벨, 번호표 체크
의료	의사, 환자	CT 등 의료기기
금융보험	이용고객, 직원	번호표 체크
영화	영화관 이용고객, 직원	온라인 예매, 모바일 티케팅

자료 : 허희영(2021). 서비스 경영. 북넷, pp.156-157 내용정리

(4) 기술연결형 서비스 인카운터(Technology-mediated service encounter)

이는 고객과 서비스 제공자 사이의 면대면 접촉은 없으나 쌍방의 원활한 의사소통을 위해 기술이 사용되는 방식이다. 고객이 전화나 인터넷을 이용하여 호텔을 예약하는 경우나 콜센터를 이용해 질의응답을 원활하게 하는 경우가 해당된다. 또한, 위성위치확인(GPS) 기술을 활용한 내비게이션 서비스, 자동응답 시스템(ARS)을 이용한 예약조회 등이 이 유형에 해당한다.

[표 7-7] 기술연결형 서비스 접점사례

서비스 산업	기술지원 대상	기술지원 내용
금융보험	은행, 고객	모바일 뱅킹
교육	교수, 학생	ZOO활용 수업
도소매	판매자, 고객	전자상거래

자료 : 허희영(2021). 서비스 경영. 북넷, pp.156-157 내용정리

(5) 기술생성형 서비스 인카운터(Technology-generated service encounter)

이 유형은 고객이 스스로 서비스를 이용하는 방식으로 은행의 ATM 서비스나 웹 기반의 정보제공 서비스 등이 이에 해당된다. 이 방식은 셀프 서비스 유형으로 분류되기도 한다. 공항의 무인발권 시스템(KIOSK)이 이에 해당한다.

[표 7-8] 기술생성형 서비스 접점사례

서비스 산업	기술지원 대상	기술지원 내용
교통(지하철, 버스)	승객	무인 입출구(게이트)
무인 서비스(무인점포, 무인호텔)	고객	자동판매기
도소매(유통)	고객	셀프 계산대
영화관	영화관 관람객, 직원	무인 발권기

자료: 허희영(2021). 서비스 경영. 북넷, pp.156-157 내용정리

2 서비스 인카운터 직원의 역할

서비스 인카운터는 여러 곳이 있고 서로 연계되어 있다. 따라서 한 곳의 접점이 잘못되면 전체 서비스 품질이 나쁘다고 평가받기 때문에 접점의 중요성은 '썩은 사과 한 개'에 비유되곤 한다. 서비스 인카운터 직원은 다양한 역할을 수행하고 있고 그 하나하나의 역할은 조직의 이미지는 물론 조직성과에 큰 영향을 미친다. 서비스 인카운터 직원의 역할은 다음과 같이 다섯 가지로 나누어볼 수 있다. [그림 7-5]는 항공사의 고객접점을 도식화한 것이다.

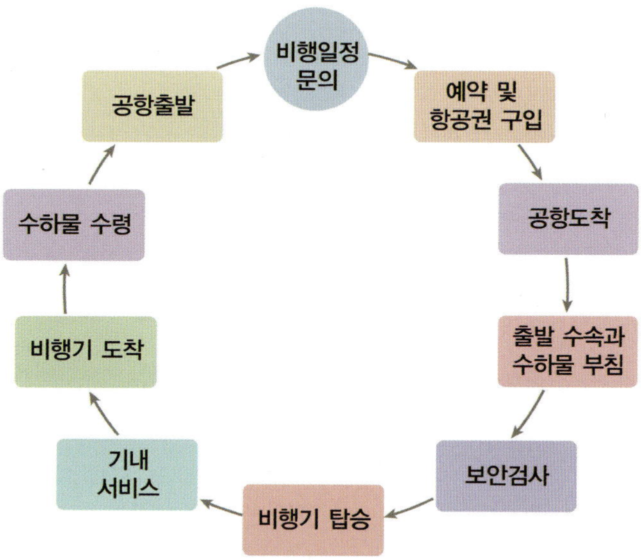

[그림 7-5] 항공사의 서비스 인카운터 예시

1) '진실의 순간' 대응자

고객과 접하는 모든 순간을 의미하는 'MOT'는 고객과 상담을 하거나 고객으로부터 전화를 받는 순간, 고객을 응대하는 순간, 고객이 원하는 서비스를 경험하는 순간, 대금 청구서를 받아보는 순간 등을 의미한다. 고객의 입장에서는 구매의사를 결정하는 최후의 순간이지만 기업의 입장에서는 고객과 만나는 최초의 순간이다. 이는 고객과의 접점에 있는 현장직원의 서비스가 얼마나 중요한가를 의미한다. 서비스 접점에서 발생하는 '진실의 순간'은 고객과의 신뢰형성, 고객만족, 그리고 고객 재방문으로 이어지기 때문에 서비스 인카운터 직원은 높은 서비스 능력을 지녀야 한다. [사례 7-2]는 서비스 산업에서 재구매 고객과 로열티 고객으로 이어지는 연결고리는 고객과의 첫 접점임을 설명하는 한국야쿠르트의 야쿠르트 아줌마의 사례이다.

사례 7-2 4차 산업혁명시대… '야쿠르트 아줌마'는 경쟁력이 있는가

출근길, '야쿠르트 아줌마'가 '코코(탑승형 카트)'를 타고 눈앞으로 지나간다. '야쿠르트 아줌마, 정말 오래되었는데… 아직도 장사가 될까?' 이 생각을 하며 신호등이 바뀌기를 기다렸다. 그런데 신호등이 바뀌기도 전에 어떤 한 사람이 코코 앞에 멈춰 서서 지갑을 열고 있다. '사는 사람이 있네…'

여전히 핵심전략, 방문판매원

온라인 채널에 밀려 고전하던 '방문판매' 사업자가 최근 '사람이 직접 가져다주는' 편리성을 앞세워 다양한 마케팅을 펼치며 제2의 전성기를 맞고 있다. 업계에 따르면 한국야쿠르트는 방문판매 채널을 활용해 자사 제품뿐 아니라 협약을 맺은 다른 회사 제품까지 판매하고 있다. 롯데제과의 오트밀 제품 '퀘이커', 사조 '꽃돌김'도 야쿠르트 아줌마의 손을 거쳐 가고 있다.

▲ '야쿠르트 아줌마'는 여전히 야쿠르트의 핵심전략이다. [사진 = 한국야쿠르트]

한국야쿠르트 관계자는 "야쿠르트 아줌마 유통채널을 활용하려는 다른 회사의 업무협력 요청도 늘어났다"며 "제품이 생산되자마자 이른 시일 안에 소비자에게 전해지는 방문판매의 장점 때문에 이미 유통 장악력을 지닌 대형 식품 회사들도 우리와 손잡으려 하는 것"이라고 말했다. [중략]

접촉고객을 경험고객으로 만들려면, '서비스!'

여러 광고를 통해 고객이 브랜드에 대해 인지를 시작하더라도(접촉고객), 인지가 바로 구매로 이어지는 것은 아니다. 여기서 필요한 것이 '서비스'이다. 서울 종로에 주얼리 매장 두 곳을 방문했다고 가정해 보자. 어떤 고객이 목걸이를 목에 걸어보고 있다. 한 매장은 작은 거울을 들고 고객의 모습을 비춰주며, 이렇게 말한다. "고객님, 고객님 피부가 깨끗하셔서 핑크골드가 정말 잘 어울리시네요." 반면 다른 한 매장은 고객이 목걸이를 거는 모습을 바라보고만 있다. 고객은 어느 매장의 주얼리를 선택할까.

방문판매도 '서비스'를 강화하기 위한 방법이다. 렌털 전문업체 코웨이의 방문판매원 '파랑새'는 평균 연령이 28세로 이뤄져 있다. 이들은 전국 9개 지역에서 400여 명이 활동 중이다. 업계 관계자는 "다른 유통채널과 달리 방문판매는 필요한 물건을 직접 가져다준다는 점에서 고객의 시간과 노력을 아껴준다"며 "넘쳐나는 제품 가운데 고객에게 맞는 상품을 골라줄 수 있고, 쌓은 신뢰는 재구매와 추천으로 이어진다. IT 기술과도 결합해 소통의 힘을 앞세워 더욱 성장할 것"이라고 설명했다.

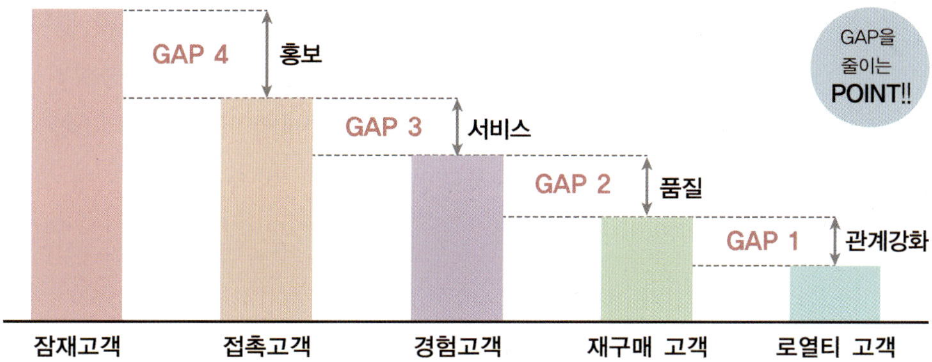

▲ 가인지캠퍼스의 [고객투시경] 도식 중 일부. '접촉고객'에서 '경험고객'으로 가려면, '서비스'가 좋아야 한다. [자료=가인지캠퍼스]

Abandon Cart 발생을 막아라!

한편 온라인 채널의 서비스는 어떻게 강화할 것인가. 가인지캠퍼스 박진호 센터장은 "온라인 채널의 고객접점 관리, 즉 서비스는 접근성과 편리성이 좋아야 한다. 결제단계가 한 단계가 추가되거나 복잡할수록 구매 이탈은 급격하게 증가한다. 'Abandon Cart'라는 말도 있다. 온라인 구매고객이 구매를 원하는 제품을 체크하여 장바구니 페이지까지 도달했으나 결제완료까지 가지 못한 상태의 주문건을 말한다. 네이버 페이, 카카오 페이 등 여러 결제 서비스 사업자들은 결제의 편리성을 경쟁자보다 높이기 위해 애를 쓰고 있다. 오프라인과 온라인 모두 고객의 구매결정을 도와주고, 편의성을 높일 아이디어가 필요하다"고 말했다.

고객과의 '역사적' 첫 번째 접점을 어떻게 관리해야 할지 전략이 필요하다. 호기심으로 방문했다가 그냥 돌아가는 고객은 없는가. 가득 채운 카트를 그냥 두고 가는 고객은 없는가. 우리 고객의 'Abandon Cart' 발생을 막기 위해 만들어야 할, 강화해야 할 서비스는 무엇인지 돌아보고 적용한다면, 잠재고객을 접촉고객으로 만든 에너지가 헛수고로 돌아가지 않을 것이다. "이제 그는 나에게 '경험고객'이 되었다!"

자료 : 사례뉴스(2018.11.19.)

2) 감정노동자

감정노동자는 다른 사람을 위해서 자신의 감정을 감추기도 하며, 자신의 감정을 억누르고 새로이 감정을 만들어낼 수도 있어야 한다. 따라서 감정노동자들은 고객에게 긍정적인 반응을 얻을 수 있도록 공개적으로 준수해야 할 표정이나 몸짓을 하도록 요구받게 된다. 이렇게 힘든 감정노동이 결국 서비스 기업이 제공하는 서비스의 품질을 향상시키고 고객만족을 증대시키기 때문에 서비스 인카운터 직원의 역할이 중요하다.

3) 브랜드 이미지 전달자

서비스 인카운터 직원은 기업 혹은 브랜드를 대표하는 이미지를 가지고 있다. 고객의 측면에서 보면 서비스 인카운터 직원은 브랜드의 약속을 고객에게 충실히 전달할 책임을 가지고 있다. 만약 서비스 인카운터 직원이 고객에게 약속한 서비스를 제공할 준비가 안 되어 있거나 그런 능력이 부족하다면 고객과의 약속을 지키는 데 실패하게 되어 결국 서비스는 무너지게 될 것이다.

4) 생산자와 판매자

서비스 인카운터 직원은 서비스 생산과 전달과정에서 고객과 함께 서비스를 생산하므로 가장 눈에 잘 보이는 위치에 있다. 그리고 고객과의 서비스 접점에서 판매자 역할을 동시에 수행한다. 이러한 생산자와 판매자의 역할을 성공적으로 수행할 수 있는 서비스 인카운터 직원의 서비스 역량은 서비스 생산성을 높이는 데 결정적 역할을 한다.

5) 고객만족의 첨병자

서비스 인카운터 직원이 자신의 역할을 원만히 수행함으로써 서비스 기업은 고객에게 우수한 서비스를 제공할 수 있게 된다. 서비스 인카운터 직원은 고객의 욕구를 이해하고 반응함으로써 고객의 만족도를 증가시킬 수 있다. 최근에는 서비스를 제공하는 데 있어 새로운 기술이 등장하면서 서비스 인카운터 직원의 기술 준비도(기술 수용 정도)가 고객만족 제고에 중요한 역할을 하고 있다.

3 서비스 인카운터의 성공요인

서비스 유형에 따라 서비스 인카운터는 빠르게 변화하고 있는데, 주된 이유는 고객의 요구나 서비스 생산 및 제공기술의 발전 때문이다. 오늘날 서비스는 사람에 의한 인적 접촉만이 아니라 기계설비나 정보시스템에 의해 비대면적으로 서비스를 제공하는 경우가 빠르게 증가하고 있다. 2019년 코로나 사태로 인해 외식, 교육, 문화예술 분야에서 그 속도가 특히 빠르게 진행되고 있다.

관광 서비스 산업은 서비스 제공자와 고객의 접촉 또는 상호작용에서 서비스 수준을 높이고 서비스 운영의 효율성과 생산성 향상을 위해 기계설비 및 서비스 기술을 적극 활용하고 있다. 이러한 현상은 서비스 인카운터의 성공적 관리에 큰 영향을 미친다. Fitzsimmons(2011) 등은 서비스 인카운터의 성공요인을 [표 7-9]와 같이 사람과 기계에 의한 서비스 운영의 관점으로 나누어 설명하고 있다.

[표 7-9] 서비스 인카운터 성공요인

구분		서비스 제공자	
		사람	기계
고객	사람	• 사려 깊은 직원 선발 • 직원의 우수한 대인관계 능력 • 편리한 접근성 • 적절한 환경 • 인적 서비스 지원능력 • 신뢰성과 공감성 있는 직원 • 예: 여행상담, 컨설팅, 진료상담	• 다양한 이용자들의 인터페이스 • 고객확인(인증) • 거래 보안성 • 편리한 접근성 • 인적 서비스의 보조지원 • 예: ATM, 키오스크
	기계	• 편리한 접근성 • 신속하고 정확한 반응 • 서비스 거래의 조회와 결과 확인 • 원격 모니터링 • 예: 엘리베이터 유지보수, 교육기자재 유지 보수	• 하드웨어 및 소프트웨어 호환성 • 거래기록 • 자동확인 • 거래 보안성 • 서비스의 일관성 • 예: 전자자료 교환

자료: Fitzsimmons, A., & Fitzsimmons, M.J.(2011). Service management, Operations, strategy, information technology(7th ed.). McGraw-Hill, p.185

제3절 서비스 인카운터 평가와 디커플링

서비스 제공에 있어 고객만족은 서비스 제공자와의 접점의 품질에 의해 결정된다. 따라서 서비스 기업은 모든 접점을 고려하여 고객의 소리에 귀를 기울이고 고객만족을 위한 개선기회의 순간도 놓치지 말아야 한다. 서비스 인카운터에 대한 품질평가는 다양한 관점에서 이루어져야 한다. 서비스 인카운터 품질평가는 업무개선, 비용 효율화, 서비스 디커플링을 도모하는 데 큰 도움이 된다. 특히 오늘날의 서비스 인카운터는 디커플링의 비중이 높아지고 있다. 본 절에서는 서비스 인카운터에 대한 품질평가를 고객과 서비스 제공자의 관점에서 살펴본다. 그리고 서비스 디커플링의 개념과 효과에 대해서도 학습한다.

1 서비스 인카운터의 평가

고객, 직원, 서비스 기업 모두 중요하게 생각하고 접근하는 서비스 인카운터의 평가가 어떻게 이루어지는지 이해하는 것이 필요하다. 서비스는 유형적 제품이 없는 상태에서 제공되기 때문에 고객의 평가가 쉽지 않다. 설령 평가가 이루어진다고 해도 개인의 주관성을 상당 부분 포함하고 있어서 전체 서비스 경험에 의존하는 경향이 높다. 서비스 인카운터의 평가(혹은 결과)는 고객과 서비스 제공자 관점으로 나누어볼 수 있다.

1) 고객관점에서의 평가

고객은 실제 서비스의 기능과 서비스의 수행 또는 전달되는 방식에 많은 관심을 가진다. 따라서 고객은 서비스의 기능적 측면과 서비스 수행의 전달과정 측면을 평가하여 만족도 수준을 결정한다(최정일 외, 2020). 서비스 인카운터에서 만족도는 감정적 반응에 의해 영향을 받는다. 예를 들어, 서비스 인카운터에서의 서비스 실패는 분노, 실망 혹은 후회의 부정적 감정을 가져오고 부정적 감정은 불만족으로 이어진다.

Bitner 등(1990)은 중요사건 기법(CIT : Critical Incident Technique)을 사용하여 호텔, 항공사, 레스토랑을 대상으로 서비스 상호작용에 따른 만족과 불만족의 원인을 고객관점에서 분석하였다. 분석결과, 서비스 전달과정에서의 만족과 불만족 네 가지 요인을 제시하였는데, 서비스 전달체계의 실패, 고객의 요구사항 수용유무, 직원의 예기치 못한 행동, 문제 있는 다른 고객의 행동이 그것이다(표 7-10 참조).

서비스 전달체계의 실패로는 고객의 주문이 잘못 전달되거나, 주문한 서비스가 늦게 전달되거나, 부가적인 서비스 전달이 이루어지지 않을 때 발생한다. 고객의 요구사항에 관한 내용에는 서비스 기업이 제공할 수 없는 특이한 요구를 하거나 잘못된 요구를 하는 경우이다. 가령, 메뉴에 없는 음식을 주문하고 특정 메뉴에 들어가는 식재료의 대체를 요구하는 것이다. 고객의 이러한 요구를 잘 수용하면 고객은 만족하지만 잘못 대응하면 불만족하게 된다. 고객의 입장에서 볼 때 직원의 어이없는 실수와 같은 예상하지 못한 행동은 서비스 인카운터에 대한 불만족을 야기한다. 하지만 그 반대의 경우, 즉 고객에 대한 직원의 뜻밖의 배려는 고객에게 행복감이나 만족감을 높여주게 된다. 마지막으로, 문제 있는 다른 고객의 행동이다. 호텔 로비나 레스토랑에서 소란을 피우거나 술에 취해 다른 고객의 서비스 향유를 불쾌하게 하거나 방해하는 행동이다.

[표 7-10] 서비스 인카운터의 만족과 불만족 결정요인

만족/불만족 유형	세부 내용
서비스 전달체계의 실패	전달되지 못한 서비스, 늦은 서비스, 부가적인 서비스 제공의 실패
고객의 요구사항 수용유무	고객의 특별한 요구(예 : 메뉴에 없는 서비스), 고객의 기호사항, 고객의 실수, 방해가 되는 고객의 관리 문제
직원의 예기치 못한 행동	고객에 대한 배려 미흡, 직원의 어이없는 행동, 사회적 규범에 대한 직원의 행동, 열악한 환경 속에서 정성적 서비스 수행
문제 있는 다른 고객의 행동	술 취한 고객, 불쾌한 언행, 기업의 규칙사항 위반, 비협조적 고객행동

자료 : 최정일 외(2020). 서비스 경영 4.0. p.130

2) 서비스 제공자 관점에서의 평가

서비스 제공자는 자신의 만족보다는 직무의 일부로서 고객과의 상호작용에 참여하는 것이기 때문에 서비스 제공이나 판매가 서비스 인카운터 품질평가의 중요한 요소가 된다. 서비스 제공자는 고객이 좋은 서비스를 받고자 하는 것을 알고 있지만, 회사의 규정이나 절차 혹은 관심 부족으로 양질의 서비스를 제공할 수 없을 때 좌절을 느낄 수 있다. 따라서 서비스의 제공자는 자신이 속한 기업의 이익과 고객의 이익 사이에서 갈등을 겪을 수 있다.

한 국내 연구는 고객과 서비스 제공자 간에 발생하는 부정적 상황요인을 서비스 제공자의 관점에서 네 가지로 제시하였다(표 7-11 참조). 네 가지 부정적 요인은 부정적 고객요인, 부정적 환경요인, 부정적 직원요인, 그리고 부정적 직무요인이다. 부정적 고객요인으로는 고객의 특이한 요구, 무례한 감정표현, 부정적 행동을 포함한다. 부정적 환경요인은 쾌적하지 못한 물리적 환경(예 : 온도, 조명, 음악 등)이나 서비스 인카운터의 복잡한 환경 등을 포함한다. 부정적 직원요인은 서비스 제공자의 육체적 피로, 불안정한 심리상태, 업무 스트레스 등에 관한 것이다. 그리고 부정적 직무요인은 과도한 업무량, 불합리한 근무편성, 회사의 지원부족, 업무자율성 부족 등에 관한 것이다.

[표 7-11] 부정적 서비스 인카운터 유발요인

발생요인	내용
부정적 고객요인	고객의 부정적 요구 및 태도(고객의 특이한 요구), 무례한 감정표현, 부정적 행동
부정적 환경요인	쾌적하지 못한 물리적 환경(예 : 온도, 조명, 음악 등), 서비스 인카운터의 복잡한 환경
부정적 직원요인	서비스 제공자의 육체적 · 정신적 피로, 불안정한 심리상태, 직무 스트레스, 직급 스트레스
부정적 직무요인	과도한 업무량, 불합리한 근무편성, 회사의 지원 부족, 직무 자율성 부족

자료 : 강명순(2014). 서비스 접점에서의 부정적 상황요인이 판매원의 감정부조화와 고객지향적 행동에 미치는 영향. 제주대학교 석사학위 논문, p.19 ; 최정일 외(2020). 서비스 경영 4.0. p.132. 내용 수정

2 서비스 디커플링

업종에 상관없이 할인점들은 가장 싼 가격에 물건을 고객들에게 제공하여 이익을 창출하는 것이 목표이다. 이 과정에서 비용의 최소화를 꾀하여 고객에게 가장 저렴한 가격에 제품이나 서비스를 제공한다. 이를 위해 공급업체를 상대하고 제품이나 서비스를 가장 싼 가격에 들여오는 업무를 담당하는 지원부서와 고객과 직접접촉하여 서비스를 제공하는 일선부서 간의 구분이 명확하다.

이처럼 서비스 생산이나 전달과정에서 고객과 직접접촉이 필요 없는 업무들을 일선부서에서 분리하는 디커플링이 서비스 기업의 경쟁력을 강화시키고 있다. [사례 7-3]은 테이셰이라 하버드 경영대학원 교수가 저술한 경영전략서 『Decoupling』의 내용을 국내 언론사에서 소개한 일부 내용이다. 디커플링의 개념 및 효과에 대한 내용은 다음과 같다.

사례 7-3 **"고객이 가장 불편해 하는 부분을 찾아 연결고리를 끊고, 시장을 파괴하라!"**

[포춘] 선정 100대 기업 중 15곳 이상에 경영 자문을 하며 CNBC '가장 혁신적인 스타트업 50'의 심사위원으로도 활동 중인 탈레스 S. 테이셰이라 하버드 경영대학원 교수는 8년간의 집요한 연구 끝에 내놓은 경영전략서 [디커플링]을 통해 "시장 파괴의 주범은 신기술이 아닌 고객"임을 강조하며 '디커플링(decoupling) 이론'을 제시하고 있다.

탈레스 교수가 발견한 신흥 강자 기업들이 시장 판도를 뒤바꾸는 공통 패턴인 '디커플링'은 고객의 소비활동 사이에 존재하는 연결고리(제품 탐색, 평가, 구매, 사용) 중 약한 고리를 끊고 들어가 그 지점을 장악하는 것이다. 그는 대단한 기술도 없어 보이는 우버, 에어비앤비 등이 수십조 공룡기업이 된 것은 이 같은 '디커플링의 힘'이라고 분석한다.

"시장 파괴의 주범은 기술이 아닌 '고객'…
철저한 고객 맞춤형으로 누구나 시장에 파괴적인 변화 일으키는 '디커플러(decoupler)' 될 수 있어"

알리바바는 20년 지속성장이라는 놀라운 역사를 기록했다. 사업 초기 알리바바는 B2B 온라인 마켓 플레이스로 성공을 거두었다. 그런데 이후 B2B 분야 성장에 주력하지 않았다. 예전의 흔한 방식, 월마트가 하던 성공 공식을 버렸다. 알리바바는 잘되는 사업을 발전시키지 않고 대신 '고객 가치사슬 확장'에 눈을 돌렸다. 고객의 소비 단계 하나하나를 점령하는 전술을 썼다. 제품을 검색비교하고 결제하고 수령하는 모든 단계를 '한 번의 로

그인, 하나의 사이트'로 해결할 수 있게 만들었다. 덕분에 고객들은 알리바바를 통해 사는 것이 가장 간편하고 가장 저렴하고 가장 효율적으로 느끼게 됐다.

▲ 알리바바는 20년 지속성장을 이뤄냈다. [출처 = B&T]

탈레스 교수는 "알리바바 지속성장의 비결은 이 같은 철저한 고객 맞춤형에 있었다"며 "사고의 초점을 기업이 아닌, 기술이 아닌, 고객에 맞추는 것이 핵심"이라고 말한다. 그렇게만 한다면 신생 기업이든 기존 기업이든, 신기술이 있든 없든, 누구나 시장에 파괴적인 변화를 일으키는 디커플링을 일으키는 디커플러(decoupler)가 될 수 있다는 주장이다.

▲ 마켓컬리, 야놀자, 배달의민족 등 국내 기업들 중에서 '디커플러'들로 분류되는 기업들이 뜨고 있다.

국내시장에도 이미 이런 파괴적인 '디커플러'들이 존재한다. 새벽배송으로 유명한 마켓컬리는 요리는 하고 싶지만 재료구입은 힘들어하는 소비자에게 '재료 배송' 단계만 서비스한다. 기업가치 1조 원 이상 스타트업인 유니콘 기업에 등극한 야놀자, 배달의민족 역시 소비 활동의 극히 일부만 제공하는 디커플러다. 독자들에게서 중고도서를 구입해 다시 다른 독자들에게 판매하는 알라딘 중고서점 역시 일종의 디커플러다. 이들 역시 디커플러의 전형적인 패턴을 따른다. 고객 소비활동의 일부만 취하고 있으며, 세상에 없던 신기술로 사업을 시작하지 않았으며, 엄청난 속도로 틈새를 파고들어가 어느 순간 시장을 장악했다.

탈레스 교수는 이러한 오늘날의 시장 파괴 현상에 대해 "심각한 도전이지만 한편 새로운 기회"라며 "우리의 사고방식과 비즈니스를 확실하게 발전시킬 호기가 되기 때문"이라고 설명한다. 이러한 파괴 현상에 숨은 패턴을 이해한다면 더이상 어둠 속에서 더듬거리지 않아도 된다는 것이다. 즉, 고객 가치사슬을 끊어내는 프레임워크를 활용한다면 오히려 체계적인 대응을 해나갈 수 있다.

결국, 고객관점에서 시장을 보게 되면 그때부터 '디지털 디스럽션'이라 지칭하는 파괴 현상의 전체 모습이 눈앞에 펼쳐지고, 기회라는 거대한 해일 위에 올라서는 일도 가능해진다. 사실 오늘날 비즈니스 시장을 뒤엎은 파괴자들은 모두 이러한 해일을 피하지 않고 재빠르게 올라선 이들이다. 오늘, 우리 언더백 기업들도 고객이 가장 불편해 하는 부분을 찾아 연결고리를 끊고 시장을 파괴하는, 창조적 '디커플러'들이 되어 가기를 기대한다.

자료 : 사례뉴스(2019.12.3.)

1) 디커플링의 개념

Teixeira 교수는 시장의 판도가 바뀌는 현상을 디커플링(Decoupling)이라 하였다. 디커플링은 분리 혹은 탈동조화(Synchronization)란 뜻으로 경제학에서는 한 국가의 경제나 환율이 다른 나라 또는 세계 경기와 관계없이 움직이는 현상을 의미한다. 사회학에서도 디커플링의 용어가 사용되고 있다. 기업에서 새로운 제도를 도입하게 되면 모순되거나 불합치할 때 조직 내 구성원 간 갈등이 발생하는데, 공식적으로는 기존 제도와 일치된 모습을 보이지만 실질적으로 근본적인 변화를 시도하지 않게 되는 현상을 일컫는다(Meyer & Rowan, 1977).

디커플링은 서비스 분야에서도 활발히 논의되고 있는데, 그 주된 이유는 운영의 효율성을 높이기 위해서다. 서비스 운영의 효율성을 제고하기 위해 고객과의 접촉도가 높은 서비스와 낮은 서비스를 분리하는 것이다. 이처럼 고객과의 접촉이 필요하지 않은 업무를 고객과의 접촉이 빈번하게 발생하는 서비스 접점으로부터 분리하는 서비스 이원화를 디커플링이라 한다.

[표 7-12] 일선부서와 지원부서 관리의 차별성

구분	일선부서(Front office)	지원부서(Back office)
의미	고객의 존재를 필요로 하는 업무 (호텔: 객실, 레스토랑 등)	고객의 존재를 필요로 하지 않는 업무 (호텔: 구매부서, 자재창고 등)
시설위치	고객 근처	공급, 수송, 노동력 근처
시설배치	비용 효율성보다 고객기준	고객기준보다 비용 효율성
생산	서비스 생산, 생산품 저장 불가능	생산부서 효과적 지원(자재의 주문, 보관, 기자재 구매, 시설 공사)
직원능력	대인관계 능력	업무 분석능력

자료: 저자정리

관광 서비스 기업에서 이루어지는 업무 중에 고객의 존재를 필요로 하지 않는 것을 지원부서(Back office) 업무, 고객의 존재를 필요로 하는 것을 일선부서(Front office) 업무라고 부른다. [표 7-12]는 일선부서와 지원부서의 처리업무에 대한 관리의 차별성을 설명한 내용을 정리한 것이다. 고객과 직접접촉이 필요 없는 업무들은 일선부서 업무에서 분리되고 있다. 지원부서에 근무하는 직원들은 고객들과 직접접촉하는 물리적 현장으로부터 먼 곳으로 이동한다. 고객과 많이 접촉하는 요소와 적게 접촉하는 요소나 활동들이 있다면 그 활동들은 서로 다른 업무로 분리하여 서로 다른 직원들이 맡게 하는 것이 디커플링 이론이다.

2) 디커플링의 효과

일반적으로 디커플링은 업무 효율성을 높이고, 품질의 일관성을 높이며, 직원의 성격유형에 맞게 업무배치를 가능하게 하는 긍정적 효과가 있다. 여기서는 효율성, 품질 일관성, 직원의 성격유형에 맞는 배치, 그리고 업무처리 향상에 대해 살펴본다.

(1) 업무 효율성 제고 및 비용절감

고객의 관여가 업무에 방해될 수 있을 때 고객과의 접점(접촉)이 없는 곳으로 옮기면 서비스 생산이 훨씬 부드럽게 진행될 수 있다. 또한, 한 사람이 몇 가지 제한된 일을 계속하면 학습효과가 나타나기 때문에 그 일을 수행하는 데 있어서 훨씬 능률적이고 효율성을 가지게 된다. 분리된 업무들은 규모의 경제를 위해 중앙으로 집중화된다.

직원의 업무만을 분리하는 것이 아니라 지리적으로도 분리해야 디커플링의 효과가 커진다. 고객과의 접촉이 낮은 업무를 고객으로부터 분리할 때 잠재적 효율성이 높아지기 때문이다. 실제로 서비스 기업에서 일선업무는 고객의 접근성이 좋은 번화가 지역에 있지만, 지원부서는 임대료가 낮은 곳이나 적합한 능력의 직원을 채용하기 좋은 곳에 위치한다.

던킨도너츠는 대도시 단위마다 한 곳씩 중앙 집중화된 시설에서 도넛을 구워 그 주변의 여러 매장에 조달하는 방식으로 매장과 생산을 디커플링하여 업무와 비용의 효율성을 달성하였다. 대형 할인점의 경우도 매장과 구매부서를 분리하여 업무는 물론 공간활용의 효율성도 높이고 있다.

(2) 품질 일관성 제고

복잡한 업무가 디커플링되고 한 개인이 단지 하나의 업무에 매달린다면 일관된 서비스를 창출할 가능성이 높아진다. 따라서 일선부서와 지원부서의 디커플링을 얼마만큼 효과적으로 구성할 수 있을 것인가는 기업에 있어서 매우 중요한 문제이다. 던킨도너츠는 서비스공간과 생산공간을 분리하여 비용의 효율성은 물론 별도의 분리된 공간에서 도넛을 생산함으로써 품질의 일관성까지 확보할 수 있게 되었다. 하지만 디커플링으로 인해 일선부서 서비스 제공자가 하나의 업무에 매달리게 되면 고객의 비표준적 요구에 응답하는 능력, 고객에 대한 공감, 전반적인 지식의 한계를 가져올 수 있다.

(3) 직원의 성격유형에 맞는 배치

직원의 성격유형에 따라 대인관계가 좋은 직원(관계지향형)은 고객과 자주 접하는 일선부서에 배치하고, 기술력이나 분석력이 좋은 직원(업무지향형)은 지원부서에 배치하는 것이 효과적이다. 따라서 디커플링은 직원 각자의 성격과 개성에 맞게 역량을 최대한 발휘하도록 유도하는 데 큰 도움이 된다.

(4) 업무처리 향상 및 개선

디커플링은 업무분할, 자동화, 학습곡선 효과(Learning curve effect)[7] 등으로 서비스 제공자의 업무처리 속도(예 : 서비스 제공) 향상이나 개선에 기여할 수 있다. 하지만 디커플링으로 인해 고객 대기시간이 길어질 수도 있고 업무들 간의 이동이 지연될 수도 있다.

7) 노동집약적인 반복작업에 있어 여러 번의 반복적 작업수행으로 인해 해당 작업에 소요되는 시간이 감소되는 현상

토론주제

- 서비스 유형별로 서비스 인카운터의 특징이 있다면 무엇인가?
- 왜 서비스 인카운터가 중요한가?
- 호텔기업의 마케팅 전략수행에 있어 대인 서비스 인카운터의 중요성은 무엇인가?
- 기술혁신에 따른 서비스 인카운터는 어떤 방향으로 변해야 하는가?
- 개별 서비스 인카운터들을 성공적으로 관리하기 위해서는 무엇을 어떻게 해야 하나?
- 관광 서비스 기업들의 서비스 디커플링 수준은 어느 정도이고 대표적 사례 기업은?
- 서비스 기업 간 인카운터 직원의 직무에 대한 만족의 수준은 어느 정도인가?

참고문헌

강명순(2014). 서비스 접점에서의 부정적 상황요인이 판매원의 감정 부조화와 고객지향적 행동에 미치는 영향. 제주대학교 석사학위논문.

사례뉴스(2018.11.19.). 4차 산업혁명시대… '야쿠르트 아줌마'는 경쟁력이 있는가? http://www.casenews.co.kr

사례뉴스(2019.12.3.). "고객이 가장 불편해 하는 부분을 찾아 연결고리를 끊고, 시장을 파괴하라!" http://www.casenews.co.kr/news/articleView.html?idxno=3048

서비스경영학회 역(2010). 스마트 시대의 서비스경영. McGraw-Hil Korea. (Fitzsimmons, A., & Fitzsimmons, M.J.(2010). Service management : Operations, strategy, information technology. McGraw-Hill)

소비자평가(2018.1.1.). MOT, 고객 접점에 집중하자 http://www.iconsumer.or.kr

연합뉴스(2020.11.24.). "내가 쓰레기통인가 생각했어요"… 벗어나고픈 감정노동의 굴레 https://www.yna.co.kr/view/AKR20201124090600054

최정일 · 김연성 · 유한주 · 장정빈 · 황조혜(2020). 서비스 경영 4.0. 문우사.

Albrecht, K., & Zempke, R.(1985). Service America : Doing Business in the New Economy. New York : Dow Jones Urwin.

Bateson, J.E.G.(1985). Perceived control and the service encounter. In Czepiel, J.A., Solomon, M.R., & Surprenant, C.F.(eds.). The Service Encounter. Lexington, MA : Lexington Books.

Bitner, M.J., & Stephen, W.B., & Matthew, L.M.(2000). Technology infusion in service encounters. Journal Academy Marketing Science. 28 : 138-149.

Bitner, M.J.(1992). Servicescapes : The impact of physical surroundings on customers and employees. Journal of Marketing. 56 : 57-71.

Bitner, M.J., Booms, B.H., & Tetreault, M.(1990). The service encounter : Diagnosing favourable and unfavourable incidents. Journal of Marketing. 54(January) : 71-84.

Czepiel, J.A.(1990). Service encounters and service relationships. Journal of Business Research. 20(Jan.) : 13-21.

Evans, F.(1983). Selling as a dyadic relationship - A new approach. American Behavioral Scientist.

6(May) : 76-79.

Fitzsimmons, A., & Fitzsimmons, M.J.(2010). Service management : Operations, strategy, information technology. McGraw-Hill.

Froehle, C., & Roth, A.(2004). New measurement scales for evaluating perceptions of the technology-mediated customer service experience. Journal of Operations Management. 22 : 1-21.

Keaveney, S.M.(1995). Customer switching behavior in service industries : An exploratory study. Journal of Marketing. 59 : 71-82.

Lovelock, C., & Wright, L.(2002). Principles of service marketing and management(2nd ed.). Prentice-Hall.

Meyer, J.W., & Rowan, B.(1977). Institutionalized organizations : Formal structure as myth and ceremony. American Journal of Sociology. 83, 2 : 340-363.

Mumby, D.K., & Putanm, L.L.(1992). The politics of emotion : A feminist reading of bounded rationality. The Academy of Management Review. 17(3) : 465-486.

Normann, R.(1991). Service management strategy and leadership in service businesses(2nd ed.). Chichester : John Wiley and Sons.

Schmenner, R.W.(1995). Service operations management. Englewood Cliffs, NJ : Prentice-Hall.

Shostack, G.L.(1985). Planning the Service Encounter in The Service Encounter, J.A. Czepiel, M.R. Solomon, & C.F. Suprenant eds. Lexington, MA : Lexington Books, pp.204-254.

Slack, N., Brandon-Jones, A., & Johson, R.(2013). Operations management(7th ed.). Pearson.

Solomon, M.R., Surprenant, C., Czepiel, J.A., & Evelyn, G.G.(1985). A role theory perspective on dyadic interaction : Service encounter. Journal of Marketing. 49(Winter) : 99-111.

Wu, C., & Liang, A.(2009). Effect of experiential value on customer satisfaction with service encounters in luxury-hotel restaurants. International Journal of Hospitality Management. 28(4) : 586-593.

Tourism Service Management

제 08 장

감정노동 관리

학습목표

본 장에서는 다음 내용의 이해를 목표로 한다.

감정노동의 정의

감정노동의 유형

관광 서비스 산업에서 감정노동의 중요성

감정노동의 구성요소

관광 서비스 직원의 갈등원인

직무소진의 정의

직무소진의 구성요소

감정노동 관리방안

감성역량 개념 및 활용방안

Chapter

08 감정노동 관리

사례 8-1 감정 노동자의 건강한 삶과 돌봄

감정 노동자의 부정적 정서관리의 중요성

<전략> 콜센터, 백화점, 마트 직원, 간호사, 공무원들은 업무 중 갑자기 고객의 불평과 폭언을 겪게 되었을 때, 당황하고 심리적으로 충격을 받을 수밖에 없다. 이럴 때, 기업은 직원에게 휴식을 취하도록 하거나, 심리상담을 받도록 하고 있다. 감정적 상처를 받았을 때 그대로 방치하는 것이 아니라, 서비스 직원이 자기감정 관리를 잘할 수 있도록 지원하는 것이 중요하다.

감정 노동자 보호법 제정으로 각 기업에서는 고객응대 업무지침, 매뉴얼, 예방교육, 힐링 프로그램이나 상담 등 다양한 프로그램을 도입하고 있다. 실제 최근 5~6년 사이에 감정 노동자를 대상으로 하는 각종 교육이 눈에 띄게 증가해왔다. <중략>

감정관리를 위한 명상, 호흡법, 요가, 긍정심사법 등 효과적

감정관리를 위해 직접 체험해볼 수 있는 프로그램으로는 몇 가지가 있다. 그중에서 마음챙김을 기반으로 한 명상이나 요가, 호흡법, 긍정심상법 등이 있다. 마음챙김은 최근 구글, 애플, 페이스북 등 세계적인 기업과 영국 공립학교 등 공공기관에서도 정식으로 도입된 과학적인 스트레스 관리방법으로, 지금 일어나는 일에 온전히 주의를 기울이는 마음 휴식법이다. 마음챙김은 몸과 마음의 건강에 효과가 있음이 수천 건의 연구를 통해 밝혀졌다. 특히 불안, 우울 등 부정적 정서의 감소와 재발 방지에 효과가 탁월한 것으로 알려져 마음이 불편할 때 생활 속에서 활용하면 도움을 받을 수 있다.

ⓒ마음챙김/마음의숲 이미지 제공

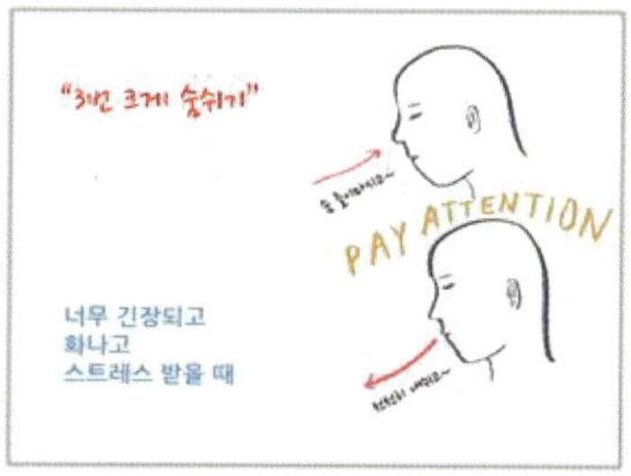

ⓒ마음챙김/마음의숲 이미지 제공

이 밖에도 근로자들의 감정 스트레스를 위한 여러 방법이 있지만, 그중 '행복비타민ABC'라는 심리프로그램을 소개해보고자 한다. '행복비타민ABC'라는 프로그램은 현재 콜센터, 구청 공무원, 돌봄 종사자 등과 함께 진행하고 있는 프로그램으로 (주)마음의숲에서 감정 노동자들에게 특화하여 자체 개발한 프로그램이다.

이 심리프로그램은 감정 노동자들이 자신의 스트레스를 자각(Awareness)하고, 회복 탄력성(Bounce)을 발견하고, 긍정적 변화(Change)의 동기를 발견한다는 의미에서 각 단어 첫머리 글자의 스펠링을 따서 만들어졌다. 진행방법은 스트레스 검사 등을 통해 ▲ 감정 노동자의 스트레스를 이해하고, ▲ ETF, ▲ 긍정심상법, ▲ 명상과 호흡, ▲ 가치찾기 등으로 일터에서 일상적으로 경험하는 감정적 스트레스 상황에서 자기관리할 수 있는 마인드와 관리방법을 학습할 수 있도록 한다. <중략>

힘들 때 이야기할 가까운 사람이나 상담사 도움이 절실

마음이 힘들 때, 우리가 도움받을 방법으로는 주변 사람과 나의 힘든 문제를 함께 이야기 나누는 것이다. 사람의 삶의 질을 결정하는 데 사회적 관계는 매우 중요한 비중을 차지한다.

때때로 사람은 말하는 것만으로도 위로받는다. 주변 사람에게 터놓고 이야기하기 민감한 주제가 있다면, 심리상담실의 문을 두드려보는 것도 좋은 방법이다. 내 마음을 이야기한 것만으로도 마음이 훨씬 가벼워짐을 느낄 수 있다.

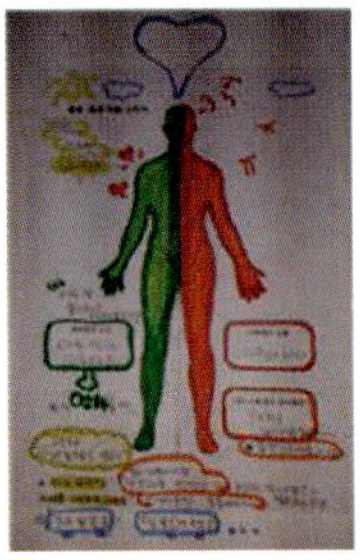

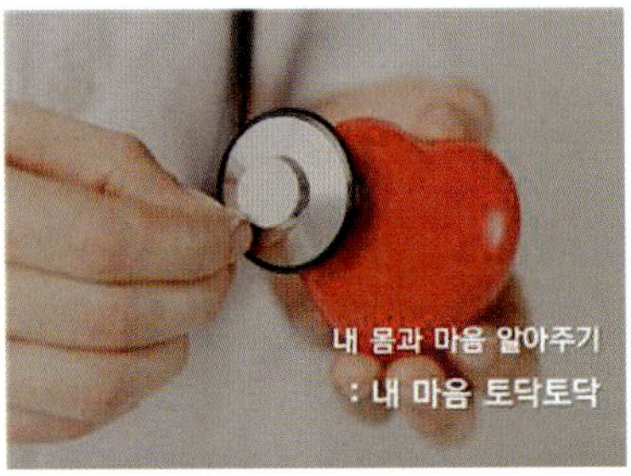

ⓒ마음챙김/마음의숲 이미지 제공

<중략> 직업을 가진 사람들은 누구나 사람을 대상으로 업무를 해야 하므로 콜센터 직원이나 서비스에 있는 직원들만 감정 스트레스 관리가 필요한 것이 아니라 근로자라면 누구나 이러한 감정 스트레스에 노출되어 있다. 그렇기 때문에 감정노동 스트레스 관리가 이처럼 중요한 상황에서 각 기업의 보건관리자들도 감정노동 스트레스가 발생하게 되는 기업 내 원인을 진단하고, 이와 관련된 교육에도 관심을 가져서 각자가 담당하고 있는 사업장의 근로자들이 행복하고 건강한 삶을 살아갈 수 있도록 더욱 관심을 가져주기를 바란다.

자료 : 세이프티퍼스트닷뉴스(2021.1.28.)

제1절 감정노동의 개념 및 중요성

감정에 대한 문제는 사회학자들과 심리학자들의 주요 관심분야였고 지금도 관심을 많이 가지는 분야 중 하나이다. 감정은 심리학적 영역에 포함되는 것으로 이성으로는 통제하기 힘든 충동적이면서도 본질적인 것으로 인식되고 있다. 서비스 분야에 근무하는 직원에게는 육체적 노동과 정신적 노동 외에 고객과의 상호작용 과정에서 나타나는 자신의 감정을 관리하고 통제하는, 즉 감정노동이 중요하다. 본 절에서는 감정노동이 무엇인지 살펴보고, 감정노동의 구성요소인 표면행위와 내면행위를 살펴본다. 또한, 감정노동의 중요성과 구성요소에 대해서도 학습한다.

1 감정노동의 개념

영어의 'Labour'와 'Work'는 모두 노동(勞動)이란 의미를 지니고 있다. 전자(前者)는 인간이 필요한 것을 얻기 위해 수행하는 육체적인 노동을 주로 의미하고, 후자(後者)는 지적인 요소를 포함하는 것을 목적으로 하는 노동을 의미한다(Nishikawa, 2006). 감정노동에 대한 개념적 정의는 주로 사회학이나 여성학의 영역에서 시작되었다.

감정을 노동의 형태로 인식하고 감정노동(Emotional labor)이라는 용어를 처음 사용한 것은 미국의 사회학자 Hochschild이다. 그는 저서 『The Managed Heart(1983)』에서 감정표현을 수행하기 위해 감정을 조절해야 하는 업무로 정의하였다. 여기서 감정을 조절한다는 것은 일반 대중들로부터 주목받게 되는 표정이나 몸짓을 창출하는 데 따른 느낌(feeling)을 관리하는 것이라고 하였다. 그의 주장에 따르면 감정노동자들은 고객에게 긍정적인 반응을 얻을 수 있도록 하는 공개적으로 준수해야 할 표정이나 몸짓을 하도록 요구받게 된다. 결과적으로 감정노동은 조직에 있어서는 실용적이지만 서비스 제공자에게는 그렇지 못하다.

이후 여러 학자들로부터 감정노동에 대한 정의가 이루어져 왔다. 예를 들어, Ashforth와 Humphry(1993)는 조직 구성원들이 조직목표를 달성하기 위해 사회적으로 요구되는 감정을 조직에서 요구하는 표현규범에 맞게 적절히 표현하는 행동이라고 정의하였다. 이러한 정의는 감정노동을 느낌(Feeling)이 아닌 적절한 감정을 외적으로 표현하는 행동중심으로 이해해야 한다는 점을 강조한 것이다. Morris와 Feldman(1996)은 대인업무를 하는 동안 조직적으로 바람직한 감정을 표현하기 위한 노력, 계획, 관리과정으로 정의하였다. 이들은 감정노동을 적절한 감정표현의 빈도, 바람직한 감정표현의 요구정도, 감정표현의 다양성, 감정의 부조화 등 다차원적으로 이해하는 것이 중요하다고 하였다.

이와 같이 감정노동은 배우가 연기하듯이 고객의 감정을 맞추기 위하여 자신의 감정을 자제하고 통제하는 일을 일상적으로 수행하는 것을 말한다. 감정노동은 주로 고객을 대상으로 하는 대면과정에서 수행되므로 감정노동을 통해 만들어지는 서비스는 상대방에게 보여지고 느껴져야 한다. Hochschild(1983)는 감정노동의 직무조건으로 대면업무, 감정적 표현을 행하는 직무, 그리고 감정표현에 있어 상급자의 통제가 가능한 직무 등 세 가지를 제시하였다. 학자별 감정노동의 정의를 요약해 보면 [표 8-1]과 같다.

[그림 8-1] 감정노동자의 스트레스

[표 8-1] 감정노동의 정의

연구자	감정노동 개념
Hochschild(1983)	개인 자신의 감정을 사회적 규범에 적합하게 조절하는 것
Ashforth & Humphrey(1993)	사회적으로 요구되는 감정을 조직에서 요구하는 표현규범에 맞게 적절히 표현하는 행동
Morris & Feldman (1995)	조직이 요구하는 감정을 표현하는 데 필요한 노력, 계획, 관리과정
Grandey(2000)	조직의 목표달성을 위해 느낌 혹은 감정표현을 규제하는 과정
Lewig & Dollard(2003)	감정표현의 규칙에 맞게 감정을 억압하거나 긍정적인 감정을 표현하는 행위
한국산업안전보건공단 (KOSHA)	직업상 고객을 대할 때 자신의 감정이 좋거나, 슬프거나, 화나는 상황이 있더라도 조직에서 요구하는 감정과 표현을 고객에게 보여주는 등 고객응대 업무를 하는 노동

자료 : 저자정리

2 감정노동의 유형

서비스 기업은 일반적으로 직원에게 친절하고 긍정적인 감정표현을 요구하는 조직의 표현규칙을 가지고 있다. 하지만 조직의 표현규칙은 긍정적 표현뿐만 아니라 분노와 슬픔과 같은 부정적인 감정의 표현까지 요구하기도 하며 감정노동자는 이를 수행해야 한다. Humphrey 등(2008)은 서비스 근로자가 수행하는 감정노동 유형을 다음과 같이 세 가지로 분류하였다.

첫째, 고객 서비스직 감정노동이다. 이는 서비스 제공자가 친절하고 도움을 주는 것과 관련이 있는 긍정적인 감정을 일반적으로 표현하게 되는 고객 서비스직(식당, 소매, 호텔 등)에서 일어나는 감정노동이다. 서비스 제공자는 일반적으로 유쾌하고 표현하기 좋은 감정만을 표현하도록 요구되지만, 바쁜 업무 중에 이러한 표현을 반복적으로 하게 되면 스트레스가 쌓이고, 서비스의 진정성을 의심받게 되고, 감정의 불협화음 등을 만들어낼 수도 있다(한국노동연구원, 2011).

둘째, 돌봄 서비스직 감정노동이다. 이는 의사, 간호사, 사회복지사 등과 같이 남을 도와주는 업무를 하며 공감을 표현하는 감정노동이다. 이들 돌봄 서비스업에 종사하는 근로자는 질병이나 가족의 사망으로 인해 발생하는 부정적인 감정, 즉 슬픔과 공감을 표현해야 한다.

셋째, 사회통제적 감정노동이다. 경찰, 채권추심원, 경비원 등과 같은 서비스직에서 주로 나타나는 감정노동이다. 위의 두 가지 감정노동과 달리 이에 종사하는 사람은 다른 직업에 있는 사람이라면 비교적 잘 발생하지 않는 불쾌한 일이 있을 때 주로 표현하는 감정, 즉 격앙, 분노, 공격성, 지배 등을 자주 표현해야 한다(한국노동연구원, 2011). 가령 친절하고 온순한 사람이라면 경찰업무를 수행하는 데 필요한 공격성과 분노의 감정을 표현하는 것이 감정적으로 매우 힘들 것이다.

3 감정노동 직업

감정노동을 주로 수행하는 직업들은 승무원, 콜센터, 호텔, 레스토랑, 텔레마케터, 금융서비스 종사자, 백화점 및 할인점의 판매원, 카지노 딜러, 사회복지사 등 대인 서비스업에 몰려 있다(표 8-2 참조). 서비스 산업은 제조업과 달리 노동자가 생산한 물건을 복잡한 유통구조 속에서 고객에게 판매하는 것이 아니라, 직원이 고객과 직접 대면하는 과정에서 생산하는 서비스 상품을 일선(Front line)에서 판매한다. 따라서 노동에 대한 통제도 제조업에서는 고용주-직원 간의 관계에서 이루어지지만 서비스업에서는 고용주-직원-고객의 삼각관계에서 이루어지는 특성이 있다. 즉, 서비스를 생산하고 전달하는 과정에 고객이 개입되어 있는 것이다.

이러한 서비스 직업군이 감정노동을 많이 수행한다는 것은 객관적 자료에서도 나타난다. 한상근 등(2012)은 한국고용 직업분류 기준 세분류 직업 203개 직업(건설·생산직과 군인 제외)에 종사하는 근로자 5,667명을 대상으로 감정노동의 수행정도에 대해 설문조사를 하였다. 감정노동을 상대적으로 많이 수행해야 하는 중분류 직업군은 음식서비스 관련직, 영업 및 판매 관련직, 미용·숙박·여행·오락·스포츠 관련직 등의 순으로 나타났다(표 8-3 참조). 그리고 세분류 수준에서는 항공기 객실 승무원, 홍보 도우미 및 판촉원, 통신서비스 및 이동통신기 판매원이 감정노동을 상대적으로 많이 수행하는 직업인 것으로 나타났다. 인구사회학적 특성에 따른 차이를 살펴보면 여성이 남성에 비해 감정노동을 수행하는 빈도가 더 많고 연령이 낮을수록 감정노동을 더 많이 하는 것으로 밝혀졌다.

[표 8-2] 표준산업분류에 의한 감정노동자 종사자 직업

대분류	중분류	소분류	예시
서비스 종사자	41 경찰, 소방 및 보안관련 서비스직	411 경찰, 소방 및 교도관련 종사자 412 경호 및 보안 관련 종사자	경찰관, 소방관, 교도관, 경호원, 보디가드, 주차 단속원
	42 이미용, 예식 및 의료 보조 서비스직	421 의료, 복지 관련 서비스 종사자 422 이미용 및 관련 서비스 종사자 423 혼례 및 장례 종사자 429 기타 이미용	간병인, 이용사, 미용사, 피부미용사, 메이크업 아티스트 및 분장사, 웨딩 플래너, 장례상담원
	43 운송 및 여가 서비스직	431 운송 서비스 종사자 432 여가 및 스포츠 관련 종사자	[항공기, 선박, 열차] 객실승무원, 여행 및 관광안내원, 숙박시설 직원, 치어리더, 캐디 등
	44 조리 및 음식 서비스직	441 주방장 및 조리사 442 음식서비스 종사자	[한식, 중식, 양식, 일식] 주방장 및 조리사, 바텐더, 웨이터
판매 종사자	51 영업직	510 영업 종사자	자동차 영업원, 제품 및 광고 영업원
	52 매장 판매직	521 매장 판매 종사자 522 상품 대여 종사자	상점 판매원, 자동차 대여원, 생활용품 대여원
	53 방문, 노점 및 통신판매 관련직	530 방문, 노점 및 통신 판매 관련 종사자	방문 판매원, 통신 판매원, 도우미

자료 : 고용노동부 안전보건공단(2016). 감정노동과 건강관리. p.11

[표 8-3] 중분류 직업별 감정노동 평균 비교

중분류	평균	세분류	평균
음식 서비스 관련직	4.13	항공기 객실 승무원	4.70
영업 및 판매 관련직	4.10	홍보 도우미 및 판촉원	4.60
미용·숙박·여행·오락·스포츠 관련직	4.04	통신서비스 및 이동통신기 판매원	4.50
사회복지 및 종교 관련직	4.02	장례상담원 및 장례지도사	4.49
보건·의료 관련직	3.98	아나운서 및 리포터	4.46
경비 및 청소 관련직	3.93	조리사, 바텐더, 웨이터, 접객원	4.44
금융·보험 관련직	3.92	검표원	4.43

중분류	평균	세분류	평균
경영 · 회계 · 사무 관련직	3.79	마술사	4.39
관리직	3.77	고객 상담원(콜센터 상담원)	4.38
법률 · 경찰 · 소방 · 교도 관련직	3.74	미용사, 텔레마케터	4.35

주 : 조사문항 점수의 만점은 5점
자료 : 한상근 · 박천수 · 정윤경 · 장혜정 · 김나라(2012). 한국의 직업지표 연구. 한국직업능력개발원, pp.2-3

4 감정노동 강도의 결정요인

감정노동은 개인의 업무수행 능력, 서비스 제공상황과 제공시간, 고객유형, 서비스 유형, 근무환경 등과 같이 매우 다양한 요인들에 의해 영향을 받기 때문에 감정노동의 강도도 다르게 나타난다. 일반적으로 감정노동은 네 가지 요인, 즉 감정표현의 빈도, 바람직한 감정표현의 요구정도, 감정표현의 다양성, 그리고 감정적 부조화에 의해 그 강도가 결정된다(Morris & Feldman, 1996).

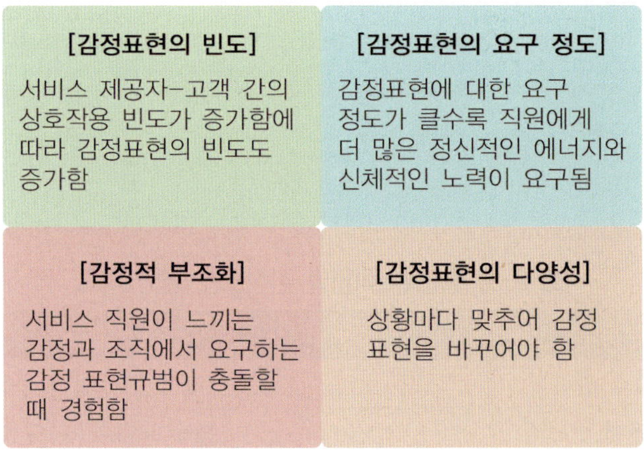

자료 : 저자정리

[그림 8-2] 감정노동 강도의 결정요인

첫째, 감정표현의 빈도이다. 즉, 서비스 제공자와 고객 간의 상호작용 빈도가 증가함에 따라 서비스 제공자의 감정표현의 빈도도 증가한다. 감정표현의 빈도가 감정노동

강도를 결정하는 가장 중요한 요소이다.

둘째, 바람직한 감정표현에 대한 요구정도이다. 감정표현에 대한 요구정도가 클수록 서비스 직원들에게 더 많은 정신적인 에너지와 신체적인 노력이 요구되고 감정표현에 있어서 더 많은 노동이 필요하게 된다. 이러한 요구정도는 감정표현의 기간과 강도의 개념을 포함한다. 오랫동안 감정표현을 수행하게 되면 더 많은 노력이 필요하고 따라서 더 많은 감정노동을 하게 된다. 감정의 강도는 얼마나 강하게 또는 어떠한 태도로 감정을 경험하고 표현하는가와 관련이 있다. 서비스 제공자가 표현하는 감정의 강도에 의해 고객이 설득될 수 있기 때문에 서비스 제공 시 고객의 행동변화를 결정하는 중요한 요인이 될 수 있다.

셋째, 감정표현의 다양성이다. 즉, 서비스 제공자는 특별한 상황에 맞추어서 감정표현을 자주 바꾸어야 한다. 이로 인해 서비스 제공자는 더 적극적인 계획과 자신의 행동에 대한 의식적인 관찰을 더 많이 해야 한다. 표현하는 감정의 수가 다양해질수록 서비스 직원은 더 많은 감정노동을 수행하게 된다.

마지막으로, 감정의 부조화이다. 이는 서비스 직원이 느끼는 감정과 조직에서 요구하는 감정 표현규범이 충돌할 때 경험할 수 있다. 서비스 직원의 감정과 표현규범에 따른 감정 사이의 갈등이 클수록 직원은 더 많은 통제기술이 필요하며 주의 깊은 태도를 보여야 한다.

5 감정노동의 중요성

서비스 기업은 고객이 서비스 직원과 접촉하는 동안 그 기업에 대하여 우호적인 감정을 갖도록 직원의 감정표현에 대하여 일정한 기준과 통제를 하고 있다. 다른 직종에 비하여 서비스직 직원의 감정표현 관리가 중요하기 때문이다. 관광 서비스 산업에서 감정노동이 중요한 이유는 세 가지로 요약될 수 있다(김민주, 1998).

첫째, 서비스 직원의 감정표현을 보고 고객이 서비스 품질을 결정하기 때문이다. 예를 들어, 호텔 로비에 들어서는 고객에게 서비스 직원의 예의 바르고 친절한 안내와 태도는 고객에게 강한 인상을 심어주게 된다. 둘째, 서비스의 소멸성과 생산과 소비의 동시성으로 인해 고객에게 잘못된 감정표현은 수습이 불가능하다(Ashforth & Humphrey, 1993). 셋째, 서비스 직원의 우호적인 감정표현은 고객의 구매의사결정 및 기업 이미지 제고에 유의한 영향을 미친다(Ashforth & Humphrey, 1993).

서비스 산업에서는 기업의 브랜드 또는 판매장소에 대한 충성도보다 서비스 접점에서 나타나는 대인적 관계에 의한 충성도가 더 중요하다고 보고 있다. 서비스 접점에서의 대인적 관계는 서로 간의 유대감을 생성하고 이를 더욱 강화시켜 고객의 충성도를 형성하기 때문이다. 이에 서비스 기업은 더욱 명확한 감정표현 규칙을 만들고 고객접점 서비스 직원에게 그 규칙에 따라 고객을 응대할 것을 요구하고 있다.

이러한 서비스 직원의 감정노동은 자신의 실제감정을 억제하고 친절한 서비스를 제공하게 됨으로써 직무 스트레스가 발생하고 정신적, 육체적 건강에 심각한 손상(예: 우울증, 고혈압, 수면장애, 음주, 도박 중독)을 입게 된다. 특히, 서비스에 대한 고객의 요구수준이 높아지면서 가중된 대인업무 스트레스와 열악한 처우는 이러한 상황을 점점 악화시키고 있다(사례 8-2 참조).

사례 8-2 **"내가 쓰레기통인가 생각했어요"… 벗어나고픈 감정노동의 굴레**

일상적 폭언 · 폭행 · 추행… 감정노동자 67.5% 이직 고려

"오토바이는 빠르다고 생각들 하세요. (음식을) 픽업해서 도착지까지 신호 다 지키고 가겠다고 말하면 매장 사장님들이 위(회사)에다 전화해요. 이 친구 XXX 없이 말하고 갔다고."(배달대행 기사)

"내가 쓰레기통인가, 이런 생각도 들었어요. 해결 방법을 제시해도 어떤 분은 자기감정을 퍼붓고 싶은 것 같아요. '나 그냥 기분이 나쁘다. 네가 내 담당이니까 얘기 들어라'는 식으로 퍼붓는 거죠."(직업상담원)

각 분야 감정노동자들이 겪는 스트레스, 감정 부조화 등 열악한 근무환경이 실태조사에서 고스란히 드러났다. 24일 광주시 노동센터의 감정노동 실태조사 보고서에 따르면 감정노동자 67.5%는 이직을 생각한 적이 있다고 답했다.

지난 7~9월 콜센터 직원, 요양보호사, 택배기사, 대리운전 기사, 간호사, 보험설계사 등 29개 직종, 1천166명의 감정노동자를 대상으로 한 설문조사 결과다. 이직 고려 이유는 과도한 업무 스트레스(30.4%), 낮은 임금조건(21.5%) 등 비중이 컸다. '업무 외 요청, 억지 주장, 무리한 요구 등 업무방해' 등을 경험한 적이 있냐고 묻자 '가끔 있다' '자주 있다' '매우 자주 있다'는 응답률을 합쳐 78.8%나 됐다. '말꼬리 잡고 늘어지거나 인격을 무시하는 언행'은 78.8%, '욕설이나 폭언'은 64.6%가 경험한 것으로 나타났다.

여성이라는 이유로 억지주장, 인격무시, 과도한 친절을 요구받은 경험을 한 응답자는 45.2%, 성희롱·성추행·성적 수치심을 일으키는 행위를 경험한 응답자는 26.9%나 됐다. 그러나 직장 내 감정표현의 지침(매뉴얼)이 있다는 응답은 26.7%에 불과했다. 악성 민원인이 있을 때 직장의 조치(복수응답)는 '특별한 도움을 주지 않으며 나는 업무에 집중해야 한다'는 응답이 55.1%, '말로 위로한다'는 응답이 39.0%였다. 스트레스와 감정소진 방식(복수응답)은 '동료의 위로·수다(57.0%)' '가족·친구와의 대화(46.4%)' '혼자 참는다(43.8%)' '퇴근 후 술자리(31.5%)' 등 개인적인 노력이 대다수였다.

최근 1년 사이 업무와 관련해 신체적, 정신적 질병을 앓았다는 응답은 41.0%였다. 근골격계 질환(51.9%), 소화기 질환(47.5%), 생리불순(18.6%), 우울증(16.6%) 등 순으로 많았다. 하루에 응대하는 고객이나 민원인 수는 평균 41.1명이었다. 응답자의 하루 평균 근로시간 8.1시간을 고려하면 시간당 평균 5.1명을 응대하는 셈이다.

13개 직종, 24명을 대상으로 한 심층 면접에서 드러난 고충은 매우 구체적이었다. 콜센터 상담원은 악성 고객이 회사로 찾아와 난동을 부려 경찰이 출동하거나 미납 요금을 10원짜리로 준비해 바닥에 뿌렸던 사례 등을 진술했다. 여성 요양보호사는 남성을 상대하면서 성희롱, 성추행 피해를 겪고 거부 의사를 밝힌 뒤 절도 혐의를 쓴 사례를 언급하기도 했다.

자료 : 연합뉴스(2020.11.24.)

6 감정노동의 구성요소

조직에서는 개인의 감정에 배치되는 규칙이나 규범을 따라야 하기에 감정적 불만이 발생하고 이는 개인, 고객, 그리고 조직 모두에게 부정적인 영향을 미친다. Hochschild (1983)는 감정노동에 있어서 행위로 나타나는 현상을 표면행동과 내면행동 두 가지로 구분하였다. 감정노동에 대한 대부분의 연구들은 서비스 직원이 경험하는 감정노동을 표면행위와 내면행위로 구분하고 있다.

1) 표면행위

표면행위(Surface acting)란 실제의 마음상태와 상관없이 보이는 행동, 표정, 제스처, 목소리 등과 같은 언어적 또는 비언어적 표현으로써 자기감정을 밖으로 표현하지 않고 절제하여 조직의 표현규범을 따르는 것이다(Hochschild, 1979). 따라서 표면행위는 서비스 직원이 자신의 감정과는 상관없이 조직이 요구하는 감정표현의 매뉴얼에 따르는 것이므로 실제로 느낀 감정과 나타내야 할 표현감정의 모순이다(Ashforth & Humphrey, 1993). 예를 들어, 부정적인 감정을 가지고 있음에도 불구하고 그것을 자제하고 긍정적인 표현을 위해 미소를 지으며 친절한 목소리로 고객에게 서비스를 응대하는 것과 같은 것이다. 고객이 어떤 태도를 보이느냐에 관계없이 고객들에게 친절한 서비스를 제공하도록 조직으로부터 요구받기 때문에 다양한 고객들에 대한 감정을 규제하는 것은 불가능하다.

표면행위는 서비스 제공자의 감정상태와 조직이 요구하는 감정표현의 매뉴얼과의 불일치 상태에서 행해지는 경우가 대부분이다. 이와 같은 불일치는 직무에 대한 불만족으로써 감정 부조화, 직무 불만족, 직무소진을 경험하게 된다. 결국 조직 구성원이 표면행위를 하면 할수록 고객과의 정서적 교감은 저하되고 이것은 결국 서비스 품질의 저하로 이어져 고객만족과 조직의 성과에 부정적인 결과를 초래한다. 그렇지만 표면행위라고 하더라도 서비스 제공자의 긍정적인 감정의 표현은 자기자신에게 심리적으로 안정감을 주어 직무만족과 같은 긍정적 영향을 미칠 수도 있다.

2) 내면행위

내면행위(Deep acting)란 서비스 제공자 스스로 바람직한 행동을 위해 의식적으로 즐거운 마음이 들게 하거나 실제로 자신이 경험한 좋은 감정들과 일치시켜 그 감정이 표현되게 하는 것을 의미한다(Hochschild, 1983). 내면행위는 자신의 감정을 스스로 긍정적으로 변화시키려는 노력의 결과로 고객에게 우수한 서비스를 제공하는 것을 의미한다. 그러나 긍정적 감정을 유도하기 위하여 행복했던 생각이나 좋은 기억 등을 이끌어내기 위한 표면행위보다 훨씬 더 많은 노력을 필요로 한다.

내면행위를 수행하는 사람은 감정적 조화가 이루어지면서 업무과정에서 심리적 안정과 자아 효능감, 직무만족을 가질 수 있다. 하지만 표면행위를 수행하는 직원은 조직이 요구하는 감정적 규범과 본인이 실제로 느끼는 감정 사이에 괴리가 생기기 때문에 감정적 부조화 및 자기비하 등을 경험할 수 있다. [표 8-4]는 표면행위와 내면행위의 의미와 사례를 요약해 놓은 것이다.

[표 8-4] 표면행위와 내면행위의 의미와 사례

감정노동 구성요소	의미	사례
표면행위	실제로 느끼지 않는 감정을 연극배우와 같이 얼굴표정, 제스처, 목소리 톤과 같은 언어적, 비언어적 단서의 표현으로 자기감정을 조작해 남을 속이는 행위	실제로는 그렇지 않지만 일부러 미소를 지으며 기분 좋은 듯 행동하는 것
내면행위 (진심행위)	자기가 표현해야 하는 감정을 실제로 느끼거나 경험하려고 애쓰는 행위	불쾌한 언동을 하는 고객을 '개인적인 손님'이라 생각하며 화를 참는 노력

자료 : 저자정리

제2절 서비스 직원의 갈등과 직무소진

어느 조직이든 시간과 정도의 차이가 있을 뿐 조직 내 갈등은 항상 존재한다. 사람과 사람이 상호작용하면 존재할 수밖에 없는 것이 갈등이다. 개인 간의 갈등, 개인과 조직 간의 갈등, 직원과 고객 간의 갈등, 고객 간의 갈등 모두 조직 입장에서는 생산성을 저하시키는 요인으로 작용할 가능성이 높다. 이러한 갈등은 부서 간 이기주의를 심화시키고 개인의 업무에 대한 스트레스를 가중시켜 직무소진, 직무불만족, 조직이탈로 이어지게 할 수 있다. 본 절에서는 서비스 직원의 갈등 네 가지를 설명하고 이어서 직무소진에 대해 살펴본다.

1 서비스 직원의 갈등

서비스를 고객에게 직접 제공하는 현장직원은 조직의 경계에서 조직의 내부운영과 외부고객을 연결하기 때문에 경계연결자(Boundary spanner)로 불리며, 조직 내의 타 부서 직원과는 달리 여러 가지 역할을 수행한다. 예를 들면, 감정노동이 필요하고 갈등을 관리하는 역할도 요구된다. 서비스 현장직원의 감정노동이나 갈등은 직무만족과 생산성에 부정적인 영향을 미치게 된다.

Hartline과 Ferrell(1996)에 따르면, 서비스 현장직원의 갈등은 개인의 역할갈등, 고객과 서비스 조직 간 갈등, 그리고 고객 간 갈등의 세 가지가 있다(그림 8-3 참조). 여기서는 역할갈등의 하나인 서비스 직원의 감정부조화로 인한 갈등도 포함하여 설명한다.

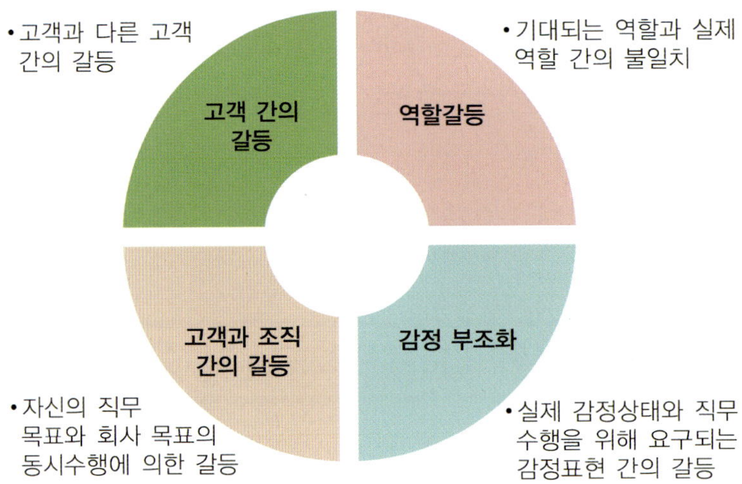

자료 : 저자정리

[그림 8-3] 서비스 직원 갈등유형

1) 역할갈등

역할갈등(Role conflict)이란 개인에게 기대되는 역할요구와 실제 역할 간의 불일치를 의미한다(Rizzo, House, & Lirtzman, 1970). 역할갈등의 원인은 개인이 역할을 수행하는 과정에서 의사결정이 폐쇄적이고 자율성과 창의성이 결여되어 있을 때, 개인의 목표와 가치관이 조직의 목표와 모순될 때, 필요한 자원과 시간 그리고 능력 등이 부족할 때, 혹은 상반된 둘 이상의 역할기대를 받는 상황에서 발생하게 된다.

서비스 현장에서 발생하는 역할갈등을 해결하기 위해서는 충돌하는 여러 가지 지위와 역할들이 무엇인지 정확하게 파악해야 한다. 그리고 여러 가지 역할들 중에서 무엇이 더 중요한지 우선순위를 정하는 것이 필요하다. 역할의 중요도는 개인이 가지고 있는 가치관에 따라 달라질 수 있는데, 역할수행이 급한 것인지, 역할을 수행할 경우 얻게 되는 만족감은 큰 것인지, 어떤 역할을 포기하였을 경우 기회비용은 어떠한지 등을 고려하여 결정할 수 있다. 주어진 역할들을 분석하여 해결할 수 있는 타협점을 찾거나 정해진 우선순위에 따라 중요한 것부터 차례대로 수행해 나가는 것이 필요하다.

2) 감정 부조화

감정 부조화(Emotional dissonance)는 개인 역할갈등의 한 유형이다. 감정 부조화는 개인이 경험하는 실제 감정상태(예 : 짜증, 분노, 우울)와 직무수행을 위해 요구되는 감정표현(예 : 즐거움, 쾌활함)에 따른 감정 간의 갈등을 말한다(Hochschild, 1983). 실제로 서비스 접점에서 서비스 직원은 자신이 직접 느끼는 감정과 상관없이 항상 긍정적인 감정을 표현해야 하는 경우가 대부분이므로 감정 부조화에 따른 정서적 갈등이 심하게 나타난다(최정일 외, 2020).

감정 부조화는 개인의 직무태도와 행동에 부정적 영향을 미칠 수 있다. 즉, 업무수행 과정에서 경험하는 감정 부조화로 인해 직원이 느끼는 자괴감과 정서적 고갈 등으로 자신의 직무에 대해 냉소적 태도와 직무불만족으로 이어질 수 있다. 또한, 누적되는 감정 부조화의 느낌은 개인의 감정과 같이 사적이고 민감한 부분까지 조직이 자신의 상업적인 목적을 위해 통제하려 드는 것은 부당하다는 식의 생각을 키울 수 있기 때문에 자신의 조직에 대해 갖는 생각, 즉 조직몰입에도 부정적인 영향을 미치게 된다(Abraham, 1998).

3) 고객과 조직 간의 갈등

고객과 조직 간 갈등에는 고객과 직원 간의 갈등도 포함된다. 고객과 접촉하는 서비스 인카운터 직원은 자신의 직무목표와 회사목표를 동시에 고려해야 한다. 즉, 고객욕구를 충족시켜야 하는 동시에 서비스 전달을 효율적으로 수행해야 한다. 회사방침에도 없는 고객의 무리한 요구는 이러한 고객과의 갈등의 주요 원인이 된다.

또한, 조직 내 갈등도 고객과 조직 간 갈등의 원인이 될 수 있다. 일반적으로 조직 내 갈등은 조직 내에서 개인 간의 성격이나 업무수행 스타일이 맞지 않아 발생한다. 조직 내에서의 갈등은 그것을 겪는 개인뿐만 아니라 전체 조직에도 해롭게 된다. 이로 인해 직원의 직무불만족이 생기게 되고 직무불만족은 서비스 전달과정에서 서비스의 품질저하로 이어질 수 있다. 결국 고객과 서비스 조직 혹은 직원 간의 잠재적 갈등의 원인이 된다.

4) 고객 간의 갈등

고객 간의 갈등은 다양한 상황에서 발생한다. 예를 들어, 대기행렬에 끼어들기, 비흡연 공간에서의 흡연, 공공장소에서의 소음, 레스토랑에서의 어린이 장난 등 고객들의 무례한 행동 등에서 비롯된다. 또한, 친구나 가족의 동반여행에서도 발생할 수 있다. 가령, 여행시간 변경, 쇼핑, 여행옵션 등에 대해서 서로 간에 갈등이 발생할 수 있다.

다른 고객으로부터 불만이 표출되거나 이를 방지하기 위하여 서비스 직원은 서로 다른 고객 모두를 만족시킬 수 없는 상황에 직면하는 경우가 종종 발생하는데, 이로 인해 직원은 업무 스트레스를 받게 된다. 고객 간의 갈등은 서비스 조직이나 서비스 제공자가 해결하든 못하든 그 결과는 고스란히 서비스 조직이 떠안게 된다. 서비스 직원은 감정노동자이기 때문에 고객 간의 갈등으로 인한 스트레스를 경험하더라도 고객에게 친절한 응대를 하도록 회사로부터 요구받게 된다.

2 직무소진

직무소진의 개념은 오랜 시간 많은 사람들과 밀접한 관계를 유지하는 과정에서 지속적으로 받게 되는 정서적 압박의 결과이다. 특히, 관광 서비스업처럼 고객접점 서비스를 제공하는 직원들에게 많이 나타나는 현상이다. 여기서는 직무소진의 개념, 직무소진의 구성요소, 그리고 직무소진의 극복방안에 대해 설명한다.

1) 직무소진의 개념

소진(Burnout)의 개념은 1960년대부터 사용되어 왔지만 직무와 관련하여 사용하기 시작한 것은 Freudenberger(1974)가 최초이다. 그는 대안보건센터(Alternative Healthcare Center)에서 일하는 의료진들이 뚜렷한 이유 없이 의욕을 잃기 시작하고 환자들에게 냉정하게 대하는 등의 정서적, 신체적 탈진현상을 표현하기 위해 소진이라는 용어를 사용하였다. Freudenberger는 소진현상을 자신에게 주어진 업무를 헌신적으로 수행하였으나 기대하였던 성과나 보상이 없어 인간적 회의감이나 좌절감을 겪는 상태라고 하였다. 소진은 일에 지치고 불안한 상태를 표현할 때 사용되는데, 예를 들면 피로감, 좌절감, 스트레스, 무기력, 절망, 감정의 메마름, 정서적 고갈 등의 의미를 포함하고 있다.

따라서 직무소진은 대인적인 접촉이 잦을 수밖에 없는 직무들에서 직무 담당자가 장시간 스트레스 요인에 노출됨으로써 겪게 되는 부정적인 심리적 경험을 의미한다. Maslach(1978)는 직무소진은 업무와 관련된 스트레스 반응으로 동료들로부터 관심이 상실되는 것이라 정의하면서, 이런 관심의 상실은 대인관계에 있어서 기계처럼 대하는 특정 반응 경향성을 의미한다고 주장하였다. 특히, 고객과 대면형태로 근무하는 종사자들은 일에 집중하지 못하고, 정서적 탈진상태를 자주 경험하며, 부정적 감정을 처리하지 못해 업무의 위기를 가져오는 '소진 신드롬(Burnout syndrome)' 현상을 경험한다(Maslach et al., 2000).

한편, 직무소진은 스트레스와 혼동되어 사용하지만 의미의 차이가 있다. 직무소진은 스트레스의 특수한 형태이지만 스트레스는 일상적인 것이며 부정적 기능과 함께 긍정적 기능도 포함하고 있다. 직무소진은 구성원이 스트레스 대응능력이 떨어졌을 때 비로소 소진의 길로 빠지게 되므로 두 개념을 구분할 필요가 있다.

2) 직무소진의 구성요소

직무소진의 구성요소는 Maslach와 Jackson(1981)이 MBI(Maslach Burnout Inventory, 직

무소진 측정도구)를 개발하면서부터 일반화되었다. MBI에서 사용된 소진은 정서적 고갈(Emotional exhaustion), 비인격화 혹은 비인간화(Depersonalization), 그리고 개인적 성취감 저하(Reduced personal accomplishment)로 구분된다(그림 8-4 참조).

직무소진

- **정서적 고갈**
  타인과의 과도한 접촉에 의해서 개인의 감정적 자원과 정신적 에너지의 고갈상태
- **비인간화**
  서비스나 보살핌을 받는 사람들을 인격체로 대하기보다는 그저 사무적인 대상으로만 여기는 상태
- **개인적 성취감 저하**
  서비스 직원이 자신의 업무에 대해 더이상 기여 또는 성취할 수 없다고 여기는 현상

자료 : 저자정리

[그림 8-4] 직무소진 구성요인

(1) 정서적 고갈

직무소진의 가장 핵심적인 개념은 정서적 고갈(혹은 정서적 탈진)이다. 이는 비인격화와 성취감 저하의 원인변수로도 알려져 있다. 정서적 고갈은 오랜 시간 타인과의 과도한 접촉에 의해서 나타나는 개인의 감정적 자원과 정신적 에너지의 고갈을 의미한다. 즉, 과도한 심리적 부담 또는 요구로 인해 개인의 정서적 자원들이 고갈되었다고 느끼는 에너지 결핍을 의미한다. 직무수행으로 인해 발생하는 긴장, 불안, 우울, 신체적 피로, 불면증, 두통 등의 증상을 나타낸다.

서비스 업종에서는 거의 모든 구성원들이 겪고 있는 요소라고 생각할 수 있다. 서비스 제공자는 다양한 고객접점에서 고객과의 빈번한 접촉이 이루어지고 오랜 시간 감정노동을 수행해야 하므로 정서적인 고갈을 느낄 가능성이 매우 높다. 정서적 고갈을 경험하면 자존감의 상실을 경험하게 되어 아무리 노력을 기울여도 좌절감에 사로잡히게 된다. 따라서 정서적 고갈이 심화되면 이직의도를 증가시키는 결과를 초래하게 된다.

(2) 비인격화

비인격화 혹은 비인간화는 서비스나 보살핌을 받는 사람들을 인격체로 대하기보다는 그저 사무적인 대상으로만 여기는 상태를 의미한다. 서비스 직원의 과도한 업무분담으로 정서적 고갈을 경험하게 되고 이를 완화시키기 위해 스스로 타인으로부터 심리적인 거리감을 유지하게 된다. 따라서 서비스 직원은 의도적으로 서비스 제공에 대한 요구상황으로부터 자신을 보호하려고 하며 고객과의 접촉을 피하거나 고립되는 현상이 나타나게 된다.

이런 상태에서 서비스 직원은 고객, 조직, 동료들에게 냉소적이고 부정적인 태도를 형성하고, 저속한 언어와 형식적인 말을 사용하며 직장생활과 나는 별개라는 생각을 가지게 된다. 결국, 업무수행에 시간과 에너지를 투자하려 하지 않고 직무에 싫증을 느껴 직무불만족과 생산성 저하를 초래하게 된다.

(3) 개인적 성취감 저하

성취감의 저하는 서비스 직원이 자신의 업무에 대해 더이상 기여 또는 성취할 수 없다고 여기는 현상을 말한다. 일반적으로 정서적 고갈 이후에 비인격적 태도로 일하게 되면서 점차 업무에 대한 노력과 열정이 줄어들고 더이상 개인적인 성취감을 느끼지 못하게 되는 것이다. 이러한 현상을 나타내는 사람들은 자기자신을 부정하고, 사기저하, 생산성 감소, 무능력한 대응 등의 부정적인 행동을 보이게 된다.

고객과의 관계가 중요한 관광 서비스 직원의 경우, 자신의 일을 통하여 고객만족과 자기직무에 대한 만족을 얻게 된다. 하지만 이것이 불가능한 것임을 깨닫게 되면서 현실과 괴리감을 느끼게 된다. 대부분 고객접점 직무의 경우 다양한 고객들과 주변환경으로 인하여 자기직무에 만족하기 힘든 것이 현실이며 이런 현실에서의 차이는 개인 성취감을 저하시키는 요인이 되고 있다.

3) 직무소진의 극복방안

직무소진은 높은 대인접촉 업무를 수행해야 하는 관광 서비스업과 같은 인적 서비스 직업에서 주로 나타난다. 직무소진은 조직 구성원에게 심리적, 육체적으로 부정적 결과(예 : 피로, 불면증, 우울증)를 초래하여 결국 업무성과(예 : 생산성 감소)와 직무태도(예 : 직무만족 감소, 이직 증가)에 부정적인 영향을 미치는 것으로 알려져 있다.

직무소진을 관리하기 위해서는 개인, 조직, 정부가 함께 노력해야 한다. 직무소진 극복을 위해 개인적으로 할 수 있는 노력 내지 활동들은 매우 다양하다. 예를 들면, 여행 및 휴가, 문화활동, 스포츠 활동, 독서, 종교활동, 동호회 활동 등이 있다. 조직 구성원의 직무소진은 조직차원에서도 관리할 필요성이 점점 증대되고 있다. 직무소진은 조직 구성원을 변화시키거나 해고함으로써 해결할 수 있는 문제들이 아니며, 조직수준에서 발생하고 이로 인해 조직의 유효성에 영향을 미치는 조직차원에서의 관리가 필요한 문제인 것이다. 예를 들어, 회사는 조직 구성원에게 휴가를 철저하게 보장해 줌으로써 신체적으로나 정서적으로 여유를 찾을 시간을 갖도록 하는 것이 필요하다. 일과 개인 삶의 조화(Work Life Balance)를 위해 휴가는 가족과 어울리며 '고갈'을 방지하게 만드는 해법이다. 또한, 개인의 직무부담을 줄이거나 성과를 공정하게 평가하는 것도 직무소진을 감소시키는 데 도움이 될 수 있다(사례 8-3 참조).

정부도 직무소진 관리를 위해 적극적으로 노력하고 있다. 예를 들면, 국가 트라우마 센터 및 권역 트라우마 센터는 2020년 6월부터 코로나19 관련 업무를 수행하는 의료진, 현장대응 인력(의료진, 소방, 심리지원, 행정인력 등), 심리지원 업무 수행자 등이 경험하는 직무소진을 잘 관리할 수 있도록 소진관리 프로그램 '마음, 쉼표'를 운영하고 있다. 이 프로그램은 마음건강 평가, 마음건강 교육, 소진관리집단 상담, 마음충전 프로그램(요가, 명상, 사이코드라마 등) 등으로 구성되어 있다.

사례 8-3 나도 모르게 빠지는 '번아웃 증후군'… 극복법은?

번아웃 증후군은 갑자기 불이 꺼진 듯 사람의 에너지가 방전된 것 같다고 해서 붙여진 이름으로, 정신적 에너지가 모두 소진돼 업무·일상 등 모든 일에 무기력해진 상태를 말한다. 번아웃 증후군의 의심 증상과 극복법을 알아본다.

번아웃 증후군에 걸리면 우선 의욕이 저하되고, 성취감이 안 느껴지고, 공감 능력이 떨어지는 증상이 나타난다. 다음 중 3개 이상에 해당하면 번아웃 증후군을 의심해야 한다.

- 일하기에는 몸이 너무 지쳤다는 생각이 든다.
- 퇴근할 때 녹초가 된다.

- 아침에 출근할 생각만 하면 피곤해진다.
- 일에 부담과 긴장감을 느낀다.
- 일이 주어지면 무기력하고 싫증이 느껴진다.
- 자신이 하는 일에 관심조차 없다.
- 주어진 업무를 할 때 소극적이고 방어적이다.
- 성취감을 못 느낀다.
- 스트레스를 풀기 위해 쾌락 요소(폭식 · 음주 · 흡연)만 찾는다.
- 최근 짜증이 늘고, 불안감이 잘 느껴진다.

▲ 번아웃은 무기력해지는 것에 그치지 않고 건망증이 생기거나 불면증으로 이어질 수 있다.

번아웃 증후군은 단순히 무기력해지는 것에 그치지 않고, 뇌가 과로해 건망증이 생기거나 과도하게 예민해져 불면증으로 이어질 수 있다. 대표 증상으로 기력이 없고 쇠약해진 느낌이 들며, 만성적인 감기 · 요통 · 두통과 같은 증상에 시달리고, 잠을 자도 피로가 누적되는 것 같고 이전보다 더 빨리 더 쉽게 지치는 느낌이 든다.

번아웃 증후군이 의심된다면 일상에 틈틈이 쉬는 시간을 만들어주는 것이 중요하다. 소설이나 잡지를 읽거나, 명함 정리하기 등의 단순 업무로 일에서 벗어나는 시간을 가지는 것도 좋다. 업무나 학업 등 바쁜 일상에 지쳤다면 잠시 휴식기를 갖는 것이 도움이 된다. 이때 휴식 시간에 마음에 자유를 주는 훈련을 하는 것이 좋다.

또한 업무 중간에는 심호흡하고, 휴식 시간이 있으면 10분이라도 밖에 나가 산책한다. 식사할 때는 조용한 곳에서 맛을 음미하며 식사하고, 일주일에 한 번은 친한 친구와 만나 이야기하는 것도 좋은 방법이다. 혼자서 감당하기 어려울 때는 병원의 스트레스 클리닉이나 정신건강의학과를 찾는 것이 도움이 된다.

자료 : 헬스조선(2021.4.23.)

제3절 감정노동 및 감성역량 관리

서비스 직원의 감정노동은 개인의 성취감은 물론 조직성과에 결정적 영향을 미치기 때문에 감정노동에 대한 세심한 관리가 필요하다. 서비스 산업에서는 감정노동에 효과적으로 대처할 수 있는 인력을 확보하기 위한 노력이 펼쳐지고 있다. 그중의 하나가 감성역량을 지닌 직원의 발굴이다. 본 절에서는 감정노동의 조직 및 개인 차원에서의 관리를 살펴보고 감성역량을 평가하는 세 가지 대표적인 지표에 대해 학습한다.

1 감정노동 관리

감정노동자에 대한 피해 사례가 자주 발생하고 있어 이들을 보호하기 위한 필요성이 증대되고 있다. 감정노동 관리는 감정노동을 담당하는 서비스 제공자는 물론 회사 전체의 차원에서 이루어져야 한다. 여기서는 개인차원, 조직차원, 정부차원으로 구분하여 관리방안을 설명한다.

1) 개인차원의 관리

감정노동으로 인해 발생한 스트레스를 줄이기 위해 감정노동자 스스로는 감정의 자기조절과 같은 방법을 습득할 필요가 있다(표 8-5 참조). 또한, 힘들 때 의지하고 어려움을 나눌 수 있는 상사나 동료를 만나 소통하거나 동호회나 봉사활동과 같은 다양한 활동을 통해 심리적으로 재충전할 수 있는 기회를 가지는 것도 도움이 된다. 뿐만 아니라 규칙적 운동, 건강한 식생활, 충분한 수면 등 긍정적이고 올바른 생활습관을 갖는 것이 필요하다.

[표 8-5] 감정의 자기조절법

방법	내용
스트레스 자각하기	스트레스가 왜 일어나는지 자신의 마음을 인지하는 것
노여움 발산하기	화가 났을 때 산책하거나, 베개를 발로 차거나, 글을 쓰거나 낙서 등을 통해 스트레스를 해소하는 것
상대방 말 듣기	화가 나는 순간에 정당한 분노인가 다시 한 번 생각하며 상대방의 말을 들어보는 것
긍정적 태도 갖기	어쩔 수 없는 상황이라면 즐겁게 받아들이고 해야 하는 일을 즐겁게 하도록 긍정적인 태도 갖기
원만한 대인관계 형성하기	동료와의 허심탄회한 관계, 가족과의 원만한 관계를 통해 스트레스 낮추기

방법	내용
창조적 에너지 쏟기	창조성이 요구되는 작업(노래, 춤, 요리 등)을 골라 꾸준히 하기
주변환경 바꾸기	주변환경(가구배치, 주방정리 등)을 바꿔 기분전환하기
자신을 높게 평가하기	자신을 보잘것없는 존재로 여기지 말고 스스로 자신을 높이 평가하기
여유있는 스케줄 짜기	계획을 세울 때 너무 욕심내지 말고 자신의 능력이나 우선순위에 맞게 차근차근 해나가기
거절할 줄 알기	자신이 하기 힘든 것들을 미리 안 된다고 거절하여 과다한 부담에 시달리지 않기
체념할 줄 알기	바꾸기 힘든 어려운 환경은 빨리 체념하고 적응하려고 노력하기
겸허히 받아들이기	어려움에 봉착했을 때 서슴없이 적절한 상대에게 그 고충을 털어놓고 도움 청하기

자료 : 고용노동부 안전보건공단(2018). 감정관리 10대 수칙과 감정노동 예방. p.2

2) 조직차원의 관리

감정노동은 직무 스트레스를 유발하고 정신적, 육체적 건강을 위협한다. 따라서 관광 서비스 기업은 먼저 감정노동이 회사업무의 일부이고 중요한 스트레스 요인이라는 것을 인정하는 것이 중요하다. 조직차원에서 감정노동을 관리하기 위해서는 체계적으로 다양한 측면을 고려해야 한다. [표 8-6]은 고용노동부가 제시한 조직차원의 감정노동 관리의 내용을 정리한 것이다. 그리고 [그림 8-5]는 대면업무와 비대면 업무에서 발생하는 악성고객에 대한 대응요령을 이해하기 쉽게 그림으로 도식화한 것이다.

관광 서비스 기업들은 감정노동자 스트레스의 효과적 관리를 위해 다양한 대응방법을 강구하고 있다. 예를 들어, 롯데백화점은 '감정 해우소(감정을 배출할 수 있는 창구)'와 여성전용 흡연실을 운영하고 있고, 현대백화점은 휴게실에 직원의 의견을 수렴하기 위해 '빨간 우체통'을 설치 운영하고 있다. 현대카드는 직원에게 무리한 요구나 폭언 등을 일삼는 고객에게는 응대를 중단하는 '직원보호제도'를 실시하고 있다.

[표 8-6] 조직차원의 감정노동 관리

관리방안	관리내용
감정노동 관리정책	• 감정노동이 업무의 일부이고 스트레스 요인이라는 것을 인정하고, 직원의 건강과 안전정책 마련
근로자 자기보호 매뉴얼 개발 · 보급 · 교육	• 고객에 대한 적정 서비스 기준 제시 • 악성고객 관리규정 및 대응매뉴얼 제작, 근로자 교육, 악성고객 전담 상담원 배치 • 악성고객 대응규정을 고객에게 공지
고충해결을 위한 의사소통 채널구축	• 직무 스트레스와 감정노동 문제를 종합적으로 상담할 수 있는 상담센터 설치 • 직원 요구사항을 회사에 전달할 수 있는 의사소통 통로 마련
민주적 직장문화 조성	• 고객과의 갈등 · 분쟁 발생 시 근로자에게 불이익을 주지 않는 문화조성 • 일방적인 친절 교육이 아닌 감정노동에 대해 이해하고 관리하는 방안에 대한 교육
근로조건 및 근로환경 개선	• 적정 수의 고객에게 응대할 수 있도록 적정인원의 근로자 확보 • 감정노동 수행 후 휴식을 취할 수 있도록 휴식공간 및 휴식시간 제공
건강증진 프로그램 운영	• 금연, 절주, 영양, 운동, 스트레스 관리 프로그램 등 다양한 건강증진 프로그램 개발운영

자료 : 고용노동부 안전보건공단(2016). 감정노동과 건강관리. p.21 내용 정리

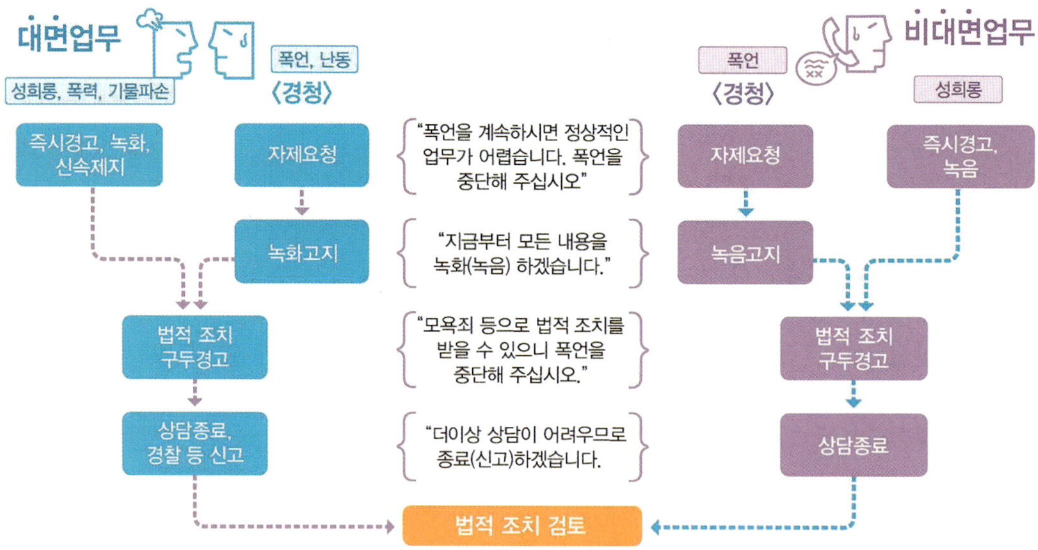

자료 : 고용노동부 안전보건공단(2018). 감정관리 10대 수칙과 감정노동 예방. p.2

[그림 8-5] 악성고객 대응요령

3) 정부차원의 관리

감정노동자의 법적 보호를 위해서는 법적·제도적 뒷받침이 있어야 한다. 정부는 2018년 감정노동자 보호법을 제정하여 시행하고 있는데 「산업안전보건법」 제26조의2에 법령이 나와 있다. 감정노동자 보호법에서는 본래의 이론적 개념의 감정노동을 보호하는 데 초점을 두기보다는 '고객의 폭언, 폭행, 그 밖에 적정범위를 벗어난 신체적·정신적 고통을 유발하는 행위'로부터 벗어나는 것으로 규정하고 있다. [표 8-7]은 감정노동자에게 이루어질 수 있는 다양한 폭력에 대한 벌칙규정에 대한 내용을 정리한 것이다.

[표 8-7] 신체적·정신적 고통을 유발하는 행위에 대한 법률 근거

유형	내용	처벌기준
성희롱	• 성적 수치심이나 혐오감을 유발하는 발언을 하는 경우(문자 상담 포함) ① 성적인 말과 수치심을 유발하는 질문(성적 단어 검색요구 등)을 하는 경우 ② 친근감을 표시하며 사적인 만남을 유도하거나 연락처를 요구하는 경우	• 성폭력범죄의 처벌 등에 관한 특례법 제13조(통신매체를 이용한 음란행위): 2년 이하의 징역 또는 500만 원 이하의 벌금
폭행, 폭언(욕설·협박·모욕)	• 폭행, 상해 또는 욕설, 협박, 모욕적인 발언을 하는 경우 ① 폭행/상해를 가하는 행위 ② 폭언(욕설, 협박, 모욕)을 하는 경우	• 형법 제260조 1항(폭행): 2년 이하의 징역, 500만 원 이하의 벌금 • 형법 제257조(상해): 7년 이하의 징역, 10년 이하의 자격정지 또는 1천만 원 이하의 벌금
공포심·불안감 유발	• 공포심이나 불안감을 유발하는 음향·화상 또는 영상을 반복적으로 상대방에게 도달하게 하는 경우	• 정보통신망 이용촉진 및 정보보호 등에 관한 법률 제44조의7 제1항 제3호: 1년 이하의 징역 또는 1천만 원 이하의 벌금
허위 불만제기 등 업무방해	• 허위의 사실을 유포하거나 기타 위계 또는 위력으로써 업무를 방해하는 경우	• 형법 제314조 제1항(업무방해): 5년 이하의 징역 또는 1천500만 원 이하의 벌금
장난전화 등	• 업무와 무관한 장난전화를 하는 경우(문자 상담 포함) 또는 못된 장난 등으로 업무를 방해한 경우	• 경범죄처벌법 제3조(경범죄의 종류) ① 장난전화: 8만 원 ② 업무방해: 16만 원

자료: 고용노동부·산업안전보건공단(2019). 고객응대근로자 건강보호 가이드라인

2 감성역량 관리

관광 서비스 직원이 갖추어야 할 여러 가지 역량 중의 하나가 감성역량이다. 그 이유는 감성적 표현이나 노력이 서비스 접점에서 고객에게 전달되지 못하면 고객은 자신이 받는 서비스의 진정성에 대해 의문을 가지게 된다. 특히, 서비스 직원은 감정노동을 해서 자신의 감정을 잘 다스리는 것은 물론 고객의 마음을 잘 헤아려 내는 감성적 능력을 지녀야 한다. 여기서는 감성역량을 평가하는 데 있어 중요한 감성지능, 다중지능, 그리고 실용지능의 세 가지에 대해 학습한다.

사례 8-4 오늘, 당신의 마음은 무슨 색입니까?

무드미터(MOOD METER)

활력	쾌적함 낮음(Low Pleasantness)					쾌적함 높음(High Pleasantness)				
활력 높음(High Energy)	격분한 Enraged	공황에 빠진 Panicked	스트레스 받는 Stressed	초조한 Jittery	충격받은 Shocked	놀란 Suprised	긍정적인 Upbeat	흥겨운 Festive	아주 신나는 Exhilarated	황홀한 Ecstatic
	격노한 Livid	몹시 화가 난 Furious	좌절한 Frustrated	신경이 날카로운 Tense	망연자실한 Stunned	들뜬 Hyper	쾌활한 Cheerful	동기 부여된 Motivated	영감을 받은 Inspired	의기양양한 Elated
	화가 치밀어 오른 Fuming	겁먹은 Frightened	화난 Angry	초조한 Nervous	안절부절 못하는 Restless	기운이 넘치는 Energized	활발한 Lively	흥분한 Excited	낙관적인 Optimistic	열광하는 Enthusiastic
	불안한 Anxious	우려하는 Apprehensive	근심하는 Worried	짜증나는 Irritated	거슬리는 Annoyed	만족스러운 Pleased	집중하는 Focused	행복한 Happy	자랑스러운 Proud	짜릿한 Thrilled
	불쾌한 Repulsed	골치 아픈 Troubled	염려하는 Concerned	마음이 불편한 Uneasy	언짢은 Peeved	유쾌한 Pleasant	기쁜 Joyful	희망찬 Hopeful	재미있는 Playful	더 없이 행복한 Blissful
활력 낮음(Low Energy)	역겨운 Disgusted	침울한 Glum	실망스러운 Disappointed	의욕 없는 Down	냉담한 Apathetic	속 편한 At Ease	태평한 Easygoing	자족하는 Content	다정한 Loving	충만한 Fulfilled
	비관적인 Pessimistic	시무룩한 Morose	낙담한 Discouraged	슬픈 Sad	지루한 Bored	평온한 Calm	안전한 Secure	만족스러운 Satisfied	감사하는 Grateful	감동적인 Touched
	소외된 Alienated	비참한 Miserable	쓸쓸한 Lonely	기죽은 Disheartened	피곤한 Tired	여유로운 Relaxed	차분한 Chill	편안한 Restful	축복받은 Blessed	안정적인 Balanced
	의기소침한 Despondent	우울한 Depressed	뚱한 Sullen	기진맥진한 Exhausted	지친 Fatigued	한가로운 Mellow	생각이 잠긴 Thoughtful	평화로운 Peaceful	편한 Comfortable	근심 걱정없는 Carefree
	절망한 Despairing	가망 없는 Hopeless	고독한 Desolate	소모된 Spent	진이 빠진 Drained	나른한 Sleepy	흐뭇한 Complacent	고요한 Tranquil	안락한 Cozy	안온한 Serene

포스트 코로나 시대 필수 자질- "감성지능"

'무드미터(Mood Meter)'라고 들어보셨나요? 매일 느끼는 자신의 감정을 인식하고 측정하기 위해 만들어진 도구가 바로 무드미터입니다. 무드미터의 가로축은 쾌적함(Pleasant)의 정도를, 세로축은 활력(Energy)의 정도를 나타냅니다. 예를 들어, 쾌적함이 낮고 활력도 낮아서 매사에 무관심하거나 슬프거나 우울한 상태이면 여러분의 감정은 파란색입니다. 만약 쾌적함은 낮지만 활력은 높은, 조금은 초조하거나 짜증이 나거나 화가 나는 상태라면, 당신의 오늘 감정은 빨간색입니다.

오늘의 상황이 쾌적함은 높지만 활력은 낮은 평온하고 차분한, 얼굴에 부드러운 미소가 저절로 지어지는 상태라면 당신의 감정은 초록색입니다. 반면 쾌적함도 높고, 활력도 높은, 기쁘고 행복하고 신나는 날이면 당신의 감성은 노란색입니다.

지금 이 글을 읽고 있는 당신은 오늘 무슨 색입니까?

코로나 19로 인해 사회적 거리두기가 길어지고 심리적 어려움을 토로하는 사람들이 늘어나면서 새삼 감성지능(Emotional intelligence)의 중요성이 다시 부각되고 있습니다. '감성지능'이란 자신의 감정을 인식해 조절하고, 타인의 감정을 인식해 이에 맞게 대처하는 능력입니다.

1990년대 예일대 심리학과 교수이자 현 예일대 총장인 피터 샐러베이 교수와 뉴햄프셔 대학 심리학과의 잭 메이어 교수에 의해 개념이 처음 도입된 뒤 1995년 하버드 심리학과 교수인 대니얼 골먼의 책 『EQ감성지능』이 베스트셀러가 되면서 일반인들에게까지 '감성지능'이라는 말이 알려지는 계기가 되었습니다.

예일대 감성지능 센터장이자 '감정의 발견'의 저자인 마크 브래킷 교수와의 인터뷰 내용

Q. 감성지능의 중요성을 새삼 이해하고 배우고 싶다는 생각이 들었다면, 어디에서부터 시작해야 하나요?

A. 학교에서 이뤄지는 감성지능 교육을 사회·정서 학습(Social and Emotional Learning), SEL이라고 부릅니다. 감성지능 관련 다섯 가지 기술은 감정 인식하기(Recognizing) - 감정 이해하기(Understanding) - 감정에 이름 붙이기(Labeling) - 감정 표현하기(Expressing) - 감정 조절하기(Regulating)의 알파벳 영문 앞자를 따서 'RULER'라고 하는데요. 현재 미국의 3천 개 학교의 교육 프로그램으로 도입돼 있습니다. 교사들이 감성지능 관련 언어를 쓰지 않으면 아이들에게도 가르칠 수 없습니다.

R	RECOGNIZING 감정 인식하기
U	UNDERSTANDING 감정 이해하기
L	LABELING 감정에 이름 붙이기
E	EXPRESSING 감정 표현하기
R	REGULATING 감정 조절하기

▲ 감성지능 기술, 예일대 감성지능센터

Q. 현재 빠르게 성장하는 일자리의 30~40%가 '감성지능' 관련 기술이 요구된다는 결과가 흥미로운데요?

A. 감성지능이 높은 관리자와 일하면 쉽게 번아웃(Burnout)되지 않고, 쉽게 좌절하지 않으며, 영감을 잘 받고, 더 창의적인 것으로 증명되었습니다. 실제 기업의 직원들이 감성지능이 높아지면 조직문화가 더 건강해지면서 성과도 높아지는 것으로 나타났습니다.

첫째, 감정은 주의력의 방향을 지정합니다. 무엇을 기억하고 학습할지 선별하는 것입니다.
둘째, 의사결정에 영향을 미칩니다.
셋째, 사회적 관계에도 영향을 미칩니다.
넷째, 남을 더 잘 돕습니다.
다섯째, 성과를 내는 데 도움이 됩니다.

자료 : SBS 취재파일(2021.6.5.), 일부내용 발췌

1) 감성지능

Thordike(1920)에 의해 사회적 지능의 개념으로 등장한 감성지능(Emotional intelligence)은 처음에는 주목받지 못하였다. 이후 Gardner(1983)가 감성지능을 개인 내 지능과 개인 간 지능의 개념을 주장하면서 감성지능이 주목받기 시작하였다. 개인 내 지능은 자기 내부에 대한 지식으로 자신의 내적 감정을 살피고 여러 정서를 서열화하여 정서 간의 차이를 통해 자신의 행동을 이해하는 능력이다. 그리고 개인 간 지능은 사람들 간의 기분, 기질, 동기, 차이를 변별하는 능력을 의미한다.

Goleman(1995)이 개인의 감정을 중요한 인적자원으로 인식하면서 감성지능이 더욱 주목받게 되었다. 그는 감성지능을 자기의 감성을 인식하고 조절할 수 있으며 타인의 감성을 이해하고 대인관계를 조정하는 능력으로 정의하였다. 그에 따르면 감성지능은 직원이 일하는 데 있어 감정을 활용하는 기초가 되는 능력이며, 우수한 업무성과를 이룰 수 있다고 주장하면서 감성지능 요인을 다섯 가지로 제시하였다(표 8-8 참조).

서비스 직원은 자신과 고객과의 감정과 정서의 차이를 인지하고 이해하여 양질의 고객 서비스를 제공할 수 있는 감성지능을 향상시키는 노력이 필요하다. 미국의 Johnson & Johnson사와 American Express는 감성지능을 기업 생산성과 연계시킨 대표적 회사들이다. 서비스 산업에서처럼 고객과의 상호작용이 중요하게 작용하는 직무에 있어서는 감성지능이 더욱 중요한 것으로 알려져 있다.

[표 8-8] 감성지능의 다섯 가지 요인

감성지능 요인	의미
자기인식	자신이 무엇을 느끼고 있는지 인지하는 능력
자기조절	자신의 감정을 조절하고 적절하게 관리하는 능력
감정이입	타인의 감정을 느끼고 이해하는 공감능력
동기부여	방해와 실패에도 자기자신에게 스스로 동기부여하는 능력
대인관계 능력(사회성)	타인의 감정에 대처할 수 있는 대인관계 능력

자료 : 저자정리

2) 다중지능

Gardner(1983)에 따르면 지능이란 현실에서 당면한 문제를 해결하는 능력, 새로운 문제를 해결하는 능력, 어떤 문화권에서 소중히 여기는 산물[8]을 만드는 능력이라고 정의하였다. 즉, 지능이란 실생활에서 직면하는 문제를 해결하는 능력, 새로운 문제에 대한 해결방안을 생성해 내는 능력, 자신의 문화권 내에서 가치 있는 서비스를 제공하거나 무언가를 만드는 능력을 말하는 것으로 흔히 IQ로 개념화되는 기존의 지능개념에 대한 대안적인 관점으로 다중지능을 개념화하였다.

다중지능(Multiple Intelligence)이란 이름 그대로 일반지능과 같은 단일한 능력이 아니라 인간의 지능을 구성하고 있는 다수의 능력을 의미하며 각각의 능력은 상대적으로 동일한 중요성을 가지고 있다고 볼 수 있다. Gardner가 제안한 다수의 지능은 언어, 논리 · 수학, 공간, 음악, 운동감각, 대인관계, 자기성찰 지능 등 7가지이다. 이후 자연관찰지능과 실존지능을 추가하여 9가지 지능으로 나누었다(표 8-9 참조). 인간은 9개의 지적 능력(다중지능)을 소유하고 있다고 주장하면서 기존의 IQ로 규정되었던 사고능력에 대한 인식을 바꾸어 놓았으며 인간의 능력을 새로운 시각에서 바라보게 되었다(허희영, 2021).

8) 산물이란 어떤 문화권에서 소중히 여기는 상품, 물건, 제도, 용역 등을 포함한다. 예를 들어, 새로운 자동차나 집을 설계하여 건축하는 능력도 지능이요, 효율성을 극대화할 수 있는 정부나 회사의 새로운 기구를 만드는 능력도 지능이다.

서비스 기업들은 요즘 지식경영을 강조하고 있다. 위의 다중지능 개념은 서비스 직원들에게 다양한 학습영역에서 학습경험을 할 수 있도록 교육내용을 다양화해야 함을 암시한다. 특히, 많은 서비스 기업들이 업무 효과성과 비용 효율성을 위해 디커플링 전략을 실행하고 있다. 즉, 서비스 생산과 전달에 있어 일선부서와 지원부서의 직무가 요구하는 직원의 능력에 차이가 있기 때문에 직원들의 다중지능을 활용하는 인적자원 관리가 필요해 보인다.

[표 8-9] 다중지능의 유형과 의미

지능유형	의미와 일상생활 활용능력 사례
언어	• 읽기, 글쓰기, 말하기, 듣기 등에서 어휘를 사용하는 능력 • 일상생활에서 말하기, 지시하기, 작문하기 등의 기술에 필요한 지능
논리 · 수학	• 논리적 사고와 추리력, 수학적 사고력과 숫자를 사용하는 능력 • 일상생활에서 예산 세우기, 셈하기, 통계자료 이용하기 등에 필요한 지능
공간지능	• 공간적 세계를 지각하고 그 지각한 내용을 머릿속에서 변형, 회전시켜 볼 수 있는 재능 • 일상생활에서 설계하기, 색칠하기, 그래프 그리기, 지도 그리기 등에 필요한 지능
음악	• 음악의 리듬이나 멜로디, 음색, 음질 등에 대한 능력 • 일상생활에서 노래 부르기, 연주하기, 작곡하기, 듣기 등을 구별하는 데 필요한 지능
운동감각	• 신체를 통제하고 사용하며 물체를 솜씨 있게 다루는 능력 • 일상생활에서 물건 분류하기, 균형잡기, 옮기기, 걷기, 달리기 등에 필요한 지능
대인관계	• 가정이나 집단 등에서 다른 사람들의 기분이나 의도를 잘 파악하고 적절히 대하는 능력 • 일상생활에서 봉사하기, 의사소통하기, 상담하기, 설득하기 등에 필요한 지능
자기성찰	• 자신의 느낌, 기분, 장단점, 특기, 희망, 지능, 관심 등을 잘 파악하는 재능 • 일상생활에서 목표 설정하기, 목표 달성하기, 계획 세우기 등에 필요한 능력
자연관찰	• 동식물이나 주변 사물을 자세히 관찰하여 차이점이나 공통점을 찾고 분석하는 능력 • 진화론을 세운 다윈과 같은 사람이 대표적인 인물
실존지능	• 인간의 존재 이유, 생(生)과 사(死)의 문제, 희로애락, 인간의 본성, 가치 등 철학적인 사고를 할 수 있는 능력 • 이 지능은 뇌에 해당 부위가 없고 아동기에는 이 지능이 거의 나타나지 않아 다른 8가지 지능과 달리 반쪽 지능으로 간주됨

자료 : Maftoon, P., & Sarem, S.N.(2012). The realization of Gardner's Multiple Intelligence theory in second language acquisition. Journal of Language Teaching and Research. 3(6) : 1235-1236 바탕으로 저자정리

3) 실용지능

인간의 학문적 지능 혹은 능력을 반영하는 IQ가 삶의 적응력이나 성공을 측정하는 데 한계가 있다는 지적이 나오면서 일상에서 사용하는 실용적 지능(PI : Practical intelligence) 능력이 많은 관심을 끌고 있다. 실용적 지능은 학문적 지능 혹은 능력과는 다르며 어떤 능력이 더 중요한가는 상황에 따라 변한다. 실용지능은 실생활에서 지식을 획득하고 그것을 목적달성에 활용하는 능력으로 정의된다(Sternberg & Wagner, 1993). Albrecht는 그의 저서 『Practical intelligence』(2009)에서 Gardner가 제시한 9개의 다중재능을 재분류하여 실용지능 6개를 제시하였다(표 8-10 참조).

실용지능은 방법에 관한 것이기 때문에 뭔가를 어떻게 할 줄 아는가와 관련되어 있을 뿐이지 자신이 그것을 알거나 설명할 줄 아는 것과는 무관하다. 실용지능은 또한 상황을 올바르게 파악하고 자신이 원하는 것을 얻는 데 필요한 지식이다. 이것은 IQ로 측정되는 분석능력과 다른 종류의 지적 능력이다. 개인의 분석지능은 부분적으로 유전자로부터 나오므로 어떤 면에서 IQ는 선천적인 능력의 척도라고 할 수 있다. 하지만 실용지능은 후천적으로 습득해야 하는 지식이다. 실용지능의 전형적인 형태로 직관과 지혜를 들 수 있다.

실용지능이 높은 사람들은 행동하면서 사고하는 특성을 가지고 있다(Sternberg, 1985). 특히, 경험이 많은 경영자들은 이것저것 궁리하고 계획을 세우는 데 많은 시간을 보내기보다는 먼저 행동을 실행하는 행동지향적인 모습을 보인다. 즉, 이들은 분석적이기보다는 행동이 앞서는 특성을 지니고 있다. 고객접점에서 직원의 실용지능은 매우 큰 힘을 발휘할 수 있다. 가령 고객불평행동에 대해서는 신속히 처리되어야 한다. 만약, 고객불평에 대해 문제를 인식하고, 분석하고, 그리고 해결이라는 매뉴얼적 해결방법은 고객의 불평강도만 높여주게 된다. 따라서 직선적 해결과정(문제인식 - 분석 - 해결)을 밟아나가기보다는 선조치의 행동을 할 수 있는 지혜나 판단력이 필요하다.

[표 8-10] 실용지능 요인과 의미

실용지능 유형	의미
관념지능	기호추론, 수학, 논리
사회지능	사회적 맥락을 이해하고 사람을 상대하는 능력
실용지능	상식
감성지능	내면의 경험을 인식하고 관리하는 능력
심미지능	구성, 설계, 음악, 예술, 문학적 감각
운동감각지능	운동, 무용 등 신체 이용능력

자료 : 저자정리

토론주제

- 감정노동에 취약한 근로자의 특징으로는 무엇이 있는가?
- 개별적으로 스트레스를 해소하는 방법은?
- 감정노동 종사자에게 발생한 주요 산업재해 사례로는 어떤 것들이 있는가?
- 관광 서비스 기업은 고객-직원 간의 갈등해소를 위해 무슨 노력을 하고 있는가?
- 우수한 감정노동 관리를 하고 있는 관광 서비스 기업의 사례는?
- 관광 서비스 기업에 있어 직원의 감성역량이 중요한 이유는?

참고문헌

고용노동부 안전보건공단(2016). 감정노동과 건강관리.

고용노동부 안전보건공단(2018). 감정관리 10대 수칙과 감정노동 예방.

고용노동부 · 산업안전보건공단(2019), 고객응대근로자 건강보호 가이드라인.

김민주(1998). 호텔 종업원의 감정노동이 직무 관련 태도에 미치는 영향. 한국관광학회지. 21(2) : 129-141.

세이프티퍼스트닷뉴스(2021.1.28.). 감정 노동자의 건강한 삶과 돌봄
https://www.safety1st.news/news/articleView.html?idxno=1019

연합뉴스(2020.11.24.). "내가 쓰레기통인가 생각했어요"… 벗어나고픈 감정노동의 굴레
https://www.hankyung.com/society/article/202011245692Y

SBS 취재파일(2021.6.5.). 오늘, 당신의 마음은 무슨 색입니까?
https://news.sbs.co.kr/news

최정일 · 김연성 · 유한주 · 장정빈 · 황조혜(2020). 서비스 경영 4.0. 문우사.

한국노동연구원(2011). 감정노동 : 고객 행복과 직원 만족의 비결. 국제노동브리프 기획특집 - 감정노동, 5월호 : 4-15.

한상근 · 박천수 · 정윤경 · 장혜정 · 김나라(2012). 한국의 직업지표 연구. 한국직업능력개발원.

허희영(2021). 서비스경영. 북넷.

헬스조선(2021.4.23.). 나도 모르게 빠지는 '번아웃 증후군'… 극복법은?
https://health.chosun.com

Abraham, R.(1998). Emotional dissonance in organizations : A conceptualization of consequences, mediators and moderators. Leadership and Organization Development Journal. 19 : 137-146.

Ashforth, B.E., & Humphrey, R.H.(1993). Emotional labor in service roles : The influence of identity. Academy of Management Review. 18(1) : 88-115.

Freudenberger, H.J.(1974). Staff burn-out. Journal of social issues. 30(1) : 159-165.

Gardner, H.(1983). Frame of mind : The theory of multiple intelligences. NY : Basic Books.

Gardner, H.(1993). Multiple intelligences : The theory in practice. NY : Basic Books.

Goleman, D.(1995). Emotional intelligence : Why it can matter more than IQ. New York : Bantam Books.

Grandey. A.A.(2000). Emotion regulation in the workplace : A new way to conceptualize emotional

labor. Journal of Occupational Health Psychology. 5(1) : 95-110.
Hartline, M.D., & Ferrell, O.C.(1996). The management of customer-contact service employees : An empirical investigation. Journal of Marketing. 60(October) : 52-70.
Hochschild, A.R.(1979). Emotion work, feeling rules, and social structure. American Journal of Sociology. 85(3) : 551-575.
Hochschild(1983). The managed heart : Commercialization of human feeling. Management Review. 21(4). Berkeley : University of California Press, pp.986-1010.
Lewig, K.A., & Dollard, M.F.(2003). Emotional dissonance, emotional exhaustion and job satisfaction in call centre workers. European Journal of Work and Organizational Psychology. 12(4) : 366–392.
Maslach, C.(1978). The client role in staff burnout. Journal of Social Issue. 34 : 111-124.
Maslach, C. Schaufeli, W.B., & Leiter, M.P.(2001). Job burnout. Annual Review Psychology. 52 : 397-422.
Maslach, C., & Jackson, S.E.(1981). The measurement of experienced burnout. Journal of Occupational Behavior. 2. I999, pp.99–113.
Morris, J.A., & Feldman, D.C.(1996). The dimensions, antecedents, and consequences of emotional labor. Academy of Management Review. 21(4) : 986–1010.
Nishikawa, Y. (2006). Thriving in the face of adversity: Perceptions of elementary-school principals. La Verne, CA: University of La Verne.
Rizzo, J.R., House, R.J., & Lirtzman, S.I.(1970). Role conflict and ambiguity in complex organizations. Administrative Science Quarterly. 15(2) : 150-163.
Sternberg, R.J.(1985). Beyond IQ : A triarchic theory of human intelligence. Cambridge University Press.
Sternberg, R.J., & Wagner, R.K.(1993). The geocentric view of intelligence and job performance is wrong. Current Directions in Psychological Science. 2(1) : 1–5.
Thorndike, E.L.(1927). The measurement of intelligence. New York : Bureau of Publications, Teacher's College, Columbia University.

제 09 장

관광 서비스 마케팅

학습목표

본 장에서는 다음 내용의 이해를 목표로 한다.

마케팅과 서비스 마케팅의 개념
서비스 마케팅 삼각구조의 의미
시장 세분화의 의미와 방법
시장세분화 방법의 장단점
시장세분화 요건
표적시장 선정전략별 특징
포지셔닝 개념과 포지셔닝 방법
마케팅 4P's와 7P's의 차이
서비스 마케팅 믹스 7가지의 의미와 특징

Chapter

09 관광 서비스 마케팅

사례 9-1 마케팅 리더 83% "고객 만족 위해 디지털 역량 중요"

세일즈포스, 2021년 글로벌 마케팅 트렌드 보고서 발표
2022년까지 데이터소스 77% 증가할 것,
약 89%의 마케팅 조직이 CRM 시스템 도입 및 활용 중

전 세계 CRM 시장을 선도하고 있는 세일즈포스가 글로벌 마케팅 리더의 마케팅 현황, 마케팅 전략, 인사이트를 포함한 글로벌 마케팅 트렌드(State of Marketing) 보고서를 발표했다. 올해로 7번째인 세일즈포스의 마케팅 트렌드 보고서는 한국을 포함한 글로벌 37개국 내 8,200여 명의 마케팅 리더들을 대상으로 한 설문조사 데이터에 기반한다. 이번 보고서는 코로나19로 인해 디지털 전환의 가속화와 개인화 마케팅, 고객 경험의 중요도 상승 등 전 세계 마케팅 담당자들의 인사이트를 확인할 수 있다.

디지털 채널을 대거 도입한 마케팅 담당자들
다음 채널을 사용하는 마케팅 조직

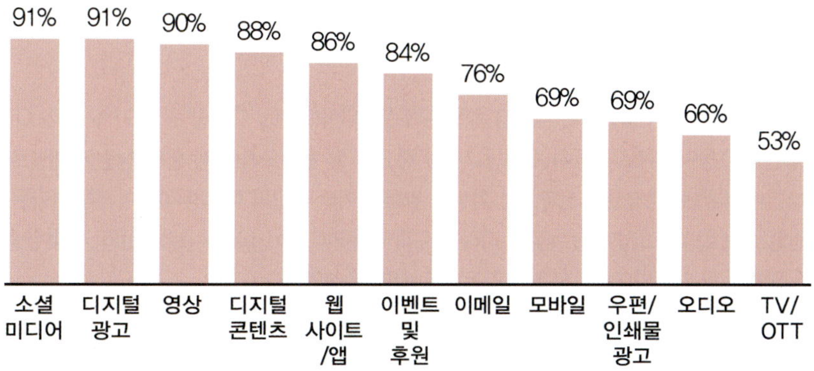

▲ 디지털 마케팅 담당자가 주로 활용하는 기술

포스트 코로나에 대비해 마케팅 담당자는 디지털 혁신, 소비자와의 실시간 연결, 통합된 고객 여정 제공을 중요시하는 것으로 나타났다. 퍼스트 파티(First party) 데이터의 중요성이 증가함에 따라 마케팅 담당자는 고객 데이터 확보 및 활용과 관련된 기술에 주목하고 있다고 응답했다. <중략> 실제로 팬데믹 이전 42%에 불과했던 기업과 소비자의 디지털 채널 기반의 소통은 현재 60%까지 증가했고 B2C 및 B2B 고객 중 81%가 온라인상에서 더 많은 시간을 할애할 것으로 예측된다.

마케팅 담당자 중 90%가 팬데믹 이후 디지털 마케팅 전략에도 변화가 생겼다고 응답했다. 83%의 마케팅 담당자는 급변하는 고객 요구를 만족하기 위해선 디지털 역량이 중요하다고 응답했다. 팬데믹을 겪은 지난 1년 동안 마케팅 부문에서 매우 큰 변화가 발생했으며 77%의 마케팅 담당자는 팬데믹 이전보다 더 많은 가치를 창출하고 있는 것으로 나타났다.

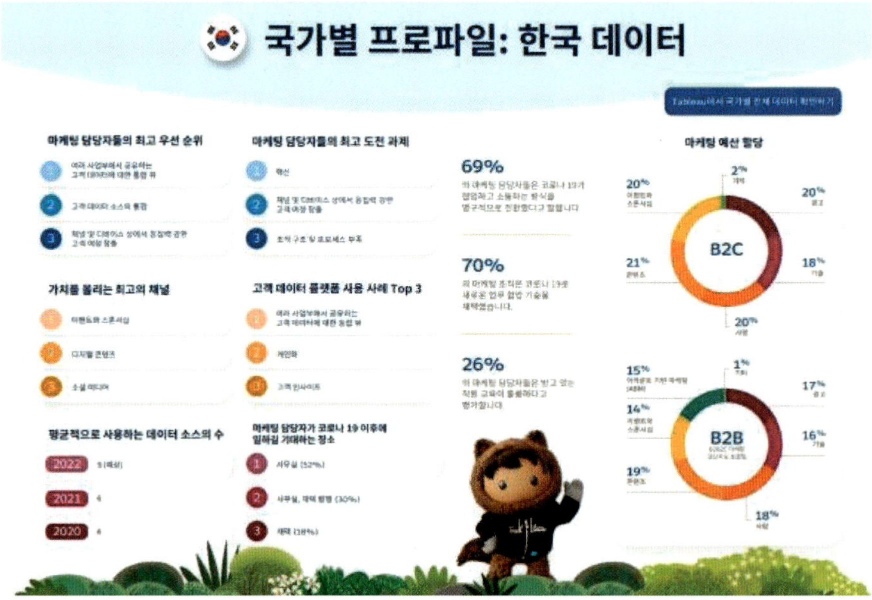

▲ 국내 마케팅 담당자 조사 결과

마케팅 담당자가 가장 많이 활용하는 디지털 채널은 소셜미디어(91%), 디지털 광고(91%)였다. OTT 등 비디오(90%)를 통한 마케팅이 3위로 등극하며 지난 1년간 중요도 및 활용도가 가장 많이 상승한 채널로 파악됐다.

이어서 대다수의 마케팅 담당자가 신규고객 확보를 위해 데이터 기반의 마케팅 활동이 필요하다는 데 동의했다. 최근 개인정보 보호의 중요성이 높아짐에 따라 서드파티 쿠키(Third-party cookie)의 지원이 중단될 것이라는 전망에 데이터 소스의 확대 및 활용에 주목하고 있다는 설명이다.

이번 보고서에 따르면 2022년까지 마케팅에 활용되는 데이터 소스가 75% 증가할 것이며 이에 따라 데이터 관리가 더 복잡해질 것으로 예측된다. 현 상황에서 디지털 마케팅 담당자가 가장 많이 활용하고 있는 기술은 CRM 시스템(89%)인 것으로 나타났다.

마케팅 담당자의 일하는 방식 또한 변화하고 있다. 코로나19로 인해 전 세계적으로 급속한 변화가 발생하고 있는 가운데 고객에게 더 나은 경험을 제공하고, 비즈니스의 성장을 주도하기 위한 마케팅 프로세스 개선이 필요하다고 느끼고 있는 것으로 나타났다.

국내의 경우, 마케팅 담당자의 69%는 팬데믹 이후 조직에서 소통하고 협업하는 방식이 영구적으로 변화했다고 응답했다. 70%는 원격근무 환경에서도 유기적인 협업을 하기 위한 기술을 신규 도입했다고 답했다. 30%의 응답자는 팬데믹 종식 후에도 하이브리드 근무(분산형 업무처리 방식)를 지속할 것이며, 18%의 응답자는 재택 근무 방식을 지속할 것이라고 답했다.

국내 마케팅 산업에선 데이터의 중요성이 더욱 높아질 전망이다. 국내 마케팅 담당자는 전사적인 고객 데이터의 통합뷰(Unified view) 확보를 최우선 과제로 뽑았다. 이어서 고객 데이터 소스를 통합하고, 다수의 채널 기기로부터 일관된 고객 여정을 제공하는 것에 주력할 것으로 조사되었다. 세일즈포스 조사에 따르면 2021년 기준 국내 마케팅 담당자는 평균 6개의 데이터 소스를 활용 중이며 2022년엔 9개로 증가할 것으로 예측됐다.

<중략>

자료 : BrandBrief(2021.9.3.)

제1절 관광 서비스 마케팅의 개념

마케터의 역할은 고객의 욕구변화를 파악하고, 서비스와 제품에 적용하고, 효과적인 전략을 세우고, 최적의 마케팅 프로그램을 설계하고 운영하는 것이다. 하지만 서비스업과 제조업은 산업의 특성과 고객의 특성이 상이하므로 마케팅 전략을 수립하고 실행하는 데 많은 차이가 존재한다. 특히, 서비스 경제로의 변화는 서비스 마케팅의 중요성을 더욱 부각시키고 있다. 본 절에서는 마케팅의 개념과 서비스 마케팅 개념 그리고 서비스 마케팅의 삼각구조에 대해 학습하고자 한다.

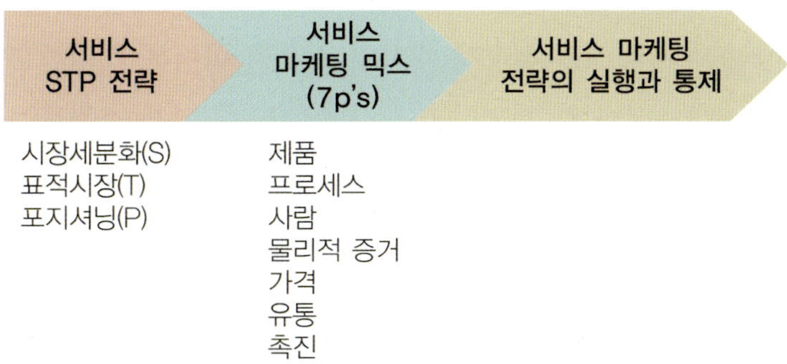

[그림 9-1] 마케팅 전략수립 과정

1 마케팅의 개념

오늘날 기업은 고객의 욕구를 정확히 파악하고 이를 충족시켜 주는 서비스나 제품을 개발하고, 합리적인 가격을 설정하고, 이를 고객에게 효과적으로 알리고, 고객이 편리하게 구매할 수 있도록 하여야 성공을 보장받을 수 있다. 이러한 일련의 과정이 바로 마케팅이다. 미국 마케팅협회(American Marketing Association, 1985)는 마케팅의 개념을 고객과 조직목표를 충족시켜 주는 교환을 창출하기 위해 아이디어, 제품, 서비스에 대한 발상, 가격결정, 촉진, 그리고 유통을 계획하고 실행하는 과정으로 정의하였다. 이 정의에 따르면 마케팅 활동의 근본은 고객만족을 위해 서비스 제공자가 고객중심으로 사고하고 행동하는 것으로 풀이된다.

Kotler(2000)는 개인과 집단이 제품과 가치를 창조하고 타인들과의 교환을 통하여 그들의 필요와 욕구[9])를 충족시키기 위해 수행하는 일련의 인간활동으로 마케팅을 정의하였다. AMA는 2004년에 마케팅에 대한 개념을 재정의하였는데, 조직과 이해관계 당사자들에게 이익이 되는 방법으로 고객가치를 창조하고, 알리고, 전달하며, 고객관리를 위한 조직의 기능과 일련의 과정으로 개념을 확대하였다.

2 관광 서비스 마케팅의 개념

마케팅 개념에 대한 정의는 다양하지만 기본적 내용은 유사하다. 서비스는 판매를 위하여 제공되거나 제품판매에 수반되어 제공되는 행위, 효용(편익), 만족으로 정의되고 있다. Judd(1968)는 서비스를 유형적 재화의 소유권 이전을 제외한 모든 것을 대상으로 시장에서 거래하는 것이라 정의하였고, Bell(1973)은 고객 스스로는 수행할 수 없지만 고객에게 가치있는 효용이나 만족을 제공해 주는 활동으로 정의하였다. Blois(1974)는 서비스를 제품의 형태로 어떠한 물리적 변화도 없이 효용과 만족이 수반되는 판매를 제공하는 행위로 규정하였다.

9) 필요(Needs)란 어떤 기본적인 만족이 결핍된 상태를 말하며, 욕구(Wants)란 필요를 만족시켜 주는 수단에 대한 구체화된 바람을 말한다.

유형의 상품과 비교해 볼 때 서비스는 형체가 없는 무형성(Intangibility), 생산·구매·소비가 동시에 이루어지는 동시성 또는 비분리성(Inseparability), 서비스의 표준화와 규격화가 어려운 이질성(Heterogeneity), 보관과 저장이 불가능한 소멸성(Perishability)이라는 특성을 가지고 있다(서비스 특성은 제1장 참조). 이러한 서비스의 특성을 고려하여 서비스 마케팅을 정의해 보면 서비스를 제공하는 개인 및 조직이 고객의 필요와 욕구를 충족시키고자 하는 일련의 활동이라 할 수 있다.

한편 관광 서비스 마케팅은 관광을 대상으로 하는 마케팅이다. 세계관광기구(1975)는 관광 마케팅을 최대의 편익을 얻으려는 관광조직의 목적에 맞게 관광수요 측면에서 시장조사·예측·선택을 통하여 자사의 관광상품을 시장에서 가장 좋은 위치를 차지하도록 노력하려는 경영철학으로 정의하였다. Wahab(1976)은 잠재 관광객의 욕구를 파악·확인하고 관광지와 커뮤니케이션을 유지하는 관리과정으로 정의하였다.

3 서비스 마케팅 삼각형

서비스 마케팅의 삼각형 모델(서비스 마케팅 삼위일체라고도 함)은 서비스 기업이 성공하기 위해 수행해야 할 세 가지 마케팅 유형을 의미한다(이유재, 2013). [그림 9-2]에서처럼 서비스 마케팅은 일반적 마케팅을 의미하는 외부 마케팅(External marketing), 고객과 직접접촉하여 서비스를 제공하는 직원과 고객 간의 상호작용 마케팅(Interactive marketing), 직원이 고객에게 최상의 서비스를 제공할 수 있도록 지원하고 교육하는 내부 마케팅(Internal marketing)으로 구성되어 있다.

이 세 가지 유형의 마케팅을 이른바 서비스 마케팅 삼각형(Service marketing triangle)이라고 한다. 서비스 마케팅 삼각형이 의미하는 것은 세 부분 중 어느 한 부분이 없다거나 모든 부분이 주어진 역할을 제대로 하지 않는다면 서비스 마케팅과 관리는 불가능하다는 것을 의미한다.

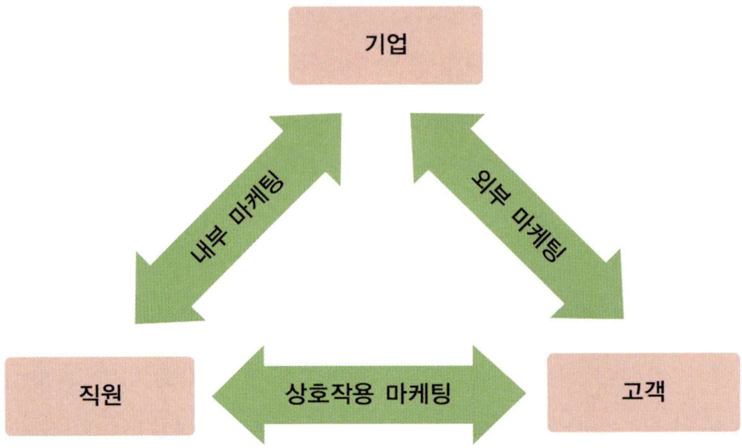

자료: Grönroos, C.(2000). Service management and marketing(2nd ed.). Wiley

[그림 9-2] 서비스 마케팅 삼각구조

1) 외부 마케팅

경영자는 고객을 조사·분석하고 고객에게 제공할 서비스를 설계하여 제공하는 서비스 품질을 약속하는데, 이를 내부 마케팅과 구분하여 외부 마케팅이라고 한다. 서비스가 제공되기 전에 서비스 기업이 고객에게 전달하는 모든 것들이 외부 마케팅의 활동이다. 외부 마케팅 시 고객에게 의사를 전달하는 주요 수단으로 광고, 판매촉진, 인적판매, 홍보 등이 있다.

2) 내부 마케팅

내부직원을 대상으로 하는 마케팅이 내부 마케팅이다. 내부 마케팅은 외부 마케팅보다 우선적으로 수행되어야 한다. 직원은 서비스 전달과정에서 고객과 물리적, 심리적으로 가장 근접해 있어서 고객의 욕구를 정확히 확인할 수 있다. 그러므로 서비스 기업의 경영자는 직원에게 적절한 수준의 재량권을 부여하여 직원이 고객의 욕구를 확인하고 고객이 불만족할 때 신속하게 대응할 수 있도록 해야 하며, 또한 직원이 주인의식과 책임감을 가지고 고객과 상호작용할 수 있도록 해야 한다.

3) 상호작용적 마케팅

상호작용 마케팅은 고객과 일선 서비스 제공자와의 접점 마케팅이다. 구체적으로 기업이 고객과의 약속을 실현하는 활동이며, 서비스 전달과정에서 고객과 직접 상호작용하는 접점직원의 역할이 상호작용 마케팅의 중요한 활동이다. 따라서 외부 마케팅을 통해 약속되는 것과 상호작용 마케팅을 통해 전달되는 것을 일치시키는 것이 중요하다.

전통적 마케팅에서는 생산과 소비가 분리되고 마케팅 부서가 생산과 소비를 연결하는 기능을 해왔다. [그림 9-3]의 전통적 마케팅(좌)에서 생산으로부터 시작하는 화살표는 마케팅 부서에 의한 마케팅 믹스활동의 계획 및 실행을 나타낸다. 그리고 소비로부터 시작하는 화살표는 마케팅 부서가 시장에 대한 정보를 획득하는 것을 의미한다.

하지만 서비스는 생산과 소비가 동시에 발생하므로 전체 직원이 마케팅에 참여해야 하고 고객과 직원의 접점관리 기능이 강조되는 상호작용 마케팅으로 변하고 있다. 따라서 서비스 마케팅은 상호작용 마케팅 기능이 추가적으로 필요하게 된다. 상호작용 마케팅 활동을 원활히 수행하기 위해서는 직원이 고객과의 관계를 형성하고, 유지하고, 발전시키는 것이 중요하다.

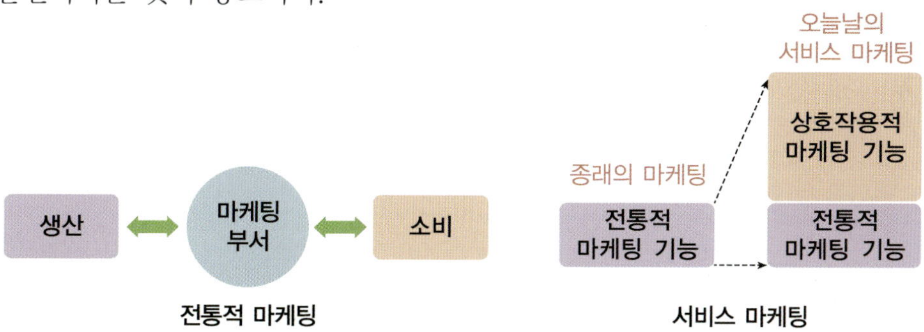

자료 : 이유재(2013). 서비스 마케팅(5판). 학현사, p.47

[그림 9-3] 전통적 마케팅과 서비스 마케팅

[표 9-1] 전통적 마케팅과 서비스 마케팅 비교

구분	전제	마케팅 기능	담당조직
전통적 마케팅	생산과 소비의 분리	생산과 소비 매개	마케팅 부서
서비스 마케팅	생산과 소비의 동시발생	전통적 + 상호작용 및 접점관리	전 직원에 의한 마케팅 활동

자료 : 이유재(2013). 서비스 마케팅(5판). 학현사, p.46

Day(1998)는 [표 9-2]처럼 전통적 마케팅과 상화작용적 마케팅의 차이점을 6가지로 비교 설명하면서 상호작용은 쌍방향(Interactive)적 상호작용이어야 함을 강조하였다. 즉, 참여자(사용자 혹은 고객)의 자연스러운 대화, 유연한 시나리오, 즉각적 피드백, 고객 주도적, 즉각적 만족이 상호작용적 마케팅이 갖추어야 할 조건이라는 것이다. 특히, 다수의 사용자가 존재하는 온라인 커뮤니티상에서의 상호작용은 독백이 아닌 대화가 전제되어야 하며 유연한 시나리를 기반으로 즉각적 피드백이 제공되어야 한다. 예를 들어, 한국민속촌은 트위트(@koreanfolk)의 운영을 통해 한국민속촌을 전통문화 테마파크로 알리고 가족단위 고객과 젊은 층 고객들의 방문증가에 큰 역할을 하였는데 상호작용적 마케팅이 갖추어야 할 요소들을 잘 반영한 결과로 풀이된다(김병재 · 강명수, 2014.10).

[표 9-2] Day의 전통적 마케팅과 상호작용 마케팅 비교

전통적 마케팅	상호작용적 마케팅
독백(monologue)	대화(dialogue)
경직된 시나리오(rigid scenario)	유연한 시나리오(flexible scenario)
수동적 행위(passive activity)	참여적 행위(participatory activity)
느린 피드백(slow feedback)	즉각적 피드백(instant feedback)
광고주 주도적(advertiser driven)	소비자 주도적(consumer driven)
지연된 만족(delayed gratification)	즉각적 만족(instant gratification)

자료 : Day, G.(1998). Organizing for interactivity. Journal of Interactive Marketing, 12(1) : 47-53 ; 김병재 · 강명수(2014.10). SNS가 소중한 '광속의 커뮤니티 3.0' 광속 피드백 광속만족… 새시장이 뜬다. 비즈니스동아리뷰, 163호, Issue 2에서 재인용

제2절 관광 서비스 STP 전략

STP는 Segmentation, Targeting, Positioning 3개 용어의 약자이다. STP 전략이란 시장을

세분화하고(Segmentation), 세분화된 시장 중 표적시장을 선정하고(Targeting), 선정된 표적시장에서 어떤 위상을 확보할 것인지에 대한 방안을 수립하는 것(Positioning)을 의미한다(그림 9-4 참조). 시장세분화는 어떤 기준에 의해 시장을 세분화하는 것이고, 표적(목표)시장 선정은 세분된 시장 중 어떤 세분시장을 선택할 것인가에 관한 것이다. 그리고 포지셔닝은 세분시장에서 자사의 서비스나 제품을 경쟁사와 차별화하여 고객 마음속에 인식시키는 것이다.

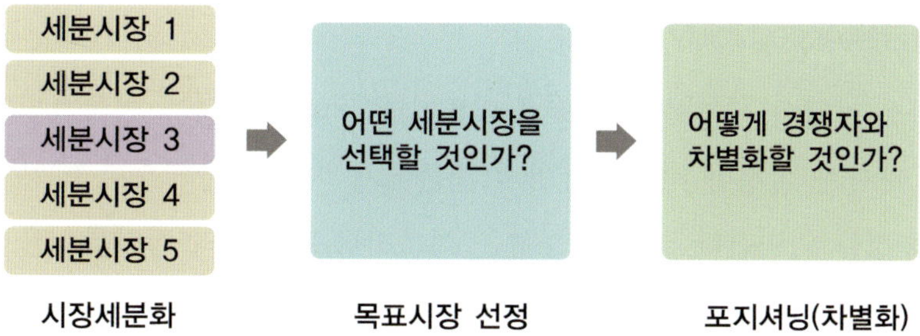

[그림 9-4] STP 전략 진행과정

1 시장세분화

위에서 언급한 것처럼 시장세분화는 고객들의 다양한 욕구를 충족시키기 위해 전체 시장을 일정한 기준에 따라 분류하는 것이다. 예를 들면, 여행시장은 가족여행, 문화체험, 스포츠관광, 개별여행(FIT), 패키지여행 등으로 세분화할 수 있다. 여기서는 시장세분화 요건과 시장세분화 분류기준에 대해 설명한다.

1) 시장세분화 요건

어떠한 변수를 기준으로 시장을 세분화하든지 세분화 요건을 충족해야 한다. 효과적인 시장세분화의 요건에는 측정가능성, 접근가능성, 실행가능성, 충분한 시장규모, 세분시장 내 동질성과 세분시장 간 이질성 등의 다섯 가지가 있다.

(1) 측정가능성(Measurability)

이는 세분시장의 규모나 구매력과 같은 세분시장의 특성(예 : 고객 수)을 측정할 수 있는 정도를 의미한다. 그러기 위해서는 구매자의 특성에 관한 정보가 있고 그 정보가 수집 가능해야 한다. 예컨대, 부모를 즐겁게 하고 행복하게 해주는 10대들의 세분시장이 존재하더라도 그 규모는 측정하기 힘들다. 그 이유는 해당시장에 대해 정보수집이 매우 어렵기 때문이다.

(2) 접근가능성(Accessibility)

관광 서비스 기업이 세분화된 시장에 유통경로나 매체를 통해 접근가능한 정도를 의미한다. 즉, 자사가 설정한 세분시장의 고객들에게 어떠한 방식으로 다가갈 수 있는지에 대한 가능성을 의미한다. 접근가능성은 세분시장 고객들의 집단특성을 이해하는 데서 시작된다. 예를 들어, 세분시장의 고객들을 아프리카 농촌지역 혹은 섬지역으로 설정했다면 촉진수단으로써 접근할 수 없는 미디어(예 : 유튜브)를 통한 광고는 적합하지 않을 수 있다.

(3) 실질성(Substantiality)

세분시장이 하나의 시장으로서 충분히 크고 수익을 낼 만큼의 규모가 있는 정도를 의미한다. 고객들의 기호에 맞는 서비스를 생산하여 제공하더라도 규모가 작으면 그에 따른 과다한 생산비용으로 인해 이익을 창출하기 어렵게 된다. 예를 들면, 대도시 지역의 경우에는 여러 나라 민족 고유의 레스토랑(태국 요리, 베트남 요리, 멕시코 요리, 이슬람 요리)을 유지할 수 있으나 작은 도시에서는 유지하기 쉽지 않다.

(4) 실행가능성(Actionability)

관광 서비스 기업이 각 세분시장에 대해 마케팅 프로그램을 개발하고 실행할 수 있는 정도를 의미한다. 세분시장을 발견하더라도 그 시장에 대해 적합한 마케팅 프로그램을 별도로 개발할 수 없으면 세분화의 의미가 없어진다. 예를 들어, 한 치킨점이 3개의 세분시장을 발견했더라도 그 직원 수와 재무능력이 부족해서 세분시장을 위한 독립적인 마케팅 프로그램을 개발할 수 없는 경우이다.

(5) 내부적 동질성과 외부적 이질성

이는 동일한 세분시장에 속한 고객들끼리는 최대한 동질적이고 서로 다른 세분시장에 속한 고객들끼리는 최대한 이질적이어야 한다는 것을 의미한다. 즉, 세분시장 안에서는 비슷하고 일관된 특징을 갖고 있어야 하고, 세분시장들 간에는 어떤 마케팅 프로그램을 시행했을 때 서로 다르게 반응하는 차별성(혹은 이질성)이 있어야 한다는 의미이다. 그래야 각 세분시장마다 차별화된 마케팅 믹스개발이 가능해진다. 효과적 시장세분화의 요건을 정리해 보면 [표 9-3]과 같다.

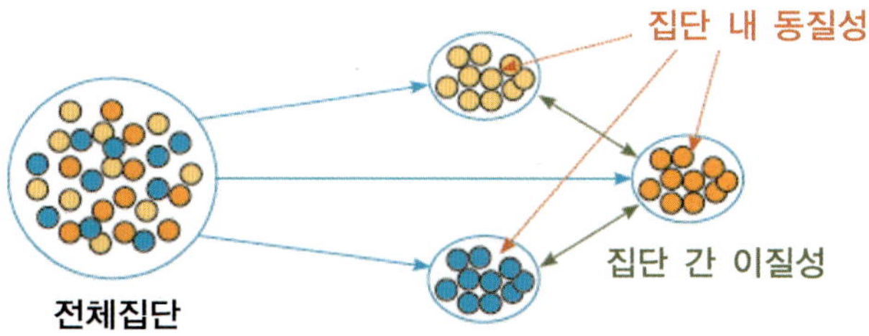

[그림 9-5] 세분시장 고객의 동질성과 이질성

[표 9-3] 효과적인 시장세분화의 요건

시장세분화의 요건	의미
측정가능성	세분시장의 규모, 구매력, 고객 수 등을 측정할 수 있어야 함
접근가능성	세분시장에 효과적으로 접근할 수 있어야 함
실질성 (충분한 시장규모)	세분시장이 마케팅 믹스를 실행할 가치가 있을 만큼 크고 충분한 수익을 창출할 수 있어야 함
실행가능성	선정된 세분시장을 공략하기 위해 그 세분시장에 적합한 상품을 개발할 수 있어야 함
내부적 동질성과 외부적 이질성	세분시장 내의 고객 욕구는 동질적이어야 하고 각 세분시장 간에는 고객욕구가 이질적이어야 함

자료 : 저자정리

2) 시장세분화 분류기준

이론적으로 시장분화에 대한 정확한 분류기준은 존재하지 않는다. 일반적으로 시장세분화 분류는 지리적 변수, 인구통계적 변수, 행동분석적 변수, 심리분석적(특성적) 변수 등을 이용하고 있다. 이들 중 행동분석적 변수와 심리분석적 변수를 활용한 시장세분화가 널리 애용되고 있다.

(1) 지리적 시장세분화(Geographic segmentation)

국가, 도, 도시, 군과 같이 지리적 단위로 시장을 세분화하는 것이다. 기업은 하나 또는 몇 개의 지리적 지역에서 비즈니스를 하거나 전 세계 지역에서도 할 수 있다. Starwood & Resort는 자신의 데이터베이스에 있는 지역정보를 이용하여 특별 패키지나 지역음식 등을 개발하고 있다. 패스트푸드 회사는 지역의 기호를 고려하여 메뉴를 결정하기도 한다. McDonald's는 Texas Burger를 출시했는데, 이는 상추, 토마토 그리고 피클과 겨자 등 많은 텍사스인들이 선호하는 재료와 향신료를 사용하여 만든 비교적 커다란 햄버거이다. 지리적 시장세분화의 장점은 지리적 근접으로 관리가 쉽고, 공통된 문화를 공유하는 경우가 많은 것이다. 단점으로는 지리 혹은 지역에 따라 고객의 기본적인 욕구와 선호의 차이가 존재한다는 점이다.

(2) 인구통계적 시장세분화(Demographic segmentation)

이는 연령, 성별, 가족 구성원 수, 가족생활주기, 소득, 직업, 교육, 종교, 인종, 국적 등의 인구통계적 변수를 활용하여 시장을 세분화하는 방법이다. 호텔업계에서는 객실을 디자인할 때 여성을 고려하여 로비의 바(Bar), 피트니스 시설, 밝은 색조의 객실 등으로 변화를 꾀한다. 세계의 유명한 다리를 따라 작은 선박으로 여행하는 1997년에 설립된 Viking River Cruise는 나이든 성인 부부와 독신을 표적으로 하고 있다(Kotler, Bowen, Makens, 2014). 이 방법의 장점은 다른 변수들보다 측정하기 수월하므로 시장을 세분화하는 데 널리 이용되고 있다. 하지만 나이, 성별 등으로 소비자 욕구, 가치, 구매력 등을 예측하기 어렵다. [사례 9-2]는 성별 세분화의 성공사례인 여성전용 헬스클럽 Curves의 예이다.

사례 9-2 남성 · 거울 · 화장 없는 3無 헬스클럽··· 커브스, 전 세계 400만 여성 사로잡아 '노 맨, 노 메이크업, 노 미러(No man, No makeup, No mirror)'

여성전용 헬스클럽(이하 클럽) '커브스'는 남성 회원이 없고, 화장할 필요가 없다. 일반적인 헬스클럽과 달리 사방을 메운 전신거울도 없어 살이 찌거나 건강이 나빠져 달라진 내 체형을 보면서 스트레스를 받을 필요가 없다. 오로지 운동과 자신에게만 집중할 수 있는 환경을 마련한 것이다.

'책 안 떨어뜨리고 스쿼트 하기' 등 각종 이벤트로 운동에 즐거움 더해

이달 17일에는 8월 15일 광복절을 기념해 태극기 인증사진을 찍고 클럽에 와서 보여주면 포인트를 주는 '태극기 인증샷' 이벤트가 열렸다. 누군가는 태극기를 가구 위에 펼쳐 사진을 찍었고, 누군가는 태극기로 장식한 손목 보호대를 차고 클럽에 등장했다. 회원들은 각종 이벤트에 참여해 미션을 수행하고 이때 받은 포인트를 모아 각종 용품을 구입한다.

▲ 12개의 유압식 운동기구와 12개의 스텝보드를 돌면서 하는 '30분 순환운동'은 여성전용 헬스클럽 '커브스'의 대표적인 운동 프로그램이다.

커브스는 게리 헤이븐과 다이앤 헤이븐 부부가 1992년 미국 텍사스주 할링겐에 설립했다. '여성의 삶을 건강하고 행복하게 만드는 것'이 목표다. 게리 헤이븐은 과거 대형 헬스클럽을 운영해 엄청난 성공을 거뒀지만 대형시설을 유지하기 위한 비싼 임대료와 운영비로 큰 빚을 지게 됐다. 그는 실패를 거울삼아 남성을 위한 운동기구와 샤워시설을 빼고 임대료 · 운영비를 대폭 줄인 여성전용 헬스클럽 커브스를 만들었다.

여성 편의 · 신체적 특징을 고려한 '30분 순환운동'은 커브스의 핵심 운동 프로그램이다. 운동생리학 분야의 전문성을 인정받은 미국 텍사스 베일러대에 연간 200만 달러 이상을 투자해 30분 순환운동의 효과를 입증하고 개선해왔다. 현재 전 세계 90여 개국에서 400만 명 이상의 여성 회원이 커브스를 이용하고 있다.

▲ 한 회원이 머리 위 책을 떨어뜨리지 않고 스쿼트를 하는 이벤트에 도전하고 있다.

"성공 못 한다"는 비관론에도 커브스 한국 론칭, 결과는 대성공

김재영 커브스코리아 대표가 2006년 한국에 커브스코

리아를 론칭했을 당시만 해도 생소했던 피트니스 센터 프랜차이즈 사업이 성공할 리 있겠냐는 비관론이 팽배했다. 게다가 남성회원 없이 여성회원만 모집한다면 성공 가능성은 더욱 줄어들 수밖에 없었다. 하지만 그 예상은 보기 좋게 빗나갔다. 2007년 본격적으로 가맹사업을 시작한 커브스는 1개 매장으로 시작해 2010년 가맹점 100개를 돌파했고 지난해 기준 376개의 가맹점을 운영하고 있다. 전체 회원 수는 7만 명에 달한다.

자료 : 조선비즈(2017.8.31.)

(3) 행동분석적 시장세분화(Behavioral segmentation)

이는 제품이나 서비스의 편익, 사용경험, 사용상황, 사용량, 상표충성도, 구매동기 등을 사용하여 시장을 세분화하는 방법이다. 마케터는 행동변수가 시장을 세분화하는 데 가장 좋은 출발점이라 믿는다. 발렌타인데이(Valentine's Day)에 초콜릿을 선물하는 전통이나 화이트데이(White Day)에 사탕을 선물하는 관습은 사용상황에 의한 시장세분화 예이다. 국내외 Capsule 호텔은 가격에 민감한 고객을 표적으로 개발한 숙박 서비스이다. 이 방법의 장점은 고객들이 실제 어떻게 행동(예 : 서비스를 사용했는지, 얼마나 자주 사용했는지 등)하는지에 초점을 두고 있다는 점이다. 따라서 실제 구매행동을 이해하기 쉽다.

(4) 심리분석적 시장세분화(Psychographic segmentation)

이는 사회계층, 라이프 스타일, 취미, 개성 등에 기초하여 시장을 세분화하는 것이다. 동일한 인구통계학적 집단에 속하는 사람들이라도 다른 심리적 특성을 나타낼 수 있다. 이른바 '명품 열풍'은 사회계층 세분화의 한 예이다. 최근에는 사람들이 살아가는 방식을 의미하는 라이프 스타일에 의한 시장세분화가 자주 사용된다.

라이프 스타일은 보통 개인의 행동(Activity), 관심(Interest), 그리고 의견(Opinion)과 관련한 문항으로 조사한다(표 9-4 참조). 예를 들면, 관광객이 어떤 활동을 하며, 어떻게 시간을 보내고, 어떤 일에 관심이 있고, 어떤 견해를 갖고 있는지를 측정하는 것이다. 심리분석적 시장세분화 방법은 시장에 대해 다양한 정보를 제공해 주는 장점이 있지만 다소 모호한 변수들을 다루기 때문에 측정이 어렵다는 단점이 있다.

[표 9-4] 라이프 스타일 측정에 사용되는 AIO 변수

활동(Activities)	관심(Interests)	의견(Opinions)
일	가족	자신에 대한 의견
취미	가정	사회적 이념
사회활동	직업	정치
휴가	지역사회	사업
오락	여가활동	경제
클럽회원 활동	유행	교육
쇼핑	음식	제품
스포츠	대중매체	미래
	업적(성취)	문화

자료 : Josep & Plumer(1974). The concept and application of lifestyle segmentation. Journal of Marketing. 38(January) : 34

시장세분화 기준변수와 사례를 요약하면 [표 9-5]와 같다. 시장세분화의 기준이 되는 변수는 매우 다양하므로 시장을 세분화하는 데 유일한 방법이나 최적의 방법이 존재하는 것은 아니다. 시장세분화를 이용 편의성과 소비자 선택행동의 예측성 측면으로 보면 [그림 9-6]처럼 지리적 시장세분화가 가장 낮고 행동변수에 의한 시장세분화가 가장 높은 것으로 알려져 있다.

[표 9-5] 시장세분화 기준변수 및 사례

세분화 유형	기준변수 및 사례
지리적 시장세분화	• 국가, 지역, 도시의 크기, 인구 밀도, 기후 등 • 스타벅스 : 미국 시애틀의 1인당 커피 소비량이 가장 많음을 파악하여 시애틀에서 사업을 시작하여 성공
인구통계적 시장세분화	• 나이, 성별, 소득, 직업, 교육수준, 종교, 인종, 세대, 국적, 가족 규모 등 • 포카리스웨트는 여성 타깃, 게토레이는 남성 타깃으로 성공
행동분석적 시장세분화	• 구매 또는 사용상황, 추구하는 편익, 사용량, 상표 충성도, 구매동기 등 • 호텔의 로열티 프로그램, 항공사 마일리지 프로그램
심리분석적 시장세분화	• 사회계층, 생활양식, 개성, 취미 등 • 소비자가 자신만의 개성을 발산하고 표현할 수 있는 브랜드나 서비스 원함(샤넬향수, 루이뷔통 등)

자료 : 저자정리

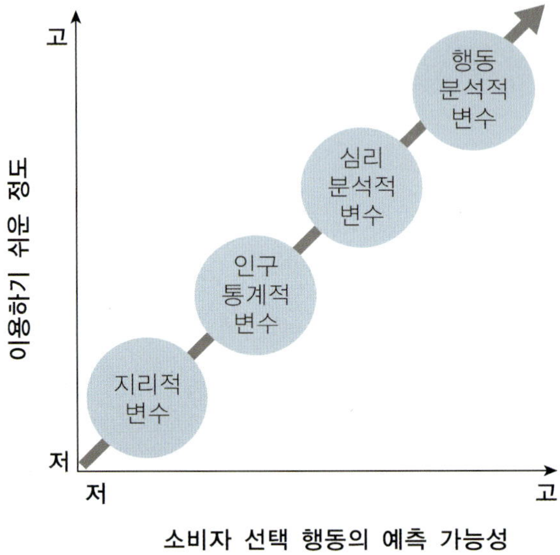

자료 : 저자정리

[그림 9-6] 시장세분화 기준별 사용 편리성과 예측 가능성

2 표적시장 선정

시장세분화의 다음 단계는 표적시장(혹은 목표시장) 선정이다. 표적시장은 세분시장 모두가 될 수도 있고 하나의 세분시장만이 될 수도 있다. 표적시장을 선정할 때 시장 규모, 경쟁강도, 경쟁우위(예 : 원가 등), 자사의 자원 등을 고려하게 된다. 표적시장 선정전략에는 비차별화 전략, 차별화 전략, 집중화 전략이 있다(그림 9-7 참조).

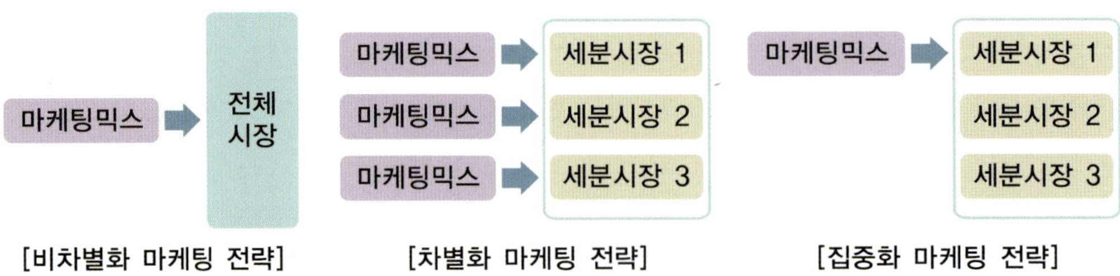

[그림 9-7] 표적시장 선정전략

1) 비차별화 마케팅 전략(Undifferentiated marketing strategy)

이 전략은 세분시장 간 차이를 무시하고 전체시장 혹은 가장 규모가 큰 대중시장을 표적으로 하여 하나의 서비스나 제품을 제공하는 방법이다(그림 9-7 참조). 이 전략은 시장 내 고객들의 공통적인 욕구충족에 노력을 집중하는데, 그 이유는 고객의 행동이나 구매동기 등이 비슷하다고 가정하기 때문으로 동질적인 단일제품을 도입할 때 적합하다. 장점으로는 적은 마케팅 믹스비용이 소요되고 표준제품의 대량생산에 의한 규모의 경제로 비용절감을 할 수 있다는 점이다. 그러나 표적시장 내의 목표고객 모두를 만족시키기 힘들어 시장이 또다시 세분화되어 다른 경쟁 서비스가 나타날 수 있다.

2) 차별화 마케팅 전략(Differentiated marketing strategy)

각각의 표적시장에 적합한 마케팅 믹스 프로그램을 개발하고 실행하는 전략이다. 예를 들어, Luxury hotel 시장에 Sofitel 브랜드, 3star hotel 시장에 Novotel 브랜드, 2star hotel 시장에 Ibis 브랜드, Limited service hotel 시장에 Formula one & Motel 6 브랜드, 그리고 Extended-stay hotel 시장에 Hotelia 브랜드를 진출시킨 프랑스 Accor Hotel이 좋은 예이다. 이는 몇 개의 표적시장을 선택한 후 각각 차별화된 마케팅 믹스를 적용함으로써 다양한 고객을 만족시킬 수 있다는 장점이 있다. 하지만 각 시장별로 마케팅 믹스를 별도로 실행해야 하므로 비용(예 : 일반 관리비, 판매 촉진비, 재고 관리비 등)이 증가하는 단점이 있다.

3) 집중화 마케팅 전략(Concentrated marketing strategy)

이 전략은 여러 세분시장 중 하나의 타깃을 선정하여 마케팅 믹스를 실행하는 전략이다. 기업의 자원이 제한된 신생기업에 적합하다. 전문적인 마케팅 믹스로 고객의 욕구를 만족시켜 특정시장에서 시장 점유율을 높일 수 있다는 장점은 있으나 고객의 다양한 욕구를 충족시키기 어렵다. 미국의 Fours Seasons Hotel은 특급 호텔시장(Luxury market)에만 진출하여 강력한 시장위치를 확보하고 있다. 표적시장 선정 전략별 내용과 장단점을 요약하면 [표 9-6]과 같다.

[표 9-6] 표적시장 선정전략별 장점과 단점

유형	주요 내용	장점	단점
비차별화 마케팅 전략	• 세분시장의 차이를 무시하고 단일 마케팅 프로그램으로 전체시장을 공략 • 세분화가 덜 진행된 도입기에 사용될 수 있음	• 전체시장에 단일 마케팅 • 규모의 경제로 생산 및 재고관리 비용의 절감	• 특징 없는 제품의 제공 • 적용분야가 제한적임 • 경쟁사가 다양한 제품으로 시장에 진출한 경우 위험도가 높음 • 가격경쟁과 고객 불만족 초래 가능성
차별화 마케팅 전략	• 세분시장마다 차별적인 마케팅 프로그램 사용 • 자원이 풍부한 기업이 사용	• 두 개 이상 시장에 동시에 진입 • 위험부담 감소 • 많은 소비자 확보로 매출액과 이익 증가	• 고비용 발생 • 자기잠식 우려
집중화 마케팅 전략	• 단일제품으로 단일 세분시장 공략 • 자원이나 능력이 한정되어 있을 때 사용가능 • 하나의 세분시장(니치마켓)에서 경쟁력을 가질 수 있음	• 창업기업에 적합 • 소비자의 욕구 파악 • 자원의 집중화 • 시장 안에서의 강력한 위치 점유	• 대기업 경쟁사 진입이 쉬움 • 세분시장 내 소비자 욕구의 변화, 강력한 경쟁자 진입 등의 위험

자료 : 저자정리

3 포지셔닝

포지셔닝은 자사 서비스나 제품을 다양한 마케팅 수단(예 : 제품, 가격, 유통, 촉진, 물리적 환경, 직원태도, 서비스 프로세스 등) 등을 통해 경쟁사와 차별되게 인식하게 만드는 것이다. 효과적 포지셔닝은 경쟁회사의 서비스나 제품에 없는 독특한 기능과 편익을 고객의 마음속에 인식시키는 것이다. 여기서는 포지셔닝의 절차와 포지셔닝 유형에 대해 살펴본다.

1) 포지셔닝 절차

포지셔닝은 고객분석, 경쟁자 확인, 경쟁 서비스의 포지션 파악, 자사 서비스의 포지셔닝 개발, 그리고 포지셔닝의 확인과 재포지셔닝의 과정으로 진행된다(그림 9-8 참조).

[그림 9-8] 서비스 포지셔닝 절차

관광 서비스는 무형적인 특성으로 인해 포지셔닝하기 매우 어렵다. 이러한 어려운 점은 포지셔닝 전략의 비중이 타 산업과 비교하여 더 중요하다는 것을 반증하기도 한다.

(1) 고객분석

포지셔닝의 첫 번째 단계는 고객분석이다. 즉, 해당 서비스 제품군에서 고객이 추구하는 혜택과 기존 서비스에 대한 불만족 원인을 파악하는 것이다. 이때 고객의 인구통계적 특성이나 구매활동, 라이프 스타일 등도 분석한다.

(2) 경쟁자 확인

두 번째 단계는 도입하고자 하는 서비스나 제품의 경쟁상대를 파악하는 과정이다.

주의할 것은 표적시장을 어떻게 설정하느냐에 따라 경쟁자가 달라질 수 있다는 점이다. 예컨대, 해당 제품군에 대체재가 있는 경우에는 이 대체재도 넓은 의미에서 경쟁자가 될 수 있다. 다이어트 식품을 개발하고자 할 때 기존의 다이어트 식품만을 경쟁자로 볼 수 있겠지만 다이어트 욕구가 있는 고객관점에서 보면 칼로리가 낮은 간편식도 다이어트식이 될 수 있다.

(3) 경쟁 서비스의 포지션 분석

세 번째 단계에서는 구체적인 경쟁제품 혹은 서비스가 확인되면 고객이 어떻게 지각하고 있는지를 파악한다. 관광 서비스 기업이 포지셔닝 전략을 효과적으로 수행하기 위해 유용하게 사용하는 도구가 포지셔닝 맵(Positioning map)이다. 이는 고객의 마음속에 자리 잡고 있는 자사와 경쟁사 서비스나 제품의 위치를 고객의 지각을 바탕으로 도식화한 것이다.

자료: Lovelock, C., Wirtz, & Chew, P.(2009). Essentials of service marketing. Prentice-Hall, p.75

[그림 9-9] Bellevill 지역의 비즈니스 호텔 지각도

[그림 9-9]는 미국 Bellevill 지역의 4성급 호텔인 Palace 호텔이 경쟁자 파악과 시장기회 포착을 위해 비즈니스 호텔에 대한 지각도를 나타낸 것이다. 이 지도에서 호텔 서비스와 가격과의 연관성을 볼 수 있다. 포지셔닝 맵은 경쟁자 및 경쟁상황을 파악하는 데도 유용하고 자사가 고객에게 소구하지 않은 시장을 알려줌으로써 신제품을 개발하는 데도 도움이 된다.

(4) 자사 서비스의 포지셔닝 개발

경쟁사보다 고객욕구를 더 잘 충족시킬 수 있는 자사 서비스의 포지션을 결정하는 과정이다. 이 과정에서 포지셔닝 맵을 통해 고객이 경쟁사와 자사의 서비스를 어떻게 인식하고 있는지, 고객의 미충족된 욕구가 무엇인지, 그리고 자사와 경쟁사의 강점과 약점이 무엇인지를 파악할 수 있다. 마케터는 이러한 정보를 근거로 경쟁사에 비해 자사 서비스가 경쟁적 우위를 확보할 수 있는 포지션을 결정하게 된다. 이때 마케터는 서비스 속성, 사용상황, 사용자, 경쟁에 의한 포지셔닝 방법 등을 사용할 수 있다.

(5) 포지셔닝의 확인과 재포지셔닝

마지막 단계로 포지셔닝 전략이 실행된 이후에 자사의 서비스가 목표한 위치에 포지셔닝이 되었는지를 확인하여야 한다. 시장환경이 수시로 변화하므로 자사의 서비스가 적절하게 포지셔닝되었는지를 지속적으로 확인해야 한다. 환경변화 때문에 자사 서비스의 포지셔닝이 적절하지 않은 포지션으로 변화될 수도 있다. 이럴 때는 자사 서비스의 목표위치를 다시 설정하고 적절한 포지션으로 이동시키는 재포지셔닝(Repositioning)이 필요하다. 유아용품으로 포지셔닝했던 Johnson & Johnson은 로션과 오일을 청소년과 피부가 연약한 성인에게 재포지셔닝하여 성공한 사례이다.

2) 포지셔닝 유형

포지셔닝은 다양한 기준으로 분류할 수 있다. 여기서는 서비스 속성, 서비스 사용상황, 서비스 이용자, 그리고 가격을 기준으로 분류하여 설명한다.

(1) 서비스 속성에 의한 포지셔닝

이는 자사 서비스의 중요한 속성, 즉 자사가 최고로 잘하는 것을 포지셔닝하는 것이다. 예를 들면, FedEx는 '하루 내에 배달'이라는 신속한 배달 서비스 속성으로 경쟁사 DHL이나 UPS와 차별화하였다(이유재, 2013). Subway는 6그램 이하의 지방이 함유된 샌드위치를 제공하는데, 이는 어린이를 위한 건강한 식단의 속성으로 포지셔닝한 것이다.

(2) 서비스 사용상황에 따른 포지셔닝

이는 자사 서비스가 특정상황에서 사용되고 있는 것을 포지셔닝하는 방법이다. 가령, 파워에이드나 게토레이는 운동하는 상황에서 마시는 음료수로 포지셔닝하고 있고, 박카스 같은 경우는 피로감을 회복하기 위한 음료로 포지셔닝하고 있다. 광고에서는 주로 특정상황을 보여주면서 고객에게 이미지를 각인시키는 방법을 사용한다.

(3) 서비스 이용자에 따른 포지셔닝

이는 서비스를 사용하는 집단이나 계층과 관련지어 포지셔닝하는 방법이다. 예를 들면, 아랍에미리트 두바이 버즈 알 아랍 호텔(Burj Al Arab Hotel)은 세계 유일의 7성급 호텔이라는 별명이 붙은 곳이다. 이 호텔은 세계 최고급 호텔의 이미지를 유지하기 위하여 주로 국가원수, 대기업 회장 등의 기업인, 유명 배우, 스포츠 스타들을 주요 고객으로 하고 있다(정용길, 2016). Marriott 호텔의 경우는 비즈니스 여행객들을 대상으로 포지셔닝하고 있다.

(4) 가격에 따른 포지셔닝

서비스에 대해 저가격 혹은 고가격으로 고객에게 포지셔닝하는 것이다. 가령, 미국의 사우스웨스트 항공사는 저가정책을 취하는 항공사이다. 이 회사는 고객이 식사를 포기하더라도 가격이 저렴한 항공운임을 원한다고 생각한다(이유재, 2013). 홍콩에 본사가 있는 샹그릴라 호텔은 우아하고 고품질을 제공하는 호텔로 포지셔닝하고 있다. [표 9-7]은 포지셔닝 유형과 사례를 요약 정리한 것이다.

[표 9-7] 포지셔닝의 유형별 사례

포지셔닝 방법	포지셔닝 내용과 사례
서비스 속성	• 제품의 속성, 특징, 편익과 관련하여 경쟁적 우위 • 예 : 페더럴 익스프레스의 '하루 내에 배달'
서비스 사용상황	• 제품이 사용되거나 사용될 수 있는 상황묘사 • 예 : 파워에이드나 게토레이는 운동하는 상황에서 마시는 음료수
서비스 이용자	• 적절한 사용자 집단이나 계층에 의한 포지셔닝 • 예 : 홀리데이 인 호텔은 레저 여행자, 메리어트 호텔은 사업 여행자 대상
서비스 가격	• 서비스의 저가격 혹은 고가격 • 예 : 사우스웨스트 항공사의 저가격, 샹그릴라 호텔의 고가격

자료 : 저자정리

제3절 관광 서비스 마케팅 믹스

마케팅 믹스(Marketing Mix)의 개념은 Borden(1964)이 일반화하였는데, 경영자는 기업을 효율적이고 수익창출을 위해 마케팅 요소들을 잘 조합해야 한다고 주장한 데서 기인한다. 그 후 MaCarthy(1969)가 4P's, 즉 제품(Product), 가격(Price), 유통(Place), 촉진(Promotion)의 네 가지로 정의하였으며 각각의 첫 글자를 따서 4P's라고 하였다. 그리고 이들을 혼합한 것이라는 개념에서 마케팅 믹스라 부르고 있다. 즉 각각의 개념들은 상호 밀접하게 관련되어 있고 상호 의존적이며 상황에 따라 각각의 것들을 최적 혼합하여 이용해야만 한다는 점을 함축하고 있다. 본 절에서는 서비스 마케팅 믹스 개념과 서비스 마케팅 믹스 7P's에 대해 학습한다.

1 서비스 마케팅 믹스 개념

서비스 마케팅 믹스에 대한 정의와 이론을 처음 제시한 연구자는 Booms와 Bitner

(1981)이다. 이들은 기존의 마케팅 믹스가 서비스 마케팅에는 적합하지 않다고 주장하고 4P's에 참여자(Participant), 물리적 증거(Physical evidence), 서비스 전달과정(Process)의 3P's를 더하여 7P's를 제시하였다. Zeithaml 등(1996)도 이들처럼 동일하게 7가지의 서비스 마케팅 믹스의 구성요소를 제시하였다. 특히, 이들은 경제에 있어서 서비스 분야가 큰 비중을 차지하고 제품판매에서도 상당한 부분을 서비스가 차지하고 있다는 이론적 근거를 제시하였다. 한편, Morrison(1996)은 기본 4P's에 사람(People), 파트너십(Partnership), 패키징(Packaging), 프로그래밍(Programming)을 포함한 8P's를 주장하기도 하였다.

오늘날에는 전통적인 4P's로만 마케팅을 하는 것이 다원화된 현대사회에 맞지 않기 때문에 기존 4P's(제품, 가격, 유통, 촉진)에 프로세스(Process), 사람(People), 물리적 증거(Physical evidence)의 3P's를 추가하여 확장된 7P's를 서비스 마케팅 믹스라고 한다. 확장된 마케팅 믹스로 인해 마케터들은 서비스 마케팅 전략을 좀 더 세밀하게 수립할 수 있게 되었다. [표 9-8]은 학자별 확장된 마케팅 믹스를 비교 정리한 것이고, [그림 9-10]은 마케팅 믹스 4P's와 7P's를 비교한 것이다. 본 절에서는 서비스 마케팅 믹스 7P's에 대해 설명한다.

[표 9-8] 학자별 마케팅 믹스

4P's McCarthy (1960)	5P's Judd (1987)	7P's		8P's Morrison (1996)
		Boom & Bitner (1981)	Zeithaml 등 (1996)	
Product Price Place Promotion	Product Price Place Promotion People	Product Price Place Promotion Participant Process Physical evidence	Product Price Place Promotion Participant Process Physical evidence	Product Price Place Promotion People Partnership Packaging Programming

자료 : 저자정리

기본적인 마케팅 믹스 4P's

Product	Price	Promotion	Place

확장된 마케팅 믹스 7P's

Product	Process	People	Physical evidence	Price	Promotion	Place
• 물리적 특성 • 품질 • 보조 서비스 • 상품 계열 • 브랜드	• 서비스 활동의 흐름(표준화/개별화) • 서비스 제공 단계(단순/복잡) • 고객의 참여 수준	• 직원선발, 교육, 동기부여 • 고객관계 관리	• 시설 • 장비/설비 • 건물 • 종업원 복장 • 명함 • 팸플릿 • 계산서 등	• 유연성 • 가격수준 • 거래조건 • 차별화 • 할인	• 인적 판매 • 광고 • 판촉 • 홍보 • DM	• 채널유형 • 중간상 • 매장위치 • 채널관리

자료 : 안연식(2019). 서비스 경영. 도서출판 창명, p.388

[그림 9-10] 서비스 마케팅 믹스 7P's

2 제품관리

마케팅 믹스 중에서 가장 기본적인 도구로서 유·무형적 서비스와 제품을 모두 포함한다. 대표적인 서비스 상품으로 여행사의 관광상품, 호텔숙박, 은행의 금융상품, 식당의 음식메뉴, 연극영화, 강연, 영화 등이 있다.

Kotler(2016)는 제품을 핵심제품(Core product), 유형제품(Tangible product), 그리고 확장제품(Augmented product) 세 가지 수준으로 설명하고 있다(그림 9-11 참조). 핵심제품은 고객이 실로 원하는 것이 무엇인가에 대한 대답이다. 호텔의 경우는 편안한 수면, 레스토랑의 경우는 맛있는 식사가 핵심제품이다. 유형제품은 고객이 핵심제품이나 서비스를 이용을 하는 데 없어서는 안 되는 서비스나 제품이다. 예를 들어, 고급호텔의 경우, 체크인, 체크아웃 서비스와 레스토랑 직원 서비스가 없어서는 안 된다. 확장제품은 경쟁사와 차별화하기 위해 제공하는 가치증대나 가치지원 서비스이다. 예를 들어, 레스토랑의 게임룸이나 독서실 운영은 어린이를 동반하는 고객에게 편리한 식사를 제공함으로써 경쟁사와의 차별성을 부각시킬 수 있다.

자료 : Kotler, P., & Armstrong, G.M.(2008). Principles of marketing(12 ed.). Pearson, p.219. 저자 내용수정

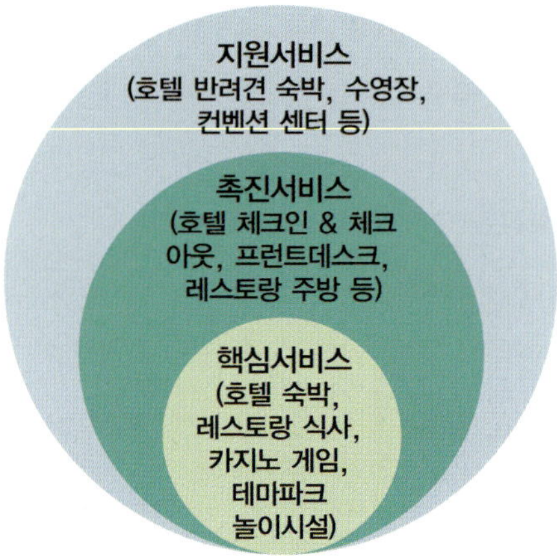

자료 : Grönroos, C.(1990). Service Management and marketing : Managing the moments of truth in service competition. Lexington : Lexington Books, 저자 내용수정

[그림 9-11] 제품과 서비스의 세 가지 수준

한편 Grönroos(1990)는 서비스 제품의 수준을 핵심 서비스(Core service), 촉진 서비스(Facilitating service), 지원 서비스(Supporting service)로 구분하여 설명하였다. 의미는 Kotler의 제품수준 세 가지와 동일하다.

3 프로세스 관리

프로세스(Process)는 서비스의 생산과 전달과정을 의미한다. 서비스는 하나의 과정을 통해 생산되고 고객에게 전달된다. 따라서 서비스의 효율성을 높이고 고객만족을 증대하기 위한 서비스 생산 및 전달 시스템의 설계가 중요하다. 고객이 생산과정에 참여하기 때문에 적정한 서비스 전달단계의 수와 고객들의 참여수준을 결정하는 것이 중요한 과제이다.

또한, 고객이 서비스 품질을 느끼게 되는 서비스 접점관리가 강조된다(제7장 참조). 서비스 생산과정을 통한 서비스의 흐름은 곧 고객만족으로 이어질 뿐만 아니라 이것이 곧 서비스 품질의 평가기준이 된다. 서비스의 흐름을 원활하게 하기 위해서는 서비스 접점직원의 교육에서부터 체계적인 업무분석, 전체적인 서비스의 생산과정과 전달과정에 대한 통제가 필요하다.

4 사람관리

마케팅 믹스에서 사람(People)은 직원(내부고객)과 고객(외부고객)을 모두 포함한다. 이들은 서비스의 생산과 전달과정에서 참여자로서의 역할을 하게 된다. 서비스는 직원의 행위를 통해 고객들에게 전달되기 때문에 직원들은 서비스의 생산자이자 전달자이다. 서비스 기업이 인적자원에 대한 중요성을 인식하고 이들에 대한 교육훈련을 끊임없이 강조하는 것도 이 때문이다.

고객의 관점에서 보면 서비스를 제공하는 직원은 그 자체가 서비스이고 서비스 조직이다. 따라서 서비스 제공자 스스로는 마케터로서 마케팅 활동을 수행하고 있다. 서비스 기업은 직원을 고객으로 보고 이들에게 서비스 정신이나 고객지향적 사고를 심어주어 더 나은 성과를 낼 수 있도록 동기부여하는 활동을 하게 되는데, 이것이 내부 마케팅이다.

일반 소비자를 대상으로 하는 외부 마케팅과 직원을 대상으로 하는 내부 마케팅은 몇 가지 점에서 차이가 있다. 예를 들면, 외부 마케팅의 대상과 목표는 소비자(외부고객)와 고객만족이지만 내부 마케팅은 서비스 제공기업의 직원과 직원의 만족이다(표 9-9 참조).

[표 9-9] 외부 마케팅과 내부 마케팅 차이점

구분	외부 마케팅	내부 마케팅
마케팅 대상	소비자(외부고객)	직원(내부고객)
목표	고객만족	직원(내부고객)만족
제공물	제품, 서비스	직무, 작업환경
가격	상품이나 서비스 대가	직무수행의 대가
주체	마케터	직원 전체
교환	제품과 서비스 ⇔ 화폐	직무 ⇔ 급여
유통경로	도매점, 소매점	모든 직원

자료 : 이유재(2013). 서비스 마케팅(5판). 학현사, p.176. 수정

5 물리적 증거관리

물리적 증거(Physical evidence)는 고객이 상호교류할 수 있는 환경, 즉 서비스가 생산되고 판매되는 장소의 환경을 말하며 유형적인 요소가 서비스에 의해 소통되는 모든 것을 가리킨다. 서비스는 눈에 보이지 않기 때문에 물리적 증거를 통해 서비스 기업이 제공하는 서비스 품질을 고객들에게 전하려 한다. 물리적 증거는 물리적 환경과 기타 유형적 요소로 구분된다(표 9-10 참조). 물리적 환경을 서비스 스케이프(service scape)라고도 하는데, 서비스 산업에서 자연적 · 사회적 환경과 대비되는 개념으로 인간이 창조한 물리적 환경만을 서비스 스케이프로 정의하고 있다(Bitner, 1992).

[표 9-10] 물리적 증거의 분류

구분		예시
물리적 환경 (Servicescape)	외부환경 요소	시설의 외형, 간판 등의 안내 표지판, 주차장, 주변환경 등
	내부환경 요소	내부 장식과 표지판, 벽의 색상, 가구, 시설물, 공기의 질, 온도, 음악, 향기 등
기타 유형적 요소		종업원 유니폼, 광고 팸플릿, 메모지, 입장표, 영수증 등

자료 : 저자정리

▲ 카지노 건물의 야경

▲ 메뉴판

[그림 9-12] 물리적 증거 예

물리적 환경은 크게 세 가지 측면에서 중요한 역할을 한다. 첫째, 구매결정 시에 중요하다. 서비스 공간의 분위기가 상품 그 자체보다 구매결정에 더 큰 영향을 미칠 수 있다. 예컨대, 음악, 향기, 또는 인테리어와 머천다이징 등이 서비스 상품 자체보다 구매결정에 더 큰 영향을 미치는 것으로 알려져 있다. 둘째, 서비스의 무형성 극복에 도움이 된다. 서비스의 물리적 환경은 서비스나 그 품질에 대한 정보적 단서를 고객들에게 제공해 주는 커뮤니케이션의 역할을 하기 때문이다. 마지막으로, 서비스 기업에 대한 이미지를 형성하는 데 중요하다. 색상, 조명, 음향, 실내공기, 공간배치, 가구 스타일 등의 물리적 환경은 서비스에 대한 긍정적 감정을 형성하는 데 도움을 준다.

6 가격관리

광의의 가격(Price)은 서비스를 구매하거나 소비하면서 고객들이 지불하는 돈, 시간, 기타 노력 등을 모두 포함한다. 협의의 가격은 고객이 소유 또는 사용하게 된 서비스가 제공하는 편익을 교환하는 대가로 지불하는 금전적 가치(Value)를 의미한다. 유형적인 재화의 경우에는 가격이라는 비교적 통일된 명칭이 사용되지만, 서비스의 경우에는 다양한 명칭(요금, 입장료, 커미션, 대행 수수료, 사용료, 등록금, 이자, 진료비 등)이 사용되고 있다.

가격은 고객이 서비스의 품질을 판단하는 중요한 요인이며 기업에게는 이익의 원천이다. 따라서 가격은 고객을 만족하게 하면서 동시에 설정된 이익도 달성시킨다. 하지만 서비스의 경우에는 원가요소를 객관적으로 정확히 산정할 수 없는 경우가 많으므로 가격결정이 주관적이고 어렵다.

가격은 구매결정 시 가장 민감하게 반응하는 요소이다. 관광기업이 환경의 변화에 대처함에 있어 유통경로와 같은 마케팅 믹스는 단기간에 대응하기 어렵지만 가격을 통한 대응은 비교적 즉각적으로 취할 수 있다. 대응시간이 적게 걸리는 특성으로 인해 가격은 강력한 마케팅 수단이 될 수 있다.

7 유통관리

유통(Place)이란 서비스나 상품을 고객에게 접근가능하게 해주는 경로를 말한다. 즉, 고객에게 언제, 어디에서, 어떻게 서비스를 전달할 것인지에 관한 문제이다. 서비스는 보관하거나 저장할 수 없으므로 서비스를 전달하는 장소나 입지가 매우 중요하다. 병원과 학교, 그리고 백화점 같은 경우 서비스를 제공받는 고객들이 접근하기 편리한 곳에 위치하는 것이 경로관리의 핵심이다. 예컨대, 외식업에서 유통은 결국 입지를 의미한다.

서비스산업에서는 고객이 기업을 찾아가야 하는 경우가 있고 반대의 경우도 있다. 또한, 호텔이나 항공사는 여행사를 중간상으로 하여 서비스를 판매하기도 한다. 최근에는 인터넷이나 모바일 기술 그리고 자동화 기술이 서비스를 전달받는 고객의 장소와 시간의 편리성을 증대시키고 있다. [표 9-11]은 서비스 유통경로 유형에 따라 제공하는 서비스 종류를 정리한 것이다.

[표 9-11] 서비스 유통경로 유형과 제공 서비스의 종류

고객-기업 간 상호작용 유형	접촉유형	제공되는 서비스 유형	
		단일지점	복수지점
고객 ⇒ 기업	고객이 서비스를 받기 위해 서비스 기업에 방문	영화관, 미용실	패스트푸드 체인점, 버스 정류장
기업 ⇒ 고객	기업이 서비스를 제공하기 위해 고객을 방문	이동세차, 이동진료	우편배달, 은행지점
고객 ⇔ 기업	고객과 기업이 만나지 않고 서비스 제공(우편, 인터넷)	신용카드, 지역TV	통신회사

자료 : Lovelock, C.H.(1983). Classifying services to gain marketing insights. Journal of Marketing. 47(3) : 18

관광산업에 있어 유통구조의 특징은 두 가지로 요약될 수 있다. 첫째, 유통구조가 비교적 간결하다(그림 9-13 참조). 즉, 관광기업은 주로 무형적인 서비스 상품을 판매하기 때문에 정보에 의해 간결하게 처리되는 전달 서비스 과정을 갖는다. 정확한 정보전달과 예약 그리고 약속된 서비스를 고객이 원하는 시점에 제공하면 된다. 둘째, 다양한 유통경로를 가지고 있다. 그 이유는 비교적 간단한 시장진출 요건 때문에 많은 중개업자가 참여하게 되고, 재고가 불가능하기 때문에 적시적소에 서비스를 제공하기 위해 다양한 유통경로가 필요하기 때문이다. 오늘날 호텔산업이나 외식산업에 있어서 가장 폭넓게 사용되는 유통전략은 프랜차이징이다.

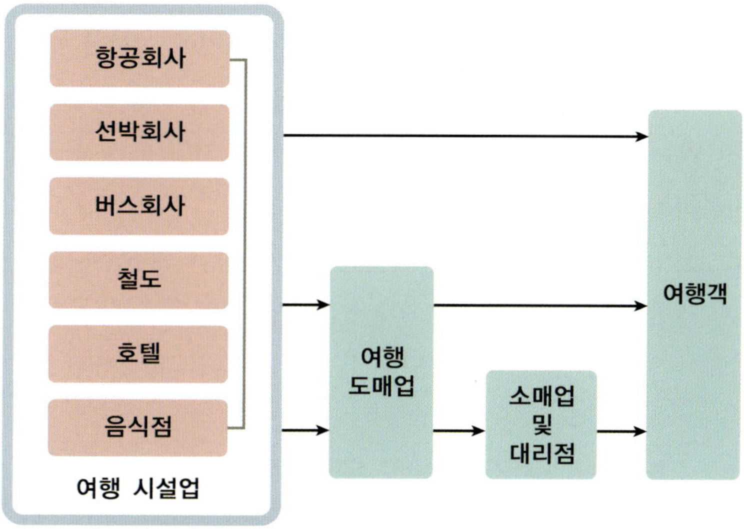

자료 : 저자정리

[그림 9-13] 여행상품의 일반적 유통경로

8 촉진관리

촉진(Promotion)이란 관광 서비스 고객들에게 특정 서비스 상품을 알리고 선호도를 높이기 위해 실행하는 모든 커뮤니케이션 활동을 말한다. 관광 서비스 기업의 촉진 활동은 서비스 무형성을 전제로 이루어지기 때문에 서비스를 직접 보여줄 수 없고 서비스를 소비함으로써 얻게 되는 혜택이나 결과를 강조하는 촉진활동을 하게 된다. 또한, 물리적 차별화가 어려워 심리적 차별화를 통해 포지셔닝 활동을 전개하기도 한다.

주요 촉진수단으로는 광고, PR, 인적 판매, 판매촉진 등이 있다. 광고(Advertisement)는 재화나 서비스, 아이디어의 수용을 촉진하기 위하여 특정 광고주가 비용을 지급하고 대중매체를 통하여 전달하는 비인적인 커뮤니케이션이다. 최근에는 소셜미디어 속에서 탄생한 새로운 미디어 인플루언서(Influencer)를 활용한 마케팅이 인기를 얻고 있다(사례 9-3 참조).

인적판매(Personal selling)는 판매원이 고객과 직접 대면하여 자사의 제품이나 서비스를 구입하도록 권유하는 커뮤니케이션 활동을 말한다. 이는 고객의 반응에 맞추어 즉석에서 커뮤니케이션할 수 있는 융통성이 있으나 비용이 많이 든다.

PR(Public Relations : 공중관계)은 기업이 자사의 이미지에 영향을 미치는 여러 형태의 공중(대중)과 상호 호혜적인 관계를 수립하고 유지하는 기능을 말한다. PR의 한 요소로 인식되고 있는 홍보는 공중매체에 소개되는 특정 기업 또는 제품에 관한 보도로서 비용을 지불하지 않는 커뮤니케이션이다.

마지막으로, 판매촉진(Sales promotion)은 인적판매, 광고, 홍보를 제외한 촉진활동으로서 무료견본, 경품, 구매시점 전시(POP), 추첨행사, 리베이트, 상품전시, 박람회 등을 포함한다. 위에서 언급한 주요 촉진수단의 장점과 단점을 요약하면 [표 9-12]와 같다.

[표 9-12] 서비스 유통경로 유형과 제공 서비스의 종류

촉진믹스	종류	장점	단점
광고	TV, 인쇄, 인터넷, 옥외광고	신속, 메시지 통제 가능	효과의 측정이 어렵고, 정보의 양이 제한적
인적판매 (대인판매)	개별 고객, 텔레마케팅, 구전 등	정보의 양과 질 우수, 즉각적인 피드백	높은 비용, 느린 속도
PR, 홍보	기업광고, 컨퍼런스, 특별이벤트, 박람회, 스폰서십	높은 신뢰성	통제의 어려움
판매촉진	가격할인, 샘플, 쿠폰, 경품, 경연대회 등	인지도 향상, 빠른 효과	경쟁사 모방 용이

자료 : 이유재(2019). 서비스 마케팅(6판). 학현사, p.424. 내용수정

사례 9-3 한류스타 마케팅, K-FOOD 수출에 한몫

해외 인플루언서 콜라보 마케팅, 수출액 26%↑

지난해 역대 최고의 성과를 거둔 농식품 수출에서 한류스타를 활용한 스타마케팅이 크게 효과를 나타낸 것으로 조사됐다. 농림축산식품부와 한국농수산식품유통공사는 국내외 인기스타들이 홍보대사로 나서 국내 우수 농식품을 전 세계 소비자들에게 홍보하는 '글로벌브랜드 육성지원사업' 수출액이 26% 증가했다고 밝혔다.

이 사업은 해외마케팅이 취약한 우수 중소 농식품 수출업체들에게 수출국에서의 해외 상표권 등록과 마케팅 사업 등을 지원하는 사업으로, 참여업체들에게 좋은 평가를 받고 있다.

특히 국내외 인기스타 풀을 활용한 한류스타와 해외 유명 인플루언서와의 콜라보 마케팅은 전략적 기업-스타 간 매칭, 홍보콘텐츠 제작·활용 등 다양한 해외 프로모션에 이용되고 있다.

지난해 이 사업에 선정된 14개 수출업체의 총수출액은 2,300만 달러로, 전년대비 26% 증가했다. 국가 전체 농식품 수출증가액인 7.7%보다 훨씬 앞선 수치다.

또 지난해 사업 범위를 기존 수출국인 중국, 일본, 동남아시아 등에서 미주, 호주, 유럽 등으로까지 확장했고, 7개의 지원업체는 수출 목표국에 상표등록과 출원까지 마쳐 글로벌 브랜드로 자리 잡는 성과를 내기도 했다.

2년 연속 이 사업을 지원받고 있는 오크라인터내셔날은 인도네시아에서 자사 떡볶이 브랜드인 'K-BUNSIK'을 등록하고, 슈퍼주니어의 최시원을 모델로 적극 홍보해 현지 편의점인 'Indomaret'에 입점 성공했다. 지난해 인도네시아 수출액은 전년대비 약 7배 증가하며 사상 최고의 수출실적을 경신했다.

이 밖에도 한성식품은 호주에 자사 김치 브랜드인 'Grand Master Kimchi' 상표출원을 시작으로, 영화 '기생충'의 조여정을 모델로 마케팅을 펼쳐 지난해 대비 호주 수출액이 약 60배 증가했다.

▲ 호주에 수출 중인 김치 모델인 조여정(왼쪽)과 인도네시아 수출 떡볶이 모델 최시원
(자료제공 = 한국농수산식품유통공사)

자료: 이투데이(2021.1.21.)

토론주제

- 왜 서비스 마케팅이 필요한가?
- 최근 서비스 마케팅의 트렌드는 무엇인가?
- 관광 서비스 산업에서 SNS를 활용한 마케팅의 우수사례는?
- 관광 서비스 산업에서 업종별 마케팅 이슈는 무엇인가?
- 관광 서비스 기업에서 주로 사용하는 시장세분화 방법과 그 이유는?
- 관광 서비스 기업의 재포지셔닝의 성공사례는?
- 관광 서비스 기업의 서비스 마케팅 믹스 우수사례는?

참고문헌

김병재 · 강명수(2014.10). SNS가 소중한 '광속의 커뮤니티 3.0' 광속 피드백 광속민족… 새시장이 뜬다. 비즈니스동아리뷰. 163호. Issue 2.

안연식(2019). 서비스경영. 도서출판 창명.

이유재(2013). 서비스 마케팅(5판). 학현사.

이유재(2019). 서비스 마케팅(6판). 학현사.

이투데이(2021.1.21.). 한류스타 마케팅, K-FOOD 수출에 한몫 https://www.etoday.co.kr/news/view/1987074

정용길(2016). 서비스마케팅. 이프레스.

조선비즈(2017.8.31.). 남성 · 거울 · 화장 없는 3無 헬스클럽… 커브스, 전 세계 400만 여성 사로잡아 https://biz.chosun.com/

Bitner, M.J.(1992). Servicescapes : The Impact of physical surroundings on customers and employees. Journal of Marketing. 56(April) : 57-71.

Blois, K.J.(1974). The marketing of services : An approach. European Journal of Marketing. 8(2) : 137-145.

Booms, B.H., & Bitner, M.J.(1981). Marketing strategies and organization structures for service firms. In Marketing of Services. Chicago : American Marketing Association, pp.47-51.

Borden, N.H.(1964). The concept of the marketing mix. Journal of Advertising Research. 4(June) : 2-7.

BrandBrief(2021.9.3.). 마케팅 리더 83% "고객 만족 위해 디지털 역량 중요"… 세일즈포스 마케팅 트렌드 보고서. http://www.brandbrief.co.kr

Day, G.(1998). Organizing for interactivity. Journal of Interactive Marketing. 12(1) : 47-53.

Grönroos, C.(1990). Service management and marketing : Managing the moments of truth in service competition. Lexington : Lexington Books.

Grönroos, C.(2000). Service management and marketing(2nd ed.). Wiley.

Josep & Plumer(1974). The concept and application of lifestyle segmentation. Journal of Marketing. 38(Jan.) : 34

Judd, V.C.(1987). Differentiate with the 5th P : People. Industrial Marketing Management. 16 :

241-247.

Kotler, P.(2000). Marketing management : Millennium edition(10th ed.). Upper Saddle River. N.J. : Prentice-Hall.

Kotler, P., & Armstrong, G.M.(2008). Principles of Marketing(12 ed.). Pearson.

Kotler, P., & Armstrong, G.M.(2016). 마케팅 원리. Principles of marketing(15th ed.)(안광호 · 유창조 · 전승우 공역. 시그마프레스).

Kotler, P., Bowen, J., & Makens, J.(2010). Marketing for hospitality and tourism(5th ed.). Prentice-Hall.

Lovelock, C., Wirtz, & Chew, P.(2009). Essentials of service marketing. Prentice-Hall.

McCarthy, E.J., & Perreault, W.D.(1997). Basic marketing(9th ed.). McGraw-Hill.

Morrison, A.M.(1996). Hospitality and travel marketing(2nd). N.Y. : Delmer Publisher Inc.

Wahab, S.(1976). Managerial aspects of tourism. Turin. Italy : Center International de Perfectionment Professional et Technique.

Zeithaml, V.A., Berry, L.L., & Parasuraman, A.(1996). The behavioral consequences of service quality. Journal of Marketing. 60(2) : 31-46.

Tourism Service Management

제 10 장

관광 서비스 품질관리

학습목표

본 장에서는 다음 내용의 이해를 목표로 한다.

품질의 개념과 접근법별 특징
서비스 품질의 개념
서비스 품질의 중요성
서비스 품질의 측정 모형별 특성
서비스 품질 지수의 특성
Gap 모형의 의미
Gap의 발생원인과 해결방안
Kano 모형의 품질요소와 의미
서비스 청사진의 활용방안

Chapter

10 관광 서비스 품질관리

사례 10-1 대한항공, 세계 10대 항공사로 우뚝… 英 품질 평가 '13단계↑'

스카이트랙스 '2022 월드베스트에어라인' 평가 9위
작년 22위서 13단계 상승
팬데믹 이전보다 서비스 질적 향상
기내식 · 기내 와인 서비스 개편
아시아나 33위… 지난해 25위 '8단계↓'

대한항공이 세계 10대 항공사에 이름을 올렸다.

대한항공은 최근 영국 소재 항공사 품질 평가 컨설팅 업체 스카이트랙스(SKYTRAX)가 선정한 '2022년 세계 최고 항공사(2022 World's Best Airline)'에서 9위를 기록했다고 21일 밝혔다. 지난해 22위에서 13단계 상승하면서 서비스 품질이 향상됐다는 평가를 받았다. 반면 아시아나는 작년 25위에서 올해 33위로 순위가 낮아졌다.

스카이트랙스는 매년 전 세계 항공사를 대상으로 기내식과 기내 엔터테인먼트, 좌석 안락도, 직원 서비스, 가격 만족도 등 주요 항목을 종합 평가해 최고 항공사를 선정한다. 대한항공은 코로나19 팬데믹(세계적 대유행) 안정화에 따른 여객수요 증가 추세에 맞춰 서비스 개선에 많은 공을 들이고 있다. 묵밥과 메밀 비빔국수 등 새로운 한식메뉴를 기내식으로 도입하고 디저트와 음료를 다채롭게 구성해 고객에게 팬데믹 이전보다 나은 서비스를 제공한다는 취지다.

최근에는 세계 최연소 소믈리에 챔피언 경력을 보유한 '마크 알머트'와 협업해 기내 신규 와인 50종을 선정했다. 신규 와인 서비스는 내년 3월부터 국제선 노선에 순차적으로 도입될 예정이다. 대한항공 관계자는 "고객 서비스 질적 향상을 위해 앞으로도 최선의 노력을 다해 나갈 계획"이라고 말했다.

한편 대한항공은 미국 에어트랜스포트월드(Air Transport World)로부터 항공업계 오스카상으로 불리는 '올해의 항공사'와 '올해의 화물항공사'로 잇따라 선정되기도 했다. 스카이트랙스와 미국 아펙스가 조사한 코로나19 안전등급 평가에서는 각각 5성 항공사와 5성 등급을 받아 최고 수준 안전성을 인정받았다.

이번 스카이트랙스 세계 최고 항공사 평가 1위는 카타르항공(Qatar Airways)이 차지했다. 싱가포르항공(Singapore Airlines)와 에미레이트항공(Emirates)이 뒤를 이었고 전일본공수(ANA, All Nippon Airways)와 콴타스항공(Qantas Airways)은 각각 4위와 5위에 이름을 올렸다. 다음으로는 일본항공(JAL, Japan Airlines, 6위), 터키항공(Turkish Airlines, 7위), 에어프랑스(Air France, 8위), 대한항공, 스위스국제항공(Swiss International Air Lines, 10위) 순이다.

다른 주요 항공사의 경우 영국항공(British Airways)이 11위, 에티하드항공(Etihad Airways) 12위, 중국남방항공(China Southern Airlines) 13위, 루프트한자(Lufthansa) 15위, 캐세이퍼시픽항공(Cathay Pacific Airways) 16위, KLM(KLM Royal Dutch Airlines) 17위, 델타항공(Delta Air Lines)은 24위다.

출처: 동아일보(2022.10.21.)

제1절 서비스 품질의 개념과 분류

흔히 고객은 품질만 좋으면 만족하는 것으로 알고 있다. 하지만 고객만족은 서비스나 제품의 품질, 가격, 납기, 차별성, 시간, 이미지 등 다양한 요인들에 의해 영향을 받는다. 이들 요소들에 대해 종합적으로 판단해서 좋고 나쁨의 정도를 품질이라 할 수 있다. 품질은 학문영역과 접근방법에 따라 다양하게 정의되고 있다. 특히, 재화의 유형, 즉 서비스냐 유형적 재화냐에 따라 차이가 존재한다. 본 절에서는 품질의 개념과 품질개념에 대한 접근법, 그리고 서비스 품질의 정의에 대해 학습한다.

1 품질의 개념

품질을 의미하는 영어의 'Quality'는 라틴어 'Qualitās'에서 유래되었으며 어떤 정도, 어떤 종류, 어떤 본성 같은 뜻을 내포하고 있다. 좋은 정도, 좋은 성질, 다른 것과 구별되는 뛰어난 특징 등의 명사로 사용되는 경우도 있고, 좋은 혹은 뛰어난 등의 형용사로도 사용된다. 그러나 명사든 형용사든 그 대상은 유·무형적인 요소 모두에 적용된다.

품질의 개념은 학자와 상황에 따라 다양하게 정의되고 있다. [표 10-1]의 품질에 관한 표현사례에서 보듯이 품질은 매우 포괄적인 의미를 담고 있다. 제품의 품질을 보는 데는 여러 가지 측면이 있고, 품질에 관계하는 이해 당사자가 다르며, 품질이 충족시켜야 할 요건도 여러 측면에서 볼 수 있기 때문이다. 품질은 절대적인 것이 아니라 상대적이므로 어떤 단일 개념으로 모든 대상에게 적용할 수 없다. 특히, 서비스의 경우 무형성, 이질성, 생산과 소비의 비분리성, 그리고 소멸성이라는 특성 때문에 서비스의 품질을 정확히 이해하기가 매우 어렵다.

사전적 의미의 품질은 서비스나 제품의 성질 혹은 우수성의 정도를 의미한다. 품질은 서비스나 제품과 같은 프로세스의 산물(Product)은 물론 고객이 원하는 바람직한 특성과도 관련이 있다. 품질은 또한 주어진 사용목적을 충족하기 위하여 갖추고 있어야 할 특성들의 집합이다. 동일한 서비스나 제품이라 하더라도 고객의 요구가 변함에 따라 품질의 기준이 바뀔 수 있기 때문에 고객의 사용목적이나 조건에 맞는 품질이 결국 좋은 품질이 된다. 미국표준협회는 서비스나 제품에 대하여 고객이 추구하는 목적에 부합하는 특성으로 정의하였고, ISO(국제표준화기구)에서는 제품 또는 서비스가 명시적으로 기술되거나 묵시적 필요사항을 충족시킬 수 있는 특성의 총합으로 정의하고 있다.

[표 10-1] 품질의미의 다양성

구분	내용
품질의 표현사례	미슐랭 인증을 받은 고급 레스토랑의 음식에 이물질이 있었다.
	카지노의 한 직원은 고객의 질문에 퉁명스럽게 대답하였다.
	주문한 햄버거가 30분이 지나도록 배달되지 않았다.
	백화점 매장에서 조명등이 깜박거려서 고객들의 눈에 거슬린다.
	최근 설치한 결제 모바일 앱이 제대로 작동하지 않는다.
	친구들과 함께 한라산 트레킹을 갔는데 코스가 너무 평이해서 재미없었다.

자료 : 저자정리

2 품질개념에 대한 접근법

품질은 어떠한 관점에서 보느냐에 따라 다르게 정의된다. Garvin(1984)은 선행연구를 바탕으로 품질에 대해 선험적 접근, 상품 중심적 접근, 사용자 중심적 접근, 제조 중심적 접근, 가치 중심적 접근 등의 다섯 가지 범주로 구분하였다.

1) 선험적 접근(Transcendent approach)

품질은 정신도 물질도 아닌 독립적인 제3의 실체로 본래부터 지니고 있는 우수성을 의미한다. 따라서 사람들은 품질을 정확하게 정의내릴 수 없고 제품이나 서비스의 경험을 통해서만 알 수 있는 분석 불가능한 개념이다(이유재, 2020).

2) 상품 중심적 접근(Product-based approach)

이 접근법은 품질을 분명하게 측정할 수 있는 변수로 보는 것이다. 품질의 차이는 제품이 지닌 속성이나 성분의 차이가 있으므로 품질의 상대적인 수준을 파악할 수 있다고 본다. 이 견해는 제품의 품질은 제품이 지닌 바람직한 특성의 총합에 의해 평가되므로 품질에 대한 수직적 혹은 계층적인 측면의 정의로 간주되고 있다. 이 관점은 품질을 객관적인 품질로 보기 때문에 개인의 취향, 선호도, 욕구를 잘 반영하지 못한다.

3) 사용자 중심적 접근(User-based approach)

이 접근은 품질이 보는 사람의 눈에 따라 다르다는 가정에서 출발한다. 즉, 소비자는 서로 다른 욕구와 필요를 가지고 있으며 이러한 소비자의 욕구와 필요를 잘 만족시키는 제품이 가장 좋은 품질을 가진 것으로 본다. 이 견해는 품질을 개인적 특이성을 지닌 주관적 개념으로 보고 있어 고객의 다양한 욕구를 반영하고 있다고 할 수 있다. 마케팅 측면에서 보면 특정 소비자에게 최대의 만족을 제공하는 제품특성의 최적 결합인 이상점(Ideal point)을 도출해 낼 수 있다(주관적이기 때문에).

4) 제조 중심적 접근(Manufacturing-based approach)

이 관점은 고객 중심적 접근이 아닌 생산자 중심의 접근이다. 즉, 품질은 제작설계나 명세서와 일치하는 정도에 의해 결정된다고 보는 기술이나 제조 측면에 중심을 둔 개념이다. 따라서 상품이나 서비스의 설계와 규격에서 벗어나면 품질이 낮다고 평가하게 된다.

5) 가치 중심적 접근(Value-based approach)

이는 품질을 가치와 가격의 관점에서 정의하는 것이다. 가격과 가치(성과) 간의 상관관계를 고려하여 가치(성과)가 가격보다 높게 인식될수록 품질이 높게 평가된다는 것이다. 그러므로 양질의 상품(서비스)은 만족스러운 가격에서 적합성을 제공하는 상품(서비스)이라 할 수 있다.

품질은 시대적, 문화적, 사회적 배경을 포함하며 제품과 제조중심의 접근에서 사용자와 가치중심으로 접근의 변화가 이루어지고 있다. 최근 서비스 품질 연구에서는 사용자 중심적 접근의 정의가 가장 보편적으로 인용되고 있다(이유재 · 이청림, 2014). 품질개념에 따른 의미와 사례를 정리하면 [표 10-2]와 같다.

[표 10-2] 품질의 개념에 대한 접근법

품질개념의 접근법	품질의 정의	사례(호텔)
선험적 접근	품질은 타고난 우월성이며 경험을 통해서만 알 수 있다.	인지도, 명성, 선호도
상품 중심적 접근	품질은 정확하고 객관적으로 측정해야 한다.	호텔등급, 객실 수
사용자 중심적 접근	품질은 사용자의 주관적인 평가에 의해 결정된다.	직원 친절성, 만족도, 체크인 편의성
제조 중심적 접근	기술적인 방법 또는 제조과정의 특성과 관련된 것으로 제조 요구사항과 일치하는 정도이다.	정시 서비스, 세탁 서비스, 사고율
가치 중심적 접근	품질은 가치와 가격으로 정의되며 만족스러운 가격에서 적합성을 제공하는 상품이다.	가격수준

자료 : 이유재(2013). 서비스 마케팅(5판). 학현사, pp.511-512. 내용 정리

3 서비스 품질의 정의

서비스는 고유한 특성으로 인해 객관적인 기준으로 품질을 평가하기 어렵다. 또한, 서비스는 결과만으로 평가되는 것이 아니라 서비스의 생산과 전달의 전 과정에 대해 고객의 주관에 의해 평가된다. 고객은 서비스에 대해 지각된 위험을 회피하기 위해 자신의 주관적인 판단으로 평가할 수밖에 없다. 따라서 서비스 품질에 대한 평가는 서비

스의 사용자 즉, 고객중심으로 이루어지게 된다.

서비스 품질은 많은 학자들에 의해 정의되어 왔다. Lewis와 Booms(1983)는 서비스 품질을 서비스 수준이 고객기대에 일치하는 정도로 정의하면서 고객의 기대에 일치하도록 일관성 있게 제공되어야 한다고 주장하였다. Grönroos(1984)는 고객의 지각된 서비스와 기대된 서비스의 비교 · 평가의 결과로 정의하였고, Bitner(1990)는 서비스에 대한 전반적인 태도와 평가로 보았다. Cronin과 Taylor(1992)는 기대한 서비스 품질이 아닌 지각된 서비스 품질만을 서비스 품질이라 하였다. 한편, Kotler(1994)는 서비스 품질은 객관적으로 정의하기 어렵기 때문에 고객이 지각하는 지각된 서비스 품질로 정의해야 한다고 주장하였다.

이처럼 서비스 품질에 대한 정의를 명확하게 내리기는 어렵다. 서비스의 특성, 서비스에 대한 고객의 기대, 평가기준의 복잡성, 그리고 서비스가 제공하는 편익 등이 복합적으로 고려되어야 하기 때문이다. 하지만 대부분의 학자 및 마케팅 실무자들은 서비스 품질을 고객이 기대한 서비스와 지각한 서비스(성과) 간의 차이라는 점에 동의하고 있다.

제2절 서비스 품질의 측정

서비스 품질관리를 효과적으로 하기 위한 첫 단추가 서비스 품질을 측정하는 것이다. 서비스를 구체적으로 측정하는 데서 서비스 품질관리는 시작된다. 서비스 품질을 측정하는 방법에는 여러 가지가 있다. 그중 가장 널리 알려지고 많이 쓰이는 방법이 SERVQUAL(서브퀄)이다. SERVQUAL 모형은 Grönroos 모형을 수정 · 보완한 것이다. 본 절에서는 대표적 서비스 품질측정 모형인 이들의 모형 이외에 SERVPERF 모형을 설명한다. 그리고 국내의 종합적 서비스 품질 지수 세 가지 모형에 대해서도 학습한다.

1 Grönroos 모형

Grönroos(1984)는 실제 제공된 서비스에 대한 고객의 지각과 고객의 서비스에 대한 사전 기대와의 비교를 통한 고객의 지각 정도로 서비스 품질을 정의하였다. 그리고 서비스 품질은 기술적 품질(Technical quality)과 기능적 품질(Functional quality) 차원으로 구성되어 있다고 하였다. 기술적 품질이란 고객들이 서비스로부터 얻는 결과품질, 즉 무엇(What)에 해당하는 품질이고, 기능적 품질이란 고객들이 서비스 상품을 얻는 과정품질, 즉 어떻게(How)에 해당하는 품질이다. 따라서 기술적 품질은 서비스 기업이 고객에게 제공하는 것과 관계가 있고, 기능적 품질은 최종 결과가 어떻게 고객에게 전달되는지와 관계가 있다. 서비스 품질의 측정 측면에 있어서 기술적 품질은 객관적으로 즉시 평가될 수 있지만, 기능적 품질은 즉시 평가하기 어려운데 서비스 전달과정이 좀 더 복잡하기 때문이다.

Grönroos는 기업이 제공하는 서비스의 종류(기술적 품질)와 서비스 제공방법(과정품질)이 기업 이미지에 영향을 미치고, 기업 이미지는 고객의 지각된 서비스에 영향을 미친다는 서비스 품질평가 모형을 [그림 10-1]과 같이 제시하였다. 여기서 고객의 지각된 서비스 품질은 기대된 서비스와 지각된 서비스의 차이를 의미한다.

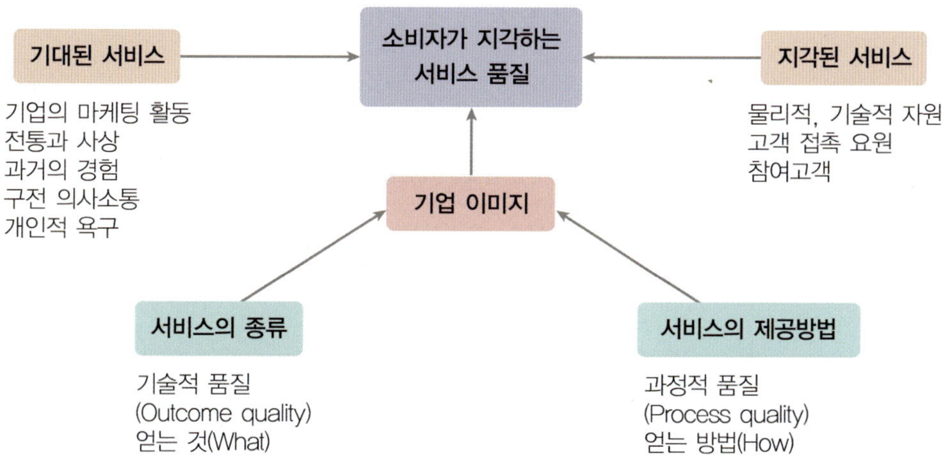

자료 : Grönroos(1990). Service management and marketing : Managing the truth in service competition. Lexington Book Co. p.24

[그림 10-1] Grönroos 서비스 품질모형

이 모형은 서비스 기업이 생산하고 있는 서비스의 종류와 서비스의 제공방법이 동시에 작용하여 기업의 이미지에 영향을 줌으로써 상호작용에 의해 서비스 품질이 평가된다는 것이다. 따라서 서비스 품질에 대한 고객의 지각은 기술적 품질과 과정적 품질에 걸쳐 형성되므로 서비스 품질을 측정하고자 할 때는 이 두 가지 품질을 모두 고려해야 한다.

2 SERVQUAL 모형

1) 모형의 개요

서비스의 품질측정에 있어 가장 널리 사용되는 방법이 SERVQUAL 모형이다. SERVQUAL에서 고객의 서비스 품질에 대한 만족도는 고객의 서비스 품질에 대한 기대와 지각된(인식된) 서비스 품질의 차이에 의해 결정된다(Parasuraman, et al., 1988). 먼저 서비스의 기대를 측정한 후 서비스 지각(경험 혹은 인식)을 측정한다. 그리고 측정된 기대와 성과의 차이, 즉 격차(Gap)를 이용하여 서비스 품질을 평가하는 방법으로 도식화하면 [그림 10-2]와 같다. 경험을 통해 지각된 서비스 품질이 사전에 형성된 기대 서비스보다 높을 때 고객은 서비스 품질에 대해 만족하게 된다는 것이다.

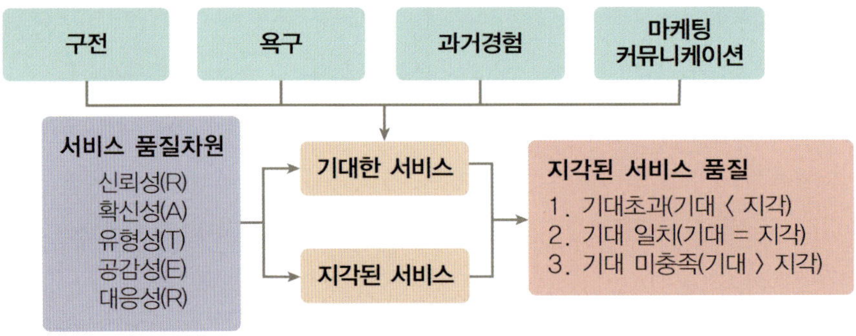

주: 연구자들은 서비스품질 차원에 10가지를 포함하였으나 여기서는 5가지 차원만 포함

자료: Parasuraman. A., Zeithaml, V.A., & Berry, L.L.(1985). A conceptual model of service quality and its implications for future research. Journal of Marketing. 49(7): 48

[그림 10-2] 서비스 품질의 결정요인

이 모형에서 고객의 기대에 영향을 미치는 요인에는 고객구전(Word of mouth), 고객 욕구(예: 스릴이 넘치는 테마파크 놀이시설 이용), 과거경험(예: 작년에 청룡열차 탑승했을 때 스릴이 있었음), 기업의 외부 커뮤니케이션(예: 테마파크 광고) 등의 네 가지가 있다. 이 요인들의 영향을 받아 고객의 기대 서비스가 형성된다.

Parasuraman 등(1988, PZB)은 일반 제품과는 달리 서비스 품질은 객관적인 척도로 측정하기 어려우므로 고객의 지각(혹은 인식)을 바탕으로 서비스 품질을 측정하는 SERVQUAL을 개발하였다. PZB는 포커스그룹 인터뷰를 통해 유형성, 신뢰성, 응답성, 능력, 예절, 신용도, 안전성, 접근 가능성, 커뮤니케이션, 고객의 이해 등 고객이 서비스 품질을 평가하는 10개의 서비스 품질차원(97개 항목으로 조사함)을 제시하였다.

이후 연구자들은 은행신용 카드사, 전화수선, 장거리 전화, 그리고 증권거래소 등의 네 가지 서비스 산업을 대상으로 한 실증분석에서 기존의 서비스 품질 10개 차원을 5개 차원(22개 항목)으로 축소하여 수정된 SERVQUAL 모형을 제시하였는데, 이것이 현재 널리 사용되고 있다. [표 10-3]은 서비스 품질의 10개 차원과 5개 차원을 요약 정리한 것이다.

[표 10-3] SERVQUAL의 5가지 차원

서비스 품질차원		구성항목
PZB(1985)	PZB(1988)	
유형성	유형성(4항목) (Tangibility)	현대적 시설과 장비, 매력적인 물리적 시설, 종업원의 복장과 외모, 서비스 관련 자료제공(설명서, 팸플릿)
신뢰성	신뢰성(5항목) (Reliability)	서비스 약속시간 준수, 고객 문제에 대한 적절한 대응, 첫 번째 실수 없는 서비스 수행, 약속한 시간 내에 서비스 제공, 서비스 수행의 철저함
능력, 예의 신용, 안전성	확실성(4항목) (Assurance)	고객에게 신뢰를 주는 직원행동, 고객에게 주는 거래의 안정성, 항상 고객에게 친절한 직원, 어떤 고객문의에도 대답 가능한 직원
대응성	대응성(4항목) (Responsiveness)	정확한 서비스 제공시간, 신속한 서비스 제공, 고객지원 준비, 바빠도 고객의 요청에 응하는 직원
접근성 의사소통 고객이해	공감성(5항목) (Empathy)	고객에 대한 관심, 고객에게 편리하도록 시간조절, 개인적인 요구에 대한 관심, 고객에게 최대한 이익을 주려는 직원, 고객욕구에 대한 직원의 이해

자료: Parasuraman. A., Zeithaml, V.A., & Berry, L.L.(1988). SERVQUAL: A multiple item scale for measuring customer perceptions of service quality. Journal of Retailing. 64: 12-40

SERVQUAL의 신뢰성 차원은 Grönroos(1984)가 제시한 결과품질에 속하고 다른 4개의 차원은 과정품질에 속하는 것으로 보고 있다. 또한, SERVQUAL 5가지 차원은 과정품질과 결과품질이 모호하게 섞여 있는 차원들이 존재한다(Liosa, et al., 1998). 실제로 기존의 과정품질 측정모형에 결과품질 속성을 추가시켰을 때 설명력과 예측 타당성이 개선된 것으로 나타났다(Richard & Allaway, 1993).

SERVQUAL 모형에서 서비스 고객이 높게 기대하고 있는 부분은 당연히 높은 수준의 서비스를 제공해야 고객이 만족할 것이고, 고객이 그다지 기대하지 않는 부분은 과잉 서비스를 제공해 보았자 서비스의 품질은 높아지지 않는다는 것이다. 음식배달 서비스에서 중요한 것이 신속성이라면 어떻게 하면 신속하게 음식을 배달할 수 있을 것인지에 관심을 가져야지 배달원의 세련된 외양은 중요치 않다는 것이다.

2) SERVQUAL 장점과 한계점

SERVQUAL의 장점으로 크게 두 가지를 들 수 있다. 첫째, 서비스 품질의 다섯 가지 차원은 다양한 서비스 산업에서 추출한 평가항목들로서 일반적으로 사용할 수 있다는 점이다. 예를 들면, 호텔 및 항공사, 교육 및 행정, 지역축제, 놀이공원 등 다양한 서비스 산업에서 서비스 품질을 측정하는 데 사용되고 있다. 둘째, SERVQUAL은 고객의 눈높이에 초점을 맞추고 있다는 점이다. 즉, 고객의 지각으로 서비스 품질을 평가하므로 서비스 제공자 측면에서 볼 때 서비스의 나쁜 점을 찾아내 서비스를 효과적으로 개선할 기회를 찾을 수 있다. 그리고 잘하고 있는 부분은 계속 유지·관리해야 한다는 점을 시사한다.

SERVQUAL에 대한 이러한 장점에도 불구하고 몇 가지 비판이 꾸준히 제기되고 있다. 비판이 제기되는 문제점은 네 가지로 요약할 수 있다.

첫째, 기대에 대한 개념 정의의 문제이다(Teas, 993). 기대수준에 있어 SERVQUAL은 규범적 기대수준만 나타내지 예견된 서비스와 제공된 서비스의 차이를 나타내지는 않는다. Teas에 따르면 기대는 규범적 기대와 예언적(예견적) 기대로 구분된다. 규범적 기대는 제품 혹은 서비스에 대해 고객이 판단하기에 마땅히 제공되어야 하는 성능에 대한 기대치(혹은 신념)를 의미하고, 예언적 기대는 고객의 과거경험에 의한 기대치를 의미한다.

둘째, 서비스 품질차원의 중요성을 고려하지 않았다는 점이다. 예를 들어, 카지노의 경우, 위치, 공간 쾌적성, 게임의 종류, 주차공간, 레스토랑의 메뉴 등 요인별 중요도가 다를 수 있는데 이에 대한 고려가 없다는 점이다.

셋째, 조사의 어려움이다. 기대된 서비스와 지각된 서비스에 대한 질문항목의 차이를 조사 대상자의 입장에서 구분하기 어려우므로 오류가 발생할 수 있다. 또한, 서비스 품질에 대한 기대(22개 문항)와 지각(22개 문항)에 대한 설문문항은 모두 44개에 이른다. 동일문항이 계속 반복됨으로써 불필요하게 설문의 길이가 늘어나 응답률에 부정적인 영향을 미칠 수 있다(강기두, 2018).

마지막으로, SERVQUAL 모형을 다양한 서비스 산업에 적용하여 검증한 결과 서비스의 속성에 대한 측정요인은 서비스 산업의 산업군의 특성에 따라 차이가 존재한다. 따라서 범용성에 문제가 존재하고 있다(Carman, 1990).

3 SERVPERF 모형

Cronin과 Taylor(1992)는 SERVQUAL에 대해 개념적 정의에 대한 문제와 기대측정에 관한 문제를 제기하였다. 그러면서 단순 성과항목만으로 서비스 품질을 측정하는 SERVPERF(Service Performance)를 서비스 품질측정에 사용해야 한다고 주장하였다. 서비스 품질을 지각하고 경험하는 경우에 이미 과거의 경험과 기대가 서비스 이용에 반영되고 있으므로 서비스에 대한 기대를 따로 측정할 필요가 없다는 것이다. 이들은 SERVQUAL에서 사용된 5개 차원 22개 문항을 토대로 성과만으로 구성된 자신들의 SERVPERF와 SERVQUAL 모형을 비교하는 연구를 수행하였다. 연구결과, 성과에 대한 지각만으로 서비스 품질을 측정하는 것이 보다 타당한 것으로 나타났다.

하지만 성과만을 측정한 SERVPERF 모형은 SERVQUAL 모형이 제시한 5개 차원을 그대로 답습한 한계를 가지고 있다. 또한, 서비스 기업에 따른 변수들 간의 상대적 중요도를 고려하지 않아 비판을 받고 있다. 그리고 고객 서비스 품질에 대한 기대문항 없이 평가하기 때문에 기본점(준거점)을 혼동할 수 있다. 아래 [표 10-4]는 SERVQUAL과

SERVPERF 모형을 비교 정리한 것이다.

[표 10-4] SERVQUAL 모형과 SERVPERF 모형 비교

구분	SERVQUAL 모형	SERVPERF 모형
제안자	PZB	Cronin & Taylor
모델의 구성	성과 - 기대	성과
기대의 정의	규범적 기대(제공해야만 하는 수준)	기대 측정 안 함
측정자원	5개 차원 22개 항목	5개 차원 22개 항목

자료 : Cronin, J.J., & Taylor, S.A.(1992). Measuring service quality : A reexamination and extension. Journal of Marketing. 56(3) : 55-68

4 서비스 품질 지수

국내에서 활용되고 있는 서비스 품질 지수 모형에는 세 가지가 있다. 한국능률협회가 개발한 한국산업 고객만족 지수, 한국생산성본부가 개발한 국가 고객만족도 지수, 그리고 한국표준협회가 개발한 한국 서비스 품질 지수이다. 여기서 한국산업 고객만족 지수와 국가 고객만족도 지수는 서비스 품질과 고객만족의 개념을 모두 포함하고 있다. 학자에 따라 서비스 품질이 고객만족을 포함하는 포괄적 개념으로 보는 견해도 있고 서비스 품질을 고객만족의 하나의 구성요소로 보는 견해도 있다(정용길, 2016). 또한, 서비스 품질을 고객만족의 선행변수로 보기도 한다. 따라서 여기서 설명하는 서비스 품질 지수 모형에 이 두 가지 모형을 포함하여 설명하고자 한다.

1) 한국산업 고객만족 지수

한국산업 고객만족 지수(Korean Customer Satisfaction Index : KCSI)는 한국능률협회컨설팅이 1992년에 개발한 고객만족 조사제도이다. 이는 경제성장의 양적 성장을 평가하는 GNP나 GDP와 같은 생산성 지표와는 달리 국가 산업경제의 질적 성장을 평가하는 지표다. 이 지수는 우리나라 각 산업별 상품과 서비스에 대한 고객들의 만족 정도를 나타내는 지수로서 미래의 질적인 성장을 보여주는 지표이다.

KCSI는 1992년 12개 산업으로 조사를 시작하여 2022년대에는 118개(서비스 기업 68곳, 제조업 50곳)로 확대되었으며, 제조업, 서비스업, 공공 서비스업 등 국내 전 산업에 걸쳐 조사를 진행하고 있다. KCSI 조사는 전국 6대 광역시에 거주하는 내국인으로 20~60세 미만의 남녀로 지역별 인구수와 성별을 고려하여 기업 및 브랜드당 100명 이상의 데이터를 수집한다. 설문조사는 면접원의 가구방문에 의한 일대일 면접으로 진행된다.

[그림 10-3]과 같이 KCSI는 요소 만족도, 전반적 인지품질(혹은 전반적 만족도), 그리고 재이용 의향에 의해 결정된다. 평가모델에서 요소 만족도는 제품 · 서비스 · 이미지에 대한 세부 요소별 만족수준(즉, 요소 인지품질)과 세부 요소별 고객 중요도(즉, 요소 가치)로 측정한다. 그리고 전반적 인지품질은 제품 · 서비스 · 이미지를 종합한 만족수준으로 측정하고, 재이용 의향은 타인 추천의향과 타사 서비스 전환의향에 대한 항목으로 평가한다.

본 조사의 고객만족도는 요소 만족도(산업별 특성 고려) 50%, 전반적 인지품질(혹은 전반적 만족도) 30%, 재이용(구입) 의향 20%를 반영하여 계산한다. KCSI는 아래 수식으로 계산된다.

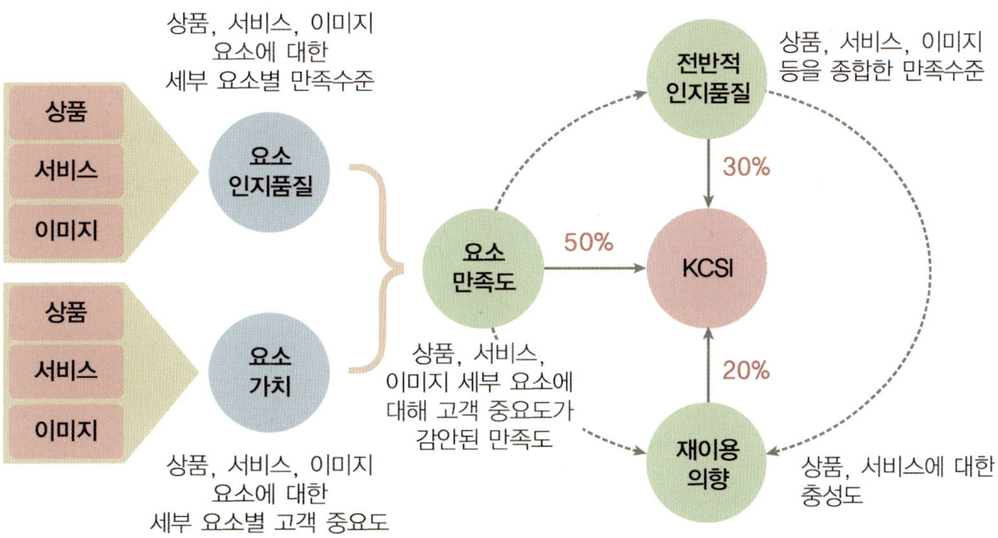

자료 : 한국산업 고객만족도 지수 홈페이지(https://www.kmac.co.kr/certify/cert_sys03.asp)

[그림 10-3] KCSI 평가모델

KCSI = (요소 만족도 × 0.5) + (전반적 인지품질 × 0.3) + (재이용 의향 × 0.2)

2) 국가 고객만족도 지수

국가 고객만족도 지수(National Customer Satisfaction Index : NCSI)는 1998년 기업, 산업, 국가의 품질경쟁력 향상과 국민의 삶의 질 향상을 목적으로 한국생산성본부가 미국 미시간 대학교와 함께 개발한 고객만족 측정지표이다. NCSI는 품질경쟁력을 측정할 수 있는 국가 경제지표의 개발이라는 측면과 기업의 고객만족도 측정과 활용이라는 두 가지 측면에서 그 의의가 있다.

NCSI는 서비스와 제품을 직접 경험한 고객을 대상으로 조사하며, 1인 1업종 설문으로 직접 대면조사를 한다. 1998년 최초로 조사한 이래 2022년 현재 79개 업종, 341개 기업, 92,268개의 표본으로 확대 실시하고 있다. NCSI는 특정 제품과 브랜드에 대한 만족도를 측정하기보다는 기업이 생산, 판매하는 전 제품과 서비스에 대한 기업차원의 만족도를 측정하는 것이다.

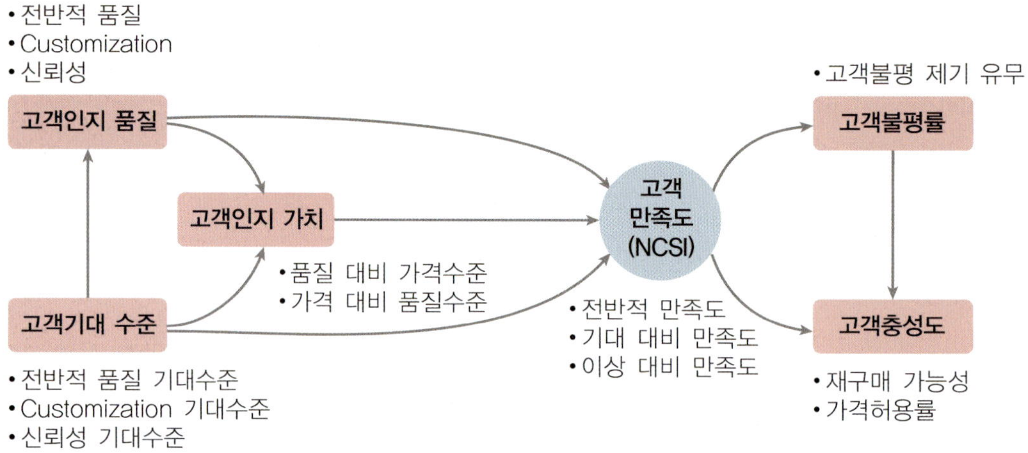

자료 : 국가 고객만족도 지수 홈페이지(http://www.ncsi.or.kr) ; 조선배 · 김광용(2008). KS-SQI, NCSI, KCSI의 비교연구. 호텔경영학연구. 17(3) : 216. 재인용

[그림 10-4] NCSI 평가모델

[그림 10-4]와 같이 NCSI 모델은 총 6가지의 잠재변수로 구성되어 있다. 고객기대 수준, 고객인지 품질, 고객인지 가치를 NCSI에 연결함으로써 잠재변수와 고객만족도의 인과관계에 대한 정보를 분석할 수 있다. 그리고 NCSI는 다시 고객행동(고객불평과 고객충성도)에 영향을 미치며 재구매 의도를 의미하는 고객충성도를 이끌어내는 것이다.

3) 한국 서비스 품질 지수

한국 서비스 품질 지수(KS-SQI)는 한국표준협회(KSA)와 서울대학교 경영연구소가 우리나라 서비스 산업과 고객의 특성을 반영하여 2000년에 공동 개발한 모델이다. KS-SQI는 기업의 제품 및 서비스의 구매경험이 있는 고객을 대상으로 서비스 품질에 대한 만족도 정도를 조사하는 것으로 서비스 산업 전반의 품질수준을 나타내는 종합지표이다.

KS-SQI는 SERVQUAL 모델의 5가지 차원을 기반으로 서비스 성과영역과 과정영역 2개의 차원으로 구분된다. [그림 10-5]처럼 서비스 품질의 향상은 서비스 경영성과(기업명성, 서비스 만족, 신규고객 확보, 고객유지)에 영향을 미치고, 이는 국민행복을 향상시켜 궁극적으로 대한민국 서비스 산업의 발전을 위한 방안을 제시하는 모델이다(표 10-5 참조).

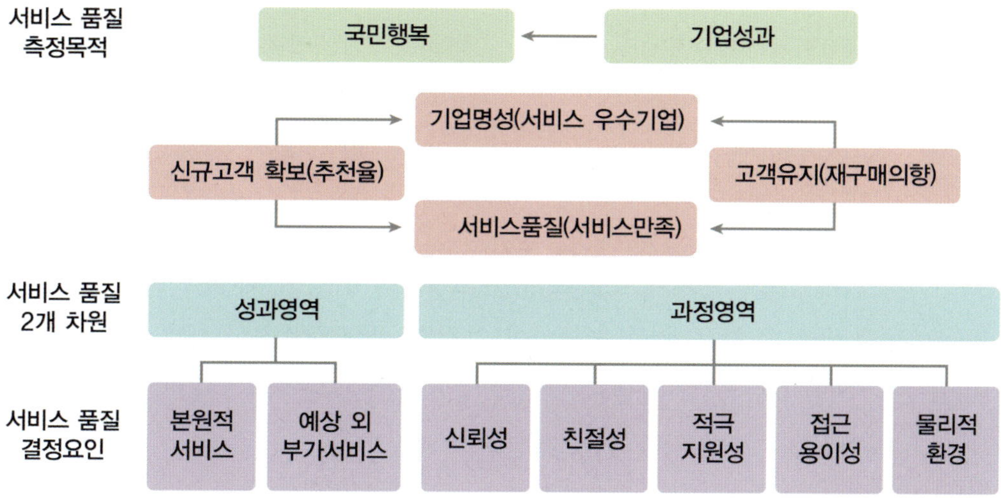

자료 : KS-SQI 홈페이지(https://demo.ksa.or.kr/)

[그림 10-5] KS-SQI 평가모델

[표 10-5] KS-SQI의 측정변수

영역	구성요인	내용
성과	본원적 서비스	고객이 서비스를 통하여 얻고자 하는 기본적인 욕구의 충족(핵심 서비스)
	예상 외 부가서비스	고객에게 타사 대비 차별적 혜택과 부가적 서비스를 제공하는 것(고객 생일날 축하 케이크 제공)
과정	신뢰성	서비스 제공자의 진실성, 정직성, 서비스를 수행하는 데 필요한 기술과 지식의 소유
	친절성	고객에게 인사성이 밝으며 예의 바르고 공손한 자세로 응대. 쉽게 설명하거나 개별적 관심을 보임
	적극 지원성	고객의 요구에 신속하게 서비스를 제공하고자 하는 의지. 약속시간 엄수
	접근 용이성	서비스 제공시간 및 장소의 편리성, 체인점 개설
	물리적 환경	물리적 시설, 장비, 직원 외모

자료 : KS-SQI 홈페이지(https://ks-sqi.ksa.or.kr/)

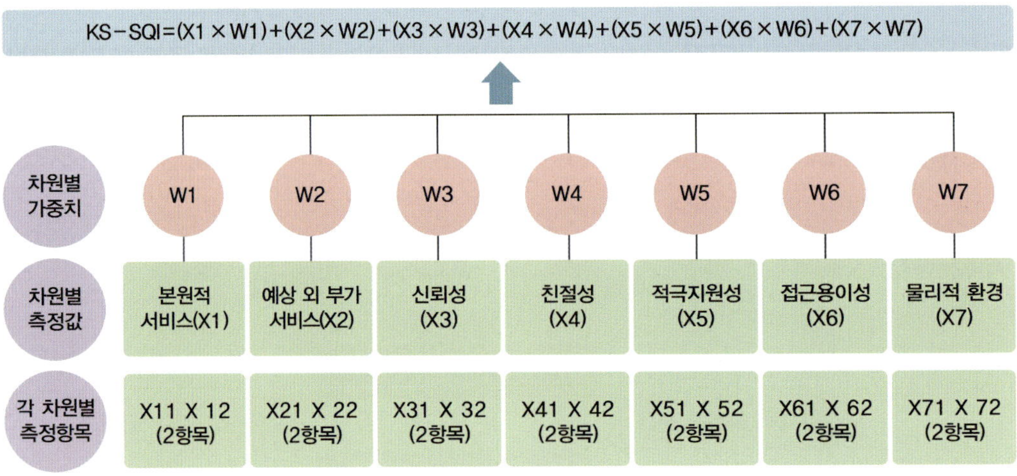

Step1 : 각 측정항목을 9점 척도로 조사한 후 100점 만점의 지수로 변환

Step2 : 변환된 지수 값을 합산 평균하여 차원별 점수 산출

Step3 : 전문가들로부터 각 차원의 상대적 중요도를 평가하여 가중치 도출

Step4 : 차원 점수×차원 가중치를 곱하여 KS-SQI 도출

자료 : KS-SQI 홈페이지(https://ks-sqi.ksa.or.kr/)

[그림 10-6] 한국 서비스 품질 지수 계산절차

전국에 거주하는 1개월~1년 이내 서비스 이용고객을 대상으로 4~6월 사이에 실시한다. 기업별 300 표본 ±5%로 전체 표본의 크기는 약 60,000명이며 1대1 개별 면접조사와 인터넷 패널조사 방식을 사용한다. 서비스 품질 지수의 계산절차는 [그림 10-6]처럼 4단계로 이루어져 있다. [표 10-6]은 설명한 KCSI, NCSI, KS-SQI 내용을 비교하여 정리한 것이다. [사례 10-2]는 한국관광공사가 관광분야(숙박 및 쇼핑, 음식점) 서비스 품질향상을 위해 시행하는 한국관광 품질인증을 획득한 남이섬의 사례이다.

[표 10-6] KCSI, NCSI, KS-SQI 내용비교

구분	KCSI	NCSI	KS-SQI
도입시기	1992년	1998년	2000년
개발 주관기관	한국능률협회컨설팅(KMAC)	한국생산성본부(KPC)	한국표준협회(KSA)
대상분야	제조(소비재, 내구재), 일반 서비스, 공공서비스	제조업(내구재, 비내구재), 서비스업, 공공행정	서비스업(제조, 서비스 포함), 공공부문
조사규모*	83개 업종 345개 기업 94,608명	118개 업종 388개 기업 11,055명	78개 업종 60,000명
모집단	한국인으로 조사대상 지역에 거주하는 18~65세 남녀	해당기업 서비스나 제품을 사용한 경험이 있는 소비자(18~60세)	해당 기업의 서비스를 이용한 경험 있는 고객(18~65세)
수행방법	자체	외부 전문조사기관(서울마케팅리서치)	외부 전문조사기관(갤럽, 폴에버)
조사지역	전국 6대 광역시	전국 6대 광역시	전국 6대 광역시
조사방법	개별가구 방문조사	일대일 개별 면접조사+전화조사	일대일 개별 면접조사+인터넷 패널조사
설문척도	7점 척도(세부요소 5점 척도)	10점 척도	9점 척도
발표시기	매년 10월 중	매분기(산업별)	매년 9월 중

※ 조사규모는 2022년 기준임

자료 : 조선배 · 김광용(2008). KS-SQI, NCSI, KCSI의 비교연구. 호텔경영학연구. 17(3) : 219. 내용 수정

사례 10-2 대한민국 대표관광지 남이섬 호텔정관루 '한국관광 품질인증' 획득

대한민국 대표관광지 남이섬의 '호텔정관루'가 한국관광 품질인증제도(KQ : Korea Quality)에 숙박업 부문 '한국관광 품질인증'을 획득했다.

한국관광 품질인증제(KQ : Korea Quality)는 문화체육관광부와 한국관광공사가 관광서비스 품질향상을 위해 역점사업으로 시행하는 국가 단일 품질인증제이다.

숙박 및 쇼핑, 음식점 부문 5개의 업종, 9개 분야를 대상으로 엄격한 평가항목 기준에 따라 서류평가 및 전문가의 현장방문, 암행/불시평가 등 서비스 품질을 평가해 인증여부를 최종 결정한다.

'호텔정관루'는 관광객들의 편의를 위한 시설 및 서비스 제공, 고객응대를 위한 전문인력 확보, 정기적인 소방 안전점검 및 관리 등 관광서비스 품질향상을 위해 부단한 노력을 기울였다.

또한 공중위생업소 서비스 수준 향상을 위해 정기적인 자체평가를 실시하고, 고객의 안심 관광을 위해 철저한 방역수칙과 '클린존' 도입 등 숙박업계의 모범적 사례로서 높은 평가를 받아 최종 선정됐다.

이에 남이섬 호텔정관루 관계자는 "대한민국 대표 호텔이라는 자부심을 가지고 앞으로도 관광 서비스 품질향상을 위해 끊임없이 노력하겠다"라며 열정을 내비쳤다. '호텔정관루'는 한국관광공사가 제공하는 서비스 모니터링 및 교육, 소방·위생진단 컨설팅 등 품질관리와 함께 매출증대를 위한 온·오프라인 홍보 프로모션 등을 지원받게 된다.

자료 : 경기북부탑뉴스(2022.1.19.)

제3절 서비스 품질관리 모형

효과적인 서비스의 품질관리는 기업의 성과 측면에서 기존의 수익유지와 추가수익의 기회를 제공한다. 서비스 품질은 기업의 비용절감과 고객충성도 상승, 구전효과와 같은 기존의 수익을 유지하는 데 긍정적 영향을 준다. 또한, 서비스 품질의 유지는 추가수익의 분야로 기업 이미지나 신규고객의 증가를 가져올 수 있다. 고객은 과거 경험했던 서비스보다 더 좋은, 더 일관적인, 더 높은 품질의 서비스를 제공받고자 한다. 이러한 고객의 기대는 더욱 커지고 있어 서비스 기업이 품질경영을 수행하는 데 있어 큰 어려움을 겪고 있는 주요인이다. 본 절에서는 서비스 품질관리에 있어 자주 사용되는 GAP 모형, Kano 모형, 그리고 서비스 청사진에 대해 학습한다.

1 GAP 모형

1) 개요

PZB(1985)는 서비스 품질을 서비스에 대한 고객의 기대와 지각된 성과의 차이라고 보았다. 서비스 품질의 수준은 고객의 지각과 기대의 불일치 정도 및 방향을 나타낸다고 주장하고 [그림 10-7]의 모델에서와 같이 GAP 함수로 표시하였다.

여기서 고객의 서비스 품질인식과 평가는 기대된 서비스와 지각된 서비스의 차이에 의해 결정되며, 이 차이를 GAP 1-GAP 4의 상호관계로 파악하고 있다. 결국, 서비스 품질은 GAP 5의 기대된 서비스와 지각된 서비스의 차이로 평가될 수 있으나, GAP 5는 관리자 측면에서 GAP 1에서 GAP 4까지 각 GAP 간의 함수관계로 보고 이 GAP들의 크기와 방향에 의해 영향을 받는다.

GAP 1 고객의 기대와 경영자 지각(인식) 간의 차이

GAP 2 경영자 지각(인식)과 서비스 표준(품질명세서)의 차이

GAP 3 서비스 표준(품질명세서)과 실제 제공된 서비스와의 차이

GAP 4 전달된 서비스와 외부 커뮤니케이션과의 차이

GAP 5 = f(GAP 1, GAP 2, GAP 3, GAP 4)

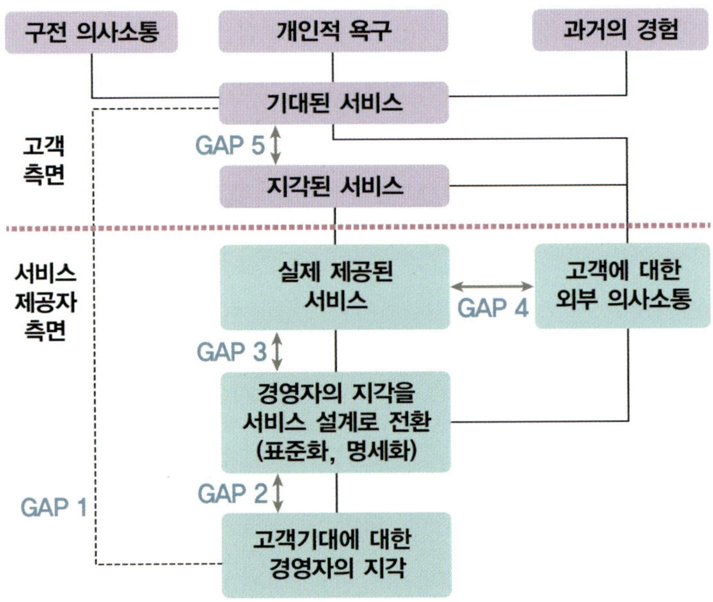

자료 : Parasuraman. A., Zeithaml, V.A., & Berry, L.L.(1985). A conceptual model of service quality and its implications for future research. Journal of Marketing. 49(7) : 44

[그림 10-7] 서비스 GAP 모델

2) GAP 발생원인과 해소방안

(1) GAP 1 : 고객기대-경영자의 지각차이

GAP 1은 고객의 기대와 경영자의 지각(인식)과의 차이다. GAP 1은 서비스 기업이 고객의 욕구를 지속적으로 조사하지 않거나, 내부 의사소통이 잘 안 되거나, 관리계층의 수가 많아 서비스 직원의 의견이 최고 경영자까지 제대로 전달되지 않는 경우에 주로 발생한

다. 이로 인해 경영자는 고객의 서비스 기대수준을 정확히 인지하지 못하게 된다. GAP 1의 발생영역과 발생원인 그리고 원인에 대한 해결방안은 [표 10-7]에 정리되어 있다.

[표 10-7] GAP 1의 발생원인과 해결방안

영역	발생원인	해결방안
마케팅 조사	• 기업의 생산향상 중심으로 고객에 대한 관심 부족 • 이는 고객이 원하는 것을 이해하려는 노력의 부족으로 연결	• 서비스 품질 중심의 마케팅 조사 • 마케팅 조사결과 활용 • 경영자와 고객 간의 상호작용 강화
상향적 커뮤니케이션	• 고객이 어떤 서비스 품질을 원하는지 알고 있는 고객접점 직원과 최고경영자 간 의사소통 미흡	• 서비스 접점직원의 제안 반영 • 최고 경영자와 서비스 접점직원 간 의견 교환
관리계층	• 여러 의사소통 단계가 존재하여 의사전달이 원활하지 않음 • 최고 경영자와 고객접점 직원 사이에 많은 관리계층이 존재	• 최고 경영자와 고객접점 직원 사이 관리계층의 수 축소

자료 : 저자정리

(2) GAP 2 : 경영자 지각-서비스 표준(품질명세서)의 차이

고객의 기대에 대해 경영자가 지각하고 있더라도 그 기대를 충족시켜 줄 수 있는 서비스 품질에 대한 표준화 혹은 명세화가 되어 있지 않아 발생하는 서비스 품질의 차이다. 즉, 파악된 고객의 서비스에 대한 기대와 전략 및 서비스 설계가 일치하지 않아 발생하는 것이 GAP 2이다. 구체적으로 GAP 2는 서비스 품질을 개선하려는 경영자의 마인드가 부족한 경우, 명확한 목표가 없는 경우, 업무가 표준화되어 있지 않은 경우 등으로 인해 발생한다. [표 10-8]에 GAP 2의 발생영역과 발생원인 그리고 원인에 대한 해결방안이 정리되어 있다.

[표 10-8] GAP 2의 발생원인과 해결방안

영역	발생원인	해결방안
서비스 품질에 대한 경영자의 관심	• 경영자가 비용발생이나 단기이익만을 추구하면서 품질향상에 소홀	• 서비스 품질향상을 위해 자원배분 • 서비스 품질에 대한 최고 경영자의 관심
서비스 품질목표 설정	• 고객이 원하는 서비스에 대한 품질 표준 미비 • 고객접점 직원의 특성을 반영하지 않은 목표설정	• 고객기준에 맞는 서비스의 품질목표 설정 • 서비스 품질의 목표수립을 위한 공식적 절차 마련
업무표준화	• 서비스 품질에 대해 명확한 기준 혹은 명세서가 없음 • 업무가 표준화되어 있지 않음	• 하드웨어 측면: 기계나 컴퓨터 등의 도입 • 소프트웨어 측면: 작업방법 개선을 위해 서비스 공정의 표준화, 표준화된 서비스 제공
고객기대에 대한 실현가능성 인식	• 고객의 욕구는 예측하기 어렵고 불규칙적이므로 고객의 기대충족이 불가능하다고 생각함	• 품질명세서에 부응하는 직원능력 및 시스템 구축 • 고객기대를 충족시킬 수 있다는 경영자의 확신

자료: 저자정리

(3) GAP 3: 서비스 표준(품질명세서)-서비스 전달차이

GAP 3은 서비스를 제공하기 위해 설계된 서비스 시스템과 실제로 제공된 서비스와의 차이를 말한다. 서비스 전략 및 설계가 바람직하게 이루어졌다 하더라도 이를 수행하는 직원이 제대로 수행하지 않으면 고객은 만족할 수 없다. 아무리 서비스를 잘하는 기업도 고객접점 직원의 업무능력이나 지식이 충분하지 못하면 고객의 기대를 충족시키지 못하게 된다. 또한, 협력부족, 서비스 직원에게 인식된 통제권한, 역할갈등, 역할 모호성 등에 의해서도 발생한다. [표 10-9]에 GAP 3의 발생영역과 발생원인 그리고 원인에 대한 해결방안이 정리되어 있다.

[표 10-9] GAP 3의 발생원인과 해결방안

영역	발생원인	해결방안
구성원 간 협력	• 구성원들의 집단의식과 팀워크의 부족 • 구성원들 간 성과를 공유하지 않음	• 상급자가 자신을 좋아한다는 믿음 • 경쟁보다 협력 • 소속감과 책임의식
직원-직무 간 적합성	• 직원-직무 간 불일치 • 직원 선발과정에서 주의와 노력 부족	• 해당 직무를 잘 수행할 수 있는 직원 선발
기술-직무 간 적합성	• 직무수행에 필요한 도구, 장비, 기술 등의 미비 • 노후 도구, 장비, 기술 사용	• 직무수행에 필요한 도구, 장비, 기술 등을 항상 사용가능한 상태로 유지
직원의 통제권한	• 통제는 개인이 직무로 인해 발생한 스트레스를 스스로 통제한다는 의미 • 직무 관련 다양한 문제를 유연하게 대처하지 못함	• 서비스 접점 직원에게 자율재량권을 부여하여 고객응대 시 융통성을 발휘하게 함 • 문제고객의 사전인지 노력
관리자의 통제시스템	• 업무성과에 대한 객관적 기준 없이 직원의 행동을 관찰하거나 기록함 • 직무수행 결과와 무관한 보상이나 처벌	• 직무수행과 관련한 행동이나 결과는 정형화되고 객관적인 기준에 의거 보상, 처벌
역할갈등	• 동시에 두 가지 이상의 기대가 직원에게 주어짐 • 고객의 기대-경영자의 기대 간 갈등 • 이로 인해 스트레스 발생, 직무 불만족 야기	• 품질명세서와 일치되는 역할 부여 • 서비스 접점직원에게 권한을 주어 유연성 제공 • 경영자의 기대를 직원에게 명확히 전달
역할 모호성	• 업무수행 시 직원 자신의 역할을 이해 못하거나 정보가 부족함	• 업무수행의 피드백 제공 • 서비스와 제품에 대한 지식 제공, 훈련과 교육

자료 : 저자정리

(4) GAP 4 : 서비스 전달–외부 커뮤니케이션 차이

GAP 4는 실제의 서비스 제공과 고객이 받은 서비스에 대해 어떻게 말하는가의 차이이다. 커뮤니케이션 활동을 잘못해서 이러한 문제점이 야기될 수 있다. 예를 들어, 고객에게 과도한 약속을 하거나 반대로 기업의 활동을 제대로 커뮤니케이션하지 못해서 고객의 기대 및 지각을 제대로 조정하지 못한 것이다. 따라서 GAP 4는 커뮤니케이션 부족과 잘못된 촉진 캠페인이나 과장광고 등에 의해 발생한다. [표 10-10]에 GAP 4 발생원인과 해결방안이 정리되어 있다.

[표 10-10] GAP 4의 발생원인과 해결방안

영역	발생원인	해결방안
수평적 커뮤니케이션	• 수평적 의사소통(직원 간, 부서 간) 부족 • 광고부서-고객접점 직원 간, 본사-지점 직원 간의 정보교환 미흡	• 직원 간 의사소통 강화(고객접점 부서-마케팅 부서) • 회사 지점 간의 정보공유, 본사-지점 간 정보공유
과대약속	• 경쟁심화와 신규고객 유치를 위한 과대광고나 약속	• 실행 불가능한 약속 지양

자료 : 저자정리

(5) GAP 5 : 고객기대와 서비스 성과 간의 차이

GAP 5는 고객이 기대하는 서비스 품질과 서비스 성과(지각)와의 격차이다. 즉, 이 갭의 크기와 방향은 앞서 살펴본 네 가지 갭의 크기와 방향에 의해 결정된다.

2 Kano 모형

1) 개요

전통적으로 서비스나 제품의 품질을 평가하는 데 일원적인 방법(만족-불만족)이 주로 사용되었다. 고객의 욕구가 충족되면 만족도가 증가하고, 고객의 욕구를 충족시키지 못하면 불만족도가 증가할 것이라는 가정에서 품질을 평가했다. 그러나 고객들은 특정 서비스에 익숙해지면 기대치가 높아져서 해당 서비스를 당연한 것으로 받아들이지만, 당연히 제공될 것으로 생각했던 서비스가 기대치에 못 미치면 큰 불만을 느낀다. 가령, 가족 동반 리조트를 이용할 때 키즈 카페가 없으면 많은 불편과 불만을 느끼지만 키즈 카페가 있어도 만족감을 느끼지 않을 수 있다.

이러한 현상을 설명하기 위해 Kano 등(1984)은 품질의 이원적 인식방법을 제시하였다. 이들은 물리적 충족상황과 고객만족 간의 관계를 분석하기 위해 [그림 10-8]과 같이 물리적 충족상황(물리적 환경, 서비스 형태)을 X축에 그리고 고객만족을 Y축에 두고 품질의 개념을 이원적으로 해석하였다. 여기서 X축은 고객 요구사항의 충족 정도를 그리고 Y축은 고객의 만족 정도를 나타낸다.

Kano 등은 서비스 품질요소를 매력적 품질(Attractive quality), 일원적 품질(One-dimensional quality), 당연적 품질(Must-be quality)의 3가지로 분류하였다. 이들 세 가지는 고객만족을 일으키는 품질요소들이다. 이후 Matzler와 Hinterhuver(1998)가 이를 수정하여 무관심 품질(Indifferent quality)과 역품질(Reverse quality)이 포함된 5가지로 분류하였다.

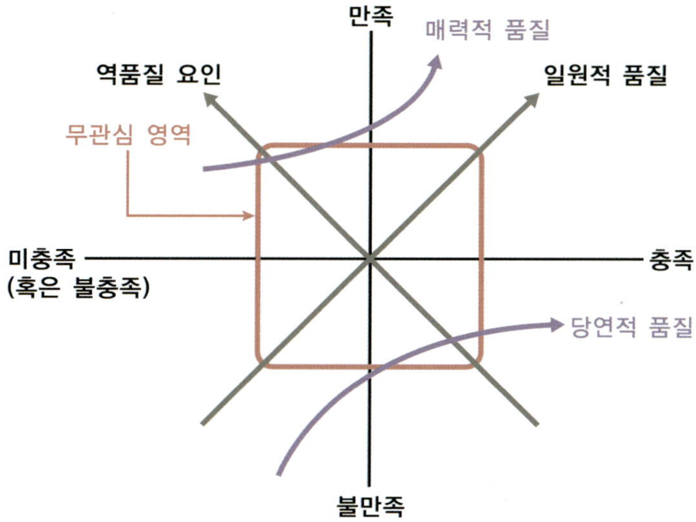

자료: Witell, L., & Löfgren, M.(2007). Classification of quality attributes. Managing Service Quality: An International Journal. 17(1): 56

[그림 10-8] Kano 모형

2) 품질요소

(1) 매력적 품질요소

충족될 경우 만족을 느끼지만 충족되지 않더라도 크게 불만족이 없는 품질요소를 말한다. 이것은 고객에게 제공되는 서비스에 대해 기대하지 못했던 사항들을 물리적으로 충족시켜 주거나 혹은 고객이 기대한 것이라도 그 서비스에 대한 기대를 훨씬 능가하여 만족을 주는 품질요소라 할 수 있다. 이러한 요소의 존재를 고객들은 모르거나 기대하지 않았기 때문에 충족되지 않더라도 불만을 느끼지 않는다. 호텔 투숙고객을 위한 과일 바구니 제공과 인사편지, 리조트의 레스토랑 저녁식사 후 기념품 제공, 항공기 기내 메뉴 선택 다양성 등이 이에 해당한다.

(2) 일원적 품질요소

충족되면 만족하고 충족되지 않으면 고객들의 불만을 일으키는 품질요소이다. 가장 일반적인 품질인식 요소이다. 가령, 호텔의 체크인과 체크아웃, 발레파킹, 항공사 승무원 응대태도 및 기내식 양이나 맛, 레스토랑 음식의 질, 짧은 대기시간, 시설물 이용가격, 지불방법의 편리성, 인터넷 사용가능 등이 이에 해당한다. 때때로 회사의 슬로건을 통해 일원적 품질요소가 인식될 수 있는데 월마트의 'Everyday Low Price'가 좋은 예이다.

(3) 당연적 품질요소

당연적 품질은 기본적으로 제공되어야 할 요소로서 충족되더라도 당연한 것이기 때문에 별다른 만족감을 주지 못하지만 충족되지 못하면 불만이 훨씬 커지는 품질요소이다. 당연적 요소를 가장 중요하게 제시하면서 이를 충족시키지 못하면 해당 서비스에 대한 고객만족도가 급격하게 떨어져 신뢰성에 치명적인 인상을 남기게 된다(Kano 외, 1984). 따라서 당연적 품질요소는 고객의 불만을 선제적으로 예방이 가능한 요소라고 할 수 있다. 가령, 호텔 객실 내의 깨끗한 수건, 냉·온수기 시설이나 청소상태, 항공사 승무원 업무숙련도 혹은 지식 등이 이에 해당된다.

(4) 무관심 품질요소

이는 있어도 그만 없어도 그만인 요소로서 만족도 불만도 주지 않는 품질요소이다. 서비스 기업의 웹사이트에 커뮤니티 제공, 리조트 직원의 학위수준, 객실 내 커튼 재질, 레스토랑의 물컵 모양 등이 이에 해당된다.

(5) 역품질요소

역품질은 제공할수록 불만족이 오히려 높아지는 요소이다. 호텔의 필요 이상의 모닝콜 서비스, 잦은 턴다운 서비스(Turndown service : 침구와 객실을 정리한 뒤 사용한 비품과 리넨을 교체하는 서비스), 품질 낮은 기념품 제공 등이 이에 해당한다.

3) Kano 모형의 활용

Kano 모형은 서비스나 제품의 기획을 위한 모델이지만 서비스 품질측정이나 관리에도 활용된다. 특히, 사업환경과 시간의 추이에 따라 품질의 변화를 지속적으로 통찰할 수 있다. 즉, 고객만족에 영향을 주는 품질의 우선순위를 밝힐 수 있다는 장점이 있다. 또한, 서비스 품질관리에 있어 전략적 의사결정이 필요한 경우 카노 모형은 의사결정 지침을 제공해줄 수 있다. 예를 들어, 마케팅 또는 재정적 문제로 인하여 동시에 두 가지 품질속성에 집중할 수 없는 경우, 경쟁력 있는 품질속성을 결정하는 데 도움을 줄 수 있다(Matzler & Hinterhuber, 1998).

하지만 Kano 모형은 다음과 같은 한계가 있다. Kano 모델은 특정 서비스가 지니고 있는 품질요소를 고객의 의견으로 분류하기 위해 긍정과 부정의 질문으로 설문조사한다. 조사결과 나타난 최빈값(Mode)을 기준으로 품질속성을 분류하는데, 동일한 최빈값일지라도 다른 품질요소와 비교할 때 상대적으로 상이한 값을 가진다. 이러한 상대적 차이가 고려되지 않는 단점이 있다. 또한, 고객이 인식하는 현재 만족수준을 파악할 수 없어 고객의 만족감을 향상시키는 데 한계가 있다(김성훈 · 서현수, 2018).

3 서비스 청사진

1) 개요

서비스 청사진(Service Blueprint)은 Shostack(1984)이 구두 닦는 과정을 토대로 서비스 전달 시스템과 고객과의 지원 시스템의 상호작용을 시각적으로 도식화하면서 대중에게 알려지게 되었다. 그 후 Lovelock(1996)을 통하여 서비스 청사진의 구성요소가 전방과 후방으로 나뉘게 되었고 다양한 서비스 분야에서 널리 사용되기 시작하였다.

서비스 청사진은 고객이 서비스의 감동을 느끼도록 서비스 기업이 준비한 서비스 제공의 단계를 나누는 방법이며, 내부 직원에게는 업무(과업)를 수행하는 가이드라인이 된다. 이러한 서비스 청사진은 서비스 디자인에서 유용할 뿐만 아니라 기업 내에서 업무의 효율성을 측정하기 위해 운영관리 차원에서 자주 사용된다. 또한, 서비스 프로세스 개선도구로서도 서비스 품질을 향상시키고 관리하는 데도 그 활용도가 높다.

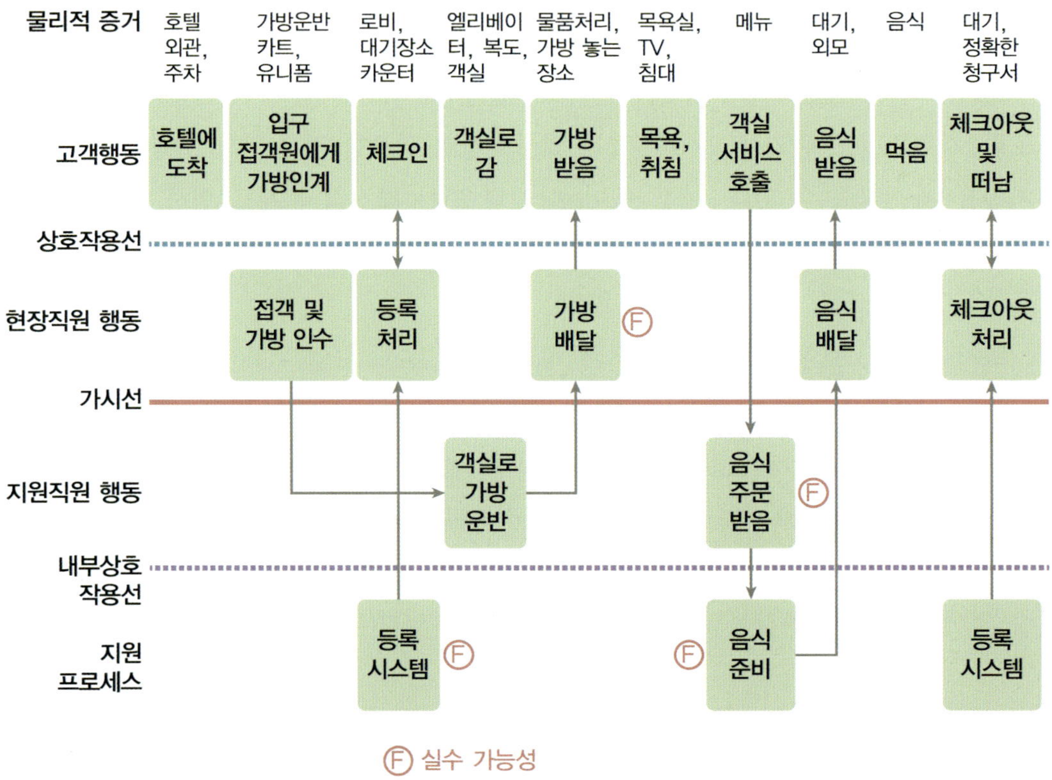

자료: Fitzmmons, J., Fitzmmons, M., & Bordoli, S.K.(2014). Service management. McGraw-Hill, p.87

[그림 10-9] 서비스 청사진 예시

[그림 10-9]처럼 서비스 청사진은 고객에게 제공되는 전반적인 서비스를 과정별로 나누어 그림으로 도식화한 것이다. 따라서 서비스 과정의 특성이 나타나도록 알아보기 쉬운 방식으로 가시화하여 문제를 찾고 혁신하기 위해 사용하는 방법이다. 특히, 직원, 고객, 기업이 서비스 전달과정에서 해야 할 각각의 역할을 묘사해 놓은 것이다. 또한, 어느 부분에서 실수가 발생할 가능성이 있는지를 나타내고 있다. 서비스 청사진을 설계하는 중요한 목적의 하나는 실패할 가능성이 있는 서비스의 예상 지점을 미리 파악

해 현실적으로 대응할 수 있는 개선방안을 마련하는 것이다.

서비스 청사진은 본질적으로 고객경험지도(고객여정지도)의 연장이다(제6장 3절 참조). 고객경험지도는 고객이 기업(혹은 서비스 제공자)과 가질 수 있는 모든 상호작용을 도면 위에 묘사해 놓은 것이다. 하지만 고객경험지도는 고객의 서비스 경험에 대하여 느낌 정도의 수준(예 : 좋음 - 보통 - 나쁨)별로 나타낸 지도이지 서비스 청사진처럼 서비스 전달과정에서의 직원, 고객, 기업이 해야 할 역할을 단계별로 묘사해 놓은 것은 아니다. 따라서 서비스 청사진은 조금 더 깊게 고객의 상호작용을 지원하고 세부사항을 추가하여 물리적인 모든 상호작용을 살펴볼 수 있다.

2) 서비스 청사진의 구성요소

서비스 청사진의 구조는 크게 고객부분과 서비스 조직부분으로 구분할 수 있다. 이는 다시 고객행동, 현장직원의 행동, 후방직원의 행동, 지원 프로세스로 구분된다. 그리고 이들 영역을 나누는 가시선이 있다. [그림 10-9]에서 보듯이 서비스 청사진은 크게 일곱 가지 요소로 구성되어 있다. 각 요소에 대한 설명은 [표 10-11]에 정리하였다.

[표 10-11] 서비스 청사진의 구성요소

구성요소	내용 설명
물리적 증거	시설이나 장비로서 [그림 10-9]에서 맨 위쪽에 위치
고객행동	서비스의 구매, 소비, 평가의 프로세스에서 고객이 수행하는 단계, 선택, 활동, 상호작용 등을 나타냄
전방직원 행동 (현장직원)	고객행동과 전방직원의 행동은 상호작용선으로 분리되며 고객의 눈에 보이는 직원의 행동은 고객행동 및 후방직원의 행동과 세로선에 의해 직접 연결됨
후방직원 행동	고객이 직접 볼 수 없거나 상호작용을 할 수 없지만 전방직원을 지원하는 활동
지원 프로세스	서비스를 제공하는 전방과 후방에 있는 직원들을 지원하기 위한 내부적 서비스
영역구분선	가시선 : 고객이 인지할 수 있는 영역과 인지할 수 없는 영역으로 구분됨(붉은색)
	상호작용선 : 고객과 서비스 직원과의 직접접촉이 이루어지는 영역
	내부 상호작용선 : 고객이 인지할 수 없는 영역, 서비스 지원활동과 직원의 후방활동을 구분함
세로선	내부 지원과정이 최종적으로 고객에게 전달되는 연결과정

자료 : 저자정리

3) 서비스 청사진의 장단점

서비스 전달과정상의 참여 주체별 역할 등을 상세하게 이해함으로써 서비스 실패 혹은 병목지점을 찾아내어 제거 및 개선하는 데 도움이 된다. 하지만 내용이 너무 많거나 변경내용을 신속하게 수정하지 않으면 혼란을 가중시킬 수 있다. 서비스 청사진의 장단점을 요약 정리하면 [표 10-12]와 같다.

[표 10-12] 서비스 청사진의 장단점

장단점	내용
장점	다양한 부서의 협업으로 만들어지기 때문에 여러 부서가 서비스 생산과 전달과정에 대한 전체적 맥락을 공유하고 각자의 역할을 이해할 수 있다.
	새로운 서비스를 시장에 출시하기 전에 서비스 청사진의 prototype을 만들어 테스트해 봄으로써 예상 문제점을 사전에 파악할 수 있다.
	서비스 전달과정에 포함된 모든 요소를 명시하고 설명하기 때문에 그 가운데 중복되는 부분은 물론 가장 중요한 영역이 어디인지 확인이 가능하다.
	서비스 제공자들이 변화되는 환경에 재빨리 대응할 수 있고 신속한 활동개선이 가능하다.
단점	내용의 시각화가 제대로 이루어지지 않으면 잘못된 정보전달이 이루어진다.
	포함된 내용이 너무 많을 경우 내용전달이 복잡하고 어려워 보일 수 있다.
	혁신적인 서비스가 발생하고 있는 시장의 변화를 포착하기 어렵다.

자료 : 저자정리

토론주제

- 서비스 품질 측정에 있어서 최근 이슈는 무엇인가?
- 관광 서비스 기업이 자체적으로 실시하고 있는 서비스 품질관리 프로그램은?
- 최근 관심을 받고 있는 서비스 품질 관리기법은 무엇인가?
- 교과서에서 설명한 세 가지 서비스 품질관리 모형의 장단점은 무엇인가?
- 교과서에서 설명한 세 가지 국내 서비스 품질 지수에 대한 개선점은?
- SERVERQUAL과 온라인 서비스 품질측정 도구의 차이점은?
- 제조업과 서비스업의 품질관리 차이점은?
- 서비스 청사진의 개선점이 있다면 무엇인가?

참고문헌

강기두(2018). 서비스마케팅(4판). 북넷.

경기북부탑뉴스(2022.1.19.). 대한민국 대표관광지 남이섬 호텔정관루 '한국관광 품질인증' 획득 http://www.gbtopnews.net

국가고객만족도지수(http://www.ncsi.or.kr/).

김성훈 · 서현수(2018). Kano 모델 기반의 기업규모별 국방품질보증 서비스품질에 관한 연구. Journal of Korean Society for Quality Management. 46(3) : 397-410.

김연성 · 박상찬 · 박영택 · 서영호 · 유한주 · 이동규(2001). 품질경영론. 박영사.

동아일보(2022.10.21.). 대한항공, 세계 10대 항공사로 우뚝… 英 품질 평가 '13단계↑' https://www.donga.com/news/article/all/20221021/116067559/1

이유재(2013). 서비스 마케팅(5판). 학현사.

이유재(2020). 서비스 마케팅(제6판). 학현사.

이유재 · 라선아(2006). 한국기업의 서비스품질 평가제도 변천과정. 서울대학교출판문화원.

이유재 · 이청림(2014). 서비스품질 연구에 관한 종합적 고찰 : 최근 10년(2004-2013)의 연구를 중심으로. 마케팅관리연구. 19(2) : 1-43.

정용길(2016). 서비스 마케팅. 이프레스.

조선배 · 김광용(2008). KS-SQI, NCSI, KCSI의 비교연구. 호텔경영학연구. 17(3) : 213-227.

한국산업 고객만족도(http://consulting.kmac.co.kr/).

한국서비스품질지수(http://www.kssqi.or.kr/).

Bitner, M.J.(1990). Evaluating service encounters : The effects of physical surroundings and employee responses. Journal of Marketing. 54(2) : 69-82.

Brown, S.W., & Swartz, T.A.(1989). A Gap analysis of professional service quality. Journal of Marketing. 53 : 92-98.

Carman, J.M.(1990). Consumer perceptions of service quality : An assessment of the SERVQUAL dimensions. Journal of Retailing. 66(1) : 33-55.

Cronin, J.J., & Taylor, S.A.(1992). Measuring service quality : A reexamination and extension. Journal of Marketing. 56(3) : 55-68.

Cronin, J.J., & Taylor, S.A.(1994). SERVPERF versus SERVQUAL : Reconciling performance-based and perceptions-minus-expectations measurement of service quality. Journal of Marketing. 58(1) : 125-131.

Garvin D.A.(1984). What does quality mean? Sloan Management Review. 26(1) : 25-28.

Grönroos(1990). Service management and marketing : Managing the truth in service competition. Lexington Book Co.

Grönroos, C.(1984). A service quality model and its marketing implication. European Journal of Marketing. 18(4) : 36-44.

Kano, N., Seraku, N., & Takahashi, F.(1984). Attractive quality and must be quality. The Journal of the Japanese Society for Quality Control. 14(2) : 39-48.

Kotler, P.(1994). Marketing management : Analysis planning implementation and control. Prentice-Hall.

Lewis, R.C., & Booms, H.(1983). The marketing of service quality. Emerging perspectives on service marketing. eds. by Berry, L., Shostack, G., and Upah, G. Chicago : AMA, pp.99-107.

Liosa, S., Chandon, J., & Orsingher(1998). An empirical study of SERVQUAL's dimensionality. Service Industries Journal. 18(2) : 16-44.

Lovelock, C.(1996). Services marketing people, technology, strategy(3 ed.). NJ : Prentice-Hall.

Matzler, K., & Hinterhuber, H.H.(1998). How to make product development projects more successful by integrating Kano's model of customer satisfaction into quality function development. Technovation. 18(1) : 25-38.

Parasuraman, A., & Grewal(2000). The impact of technology on the quality-value-loyalty chain; a research agenda. Journal of the Academy of Marketing Science. 28(1) : 168-174.

Parasuraman. A., Zeithaml, V.A., & Berry, L.L.(1985). A conceptual model of service quality and its implications for future research. Journal of Marketing. 49(7) : 41-50.

Parasuraman. A., Zeithaml, V.A., & Berry, L.L.(1988). SERVQUAL : A multiple item scale for measuring customer perceptions of service quality. Journal of Retailing. 64 : 12-40.

Richard, M.D., & Allaway, A.W.(1993). Service quality attributes and choice behavior. Journal of Services Marketing. 7(1) : 59-68.

Teas, R.K.(1993). Expectations performance evaluation, and consumers' perceptions of quality. Journal of Marketing. 57(4) : 18-34.

Witell, L., & Löfgren, M.(2007). Classification of quality attributes. Managing Service Quality : An International Journal. 17(1) : 54-73.

제 11 장

고객불평 관리와 서비스 회복

학습목표

본 장에서는 다음 내용의 이해를 목표로 한다.

- 서비스 실패의 정의 및 원인
- 서비스 실패의 유형
- 서비스 실패의 귀인
- 고객불평의 정의
- 고객불평의 유형별 특징
- 서비스 회복의 정의 및 중요성
- 서비스 회복의 유형 및 유형별 특징
- 서비스 회복의 패러독스 개념
- 서비스 회복의 공정성 원칙

Chapter

11 고객불평 관리와 서비스 회복

사례 11-1 고객불만 관리가 고객만족의 시작이다.

기업은 모든 고객을 만족시키기 원하지만, 현실적으로 모든 고객을 만족하게 하는 완벽한 제품이나 서비스는 불가능하다. 고객의 불만은 필연적으로 발생할 수밖에 없다. 그러나 고객의 불만을 어떻게 관리하느냐에 따라 기업은 지속 성장할 수도 있고 엄청난 실패를 경험할 수도 있다.

고객불만에 대한 연구들을 보면 고객은 불만이 있을 때 기업에 직접 불만 제기, 무반응, 부정적 구전 전달 등의 반응을 보이는 것으로 나타났다. 아울러 고객 불만의 원인은 다양하지만 크게 상품의 문제, 서비스의 문제로 분류할 수 있다. 문제의 발단은 상품이지만 이를 해결하는 과정에서 서비스 응대 문제로 불만이 증폭되는 경우도 많다.

고객불만관리의 현황과 이슈

항목	내용	이슈
고객불만의 유형	• 직접 불만 제기 • 무반응 • 부정적 구전 전달	노출되지 않은 고객불만 확인 및 해결
고객불만의 원인	• 상품 자체의 문제 • 서비스의 문제	고객불만관리의 선순환 구조 확보

고객불만은 단순히 거래상에서의 부정적인 경험으로 고객이 떠나는 것에 그치지 않고 때로는 법적인 문제로 비화하기도 한다(리콜, 제조물책임, 집단소송 등의 예가 있음). 소비자 권익이 보호되는 방향으로 제도가 변화되고 있고 글로벌한 정보에 대한 접근이 용이해지면서 고객불만을 단순히 고객들의 일시적인 불평 정도로만 취급하다가는 큰 리스크에 봉착할 수 있다.

많은 기업이 고객만족을 최우선의 가치로 내세우고 있다. 더불어 고객의 소리를 경청한다고 외치고 있지만, 고객 불만은 빈번히 발생하며 기업은 소비자들의 불신 대상이 되는 경우가 많다. 이런 상황 속에서 고객불만을 효과적으로 관리하기 위해서는 어떻게 해야 할까?

첫째로 고객불만을 바라보는 시각의 전환이 필요하다. 많은 기업이 고객불만을 어쩔 수 없이 처리해야 하는 것으로 인식한다. 그렇기 때문에 고객불만이 최대한 드러나지 않기를 바라고 불만을 가진 고객들에 대해 소극적으로 대응하게 된다. 고객불만을 실패라는 부담으로만 여겨 감추려 한다. 하지만 고객불만을 적극적으로 대응한다면 불만고객을 충성고객으로 바꿀 수 있고 고객의 소리 속에 상품 개선에 대한 기회가 숨어 있다는 것을 인식하고 고객불만을 적극적으로 관리해야 한다. 다양한 접점에서 수집되는 고객불만이 신속하게 전사적으로 공유될 수 있도록 하는 활동은 고객불만의 가치를 중요하게 인식하는 한 예이다.

둘째로 고객불만을 효과적으로 수집하고 분석할 수 있는 시스템이 갖춰져야 한다. 상품 구매 접점, 콜센터, 홈페이지 등 기업이 관심만 기울인다면 얼마든지 고객의 소리를 수집할 수 있는 채널이 많다. ICT 기술의 발달로 인해 최근에는 단순히 기업의 공식 채널로 들어오는 고객 불만을 수집하는 수동적인 활동뿐 아니라 SNS상에 구전되고 있는 빅데이터를 수집하고 분석하는 보다 적극적인 고객불만 관리 시스템을 활용하는 기업들도 출현하고 있다. 다양한 채널은 고객이 보다 쉽게 불만을 전달할 수 있도록 해주는 역할을 하며, 이는 자칫 침묵 속에 가려지기 쉬운 고객의 불만을 포착하는 중요한 부분이다.

셋째로, 기업의 고객불만관리 시스템이 투명하게 관리되고 있다는 것에 대해 고객들과 커뮤니케이션해야 한다. 고객불만을 기업이 진정성 있게 받아들이고 이를 처리하고 있다는 것을 고객들이 체감할 수 있다면 고객들은 기꺼이 자신의 노력을 들여서 제품 및 서비스에 대한 불만과 개선 의견을 알려줄 것이다. 상품 구매 후기 작성에 대한 적극적인 장려, 신뢰도 높은 상품평에 대한 보상 제공은 고객의 소리를 기업이 가치 있게 여긴다는 것을 효과적으로 알리는 일례라고 볼 수 있다.

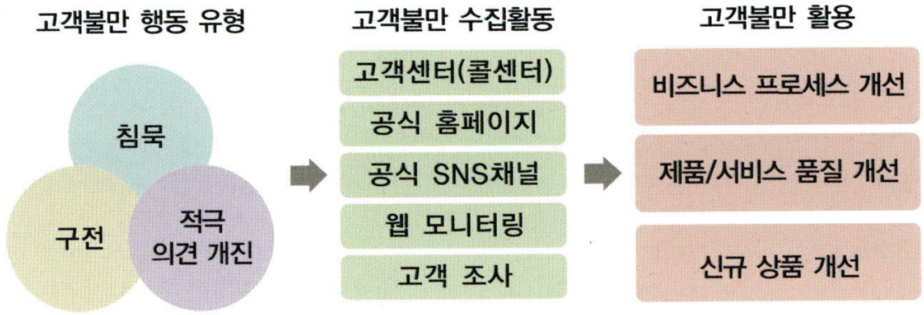

고객불만관리 활동 및 활용

고객불만 수집은 이미 기업의 기본적인 활동으로 자리를 잡고 있다. 하지만 급변하는 시장 환경 속에서 기업이 지속적인 경쟁력을 확보하기 위해서는 고객불만의 가치를 이해하고 그에 대한 인식을 바꾸는 것이 선행되어야 한다. 아울러 고객불만을 수집/분석할 수 있는 시스템이 효과적으로 구비되고 작동되어야 한다. 고객만족은 고객불만을 효과적으로 관리하는 것에서 출발하며, 고객의 소리는 기업의 내실 있는 성장을 지원하는 밑거름이다.

자료 : 한국생산성본부(2020.4.6.)

제1절 서비스 실패

서비스 실패는 서비스가 가지고 있는 무형성, 소멸성, 비분리성 등의 특성으로 인하여 서비스 전달과정에서 흔하게 발생하게 된다. 서비스 기업이 서비스 실패에 대하여 즉각적으로 설명하지 못하고 대응하지 않으면 고객이탈이나 다른 서비스 제공자로 전환할 수 있다. 서비스 실패의 유형은 서비스 및 제품과 산업마다 다양하게 나타나고 실패의 심각성도 다양하다. 하지만 서비스 실패는 고객의 입장이나 서비스 제공자의 입장에서 볼 때 반드시 회복되어야 한다. 본 절에서는 서비스 실패의 개념을 우선 살펴보고 서비스 실패의 유형과 실패의 귀인에 대해 학습한다.

1 서비스 실패의 개념

서비스 실패는 서비스를 제공함에 있어서 서비스 품질이 고객의 기대에 미치지 못하기 때문에 주로 발생하지만, 서비스가 가지고 있는 무형성, 비분리성, 이질성 등의 특성으로 인해 발생하기도 한다. 그러므로 서비스 실패는 서비스 기업이 아무리 노력해도 피할 수는 없으며 고객은 그 과정에서 불쾌한 서비스를 경험하게 된다.

서비스 실패에 대한 정의는 다양하지만 핵심내용은 유사하다. 서비스를 전달하는 과정에 있어서 서비스의 수준이 고객의 기대에 미치지 못해서 발생하게 되는 것으로 피할 수 없는 부분을 서비스 실패(Service failure)라고 한다(Grönroos, 1988). Zeithaml 등(1993)은 서비스의 성과가 고객의 인지된 인내영역(허용영역) 이하로 떨어진 상태로 정의하였다. Heskette 등(1990)은 서비스를 직접 경험한 고객이 서비스 과정이나 결과에 대하여 좋지 못한 감정을 가지는 것으로 정의하였다. Johnston(1995)은 서비스의 생산 및 전달과정과 결과에 있어서 잘못된 것을 서비스 실패라고 정의하면서 책임소재와 관계없이 서비스 제공자의 잘못이라고 하였다.

하지만 서비스 제공자가 서비스 문제에 대한 책임이 없는 경우도 서비스 실패에 속하는가 하는 문제에 대해서는 논란이 있다. Berry 등(1990)은 서비스 실패 시 불가항력에 의한 천재지변과 같은 문제는 서비스 제공자의 책임이 아니므로 서비스 실패라고 볼 수 없다고 주장하였다. 그러면서 서비스 실패를 서비스 과정이나 결과에 대하여 책임이 분명한 과실로 정의하였다. Weun 등(2004)도 서비스 실패는 책임소재가 분명한 대상으로부터 기인한 서비스 문제라고 정의하면서 천재지변 등의 외부적 요인에 의한 것은 서비스 실패라고 볼 수 없다고 하였다.

서비스 실패는 책임소재가 누구에게 귀속되던 불가항력적 요인에 기인하든 그렇지 않든 서비스 기업이 제공한 서비스 품질이 고객의 기대에 미치지 못하여 불만을 유발하는 실수나 약속위반 등과 같은 오류와 실수를 의미한다. 서비스 실패의 본질은 고객이 만족스럽지 못한 경험을 한다는 그 자체이다. 서비스 실패의 다양한 정의를 요약하면 [표 11-1]과 같다.

[표 11-1] 학자들의 서비스 실패의 정의

<table>
<tr><th>연구자</th><th>정의</th><th>책임소재</th></tr>
<tr><td>Bell과 Zemke(1987)</td><td>고객기대 이하로 떨어지는 서비스 결과를 경험하는 것</td><td rowspan="5">책임소재에 상관없이 모든 서비스의 문제</td></tr>
<tr><td>Grönroos(1988)</td><td>고객이 서비스를 구매하거나 소비할 때 기대된 성과나 효용에 미치지 못하는 상태</td></tr>
<tr><td>Heskette 등(1990)</td><td>서비스 과정이나 결과에 대하여 고객이 좋지 못한 감정을 갖는 것</td></tr>
<tr><td>Zeithaml 등(1993)</td><td>서비스 성과가 고객의 인지된 인내영역 이하로 떨어진 상태</td></tr>
<tr><td>Johnston(1995)</td><td>서비스 과정이나 결과에 있어서 책임과 관계없이 무엇인가 잘못된 것</td></tr>
<tr><td>Berry 등(1990)</td><td>책임소재가 분명한 서비스 제공자에 의한 서비스 문제</td><td rowspan="2">책임소재가 명확한 서비스 문제</td></tr>
<tr><td>Weum 등(2004)</td><td>책임소재가 분명한 대상으로부터 기인된 서비스 문제</td></tr>
</table>

자료 : 저자정리

2 서비스 실패의 유형

서비스 실패는 서비스의 결과는 물론 과정에서도 발생하기 때문에 다양할 수밖에 없다. 선행연구에 의하면 서비스 실패의 원인 중 90%가 세 가지 문제, 서비스 전달실패,

고객욕구에 대한 부적절한 반응, 그리고 직원의 부적절한 행동에 의해서 비롯된다(Chung & Hoffman, 1998).

1) 서비스 전달실패

서비스 전달의 실패는 서비스 기업이 제공하는 핵심 서비스 제공물에 실패가 있다는 것을 의미한다. 예를 들면, 서비스 결함, 불가능한 서비스, 지연 서비스, 시설 관련 문제, 재고부족, 포장 실수, 잘못된 정보, 다른 핵심 서비스의 실패 등이 해당된다. 항공사의 예를 들어보면, 예약 및 발권오류, 예고 없는 비행기 지연, 불결한 기내 청소상태, 기내 서비스 승무원 부족 등을 들 수 있다(강기두, 2018).

서비스 전달실패에는 세 가지 유형이 있는데, 첫째, 서비스의 부재이다. 이는 서비스가 부족하거나 결여됨으로써 발생하는 것이다. 둘째, 서비스의 불합리한 지체이다. 이는 고객이 생각하기에 직원들이 업무수행을 지연시키고 있다고 지각하는 것이다. 마지막으로, 위 두 가지 이외의 서비스 실패를 의미한다. [사례 11-2]는 중저가 항공사가 외형적 성장에도 불구하고 잦은 항공기 지연, 수하물의 분실이나 파손과 같은 핵심적인 고객 서비스를 제대로 제공하지 못하여 고객의 불만을 고조시키는 사례이다.

사례 11-2 **잦은 지연, 특가 꼼수… 폭풍성장 저가항공의 배신**

2013년 15% 안팎에 불과했던 LCC들의 국제선 점유율은 매해 확대됐다. 5월 기준으로 2017년 25.7%, 지난해 28.6%를 기록한 데 이어 올해는 29.3%까지 늘어났다. 2011년만 해도 국제선 여객점유율 50% 이상을 차지했던 대형항공사(FSC)는 10년도 못 돼 시장의 20%가량을 LCC들에게 내줬다. 이런 추세라면 1~2년 안에 국제선 부분에서도 LCC가 FSC(대형항공사) 점유율을 추월할 것이라는 분석이 나온다. 그만큼 LCC 성장세가 무섭다는 의미다.

한국소비자원 조사결과 LCC를 이용한 고객들의 피해구제 접수건수는 매년 늘었다. 최근 3년간 LCC 피해구제 접수건수는 총 1,146건으로 이 중 지난해에만 379건이 몰렸다. 전년대비 총 접수건수는 25건(7%) 증가했다. 같은 기간 민원이 가장 많이 증가한 항공사는 진에어(66.6%)와 이스타항공(39%) 순으로 조사됐다.

피해구제 건수 역시 국적사 평균치를 상회했다. 지난해 국적사 평균 피해구제 접수건수는 이용자 100만 명당 5.5명이었지만 에어부산(1.8명)을 제외한 5개 저비용항공사는 모두 평균치를 웃돌았다. 이 같은 소비자 민원 증가는 불공정 약관으로 결항이나 수하물 분실·파손 등에 제대로 된 보상을 받기 힘든 구조적 문제 때문으로 해석된다. 특가 항공권 꼼수도 LCC 간 과당경쟁이 빚은 부작용 중 하나다. 언뜻 파격적인 가격으로 여겨지지만 위탁 수하물 운임료를 가격에서 제외하는 눈속임을 사용하고 있어서다.

업계 관계자는 "소비자 불만의 원인은 기내 서비스가 아닌 불공정한 취소 수수료 등에서 발생하고 있다는 점에 주목해야 한다"며 "가격 대비 기내 서비스 품질이 떨어진다는 불만이 아니라 항공권 판매부터 잦은 지연 등 LCC 운영 전체에 허점이 드러나고 있다는 의미"라고 말했다.

실제 1분기 기준 국제선 항공 지연율 상위 5개 업체 중 4곳은 LCC가 차지했다. 그중 이스타항공은 6%의 지연율을 보이며 1위에 이름을 올렸다. 대한항공의 국제선 지연율인 2.1%와 비교하면 3배 가까이 높았다.

▲ 2019년 6월 항공시장동향(출처 : 국토교통부)

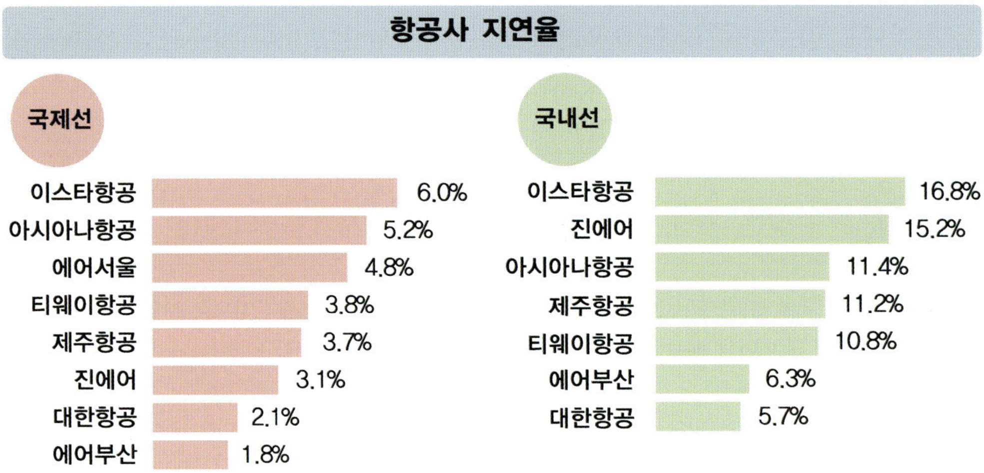

자료 : 동아일보(2019.7.26.) 1분기 기준 항공사별 지연율 추이(출처=국토교통부)

2) 고객욕구에 대한 부적절한 반응

이는 고객의 욕구에 제대로 부응하지 못해서 발생하는 서비스 실패이다. 고객의 욕구는 표면적으로 드러나는 것이 있고 드러나지 않는 것이 있다. 하지만 일반적으로 서비스 실패에 관련한 고객의 욕구는 크게 네 가지 유형으로 분류할 수 있다(강기두, 2018).

첫째, 고객의 특별한 욕구이다. 예를 들어, 국제회의 참가자 중 일부 고객이 채식이나 할랄음식을 갑자기 요구할 수 있는데, 이러한 고객의 욕구에 신속히 대응하지 못하면 서비스 실패의 원인이 될 수 있다.

둘째, 고객의 선호도에 따른 서비스 전달의 실패이다. 즉, 고객이 선호하는 욕구에 맞추어 서비스 전달 시스템을 일부 변경하지 못하면 서비스 실패로 이어질 수 있다. 예를 들면, 식당에서 고객이 일부 메뉴의 변경을 요구할 수 있는데 이에 대한 직원의 부적절한 대응은 서비스 실패로 이어질 수 있다.

셋째, 고객의 실수에 대한 직원의 부적절한 대응도 서비스 실패의 원인이 될 수 있다. 호텔, 레스토랑, 공항, 테마파크 등 관광 서비스가 제공되는 모든 곳에서 고객의 실수는 발생한다. 예컨대, 고객이 비행기 티켓이나 호텔 룸카드를 분실할 경우, 고객의 실수에 대해 고객의 책임을 언급하는 것보다 그 상황을 신속하게 벗어나도록 해주는 직원의 대응이 서비스 실패를 줄이는 데 더욱 효과적일 것이다.

마지막으로, 고객과 고객 간의 문제해결 욕구를 제대로 처리하지 못해 발생하는 서비스 실패이다. 레스토랑, 영화관, 호텔 등에서 일부 고객들의 부적절한 행동이 발생할 수 있는데, 이는 다른 고객에게 불편함을 주게 되고 이것은 서비스 실패의 원인으로 이어질 수 있다. 예를 들면, 호텔 로비에서 고객과 고객이 서로 높은 음성으로 대화한다거나 어린이가 뛰어다니거나 할 때 직원을 통해 제지해 달라는 요청이 있게 마련이다. 이때 직원의 적절한 조치는 다른 고객은 물론 당사자들에게도 컴플레인을 최소화할 수 있게 된다.

3) 직원의 부적절한 행동

서비스 실패의 세 번째 유형은 직원의 부적절한 태도와 행동으로 인한 것이다. 직원의 태도와 행동이 옳았든 옳지 않았든 상관없이 고객입장에서 보았을 때 불쾌하면 서비스 실패의 원인이 된다는 점이다. 이러한 유형에는 직원의 무관심, 비정상적인 행동, 그리고 불공정한 행동이 있다(강기두, 2018).

첫째, 직원의 무관심이다. 고객들에 대한 무관심은 곧 고객의 마음을 잃는 것이나 다름없다. 고객에 대한 직원의 무관심한 태도나 행동은 다양한 서비스 상황에서 발생한다. 예를 들면, 고객이 식품매장에 들어온 것도 모르거나 본체만체하는 것, 바쁘다고 핑계 대는 것, 고객의 목소리에 집중하지 않으면서 듣고 있다고 둘러대는 것 등 매우 다양하다.

[표 11-2] 서비스 실패유형에 대한 선행연구

연구자	연구분야	서비스 실패유형	내용
Bitner 등 (1990)	호텔, 항공사, 레스토랑	결과실패	기본 및 핵심 서비스 수행 부족
		과정실패	주변 서비스 실패
		가격	고가격, 가격상승, 불공정한 가격
		불편	서비스 제공장소 및 시간, 예약 대기시간
Kelley 등 (1993)	소매점	직원반응의 실패	서비스 지연, 접근불가, 포장실수, 재고부족, 제품결합, 보관 및 예약실수, 수선(수리) 실패, 정보제공 오류
		고객요구 관련 실패	특별 주문요구
		직원의 부주의한 실패	잘못된 가격, 직원실수로 고객 당황, 무관심, 불친절
Keaveney (1995)	서비스 기업	핵심 서비스 실패	직원의 업무실수, 계산오류
		서비스 접점 실패	직원의 무례함, 무관심, 전문성 부족
		서비스 실패 반응	부정적 반응, 무반응
		경쟁	경쟁자의 서비스 품질이 우수
		윤리적 문제	고객기만, 안정상의 문제, 이해관계 대립
		부득이한 전환	업무중단, 이전 고객 갈등

자료 : 저자정리

둘째, 직원의 비정상적인 행동이다. 직원의 비정상적인 행동은 긍정적인 행동(예 : 조직시민행동)과 부정적인 행동(예 : 고객과의 언쟁, 근무태만 등)을 모두 포함한다. 또한, 사회적 규범에서 어긋난 행동도 포함한다. 예를 들어, 무례함, 욕설, 부적절한 고객과의 신체접촉 등이 이에 해당한다.

마지막으로, 직원의 불공정한 행동이다. 여기서 중요한 것은 고객이 생각하기에 불공정하다고 느끼는 모든 행동들이므로 범위가 매우 광범위하다. 불공정한 직원 행동의 대부분은 사회규범에 어긋난 행동들이다. 예를 들어, 거짓말, 고객기만 행위, 고객차별 등이 이에 해당한다. [표 11-2]는 선행연구 결과를 바탕으로 서비스 실패의 유형과 특징적인 내용을 정리한 것이다.

3 서비스 실패의 귀인

귀인이론(Attribution theory)은 한 개인이 타인의 행동이나 사건의 원인을 규명하는 방식에 관한 이론이다. 따라서 서비스 실패에 대한 원인을 밝히고 결과에 대한 고객의 반응을 이해하는 데 유용하다. 고객은 불만족의 원인을 자신보다 기업이나 종업원 등 외적인 요소에 귀인했을 때 불평행동을 더 많이 하게 된다.

Kelly(1972)는 인간은 결과와 원인 간의 연관성을 찾으려는 경향성을 주장하면서 원인의 독특성, 시간적 및 상황적 일관성, 실패원인의 일치성 등 귀인이 3가지 요소로 구성되어 있다고 주장하였다. 일반적으로 서비스 실패에 대한 귀인연구에서는 4가지 구성요인———안정성, 통제성, 책임성, 심각성———을 주로 다루고 있다(Folkes, 1984). 여기서도 이 네 가지를 중심으로 설명한다.

1) 안정성

안정성(Stability)은 서비스 실패의 원인이 일시적인지 또는 지속적인지의 정도를 의미한다(Folkes, 1984). 이는 Kelly가 주장한 원인의 시간적 및 상황적 일관성과 동일한 의미이다. 예를 들어, 항공기의 출발 또는 도착이 지속적으로 지연된다면 이는 안정성이 높은 경우로 향후에도 항공기가 계속 지연될 가능성이 높다는 것을 의미한다. 이러한 서비스 실패를 경험한 고객은 미래에도 동일한 서비스 실패가 발생할 것이라고 판단할 가능성이 높기 때문에 고객은 다른 항공사를 이용할 가능성이 높다.

2) 통제성

통제성(Controllability)은 서비스 기업이 서비스 실패의 원인을 사전에 방지할 수 있었는지를 고객이 믿는 정도를 의미한다(Hess, 2008). 즉, 서비스 실패의 원인이 통제 가능했느냐 혹은 불가능했느냐를 평가하는 것이다. 서비스 실패의 원인을 기업이 통제할 수 있었다고 지각할수록 고객은 더욱 불만족을 느끼게 된다(Bitner, 1990). 예를 들어, 항공기의 지연사유가 폭우나 폭설과 같은 날씨 때문에 지연되었다면 이는 통제가 불가능한 상황이므로 통제성이 낮다고 할 수 있어 고객의 불만은 크지 않게 된다. 하지만 종업원의 실수나 관리부재가 지연의 사유라면 고객의 불만이 높아지게 되어 적극적인 불평행동을 나타내게 된다.

3) 책임성

책임성(Responsibility)이란 서비스 실패의 원인에 대한 책임이 누구에게 귀속되느냐를 평가하는 것이다(Folkes, 1984). 이는 Kelly가 주장한 실패원인의 일치성과 동일한 의미이다. 책임의 소재가 있는 주체에 따라 서비스 회복방법의 효과가 달라진다. 서비스 실패의 책임성이 높다는 것은 기업 및 직원의 책임이 크다는 것이다. 예를 들어, 호텔 예약의 취소가 호텔의 귀책사유라면 고객은 호텔에게 보상과 사과 혹은 환불 등을 강하게 요구하게 된다. 특히, 서비스 제공자의 실수에 의한 서비스 실패에 대해서는 보다 강한 불평행동을 표출할 가능성이 높다.

4) 심각성

심각성(Severity)은 서비스 실패로 인해 발생한 고객 손해의 크기를 의미하는데, 이는 유형적(금전적) 손실 혹은 무형적(분노, 실망 등)인 손상일 수도 있다(Smith et al.,

1999). 서비스 실패의 심각성이 클수록 고객의 불만을 완전히 해소시키는 것은 매우 힘들다. 그리고 서비스 실패의 심각성은 서비스 실패를 인지하는 개인의 상황과 수준에 따라서 많은 차이를 보인다. 예를 들어, 테마파크에서 놀이시설을 이용하는데 대기시간이 10분일 때와 1시간일 때 고객이 느끼는 심각성 정도의 차이는 다르다. 즉, 고객 개인의 사정과 시간적 여유, 심각성 인지 정도에 따라 상이하게 나타난다. [표 11-3]은 귀인의 구성요소와 그에 따른 고객의 불만 정도를 정리한 것이다.

[표 11-3] 귀인의 구성요소별 고객의 불만 정도

귀인의 구성요소	의미와 고객의 불만 정도
안정성	• 서비스 실패의 원인이 일시적인지 또는 지속적인지의 정도 • 지속적일 때 고객불만의 정도가 강해짐
통제성	• 서비스 실패의 원인을 사전에 방지할 수 있었는지에 대한 고객의 믿음 • 사전예방이 가능했다는 믿음이 크면 고객불만의 정도가 강해짐
책임성	• 서비스 실패의 원인에 대한 책임의 소재 • 서비스 제공기업 혹은 직원에게 있으면 고객불만의 정도가 강해짐
심각성	• 서비스 실패로 인해 발생한 고객의 유무형적 손해의 정도 • 심각성이 높을수록 고객불만의 정도가 강해짐

자료 : 저자정리

제2절 고객불평

어떤 서비스 기업도 고객불만의 현실을 완전히 피할 수는 없다. 고객의 불만이나 불평은 서비스 제공자의 입장에서 보면 자사의 브랜드나 서비스에 대한 관심의 표현이다. 따라서 서비스 제공자는 고객응대 능력을 발휘할 수 있는 기회로 삼아야 한다. 본 절에서는 고객불평에 대한 정의를 우선 살펴보고, 고객불평 이해의 중요성과 고객의 불평유형에 대해 배우게 된다.

1 고객불평의 정의

고객불평에 대한 정의는 감정표현과 행동반응에 초점을 둔 정의가 대부분이다. 감정표현에 초점을 두고 고객불평을 정의한 대표적인 학자로 Fornell과 Westbrook(1979)을 들 수 있다. 이들은 고객불평행동을 불공정한 판매 관행에 직면하거나 기업의 행동에 대한 불만이 있을 때 그러한 고객의 감정을 알 수 있게 하는 수단이라고 하였다. Resnik과 Harman(1983)은 고객이 지각한 불만족의 공개적인 표현으로 정의하였다.

서비스 실패에 대한 행동반응으로 고객불평을 정의한 학자들도 있다. 가령, Jacoby와 Jaccard(1981)는 서비스나 제품에 대한 부정적인 내용을 생산자, 판매자, 또는 제3자에게 전달하는 행동으로 정의하였다. Singh과 Howell(1985)은 고객불평행동은 불만족에서 야기된 어떤 느낌이나 감정에 의해 발생하며, 행동적 반응뿐만 아니라 아무것도 하지 않는 것과 같은 비행동적 반응을 포함하는 개념이라고 하였다. 즉, 감정표현과 행동반응의 개념을 모두 포함하는 정의를 내리고 있다.

요약해 보면 고객불평행동은 제품이나 서비스에 대해 불만을 경험한 고객들이 불만을 표현하는 행동적 반응이라고 정의할 수 있다. 불평행동에 대한 어떠한 정의를 내리더라도 두 가지 특징을 지니고 있다. 기본적으로 고객의 불만족에 대한 반응이므로 불만족과 밀접하게 관련되어 있다는 점이다. 또한, 불평행동은 불만족에 대한 제한된 반응이 아니라 전반적인 반응을 의미한다.

2 고객불평행동의 이해

서비스 실패에 대한 고객불평행동에의 이해는 매우 중요하다. 고객불평행동에 대한 정확한 이해 없이 효과적인 서비스 회복전략을 수립하기는 어렵다. 고객불평행동의 이해를 위해서는 고객이 왜 불평하는지, 누가 주로 하는지, 얼마나 많은 사람이 불평하는지, 어디에 불평을 하는지, 그리고 불만족함에도 불평하지 않는 이유가 무엇인지 등에 대한 이해가 필요하다(정용길, 2016).

1) 왜 불평을 하는가?

고객이 불평행동을 하는 이유는 크게 네 가지로 요약해 볼 수 있다. 첫째, 보상이나 구제를 받기 위해서이다. 즉, 고객들은 환불, 보상, 서비스 재수행(정정) 등을 통해 경제적 손실에 대한 회복을 받기 위해 불평한다. 둘째, 분노의 표출이다. 어떤 고객들은 자존심을 세우거나 분노와 좌절감을 표출하기 위해 불평한다. 특히, 서비스 절차가 너무 경직되거나 비합리적이고, 직원이 무례하게 행동한다면 고객의 분노를 더욱 자극할 수 있다. 셋째, 서비스의 개선이다. 고객이 불평행동을 나타내는 것은 고객이 서비스 개선을 위해 서비스 제공자나 서비스 기업에 피드백을 주는 것과 같다. 마지막으로, 타인에 대한 배려 때문이다. 예컨대, 어떤 고객들은 동일한 문제를 경험하는 고객들을 사전에 보호하고 서비스를 향상시키기 위해 문제를 제기한다.

2) 누가 불평하는가?

연구에 의하면 사회경제적 수준이 높은 사람이 그렇지 않은 사람보다 불평을 많이 하는 경향이 있는 것으로 파악되고 있다. 좀 더 나은 교육수준, 높은 소득, 사회문제에 대해 높은 관여도를 보이는 사람들은 그들이 직면하는 서비스 문제에 대해 큰 목소리를 낸다는 것이다. 일반적으로 불평하는 고객들은 문제가 되는 제품이나 서비스에 대해 더욱 다양한 지식과 정보를 가진 경우가 많다.

코로나19로 인해 우리나라를 방문한 외국 관광객 수가 대폭 감소하였고 이로 인해 2020년과 2021년의 관광불편신고 접수건수도 대폭 줄어들었다(표 11-4 참조). 한국관광공사(2022)가 발표한 최근 4년간 관광불편신고 유형별 접수현황에 따르면, 불편유형 중 상위권을 유지해오던 숙박 관련 불편신고가 2021년 불편사항 120건 중 56.7%(68건)로 가장 높은 비중을 차지하였다. 쇼핑 관련 불편접수는 2018년 28.7%(363건), 2019년은 27.9%(325건)로 가장 높은 구성비를 유지하다가 2020년 14.3%(52건), 2021년 5.0%(6건)로 큰 폭으로 감소하였다. 이는 코로나 여파로 인한 관광객이 대폭 감소하였고 관광객의 쇼핑활동 또한 대폭 줄어들었기 때문이다.

[표 11-4] 관광불편신고 유형별 접수현황

(단위: 건, %)

유형		2018년		2019년		2020년		2021년	
		건수	구성비	건수	구성비	건수	구성비	건수	구성비
불편 사항	숙박	155	12.3	155	13.3	115	31.6	68	56.7
	여행사	74	5.9	78	6.7	12	3.3	7	5.8
	쇼핑	363	28.7	325	27.9	52	14.3	6	5.0
	음식점	82	6.5	85	7.3	41	11.3	6	5.0
	버스	41	3.2	35	3.0	11	3.0	6	5.0
	철도 및 선박	97	7.7	38	3.3	13	3.6	4	3.3
	택시	155	12.3	195	16.7	31	8.5	3	2.5
	공항 및 항공	124	9.8	96	8.2	26	7.1	2	1.7
	기타	108	8.6	108	9.3	48	13.2	18	15.0
	분실 및 도난	37	2.9	22	1.9	8	2.2	-	-
	관광종사원	15	1.2	22	1.9	7	1.9	-	-
	콜밴	8	0.6	3	0.3	-	-	-	-
	안내표지판	4	0.3	3	0.3	-	-	-	-
소계		1,263	100.0	1,165	100.0	364	100.0	120	100.0

자료: 한국관광공사(2022). 2021 관광불편신고 종합분석서. p.25

3) 어느 정도의 고객들이 불평을 말하는가?

미국의 시장 조사기관인 TARP(Technical Assistance Research Program)의 연구에 의하면, 26명의 불만족한 고객 중 오직 한 명만이 기업에게 공식적으로 불평을 표시하였다. 불만족한 고객들은 평균 10명에게 자신들의 불만을 이야기하며, 이 이야기를 들은 사람들은 다시 평균 5명에게 이를 옮긴다. TARP가 말하는 '고객불평 빙산(Customer complaint iceberg)'은 기업에게 불평을 제기하는 고객이 한 사람이라도 있다는 것은 최소한 1,560명이 불만을 들었다는 것을 의미한다. 즉, 고객불평 빙산이 수면 아래에서 얼마나 거대하게 자리 잡고 있는가를 알 수 있다. 특히, 체면과 원만한 대인관계를 중시하는 우리나라는 불평고객의 빙산이 다른 나라보다 더 커지기 쉽다.

1명의 고객, 기업에 불평 제기	
25명의 불만고객, 기업에게 불평하지 않음	
주변 사람 10명에게 불만을 전함 전체적으로 260명	
260명이 5명에게 불만을 전함(1,300명) 전체 : 1,560명	

자료 : TARP(Technical Assistance Research Program, 1979). Consumer complaint handling in America: A final report. Washington, DC : White House Office of Consumer Affairs ; 정용길(2016). 서비스 마케팅. 이프레스, p.525에서 재인용

[그림 11-1] 고객불평의 빙산

'2006 불만고객 연구보고서'[10)]에 따르면, 고객 자신의 불만을 친구나 동료에게 적극적으로 알리는 31%의 쇼핑객 가운데 8%는 1~2명, 78%는 3~5명, 나머지 6%는 6명 이상에게 불만족 경험을 전파하였다(그림 11-2 참조). 전체적으로 보면 불만 쇼핑객 100명 중 31명이 적어도 90여 명에게 불만을 전파한 셈이다. 고객들의 불만이 잠재고객 이탈로 이어지는 것은 불만사례가 전해지는 과정에서 입소문이 눈덩이처럼 불어나기 때문이다. 나쁜 입소문은 실제보다 과장되어 전달되기 마련이다. LG경제연구원의 보고서에 의하면 긍정적 소문은 평균 4.5명에게 전파되고, 부정적 소문은 평균 9.5명에게 전파된다고 하였다. 그러므로 한 사람의 고객을 만족하게 하기보다는 불만족하지 않게 만드는 것이 훨씬 더 중요하다는 것을 알 수 있다. [사례 11-3]은 고객불평관리에 적절하게 대응하지 못해 법정관리를 신청한 미국의 대형유통업체 K마트의 사례이다.

10) 미국 펜실베이니아대 와튼스쿨이 캐나다 컨설팅 업체인 베르데그룹과 공동으로 크리스마스 시즌을 전후해 쇼핑한 미국 소비자 1,186명 대상으로 조사

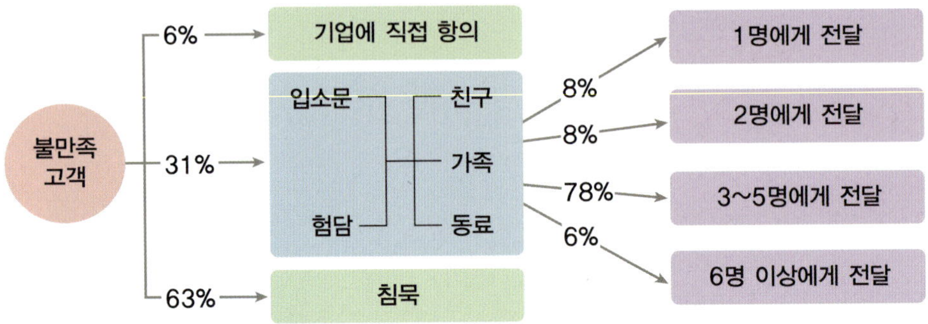

자료 : Verde Group & Wharton School of Business(2006). Retail customer dissatisfaction study. p.3

[그림 11-2] 고객의 불만 확산경로

사례 11-3 K마트의 고객불평 실패사례

한때 미국 최대의 대형마트였던 K마트는 성의 없는 고객 서비스, 최저가격 보장정책 폐지 등 고객 서비스에 대한 오만으로 몰락하게 됐다. K마트는 광고 메시지 등을 통해 질 좋은 제품을 가장 저렴한 가격에 제공하겠다고 고객과 약속했다. 그러나 실제 경영정책에서는 특별할인제도를 폐지하는 등 정반대의 전략을 펼쳤다. 물론 K마트의 이미지가 싸구려 물건을 파는 브랜드로 전락할 수 있다는 우려는 있었지만 고객과의 약속은 중요한 것이었다.

직원들의 서비스 또한 엉망이어서 고객의 불평은 끊임없었다. 컨설턴트이며 고객서비스 권위자인 존 숄(John Tschohl)은 "K마트가 광고와 매장 수선비용의 10%만 직원교육에 투자했다면 월마트를 계속 능가할 수도 있었을 것"이라고 말했다. 외형 확장에만 치중하면서 고객 불만을 일으키는 서비스 개선에 소홀한 K마트는 2002년 창립 40주년을 맞은 해에 법정관리를 신청했다.

자료 : 동아비즈니스 리뷰(2011.11., 92호)

4) 어디에서 불평을 하는가?

불평은 대개 서비스가 전달된 장소에서 이루어진다. 항공사 승객에 대한 설문조사 결과, 기내식사에 불만족한 승객 중 3%만이 불평을 했고, 모두 기내 승무원에게 전달하였다. 본사에 불평을 전달한 고객은 없었다. 고객 피드백의 99%가 대면접촉이나 전화를 통해 서비스 직원에게 전달되었다. 1% 미만이 불평을 e-메일, 편지, 고객 피드백 카드, 기업의 웹사이트 등을 통해 전달하였다(Goodman, 1999). 또한, 고객들은 문제를 해결하기 원하면 대면접촉이나 전화 등과 같은 상호작용적 경로를 이용하였다. 그러나 분노나 좌절감을 표출하고자 할 때는 일방적 경로인 e-메일이나 편지를 이용하였다(Mattila & Wirtz, 2004).

고객들이 현장직원에게 불평하더라도 경영자들은 인지 못하는 경우가 많다. 공식적인 고객 피드백 시스템이 없다면 불평의 일부만이 경영자에게 전달된다. 만일 불만족한 고객이 다른 경로를 통해 불평을 전달했으나 문제가 해결되지 않으면 그들은 온라인을 통해 다시 공개적으로 불평을 전달할 가능성이 크다. 요즘은 하나의 정보나 사건을 어느 순간 급속히 확산시키는 집중력과 폭발력을 지닌 소셜 미디어(SNS)를 통해 고객은 불만과 불평을 표출한다. 따라서 고객불평의 선제적 대응의 중요성이 커지고 있고 이를 위한 기업들의 노력도 강화되고 있다.

사례 11-4 유나이티드 항공사 고객불평 사례

▲ 유나이티드 항공사 상대로 제작한 데이비드 캐럴의 동영상은 유튜브에서 1달 만에 500만 건 이상 조회 수를 기록했다.(자료 : YouTube)

2008년 3월 31일 캐나다의 가수 데이비드 캐럴(David Carrol)은 유나이티드 항공사의 비행기를 탄 뒤 경유지인 시카고에서 수화물을 운반하던 항공사 직원이 자신의 기타를 아무렇게나 짐칸에 던져 넣는 장면을 목격했다. 도착지에서 자신의 3,500달러짜리 기타가 심각하게 파손된 것을 발견한 캐럴은 곧바로 항공사에 항의했다. 하지만 9개월 내내 그가 연락했던 모든 유나이티드 항공사 관계자들은 자신의 책임은 아니라고 회피했다. 데이비드는 보상은 해줄 수 없다는 입장만을 반복해서 들을 수밖에 없었다.

유나이티드 항공사의 처사에 화가 나고 배신당했다는 느낌을 가진 데이비드는 그의 감정과 경험을 바탕으로 뮤직비디오를 만들기로 결심했다. 15개월 만인 2009년 7월 6일 '유나이티드는 기타를 깨부수고 있다(United Breaks Guitars)'는 제목의 뮤직비디오를 유튜브에 올렸다. 캐럴이 공개한 4분 36초짜리 뮤직비디오는 하루 만에 15만 건, 1달 후 500만 건 이상의 선풍적인 조회 수를 기록하였다. 또한, 해당 항공사와 관련된 불쾌한 경험들이나, 보이콧을 하자는 의견 등 900만 건 이상의 댓글이 한 달 동안 올라오면서 유나이티드 항공사는 이미지에 큰 타격을 입게 되었다.

자료 : 이태영(2013.2.6.). LG Business Insight

5) 불만족한 고객이 왜 불평을 하지 않나?

고객들이 불평하지 않는 이유는 다양하다. 고객들이 노력을 기울일 만큼 서비스가 중요하다고 생각하지 않으면 편지나 e-메일을 보내거나, 서류양식을 채우거나, 전화하는 등 시간을 소비하지 않으려 하기 때문이다. 많은 고객은 불평을 전달하는 것이 유쾌하지 않은 일이라 생각하고 그런 스트레스를 피하고자 한다(Chebat et al., 2005). 또한, 고객들은 불평을 제기하여 얻을 수 있는 혜택과 비용을 비교하여 혜택이 비용보다 크다고 판단하면 불평을 제기하지만 그렇지 않다고 판단하면 불평을 제기하지 않는다.

3 고객불평의 유형

고객의 불평행동은 매우 다양하게 나타나고 있다. 예를 들면, 침묵하거나, 사적으로 표출하거나, 혹은 공개적으로 하거나 등의 다양한 방법으로 불평행동을 취할 수 있다. 연구자에 따라 여러 가지 방법과 다양한 유형으로 나타나게 되는데, 그 이유는 불평행동의 유형이 다차원적인 개념으로 구성되어 있기 때문이다. 여기서는 Day와 Landon의 유형, Day의 유형, Wilkie의 유형, 그리고 Singh의 유형을 살펴본다.

1) Day와 Landon의 불평행동 유형

이들은 불평행동의 유형을 [그림 11-3]과 같이 두 단계로 분류하였다. 첫 단계는 행동과 무행동의 구분이며, 두 번째 단계는 불만족한 사실을 친구나 친척 등 주변 인물에게 부정적으로 구전하거나 구매를 중단하는 사적 행동과 기업에 보상을 요구하고, 법적 기관 및 소비자위원회 등에 신고하는 행동인 공적 행동으로 구분하였다.

아무런 행동을 취하지 않거나 미래에 동일 제품 또는 서비스를 피하는 것이 불평행동의 강도가 가장 낮은 유형이며 주변 지인에게 부정적 구전활동을 하는 것이 그 다음이다. 심각성의 강도가 가장 높은 불평행동의 유형은 불만을 느낀 고객이 판매자가 아닌 외부 공공기관에 자신이 느낀 불만에 대하여 보상이나 구제를 요청하거나 법적 행동을 취하는 것이다.

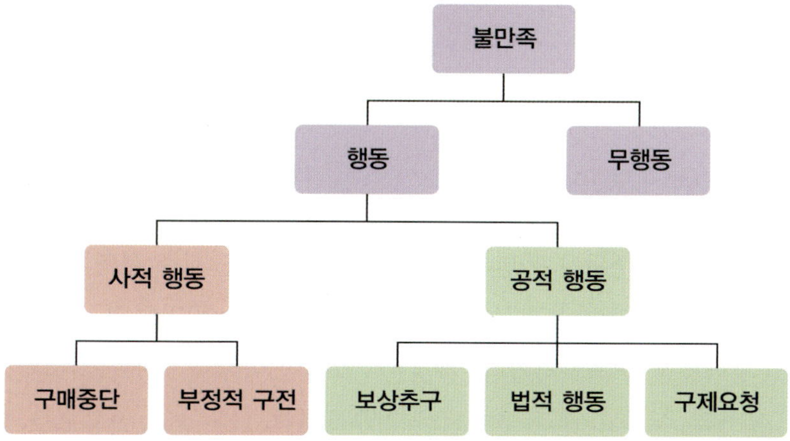

자료 : Day, R.L., & Landon, E.L.(1977). Toward a theory of consumer complaining behavior. Consumer and Industrial Buying Behavior. Arch Woodside, Jagdish Sheth, and Peter Bennet(eds.). Elsevier North-Holland, p.432

[그림 11-3] Day와 Landon의 불평행동 유형

2) Day의 불평행동 유형

Day는 불평목적에 따라 보상추구, 불평, 개인 불매행동의 3가지 범주를 제시하였다(그림 11-4 참조). 보상추구란 불평 혹은 법적 행동 등과 같이 서비스 제공자에게 직간접적으로 특정한 조치들을 요구하기 위한 행동이다. 불평은 특정 조치를 요구하기 위한 행위 이외의 목적으로 불만족을 전파하는 것으로 자신의 미래행동에 영향을 주기 위해서 혹은 다른 사람들의 구매행동에 영향을 주기 위해서 행하는 것이다. 개인 불매행동은 문제가 된 서비스, 브랜드, 상점, 그리고 기업에 대한 구매를 중단하는 것을 말한다.

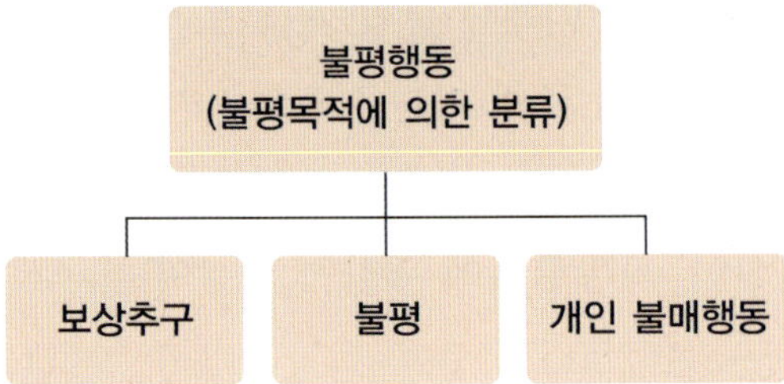

자료: Day, R.L.(1980). Research perspectives on consumer complaining behavior. In theoretical developments in marketing. Lamb P.M., Dunne P.M.(eds.). Chicago, IL: American Marketing Association, pp.211-215

[그림 11-4] Day의 불평행동 유형

3) Wilkie의 불평행동 유형

Wilkie는 고객의 불평행동을 불만의 강도에 따라 다섯 단계로 설명하였다. 그리고 불만의 강도에 맞추어 보상이나 환불의 기대도 달라진다고 주장하면서 [그림 11-5]와 같이 고객의 불평행동을 도식화하였다. 유형1은 고객이 아무런 행동을 취하지 않는 고객을 말한다. 불만족 수준이 낮아 무관심한 경우에 나타나는 행동반응으로 볼 수 있다. 그리고 유형3은 고객 자신만 부정적인 태도를 보이는 데 그치지 않고 불만족 경험을 친구, 친지, 동료들에게 구전함으로써 해당 기업이나 브랜드에 대한 부정적 정보를 유통하는 행동반응을 말한다.

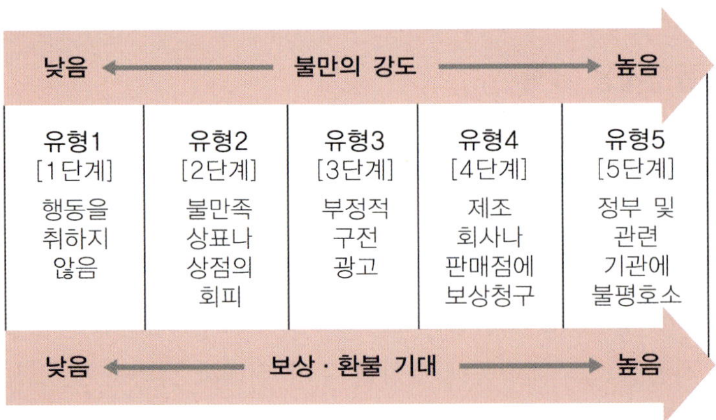

자료: Wilkie, W.L.(1986). Consumer behavior. John Wiley & Sons, Inc., p.562

[그림 11-5] 불만의 강도와 보상 및 환불 기대에 따른 불평행동

이 모델에서 유의할 점은 불만의 강도가 높아지면 유형1의 반응보다 유형4나 유형5의 행동반응이 나타날 가능성이 크다는 것을 의미한다. 고객불만의 강도에 따라 단계 1에서 5까지 단계적인 행동반응이 나타난다는 것을 의미하지 않는다.

4) Singh의 불평행동 유형

Singh은 불평행동이 지향하는 대상을 기초로 하여 직접반응(혹은 표현반응), 사적 반응, 제3자 반응(행동), 무행동의 네 범주로 분류하고 있다. 직접반응은 고객들이 불만족 거래와 직접적으로 관련되는 대상인 서비스 기업에게 불평행동을 하는 것이다. 사적 반응(행동)은 직접적으로 불만족 경험과 관련되지 않은 대상들인 친구나 친척들에 대한 불평행동으로 불만족한 서비스에 대한 부정적인 구전이나 서비스 및 그 점포의 이용 중단을 권유하는 것이다. 제3자 반응은 직접행동처럼 외적인 행동이지만 그 대상이 불만족한 거래와 관련되는 기업에 대한 직접적인 행동이 아니라 신문기고, 법적 대응, 소비자보호원과 같은 단체에 대한 행동이다.

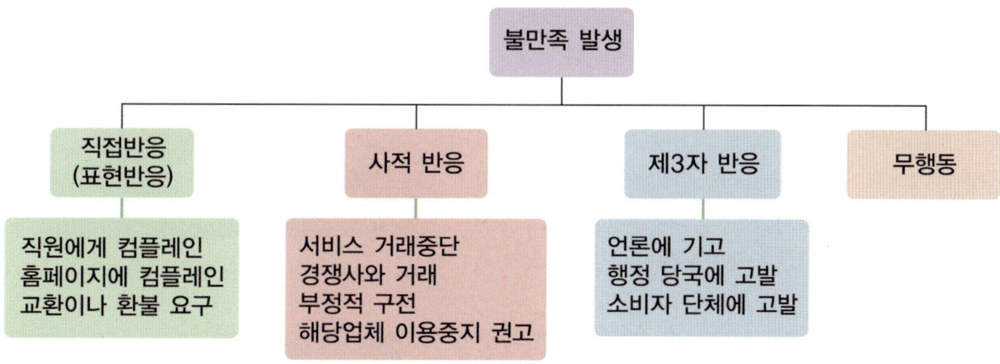

자료 : Singh, J.(1988). Consumer complaint intentions and behavior : Definitional and taxonomical issues. Journal of Marketing. 52 : 95

[그림 11-6] Singh의 불평행동 유형

제3절 서비스 회복

서비스 회복의 최종 목표는 현실적으로 고객과의 지속적인 관계유지에 있다고 할 수 있다. 서비스 실패에 대한 즉각적인 해결은 기업의 이미지는 물론 고객의 미래 행동결정(예 : 재구매, 긍정적 구전)에도 큰 영향을 미친다. 따라서 실패를 사전에 방지하는 것 또한 중요하지만 실패 발생 시 회복하는 과정에 대한 전략은 더욱더 중요하다. [사례 11-5]는 FedEx가 경쟁자인 UPS보다 효과적인 서비스 회복 프로그램을 실행하여 경쟁우위를 차지하고 있는 사례이다. 본 절에서는 다양하게 정의되는 서비스 회복의 개념과 서비스 회복의 중요성, 서비스 회복의 유형, 그리고 서비스 회복의 패러독스에 대해 설명한다.

사례 11-5 서비스 회복전략 성공 포인트

능동적인 서비스 회복전략의 중요성은 UPS와 페더럴 익스프레스의 사례에서 잘 나타난다. UPS는 많은 자원을 투입하여 운송 프로세스를 혁신하여 운송산업에서 가장 운송을 잘하는 기업이 되고자 노력하였다. 운송용 자동차를 재설계하고 작업단위당 최대 생산성을 보장하기 위해 프로세스를 재설계하였으며 이를 지속적으로 추진하기 위해 산업공학 부서를 설치하기도 하였다. 그리고 고객 서비스에 대한 강조도 꾸준히 하여 경제적인 가격에 물건이 정시에 도착할 수 있도록 하였다.

▲ 페더럴 익스프레스(FedEx) 코리아 홈페이지

하지만 자신들이 고객들과의 약속을 지키지 못할 경우, 어떻게 할 것인가에 대해서는 치밀한 계획이 없었다. 반면 페더럴 익스프레스는 정시에 화물이 도착하지 못할 가능성을 감안하고 화물 추적 시스템을 통해 30분마다 진행상황을 점검할 수 있도록 하였다. 그 결과 UPS는 물건이 정시에 배달되지 못해 고객들이 불만을 제기하는 경우, 효과적인 대응을 하지 못했던 반면, 페더럴 익스프레스는 정시에 도착하는 화물의 비율이 낮더라도 화물 추적 시스템을 기반으로 고객들의 불만에 효과적으로 대응할 수 있었다.

▲ UPS 코리아 홈페이지

이런 효과적인 서비스 회복 프로세스를 가지고 있었던 페더럴 익스프레스(FedEx)는 경쟁에서 앞서 나갈 수 있었으며 UPS는 뛰어난 운송 시스템을 가지고 있었음에도 서비스 회복을 위해 많은 투자를 할 수밖에 없었다.

자료 : LG경제연구원(2003.12.24.)

1 서비스 회복의 정의

회복(Recovery)이라는 용어는 '고객을 최우선에 두라(Putting the Customer First)'는 영국 항공의 캠페인에서 최초로 사용되었다. 1970년대 말부터 1980년대에 마케팅 전문가들이 특정 서비스 문제해결뿐만 아니라 고객만족, 고객충성도, 구전효과 등과 같은 장기적인 이점을 강조하기 시작하면서 서비스 회복에 대한 관심이 증가하였다.

서비스 실패는 서비스 제공과정이나 결과에서 서비스 성과의 결함으로 발생한 고객불만족이다. 따라서 서비스 회복(Service recovery)은 서비스 제공자가 서비스 실패에 대응하여 취하는 일련의 행동을 말한다. 일반적으로 고객이 서비스 실패로 인해 입은 손실을 기업이 보상하기 위해 다른 혜택을 주려고 시도하는 일종의 교환행위이다. 부족하거나 잘못된 서비스는 서비스 기업에 대한 고객의 신뢰를 무너뜨리게 된다. 서비스 회복은 그냥 두면 스스로 좋아지는 것이 아니므로 서비스 기업은 서비스 실패가 발생하면 이전에 고객과 유지해왔던 최소한 동일수준의 만족과 신뢰를 회복하기 위해 노력해야 한다.

2 서비스 회복의 중요성

서비스 실패의 해결은 기업의 이미지는 물론 고객의 미래 구매결정에 중요한 영향을 미친다. 실패를 사전에 방지하는 것은 물론 실패 발생 시 회복하는 과정에 대한 전략도 중요하다. 서비스 회복의 선행연구들에서는 한결같이 서비스 회복의 중요성을 역설하고 있다. 여기서는 서비스 회복의 중요성을 세 가지로 나누어 설명하고자 한다.

1) 만족한 고객으로의 전환

서비스 실패는 불가피할지라도 불만족한 고객을 만족한 고객으로 전환하는 것은 충분히 가능하다. 성공적 서비스 회복은 서비스 실패를 경험한 고객들이 실패를 경험하지 않은 고객들보다 더 만족하고 호의적인 구전활동에 더 적극적으로 참여하게 만든다. 이러한 고객은 감동을 받게 되고, 충성도를 나타내고, 그리고 서비스 제공기업에 대해 신뢰를 갖게 된다.

이러한 결과는 실증적 연구에 의해서도 뒷받침되고 있다. Heskett 등(1990)은 서비스 기업이 5%의 고객이탈을 줄이면 25%의 수익증가가 발생한다고 하였다. 또한, 중요한 고객손실에 대해 서비스 제공자가 신속하게 문제를 해결할 경우 불만고객의 95%가 재구매 의도를 가진다는 사례도 있다(그림 11-7 참조). [사례 11-6]은 서비스 실패 후 회복을 성공적으로 수행한 톰슨 항공사(Thomson Holidays)에 대한 고객의 긍정적 반응을 담은 내용이다.

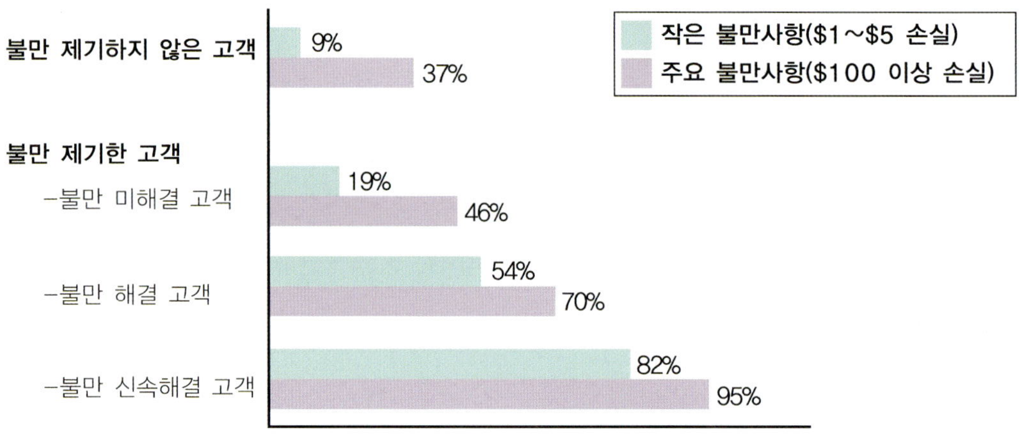

자료 : Zemke, R.(1993). The art of service recovery : Fixing broken customers and keeping them on your side. In Scheuing, E.E., & W.F. Christopher, eds. The Service Quality Handbook. AMACOM, p.464

[그림 11-7] 불만고객의 서비스 재구매 의도

사례 11-6 서비스 실패 후 서비스 회복의 중요성에 관하여

에어야프알라요쿨(Eyjafjallajokull) 화산의 폭발 때문에 2010년 4월 14일 아일랜드 공항이 폐쇄되었다. 천재지변에 의한 사고였으니 당연히 여행사들의 책임은 아니었다. 그러나 그 화산재 구름으로 인해 유럽의 항공기들은 공항에 착륙할 수 없었고, 휴일 여행객들은 여행계획에 차질이 빚어지게 되었다는 것을 알았다. 톰슨항공사(Thomson Holidays)는 1,400명의 승객을 마데이라에서 영국으로 운송할 수 없었다. 그래서 톰슨항공은 크루즈선 아일랜드 이스케이프(Island Escape)를 이용해 승객들을 팰머스로 항해할 수 있도록 하였다.

어느 회사건 여행 웹사이트에 올라오는 고객들의 평가는 일반적으로 부정적이고 별 다섯 개 반점에서 하나 또는 두 개 정도다. 그런데 성공적인 회복전략을 통해 톰슨은 화산재 비행금지에 따른 후속조치 처리에서 별 다섯 개의 평가를 받아냈다. 예를 들면, 크루즈선 Celebration에 탑승했던 승객들은 다음과 같이 썼다.

"셀레브레이션호의 선장과 승무원들에 대해 우리는 이보다 더 나은 찬사를 찾을 수 없다. 그들은 너무나 훌륭했고, 톰슨의 사장은 신속하고도 단호하게 결정한 것 같다. 우리는 우리들만이 내팽개쳐서 우리 스스로가 자신을 방호해야 한다는 생각을 한번도 한 적이 없었다.

집으로 돌아온 이후 우리는 비행기가 도착하기를 기다리며 남아 있던 사람들에게 기거할 곳을 찾고 그 비용을 마련하기 위해 공포스러운 시간을 보냈다는 생생한 이야기를 들었다. 우리는 다음번 여행 때도 꼭 톰슨사를 이용할 것이다. 여행사에 대한 불평은 아무렇게나 하지만, 여행사의 수준에 대한 평가는 어려운 문제를 어떻게 처리하는지를 보고 한다. 톰슨은 일류 여행사다." [www.reviewcentre.com]

이렇듯 서비스 회복(service recovery)은 서비스에 실패한 후에 문제를 해결하고 고객과의 우호적인 관계를 유지하기 위한 기업이 취하는 일련의 활동이다. 고객은 서비스 실패에 대해 고객의 기대를 실패 이전의 수준으로 돌리는 방법으로 크게 두 가지가 있다. 그것은 '심리적 회복'과 '물질적 회복'이다. 현재, 2020년 1월부터 시작된 코로나19 사태로 인한 항공여객 운송서비스에도 많은 변화가 일어났다. 항공기에서 서비스하는 모든 식기는 1회용으로 교체되었고 수거된 1회용 식기 박스는 지정된 봉투에 전부 담아 폐기한다. 세척이 필요한 담요, 쿠션 등 일체 서비스를 중지하게 되었다. 이 밖에도 여러 가지 서비스가 많이 변경되었다.

자료 : 제주신문(2020.9.8.)

2) 고객과의 관계구축

서비스 회복은 서비스 실패를 치유할 뿐만 아니라 미래에 발생할 수 있는 실패를 차단하고 서비스 품질에 대한 고객의 전반적인 지각을 강화하고 충성고객과의 장기적인 관계구축에 중요한 역할을 한다. [그림 11-8]은 서비스 회복이라는 단기적인 문제와 서비스 프로세스 관리라는 장기적인 요소를 동시에 설명하고 있다. 이 모델에서 서비스 설계 및 제공은 서비스 일관성 및 신뢰성에 영향을 미치며, 이는 전반적인 고객만족, 지각된 품질, 향후 기대치에 영향을 미치고 고객과 장기적인 관계를 구축하는 데 도움이 된다는 것을 나타낸다. 즉, 장기적으로 고객과의 우호적인 관계로 발전하기 위해서는 서비스의 일관성과 신뢰성이 중요하다는 것을 나타낸다.

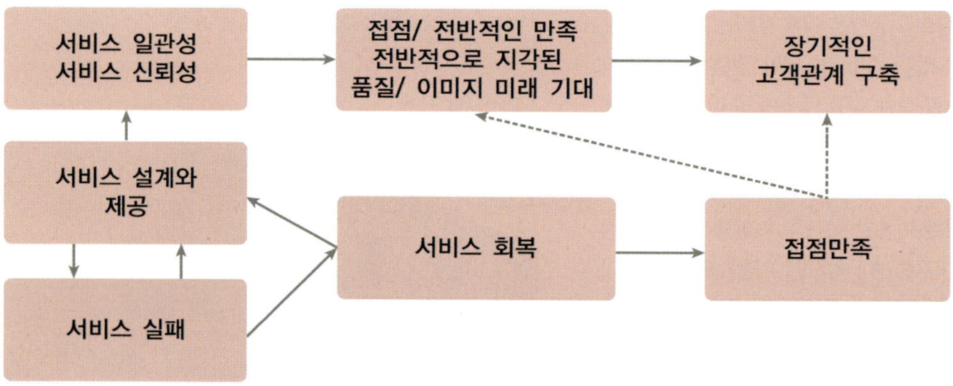

자료 : Brown, S.W., Cowles, D.L., & Tuten, T.I.(1996). Service recovery : Its value and limitations as a retail strategy. International Journal of Service Industry Management. 7(5) : 33

[그림 11-8] 관계에 초점을 둔 서비스 회복

이 모델은 또한 서비스 실패가 발생할 때 두 가지 프로세스가 있음을 나타낸다. 첫 번째 프로세스(서비스 실패 → 서비스 회복 → 접점만족 → 고객관계 구축)는 서비스 실패에 대한 즉각적인 수정의 필요성을 다루고, 두 번째 프로세스(서비스 실패 → 서비스 설계와 제공 → 서비스 일관성과 신뢰성 → 고객만족 → 고객관계 구축)는 서비스 회복에 관한 정보를 수집하고 해당 정보를 서비스 설계 및 제공에 다시 공급하여 프로세스를 개선해야 한다는 것을 나타낸다. 즉, 서비스 실패는 서비스 회복을 통해 접점만족에 영향을 미치는 이는 결국 장기적인 고객관계구축에 기여하게 된다. 서비스 실패는 또한 개선된 서비스 설계와 제공을 통해 서비스 일관성과 신뢰성을 향상시켜 고객만족과 고객관계 구축에 긍정적인 역할을 하게 된다.

3) 서비스 품질향상

서비스 회복은 서비스 품질을 향상시키는 기회를 제공한다. 효과적인 서비스 회복은 고객이 이미 구매한 서비스의 품질에 대한 강한 지각을 이끌어내게 되고 이는 서비스 제공자에 대한 호의적인 태도를 형성하게 되는 계기가 된다. 서비스 제공자는 불만을 나타내는 고객의 목소리를 진지하게 경청함으로써 고객의 욕구를 충족시켜 줄 수 있는 서비스를 생산 및 제공하는 기회를 얻게 된다. 또한, 서비스 접점직원의 부적절한 태도나 행동에 대해서는 개선할 기회를 얻게 된다. 결국, 서비스 회복은 서비스 제공기업의 능력과 이미지에 긍정적인 영향을 미치게 된다.

3 서비스 회복의 유형

연구목적과 서비스 실패 유형에 따라 서비스 회복의 유형은 다양하다. 서비스 회복의 유형에 따라 서비스 회복의 효과가 다르게 나타날 수 있기 때문에 서비스 기업은 서비스 실패의 심각성 정도를 세심히 살펴야 한다. 여기서는 Kelly 등의 회복유형, Miller 등의 회복유형, 그리고 기타 유형으로 구분하여 설명한다.

1) Kelly 등의 서비스 회복유형

Kelly(1993) 등은 중요 사건기법(CIT : Critical Incident Technique)을 이용하여 661개의 소매업자를 대상으로 연구하여 12개의 회복유형을 제시하였고, 이들 유형들이 영향을 주는 정도에 차이가 있다고 주장하였다. 또한, 12가지 서비스 회복유형 간에 성과의 차이가 있는 것으로 나타났는데, 할인, 무료 보너스, 환불과 같은 유형적 보상이 가장 효과적이었고 사과는 가장 덜 효과적인 것으로 나타났다. Kelly 등이 제시한 12가지의 서비스 회복유형과 그의 내용을 정리하면 [표 11-5]와 같다.

[표 11-5] Kelly 등의 서비스 회복유형

회복유형	내용
할인	• 해당 서비스 혹은 다른 서비스 구매 시 할인해 주는 것 • 고객이 선호하는 유형이며 고객과의 관계 지속성을 높여줌
정정	• 서비스 실패에 대해 즉각적으로 정정하거나 기업의 규정을 설명하는 것
관리자 또는 직원 개입	• 문제해결을 위해 직급이 높은 직원이 개입 • 주로 할인 및 정정과 관련되어 나타남
정정 이상의 보상 (무료 보너스)	• 정정 이외의 추가적인 방법으로 보상 • 고객과의 관계유지를 위해 효과적
교환	• 서비스에 결함이 있는 것을 교환하여 주는 것 • 서비스 제공자와 고객이 가장 선호하는 유형 중에 하나임
사과	• 사과를 통한 고객과 관계지속 의도는 다른 회복전략보다는 낮은 편임
환불	• 서비스에 결함이 있는 것을 환불하여 주는 것 • 교환과 더불어 고객의 선호도가 높은 유형
고객주도의 정정	• 서비스 회복을 고객이 먼저 제시함 • 고객이 서비스 회복을 경험하였지만, 서비스 실패의 회복을 서비스 제공자의 실패라고 여전히 지적함
신용제시	• 서비스 기업 혹은 직원들이 제공한 서비스가 믿을 만하다고 주장하며 환불보다는 계속 서비스 이용 권유 • 서비스 실패 중 가장 회복하기 힘든 유형
불만족스러운 정정	• 서비스 실패가 정정되고 있을 것으로 생각하고 있지만 실제로 서비스 회복의 지연에 대해 직원과의 말다툼 이후에 조치되는 것
실패의 증가	• 서비스 실패의 고객전가, 부정확한 정보제공 등으로 오히려 실패의 증가를 가져옴
무조치	• 서비스 제공자가 실패를 인식하지 못한 경우나 서비스 실패를 인식했음에도 조치하지 않는 경우 모두 포함

자료 : Kelley, S.W., Mark, D.A., & Hoffman, K.D.(1993). A typology of retail failures and recoveries. Journal of Retailing. 69(4) : 429-452. 내용정리

2) Miller 등의 서비스 회복유형

Miller(2000) 등은 서비스 회복 이전 단계, 회복단계, 그리고 회복 후 단계로 구분하면서 서비스 회복을 체계적으로 설명하였다. 이는 [그림 11-9]에서처럼 서비스 실패의 발생부터 회복 프로세스 전반에 관한 모델로서 서비스 회복에 대한 기대와 서비스 회복 이후 고객만족에 어떻게 영향을 미치는가를 나타내고 있다.

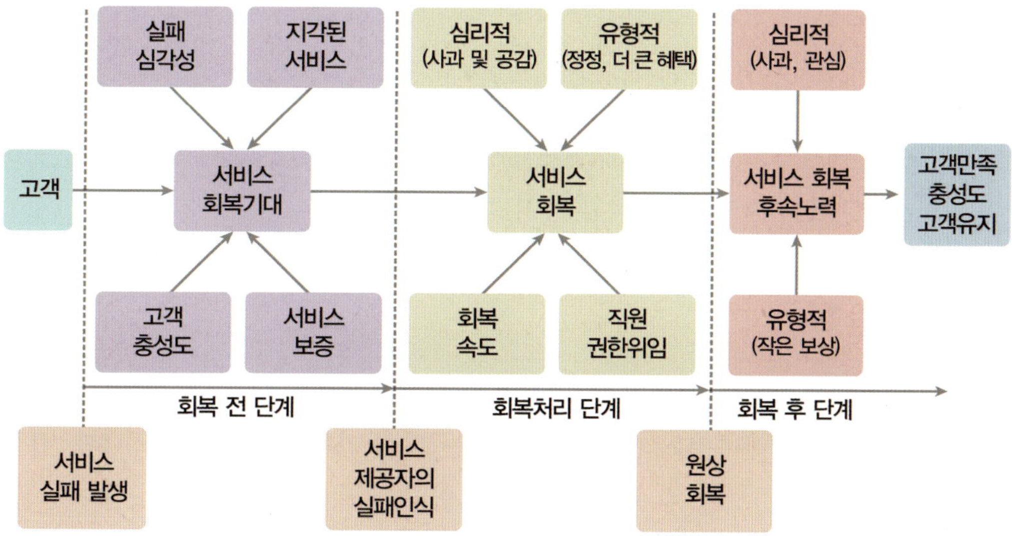

자료: Miller, J.L., Craighead, C.W., & Karwan, K.R.(2000). Service recovery: A framework and empirical investigation. Journal of Operations Management. 18(4): 389

[그림 11-9] Miller의 서비스 회복 프레임워크

회복 이전 단계: 서비스 실패가 발생할 때 시작되어 서비스 제공자가 실패를 인지할 때까지이다. 이 기간은 몇 초로 매우 짧을 수도 있고 몇 주에서 몇 달까지 장시간일 수도 있다. 고객은 이 기간에 서비스 회복에 대한 기대를 형성하게 된다. 서비스 회복 기대를 형성하는 결정요인으로 실패 심각성, 서비스 품질에 대한 지각, 고객충성도, 서비스 보증 등이 있다.

회복단계: 서비스 제공자가 서비스 실패를 인지하는 시점에 시작되어 고객에게 적절한 대응을 함으로써 끝나게 된다. 이 단계에서는 서비스 기업의 심리적 사과와 공감,

정정수행, 그리고 직원의 자율재량권이 중요하다. 고객의 불평에 반응하는 시점이 늦어질수록 고객충성도와 만족도는 감소하게 된다.

회복 이후 단계: 이 단계는 고객이 서비스 회복을 받은 후에 시작된다. 회복의 성공 여부에 따라 심리적 보상과 유형적 보상이 추가적으로 필요할 수도 있고 필요하지 않을 수도 있다.

Miller 등은 서비스 회복유형을 심리적인 회복과 유형적인 회복으로 구분하여 설명하고 있다. 심리적 회복유형으로는 공감(감정이입)과 사과가 대표적이다. 서비스 실패에 대한 초기 대응책으로 빠른 심리적인 사과는 간단하면서 저렴한 반면 강력한 서비스 회복 효과를 기대할 수 있다. 유형적(물질적)인 회복은 실질적인 보상을 의미한다. 유형적인 보상은 서비스 기업이 고객에게 눈에 보이는 보상을 제공하는 것이다. 여기에는 할인이나 마일리지 포인트 적립 등이 해당된다.

3) 기타 유형

이외에도 여러 학자들이 서비스 회복의 유형을 다양하게 제시하였다. 하지만 주요 내용은 대부분 유사하다. Bell과 Zemke(1987)는 다섯 가지 회복전략, 즉 사과, 신속한 대응, 공감, 상징적인 보상, 후속조치를 제안하였다. 사과(Apology)는 분노한 고객을 다루는 데 있어 가장 빠른 방법이고, 신속한 대응은 사소한 서비스 문제를 경험한 고객을 응대하는 데 효과적이라고 주장하였다. 하지만 심각한 문제를 경험하는 고객들에게는 5가지 전략요소가 모두 필요하다고 하였다.

Bitner 등(1990)은 700건의 상황을 조사한 연구에서 성공적인 서비스 회복 전략으로서 인식, 설명, 사과, 보상(물질적 회복)의 네 가지를 제안하였다. 이 네 가지 전략 중 사과의 중요성에 대해 언급하였는데 직원의 진심 어린 사과는 불편한 것에 대해 고객이 느끼는 욕구불만을 알고 있음을 표현하는 유용한 수단이라고 하였다.

다양하게 제시된 서비스 회복의 형태는 크게 경제적 보상(현금보상, 할인 쿠폰, 보너스 마일리지, 무료이용권), 심리적 보상(사과, 감정이입, 설명), 그리고 반응속도(회복시간)로 정리할 수 있다. [표 11-6]은 서비스 회복노력에 대한 선행연구를 정리한 것이다.

[표 11-6] 서비스 회복노력에 대한 선행연구

연구	회복유형
Bell과 Zemke(1990)	긴급복구, 공감, 사과, 상징적 보상, 사후확인
Bitner 등(1990)	인정, 설명, 사과, 유형적 보상
Kelly 등(1993)	할인, 정정, 직원의 개입, 정정 이상의 보상, 대체, 사과, 환불, 무조치
Hoffman 등(1995)	무료, 할인, 쿠폰, 관리자 개입, 대체, 정정, 사과, 무조치
Smith와 Bolton(1998)	할인, 정정, 관리자 또는 직원의 개입, 정정 이상의 보상, 대체
Miller 등(2000)	심리적 사과노력, 유형적 노력
Wong(2003)	문제를 시인하고 사과하는 행위, 문제 해결을 도와주는 행위, 문제에 대한 보상
Forbes 등(2005)	할인, 정정, 정정 이상의 보상, 구매 점포에서의 대체, 사과, 환불, 점포 신용, 불만스러운 수정, 실패의 방지 강화, 무조치, 오프라인을 통한 해결

자료 : 저자정리

4 서비스 회복의 패러독스

서비스 회복 패러독스의 용어는 McCollough와 Bharadwaj(1992)가 서비스 실패 후 고객의 만족도(2차 만족도)가 실패 이전의 만족도보다 높은 경우를 설명하면서 처음 사용하였다. 즉, 서비스 회복에 의해 서비스 실패가 만족스럽게 치유된 고객들은 실패를 경험하지 않은 고객들보다 그 기업에 대해 더욱 만족하고, 서비스에 대해 더욱 충성하며, 더욱 호의적인 구전활동에 참여한다는 것이다(Heskett et al., 1900).

[그림 11-10]에서처럼 서비스 실패를 겪지 않은 고객들(점선으로 표기)은 충성도가 완만하게 상승하지만, 서비스 실패를 경험한 고객들(실선으로 표기)은 서비스 회복 프로그램이 좋았을 때 처음에 낮았던 충성도가 급상승하는 경향이 있다. 서비스에 실패했을 경우 나중에라도 서비스 회복전략을 제대로만 구사한다면 실패를 딛고 더 큰 성공을 기대할 수 있다는 것이다. 미국의 고객컨설팅 그룹 CCMC의 보고서(2007)에 따르면, 회복된 서비스에 만족한 고객은 불만인 상태의 고객보다 해당기업을 다른 사람에게 추천할 가능성이 15배나 더 높으며, 불만을 느낀 고객의 재구매 확률은 9%이지만 불만을 경청해 주는 것만으로도 재구매율은 19%로 상승했다고 한다(Levitt, 2011).

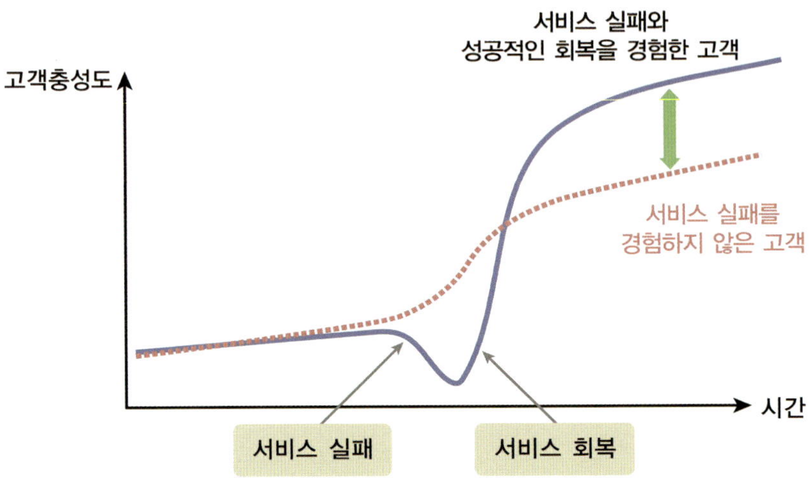

자료 : Schindlholzer, B.(2008). The service recovery paradox : Increased loyalty through effective service recovery ; 안연식(2019). 서비스 경영론. 도서출판 창명, p.254에서 재인용

[그림 11-10] 서비스 회복의 역설

이는 서비스 회복과정과 기술을 잘 습득한 직원은 서비스 실패를 오히려 고객의 충성도를 높이고 긍정적인 구전효과를 만들 새로운 기회를 가질 수 있음을 의미한다(안연식, 2019). 따라서 서비스 제공기업에서는 고객접점 직원에게 서비스 회복을 적시에 효과적으로 수행할 수 있는 재량권(권한위임)을 부여하여 고객만족에 이은 고객감동으로 이어질 수 있게 하는 것이 중요하다. [사례 11-7]은 서비스 접점직원에게 재량권을 부여하여 고객의 불만으로 인한 리스크를 최소화한 해외사례들이다.

사례 11-7 현장 직원에게 재량권 부여

고객 접점에 있는 담당자에게 충분한 재량권을 부여하는 것이 소비자 불만 리스크를 최소화하는 방법이 될 수 있다. 고객 서비스에서 재량권 부여란 고객 서비스 담당자가 고객을 도울 수 있는 범위를 스스로 결정할 수 있도록 허용하는 것을 말한다. 현장에서는 회사 규정에 있는 사례 이외에 특별한 문제를 가진 고객을 계속해서 만나기 마련이고, 불만을 가진 고객은 현장에서 즉시 문제 해결을 원하기 때문이다.

노드스트롬 백화점의 모든 직원은 오직 단 하나의 근무 규칙을 가지고 있다. '모든 상황에서 스스로 최선의 판단을 내릴 것. 그 밖의 다른 규칙은 없음.' 이 말은 어떤 상황이든 간에 판단은 매장 직원 자신이 내린다는 뜻이다. 매장의 책임자는 매장 직원으로, 현장에서 바로 고객의 클레임을 해결하면서 긍정적 입소문 효과는 물론 기업의 브랜드 가치를 높이며 '노드스트롬 효과'라는 용어까지 불러일으켰다.

메리어트 호텔은 프런트 데스크 직원이 매니저의 승인과는 별개로 매월 $2,000 상당의 재량권을 부여함과 동시에 고객 클레임을 즉시 해결할 수 있도록 시행하였다. 당시 내부적으로는 프런트 데스크 직원별 매월 $2,000라는 비용 책정에 대해서 부정적인 시각이 상당했다. 그러나 향후 저품질 서비스에 대한 비용을 절감하기 위한 선제적 절감 활동이 내/외부적으로 호응을 얻으며 지속적으로 시행되고 있다.

▲ 자료 : 미국 노드스트롬 홈페이지

▲ 자료 : 메리어트 호텔 강남 홈페이지

현장의 재량권 부여는 자동차 메이커 본사와 딜러 사이에서도 시행되고 있다. 미국에 있는 메르세데스 벤츠사 역시 각 로컬 딜러에게 워런티 서비스와 관련하여 '先수리, 後지원' 정책을 펼치고 있다. 그동안 본사의 승인 절차를 통해 장기간 기다려야 했던 고객의 불편을 제거하는 동시에 서비스 경쟁력을 높이며 경쟁사와의 차별화를 시도하고 있다.

자료 : 이태영(2013.2.6.). LG Business Insight

5 서비스 회복의 공정성

서비스 실패가 발생했을 때 고객은 공정하게 처리되기를 바란다. 고객은 자신의 서비스 실패에 대해 공정하게 그리고 충분하게 보상을 받고자 한다. 이를 뒷받침하는 것이 공정성 이론이다. 공정성 이론(Equity theory)은 자신이 투입한 결과와 다른 사람이 투입한 결과가 공정한지를 비교하는 이론이다(Adams, 1965). 자신의 투입 대비 산출(보상)의 비율이 타인의 투입 대비 산출의 비율과 불일치할 때 불공정이 발생하게 된다(그림 11-11 참조). 공정성 이론은 구체적으로 절차 공정성(Procedural justice), 상호작용 공정성(Interaction justice), 분배 공정성(Distributive justice)으로 구분할 수 있다.

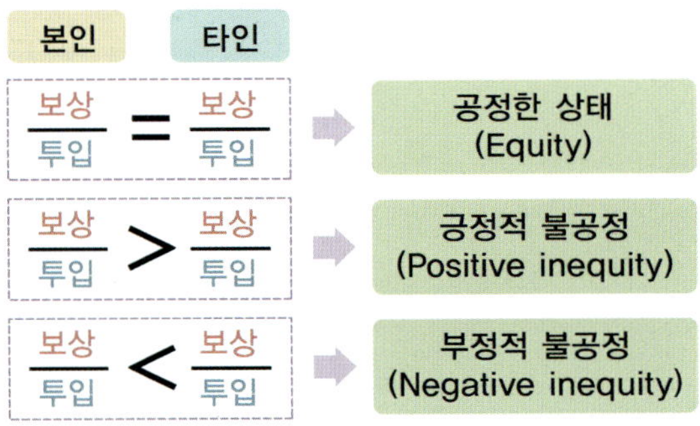

주 : 투입과 산출의 예(투입–노력, 연공, 학력, 용모, 자격증 등; 산출–임금, 승진, 칭찬, 인정 등)

[그림 11-11] 공정성 공식

1) 절차 공정성

절차 공정성은 개인의 목적을 달성하는 데 혹은 의사결정을 하는 데 있어 사용하는 정책, 절차, 기준 등에 대한 공정성을 의미한다(Alexander & Ruderman, 1987). 서비스 회복에 있어서 절차 공정성은 대응속도, 절차의 이용 편리성, 회사의 정책 등에 대하여 인식하는 공정성을 말한다.

고객이 제공된 수단에 대해 만족하더라도 회복의 결과물을 얻기까지 겪은 과정이 만족스럽지 못할 때에는 회복을 나쁘게 평가할 수도 있다. 또한, 아무리 좋은 결과가 도출되었다고 하더라도 절차가 공정하지 않으면 고객들이 불공정함을 느끼게 되어 고객의 태도나 행동에 부정적인 영향을 끼치게 된다. 따라서 공정한 절차는 일관적이고 편향되지 않아야 한다.

2) 상호작용 공정성

이는 서비스 제공과정을 통해 고객이 대접받는 방식과 관계된 공정성이다(Bowen

et al., 1999). 즉, 서비스 제공자와 고객 간의 인간적인 상호관계에 대한 것으로 고객들이 인간적인 상호관계에서 공정하게 대접을 받았는가에 대한 정도의 평가라고 할 수 있다.

서비스 회복에 있어서 상호작용 공정성은 상호 관계적 처우에 초점을 두며, 직원의 사과, 해결노력, 설명, 서비스 문제에 대한 직원의 태도, 정중, 공감, 도움 등을 포함한다(Mattila & Wirtz, 2004). 서비스 제공자들은 비록 고객에게 어떤 유형적 보상을 제공할 수 없다고 하더라도 사과할 필요가 있다. 상호작용 공정성은 고객들의 문제제기에 대한 의사결정 절차와 결과가 공정하였음에도 불구하고 왜 불공정한 대우를 받았다고 인지하는지에 대해 해답을 준다.

3) 분배 공정성

분배 공정성은 최종적인 결과에 대해 인식하는 공정성의 정도를 말한다. 서비스 회복에 있어서 분배 공정성은 서비스 회복의 실제적 결과물에 초점을 두며, 서비스 실패에 대한 환불, 할인, 쿠폰 등의 금전적 보상, 정정, 대체 등이 포함된다(Mattila, 2001).

분배 공정성은 고객의 불평을 해소하기 위해 제공된 보상에 대한 공정성으로 투입과 생산의 균등한 분배를 기본적인 원칙으로 한다. 서비스 제공자가 서비스 실패에 대해 더 많은 유형적인 보상을 할수록 분배 공정성의 정도는 높아진다. 따라서 분배 공정성은 공정한 상호교환을 의미하며, 각 집단이 상호교환 행위에 있어서 자신이 기여한 만큼의 비율대로 결과를 받는 것을 의미한다.

서비스 기업이 금전적인 손실에도 불구하고 유형적인 보상을 하는 이유는 두 가지이다. 첫째, 서비스 실패에서 고객이 느끼는 심리적인 불편함과 기회비용에 대한 정당한 보상을 제공하기 위함이다. 둘째, 부가가치적 요인 때문이다. 즉, 약간의 금전적인 보상은 고객과의 관계유지 및 충성고객으로 유지될 가능성이 높기 때문이다.

토론주제

- 서비스 실패에 대한 책임은 어디까지인가?
- 단골고객도 불량고객이 되는가?
- 불량고객의 여러 가지 유형과 각 유형에 대한 대처방안은 무엇인가?
- 고객의 불평행동이 왜 관광 서비스 기업에게 중요한가?
- 서비스 실패를 어떻게 유익한 경험으로 회복시킬 수 있는가?
- 서비스 회복이 고객과의 관계를 구축하는 데 있어서 어떤 효과가 있는가?
- 서비스 회복에도 불구하고 고객이 불만족하는 이유는?
- 서비스 회복의 역설이란 무엇인가?

참고문헌

강기두(2018). 서비스마케팅(4판). 북넷.

동아비즈니스 리뷰(2011.11., 92호, Issue1). '고객불만'은 실패를 막는 예방주사.

동아일보(2019.7.26.). 잦은 지연, 특가 꼼수… 폭풍성장 저가항공의 배신 https://www.donga.com/news/Economy/article/all/20190726/96707374/2

안연식(2019). 서비스경영론. 도서출판 창명.

이태영(2013.2.6.). 소비자 불만, 선제적 대응 중요성이 커지고 있다. LG Business Insight. Weekly 포커스, pp.39-44.

정용길(2016). 서비스 마케팅. 이프레스.

제주신문(2020.9.8.). 서비스 실패 후 서비스 회복의 중요성에 관하여 http://www.jejupress.co.kr/news/articleView.html?idxno=109650

한국관광공사(2022). 2021 관광불편신고 종합분석서.

한국생산성본부(2020.4.6). 고객불만 관리가 고객만족의 시작이다. NCSI 인사이트 http://www.ncsi.or.kr/insite/insite_print_view.asp?idx=26

Adams, J.S.(1965). Inequity in social exchange. in L. Berkowitz(Vols. 2). Advance in Experimental Social Psychology(pp. 267-299). New York, NY: Academy Press.

Alexander, S., & Ruderman, M.(1987). The role of procedural and distributive justice in organizational behavior. Social Justice Research. 1(2) : 177-198.

Bell, C., & Zemke, R.E.(1994). Turning disappointment into customer delight. Editor & Publisher, 171(32) : 48.

Berry, L.L., Zeithaml, V.A., & Parasuraman, A.(1990). Five imperatives for improving service quality. Sloan Management Review. 31(4) : 29-38.

Bitner, M.J.(1990). Evaluating service encounters : The efforts and physical surroundings and employee responses. Journal of Marketing. 52(2) : 69-82.

Bowen, D.E., Gilliand, S.W., & Folger, R.(1999). HRM and service fairness : How being fair with employees spillover to customers. Organizational Dynamics. 27(3) : 7-23.

Brown, S.W., Cowles, D.L.,, & Tuten, T.I.(1996). Service recovery : Its value and limitations as a retail strategy. International Journal of Service Industry Management. 7(5) : 32-46.

Chebat, J.C., Davidow, M., & Codjovi, I.(2005). Silent voices : Why some dissatisfied consumers fail to complain. Journal of Service Research. 7(4) : 328-342.

Chung, B., & Hoffman, K.D.(1998). Critical incidents : Service failures that matter most. The Cornell Hotel and Restaurant Administration Quarterly. 39(3) : 66-71.

Day, R.L.(1980). Research perspectives on consumer complaining behavior. In theoretical developments in marketing. Lamb P.M., Dunne P.M.(eds.). Chicago, IL : American Marketing Association, pp.211-215.

Day, R.L., & Landon, E.L.(1977). Toward a theory of consumer complaining behavior. Consumer and Industrial Buying Behavior. Arch Woodside. Jagdish Sheth, and Peter Bennet(eds.). Elsevier North-Holland.

Folkes, V.S.(1984). Consumer reactions to product failure : An attributional approach. Journal of Consumer Research. 10(March) : 398-409.

Fornell, C., & Westbrook, R.A.(1979). An exploratory study of assertiveness, aggressiveness and consumer compling behavior. Advances in Consumer Research. 6 : 105-110.

Gooman, J.(1999). Basic facts on customer complaint behavior and impact of service on the bottom line. Competitive Advantage(June) : 1-5.

Grönroos, C.(1988). Service quality : The six criteria of good perceived service quality. Review of Business. 9 : 10-13.

Heskett, J.L., Sasser, W.E., & Hart, C.W.L.(1990). Breakthrough service. New York : The Free Press.

Hess, R.L.(2008). The impact of firm reputation and failure severity on customers' responses to service failures. Journal of Services Marketing. 22(5) : 385-398.

Hoffman, K.D., Kelley, S.W., & Rotalsky, H.M.(1995). Tracking service failures and employee recovery efforts. Journal of Service Marketing. 9(2) : 49-61.

Jacoby, J., & Jaccard, J.J.(1981). The sources, meaning and validity of consumer complaint behavior : A psychological analysis. Journal of Retailing. 57(3) : 4-24.

Johnston, R.(1995). Service failure and recovery : Impact, attributes and process. Advance in Service Marketing and Management. 4(1) : 211-228.

Keaveney, S.M.(1995). Customer switching behavior in service industries : An exploratory study. Journal of Marketing. 59(2) : 71-83.

Kelley, S.W., Mark, D.A., & Hoffman, K.D.(1993). A typology of retail failures and recoveries. Journal of Retailing. 69(4) : 429-452.

Mattila, A.S., & Wirtz, J.(2004). Consumer complaining to firms : The determinants of channel choice. Journal of Services Marketing. 18(2) : 147-155.

Mattila, A.S.(2001). The effectiveness of service recovery in a multi-industry setting. Journal of Services Marketing. 15(7) : 583-596.

McCollough, M.A., & Bharadwaj, S.G.(1992). The recovery paradox: An examination of consumer satisfaction in relation to disconfirmation, service quality, and attribution based theories. in

Marketing Theory and Applications. C.T. Allen et al., eds. Chicago, IL: American Marketing Association, p.119.

Miller, J.L., Craighead, C.W., & Karwan, K.R.(2000). Service recovery : A framework and empirical investigation. Journal of Operations Management. 18(4) : 387-400.

Resnik, A.J., & Harman, R.R.(1983). Consumer complaints and managerial responses : A holistic approach. Journal of Marketing. 47(1) : 86-97.

Schindlholzer, B.(2008). The service recovery paradox : Increased loyalty through effective service recovery.

Singh, J.(1988). Consumer complaint intentions and behavior : Definitional and taxnomical Issues. Journal of Marketing. 52 : 93-107.

Smith, A., & Bolton R.(1998). An experimental investigation of customer reactions to service failure and recovery encounters paradox or peril? Journal of Service Research. 1(1) : 65-81.

Smith A.K., Bolton R.N., Wagner J.(1999). A model of customer satisfaction with service encounters involving failure and recovery. Journal of Marketing Research. 36(3) : 356-372.

TARP(Technical Assistance Research Program, 1979). Consumer complaint handling in America: A final report. Washington, DC : White House Office of Consumer Affairs.

Verde Group & Wharton School of Business(2006). Retail customer dissatisfaction study.

Wilkie, W.L.(1986). Consumer behavior. John Wiley & Sons, Inc.

Weun, S., Beatty, E., & Jones, M.A.(2004). The Impact of service failure severity on service recovery evaluations and post-recovery relationships. Journal of Service Marketing. 18(2) : 133-146.

Zeithaml, V.A., Parasuraman, A., & Berry, L.L.(1993). The nature and determinants of customer expectations of service. Journal of the Academy of Marketing Sciences. 21(1) : 1-12.

Zemke, R.(1993), The art of service recovery : Fixing broken customers and keeping them on your side. In Scheuing, E.E., & W.F. Christopher, eds. The Service Quality Handbook. AMACOM. pp.463-476.

제 12 장

서비스 생산성 관리

학습목표

본 장에서는 다음 내용의 이해를 목표로 한다.

생산성 개념정의

서비스 생산성의 개념

제조업 생산성 개념의 서비스업 적용 시 문제점

서비스 생산성에 대한 접근유형별 특징

서비스 생산성의 측정방법

서비스 생산성 개선도구별 장단점

서비스 이익사슬 모형의 특징

TPS 7대 낭비요소와 개선방안

서비스 생산성 향상을 위한 수요관리

서비스 생산성 향상을 위한 자원의 대체방법

Chapter

12 서비스 생산성 관리

사례 12-1 낭비요소 지우는 게 효율 높이는 첫걸음

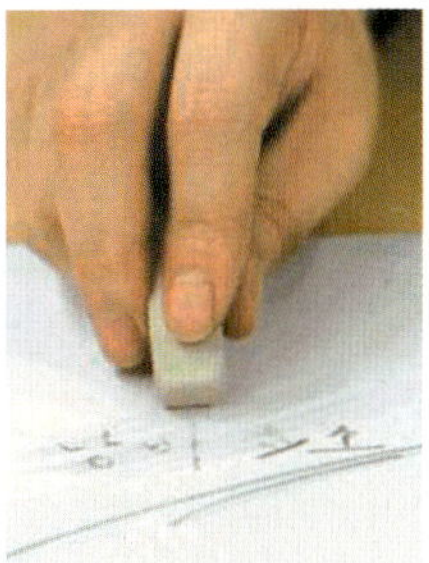

제조업
혁신 이끈
린 생산방식
서비스 부문의
혁신에도 큰 도움

서비스 혁신… 린 도입하라

일반적으로 린 생산방식은 제조업 부문에 적용되는 개념이다. 그러나 사상 유례없는 혹독한 경기침체를 맞아 지식경영자라면 서비스 부문에도 린을 적용할 수 있어야 한다. 은행 등 금융회사, 병원, 유통회사, 항공사와 같은 서비스업체, 상품을 취급하더라도 설비 유지 · 관리 등의 서비스를 함께 제공하는 업체, 그리고 회계 · 인사 · 법률 파트에도 '서비스 린'을 적용할 수 있다.

고객에게 물어봐라

무엇이 가치를 창출하고, 무엇이 낭비 요소인지를 가려내는 것이 서비스 린의 출발점이다. 그리고 그 기준은 고객이 결정한다.

A대형 할인점은 상품을 풍성하게 진열해 고객을 끌어 모으는 영업전략을 사용했다. 상품을 많이 깔아놓으면 그만큼 소비자가 많이 찾을 것으로 판단했기 때문이다. 그러나 생선은 오랫동안 신선도를 유지하기 힘들다는 문제를 안고 있었다. 진열된 생선은 몇 시간만 지나도 선도가 뚝 떨어져 팔 수가 없었다. 전국 생선 코너에서 팔지 못한 생산을 떨이판매하거나 폐기하는 양이 총판매 물량의 10분의 1에 달해 회사가 입는 손실이 막대했다.

결국 경영진은 문제를 해결하기 위해 생선 코너를 찾는 소비자를 대상으로 생선을 고르는 기준이 무엇인지에 대해 설문을 실시했다. 설문조사 결과, 소비자들은 진열대에 생선이 많고 적은 것보다 생선 하나하나의 선도와 품질을 훨씬 중요시한다는 지식을 얻어냈다.

새로 얻은 지식을 바탕으로 판매대에 내놓는 생선량을 줄이는 대신 팔린 생선을 곧바로 새 생선으로 채워넣는 방식으로 생선 판매대를 소박하게 바꿨다. 그 결과 10%에 달하던 폐기매가인하율(폐기하거나 원가 이하 떨이판매에 따른 손실)이 진열방식을 바꾼 후 3주 만에 3%로, 8주 안에 다시 1%대로 뚝 떨어졌다. 생선 코너 매출량은 변하지 않았지만 비용은 크게 줄었다.

> **린 생산방식**
>
> lean production system
>
> 린 생산방식이란 작업 공정 혁신을 통해 비용은 줄이고 생산성은 높이는 것이다. 도요타자동차는 끊임없는 공정 개선을 통해 낭비 요소를 제거하는 린 생산방식을 활용해 최고의 글로벌 자동차 기업으로 성장했다.

자동화 수준을 높여라

비용 효율적으로 서비스를 전달하는 것도 중요하다. 가장 먼저 생각할 수 있는 것은 은행처럼 자동화 수준을 높이는 것이다. 이미 현금자동입출금기(ATM), 폰뱅킹, 인터넷뱅킹을 통해 많은 은행업무가 이뤄지고 있다. 어떤 은행들은 한 발 더 나아가 휴대폰 문자뱅킹 등을 활용해 개인 대출업무를 처리하고 있다. 창구직원들은 비디오 컨퍼런스나 웹 동영상을 통해 고객상담을 하고 있다. 또 상당수 미국 · 유럽 슈퍼마켓에서는 고객이 자신들이 구매한 상품의 바코드를 직접 찍고 계산하는 '셀프 체크아웃' 제도를 도입했다.

서비스 낭비요인을 없애라

서비스 부문에서도 제조업처럼 '공정의 낭비요소'를 찾아내야 한다. 이를 통해 비용을 줄이고 생산성을 높일 수 있다.

미국 유선방송사, 전화회사, 경비 방범회사 직원들이 공통적으로 경험했던 문제가 있었다. 바로 애프터서비스(AS) 직원들이 종일 바쁘게 돌아다니는데도 소비자 만족도가 높지 않았다는 점이다. 조사결과, AS 직원이 방문했을 때 고객이 집에 없거나 AS를 받을 준비가 돼 있지 않아 허탕을 치고 돌아오는 일이 많았다. 결국 방문 전에 고객과 전화통화를 하자는 해결책이 제시됐다. 전화 한 통화만으로 업무 낭비가 줄고 효율은 크게 높아졌다.

낭비의 7가지 유형

유형	내용
과잉 생산	고객수요 넘는 상품 매장 배치
대기	건설 인력 작업 지시 대기시간
운송	점포와 공급업체 간 잦은 배송
과잉 처리	고객수요보다 많은 재료 첨가
재고	공장 재고를 높게 유지하는 것
재작업	사양에서 벗어난 제품 재작업
동선	사무실 내 사람들의 이동시간

24시간 종일 근무하는 것보다 8시간 근무하더라도 시간을 낭비하지 않고 효율적으로 사용하는 것이 더 낫다. 가치창출로 이어질 수 있는 근무시간이 늘어나도록 낭비 요인을 없애고 이를 전 직원이 공유할 수 있는 지식경영 시스템 체제를 갖춰야 한다.

병목현상의 근본 원인을 찾아라

고객이 갑자기 늘면 업무 흐름 곳곳에서 병목현상이 일어난다. 이때는 직원들의 업무시간을 조절하거나 업무 범위를 조정해야 한다. 대형마트의 경우 월요일 아침보다 일요일 저녁에 계산대에 더 많은 직원을 배치한다. 은행에선 업무량이 폭주하는 월말이면 영업사원들이 창구직원 업무를 분담한다.

그러나 모든 문제를 이런 방식으로 해결할 수 있는 것은 아니다. 병원 병실과 수술실 수는 고정돼 있다. 병실이 없어 입원이 늦어지거나 수술실을 못 잡아서 기다리는 경우가 적지 않다.

영국의 한 외과병동은 이 같은 지체 현상이 비효율적인 업무 프로세스 때문이라는 점을 간파했다. 이 병원의 수술실은 유난히 환자 대기시간이 길었다. 회복실을 확보하지 못한 의사가 수술을 곧바로 진행하지 못했기 때문이다. 회복실은 수술이 끝난 환자가 마취에서 깨어나기 전 집중 치료를 받는 곳이다. 그래서 왜 회복실이 붐비는지 조사했다. 이유는 입원병동에 있는 간호사가 호출을 받고도 환자를 데리러 제때 오지 않거나 집중 처치가 필요하지 않은 환자도 회복실에 그냥 놔뒀기 때문이었다.

자료 : 매일경제신문(2009.3.9.)

제1절 서비스 생산성의 개념과 접근법

품질과 생산성 향상은 분리되는 것이 아니라 함께 수행되는 것이다. 관광 서비스 기업이 장기적으로 수익을 창출하기 위해서는 양질의 서비스를 효과적으로 고객에게 전달할 수 있어야 한다. 그래야 고객만족을 유발하고 서비스 생산성을 높일 수 있다. 여기서는 생산성과 서비스 생산성의 개념을 분리하여 정의한다. 또한, 서비스의 특성으로 인한 생산성 측정의 어려움과 서비스 생산성에 대한 접근법을 학습한다. 마지막으로 서비스 생산성 측정에서 일반적으로 사용되는 노동 생산성과 자본 생산성에 대해 알아본다.

1 생산성의 정의

생산성은 경영활동의 중요한 성과지표이다. 다양한 영역에서 널리 사용되는 용어임에도 명확한 정의를 내리는 것이 쉽지 않다. 경제학자들은 생산성을 정적인 시점에서 단순히 생산의 결과를 계량적으로 파악하는 것으로 정의했다. 생산성의 정의는 점차 생산성 향상의 발전과 목표 지향적 활동을 포괄하는 동적인 개념으로 그 의미가 확대되고 있다(최덕철, 2002).

생산성은 노동력, 장비, 설비, 기계, 원료, 에너지 등의 투입물과 산출물(재화와 서비스) 간의 관계로 정의된다. 즉, 생산성은 투입과 산출물에 의해 그 수치가 결정된다는 것이다. 이는 산출물의 증가가 투입요소의 증가보다 크면 생산성이 향상되지만, 반대의 경우에는 생산성이 감소한다는 의미이다. 생산성은 자원이 얼마나 효율적으로 투입되었는지, 또는 생산이 얼마나 효과적으로 이루어졌는지를 파악하기 위해 활용되는 개념이다.

현재의 생산성은 제조업 관점에서 그 개념이 정립되었다. 제조업에서 사용하는 생산성 개념은 두 가지를 가정하고 있다. 하나는 생산 산출물의 품질이 일정하다는 것이고, 다른 하나는 고객이 생산공정에 참여하지 않는다는 것이다. 여기에서 생산된 제품의 품질이 일정하다는 가정은 논란의 여지가 없지만 고객의 생산공정 참여에 대해서는 의견이 다양하다.

$$\text{생산성} = \frac{\text{생산된 산출물}}{\text{사용된 투입요소}} \text{ (단, 산출물의 일정한 품질)}$$

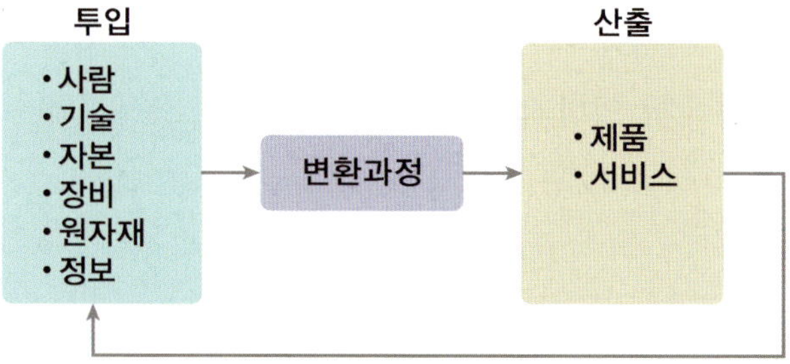

[그림 12-1] 생산과정에서의 투입요소 및 산출물

2 제조업 생산성 개념의 서비스업 적용문제

20세기 초까지만 해도 서비스업의 개념이 제대로 정립되지 않았고 생산성에 대한 연구도 부족하였다. 이로 인해 서비스 생산성은 개념이나 측정에서 제조업과 별다른 차이가 없이 활용되었다. 하지만 서비스의 특성 때문에 제조업의 생산성 측정방법을 적용하는 데는 무리가 따르는데, 그 이유를 세 가지로 살펴볼 수 있다(박정수, 2019).

첫째, 서비스의 이질적 특성 때문이다. 서비스 제공과정에 영향을 미치는 투입요소(예 : 서비스 직원의 역량, 서비스 제공환경 등)가 다양하므로 서비스 제공자나 고객이 동일하더라도 서비스의 품질은 달라질 수 있다. 서비스의 이질성은 앞서 언급한 '생산된 산출물이 일정한 품질을 가지고 있다'는 생산성의 기본 전제와 상반된 개념이다. 예를 들어, 돈까스 전문점이 많지만 고객이 선호하는 맛집은 따로 있다. 동일한 식당 내에서도 요리사에 따라 심지어 같은 요리사가 제공하는 돈까스도 사용재료의 상태에 따라 그 맛이 다를 수 있다. 이처럼 서비스업에서 투입의 변화는 오히려 고객만족도를 떨어뜨려 생산성 향상에 기여하지 못할 수도 있다.

둘째, 소멸성의 특성 때문이다. 서비스는 재고로 저장되지 않기 때문에 서비스를 구매하더라도 소비와 함께 소멸되며 그 편익도 사라진다. 이러한 소멸성에 기인하여 과잉생산으로 인한 손실이나 과소생산으로 인한 이익기회 상실이 발생할 수 있다. 즉, 생산성에 부정적인 영향을 미치게 된다.

마지막으로, 생산과 소비의 동시성, 즉 비분리성의 특성 때문이다. 즉, 서비스업에서는 서비스의 생산과 전달과정에서 고객의 참여가 중요한 역할을 한다. 고객의 의견반영은 서비스업의 수익창출과 생산성 제고에 매우 중요한 역할을 하게 된다. 따라서 고객이라는 투입요소를 포함하지 않는 생산성 개념을 서비스업에 적용하면 서비스의 생산성 측정에 있어 한계에 봉착하게 된다.

3 서비스 생산성에 대한 접근법

Bartsch 등(2011)은 서비스 생산성에 대한 그동안의 연구흐름을 네 가지로 분류하였는데, 산업적 생산성 접근, 서비스 생산 접근, 고객통합 접근, 서비스 마케팅 접근 등이다. 여기서 산업적 생산성 접근은 나머지 세 가지 접근의 내용과는 다소 차이를 보인다. 이 접근에서는 서비스업의 생산성 개념에 초점을 두기보다 서비스업에 린(Lean)[11] 생산방식과 같은 대량생산 시스템의 적용 가능성이나 생산성에 미치는 효과를 다루고 있다. 따라서 이 접근법은 서비스업의 생산성을 논하는 데 다소 무리가 있다. 따라서 여기서는 산업적 생산성 접근을 제외하고자 한다.

1) 서비스 생산 접근법

생산은 노동, 자본 등의 투입물을 제품이나 서비스 등의 산출물로 변형시키는 과정이며, 일정기간 동안 사용가능한 생산요소를 투입하여 최대한의 산출량을 어떻게 달성할 것인지에 관심을 두는 것이 서비스 생산 접근방식이다(Corsten, 1994; Flieβ &

11) 인력, 설비 등 생산능력을 필요한 정도만 유지하면서 생산효율을 극대화하는 시스템을 지칭함

Kleinaltenkamp, 2004).

이 연구자들은 서비스 전달과정을 두 가지 단계, 즉 결합 이전과 결합 이후의 단계로 구분한다(그림 12-2 참조). 결합 이전 단계는 서비스 제공자가 고객과 관계없이 독립적으로 서비스 제공을 준비하는 단계로서 자본(장소, 시설 등)과 노동(직원 등)은 투입요소에 그리고 잠재적 성과(서비스 제공역량)는 산출물에 포함된다. 결합 이후 단계는 추가적인 내부요인과 외부요인(예 : 고객의 시간이나 노력) 등의 투입요소를 결합하여 서비스를 생산하고 전달하는 생산공정 단계이다.

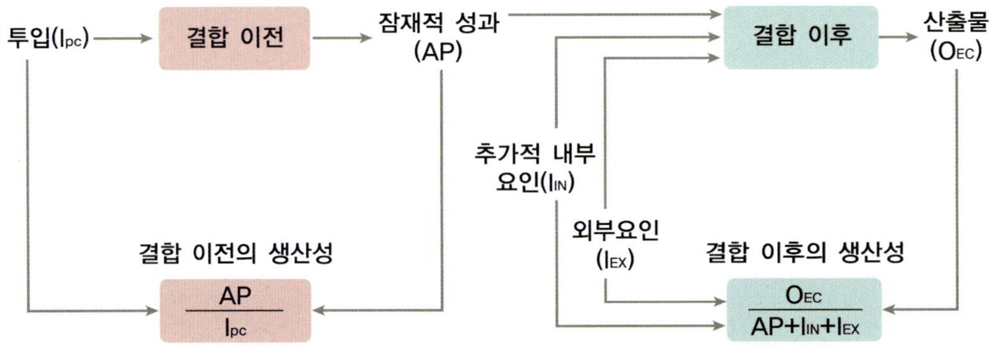

자료 : Jörg, B., Daniel, B., Ralf, K., Dietrich, H.A., Dominic, B., Peter, R.H., & Daniel, S.(2011). Do we need new theories on service productivity? Status Quo and implications from contemporary research. International RESER Conference, Conference paper, p.5

[그림 12-2] 서비스 생산성 측정구조

Corsten(2007)은 미용 서비스를 활용하여 서비스 생산성 구조를 단계별로 설명하였다. 미용사는 서비스 제공의 기본요소인 장소, 도구 등을 마련하여 서비스 제공역량을 갖추고(결합 이전 단계), 여기에 추가적인 내부요인(전력, 물 등)과 외부요인(고객의 시간이나 요구 등)을 결합하여 미용이라는 산출물을 제공한다(생산공정 단계).

서비스 생산 접근법에 따르면 고객의 통합이 서비스 제공자의 효율성을 높일 수 있으며, 고객통합의 수준이 높아질수록 서비스 제공자의 효율성에 미치는 고객의 영향이 더 높아진다. 따라서 고객의 참여가 부족하거나 지연된다면 서비스 제공자의 비용이 높아지거나 효율이 저하될 수 있다. 이처럼 서비스 생산 접근법에서는 고객의 노력과 같은 외부요인들이 하나의 투입요소로서 산출물에 영향을 미치게 된다.

2) 고객통합적 접근법

이 접근은 고객의 투입요소(시간, 비용 등)가 서비스 산출물에 영향을 미친다는 점에서는 서비스 생산 접근법과 동일하다. 하지만 [그림 12-3]과 같이 고객통합적 접근에서의 서비스 생산성은 기업관점과 고객관점에서 동시에 평가해야 하며, 서비스 품질이 중심에서 두 관점을 연결시켜 주는 역할을 한다. 서비스 제공자와 고객 간 투입요소의 결합에 의해 서비스 품질이나 생산성이 영향을 받는다는 점에서 고객통합적 접근법으로 분류된다.

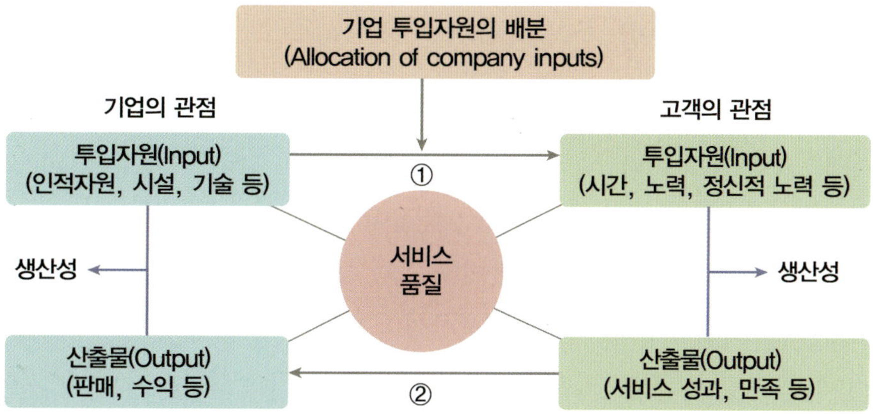

자료: Parasuraman, A.(2010). Service productivity, quality and innovation: Implications for service-design practice and research. International Journal of Quality and Service Sciences. 2(3): 280

[그림 12-3] 서비스 제공자와 고객관점의 서비스 생산성

서비스 제공자의 생산성은 서비스 제공자(또는 서비스 기업)가 자본(장비), 노동(인력), 기술 등을 투입하여 서비스를 제공하며 이윤이나 시장점유율 등의 산출물을 얻어 결정된다. 고객의 생산성은 고객 자신이 원하는 서비스를 제공받기 위해 시간이나 감성적 에너지 등을 투입하고 서비스 성과나 만족의 산출물을 얻는다. 이 과정에서 고객은 서비스 제공자와 접촉하며 제공되는 서비스의 공동 생산자로서의 역할을 수행한다. 여기서 고객이 지각하는 서비스의 품질은 서비스 생산성 모형에서 투입물이나 산출물의 요인이 아니라 투입요소에 의해 영향을 받거나 산출물에 영향을 주는 변수로만 고

려된다(Jörg 외, 2011).

여기서 유의해야 할 점은 기업이 투입자원을 축소하면 서비스 제공자(기업)의 생산성이 증가하지 않을 수 있다는 것이다. 즉, 기업의 투입자원 축소는 고객에게 더 많은 노력을 요구하게 되고(①번 화살표: 기업 투입자원 ⇒ 고객 투입자원), 때때로 서비스 품질의 하락을 가져오며, 이러한 서비스 품질의 하락은 서비스 판매나 수익과 같은 기업의 산출물을 감소시키게 된다. 또한, 고객불만을 야기해 고객의 산출물도 감소하며 궁극적으로 기업의 산출물 감소(②번 화살표: 고객 산출물 ⇒ 기업 산출물)로 이어지게 된다.

3) 서비스 마케팅 접근법

서비스 마케팅 접근법과 서비스 생산 접근법의 차이는 서비스 생산성에 서비스의 품질을 포함하느냐의 여부이다. 서비스 마케팅 접근법에서 서비스 품질은 서비스의 생산성 향상에 중요한 역할을 하는데, 서비스 품질이 산출물의 중요한 한 부분이며 외부 효율성의 결정요인으로 작용하기 때문이다.

서비스 마케팅 접근법에서는 서비스 생산성이 내부 효율성, 외부 효율성, 용량 효율성의 함수로 정의된다(Grönroos & Ojasalo, 2004). 즉, 서비스 (생산) 공정에서 투입자원이 얼마나 효과적으로 산출물로 변환되고(내부 효율성 혹은 비용 효율성), 서비스 공정의 품질과 성과가 얼마나 잘 인지되며(외부 효율성), 또 서비스 공정의 용량이 어떻게 효과적으로 활용되는지(용량 효율성)의 함수로써 서비스 생산성을 정의한다(그림 12-4 참조).

내부 효율성은 비용 측면의 검토를 중심으로 서비스 제공자의 투입과 고객의 투입으로 분류된다. 전자의 투입으로는 노동, 자본, 기타 투입 관련 변수를 고려한다. 고객의 투입으로는 고객의 참여에 따른 인력, 비용, 노력 등을 포함한다.

외부 효율성은 일정수준의 품질을 제공하는 능력을 의미한다. 고객은 서비스의 생산과 제공과정에 직간접적으로 참여하게 하는데, 이러한 고객의 노력(시간 투입, 의견제시 등)은 산출물에 영향을 미친다. 따라서 서비스 제공자가 서비스 품질을 얼마나 효과적으로 산출물에 반영하느냐 등을 나타내는 외부 효율성은 서비스 생산성 개념의 필수

부분으로 고려된다.

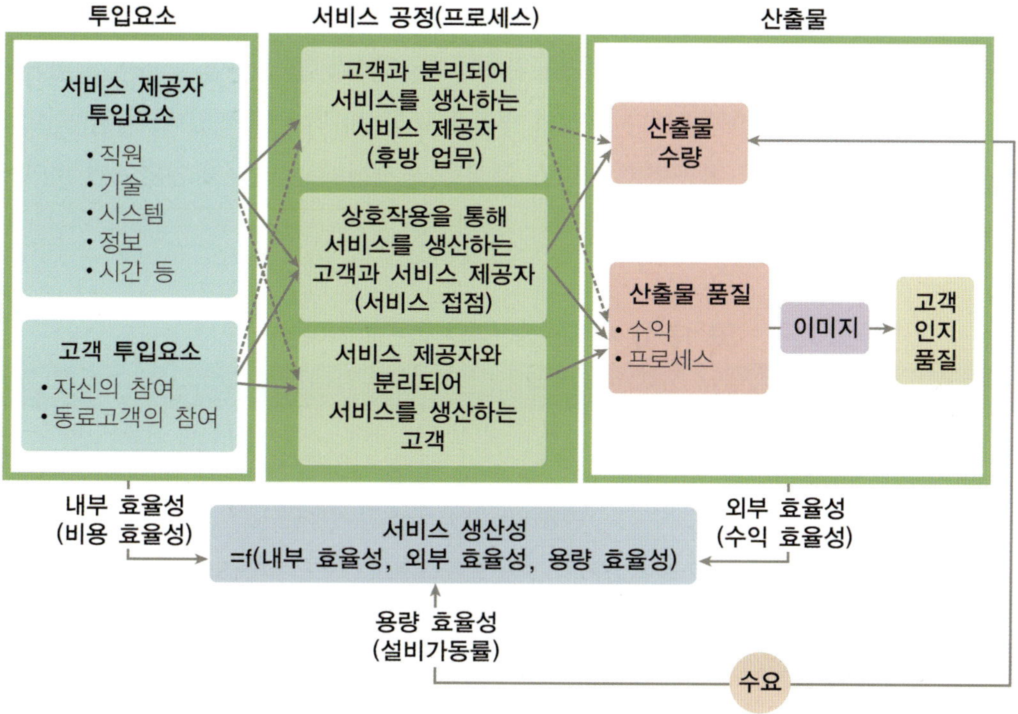

주 : 그림에서 실선은 직접적 영향을, 점선은 간접적 영향을 나타냄

자료 : Grönroos, C., & Ojasalo, K.(2004). Service productivity : Towards a conceptualization of the transformation of inputs into economic results in services. Journal of Business Research. 57 : 418

[그림 12-4] Grönroos와 Ojasalo의 서비스 생산성 모형

용량 효율성은 고객의 수요에 적절하게 대응할 수 있는 설비 가동률을 의미한다. 서비스의 소멸성은 서비스 제공자에게 과잉생산이나 과소생산으로 인한 문제를 야기할 수 있다. 이는 서비스업에서 용량 효율성 관리가 중요하다는 것을 의미한다. 가령, 수요와 공급이 일치하면 용량 효율성은 최적이지만 그렇지 않다면 용량 효율성이 저하(수요 부족)되거나 품질이 저하(초과 수요)되는 결과를 초래할 것이다. 생산성 측정 시 용량 효율성을 제외해야 한다는 주장이 있는데, 그 이유는 투입 대비 산출을 통한 생산성은 결과적으로 용량 효율성이 반영된 결과로 생각할 수 있기 때문이다(박광태, 2011).

앞에서 살펴본 세 가지 접근법 모두 서비스 제공과정이나 서비스 생산성에 고객이 중요한 요소로 고려된다. 세 가지 접근법 모두 고객을 서비스 생산성에 있어 투입요소로 본다. 하지만 고객통합 접근법과 서비스 마케팅 접근법은 고객을 투입요소뿐만 아니라 산출물 요소로도 보고 있다(표 12-1 참조). 즉, 고객통합 접근법과 서비스 마케팅 접근법은 서비스 생산 접근법보다 고객의 역할을 조금 더 반영하고 있다. 한편, 서비스 생산 접근법과 고객통합 접근법은 서비스 품질을 생산성에 반영하지 않았지만 마케팅 접근법은 이를 반영하고 있다.

[표 12-1] 서비스 생산성의 접근별 차이점

구분	서비스 생산 접근법	고객통합적 접근법	서비스 마케팅 접근법
고객의 역할	투입요소	투입 및 산출물 요소	투입 및 산출물 요소
서비스 품질	서비스 생산성에 반영하지 않음	서비스 생산성에 반영하지 않지만 변수로는 고려함	서비스 생산성에 반영
서비스 생산성	단계별 생산성 추정	경제주체별 생산성 추정	함수로 생산성 추정
생산성에 대한 가정	무형성, 이질성, 비분리성, 소멸성 등의 서비스 특성 존재		

자료 : 박정수(2019). 서비스업에서의 생산성 논의와 정책추진 방안. 한국산업연구원, p.50

4 서비스 생산성의 정의

서비스 생산성은 다양하게 정의된다. 이유재(2004)는 생산된 서비스에 대한 투입물의 비율로 정의하였고, Berman(1998)은 서비스 산출물을 생산하기 위해 사용되는 인적·물적 자원을 포함하는 모든 자원의 투입에 대한 서비스의 질적 측면(예 : 만족도, 품질)에 포함된 산출의 비율로 정의하였다. 서비스의 질적 측면이 고려된 이유는 고객의 지각에 따라 산출물에 대한 가치가 다르기 때문이다. Murdick(1990)은 서비스 생산성은 투입 대비 산출의 비율보다 아래의 식과 같이 정의되어야 한다고 주장하였다.

$$생산성 = [(단위당\ 산출물 \times 품질수준) / 단위당\ 투입물] - 1$$

여기서 품질수준은 0에서 1까지 변화한다. 만약 0.5의 품질수준을 가졌다면 이는 고객에게 절반수준의 생산성으로 평가받는다는 것을 의미한다.

위의 정의를 종합해 볼 때, 서비스 생산성은 한정된 투입요소를 활용하여 제공되는 산출물의 비율로 정의될 수 있다. 투입요소로는 전통적 투입요소인 노동(물리적 노동력과 지적 노동력), 자본(건물, 토지, 시설, 장비, 정보시스템, R&D, 금융자산)은 물론 고객의 역할(시간, 스킬, 지식)이 중요하며, 산출물에는 양적 측면인 산출물(예: 매출액, 이익) 외에 질적 측면(예: 고객만족도, 품질)이 포함된다. 또한, 제조업 기반의 생산성은 '일정한 산출물 품질'을 전제로 하지만 서비스의 특성으로 인해 서비스업에서는 이러한 전제가 당연시되지 않는다.

Cowell(1988)은 서비스 산업에서 생산성의 중요성을 두 가지로 설명하였다. 우선, 원가절감에 대한 중요성이다. 생산성 향상은 투입물을 줄이거나 산출물을 높이는 것으로 이뤄지는데, 서비스 생산에 있어 투입의 감소는 원가의 절감을 의미한다. 이렇게 절감된 원가는 마케팅이나 R&D 등에 활용되어 기업의 역량을 강화시키게 된다. 또한, 서비스 향상 노력으로서 고객이 받을 수 있는 부정적 영향이나 인식을 최소화하면서 고객의 지각품질을 향상시키기 때문에 서비스 생산성은 중요하다.

5 서비스 생산성의 측정

생산성에는 단일요소 생산성과 총요소 생산성의 두 종류가 있다. 대표적인 단일요소 생산성으로 노동 생산성이 있으며, 이는 노동력이 성별, 연령, 학력, 기술수준 등 인적 속성에 대해 동질적이라는 가정하에 노동 투입대비 산출의 비율로 정의된다. 총요소 생산성은 자본, 노동, 에너지, 원재료, 서비스 투입 등 측정가능한 모든 요소의 투입대비 산출량의 비율이다. 일반적으로 측정의 용이성으로 인해 총요소 생산성보다는 노동 생산성 또는 자본 생산성과 같은 단일요소 생산성이 주로 이용되고 있다.

1) 노동 생산성

노동 생산성은 투입된 노동요소에 의한 서비스 산출물을 측정하는 방식이다. 노동 생산성은 가장 중요한 생산요소인 노동이 얼마나 효율적으로 다른 생산요소와 결합되었는지를 나타낸다. 특히, 관광 서비스 산업에 있어 투입요소의 핵심은 노동력이기 때문에 노동 생산성이 갖는 의미는 매우 크다. 노동 생산성은 상대적으로 측정이 용이할 뿐 아니라 생활수준의 측정치인 1인당 소득과 직접적인 관계가 있다는 점에서 유용한 측정치라 할 수 있다. 하지만 노동 생산성 측정치에는 기술변화, 노동자의 개인적인 능력, 노동의 질적인 차이 등과 같은 여러 가지 요인이 반영되어 있으므로 분석할 때 주의를 기울여야 한다.

우리나라는 제조업의 생산성이 서비스업보다 훨씬 높다(그림 12-5 참조). 한국생산성본부에 따르면 2016년부터 2019년까지 최근 4년 동안 제조업이 서비스업의 노동 생산성 상승률을 매년 웃돌고 있다. 심지어 지난 2017년에는 제조업이 4.7%, 서비스업은 1.9%를 각각 기록해 두 업종 간 노동 생산성 상승률 격차가 2.8%포인트에 달했다. 업종별 생산성 격차는 임금격차를 유발하고 임금은 노동시장 전반을 왜곡하여 일자리 감소로 이어질 수 있다.

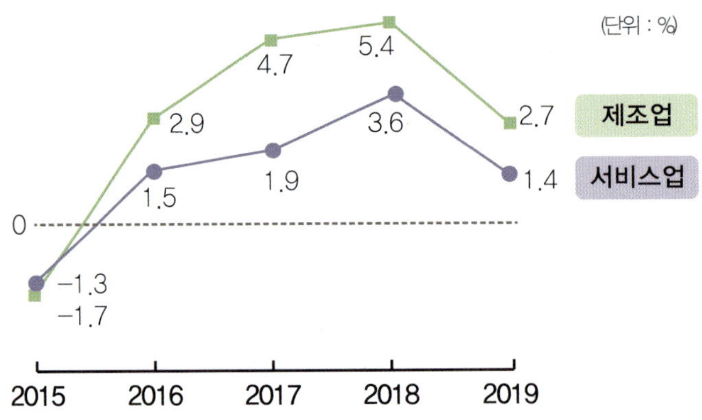

자료 : 헤럴드경제(2020.6.28.)

[그림 12-5] 우리나라 업종별 노동 생산성 추이

관광산업의 노동 생산성은 높지 않은데 그 이유 중 하나는 노동집약적 산업이기 때문이다. 특히, 관광산업 종사자는 저임금에 노동강도는 높아 생산성을 저해하는 요인으로 작용하고 있다(사례 12-2 참조). 노동 생산성의 향상을 위해서는 노동의 양적 투입보다 노동력의 질적 향상이 중요하다. 또한, 직원의 근로조건이 향상되어야 한다. 관광 서비스업에서는 서비스 품질과 창의성이 타 업종에서보다 더욱 중요하다. 따라서 보다 우수한 인적자원이 관광 서비스 기업에 진출하여 생산성과 혁신성이 증가하는 선순환 구조를 마련해야 한다.

사례 12-2 관광산업 종사자, 저임금에 노동강도는 높아

월평균 임금 229만 3,000원… 근로일수 19.9일
여성 종사자 비중 47.6%, 정규직은 절반 이하

관광산업 종사자

전체	여성
558,298명	265,848명

월평균 근로실태 현황

근로일수	근로시간
19.9일	152.8시간

관광산업 임금 현황 (단위 = %, 1인당 평균임금 2,293,000원)

150만 원 미만	150만 원~180만 원 미만	180만 원~210만 원 미만	210만 원~240만 원 미만	240만 원~270만 원 미만	270만 원~300만 원 미만	300만 원 이상
1.2	12.6	25	20.6	13.7	10	16.9

문화체육관광 관련 산업에서 관광산업 종사자들의 임금과 근로시간이 가장 열악한 것으로 나타났다. 한국문화관광연구원이 발표한 '문화체육관광 관련 산업 일자리 조사' 결과에 따르면 관광산업 종사자의 1인당 월평균 임금이 229만 3,000원으로 가장 적었지만 1인당 월평균 근로일수는 19.9일로 가장 많았다.

관광산업 종사자의 월평균 임금은 180만 원~210만 원 미만이 전체의 25%로 가장 많은 비중을 차지했으며, 다음으로는 210만 원~240만 원 미만(20.6%), 300만 원 이상(16.9%)인 것으로 집계됐다. 임금 수준을 살펴보면 문화예술산업이 251만 3,000원으로 가장 높았고 문화산업 242만 5,000원, 스포츠산업 237만 1,000원 순으로 나타났다. 산업별 근로일수는 관광산업(19.9일) 다음으로 스포츠산업(19.6일), 문화예술산업(19.4일), 문화산업(18.4일) 순이다. 하지만 월평균 근로시간으로 비교하면 스포츠산업이 157시간으로 가장 많고 문화예술산업(154.4시간), 관광산업(152.8시간), 문화산업(144.4시간)이 뒤를 이었다.

종사자 중 여성의 비율이 가장 높은 분야는 관광산업 부분이 47.6%로 문화예술산업(42.7%), 문화산업(41.1%), 스포츠산업(38.8%)보다 높았다. 문화체육관광 관련 산업 전체 종사자 수는 214만 7,350명으로 산업별로는 문화예술산업이 84만 5,401명으로 가장 많았고, 문화산업 62만 8,065명, 관광산업 55만 8,298명, 스포츠산업 52만 9,013명 순으로 기록됐다. 이 중 정규직은 130만 227명, 비정규직은 33만 3,617명이다. 전체 여성 종사자 비율은 42.5%며 여성 정규직은 41.5% 수준에 그쳤다.

자료 : 여행신문(2019.1.21.)

2) 자본 생산성

노동 생산성은 서비스의 생산과 전달과정에서 고객참여에 대한 고려가 배제되는 한계가 있다. 따라서 재무적 척도를 통해 서비스 생산성을 측정하게 되는데, 대표적인 측정방식이 자본 생산성이다. 자본 생산성은 서비스 상품을 생산하기 위하여 투입된 자본의 양(예 : 장비, 시설, R&D, 기술)과 그 결과 생산된 산출물 양의 비율이다. 적은 자본투입의 결과로서 높은 매출을 얻는다면 직원의 전문성, 고객참여를 통한 만족향상, 혹은 기술적 요소 등이 단순한 노동 생산성 측정에서 나타나지 않지만 자본 생산성 수치에 어느 정도는 반영되어 있음을 나타낸다.

자본의 생산성을 높이기 위해서는 자본과 결합하는 요소인 노동의 질, 즉 인적 자본을 확충하고, R&D(연구개발) 투자를 확대하고, 지식과 기술을 혁신해야 한다. 하지만 자본 생산성을 결정하는 이들 요소들은 공공성이 커서 기업(시장)이 스스로 해결하기 어렵다. 따라서 자본 생산성 향상을 위해서는 정부 재정이 필수적이다.

제2절 서비스 생산성의 개선도구

일부 학자들은 서비스 개선도구(박경종 외, 2014) 혹은 서비스 품질통제 도구(유시종, 2014)를 설명하면서 서비스 생산성 향상을 위한 도구로서의 기능을 강조하고 있다. 본

교과서에도 편의상 서비스 품질개선 도구를 생산성 개선도구와 동의어로 사용한다. 품질개선 혹은 향상은 곧 생산성 향상을 의미한다. 생산성 개선도구로는 파레토 분석, 원인결과 분석도, 런차트, 체크시트, 기회 흐름도, 프로세스 관리도 등이 있다. 여기서는 이들 중 파레토 분석과 원인결과 분석도를 중심으로 설명하고자 한다. 또한, 서비스 생산성 향상을 위한 프레임워크로도 사용되는 Hekett(1994)의 서비스 이익사슬에 대해서도 학습한다.

1 파레토 분석(Pareto analysis)

1) 개요

문제의 원인 중 중요도가 가장 높은 것에서 낮은 것으로 분류하는 그래픽 도구이다. 파레토(Pareto)는 이탈리아 국민의 전체 소득 중 80%가 인구의 20%에 집중되어 있는 것을 발견하였다. 이것이 사소한 다수(80%)가 중요한 소수(20%)를 지배한다는 파레토 법칙이다. 이 법칙은 다양한 상황에서 사용되고 있다. 예를 들면, 고객 불만의 80%는 서비스 및 제품의 20%에서 발생한다든지 혹은 20%의 VIP 고객이 전체 매출의 80%를 차지한다든지와 같이 사용된다.

파레토 분석의 장점은 문제의 원인을 가장 중요한 것에서 가장 덜 중요한 순서로 분류하기 때문에 데이터를 비교하기 용이하다. 즉, 어떤 항목이 가장 큰 문제인지 그리고 그 문제가 전체에서 얼마나 큰지 쉽게 알 수 있다. 문제의 크기순으로 나타내기 때문에 문제들을 어떤 순서로 해결해야 할 것인가를 결정하는 데 유용하다. 또한, 복잡한 계산을 필요로 하지 않기 때문에 쉽게 사용할 수 있다.

하지만 파레토 분석은 과거 계량적 데이터에만 적용되며 예측분석에 대한 정보는 제공하지 않는다. 또한, 어떠한 원인이 많으면 그림으로 시각화를 하더라도 가독성이 떨어진다. 그리고 문제의 원인을 알려주지만 해결책을 제시하지 않기 때문에 다른 분석을 병행해야 효과적이다.

2) 파레토 분석절차

A레스토랑 서비스에 대한 연구사례를 가지고 설명해 보면 다음과 같다. 고객 100명을 대상으로 서울 시내에 있는 A레스토랑에 대해 서비스 만족의 요인을 조사하였다고 가정하자. 만족도 원인은 8개로 분류하였고 각 원인에 대한 응답자의 빈도수는 [표 12-2]와 같다. 이를 바탕으로 파레토 분석절차를 설명하면 5단계로 나누어볼 수 있다.

[표 12-2] 레스토랑 서비스 만족요인별 빈도수

만족요인	빈도수(회)
음식의 모양	12
음식의 양	5
음식의 맛	25
서비스 품질	24
신속한 대응	5
가격의 적정성	6
청결상태	15
레스토랑 분위기	8
계	100

1단계 : 순위별 자료 재배치

우선 [표 12-2]의 자료를 이용하여 빈도수에 따라 가장 높은 순서에서 가장 낮은 순서로 재정리한다. 첫 번째(순위별 자료 재배치)에서 세 번째(누적비율 계산) 단계까지를 정리한 것이 [표 12-3]이다.

2단계 : 빈도수를 비율로 전환

다음은 각 요인 빈도수에 대한 비율을 계산한다. 예를 들면, '음식의 맛'의 빈도수는 25이다. 이를 총빈도수 100으로 나누고 100을 곱하면 25%가 된다. 나머지 7개 요인에 대해서도 비율을 계산한다.

3단계 : 누적비율 계산

예를 들면, 두 번째 '서비스 품질'은 '음식의 맛' 25%와 '서비스 품질' 24%를 더하면 누적비율이 49%가 된다. 마지막 요인인 '신속한 대응'의 누적 비율은 100이 되는데, 앞의 일곱 개 요인과 자신(신속한 대응)의 비율을 합산했기 때문이다(표 12-3 참조).

4단계 : 파레토 그래프 생성

[표 12-3]의 자료를 활용하여 그래프를 생성한다. 'Excel'에서 먼저 자료를 선택한 후 '삽입' 메뉴에 있는 '세로형 막대차트'를 클릭하면 된다. [그림 12-6]은 완성된 파레토 차트이다.

5단계 : 결과의 해석

마지막으로 결과해석이다. A레스토랑에 대한 만족도의 약 80%(실제 76%)는 '음식의 맛', '서비스 품질', '음식의 청결상태', '음식의 모양'의 네 가지 요인들인 것으로 나타났다. 그리고 만족의 49%는 '음식의 맛'과 '서비스 품질'의 두 개 요인이었다. 이 두 가지 만족요인은 중요한 소수를 나타내고 있으며 나머지 만족요인은 사소한 것에 해당한다고 할 수 있다.

[표 12-3] 레스토랑 만족요인의 응답비율 및 누적비율

만족요인	응답자 수 [1단계]	응답비율 [2단계]	누적비율 [3단계]
음식의 맛	25	25.0%	25.0%
서비스 품질	24	24.0%	49.0%
음식의 청결상태	15	15.0%	64.0%
음식의 모양	12	12.0%	76.0%
레스토랑 분위기	8	8.0%	84.0%
가격의 적정성	6	6.0%	90.0%
음식의 양	5	5.0%	95.0%
신속한 대응	5	5.0%	100.0%

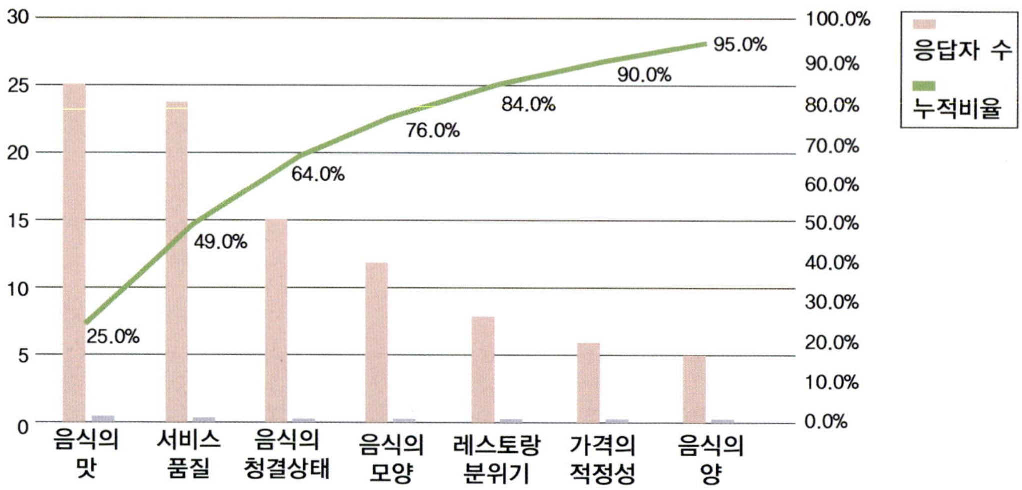

[그림 12-6] 레스토랑 만족요인에 대한 파레토 그래프

2 피쉬본 다이어그램(Fishbone diagram)

1) 개요

피쉬본 다이어그램은 어떠한 문제(결과)가 발생했을 때 그 원인이 무엇인지 인과관계를 살펴보고 이를 물고기의 뼈 모양으로 도식화한 것이다. 즉, 결과에 대해 영향을 미치는 요인과 각 요인에 대한 구체적 이유와의 관계가 생선의 머리와 뼈처럼 보이기 때문에 Fishbone Diagram(Ishikawa Diagrams)이라 불린다. 원인과 결과의 관계를 설명하므로 원인결과 분석도(Cause-effect diagram) 혹은 특성 요인도라고도 한다. 피쉬본 다이어그램은 품질문제에 영향을 주는 여러 가지 요인과 이유를 파악함으로써 서비스 불량이나 오류를 제거할 수 있다. 앞서 설명한 파레토 분석은 서비스 품질의 오류나 문제의 원인을 밝힐 수 있으나 해결방안이 무엇인지는 알 수 없다.

[그림 12-7]은 미국 미드웨이 공항(시카고 제2공항)의 피쉬본 다이어그램의 사례이다(이유재, 2013). 이 공항은 비즈니스 여행객을 목표시장으로 하며 비행시간은 대부분 2시간 이하이다. 이 공항의 큰 문제점은 대부분의 비행기가 목적지에 늦게 도착한다는 것이다. 조사결과 도착지에 늦는 주요 원인은 항공기의 이륙지연 때문인 것으로 나타

났다. 따라서 이륙지연에 대한 원인을 분석해 본 결과 시설 · 장비, 인력, 절차, 원자재 공급, 그리고 기타 요인 등의 다섯 가지가 주요 원인으로 나타났다. 여기서 인력은 다시 전방인력과 후방인력으로 분류하고, 절차에서 정보를 분리하고, 고객을 새로이 추가하여 [그림 12-7]과 같이 피쉬본 다이어그램을 작성하였다.

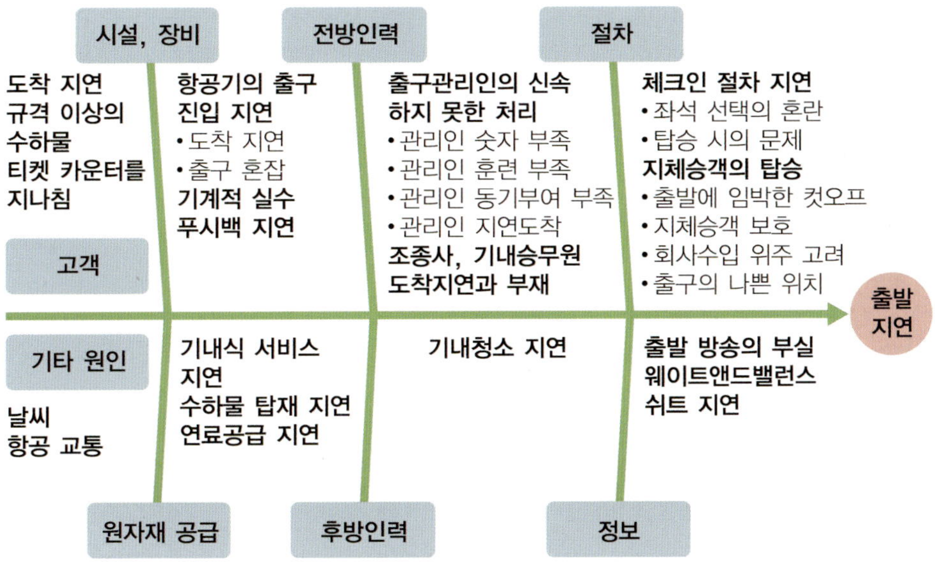

자료 : 이유재(2013). 서비스 마케팅. 학현사, p.158

[그림 12-7] 항공기 출발지연의 피쉬본 다이어그램

2) 피쉬본 다이어그램 분석절차

[그림 12-7]에서 생선 머리는 직면하고 있는 문제점(혹은 결과)을 기술하는데 여기서는 항공기 출발지연이 해당한다. 다음으로 머리에서 왼쪽으로 생선의 척추처럼 수평선을 그리고, 여기서 갈라져 나온 뼈들에는 항공기 지연출발을 야기하는 중요한 요인 8가지를 표시한다(절차, 정보, 전방인력, 후방인력, 시설 · 장비, 원자재 공급, 고객, 기타 요인). 그리고 각 요인에 대한 구체적인 이유를 생선 작은 가시의 위치에 기술한다. 예를 들면, 절차에 해당하는 구체적 이유로는 체크인 절차지연과 지체 승객의 탑승이 있고, 이들은 다시 하위 이유로 인해 지연되고 있음을 알 수 있다.

3 서비스 이익사슬 모형

서비스 산업에서 직원만족도, 고객만족도, 고객충성도 등은 생산성을 평가하는 데 있어 중요한 산출물이다. 이러한 서비스 산출물의 비중이 높지 않으면 생산성이 낮을 수밖에 없다. 서비스 이익사슬 모형을 설명하고 있는 이 변수들에 대한 효과적 관리가 결국 생산성을 향상시켜 주게 된다. 따라서 서비스의 생산성 향상을 위해 통합적 관점에서 관리되어야 하는데 서비스 이익사슬 모델은 그에 대한 중요한 시사점을 던져주고 있다. 여기서는 서비스 이익사슬 모형의 소개와 핵심변수 간의 관계를 중심으로 설명한다.

1) 개요

서비스 이익사슬(Service profit chain) 모형은 여러 학자들의 연구를 바탕으로 완성되었다. Reichheld와 Sasser(1990)는 기업의 성장과 수익성이 고객의 이탈변화에 의해 어떤 영향을 미치는가를 연구하였고, Reichheld(1993)는 고객충성도 및 고객유지와 기업의 성장 및 수익과의 영향관계를 연구하였다. Jones과 Sasser(1995)는 서비스 가치가 고객의 충성도를 높이는 결정적 요인이라는 점을 발견하였으며, Schlesinger와 Heskett(1991)은 자신들이 근무했던 기업의 경영실패 요인에 대해 성공 순환모형을 제시하였다. 이러한 연구들을 바탕으로 Heskett과 그의 동료들(1994)은 서비스 이익사슬 모형의 틀을 만들었다.

[그림 12-8]의 서비스 이익사슬 모형에서 직원만족, 직원충성도(직원유지), 직원 생산성, 고객만족, 고객충성도, 그리고 이익 간에 작용하는 메커니즘을 설명하면 다음과 같다. 기업의 운영전략과 서비스 전달 시스템에서 내부 서비스 품질을 향상시키기 위한 중요한 요인으로는 근무장소 설계와 직무설계, 직원선발과 경력개발, 보상과 인정, 정보와 커뮤니케이션, 고객 서비스를 위한 도구 등이 있다. 내부 서비스의 품질향상은 직원의 직무만족에 영향을 미치고, 나아가 직원의 충성도를 높이고, 직원의 생산성과 서비스의 품질을 높여주게 된다. 이렇게 향상된 서비스 품질은 고객에게 서비스 품질을 높게 지각하도록 만들어 고객에게 제공하는 서비스의 가치수준을 높여주게 된다.

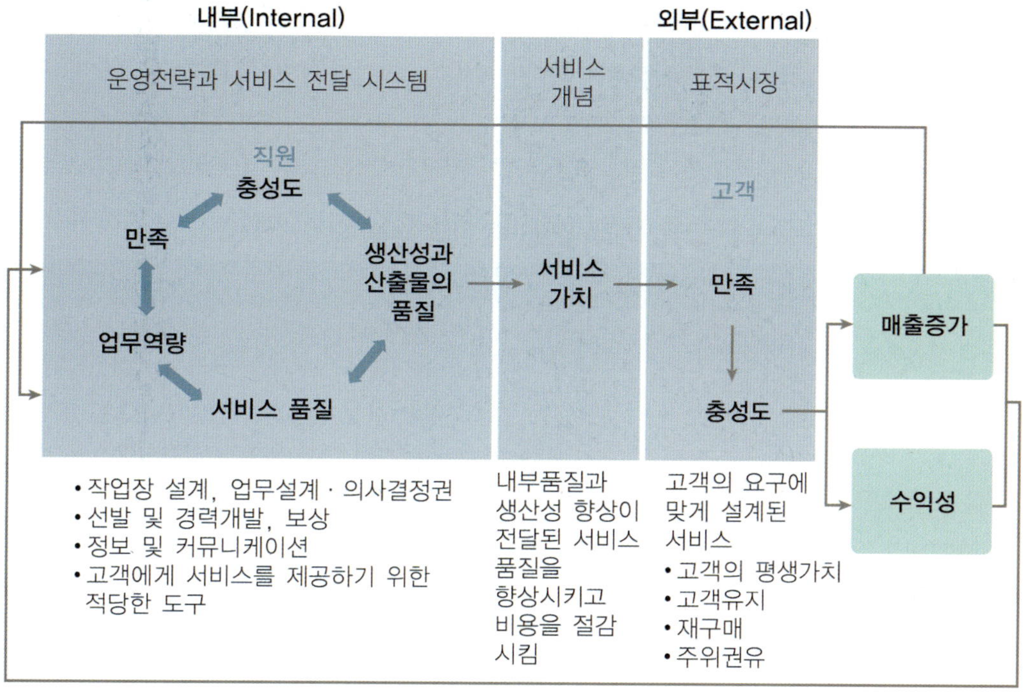

자료: Heskett, J.L., Sasser, W.E., & Schlesinger, L.A.(1997), The service profit chain: How leading companies link profit and growth to loyalty, satisfaction and value. New York: Free Press, p.19

[그림 12-8] 서비스 이익사슬 모형

향상된 서비스 가치는 고객을 만족시키고, 고객이 재구매하도록 유도하며, 주위 사람들에게 구전 및 추천을 하도록 유도하게 된다. 아울러 기존고객을 유지하고, 고객의 충성도를 향상시켜 궁극적으로 매출을 높여주는 역할을 하게 된다. 수익성이 증가하여 성장을 가능하게 하면서 여기서 얻어진 이익을 내부의 운영전략 및 서비스를 제공하는 프로세스 시스템에 투자함으로써 선순환이 가능하게 된다. 즉, 서비스 생산성이 증가하게 된다.

2) 이익사슬 관계

이전의 많은 연구에서는 직원의 중요성보다 고객만족에 집중하여 왔다. 하지만 직원만족과 고객만족의 인과관계가 여러 실증사례를 통해서 연결되어 있음이 입증되었다

(표 12-4 참조). Heskett 등(1997)이 제시한 각 연결관계를 살펴보면 서비스 이익사슬이 어떻게 그 기능을 하게 되는지 알 수 있다. 서비스 이익사슬 모형은 일곱 가지 변수 간의 관계성으로 살펴볼 수 있다.

[표 12-4] 고객만족과 직원만족 간의 관계(1990~1995)

연구대상	업무	직원유형	조사결과 내용
MCI 통신회사	전화통신	서비스센터 직원	직원만족과 고객만족 그리고 서비스를 계속 이용하려는 의도 간의 유의한 관계
칙필라	음식서비스	식당직원	평균 이상의 고객만족을 나타내는 음식점의 78%가 평균 이상의 직원만족을 나타냄
서유럽 화폐중앙은행	은행업무	은행지점 직원	직원만족과 고객만족 간의 유의한 관계
Major J.S. 여행 서비스	여행서비스	서비스 지점의 직원	직원만족과 고객만족 간의 유의한 관계
서비스 마스터	청소서비스	청소서비스 제공자	직원만족 1% 증가는 직원몰입을 5% 증가시키고 고객만족은 22% 증가시킴
제록스	사무용 기계	서비스센터 직원	직원만족과 고객만족 간의 유의한 관계

자료: Heskett, J.L., Sasser, W.E., & Schlesinger, L.A.(1997). The service profit chain: How leading companies link profit and growth to loyalty, satisfaction and value. New York: Free Press, p.100

(1) 내부 서비스 품질 → 직원만족도

내부 서비스 품질은 직원의 만족을 유발한다. 서비스 기업에서 업무환경의 질은 직원만족에 영향을 미치는 중요한 요소이다. 내부 서비스 품질은 조직 구성원 간 서로에 대해 가지는 태도로서 서로 대우하는 방법(Parasuraman et al., 1998) 혹은 조직 내에서 직원이 다른 직원에게 서비스를 가지고 대우하는 것(Gremler, et al., 1994)으로 정의된다. 사우스웨스트 항공은 직원들에게 자신 없는 특별한 경우를 제외하고는 고객을 위해 본인 스스로가 의사결정을 하도록 하였다. 직원에게 주어진 자율재량권의 확대는 곧 자기만족과 업무의 효과적 처리와 같은 서비스 품질의 향상으로 이어졌다.

(2) 직원만족도 → 직원충성도

직원의 만족은 직원충성도를 유발한다. 한 보험회사에 대한 직원만족도 조사결과에서 만족도가 낮은 직원의 30%는 이직을 희망하는 것으로 나타났는데, 이는 만족도가 높은 직원들에 비해 3배나 높은 것이었다(Schiesinger & Zornitsky, 1991). 사우스웨스트 항공은 항공사 중 높은 직원만족도를 보여주었는데, 1년에 5% 미만의 매우 낮은 이직률로 나타나 직원의 만족은 직원의 충성도로 이어진다는 것을 증명하였다.

(3) 직원충성도 → 직원 생산성

직원의 충성도는 직원의 생산성을 향상시킨다. 전통적인 의미로 보면 직원이 이직하면 모집비용, 고용, 그리고 훈련비용으로만 그 손실을 추정하였다. 하지만 직원 이직의 실질적인 비용은 생산성의 손실과 고객만족의 감소까지 이어진다. 가령, 직원의 이직률이 낮아지면 생산성은 향상되고, 이는 직원의 업무 전문성을 향상시키며, 고객의 만족수준을 높이게 된다. 따라서 직원의 충성도는 직원의 생산성을 향상시키는 중요한 선행변수이다.

(4) 직원 생산성 → 서비스 가치

직원의 생산성은 서비스 가치를 유발한다. 사우스웨스트 항공사 직원은 직위와 관계없이 자신의 직무가 아니더라도 필요하다면 수행한다. 가령, 비행기가 수하물 처리 때문에 출발이 늦어진다면 조종사도 일손을 도와야 한다. 이러한 유연성이 비행일정, 노선, 좌석제 등과 어우러져 경쟁사에 비해 종업원 1인당 3~4배의 승객에게 서비스를 제공한다.

타사의 경우 비행기가 다시 출발하기 위해서는 40분 정도 소요되지만 사우스웨스트는 20분이면 충분하며, 가용 비행기의 수가 증가하고, 단거리 비행으로 승무원의 대기시간이 짧아서 경쟁사보다 조종사 가동률이 40% 이상 높다. 다른 항공사의 조종사 비행시간은 50시간이지만 사우스웨스트는 70시간이다. 이러한 직원의 생산성 향상은 다른 항공사보다 30~40% 저렴한 운임으로 운항을 가능하게 만들었다. 이처럼 직원의 생산성이 향상되면 비용이 절감되고 고객에게 제공되는 서비스의 가치는 향상된다.

(5) 서비스 가치 → 고객만족

서비스 가치는 고객만족을 향상시킨다. 고객이 가치 있다고 느끼는 것은 자신이 지불한 비용보다 경험한 서비스가 더 우수할 때 가능하며, 가치가 있다고 느낀 고객은 만족하게 된다. 사우스웨스트 항공은 비행기 출발횟수 확대, 정시도착, 친절한 서비스, 저렴한 요금 등에 따라 고객만족의 수준이 변한다는 것을 파악하고 이를 실행하였다. 그 결과 사우스웨스트 항공은 정시 도착률이 가장 높았던 반면, 고객 1,000명당 고객불만의 신고건수와 화물 분실건수는 가장 낮았으며, 운임은 저렴하여 고객이 지각하는 높은 가치를 창출할 수 있었다.

(6) 고객만족 → 고객충성도

고객만족은 고객충성도 향상에 기여한다. 제록스사는 48만 명의 고객들을 대상으로 제품과 서비스에 대한 만족도를 5점 리커트 척도(예 : 1= 전혀 만족하지 않는다, 5=매우 만족한다)로 조사하였다. 조사결과, 매우 만족한 5점을 선택한 고객들과 4점을 선택한 고객 사이에는 매우 큰 차이가 있는 것을 발견하였다. 즉, 5점을 부여한 고객이 4점을 부여한 고객보다 재구매의 비율이 6배나 높았다. 이 회사는 5점 이상의 고객을 100%로 만드는 것을 목표로 수정하였다. 이전에는 4점을 목표로 하였다.

(7) 고객충성도 → 수익성

고객충성도는 서비스 기업의 수익성과 성장을 유발한다. Reichheld와 Sasser(1996)는 고객충성도가 5% 증가하면 수익성이 25~85% 증가한다고 하면서 고객충성도로 측정될 수 있는 점유율의 질이 시장 점유율의 양보다 훨씬 중요하다고 강조하였다. 사우스웨스트 항공은 일선직원이 고객욕구를 파악하고, 고객충성도에 대한 감각을 유지관리하고, 고객들에게 높은 품질의 서비스를 제공하기 위해 노력하였다. 그 결과, 사우스웨스트 항공은 24년간 수익을 유지한 유일한 미국의 항공사가 되었다. 이러한 성과는 시장 점유율이 아닌 고객충성도를 기반으로 하였기에 가능하였다.

제3절 서비스 생산성의 향상방안

생산성은 기업이 사용한 자원을 투입요소로 하고 기업이 산출한 서비스의 비율로 표현된다. 생산성 향상을 위해서는 투입요소와 산출물이 동시에 효과적으로 개선되어야 한다. 특히, 서비스의 경우 투입요소 중에서 인건비가 차지하는 비중이 매우 높기 때문에 인적자원관리가 매우 중요하다. 서비스 기업의 경우 생산성을 높이기 위해서는 여러 가지 방법이 존재한다. 본 절에서는 TPS 7대 낭비요소 제거, 자원의 대체, 수요의 변동성과 다양성 축소, 수요관리, 그리고 규모의 경제실현 등 다섯 가지를 소개한다.

1 TPS 7대 낭비요소 제거

서비스 부문에서도 제조업처럼 '공정의 낭비요소'를 찾아내 비용을 줄이고 생산성을 높여야 한다. 도요타 생산방식으로 불리는 TPS(Toyota Production System)는 낭비의 근본적 예방 및 제거를 위해 도입되었다. 일반적으로 낭비라고 하면 비효율적인 자원, 시간, 자본, 노동의 사용을 떠올릴 수 있다. 그러나 낭비는 고객관점에서 가치가 없는 것으로 보아야 한다. 즉, 서비스가 고객관점에서 가치를 부여하지 못하면 낭비적인 요인이 되는 것이다.

도요타 생산방식은 일곱 가지 낭비요소를 제거할 목적으로 하는데, 과잉생산의 낭비, 재고의 낭비, 불량의 낭비, 대기의 낭비, 운반의 낭비, 동작의 낭비, 가공의 낭비가 그것이다. 서비스업에서도 이러한 TPS 7대 낭비요소를 제거하기 위해 많은 노력을 하고 있다. [사례 12-3]은 외식업에서 '린시스템'을 도입하여 시간과 비용을 절감하고 고객만족, 회전율, 수익 등의 향상을 가져온 경험을 설명하고 있다.

사례 12-3 낭비 잡는 주방 설계, '린시스템'을 도입해 보자

음식업 경영의 고충을 타개하는 방안으로 '린시스템'을 제안해 본다. 어떻게 하면 비용을 줄이고 효율을 높여서 단위 수익률을 높일 것인지는 음식점 경영에 있어 가장 중요한 고민거리일 수밖에 없다. 그런데 정작 줄여야 할 것은 줄이지 않고 업소의 근간을 뒤흔들 수 있는 핵심요소를 포기하는 실수를 저지르는 경우가 허다하다. 예를 들어 필수인력을 내보내 버린다든지 반드시 교체하거나 보수해야 할 시설과 장비를 외면해 버리는 경우 당장 돈이 안 들어가더라도 머지않아 업소의 품질을 떨어뜨리고 그나마 찾아오는 고객의 발길을 되돌리게 하는 최악의 사태를 맞이하기도 한다.

시스템 업그레이드로 시간과 비용 잡기

따라서 양적인 비용의 축소보다는 오히려 '시스템을 더욱 좋게 하여 효율을 높이는 것'이 중요할 것이다. 즉, 같은 비용을 들이더라도 한 사람이 보다 짧은 시간에 보다 많은 일을 한다든지, 고객의 동선을 원활하게 해주어서 점포의 회전율을 높일 수 있다면 이것이야말로 가장 효과적인 비용절감의 전략이 될 수 있을 것이다. 이러한 시스템을 소위 '린(Lean)시스템'이라고 부른다. '린시스템'은 세계 최고의 자동차 회사로 질주하고 있는 일본 도요타의 생산관리체제로부터 나온 경영기법이다. '린'의 사전적 의미는 '얇은', '마른' 혹은 '(비용을) 절감한'이란 뜻을 가지고 있다. (식)자재 구매에서부터 생산(조리), 재고관리, 서비스에 이르기까지 모든 과정에 낭비를 최소화하여 최적화한다는 개념이다. 즉 불필요한 것들을 찾아내 제거하고 개선하는 '낭비제거 경영'인 것이다.

효율과 고객만족의 일석이조 시스템

요즘 불이 붙고 있는 시푸드(해산물) 레스토랑의 샐러드 바를 예로 들어보자. 어떤 뷔페식당의 샐러드 바는 일렬로 배치되어 있다. 이런 경우 고객은 앞뒤 양면으로 길게 늘어서 있게 된다. 샐러드 바를 통과하는 고객의 대기행렬이 길어지고 한 군데에 사람들이 몰리는 병목현상이 일어난다. 떨어진 음식을 종업원이 보충하는 동안 고객은 또 기다려야 한다. 이러다 보니 고객들은 한꺼번에 많은 음식을 담아가게 되고 당연히 버리는 잔반이 많아지게 된다. 그래서 범주별로 나누어서 배치(셀형 배치)하는 개선안들이 최근에 나오고 있다. 이 경우에 고객은 4면으로 접근이 가능하고 원하는 음식을 적당량만 빠르게 담아갈 수 있게 된다.

고객의 이동시간은 훨씬 짧아지고 낭비되는 잔반량도 크게 줄어들게 된다. 고객의 만족도는 높아지고 회전율도 높아져 업소의 수익률 또한 높아진다. 이처럼 생각을 바꾸면 음식점에서도 얼마든지 효율적인 '린시스템'의 적용이 가능하다.

아래의 그림은 '린시스템'을 도입한 맥도날드의 사례이다. 여태까지는 <Push System : 기존방식>처럼 제빵공이 햄버거를 조리하여 보조원에게 넘기면 보조원이 포장하여 따듯한 보관통에 놓는다. 미리 생산한 햄버거는 고객이 주문하면 그때야 팔리게 되는데, 맥도날드는 제품의 신선도를 유지하기 위해 10분이 지나면 남아 있는 햄버거를 폐기하게 되어 낭비가 발생한다. 이것을 <Pull System : 개선방식>과 같이 반대의 흐름으로 바꾸어보았다. 고객이 주문하면 보조원이 포장하여 판매하고 꼭 필요한 양만큼 보조원의 신호에 의해 제빵공이 햄버거를 조리하게 된다. 이처럼 꼭 필요한 시기에 필요한 양만큼만 만들어 즉시 제공하는 '적시생산(Just-in time)'시스템의 도입으로 재고의 발생과 폐기를 최소화시킬 수 있게 된 것이다.

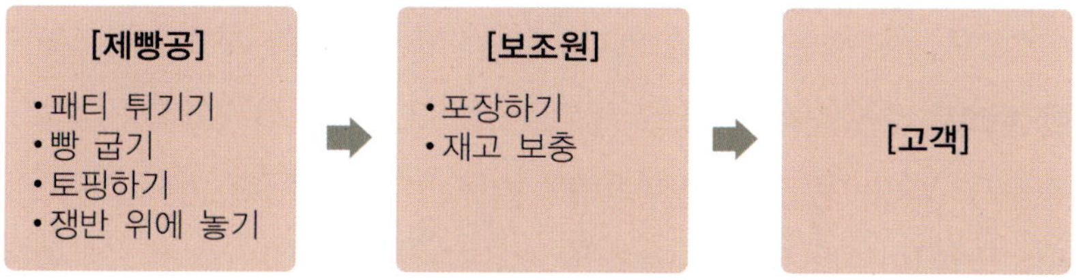

▲ Push System : 기존방식

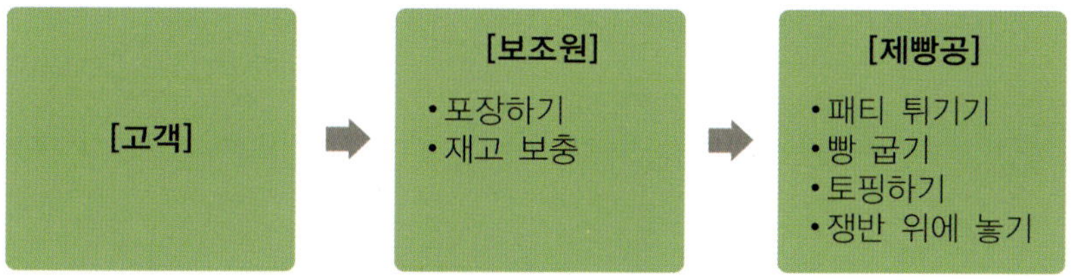

▲ Pull System : 개선방식

이 사례 외에도 음식점의 시스템을 개선할 수 있는 여지는 얼마든지 널려 있다. 이제 내 점포를 새로 창업하거나 이미 운영하고 있는 점포의 비효율적인 요소가 어디에 있는지 한번 찾아보자. 주방의 경우에는 특히 마치 자동차 공장처럼 매우 정교한 생산구조를 갖고 있어서 '린'의 적용이 비교적 쉽게 될 수 있다. 물론 이런 관점을 갖고 있는 주방업체와 전문가의 도움을 받는다면 우리 음식점의 큰 고민거리인 '효율의 극대화'를 보다 쉽게 할 수 있을 것이다.

자료 : 동양매직 외식정보(2014.5.29.)

1) 과잉생산의 낭비

필요 이상의 생산을 하면 인력과 장비 등을 과잉 대비해야 하므로 운영비와 인건비의 낭비가 불가피하다. 사람이나 기계의 여력이 발생하면 여분의 능력으로 불필요한 것이나 불필요한 양을 만들게 된다. 과잉생산은 재고낭비나 운반낭비 등의 다른 낭비를 유발하기 때문에 가장 먼저 제거해야 할 낭비요소이다. 이 낭비요소는 문제의 진짜 원인을 숨겨버리게 만들기 때문에 낭비의 뿌리라고도 한다. 따라서 불필요한 장비나 인력의 초과공급이 일어나지 않도록 철저한 직무분석이 필요하다. 또한, 서비스 현장에서는 일간 및 주간 근무 일정계획 등을 수립하여 필요인력을 적재적소에 배치하는 것이 중요하다.

2) 재고의 낭비

잘못된 재고관리는 쉽게 눈에 띄지 않는 낭비요소이다. 과다재고는 재고 유지비용(창고유지비, 보험), 가치저하(제품 유효기간 초과), 금리부담(운전자금의 압박), 에너지 낭비 등 추가적인 비용을 발생시킨다. 한편, 과소재고(혹은 주문)은 이익창출의 기회를 상실하거나 긴급수요를 충당하기 위하여 불필요하게 고가를 지불할 수 있으므로 이 또한 낭비요인이 된다. 재고낭비를 제거하기 위해서는 정기적인 재고조사가 필요하다. 재고조사를 통해 현재의 잔고를 파악하여 차기의 재고매입 · 판매계획에 활용하고 불량상품이 발생한 원인을 규명하여 차후에 동일한 잘못이 되풀이되지 않게 해야 한다.

3) 불량의 낭비

이는 직원의 서비스 수행능력이 부족해 제품이나 서비스 품질의 하자로 인한 낭비이다. 불량의 낭비는 발생 즉시 손실로 귀결되는 불량으로 무조건 발생하지 않도록 해야 한다. 서비스 생산이나 전달과정에서 미숙한 서비스 제공은 교환, 환불, 혹은 컴플레인으로 이어져 결국 고객불만족을 야기한다. 이 낭비요소를 없애기 위해서는 서비스 직무에 적합한 인재를 선발해야 하며 지속적인 교육과 훈련이 필요하다. 싱가포르 에어라인의 승무원은 특유의 밝은 미소로 승객을 즐겁게 해주는 것으로 유명하다. 승무원의 밝은 미소는 이 항공사의 교육 때문이 아니라 채용 때부터 잘 웃는 직원을 채용하기 때문인 것으로 잘 알려져 있다. 리츠칼튼 호텔도 처음에 올바른 사람을 뽑는 것이 무엇보다 중요하다는 인사정책을 고수하고 있다.

4) 대기의 낭비

대기의 낭비요소는 고객의 대기, 재료의 생산 투입대기, 현장직원의 대기, 설비의 대기 등을 모두 포함한다. 특히, 장시간의 고객대기는 서비스에 대한 불만족을 야기한다.

서비스 접점에서 고객의 대기시간을 줄이기 위해 절차의 간소화와 직원의 시간대별 효과적 배치가 중요하다. 패스트푸드점 등은 업무의 표준화를 통해 고객의 대기시간을 줄이고 있다. 담당직원이 자리를 비워서 야기되는 대기시간은 같은 부서 직원의 교환훈련을 통해 줄일 수 있다. 또한, 업무과정에 있어 한 단계의 업무가 밀려서 야기되는 대기시간은 다음 단계를 맡은 직원들이 함께 도와 업무를 처리하는 소위 끌어올리는 작업체계(Pull system)를 실천함으로써 감소시킬 수 있다.

5) 운반의 낭비

이는 불필요한 재료나 업무이동으로 야기되는 낭비를 말한다. 이러한 낭비는 작업이나 업무단계를 간소화하는 소위 업무순서의 최적화로 최소화할 수 있다. 때로는 작업순서를 변경함으로써 비용을 절감할 수 있다. 고객과의 접촉이 많지 않은 업무는 후방부서, 즉 창고나 임대료가 저렴한 곳에 위치하는 것이 필요하다.

6) 동작의 낭비

이는 서비스 직원의 비효율적인 작업방법이나 동작으로 인한 낭비이다. 이 동작의 낭비는 서비스 직원이 열심히 하고 있지만 효율적이지 못한 경우로 눈에 보이는 낭비이나 고정관념의 눈으로 보면 보이지 않는다. 이 낭비를 줄이기 위해 직원의 동선관리가 중요하다. 또한, 서비스 생산이나 전달에 편리하도록 시설이나 장비를 주변에 배치해야 한다.

7) 가공의 낭비

이는 작업방법, 환경, 조건 등에 있어서 관행대로 일을 수행함으로써 발생하는 낭비이다. 지금 하는 작업이 정말 필요한 작업인지? 왜 그렇게 해야 하는지? 등 현재 수행하는 일에 대해 반문을 함으로써 낭비요소를 제거해야 한다. 가령, 사람이 수행하는 업무를 컴퓨터가 하면 효율이 높아지고 작업시간이 단축될 뿐만 아니라 작업의 정확성도 향상된다. 수백만 원의 프로그램 값을 절약하기 위하여 그보다 몇 배가 많은 인력을 사용하는 실수를 범하지 말아야 한다. [표 12-5]는 위에서 언급한 일곱 가지의 낭비요소와 그에 대한 개선방안을 정리한 것이다.

[표 12-5] TPS 7대 낭비요소와 개선방안

7대 낭비요소	정의	개선방안
과잉생산의 낭비	필요 이상의 생산으로 인한 낭비	불필요한 장비나 인력의 초과공급이 일어나지 않도록 직무분석
재고의 낭비	과다재고와 과소재고로 인한 낭비	정기적 재고조사를 통한 적정재고 유지 및 불량재고 방지
불량의 낭비	직원의 서비스 수행능력이 부족해 제품이나 서비스 품질의 하자로 인한 낭비	서비스 직무에 적합한 인재의 선발과 지속적인 교육과 훈련
대기의 낭비	고객대기 및 현장직원의 대기로 인한 낭비	고객의 대기시간을 줄이기 위한 절차의 간소화와 직원의 시간대별 효과적 배치
운반의 낭비	불필요한 물품이나 업무이동으로 야기되는 낭비	작업이나 업무단계 간소화, 업무순서 최적화
동작의 낭비	서비스 직원의 비효율적인 작업방법이나 동작으로 인한 낭비	직원의 동선관리, 서비스 생산이나 전달에 편리하도록 시설이나 장비 주변배치
가공의 낭비	작업방법, 환경, 조건 등에 있어서 관행대로 일을 수행함으로써 발생하는 낭비	업무개선을 위해 기술이나 장비의 도입

자료 : 저자정리

2 자원의 대체

서비스 기업에서의 자원의 대체는 여러 방법을 통해 이루어지는데 크게 네 가지로 살펴볼 수 있다(박경종 외, 2014).

첫째, 노동력을 자본으로 대체하는 것이다. 즉, 노동력을 기계로 대체하는 것이다. 노동을 자본으로 대체하기 때문에 생산비가 절감된다. 이 절감된 생산비를 이용하여 서비스 기업은 종전의 생산량보다 더 많이 생산하거나 절약된 생산비로 새로운 서비스나 제품을 공급할 수 있다.

둘째, 직원 노동력을 고객의 노동력으로 대체하는 것이다. 즉, 고객이 직접 서비스 생산과 전달과정에 참여하는 것이다. 고객참여는 관광 서비스 기업에 대한 관여도와 애착심을 고취시켜 고객충성도를 유발한다. 고객충성도는 곧 서비스의 생산성 향상을 의미한다. 예를 들면, 몇몇 카레 전문점에서는 고객에게 카레의 양, 맛, 토핑재료 등을 선택하도록 하고 있다. 그동안 기업이 독점하던 정보를 고객이 공유하게 되면서 고객이 스스로 소비경험을 설계하고 이용하도록 함으로써 서비스 환경을 고객중심으로 변화시키고 있다.

셋째, 자본을 자본으로 대체하는 것이다. 생산능력이 떨어지는 장비나 기계를 새것으로 대체하는 경우로서 서비스 시설의 전산화는 자본을 자본으로 대체하는 한 예이다. 노후장비 교체 및 보강은 서비스 생산이나 전달의 장애발생을 방지하고 원활한 서비스를 제공하는 데 도움이 된다. 낡은 시설이나 기계 등은 서비스 생산직원(예 : 레스토랑 주방)의 안전을 위협하고 서비스의 생산성도 저하시키는 원인이 된다.

마지막으로, 저임금의 노동력으로 대체하는 것이다. 즉, 비용을 절감하기 위하여 특정 직무에 대해 임금이 낮은 직원으로 대체하는 경우이다. 이를 위해서는 엄격한 직무분석을 통해 업무의 중요도와 난이도를 파악한 후 단순한 직무에 저임금 노동자를 배치해야 한다. 오늘날 대부분의 글로벌 기업이 활용하고 있는 인력의 아웃소싱이 좋은 예이다.

3 수요의 변동성과 다양성 축소

수요의 변동성 감소는 인력의 활용을 최적화할 수 있고 적정량의 재고유지에도 도움이 되므로 생산성 향상에 기여하게 된다. 또한, 서비스의 다양성 축소는 서비스 공급능력을 증가시키는 효과를 유발하여 서비스의 생산성을 향상시키게 된다. 수요의 변동성과 다양성을 감축시켜 생산성을 높이는 대표적인 방법은 표준화와 고객접점의 축소이다.

우선, 서비스의 표준화이다. 표준화란 서비스의 생산이나 전달하는 절차 등에 대하여 고객으로 하여금 이에 맞추도록 하여 이익이나 편리성이 공정하게 나누어지도록 하는 것을 의미한다. 서비스의 표준화는 생산성의 향상에는 도움이 되지만 다양한 고객

욕구를 충족시키기는 어렵게 된다.

또한, 고객과의 접촉을 가능한 범위 내에서 줄이도록 서비스를 설계하여 서비스에서 발생하는 변동을 감소시키는 것이 중요하다. 이를 위해서 관광 서비스 기업들은 일선 업무와 지원업무를 분리하는 디커플링 전략을 실행하고 있다. 하지만 고급 서비스 제공에 있어서는 높은 고객접촉이 요구되고 있다.

4 수요관리

수요관리는 수요의 규모와 변동성을 분석해 이를 바탕으로 기업의 경영성과를 극대화하는 방안을 수립해 실행하는 전사적인 경영활동이다(동아비즈니스리뷰, 2010.11). 수요예측 결과에 기초해 전사적인 수요계획을 수립한 후에는 기업의 모든 기능 부서들이 통일된 예측수요와 판매계획에 기초해 업무를 수행한다. 이를 위해서는 모든 부서가 공감할 수 있는 논리에 기초한 예측과 체계적인 대응계획이 선행되어야 한다. 이해할 수 없는 수요예측 값이나 동의할 수 없는 계획이 일방적으로 전달되면 각 부서는 위험회피를 위해 그 수치를 액면 그대로 수용하지 못한다. 전사적으로 확정된 예측치와 대응계획을 커뮤니케이션하고 공감대를 구축해야 한다.

서비스업의 경우 수요의 지속기간이 매우 짧고 재고라는 개념이 없다. 따라서 적시에 수요를 충족시키지 못하고 판매되지 않은 서비스는 재고화하지 못한 채 소멸되고 만다. 성수기의 수요를 비수기로 이동시키기 위해 가격할인과 같은 소극적인 수요관리에서 벗어나 적극적이고 선행적으로 수요를 일으키는 창조적인 수요관리가 중요하다. 예를 들어, 서비스 기간이 겨울에 제한되는 스키장들은 여름 비수기에는 가족 단위 고객의 휴양시설로 용도를 변경하여 여름철 수요를 창출하고 있다.

5 규모의 경제 실현

규모의 경제(Economy of scale)란 기업의 생산규모가 증가할 때 생산량의 증가가 노동, 자본 등 생산요소의 증가보다 더 많이 증가하는 경우를 말한다. 즉, 서비스를 한 단위 더 생산하는 데 있어 소요비용은 점점 줄어들고 이익은 늘어나는 경우를 의미한다. 규모의 경제가 나타나는 이유는 대량구매에 따른 운임이나 원료비의 감축, 분업에 의한 생산요소의 전문화, 서비스 표준화(예 : 패스트푸드점), 대규모 설비, 경영의 전문화 등을 들 수 있다.

예를 들어, 임대료가 월 1,000만 원인 건물에서 커피를 한 잔밖에 못 판다면 커피 한 잔당 임대료는 1,000만 원이 된다. 그러나 커피를 여러 잔 판매하면 임대료를 분산할 수 있다. 커피 500잔을 팔면 20만 원, 1,000잔을 팔면 1만 원으로 줄어든다. 이처럼 생산량이 증가할수록 평균 생산비용이 줄어드는 것이다.

토론주제

- 왜 서비스업 생산성은 정의하기 어려운가?
- 서비스 생산성에 대한 세 가지 접근법의 특징은 무엇인가?
- 서비스 생산성 개선도구 중 서비스 이익사슬 모형의 특징은 무엇인가?
- 서비스 생산성 개선도구 중 파레토 분석의 절차는?
- TPS 7대 낭비요소 제거방법이 관광 서비스 기업에서의 효과성은?
- 관광 서비스기업 중 서비스 생산성이 우수한 기업은 그리고 그 이유는?

참고문헌

동아비즈니스리뷰(2010.11). 영업부서는 낮게, 생산부서는 높게… 이기적 수요예측, 컨센서를 찾아라. Issue2.

동양매직 외식정보(2014.5.29.). 낭비 잡는 주방 설계, '린시스템'을 도입해보자 http://kocook.co.kr/shop/bbs/board.php?bo_table=food&wr_id=138

매일경제신문(2009.3.9.). 낭비요소 지우는 게 효율 높이는 첫걸음 https://www.mk.co.kr/news/business/view/2009/03/148657/

박경종 · 윤재홍 · 장병렬 · 조현보 · 한동철(2014). 서비스 경영. 이프레스.

박광태(2011.11). 측정이 곧 성과… 무형의 서비스 측정에 도전하라. 동아 비즈니스리뷰(DBR). 93gh, Issue2.

박정수(2019). 서비스업에서의 생산성 논의와 정책추진 방안. 한국산업연구원.

여행신문(2019.1.21.). 관광산업 종사자, 저임금에 노동 강도는 높아(http://www.traveltimes.co.kr).

유시정(2014). 서비스경영. 법문사.

이유재(2004), 서비스 마케팅, 현학사.

이유재(2013). 서비스 마케팅(5판). 학현사.

최덕철(2002). 서비스 생산성과 고객 참여 : 개념과 구조의 검토. 산업경영. 30 : 151-172.

한국생산성본부. 생산성의 세계(https://www.kpc.or.kr/productivity/ProdIdea.asp).

헤럴드경제(2020.6.28.). 점점 커지는 업종별 노동생산성 괴리… 해법은 최저임금 차등 적용 http://heraldk.com/2020/06/28/

Bartsch, S., Demmelmair, M.F., & Meyer, A.(2011). Dienstleistungsproduktivität : Stand der Forschung und Zusammenhang zu zentralen vorökonomischen Gröβen im Dienstleistungsmarketing. In K. Bruhn, M. Hadwich(Ed.), Dienstleistungsproduktivität : Management, prozessgestaltung, Kundenperspektive. Band 1(pp.35-59). Wiesbaden : Gabler Verlag.

Berman, E.M.(1998). Productivity in public and nonprofit organizations. London : Sage.

Corsten, H.(1994). Produktivitäts management bilateraler personen bezogener Dienstleistungen. In H. Corsten & W. Hilke(Eds.), Dienstleistungs produktion(Vol. 52). Wiesbaden.

Corsten, H.(2007). Produktions wirtschaft-Einführung in das industrielle Produktions management (11th ed.). Munich : Oldenbourg.

Cowell, D.W.(1988). The marketing of services. London : William Heinemann Ltd.

Flieβ, S., & Kleinaltenkamp, M.(2004). Blueprinting the service company : Managing service processes efficiently. Journal of Business Research. 57(4) : 392–404.

Gremler, D.D., Bitner, M.J., & Evans, K.R.(1994). The internal service encounter. International Journal of Service Industry Management. 5(1) : 64-76.

Grönroos, C., and Ojasalo, K.(2004). Service productivity-Towards a conceptualization of the transformation of inputs into economic results in services. Journal of Business Research. (57) : 414-423.

Heskett, J.L., Jones, T.O., Loveman, G.W., Sasser, W.E., & Schlesinger, L.A.(1994). Putting the service-profit chain to work. Harvard Business Review. 72(2) : 164-174.

Heskett, J.L., Sasser, W.E., & Schlesinger, L.A.(1997). The service profit chain : How leading companies link profit and growth to loyalty, satisfaction and value. New York : Free Press.

Jones, T.O. & Sasser, W.E.(1995). Why satisfied customers defect. Harvard Business Review. 73(6) : 89-99.

Jörg, B., Daniel, B., Ralf, K., Dietrich, H.A., Dominic, B., Peter, R.H., & Daniel, S.(2011). Do we need new theories on service productivity? - Status Quo and implications from contemporary research. International RESER Conference, Conference paper, p.5.

Mclaughlin, C.P., & Coffey, S.(1990). Measuring productivity in services. International Journal of Service Industry Management. 1(1) : 46-64.

Parasuraman A., Zeithaml, V.A., & Berry, L.L.(1988). SERVQUAL : A multiple-item scale for measuring consumer perceptions of service quality. Journal of Retailing. 64(1) : 12-40.

Parasuraman, A.(2002). Service quality and productivity : A synergic perspective. Journal of Service Theory and Practice. 12(1) : 6-9.

Parasuraman, A.(2010). Service productivity, quality and innovation : Implications for service-design practice and research. International Journal of Quality and Service Sciences. 2(3) : 277-286.

Reichheld, F.F., & Sasser, W.E.(1990). Zero defections : Quality comes to services. Harvard Business Review. 68(5) : 105-111.

Reichheld, F.F.(1993). Loyalty-based management. Harvard Business Review. 71(3-4) : 64-73.

Schlesinger, L.A., & Heskett, J.L.(1991). The service-driven company. Harvard Business Review. 69(5) : 71-81.

Tourism Service Management

제 13 장

서비스 경영의 세계화

학습목표

본 장에서는 다음 내용의 이해를 목표로 한다.

- 기업의 세계화 방법별 특징
- 프랜차이즈 개념과 성장배경
- 가맹본부와 가맹점의 장점과 단점
- 프랜차이즈 유형과 유형별 특징
- 경영계약의 개념 및 장점과 단점
- 호텔 경영계약의 형태
- 다국적 확장 전략의 장점
- 고객수입 전략의 특징과 사례
- 고객동반진출 전략의 특징과 사례
- 서비스 해외이전 전략의 장점
- 24시간 서비스 전략의 장점

Chapter

13 서비스 경영의 세계화

사례 13-1 日中 아닌 케이팝이 왜 세계시장에서 성공했나?

방탄소년단(BTS)이 한국어 곡으로는 사상 처음으로 미국 빌보드 메인 싱글 차트 정상에 등극했다. 빌보드는 30일(현지시간) 방탄소년단 신곡 '라이프 고스 온(Life Goes On)'이 빌보드 메인 싱글 차트인 '핫100' 1위에 올랐다고 밝혔다. 지난 20일 발매한 새 미니앨범 'BE'의 타이틀곡인 '라이프 고스 온'은 후렴을 제외한 대부분의 파트가 한국어로 구성되어 있다. 미국에서 가장 인기 있는 노래를 보여주는 핫100 차트에서 한국어 가사의 곡이 1위에 오르기는 이 차트의 62년 역사상 이번이 처음이다. 사진은 1일 오후 서울 중구 롯데면세점에 걸린 BTS 멤버들의 사진(2020.12.1./뉴스1/사진=뉴스1화상).

세계음악시장에서 케이팝이 이렇게 경쟁력을 갖게 된 배경은 무엇일까? 가온차트의 김진우 수석연구위원은 "내수시장의 한계로 케이팝의 해외진출은 아이돌 업계의 생존이 달린 문제이자, 필연적 선택일 수밖에 없었는데 이러한 과정에서 자연스레 세계 주류시장에 내놓아도 손색없는 (음악) 수준에 이른 것"이라고 분석했다.

내수시장 한계, 수출이 살길이다

"요즘은 팬덤의 연령대가 10대에서 60대에 이르기까지 그 폭이 넓어졌다고는 하지만, 코어 팬덤층은 10대와 20대가 상당수를 차지한다. 그렇기 때문에 국내 코어 팬덤층은 시간이 가면 갈수록 그 수가 줄어들 수밖에 없어, K팝의 해외 진출은 사실상 아이돌 업계의 생존이 달린 문제이자 필연적 선택일 수밖에 없다"고 부연했다.

"인구가 각각 1억 2000만 명인 일본이나, 14억 3000만 명인 중국과 달리 한국은 늘 수출로 먹고 살아야 하는 나라였고, (음악시장 역시) 내수시장의 한계를 갖고 있다"며 "일본이나 중국에 비해 인구밀도가 높고 면적이 작은 대한민국 안에서 아티스트 간의 경쟁은 치열할 수밖에 없고, 이는 결과적으로 퍼포먼스의 완성도 상승으로 이어졌으며, 아이러니하게도 일본이나 중국에 비해 작은 내수시장이 K팝 아티스트들의 글로벌 경쟁력의 원천이 된 것"이라고 분석했다.

K팝 세계화 20년, 3.0단계로 진화 중

K팝이 본격적으로 국내를 넘어 해외로 뻗어나간 시기는 2000년대 초반으로 보아(2000년), 동방신기(2003년), 카라(2007년), 소녀시대(2007년), 원더걸스(2007년)가 주로 동아시아와 동남아시아에서 인기를 끌었다. 원더걸스가 당시 미국시장을 노크하며 단기적 성과를 거뒀지만, 지속적인 성장세를 이어가진 못했다. 케이팝의 글로벌 경쟁력은 일종의 해외 국적의 가수를 영입하면서 한 단계 업그레이드됐다. 트와이스, 2PM, 블랙핑크 등 팀에 해외 국적의 가수가 있으면, 해당 멤버의 국가에서 각종 MV 조회 수 등이 타 국가에 비해 상대적으로 높게 나타났다.

김진우 수석위원은 "최근 방탄소년단의 '작은 것들을 위한 시'에서 할시가 피처링을 하고 블랙핑크의 '아이스크림'에 셀레나 고메즈가 피처링을 한 것도 넓은 범위에서 현지화 전략의 일환으로 볼 수 있다"며 "지역적으로도 과거 1.0단계가 주로 아시아권에 머물러 있었다면 2.0단계부터는 북미와 유럽 지역으로 K-POP의 세계화가 확장됐다"고 비교했다.

K팝 종주국 위협할 케이팝 아티스트 등장할 수도

케이팝은 현재 현지인들로만 구성된 케이팝 세계화 3.0단계에 접어들었다. 그는 "JYP가 일본 소니뮤직과 손잡고 니지 프로젝트를 통해 발굴한 니쥬와 SM의 WayV(한국 연예기획사), 쇼비티필리핀의 SB19의 공통점은 멤버 전원이 일본, 중국, 필리핀 출신의 현지인들로만 구성됐다는 점"이라며 "아직까지는 현지 국가를 베이스로 활동 중이지만 SB19의 경우 올해 초 빌보드 소셜차트 50에 이름을 올리기도 해, 자국 외 시장으로의 확장 역시 가능할 것"으로 전망했다.

해외 멤버로 구성된 케이팝 가수가 "K팝의 종주국 대한민국을 위협하는 날이 올 수도 있을 것"이라고 봤다. 그는 2016년 리우 올림픽에서 코트디부아르 국가대표 선수가 태권도 경기에서 금메달을 딴 일을 언급하며 "태권도는 더 이상 대한민국만의 국기가 아닌 전 세계인의 스포츠이기에 충분히 해외 선수가 금메달을 목에 걸어도 이상하지 않았다"고 짚었다.

"케이팝 역시 전 세계 음악시장에서 하나의 장르로 거듭날 경우, K팝의 종주국인 대한민국을 위협하는 해외 K팝 아티스트들의 등장도 예상해 볼 수 있으며, 앞서 살펴본 SB19의 경우처럼 글로벌 차트에서 대한민국 출신의 K팝 아티스트와 해외 국가의 K팝 아티스트가 경쟁하는 날이 머지않은 미래에 맞닥뜨릴 수도 있을 것"이라고 부연했다.

자료 : 파이낸셜뉴스(2020.12.1.)

제1절 세계화 경영의 개념 및 세계화 방법

오늘날 우리는 많은 사람들과 편리하게 상호작용할 수 있다. 또한, 그 범위가 지역이나 한 국가에 한정되어 있지 않고 전 세계로 확대되는 것, 즉 세계화를 어디서든지 경험할 수 있게 되었다. 정치, 경제, 사회, 문화 등 각 부문에서 국경이 없어지고 국가 간에 사람, 기술, 문화, 서비스 등의 교류가 활발해지고 있다. 특히, 모든 산업에서 이러한 현상이 일어나고 있기 때문에 글로벌 경쟁에서 도태되지 않기 위해서는 기업경영에 있어서 세계화 전략을 효과적으로 수립하고 실행해야 한다. 본 절에서는 우선 세계화 경영의 개념과 다양한 세계화 방법에 대해 학습한다.

1 세계화 경영의 개념

세계화란 기업의 활동이 세계 여러 나라로 확대되는 것을 의미한다. 기업이 세계화 된다는 것은 다음 세 가지 중 하나 혹은 그 이상을 포함하고 있다(Robbins, et al., 2013). 첫째, 다른 나라 국민을 대상으로 서비스와 상품을 거래한다는 것이다. 둘째, 자원이나 인력을 세계 여러 곳에서 조달하는 것이다. 마지막으로, 기업이 금융을 자국이 아닌 외국으로부터 조달하는 것이다.

세계화 경영은 기업의 경영활동 무대를 특정 국가에 한정시키지 않고 세계시장을 대상으로 하는 것을 의미한다. 즉, 서비스와 제품의 생산, 판매, 구매, 연구개발, 인사관리 등의 경영활동이 국경을 초월하여 전 세계적으로 이루어지는 것을 의미한다. 전 세계 시장을 대상으로 광범위한 제품을 생산·판매하되 경쟁기업과 기술이나 품질, 브랜드 이미지 등을 차별화하여 경쟁우위의 획득을 추구하는 전략이 바로 세계화 전략이다.

세계화(Globalization)와 유사한 개념으로 국제화(Internationalization)가 있다. 국제화는 경제제도나 문화의식에 있어서 개별국가 내부의 고착성을 넘는 국가 간의 교류를 의미한다. 즉, 급변하는 경제, 정치, 기술, 문화, 사회변화에 적응하고 세계의 일원으로 살아남기 위해 국수주의적 사고, 배타적 관행, 낙후된 의식을 국제수준에 맞게 고쳐가는 것이 국제화이다.

세계화는 세계가 하나의 단일 공동체라는 의미로 사용된다. 각 나라나 민족의 특징 혹은 차별성보다는 상호의존을 바탕에 둔 세계 공통의 보편적 기준이나 가치를 중시한다. 따라서 세계를 하나의 지구촌(Global village)으로 인식하고 더불어 살아가는 능력과 자세를 갖춰가야 한다. 여기서는 세계화와 국제화 의미의 차별성을 강조하기보다는 두 가지의 개념을 모두 포함하는 상위의 개념인 세계화란 용어로 통일해서 사용한다.

2 기업의 세계화

기업이 세계화하는 방법, 즉 세계시장에 진출하는 방법에는 여러 가지가 있다. 일반적으로 기업의 투자 정도에 따라 글로벌 소싱에서 외국 자회사까지 열 가지로 구분할 수 있는데, 이는 다시 글로벌 소싱과 수출, 계약, 그리고 직접투자에 의한 해외시장 진출 세 그룹으로 구분할 수 있다(그림 13-1 참조). 일반적으로 경영자들은 초반에는 최소한의 투자로 세계시장에 진출하고 싶어한다.

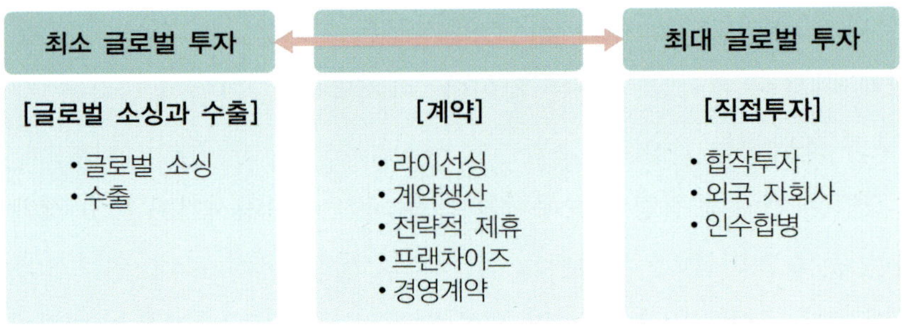

자료 : Robbins, S.T., & Coulter, M.(2012). Management(11th ed.). Pearson, p.107. 내용 수정

[그림 13-1] 기업의 세계화 방법

1) 글로벌 소싱과 수출에 의한 세계화

(1) 글로벌 소싱(Global sourcing)

글로벌 소싱(글로벌 아웃소싱)이란 기업활동에 필요한 서비스와 재화를 합리적인 가격으로 조달하기 위해 구매활동 범위를 전 세계로 확대하는 전략을 말한다. 원자재, 부품, 완제품은 물론 인적자원, 서비스, IT, 콜센터, 교육 등에 이르기까지 경영활동에 필요한 모든 과정을 전 세계 최적지에서 구매하는 형태로 진화하고 있다. 글로벌 소싱을 통해 기업은 보다 적은 비용으로 이익을 올려 경쟁력을 높이게 된다. 예를 들어, 신세계푸드는 글로벌 식품기업과의 제휴 및 네트워크 구축을 통해 농산, 수산, 축산, 가공식품 등 품질 경쟁력을 갖춘 해외의 일류 브랜드 및 다양한 식품을 직접 발굴하여 국내에 선보이고 있다.

글로벌 소싱(Global sourcing)을 오프쇼어링(Offshoring)이라고도 한다. 오프쇼어링은 'Offshore outsourcing'의 줄임말로 해외 아웃소싱, 즉 해외에서의 아웃소싱을 의미한다. 따라서 아웃소싱 담당회사를 통해서 서비스나 IT 등 서비스 분야의 인력을 다른 나라에서 고용하는 기법을 지칭한다.

(2) 수출(Export)

수출은 기업이 해외시장으로 진입하고자 할 때 가장 먼저 고려하는 진입방법 중 하나이다. 다른 진입방법보다 비교적 위험도 낮고 절차도 간편하기 때문이다. 수출은 간접수출과 직접수출로 나눌 수 있다. 간접수출(Indirect export)은 국내외 전문 무역업체(예 : 종합상사)나 해외 전문 무역업체를 통해 수출활동하는 것을 말한다. 수출 전문업체를 통하기 때문에 수출을 담당하게 될 인력과 마케팅 등에 대한 자기자본의 부담이 적다는 장점이 있다. 직접수출(Direct export)은 기업이 수출 관련 부서를 통해 직접수출하는 것을 말한다. 시장에서 자사 브랜드를 홍보할 수 있는 기회가 많고, 중간 거래처 없이 해외에서 판매하므로 좀 더 경쟁력 있는 가격으로 판매가능하다.

2) 계약에 의한 세계화

(1) 라이선싱(Licensing)

라이선싱은 기업이 상품 특허권이나 기술, 상호 및 상표 등과 같은 독점자산을 보유하고 있을 때 이러한 독점적 자산의 사용권을 해외시장에 판매하고자 하는 경우에 사용된다(Robbins & Coulter, 2012). 라이선싱은 자사의 제품을 다른 기업이 생산 혹은 판매하는 권리로서 제조기업에서 주로 사용한다. 라이선스 공여자(Licensor)는 특허, 기술, 상표 및 상호 등의 독점적 자산을 라이선스 도입자(Licensee)에게 사용할 권리를 공여하는 계약을 체결하고 그 대가로 매출액의 일정비율을 로열티(Royalty)로 받는다.

라이선싱은 최소의 자원투입과 위험부담으로 독점적인 자산을 활용, 해외시장에서 사업기회를 활용할 수 있다는 이점이 있다. 하지만 라이선스 도입자가 로열티를 제대로 지불하지 않는 경우가 발생하고 로열티 산정의 기준이 되는 매출을 추적하는 것이 어려울 수도 있다. 또한, 라이선스 도입자가 생산한 제품이 적정수준의 품질요건을 충족시키지 못하거나 부적절한 마케팅 활동을 수행함으로써 라이선스 공여기업의 브랜드 이미지가 손상될 수 있다.

(2) 계약생산(Contract manufacturing)

오늘날 흔히 볼 수 있는 주문자상표 부착방식(Original Equipment Manufacturing), 즉 OEM 방식을 의미한다. 즉, 한 기업이 제품을 직접 생산하여 수출하기보다는 생산능력을 가진 현지기업을 물색하여 그 기업에게 생산 및 제조기술을 제공하여 자사가 요구하는 생산품을 주문 및 계약하고, 그 주문 제품을 공급받아 현지시장이나 제3국의 시장에 재판매하는 국제 사업방식을 말한다(허희영, 2021).

계약생산 방식은 현지시장의 규모가 직접투자로 진출하기에는 너무 협소하거나 수출을 통한 진출이 어려울 때 유용하다. 또한, 제품의 품질이 기업이 요구하는 수준에 미치지 못하거나 생산자가 납기를 준수하지 못하는 경우 계약을 만료하고 다른 제조업자를 찾을 수 있다. 아울러 기업이 특정 시장으로부터 철수를 결정할 경우 생산설비를 포기해야 하는 손해를 피할 수 있다.

(3) 전략적 제휴(Strategic alliance)

전략적 제휴는 신규사업 진출, 신제품 개발, 기술개발, 생산, 마케팅, 유통, 시장확장 또는 유지 등의 목적을 위해 기업이 자신의 경쟁우위를 바탕으로 상호협력 관계를 형성하는 경영전략이다. 예를 들면, 세계 항공업계의 스타얼라이언스(Star Alliance), 윈월드(Win World), 스카이팀(SkyTeam) 등은 회사 간에 마케팅, 탑승수속, 운항 등을 공동으로 수행하여 상호이익을 도모하고 있다(허희영, 2021).

과거의 전략적 제휴의 주된 동기는 기존의 사업확장을 위한 기술과 시장의 교환이었다. 지금은 신규사업 진출이나 신제품 개발을 목적으로 전략적 제휴가 활발히 추진되고 있다. 즉, 기업들 간의 단순한 상호 역량교환의 형태에서 벗어나 역량공유를 통해 신사업이나 신제품 개발 등의 분야에서 시너지를 창출하는 방향으로 변화하고 있는 것이다. 전략적 제휴는 인수나 합병보다는 리스크나 수익성이 상대적으로 낮은 편이지만 라이선싱보다는 리스크와 수익성이 상대적으로 높은 경쟁우위 확보전략이다(그림 13-2 참조).

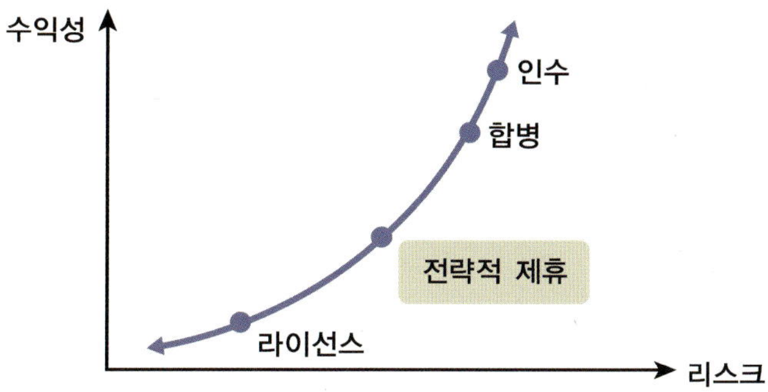

자료 : 매일경제신문(2011.7.1.). 전략적 제휴를 통한 경쟁우위 확보 방법

[그림 13-2] 경영전략에서 본 전략적 제휴

(4) 프랜차이즈(Franchise)

라이선싱과 유사한 형태로서 패스트푸드, 렌터카, 호텔과 같은 서비스 산업에서는 프랜차이즈 계약이 전형적으로 사용된다. 프랜차이즈 가맹점(Franchisee)은 가맹본부(Franchisor)의 기술, 상표, 로고, 광고, 제품 설명서 등을 사용하고 특정한 방식으로 영업할 수 있는 권리를 받는 대가로 대개 매출에 대한 일정비율로 로열티를 지불한다.

프랜차이즈는 물리적인 상품을 다루는 것이 아니라 무형의 사업방식을 파는 것이기 때문에 기준을 설정하는 것이 라이선싱의 경우보다 더 중요해진다. 맥도날드, 도미노피자, 메리어트 호텔 등은 주로 프랜차이징을 통해 국제적으로 성장해 온 기업이다. 관광 서비스 기업의 세계화 전략으로 활발히 활용되는 프랜차이즈와 경영계약은 제2절과 3절에서 세부적으로 설명한다.

(5) 경영계약(Management contract)

경영계약은 국내 여러 연구에서 경영관리계약, 위탁경영, 경영관리 수탁계약, 또는 경영수탁계약이라는 용어로 사용되고 있으나 의미는 모두 동일하다. 관광 서비스 산업에서는 경영계약 혹은 위탁경영이란 용어를 자주 사용하는데 여기서는 경영계약으로 통일하여 사용한다.

호텔업에서 널리 사용되고 있는 경영계약 방식은 소유회사와 경영회사 간의 계약을 통해서 경영회사 측이 호텔경영을 책임지고 운영하는 것으로 소유와 경영이 분리되는 전문경영 체제이다. 경영회사는 호텔경영을 책임지지만 자본 또는 운영자본에 투자하지 않기 때문에 위험이나 손실에 대해서도 책임을 지지 않는다. 힐튼호텔, 인터콘티넨탈 호텔 등이 이에 해당한다. 글로벌 호텔들은 프랜차이즈 사업은 물론 호텔 경영계약 사업도 동시에 하고 있다.

3) 직접투자를 통한 세계화

(1) 합작투자(Joint venture)

합작투자는 2개국 이상의 기업이나 기관이 공동으로 참여하고 공동으로 소유권을 갖는 경영방식이다. 합작투자 참여 기업들은 소유와 경영을 분담하고 채무, 상표권, 경영 노하우 등을 공유하기 때문에 단독투자와 같은 전면적인 위험부담은 지지 않는다는 점에서 매력적인 해외시장 진입방식이 될 수 있다(허희영, 2021).

(2) 자회사(Subsidiaries)

투자에 충분한 자원을 보유하고 있는 경우, 단독투자에 의한 자회사 설립을 선호하게 된다. 단독투자에 의한 자회사의 설립은 현지생산 및 마케팅 활동에 대한 완전한 통제가 가능하고, 계약생산, 라이선싱, 혹은 합작투자에서 발생할 수 있는 이해관계의 충돌과 관리상의 문제점들을 해소할 수 있다(Robbins & Coulter, 2012). 아울러 자회사의 활동으로부터 창출된 모든 이익은 모기업에 귀속된다. 기업이 단독투자로 자회사를 설립하는 방법에는 기존의 현지회사를 인수(Acquisition)하는 방법과 해외 자회사 설립의 두 가지 대안이 있다.

제2절 프랜차이즈

오늘날 '창업' 하면 프랜차이즈 창업이란 공식이 성립할 정도로 프랜차이즈 시스템은 익숙한 경영용어가 되었다. 과거에는 외국 유명 브랜드의 영업권을 수입하는 가맹사업자(Franchisee)의 역할이 대부분이었지만 2010년대 이후부터는 경영의 노하우를 축적한 많은 국내 기업이 오히려 가맹본부(Frachisor)의 위치를 가지고 해외시장에 진출하는 사례가 증가하고 있다. 본 절에서는 관광 서비스 기업이 세계화를 위해 사용하는 경영방식 혹은 전략인 프랜차이즈 시스템에 대해 학습한다. 구체적으로 프랜차이즈의 개념과 장단점, 프랜차이즈의 발전, 프랜차이즈의 유형, 그리고 국내외 프랜차이즈 산업의 동향에 대해 학습한다.

1 프랜차이즈의 개념

프랜차이즈(Franchise)는 '자유를 주다'라는 의미를 지닌 프랑스어 'franc'에서 그 개념이 유래되었다(Lundberg, 1979). 중세시대에 세금의 부과와 징수를 담당하였던 관리자인 '프랜차이지(franchisee)'는 거둬들인 세금을 정부기관이나 교회, 그리고 관리들에게 납부하고 일정 부분은 관리자 자신의 몫으로 가진 데서 기인한 것으로 보는 것이 일반적이다(박주형, 2004).

프랜차이즈의 개념은 법률에서 명확히 정의하고 있다. 우리나라 가맹사업거래의 공정화에 관한 법률(제2조 제1호)에서는 프랜차이즈를 '가맹본부가 가맹점에게 자기의 상표, 상호, 간판 그 밖의 영업표지를 사용하여 일정한 품질기준에 따라 서비스 또는 상품을 판매, 경영 및 영업활동 등에 대한 지원, 그리고 교육과 통제를 하며 가맹점은 이에 대한 대가로 가맹금을 지급하는 계속적인 거래관계'로 정의하고 있다.

따라서 프랜차이즈 시스템이란 가맹본부(Franchisor)와 가맹점(Franchisee) 상호 간에 프랜차이즈 계약을 맺고 가맹본부는 상품의 판매권, 경영기술의 제공, 상호사용권, 각종 판매촉진 등의 영업활동을 해주고, 가맹점은 그 대가로써 일정한 로열티를 가맹본부에 내고 판매에만 전념하는 영업형태를 말한다. 경영학적 관점에서 프랜차이즈는 모든 형태의 상품과 서비스를 분배하는 가장 일반화된 방법 중의 하나로 인식되고 있다(Kotler & Bloom, 1984).

2 프랜차이즈의 장점과 단점

프랜차이즈 시스템에서 가맹본부와 가맹점주는 상호신뢰를 바탕으로 협력계약을 맺고 경영성과를 극대화하기 위한 공존공영의 관계이다. 따라서 프랜차이즈 시스템을 활용한 사업은 가맹본부나 가맹점 모두에게 사업의 실패에 따른 리스크를 줄여주며, 불완전한 시장에서의 경쟁력을 강화할 수 있는 환경을 제공한다.

이러한 상호협력의 관계를 바탕으로 가맹점 사업을 운영하지만 가맹본부와 가맹점 모두에게 프랜차이즈 사업의 장단점이 존재하게 마련이다. 먼저 가맹본부의 입장에서 보면 자신의 브랜드 확장에 유리하고, 대량구매를 통한 규모의 경제를 달성하며, 전국 광고 캠페인 시 가맹점으로부터 지원을 받아 진행함으로써 재무적 부담이 줄어든다. 하지만 가맹점 수가 증가하면 관리 및 통제에 어려움이 따르고 본부의 직영점 확대로 인하여 가맹점과의 영역 중복으로 갈등이 발생할 수 있다.

한편, 가맹점 입장에서는 검증된 사업을 활용하므로 사업실패 가능성이 낮고 프랜차이즈 브랜드 인지도를 활용하므로 경영에 대한 경험이 없어도 창업이 가능하다. 하지만 자율적인 영업활동에 대한 제한(메뉴 수정, 인테리어 변경 등)이 있고, 높은 로열티를 지급해야 하고, 가맹본부의 실수임에도 가맹점이 영향을 받을 수 있다는 단점이 있다. 가맹본부와 가맹점 장단점을 요약 정리하면 [표 13-1]과 같다.

[표 13-1] 가맹본부와 가맹점의 장단점

구분	장점	단점
가맹본부	• 자신의 브랜드 확장 용이 • 대량구매를 통한 규모의 경제 달성 • 전국을 대상으로 한 광고 캠페인 시 가맹점으로부터 지원을 받음 • 공급업자와 전국적인 계약을 하므로 구매비용 절감 • 가맹점을 통해 많은 시간이 소요되는 시장조사나 정보수집 용이	• 가맹점의 증가로 관리 및 통제의 어려움 • 가맹점 관리 및 지원에 비용증가 • 가맹점이 제품의 일관성을 유지하는지 지속적 확인 어려움 • 유통확대 시(본부 직영점 확대) 가맹점의 영역 침범 우려
가맹점	• 검증된 사업을 하므로 사업실패 가능성이 낮음 • 프랜차이즈 브랜드 인지도 활용 • 소자본, 무경험 창업 가능 • 입지선정 시 도움받음 • 원부재료의 안정적 공급으로 영업활동에만 집중 가능	• 자율적 영업활동 제한(메뉴나 인테리어 변경 등) • 높은 로열티 지급 • 원부재료 매입 비용부담 • 가맹본부 의존도가 심화되어 자체능력 개발 소홀 가능성 • 가맹본부의 실수가 전체 가맹점에 악영향

자료 : Kotler, P., Bowen, J.T., & Makens, J.C.(2014). 호텔외식관광 마케팅. Marketing for hospitality and tourism(6th ed.)(김영태 · 최현정 역). 도서출판 석정, pp.382-383. 내용정리

3 프랜차이즈의 발전

기업들이 프랜차이즈를 경영전략에 적용하기 시작한 것은 1860년대로 거슬러 올라간다. 1863년 미국 싱거 재봉틀 회사(Singer Sewing Machine)가 자사 재봉틀 판매를 위해 소매업자들과 계약한 것이 현대적 의미에서 프랜차이즈의 시작으로 알려져 있다(조선경제, 2017.5.31.). 1890년대 코카콜라는 싱거 재봉틀 회사의 사업모델을 벤치마킹하

면서 1920년대에는 2,000개가 넘는 지역 가맹점을 확보하였다.

본격적인 프랜차이즈의 도입은 1950년대 KFC와 맥도날드에 의해서였다. 1952년 KFC가 업계 최초로 프랜차이즈 방식을 도입했고, 1955년에는 레이 크록(Ray Kroc)이 맥도날드를 창업해 프랜차이즈 사업을 시작했다. 3년 뒤 피자헛까지 문을 열면서 본격적인 프랜차이즈 성공시대의 개막을 알렸다.

이들 기업들은 1980년대부터 본격적으로 한국시장에 진출하기 시작하였다. 1984년 협진양행이 버거킹을, 두산식품의 전신인 한양식품이 KFC를 잇따라 들여왔다. 1984년 12월 미국 웬디스와 웬디스 코리아가 합작으로 법인을 설립하고 을지로 2가에 1호점을 오픈했다. 맥도날드는 1989년 3월 서울 압구정동에 1호점을 열며 우리나라에 상륙했다.

국내 프랜차이즈 산업은 1977년 서울 명동 신세계 백화점 본점에서 오픈한 '림스치킨'으로 시작해 2020년 현재 44년의 역사를 가지고 있다(한국외식신문, 2020.2.11.). 일부에서는 1979년 패스트푸드점 '롯데리아'와 커피 전문점 '난다랑'을 최초로 보고 있다(조선경제, 2017.5.31.). 1990년대에는 피자 프랜차이즈 매장이 강세를 보이기 시작했으며, 2000년대부터는 커피와 한식 관련 프랜차이즈 사업들이 인기를 얻기 시작하였다.

4 프랜차이즈의 유형

프랜차이즈는 가맹본부가 가맹점주에게 무엇을 제공하는가에 따라 상품 및 상호 프랜차이즈와 사업형 프랜차이즈로 분류된다. 또한, 가맹점주의 권리범위에 따라 단일지역 프랜차이즈와 복수지역 프랜차이즈로 구분된다. 그 밖에 유통단계에서의 결합관계와 프랜차이즈 대상에 따라 분류할 수 있다.

1) 제공내용에 의한 분류

(1) 상품 및 상호 프랜차이즈(Product & trade name franchising)

상품 및 상호 프랜차이즈는 가맹점에게 상호나 상표 등의 사용을 허락함과 동시에 상품만을 공급하고 영업에 관한 노하우는 제공하지 않는 방식이다(Kahn, 1992). 가맹점은 계약에 명시된 지역에서 가맹본부의 상호명이나 상표를 사용하고 생산품을 판매 및 분배할 권리를 갖는다. 코카콜라와 같은 청량음료 제조업체, 현대기아차의 자동차 딜러숍, SK에너지를 취급하는 주유소 등이 그 예이다.

(2) 사업형 프랜차이즈(Business format franchising)

이 방식은 가맹본부가 가맹점에게 상품을 단순히 공급하는 수준보다는 서비스나 상품 공급을 포함한 가맹점 경영방법을 전수하는 보다 포괄적인 의미이다(Kahn, 1992). 사업형 프랜차이즈 방식으로 운영되는 외식업의 경우 가맹본부가 가맹점에게 식자재 공급, 입지선정, 개업 공사과정, 교육과 훈련, 마케팅, 직원관리, 세무 등에 대해 폭넓게 경영 노하우를 전수한다. 이 방식의 대표 업종은 외식업, 호텔업, 교육 관련업, 청소업 등의 서비스업이다.

위 두 방식의 차이는 상품 및 상호 프랜차이즈는 유형성이 강한 제품의 유통관점에서 보는 데 반해, 사업형 프랜차이즈는 사업콘셉트, 브랜드, 경영시스템과 같은 무형성이 강한 것을 상품으로 보고 있다는 것이다. 최근 들어서는 상품 및 상호 프랜차이즈도 가맹본부가 가맹점에게 상품 공급은 물론 경영 노하우도 전수하고 교육과 훈련도 시켜주고 있다. 상품 및 상호 프랜차이즈와 사업형 프랜차이즈의 차이점과 공통점은 [표 13-2]와 같다.

[표 13-2] 프랜차이즈 유형 간의 차이점과 공통점

구분	상품 및 상호 프랜차이즈	사업형 프랜차이즈
개별특성	제품의 유통	사업콘셉트, 브랜드, 경영시스템
운영시스템	제공하지 않음	제공함
지역지정	있음	있음
기간지정	있음	있음
보상방법	제품마진	로열티

자료 : 김의근(2011). 프랜차이즈 경영론. p.7. 내용 수정보완

2) 가맹점주의 권한범위에 따른 분류

(1) 단일지역 프랜차이즈

계약 가맹점에 한하여 가맹기간 동안 일정지역 내에서 가맹본부가 가지고 있는 권리 및 영업권의 일체를 가맹점에 주어 영업을 하도록 하는 가장 보편적인 형태의 프랜차이즈 시스템이다(McCallum, 1993). 단일지역 프랜차이즈에서는 가맹점주가 일정기간, 일정지역 내에서 독립적 영업권을 가지는 장점이 있으며 우리나라 대부분의 가맹본부가 채택하고 있는 가맹점 모집방식이다.

(2) 복수지역 프랜차이즈

복수지역 프랜차이즈는 지역개발 프랜차이즈(Area development franchise)와 지역분할 프랜차이즈(Master franchise)로 분류된다. 지역개발 프랜차이즈란 일정기간, 일정지역 내에서 개인 또는 집단에 다수의 점포에 대하여 가맹점 개설권을 부여하는 방식이다(McCallum, 1993). 이 방식은 가맹점주가 가맹본부와 지역개발 계약을 체결하고 개발수수료를 지급한 후 일정지역에 대한 개발권을 갖는다.

지역분할 프랜차이즈란 일정기간, 일정지역 내에서 개인 또는 집단에 가맹본부의 권리를 부여하고, 권리를 부여받은 분할지역 서브 프랜차이즈(Sub franchisee)가 하나 또는 다수의 점포에 대하여 가맹점 영업을 하도록 하는 형태이다. 이 경우에는 물론 분할지역 가맹본부 자신이 가맹점주가 될 수 있다.

3) 기타

프랜차이즈는 그 제공자와 이용자가 유통단계에서 어떻게 결합하는가에 따라 수직적 결합과 수평적 결합을 할 수 있다(Larson, 1982). 수직적 결합은 서로 상이한 유통단계에서 결합하는 것이고 수평적 결합은 동일한 유통단계에서 수평적으로 결합하는 것이다. 예를 들어, 수직적 프랜차이즈는 다시 제조업자-도매상 간, 제조업자-소매상 간, 도매상-소매상 간 프랜차이즈로 분류할 수 있다. 그리고 대상이 되는 업종에 따라 외식업 프랜차이즈, 소매업 프랜차이즈, 서비스업 프랜차이즈로 구분할 수 있다.

5 프랜차이즈 산업동향

1) 해외 프랜차이즈 산업동향

국제프랜차이즈협회(International Franchise Association : IFA)의 조사에 따르면, 2014년 3조 8,000억 달러(약 4,294조 원)였던 글로벌 프랜차이즈 산업의 시장규모가 2020년에는 5조 달러(5,565조 원)로 성장할 것으로 전망하였다. 이 중 전 세계 외식 프랜차이즈 시장규모는 2015년 기준 7,030억 달러(약 782조 원)였다. 그중에서 북미가 2,940억 달러(약 327조 원)로 42%, 아시아가 2,111억 달러(약 234조 원)로 30%, 그리고 서유럽 1,086억 달러(약 120조 원)로 15%를 차지하였다(IFA, 2016). 중동과 아프리카 및 동유럽은 각각 3% 안팎으로 시장규모가 가장 작다(IFA, 2016).

외식업과 호텔업 모두 프랜차이즈 경영방식을 선호하고 있다. 프랜차이즈 전문 포털 프랜차이즈다이렉트(https://www.franchisedirect.com)가 발표한 '2021 세계 100대 프랜차이즈 기업(Top 100 Global Franchises)' 순위에서 1~5위 모두가 미국기업이다. 2021년 대비 2022년에는 업체 간 큰 폭의 순위변동이 있었다(표 13-3 참조).

[표 13-3] 2022년 Top 5 프랜차이즈

순위	회사명('21년 순위)	설립연도	매장 수(개)	산업	국가
1	KFC(2)	1939	26,935(24,395)	패스트푸드	미국
2	7-Eleven(4)	1927	77,000(66,195)	소매업	미국
3	McDonald's(1)	1955	40,000(39,000)	패스트푸드	미국
4	Marriott International(16)	1967	8,100(7,551)	호텔업	미국
5	Burger King(3)	1956	19,250(18,625)	패스트푸드	미국

주 : 매출, 성장률, 해외진출 국가 수, 지역 수, 존속연수, 프랜차이즈 개시연도, 재정지원, 기업 시민행동 등 8가지 변수를 고려하여 순위 산정

자료 : 프랜차이즈다이렉트(https://www.franchisedirect.com). Top 100 Franchises 2021 & 2022. 저자 내용보완

호텔산업에 있어서도 프랜차이즈 경영은 활발하다. [표 13-4]처럼 세계 대부분의 호텔그룹들이 프랜차이즈 경영을 통하여 세계시장에 진출해 왔다. 세계 10대 호텔체인

중에서 미국이 4개 기업 그리고 중국이 3개 기업으로 대부분을 차지하고 있다. 개별 기업 기준으로 Marriott International이 객실 수 기준 큰 차이로 1위에 올라 있다.

[표 13-4] 세계 Top 10 호텔체인

순위	호텔명	국가	객실 수(개)		호텔 수(개)	
			2021	2020	2021	2020
1	Marriott International	미국	1,400,289	1,358,400	7,551	7,351
2	Jin Jiang	중국	1,087,994	1,020,036	10,304	9,518
3	Hilton Worldwide	미국	1,010,257	962,036	6,442	6,055
4	IHG	영국	886,036	883,563	5,964	5,903
5	Wyndham Hotel Group	미국	795,909	831,025	8,941	9,280
6	Accor	프랑스	753,344	730,886	5,139	5,036
7	Huazhu	중국	607,137	492,936	6,802	5295
8	Choice Hotels	미국	597,977	590,897	7,147	7,153
9	Oyo	인도	549,000	1,200,000	20,591	43,000
10	BTH Hotels	중국	430,224	403,757	4,701	4,216

주: 순위는 객실 수 기준임

자료: Hospitality On Magazine(https://hospitality-on.com)

2) 국내 프랜차이즈 산업동향

국내 프랜차이즈 산업도 매년 성장하고 있다. 2017년 기준 매출액은 119조 7천억 원으로 우리나라 명목 GDP 1,730조 원의 6.9%를 차지했다. 고용은 2016년 대비 11% 증가한 125만 6천 명으로 우리나라 경제활동인구 2,775만 명의 4.5%를 차지하였다.

2021년 12월 말 기준으로 프랜차이즈 가맹본부는 7,509개, 브랜드는 11,218개, 가맹점(2020년 기준)은 270,485개이며 이는 전년 대비 모두 증가하였다(표 13-5 참조). 지난 5년간 가맹본부, 브랜드, 가맹점 수가 계속해서 증가해 왔다. [표 13-6]에서처럼 국내 프랜차이즈 사업이 가장 활발한 곳은 외식업이다. 2021년 12월 31일 기준 가맹본부 및 브랜드 수의 경우 외식업종이 전체 77.1%와 80.2%로 가장 높은 비중을 차지하고 있고 지속적으로 비중이 증가하고 있다.

[표 13-5] 가맹본부 및 브랜드와 가맹점 수 증감현황

(단위: 개, %)

구분	2016		2017		2018		2019		2020		2021	
	개수	증감률	개수	증감률	개수	증감률	개수	증감률	개수	증감률	개수	증감률
가맹본부	4,268	9.2	4,631	8.5	4,882	5.4	5,175	6.0	5,652	8.3	7,509	32.9
브랜드	5,273	8.9	5,741	8.9	6,052	5.4	6,353	5.0	7,094	11.7	11,218	58.1
가맹점	230,955	5.5	243,454	5.4	254,040	4.3	258,889	1.9	270,485	4.5	-	-

주: 가맹본부 및 브랜드 수는 2021년 말 기준, 가맹점 수는 2020년 말 기준으로 작성

자료: 공정거래위원회(2021.3.4.). 2020년 가맹사업 현황 보도자료. p.3

공정거래위원회(2022.3.22.). 2021년 가맹사업 현황 보도자료. p.4

[표 13-6] 업종별 가맹본부 및 브랜드 수

(단위: 개, %)

구 분		외식업			서비스업			도소매업			계
		개수	비율	증감률	개수	비율	증감률	개수	비율	증감률	
가맹본부 수	2019	3,861	74.6	-	1,029	19.8	-	285	5.5	-	5,175
	2020	4,208	74.5	9.0	1,114	19.7	8.3	330	5.8	15.8	5,652
	2021	5,661	77.1	34.5	1,346	18.3	20.8	502	6.8	52.1	7,509
브랜드 수	2019	4,792	75.4	-	1,249	19.6	-	312	4.9	-	6,353
	2020	5,404	76.2	12.8	1,340	18.9	7.3	350	4.9	12.2	7,094
	2021	8,999	80.2	66.5	1,662	14.8	24.0	557	5.0	59.1	11,218
가맹점 수	2018	122,574	48.2	-	75,046	29.5	-	56,420	22.2	-	254,040
	2019	129,126	49.9	5.3	71,476	27.6	△4.8	58,287	22.5	3.3	258,889
	2020	135,113	50.8	4.6	74,364	28.0	4.0	61,008	23.0	4.7	270,485

주: • 하나의 가맹본부가 2개 이상 업종의 가맹사업을 하는 경우가 존재하여 업종별 가맹본부 수의 합이 전체 가맹본부 수와 상이함

• 가맹본부 및 브랜드 수는 2021년 말 기준, 가맹점 수는 2020년 말 기준으로 작성

• 외식업 15개 업종(한식, 분식, 피자, 치킨, 제과제빵 등), 서비스업 21개 업종(숙박, 교육, 스포츠, 세탁, 이미용 등), 도소매업 7개 업종(편의점, 농수산물, 화장품, 의류패션 등)

자료: 공정거래위원회(2022.3.22.). 2021년 가맹사업 현황 보도자료. pp.5-6

「2020 외식기업 해외진출 실태조사」에 따르면 국내 프랜차이즈 기업들은 해외시장을 적극적으로 개척해왔으나 최근 주춤하고 있다(농림축산식품부, 2021). 이는 코로나19의 여파로 해석된다. 외식기업 브랜드 수는 2013년 2,623개에서 2018년 4,562개로 연평균 약 11.7% 늘었다가 2020년까지 소폭 줄어드는 추세를 보이고 있다(그림 13-3 참조). 2020년 기준 국내 외식기업 브랜드는 4,106개로 전년도 대비 330(7.4%)개 감소하였다.

한편, 해외진출을 희망하는 기업 중 '2년 이후(2021년과 2022년)'로 해외진출을 계획하고 있는 기업이 35.2%로 가장 높게 나타났다. 그리고 우선 고려대상 국가로 베트남이라고 응답한 비중이 40.7%로 가장 높게 나타났고 중국과 미국이 각각 16.7% 순으로 조사되었다. 해외진출을 위한 국가를 선정할 경우 최우선 고려사항으로는 현지시장의 규모가 31.5%로 가장 높게 높고, 한류 등 한국 문화에 대한 선호도가 22.2%, 언어적 접근성이 13.0% 순으로 나타났다.

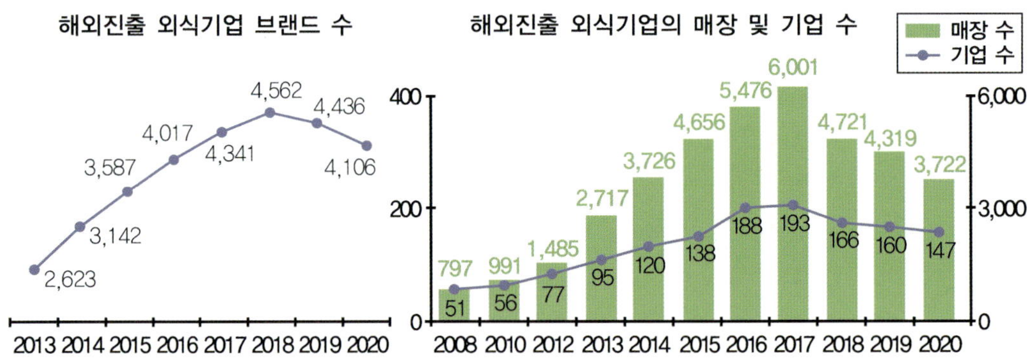

자료 : 농림축산식품부 · 한국농수산식품유통공사(2021). 2020 외식기업 해외 진출 실태조사. 내용수정

[그림 13-3] 연도별 국내 외식기업체 및 해외 진출 외식업체 추이

제3절 경영계약

관광 서비스 기업이 세계화를 위해 사용하는 또 다른 경영방식 혹은 전략은 경영계약이다. 프랜차이즈 경영방식은 가맹본부가 가맹점에게 영업권과 경영 노하우를 제공하며 그에 대한 대가로 수수료를 받는 형태이나, 경영계약은 회사 소유주를 대신해 전문경영인이 파견되어 그 회사를 경영하며 그 대가로 수수료를 받는 형태이다. 두 경영방식의 차이점은 회사 소유주를 대신하여 전문 경영인이 파견되어 회사나 점포를 직접 운영하느냐 그렇지 않느냐이다. 본 절에서는 경영계약의 개념과 발전과정, 장점과 단점, 호텔 경영계약의 발전과정, 그리고 호텔 경영계약의 형태에 대해 학습한다.

1 경영계약의 개념

경영계약은 호텔산업이 주로 선호하는 방식이다. 국내에서 글로벌 브랜드를 부착하고 경영하는 대부분의 특급 호텔들은 체인방식 혹은 경영계약 방식으로 운영되고 있다. 경영계약(혹은 위탁경영) 호텔은 소유회사와 경영회사 간의 계약을 통해서 경영회사가 호텔의 총 경영을 책임지고 운영하는 것으로 소유와 경영이 분리되는 전문경영형태이다.

호텔 소유주는 대지, 건물, 가구, 집기류, 운영자본을 제공하고, 향후 운영에 따른 법적인 문제해결과 운영자금 부족분을 책임져야 하며, 호텔경영에 대한 경영 수수료(로열티)를 지불해야 한다. 한편, 경영회사는 자산관리를 제외한 인사, 구매, 경리, 영업 등 모든 경영활동에 대해 책임을 지며, 호텔의 이미지를 고양시키기 위한 효율적 관리기법 등을 제시해 소유회사의 이윤을 얻도록 호텔을 운영해야 한다.

해외의 유명 브랜드 호텔들은 우수한 경영 노하우와 브랜드 파워를 앞세워 국내 시장에 적극적으로 진입하고 있다. 국내 호텔 소유회사는 경영상 위험도는 낮고, 경영 노하우와 글로벌 수준의 서비스 제공능력이 부족하여 경영계약 방식을 선호하는 경향이 있다. 하지만 기업들의 협상력 부족으로 인하여 높은 로열티 지불, 소유회사의 경영간섭 배제, 인사권, 계약의 종료권 등에 대해 문제점들이 나타나고 있다(사례 13-2 참조).

사례 13-2 호텔 적자 나도 '매출 15%' 수수료는 따박따박 떼간다

'세계적 브랜드' 힘 빌리려다 인사·재무 권한까지 다 넘어가
10~20년마다 한 번꼴 재계약 협상 노하우 없어 불리한 계약
"골리앗 체인에 홀로 상대는 벅차" 공동대응 협의체 구성도 추진

모르고 사인한 '신탁통치' 계약에 울분

호텔 사업자들이 아코르, 메리어트, 힐튼, 하얏트, 인터컨티넨탈 등 글로벌 유명 체인과 계약을 맺는 건 이들 브랜드의 이름값 때문이다. 글로벌 체인들은 또 그들만의 예약망을 갖춰 영업을 안정적으로 유지할 수 있는 장점이 있다. 국내 특급호텔의 경우 대기업이 운영하는 롯데와 신라, 더플라자 등을 제외하곤 대부분의 호텔이 글로벌 체인의 이름을 내걸고 운영하고 있는 이유다.

하지만 그에 대한 대가는 혹독했다. 이들은 글로벌 체인을 '파트너'라 믿고 계약서에 사인했지만, 막상 호텔 운영이 시작된 뒤에야 갑을 관계가 확연한 '신탁통치' 계약임을 깨닫게 된다. 호텔이 적자가 나도 수수료는 꼬박꼬박 빠져나가는데다, 체인에서 보낸 총지배인이 인사 재무 권한까지 독차지하다 보니 오너의 좌절감은 더욱 깊어질 수밖에 없다.

송홍섭 전 그랜드 인터컨티넨탈 서울 파르나스 호텔 대표는 "외국의 글로벌 체인과의 계약 이후 실제 얻는 혜택보다 더 많은 돈을 내주는 것 같다. 내용을 잘 모르고 계약했다가 뒤늦게 현실을 깨닫고 상실감을 느끼는 호텔사업자들이 대부분"이라고 말했다. 증권사에 다니다 13년 전 호텔에 들어왔다는 송 전 대표는 "1988년 호텔이 문을 연 이후 15년간 브랜드 체인인 '인터컨티넨탈 호텔 그룹(IHG)'에 준 돈이 1억 달러(1,114억 원)에 달해 깜짝 놀랐다"며 "호텔리어가 아닌 비즈니스맨의 시각으로 볼 때 불공정한 게 참 많았다"고 말했다.

▲ 워커힐 전경사진(워커힐호텔 제공)

A씨는 "5년마다 계약을 조정할 수 있으면 좋으련만 글로벌 체인이 장기 계약이 아니면 계약을 체결하려 들지 않아 울며 겨자 먹기 식으로 받아들일 수밖에 없다"며 "객실 운영이나 판매 등엔 그들의 노하우를 인정하지만 식음이나 연회, 피트니스 분야까지 체인의 결정을 무조건 따라야 하는지는 의문"이라고 말했다.

글로벌 체인에 제공하는 수수료는 호텔의 비용 항목 중 인건비 다음으로 큰 부분을 차지하는데 보통 매출의 8~15%라는 게 업계의 설명이다. 한번 계약하면 짧으면 5년, 길게는 20년 이상 종속되다 보니 경기가 좋지 않을 경우 매달 빠져나가는 수수료의 부담이 크게 느껴질 수밖에 없다. 체인에 내는 수수료는 주로 브랜드 이름과 로고의 사용에 대한 대가와 체인이 보유한 마케팅 자산과 운영시스템, 예약망의 사용에 대한 비용이다.

강원 평창의 알펜시아 리조트 소유주인 강원도개발공사는 '인터컨티넨탈'과 '홀리데이인' 브랜드를 지닌 IHG와 경영위탁 계약을 체결한 이후 공사 이사회와 강원도의회 등으로부터 오랫동안 부당한 계약을 왜 체결했느냐는 질책을 받아야만 했다. 알펜시아 리조트 관계자는 "도의회에서 그런 '노예계약'을 왜 계속 유지하느냐고 추궁해 계약 해지를 검토한 적도 있다"며 "계약 해지에 따른 페널티 비용과 인테리어 교체 비용 등이 남은 계약기간의 예상 수수료 총액보다 높게 나와 결국 포기했다"고 말했다.

호텔사업자들이 계약 조건들을 충분히 따져보지 못하고 계약했다가 뒤늦게 세부 항목이 부당한 것을 깨닫고 소송으로 확산되는 일도 비일비재하다.

올 하반기 개장할 A호텔은 한 글로벌 체인과 당초 계약조건을 놓고 현재 분쟁 중이다. 호텔 측은 "'파트너십'을 믿고 2년 전 계약을 체결했는데 주요 시설과 장비에 대한 감가상각과 호텔 건축에 들어간 금융이자가 비용 항목에 포함되지 않은 것을 나중에 알게 됐다"며 "이대로라면 호텔은 계속 적자에 시달려도 체인은 이익이 난 걸로 간주해 고가의 수수료를 가져가는 불공정한 구조라 계약 조건 변경을 요구 중"이라고 말했다.

몰라서 당한다, 알면 바꿀 수 있다

호텔사업자들은 글로벌 체인과의 계약 협상이 쉽지 않다고 토로한다. 가장 큰 이유는 계약과 관련한 정보의 비대칭이다. 글로벌 체인들은 매년 수백 건의 계약을 체결해온 경험과 전문인력이 있지만 호텔사업자는 처음이거나 10~20년에 한번 하는 재계약이다 보니 협상의 노하우가 크게 부족하다. <하략>

자료 : 한국일보(2017.4.3.)

2 호텔 경영계약의 장점과 단점

1) 호텔 소유주의 장점과 단점

경영계약에 따른 호텔 소유주 측의 장점은 다음과 같다. 첫째, 경영계약에 대한 소유주의 경험이 축적됨에 따라 인력관리의 능력을 축적할 수 있다. 둘째, 호텔경영을 전문

경영회사가 담당하므로 소유자는 호텔경영의 경험이 없어도 운영이 가능하다. 셋째, 브랜드 인지도가 높은 경영회사가 운영하므로 소유주 호텔의 브랜드 인지도를 단기간에 향상시킬 수 있다. 넷째, 경영계약을 통하여 장기적 수익성을 확보하는 데 필요한 선진 경영기법을 습득할 수 있다. 마지막으로, 호텔 경영사의 브랜드를 사용하므로 높은 신용과 명성을 얻을 수 있다.

호텔 소유주의 단점으로는 첫째, 경영회사가 호텔의 경영을 잘 못한다 해도 호텔 소유주는 경영에서 완전히 배제되기 때문에 경영회사에 대해 마땅한 제재수단이 없다. 둘째, 소유주는 경영자의 중과실이나 사기를 증명할 수 있을 때만 계약을 파기할 수 있는데, 무능력한 경영자의 교체에 어려움이 있을 수 있다. 셋째, 경영계약하에서의 소유주는 호텔 운영결과 손실이 발생한다면 그 손실을 부담해야 한다. 태만에 의해서 손실이 발생한 경우라도 소유주가 그 손실을 부담해야 한다. 마지막으로 브랜드 인지도가 높은 경영회사는 수수료가 비싸다.

2) 호텔 경영회사의 장점과 단점

호텔 경영회사 측의 장점으로는 첫째, 호텔 경영회사는 자신의 자본투자를 거의 하지 않고 수수료를 받으며, 자본의 지출 없이 수입과 이익을 증가시킨다. 둘째, 경영계약을 맺는 것이 호텔을 인수하는 것보다 상대적으로 적은 자본투자가 소요되므로 위험도가 낮다. 가령, 소유주는 호텔건축으로 인한 위험과 영업과정에서 발생한 손실도 부담해야 한다. 셋째, 호텔 경영회사의 책임 아래 호텔을 경영하므로 호텔의 품질과 이미지의 철저한 관리가 가능하다. 마지막으로, 호텔을 성공적으로 경영함으로써 경영계약회사는 자신의 명성을 강화시킬 수 있다.

호텔 경영회사의 단점은 다음과 같다. 첫째, 경영회사는 호텔을 소유했을 경우보다 수익이 적을 수 있다. 둘째, 소유자의 의사결정에 참여기회가 적으며 소유자의 재정적 지원의 결정에 의존해야 한다. 마지막으로, 경영계약 만기 시 경쟁력 있는 호텔을 잃을 수 있다. 호텔 경영계약 방식의 장점과 단점을 요약하면 [표 13-7]과 같다.

[표 13-7] 호텔 경영계약 방식의 장점과 단점

구분	소유회사	경영회사
장점	• 호텔경영의 경험 없이도 호텔운영 • 경영기술 및 관리지식의 노하우 습득 • 브랜드 인지도 조기 향상 • 경영의 효율성(빠른 기간 내 손익분기점 도달) • 자산가치 증진(신용과 명성 획득)	• 경영에 대한 보상으로 로열티 받음 • 호텔 인수 시보다 적은 자본투자로 재무적 위험부담 없음 • 브랜드 파워 활용 • 경영권 장악(직원, 시설, 운영 등) • 자신의 브랜드 인지도 강화
단점	• 영업 의사결정에 대한 통제권 상실 • 모든 경영비용의 지불과 자금부담 • 경영회사의 잘못에도 중도 계약해지 어려움 • 호텔운영 결과 손실발생 시 손실부담 • 과다한 수수료와 추가비용	• 회사의 수익원천이 경영수수료에 국한됨 • 소유회사에 대한 재무적 의존성(과감한 투자 및 경영변화의 대응 부족)이 높음 • 계약종료 시 경쟁력 있는 호텔과 이별 가능성이 높음

자료 : 김홍범 · 이경하 · 정광석(2001). 위탁경영이 호텔의 경영성과에 미치는 영향에 관한 연구 - 서울시내 특1급 호텔을 중심으로. 호텔경영연구. 10(1) : 56

3 호텔 경영계약의 발전과정

1907년 뉴욕에 Ritz Carlton Hotel이 프랜차이즈(Franchise) 체인으로 처음 운영되었는데 이것이 상업호텔 체인화의 효시로 알려져 있다. 호텔산업에서 현대적인 경영기법을 처음으로 도입한 스타틀러는 1912년 Cleveland Statler Hotel을 오픈하여 두 번째로 호텔 체인화를 시도하였다(김의근 외, 2004).

제2차 세계대전 이후 Hilton 호텔이 본격적으로 체인운영 방식의 호텔을 도입하기 시작하였다. Hilton 호텔은 1938년 샌프란시스코의 Sir Francis Drake Hotel(1938), 뉴욕의 The Plaza Hotel(1943), 뉴욕의 Waldolf-Astoria Hotel(1949) 등을 매입하여 호텔체인을 구축하기 시작하였다(김재민 · 신현주, 2005).

호텔산업에서 현대적인 경영계약 방식이 도입된 것은 1940년대 후반이다. 1946년 초 InterContinental Hotel이 식당판매의 계약을 시작한 데서부터 비롯된 것으로 알려져 있다(오정환, 1994). 호텔 경영계약은 Hiton International이 1960년대 말 푸에르토리코 카리브 힐튼(Caribe Hilton)과 계약을 체결하면서 현대적인 호텔 경영계약의 뿌리를 내리게 되었다(Bell, 1993). 이로 인해 호텔 경영계약은 힐튼에 의해 완성을 보게 되어 오늘날 힐튼방식이라고도 부른다. 2021년 기준 미국 5대 호텔 경영계약 회사들 중 Aimbridge Hospitality사가 객실 수 기준 182,000개로 1위를 차지하고 있다(표 13-8 참조).

[표 13-8] 미국 5대 호텔 경영계약 회사

순위	호텔 그룹명	2021	
		객실 수	호텔 수
1	Aimbridge Hospitality	182,000	1,400
2	Hyatt Hotels	61,217	372
3	InterContinental Hotels Group(IHG)	57,804	301
4	Highgate	37,307	142
5	Crescent Hotels & Resorts	28,137	103

자료 : Hotel Business(2021)(https://www.hotelbusiness.com/)

한편, 우리나라 최초의 호텔 경영계약은 1967년 미국 American Airlines사가 국제관광공사와 합작투자(50 : 50)로 주식회사 조선호텔을 설립한 후 25년간 맺은 경영계약이다(신동식, 2011). 이후 Westin 호텔경영 전문회사에게 경영계약을 양도하였다. Westin은 1996년 조선호텔과 10년간 경영 재계약을 체결하였다. 1978년에는 호텔 소유주인 미라마 관광주식회사가 Hyatt 호텔의 경영 전문회사와 15년간의 경영계약을 체결하여 호텔 Hyatt 서울을 운영하였고, 1983년 힐튼호텔 서울은 힐튼 본사와 경영계약을 체결하였다(신동식, 2011).

2010년대에 들어서면서 국내 호텔기업들이 체인 혹은 경영계약 방식으로 해외시장에 진출하기 시작하였다. 대표적으로 롯데호텔과 신라호텔을 들 수 있다. 롯데호텔이 세계적으로 보유한 위탁경영 호텔은 2020년 말 현재 4곳인데, 2013년 우즈베키스탄 롯데시티호텔 타슈켄트팰리스, 2017년 미얀마 롯데호텔 양곤, 그리고 2020년 중국 예타이 롯데호텔과 롯데호텔 시애틀이다. 신라호텔은 2006년 중국 쑤저우 진지레이크 호텔에 위탁경영 방식으로 선보인 적은 있지만 롯데처럼 단독 브랜드를 내건 브랜드 수출은 아니었다. 2020년 베트남 다낭에 5성급 호텔 신라 모노그램을 오픈하여 위탁경영 중이다.

하노이 롯데호텔
자료 : CNB Journal(2020.1.23.)

베트남 다낭 신라 모노그램
자료 : 뉴데일리경제(2021.4.26.)

[그림 13-4] 국내 호텔의 해외 경영계약 호텔

4 호텔 경영계약의 형태

1) 브랜드 운영사

브랜드 운영사(Brand operator)란 호텔 소유주와 호텔경영에 관한 계약을 맺는 경영계약 회사가 브랜드를 소유한 경우를 말한다. 예를 들어, Hilton, Marriott International, Hyatt, IHC 등의 브랜드 운영사들은 이미 검증된 경영능력과 인지도가 높은 브랜드를 소유하고 있다. 대규모의 자본이 소요된 풀서비스를 제공하는 대형 호텔들은 보통 브랜드 운영사와 경영계약을 체결하려는 경향이 있다.

브랜드 운영사와의 경영계약은 전 세계에서 운영 중인 예약시스템, 마케팅 전략, 운영 노하우 등을 활용하므로 높은 경영성과를 창출할 수 있다. 또한, 호텔 매각 시 매각가치를 높여주는 효과도 있다. 하지만 운영 수수료가 높고 계약기간도 장기간이라 경영회사에만 유리하다는 비판이 제기되고 있다.

2) 독립 운영사

독립 운영사(Independent operator)란 브랜드를 소유하지 않은 경영회사를 의미한다. 브랜드 운영사와 달리 운영 수수료가 저렴하고 계약기간도 짧은 것이 특징이다. 브랜드 운영사의 경우 계약기간은 보통 10~30년인데 반해 독립 운영사는 3~10년이 일반적이다. 대표적인 독립 운영사로는 Aimbridge Hospitality, Pyramid Hotel Group, White Lodging Services Corporation 등이 있다(표 13-9 참조).

[표 13-9] 미국 5대 호텔 독립 운영사

순위	그룹명	총매출(백만$)		호텔 수(개)		객실 수(개)	
		2017	2018	2017	2018	2017	2018
1	Aimbridge Hospitality	4,800	5,000	706	834	93,150	102,786
2	Interstate Hotels & Resorts	3,710	4,100	390	481	67,958	80,172
3	Crescent Hotels & Resorts	1,420	1,613	105	103	25,718	28,137
4	Pyramid Hotel Group	1,532	1,443	105	99	26,153	25,053
5	White Lodging Services Corporation	1,532	1,243	87	94	18,330	19,263

주: 순위는 매출액 기준임. 2019년 Aimbridge Hospitality사는 Interstate Hotels & Resorts사와 합병
자료: Hotel Business(2019.4.21.)(https://www.hotelbusiness.com/)

제4절 서비스 세계화 전략

McLaughlin과 Fitzsimmons(1996)는 서비스의 세계화 전략 다섯 가지를 소개하였다. 다섯 가지 전략은 다국적 확장, 고객수입, 고객동반진출, 서비스 해외이전, 그리고 24시간 서비스이다. 이들 연구자들은 서비스의 세계화 전략 선택 시 고객계약, 고객화, 복잡성, 정보집약도, 문화적 적응(수용), 노동집약도, 기타 등의 요인을 고려해야 한다고 하였다.

1 다국적 확장 전략

다국적 확장 전략(Multi-country expansion)은 국내에서 제공 중인 서비스를 세계 여러 나라에 그대로 이식하여 동일한 표준 서비스를 제공하는 것이다. 확장 전략은 고객이 서비스를 구매하기 위해 매장을 방문할 필요가 있을 때 유용하다. 국내에서 성공적인 서비스를 원형 그대로 다른 나라에 제공함으로써 해당 국가의 고객들은 이국적인 경험을 할 수 있다는 장점이 있다. 예를 들면, 독일의 맥도날드에서는 맥주를 메뉴에 추가하여 현지문화를 고려하는 약간의 서비스 변경을 허용하고 있다.

사업장을 해외로 이전 또는 여러 국가로 확장하는 경우 다양한 전략적 과제들을 고려해야 한다. 맥도날드처럼 서비스를 표준화하는 것이 가장 좋은 방법이다. 그러나 현지에서의 고객계약이나 회사 본부가 경영할 경우 진출하려는 국가의 문화적 요소를 반영해야 한다. 이를 위해 해외시장 진출의 성공경험이 있는 사람이나 사례를 통해 접근방식을 학습하고 현지인력을 확보하여 교육하는 것이 중요하다. 또한, 전문적인 서비스를 제외하고 패스트푸드점과 같이 복수의 국가에서 표준화된 고객 서비스를 전달하는 경우 다수의 점포관리를 위해 글로벌 네트워크(위성을 이용한 커뮤니케이션)의 구축이 필요하다.

2 고객수입 전략

고객수입 전략(Importing customers)은 서비스 기업이 해외로 진출하지 않고 해외의 고객이 국내로 직접 이동하여 서비스를 소비하게 하는 전략이다. 이 전략이 성공하기 위해서는 고객이 장거리 여행을 통해 해당지역으로 이동하여 시설을 이용할 만큼 매력을 제공하거나 통신수단이 물리적 이동을 대체할 수 있어야 한다. 다양한 서비스를 분산시켜 입지하는 것보다 한 곳 혹은 소수의 몇 곳(예 : 롯데월드)에 집중시켜 제공하는 것이 중요하다. 의료 서비스나 교육 서비스, 관광명소 등이 이러한 유형에 해당된다.

서비스 지역의 특징을 그대로 유지하면서 외국 관광객을 흡수하는 서비스를 제공하기 위해서는 서비스 접점직원의 외국어 능력과 문화적 민감성 등에 대한 교육과 훈련이 중요한 요소가 된다. 또한, 서비스의 고객화와 같은 전략적 과제도 고객수입 전략에 있어서는 중요한 고려요소이다. 예를 들면, 방문하는 고객을 수용하기 위한 숙박, 교통, 통신 등의 서비스 인프라와 세부적인 관리시스템이 필요하다. 네덜란드 보네스섬에서는 스쿠버다이버들을 위한 숙박과 음식을 제공하고 일주일에 한 번씩 암스테르담에서 출발하는 KLM의 항공편을 제공한다(서비스경영연구회, 2010).

3 고객동반진출 전략

고객동반진출 전략(Following customers)은 국내에서 자사와 거래하는 고객회사가 해외로 진출하는 경우 고객회사를 지원하기 위해 동반하여 해외로 진출하는 전략이다. 고객동반진출이 가능한 서비스 산업은 상대적으로 고가의 물리적 시설이나 장비가 요구되지 않는 법률 서비스, 회계 서비스, 컨설팅 서비스 등과 같은 전문 서비스업이 대표적이다.

고객과 동반하여 해외에 진출한 기업들은 자사의 고객들이 어디에 있든지 신속한 서비스를 제공해야 한다. 가령, 국내 법률회사가 자신과 거래하는 고객기업이 해외로 진출할 경우 해당국가에 지사를 설립하고 해당국가 관련 법률 서비스를 제공하는 것이다. 이를 위해서는 현지 비즈니스 관행에 익숙한 현지인력을 확보하고 각국 파트너와의 제휴를 통해 네트워크를 구축해야 한다.

현지시장의 규모가 작고 문화적 차이로 인하여 비즈니스 방식이 현지와 크게 차이가 나면 서비스 프로세스를 변형해야 한다. 이럴 경우에는 현지업체와의 합작이나 제휴방식으로 진출하는 것이 바람직하다(허희영, 2021). 본사는 새로운 서비스 개발이 필요하지 않더라도 지역의 운영방식 도입과 사회적 시스템의 이해를 위해 숙련된 담당자를 두는 것이 바람직하다.

4 서비스 해외이전 전략

서비스 해외이전(Off-shoring) 전략은 서비스 아웃소싱이 해외에서 이루어지는 형태이다. 즉, 서비스의 해외이전은 현지국의 외주업체에 서비스를 이전하는 것을 말한다. 인터넷을 이용한 네트워크 경영방식에 따라 핵심 영업부문이 아닌 조직을 해외로 이전하고 현지의 고객 서비스 활동에 집중함으로써 인건비를 절약할 수 있다. 이 전략은 고객과의 직접 대면접촉이 필요 없는 서비스 부분을 분리하여 사업을 특화하는 것을 의미한다.

예를 들어, 항공사의 해외 콜센터는 고객과 대면하지 않고 예약과 발권 서비스를 원활하게 제공한다. 의료계에서도 이러한 전략이 활용되고 있다. 인도는 영어에 능통하면서도 상대적으로 저렴한 의사의 인건비 때문에 미국 병원에서 촬영한 CT(컴퓨터단층촬영)나 MRI(자기공명영상) 자료를 원격으로 인도에서 판독하고 미국으로 다시 전송하고 있다(서비스경영연구회, 2010).

비영업부서의 해외이전은 노무비 절감을 위한 매력적인 인센티브가 될 수 있다. 하지만 외주업체에서 직원을 훈련시키고, 문화를 이해하게 하고, 직원의 사기진작을 위해서는 많은 투자비용이 필요할 수도 있다. 또한, 많은 나라에서는 숙련되지 못한 노동자가 많고 영어에도 익숙하지 않기 때문에 양질의 서비스를 제공하기 위한 교육훈련이 지속적으로 필요하다. 그리고 서비스 해외이전에서는 서비스의 품질이 유지되는지 그리고 기업이 가진 보안정보나 자료가 해외에서도 잘 유지되는지를 살펴야 한다.

5 24시간 서비스 전략

24시간 서비스 전략(Beating the clock)은 일반적인 근무시간을 벗어나 해외 어디에서나 언제든지 고객 서비스를 제공하는 것이다. 이 전략은 서비스 제공시간에 있어 제약이 없으므로 24시간 고객응대가 필요한 호텔이나 항공의 예약 서비스 그리고 병원의 긴급 응대 서비스에서 이점이 많다. 프로젝트의 수행에 있어서도 비용 및 소요기간의 단축에 활용될 수 있다.

하지만 이 전략을 실행하는 데 있어 두 가지 유의사항이 있다. 우선, 여러 나라에 분산되어 있는 지점 간의 협조가 잘 이루어지도록 해야 한다. 국가 간에는 근무시간의 차이가 존재하기 때문에 이에 대한 주의가 필요하다. 또한, 각국에 산재해 있는 지점의 직원교육, 운영시스템 및 통신체계가 필요한데 이에 대한 투자가 많다는 점이다.

토론주제

- 관광 서비스 기업의 세계화 경영이 취약한 이유는 무엇인가?
- 관광 서비스 기업이 세계화 경영을 하는 데 있어 해결해야 할 과제는 무엇인가?
- 글로벌 프랜차이저가 되기 위한 관광 서비스 기업의 현재역량은?
- 가맹본부와 가맹점 간 갈등사례는?
- 국내 호텔산업에서 경영계약에 성공한 사례와 실패한 사례는 무엇인가?
- 일반적 세계화 전략에서 보완할 점은 무엇이고 그 이유는?
- 서비스 세계화 전략 중에서 관광 서비스 기업이 앞으로 추진해야 할 전략은?
- 서비스 세계화 전략을 성공적으로 수행하고 있는 사례는?
- 서비스 세계화 전략에 실패한 사례는?

참고문헌

공정거래위원회(2021.3.4.). 2020년 가맹사업 현황 보도자료. pp.1-12.

김의근 외 7(2004). 호텔경영학개론. 백산출판사.

김의근(2011). 프랜차이즈 경영론. 백산출판사.

김재민 · 신현주(2005). 신호텔경영론. 대왕사.

김홍범 · 이경하 · 정광석(2001). 위탁경영이 호텔의 경영성과에 미치는 영향에 관한 연구 – 서울시내 특1급 호텔을 중심으로. 호텔경영연구. 10(1) : 53-72.

농림축산식품부 · 한국농수산식품유통공사(2021). 2020 외식기업 해외 진출 실태조사.

뉴데일리경제(2018.8.30.). 반복되는 '철수 · 진출'… 해외 간 국내 프랜차이즈 괜찮나
http://biz.newdaily.co.kr/site/data/html/2018/08/29/2018082900196.html

뉴데일리경제(2021.4.26.). '신라모노그램 베트남 다낭' 오픈 1년 만에 영업 재개… '글로벌 신라' 속도
http://biz.newdaily.co.kr/site/data/html/2021/04/26/2021042600040.html

매일경제신문(2011.7.1.). 전략적 제휴를 통한 경쟁우위 확보방법
https://www.mk.co.kr/news/business/view/2011/07/418934/

박주현(2004). 프랜차이즈 경영원론, 한국프랜차이즈협회.

신동식(2011). 호텔경영계약시 인사 및 재무운영의 개선방안에 관한 연구. 관광연구. 26(2) : 227-248.

조선경제(2017.5.31.). 시들지 않는 '프랜차이즈 열풍'… 2020년엔 5500조 원 규모 성장
https://biz.chosun.com/site/data/html_dir/2017/05/31/2017053101901.html

파이낸셜뉴스(2020.12.1.). 日中 아닌 케이팝이 왜 세계시장에서 성공했나?
https://www.fnnews.com/news/202012011229583312

한국외식신문(2020.2.11.). 프랜차이즈 창업, 과연 효과적인가
https://www.kfoodtimes.com/news/articleView.html?idxno=7787

한국일보(2017.4.3.). 호텔 적자 나도 '매출 15%' 수수료는 따박따박 떼간다
https://m.hankookilbo.com/News/Read/201704030482708610

허희영(2021). 서비스 경영. 북넷.

Bell, C.A.(1993). Agreement with chain-hotel companies. The Cornell Hotel and Restaurant

Administration Quarterly. 34(1) : 27-33.
CNB Journal(2020.1.23.). 호텔롯데・신라의 글로벌 진출 비결은? "위탁 경영" http://weekly.cnbnews.com/news/article.html?no=132230
Eyster, J.J.(1988). Sharing risk and decision making : Recent trends in the negotiation of management contracts. The Cornell Hotel and Restaurant Administration Quarterly. May 29(2) : 27-33.
Fitzsimmons, J.A., & Fitzsimmons, M.J.(2010). 스마트 시대의 서비스 경영, Service management : Operations, strategy, information technology(7th ed.)(서비스경영연구회 역). 한국맥그로힐(주)
IFA(2016). International Franchise Association(www.franchise.org).
Kotler, P., Bowen, J.T., & Makens, J.C.(2014). 호텔외식관광 마케팅. Marketing for hospitality and tourism(6th ed.)(김영태・최현정 역). 도서출판 석정.
Khan, M.(1992). Restaurant Franchising. New York: Van Nostrand Reinhold.
Larson, C.M.(1982). Basic marketing. New Jersey : Prentice-Hall.
Lundberg, D.E.(1979). The hotel and restaurant business, 3rd ed. Boston : CBI Publishing Company Inc.
McCallum, R.A.(1993). Franchising. New York, NY : John Wiley & Son.
McLaughlin, C.P., & Fitzsimmons, J.A.(1996). Strategies for globalizing service operations. International Journal of Service Industry Management. 7(4) : 43-57.
Robbins, S.P., DeCenzo, D.A., & Coutler, M.(2013). Fundamentals of management(8th ed.). Pearson.
Robbins, S.T., & Coulter, M.(2012). Management(11th ed.). Pearson.

제 14 장

4차 산업혁명과 미래관광 트렌드

학습목표

본 장에서는 다음 내용의 이해를 목표로 한다.

산업혁명의 단계별 특징
4차 산업혁명 핵심기술의 특징
4차 산업혁명 기술의 활용사례
4차 산업혁명과 관광산업의 변화관계
메가트렌드 이해의 필요성
관광 메가트렌드의 관광산업에의 영향
관광 메가트렌드의 유형

Chapter

14 4차 산업혁명과 미래관광 트렌드

사례 14-1 4차 산업혁명과 세계화 : 첨단기술은 물적 · 인적 자원의 세계화 촉진

기술발전에 따라 세계화의 특징도 변화
세계화는 국가의 산업경쟁력도 바꿔
세계화를 반영한 정책이나 전략 필요

세계화의 시작

다양한 정의에도 불구하고, 세계화란 생산을 소비에서 분리해내는 과정이다. 운송비는 생산과 소비의 단단한 결합을 설명하는 하나의 요인일 뿐이다. 상품의 이동 비용, 지식의 이동 비용 그리고 사람의 이동 비용이 생산을 소비에서 자유롭지 못하게 했다. 세계화는 이들 비용을 급격히 낮춤으로써 생산을 소비에서 분리해냈다. 문제는 상품과 지식, 사람이 이동하는 비용이 한꺼번에 하락하지 않았다는 점이다. 19세기 초 가장 먼저 해결된 문제는 상품의 이동이었다.

산업혁명 시기 크게 향상된 운송기술로 인해 바다 건너에서 생산된 물건을 구입할 수 있었다. 중산층 영국인은 중국산 찻잎에 자메이카산 설탕을 넣어 우려낸 차를 마시며, 미국산 밀로 구워낸 빵을 즐길 수 있게 된 것이다. 하지만 지식과 사람의 이동비용은 여전히 높았다. 그 결과는 선진국(북)과 개발도상국(남) 간 소득격차 심화로 표현됐다. 지식의 이동비용이 높았던 탓에 북쪽 국가에서 촉발된 혁신적 지식은 북쪽 국가를 벗어나지 못했다. 그 결과 현대적이고 혁신적인 성장은 북쪽에서 더 일찍 그리고 보다 신속하게 이뤄졌다. 선진국과 개발도상국 간 소득격차는 낮은 무역비용과 높은 통신비용의 결과였다.

ICT 혁명과 세계화

1990년 무렵 시작된 정보통신기술(ICT) 혁명은 지식의 이동비용을 낮추기 시작했다. 통신기술의 급격한 향상으로 인해 복잡한 원거리 활동이 가능해졌다. 선진국들은 생산시설을 저임금 국가로 이전할 수 있었다. 이는 선진국들의 수익성을 높여주었다. 또한, 이들은 해외로 옮겨간 생산시설에서의 프로세스가 국내에 남아 있는 단계와 완벽하게 맞물리도록 노력을 기울였다. 그 결과 마케팅과 경영, 기술 등의 전문지식이 생산설비와 함께 개발도상국으로 넘어갔다. 오늘날 '글로벌 가치사슬'이라 불리는 국제적 생산네트워크는 이렇게 형성됐다. 글로벌 가치사슬로 인해 산업경쟁력을 나타내는 경계가 더이상 국경이 아닌 이유다.

선진국의 전문지식과 개발도상국의 저렴한 노동력이 결합해 창출된 새로운 유형의 경쟁력은 기존 선진국가의 국내총생산(GDP) 점유율을 감소시켰다. 1970년대부터 조금씩 감소하던 G7(미국, 일본, 독일, 이탈리아, 영국, 프랑스, 캐나다) 국가의 세계 GDP 점유율은 1990년 이후 3분의 2 수준으로 급감하더니 오늘날 전 세계의 절반 이하를 차지한다. 이들의 GDP 점유율 감소분은 다른 국가의 전 세계 GDP 점유율 상승분과 일치해야 한다. 리처드 볼드윈 스위스 국제경제대학 교수에 따르면 1990~2010년 G7 국가에서 감소한 GDP 감소분 17%포인트 가운데 14%포인트는 신흥 11개국(중국, 인도, 브라질, 인도네시아, 나이지리아, 한국, 호주, 멕시코, 베네수엘라, 폴란드, 터키)이 가져갔다. 그리고 약 200개가 넘는 나머지 국가에서 3%포인트가 증가했다.

ICT 혁명으로 창출된 새로운 경쟁력의 효과는 한정된 지역에서만 나타난다는 점을 엿볼 수 있는 대목이다. 이는 상품과 지식, 사람의 이동 가운데 사람의 이동비용이 여전히 높기 때문이다. 운송기술 발달로 항공요금은 감소했지만, 관리자 혹은 기술자의 임금은 꾸준히 인상됐다. 글로벌 가치사슬을 완성하기 위해서는 본국에서 파견된 전문가가 필요하고, 사람의 이동은 여전히 비용이 매우 높기 때문에 G7 주요 산업국의 인접국에만 그 혜택이 돌아간다.

4차 산업혁명과 세계화

ICT 혁명이 지식의 이동비용을 줄여 글로벌 가치사슬을 만들어냈다면, 4차 산업혁명 기술은 사람의 이동마저 자유롭게 한다. 5G(5세대), 사물인터넷(IoT), VR · AR(가상현실 · 증강현실), 빅데이터, 3차원(3D) 프린팅, 인공지능(AI) 기술은 전문가가 해외 공장에 가지 않고도 현장에 있는 것과 동일한 효과를 창출할 수 있다. 원격 조종으로 해외에 있는 공정을 조절할 수도 있다. 값비싼 노동력이 직접 이동하지 않고도 서비스를 제공할 수 있다.

세계화의 변모는 국가가 영향을 받는 방법이 다양해졌음을 의미한다. 비교우위의 중심이 국가에서 기업으로 넘어가고, 이는 더욱 급격하고 통제할 수 없는 세계화가 이뤄지고 있음을 의미한다. 글로벌 가치사슬을 통한 산업화의 기적은 선진국과 개발도상국의 소득격차를 완화해 줬지만, 노동자 1인당 지식의 불균형은 여전히 엄청나다. 불균형은 언제나 차익거래의 가능성을 의미한다. 노동자에서 분리된 노동서비스는 고급지식 전달의 매개체가 돼 저임금 노동과의 결합을 시도할 것이다. 여기에 인공지능 기술이 결합하면 원격지능의 탄생도 예상해볼 수 있다. 세계화는 단연코 고정불변의 개념이 아니다. 이는 경쟁우위의 원천이 계속해서 변화함을 의미한다. 모든 정부와 기업이 세계화의 변화를 기민하게 바라봐야 하는 이유다.

자료 : 한국경제신문(2019.10.7.)

제1절 4차 산업혁명과 관광 서비스 산업

1차 산업혁명, 2차 산업혁명, 그리고 3차 산업혁명까지는 200년 이상의 시간이 걸렸다. 하지만 3차 산업혁명에서 4차 산업혁명까지는 30년도 안 걸렸다. 4차 산업혁명의 기술들은 모든 것을 상호연결하여 보다 지능화된 사회로 변화를 이끌 것으로 예상된다. 본 절에서는 산업혁명의 단계를 살펴보고 4차 산업의 핵심기술들을 학습한다. 그리고 4차 산업혁명을 대표하는 기술들이 관광 서비스 산업에 어떻게 영향을 미치는지 혹은 어떻게 활용되고 있는지를 살펴본다.

1 산업혁명 단계

1) 1차 산업혁명

산업혁명이란 신기술의 보급으로 경제체제와 사회구조가 급격히 변화하는 것을 의미한다. 18세기에 시작된 1차 산업혁명은 증기기관 기반의 기계화 혁명을 일컫는다. 영국을 중심으로 촉발된 제1차 산업혁명은 18~19세기에 유럽과 북미로 확산되었다. 인간의 노동력을 대체한 기계는 생산성 향상을 가져왔고, 이는 소비자에게 더 좋은 물건을 저렴한 가격에 구입할 수 있는 혜택까지 낳았다. 기계가 인간을 대체하게 되면서 노

자료 : https://ko.wikipedia.org/wiki/

[그림 14-1] 러다이트 운동(Luddite)

동자의 일자리가 감소하기 시작하였다. 이러한 영향으로 영국의 직물 공업지대에서 노동자들이 '러다이트 운동(Luddite)'이라 불리는 기계파괴 운동을 일으키기도 하였다.

2) 2차 산업혁명

19세기에서 20세기 초반까지 지속된 2차 산업혁명은 전기 에너지에 의한 산업혁명이다. 제2차 산업혁명에서 빼놓을 수 없는 것은 1879년 에디슨의 백열등 개발과 독일 고트리프 다임러가 내연기관을 발명한 것이다. 내연기관의 발명으로 연료의 연소가 기관의 내부에서 이루어져 열에너지를 기계에너지로 바꿀 수 있게 되었다. 오늘날 자동차, 선박, 비행기의 발전은 내연기관의 탄생 덕분이었다(데일리경제, 2018.7.1.). 전기 에너지와 컨베이어 벨트의 도입으로 대량생산 체계가 갖추어지기 시작하였고, 미국 헨리포드는 자동차 공장에 컨베이어 시스템을 도입하여 대량생산을 시작하였다. 대량생산 체제가 구축되면서 일부 특권층만이 소유했던 자동차는 이제 누구든지 필요하면 탈 수 있는 'My car'시대로 변하였다.

3) 3차 산업혁명

1946년 최초의 컴퓨터 에니악(ENIAC : Electronic Numerical Integrator and Computer)의 발명과 트랜지스터의 발명으로부터 시작된 3차 산업혁명은 디지털 혁명 또는 지식정보 혁명으로 불린다. 특히, 'www'를 시작으로 정보화 혁명, 즉 IT혁명이 시작되었다. 컴퓨터와 인터넷의 보급으로 지구가 하나로 연결되었으며, 짧은 시간에 수많은 정보가 생성되고 공유되는 시대로 인터넷 기반 글로벌 기업들이 탄생하게 되었다. 3차 산업혁명은 여전히 진행 중이다. 제2차 산업혁명이 하드웨어 중심이었다면 제3차 산업혁명은 소프트웨어 중심이다. 이제는 정보를 가지고 있는 사람이 아닌 정보가 어디에 있는지 아는 사람이 능력있는 시대로 변하였다.

4) 4차 산업혁명

4차 산업혁명은 2016년 스위스 다보스에서 열린 세계경제포럼(WEF)에서 언급된 개념이다. Schwab(2016)은 4차 산업혁명을 사물인터넷(Internet of Thing : IoT), 인공지능(Artificial Intelligence : AI), 로봇공학(Robot), 빅데이터(Big data), 가상현실(VR) 등의 기술로 인해 물리적 세계, 디지털 세계, 그리고 생물학적 세계가 융합되어 사회적 · 경제적 대혁신이 유발되는 현상이라고 규정하였다. 4차 산업혁명 기술은 단순히 하나의 기술로 존재하는 것이 아니다. 인공지능과 사물인터넷이 결합하여 새로운 기술 또는 제품이나 서비스를 만들어내고, 빅데이터와 로봇이 결합하여 새로운 기술을 만들어내는 등 기술, 시스템, 프로세스 등이 유기적으로 상호연계되어 새로운 기술로 재탄생하는 특징을 가지고 있다.

이러한 특징은 정보처리 과정에서 잘 나타난다. 예를 들어, 센서는 소비자의 수요정보를 디지털 정보로 전환하고, 사물인터넷은 포착된 디지털 정보를 무선통신으로 전달한다(그림 14-2 참조). 인공지능은 집계된 대량정보를 실시간으로 분석하여 수요자의 패턴을 추출한다. 이는 개인 맞춤화와 수요대응을 가능하게 한다(김현주, 2017). 4차 산업혁명 기술들을 사용하는 혁신적 기업들은 고객의 숨겨진 욕구를 파악하여 새로운 시장을 창출하면서 급성장하고 있다. 1차, 2차, 3차, 그리고 4차 산업혁명의 시기와 특징 등을 정리하면 [표 14-1]과 같다.

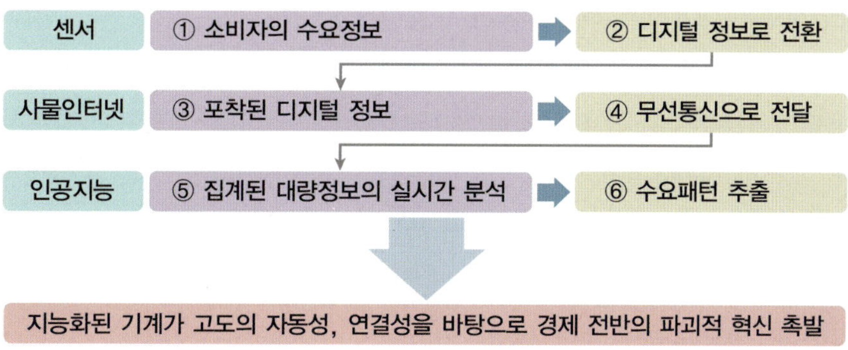

자료 : 김현주(2017.3). 4차 산업혁명과 관광산업의 미래. 한국문화관광연구원, 웹진 문화관광 (http://www.kcti.re.kr/webzine2)

[그림 14-2] 산업혁명의 단계별 변화

[표 14-1] 산업혁명의 단계별 변화

구분	1차 산업혁명	2차 산업혁명	3차 산업혁명	4차 산업혁명
시기	18세기 후반 (1750~1850)	19~20세기 초 (1850~1930)	20세기 후반 (1969~)	21세기 (2010~)
주도 국가	영국	독일, 미국, 일본	미국	미국, 독일, 일본
주요 산업	면직공업, 증기기관, 철공업	전기, 통신, 자동차, 화학	ICT, 반도체, 자동화	ICT, 반도체, 로봇, 스마트팩토리
연결성	국가 내부 연결성 강화	기업-국가 간 연결성 강화	사람 · 환경 · 기계의 연결성 강화	자동화, 자율화, 연결성의 극대화
특징	증기기관 기반의 기계화	전기 에너지 기반의 대량생산	컴퓨터와 인터넷 기반의 지식정보화	IoT, 빅데이터, AI 등의 정보기술 기반의 초연결화, 융합화
영향	영국 섬유공업의 거대 산업화	컨베이어벨트를 활용하여 대량생산 체계를 구축한 미국으로 패권 이동	정보의 생성, 가공, 공유를 가능하게 하는 정보화 시대 도래, 글로벌 IT 기업 부상	사람-사물-공간의 초연결, 초지능화를 통한 산업구조 개편, 산업의 영역이 사라짐

자료 : 김상훈(2017). 4차 산업혁명 -주요 개념과 사례. KIET 산업과 경제. p.69.
송성수(2017), 역사에서 배우는 산업혁명론 : 제4차 산업혁명과 관련하여. STEPI Insight 207. p. 25. 내용수정 보완

2 4차 산업혁명의 기술과 관광 서비스 산업

4차 산업혁명을 대표하는 핵심기술은 사물인터넷, 인공지능, 로봇공학, 빅데이터, 가상현실, 컴퓨터 클라우딩, 3D 프린팅 등이 있다. 여기서는 현재 관광 서비스 산업에서 주로 적용되고 있는 기술, 즉 인공지능, 빅데이터, 사물인터넷, 그리고 가상현실에 대해 살펴본다. 그리고 플랫폼화에 대해서도 학습한다. 4차 산업혁명 기술은 상호연계되어 새로운 기술로 재탄생하게 하는데 그중의 하나가 플랫폼이라 할 수 있다. 한국지능형 사물인터넷협회는 사물인터넷을 서비스, 제품기기, 플랫폼, 보안분야의 하나로 보고 있지만 여기서는 별도로 분리해서 설명한다.

1) 인공지능과 관광 서비스 산업

1950년대 컴퓨팅 기술의 발전과 함께 등장한 인공지능은 4차 산업혁명의 핵심기술로 꼽히고 있다. 인공지능은 인간의 학습능력, 추론능력, 지각능력 등을 컴퓨터가 이해할 수 있는 언어로 만들어져서 컴퓨터가 스스로 학습하여 진화할 수 있도록 한다. IBM의 딥블루(Deep Blue)와 왓슨(Watson), 애플의 시리(Apple Siri), 그리고 알파고(AlphaGo) 등의 과정을 거치며 인공지능이 빠른 속도로 발전하고 있다. 인공지능의 경쟁력은 빅데이터 분석력에서 창출되기 때문에 광범위한 빅데이터를 가진 구글, 페이스북, 네이버 등의 기업들이 시장을 선점하고 있다(The Science Times, 2020.12.23.).

자료 : 이세돌 알파고 대국(사진=한국기원 제공). 아시아경제(2021.5.19.). 알파고 이긴 이세돌의 '신의 한 수'… 2억 5천만원에 팔렸다. 재인용

[그림 14-3] 이세돌과 알파고 바둑대결

국내외 관광 서비스 기업들도 인공지능 기술을 폭넓게 활용하고 있다(표 14-2 참조). 일본의 5성급 Henn-na Hotel은 인력의 90%를 지능로봇 직원으로 배치하였다(김규찬 외, 2017). 미국 라스베이거스의 The Cosmopolitan Hotel은 챗봇 '로즈(Rose)'를 통해 문자형 메신저 혹은 목소리로 대화를 나눌 수 있고, 체험 프로그램 안내, 식당예약, 길찾기 등의 서비스를 제공하고 있다. 세계적인 숙박 공유 플랫폼 에어비앤비(Airbnb)는 인공지능을 활용해 고객에게 한층 더 안전한 숙소를 제공한다. 숙박업자의 이력을 종합적으로 파악하는 휴리스틱스(Heuristics) 알고리즘을 적용해 안전문제나 사기행위 등

의 사고를 미연에 방지하고 있다(뉴스1, 2019.7.17.). 중국의 온라인 여행사 Citrip은 쇼핑을 선호하는 고객에게는 숙소 근처의 쇼핑명소를 추천하고, 비즈니스 클래스 고객에게는 공항 픽업 서비스를 제안해 주고 있다.

국내 노보텔 앰배서더 서울 동대문 호텔 & 레지던스도 AI시스템을 도입하였다. 객실 안에서 정보통신기술(ICT), 사물인터넷(IoT) 및 빅데이터를 기반으로 학습된 음성인식으로 객실 온도제어 및 조명, 음악감상, TV 조절 및 호텔 내의 편의시설 정보검색이 가능하다(인공지능신문, 2018.6.29.). 외식업체 썬앳푸드도 AI를 기반으로 일상대화, 음악 서비스, 실내환경 조절 서비스를 제공하고 있다. 국내 여행 스타트업 '핫츠고(Hotsgo)'가 개발한 애플리케이션 '핫츠고 플랜(Hotsgo Plan)'은 여행일정과 여행지를 등록하면 그에 따른 최적의 일정표를 만들어주는 등 여행 전반을 추천해 주고 관리해 준다(동아일보, 2019.6.21.).

[표 14-2] 인공지능을 활용한 관광 서비스 사례

사례기업		활용분야 및 내용
해외 사례	Henn-na Hotel	지능로봇을 직원으로 활용하고, 기능성 드로이드를 호텔에 배치하여 수하물, 로커 운반 및 룸서비스 제공
	더코스모폴리탄 호텔	챗봇 '로즈(Rose)' 활용 : 문자 메신저 혹은 목소리 대화, 체험 프로그램 안내, 식당예약, 길 안내
	Wynn 호텔	Amazon의 스마트 홈 기기인 음성인식 비서 'Alexa' 설치 : 조명, 온도, 블라인드, TV 등 제어
	에어비앤비	숙박업자의 안전문제나 사기행위 사전 필터링
	중국의 Citrip	쇼핑, 공항픽업 서비스와 같은 개인화 맞춤형 서비스
	KLM항공사 (네덜란드)	암스테르담 공항에서 환승승객을 게이트로 이동시키는 업무를 지원하는 로봇 가이드 배치
국내 사례	노보텔 앰배서더 서울 동대문	객실 온도제어 및 조명, 음악감상, TV조절 및 호텔 내의 편의시설 정보검색 등
	인터파크투어	여행상담 챗봇 '여행 톡집사' 운영 : 항공권이나 숙박예약, 변경, 환불업무
	스타벅스	AI 챗봇(Chatbot) MyStarbucks Barista : 스타벅스 앱에서 음성으로 음료를 주문하고 결제까지 진행
	핫츠고(Hotsgo)	핫츠고 플랜(Hotsgo Plan) : 여행 전반을 추천해 주고 관리해 주는 서비스

자료 : 저자정리

2) 빅데이터와 관광 서비스 산업

빅데이터는 단일한 개념으로 정립되어 있지 않다. 삼성경제연구소(SERI, 2010)는 빅데이터를 기존의 관리 및 분석체계로는 감당할 수 없을 정도로 거대한 데이터의 집합으로 정의하였고, McKinsey(2011)는 일반적인 데이터베이스 소프트웨어가 저장 및 관리하며 분석할 수 있는 범위를 초과하는 데이터로 정의하였다. 그리고 인터넷데이터센터(IDC, 2011)는 다양한 종류의 방대한 데이터로부터 데이터 탐색 및 분석을 통해 적은 비용으로 가치를 추출할 수 있도록 디자인된 차세대 기술 및 아키텍처로 정의하였다. [표 14-3]은 빅데이터의 정의를 요약한 것이다.

[표 14-3] 빅데이터의 개념 정의

기관	정의	참고
SERI (2010)	기존의 관리 및 분석체계로는 감당할 수 없을 정도로 거대한 데이터의 집합	데이터 규모와 기술 관점
맥킨지 (2011)	기존의 데이터베이스 도구로 캡처, 저장, 분석이 불가능한 데이터 세트	데이터 규모 관점
IDC (2011)	다양한 종류의 데이터로부터 적은 비용으로 가치를 추출하고 데이터의 초고속 수집, 발굴, 분석을 지원하도록 고안된 차세대 기술	업무수행 관점
가트너 (2011)	빅데이터는 21세기의 원유	데이터 활용 관점

자료 : 신동일(2014). 빅데이터(Big data) 활용에 따른 제주관광의 효과 및 과제. 제주발전연구원, 정책이슈 브리프. 203 : 3

학자와 기관에 따라 조금씩 다른 견해를 보이고 있지만 빅데이터는 대규모 데이터를 의사결정을 위해 적은 투입(노력, 비용)으로 수집·분석하는 기법이라 정리할 수 있다. 빅데이터의 특성으로는 3V로 일컬어지는 세 가지, 즉 데이터의 양(Volume), 속도(Velocity), 다양성(Variety)이 있다. 데이터의 양은 물리적인 크기, 개념적 범위 등 대규모인 데이터의 양을 의미한다. 속도는 데이터의 이동, 생산, 처리, 분석되는 속도를 의미한다. 다양성은 기존의 구조화되고 정형화된 데이터와 더불어 비구조적이고 비정형화된 데이터(예: 사진, 음성, 사진 등)도 포함한다.

관광 서비스 분야에서 빅데이터는 관광패턴을 분석하는 데 적극 활용되고 있다(표

14-4 참조). Expedia는 빅데이터 분석을 바탕으로 Scratchpad 서비스를 제공하고 있다(신동일, 2014). 이는 자사에 등록된 고객이 검색한 내용을 정리 · 저장하고 고객의 재방문 시 기존정보를 쉽게 찾을 수 있도록 하는 서비스이다. Scratchpad 서비스를 활용하면 과거에 검색했던 모든 정보를 한눈에 살펴볼 수 있기 때문에 웹사이트 방문 때마다 재검색이 필요 없어 시간이 절약된다(온라인 항공예약을 위해 1인당 평균 48회 검색). 리츠칼튼 호텔은 고객의 특성을 관찰한 데이터를 분석하여 고객의 취향에 맞춘 1대1 서비스를 제공하고 있다.

[표 14-4] 국내 관광분야의 빅데이터 활용사례

구분	사례	주요 내용
정책수립	문화관광 축제분석	• SKT, 현대카드, 한국관광공사는 2013년의 유동인구 변동, 매출변동, SNS 데이터 활용분석 등을 통해 지역축제 관련 관광행태와 특성 파악
	신용카드 지출액 분석	• 신한카드와 한국문화관광연구원은 외국인의 신용카드 지출액을 분석하여 외국인의 지출규모 및 관련 산업의 파급효과 추정에 기초자료로 활용
	빅데이터 트렌드 분석	• 한국관광공사에서는 2015~2018년의 SNS 빅데이터를 활용하여 국내관광 트렌드 분석
정책수립, 홍보·마케팅	관광 빅데이터 분석 플랫폼 (이동, 소비, SNS)	• KT의 관광 빅데이터 분석 플랫폼 트립(Trip) 구축 • BC카드 소비 데이터, 다음소프트 SNS 데이터를 종합하여 공공기관과 지자체, 민간 사업자를 대상으로 맞춤형 정보제공 • 분석 플랫폼을 통해 지자체의 관광지별 관광객 방문규모와 이동, 체류기간, 축제성과 및 효과 분석 실시
정책수립 및 협력체계	빅데이터 플랫폼 구축 (데이터 통합)	• 한국관광공사는 문화체육관광 플랫폼(한국관광 Data Lab)을 구축하여 공공 및 민간업계의 데이터를 분석하여 관광패턴, 정책성과 분석에 활용
R&D	통신·카드 빅데이터의 가이드라인 수립 연구	• 2017년 한국관광공사와 한국관광학회는 통신사 및 카드사의 빅데이터를 활용하여 국내관광 방문자 추계 가이드라인 수립을 위한 연구 추진함

자료 : 오유라(2019). 관광분야 빅데이터 활용사례 분석. 한국문화관광연구원 연구보고서. pp.13-14. 내용수정

국내 관광분야 빅데이터는 민간기업의 정보(예 : SNS, 신용카드, 통신 등)를 활용하여 정책수립, 마케팅, R&D에 활용하고 있다(오유라, 2019). 또한, 국내외 관광객 이동과 소비행태 등을 파악하고자 공공영역 및 지자체(예 : 한국관광공사 등)에서는 통신 및 카

드 등의 빅데이터를 활용하여 분석하고 있다. 부산 해운대구청은 공공기관으로는 최초로 빅데이터 분석팀을 신설하여 관광객의 목소리를 SNS를 통해 직접 수집해 해운대 관광의 매력요인과 방해요인을 분석하여 효과적인 관광정책을 마련하는 데 활용하였다. 한국관광공사는 관광 빅데이터 및 융합분석 서비스를 제공하기 위해 관광분야에 특화된 빅데이터 플랫폼 '한국관광 Data Lab'을 운영 중이다. BC카드 데이터를 이용해 관광부문 소비현황을 분석한 결과, 관광부분 전체 소비액에서 1인 세대의 소비비중은 2021년 14.58%로 전년대비 5.5% 증가하였다(그림 14-4 참조). 업종별로는 온라인 예약 서비스업(8.51%), 운송업(8.23%), 식료품업(8.11%), 쇼핑업(7.99%) 순으로 증가하였다.

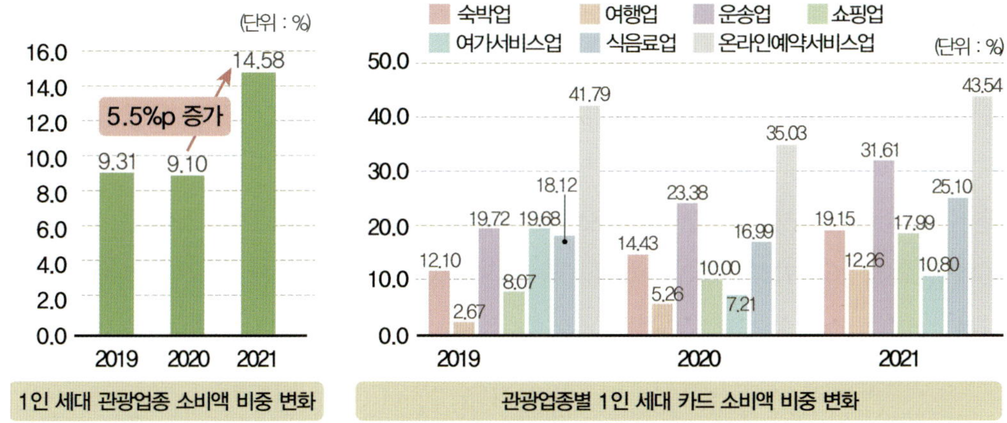

자료 : 한국관광공사 한국관광데이터랩(2022). 빅데이터를 활용한 혼행(혼자 하는 여행) 인식변화 및 행태 분석(2019~2021 BC카드 소비데이터). Data & Tourism. 9호.

[그림 14-4] 관광부문 1인 세대의 소비행태 변화

3) 사물인터넷과 관광 서비스 산업

사물인터넷은 인터넷을 기반으로 하여 물리적인 사물과 가상의 사물들을 연결하여 융합 서비스를 제공하는 인프라를 의미한다. OECD(2015)는 사물인터넷을 사람의 적극적 개입 없이 인터넷을 통해 상태가 바뀔 수 있는 모든 장치와 대상으로 보고 있다. 사물 간의 연결로 개인맞춤 서비스까지 가능해지면서 미래사회 현안을 해결하는 최적의 수단으로 인식되고 있다. 사물인터넷의 핵심기술로는 센서기술, 인터페이스,

네트워킹 기술이 있다. 센서기술은 온도, 습도, 열 등과 같은 물리량을 측정하는 것뿐 아니라 신호처리 및 알고리즘을 통해 공유한다.

호텔의 IoT 전원 자동화 시스템의 도입이 좋은 사례이다. 대부분의 호텔에서 사용하는 IoT 기술이 적용된 CytexOne[12]은 호텔 시스템에 환기, 조명, 점유감지 및 엔터테인먼트부터 미니바 등의 서비스에 대한 진단 및 예측을 하는 데 사용된다(김규찬 외, 2017). Hilton 호텔은 IoT 기술을 활용한 독자적인 APP을 개발하여 700여 개의 호텔에서 객실예약부터 객실 선택, 체크인, Mobile Key 등의 서비스를 제공하고 있다(Hotel & Restaurant, 2017.9.11.). 신라스테이는 IoT 개념의 Keyless 시스템을 도입했으며 자체 APP을 제작해 객실예약, 체크인, Mobile Key 등의 서비스를 제공하고 있다.

북촌 한옥마을에서는 주차문제를 해결하기 위해 '파킹플렉스(Parkingplex)'라는 IoT 기반 공유주차 서비스를 시행하고 있다(김현주, 2017.3.). 주차장에 설치된 센서가 주차 가능 여부를 알려주어, 주차공간 소유자는 자신이 이용하지 않는 시간에 공간을 제공할 수 있고 사용자는 현재 위치에서 실시간으로 주차가 가능한 곳을 파악해 편하게 주차할 수 있다. 서울시는 국내 최초로 IoT 기반의 지능형 화재감지시스템을 구축하여 둔촌역 전통시장과 암사시장 등에 설치하였다(한국일보, 2018.6.18.). 중국 허톈(Hetian) 공항은 스마트 스위치와 IoT 게이트웨이를 설치하였다. 사물인터넷의 활용가능한 분야를 정리하면 [표 14-5]와 같다.

[표 14-5] IoT 활용 서비스 분야

헬스케어 / 의료 / 복지	에너지
• 지정인 활동상태 관리 · 분석 • 보호자 모니터링 · 알림 • 심리 안전 디스플레이 콘텐츠	• 시스템 소비전력 모니터링 · 절감 • 배터리 현황 모니터링
제조	**스마트홈**
• 반복업무 자동화 • 산업환경 실시간 모니터링 • 장비 가동 효율 증대	• 원격 홈 관리 • 홈 보안 향상 • 다세대 주거지 공용공간 시스템화

12) CytexOne은 모든 사물에 서브 스크립션 모델을 통한 진단 및 예측을 제공하고 이는 Atlas 원격 모니터링 시스템에 의해 감시되는 시스템이다.

금융	교육
• 결제 간소화 • 생체인증 보안	• 자동출결 시스템 • 전자 도서관 • 온라인 수업
국방	**농림 / 축산 / 수산**
• 무인이동체, 네트워크 등 무인체계 • 감시 · 정찰 기술 고도화	• 산업환경 데이터 수집 • 원격 모니터링 / 관리 • 빅데이터 활용한 생산 효율 증대
자동차 / 교통 / 항공 / 우주 / 조선	**관광 / 스포츠**
• AI 도입 영상 분석 시스템 • 주차장 자동 통합 관리 • 실시간 교통상황 중계	• 맞춤형 관광상품 패키지 추천 • 사용자 위치 기반 여행경로 추천 • 맞춤형 운동 추천과 활동 데이터 구축
소매 / 물류	**건설 · 시설물 관리 / 안전 / 환경**
• 물류창고 관리 시스템 • 운송 · 장비가동 효율증대 • 무인택배함 운용	• 건물, 네트워크 보안 • 건물 상태 원격 모니터링 • 건물 에너지 관리 효율 증대

자료 : Techworld online news(2021.7.8.). IoT 서비스 산업별 특화 기술과 적용 사례

4) 증강현실과 관광 서비스 산업

증강현실(Augmented Reality : AR)이란 현실세계에 컴퓨터 기술로 만든 가상물체 및 정보를 융합하여 원래의 3차원 환경에 존재하는 사물처럼 보이도록 해주는 컴퓨터 그래픽 기술이다(안연식, 2019). 즉, AR은 현실의 이미지나 배경에 3차원 가상 이미지를 겹쳐 하나의 영상으로 보여주는 기술이다. 한편, 가상현실(Virtual reality : VR)은 배경과 환경 모두 가상의 이미지를 사용하며 현실과 단절된 가상세계에서의 몰입과 상호작용을 강조한다.

증강현실 기술은 현재 게임과 미디어 콘텐츠에 주로 활용되고 있으나 관광분야에서도 폭넓게 활용되고 있다. Marriott 호텔은 2014년도 뉴욕, 보스턴, 워싱턴 등 7개의 도시에서 4D VR여행 프로젝트 'Marriott Teleporter'를 진행하여 잠재고객들에게 다양한 목적지를 가상으로 경험할 수 있는 기회를 제공하였다. 2015년에는 뉴욕과 런던에서 2주 동안 호텔룸에서 가상여행을 경험하는 'Vroom Service'를 선보였다. 이러한 체험적 서비스는 고객들에게 풍부한 경험을 줄 수 있어 고객들에게 강한 인상을 남겼다.

중국계 호텔체인 샹그릴라는 2016년부터 모든 호텔과 리조트에 VR 전용 비디오를 제작해 고객들이 예약 전에 호텔 내외부의 분위기와 크기 등을 경험할 수 있게 하였다(매일경제, 2017.10.15.). 또한, 중국 방문 관광객들은 VR기술을 사용해 상하이 내의 유명 랜드마크(예: 진마오 타워, 상하이 월드 파이낸셜 센터, 중화예술관 등)를 돌아볼 수 있다(AI타임스, 2019.4.8.). 이스라엘도 역사적 유적지를 VR기술로 재현해 관광객들이 현대 건축물 사이에서 과거의 예루살렘을 체험할 수 있도록 하였다.

최근에 이러한 기술을 바탕으로 한 비대면 관광경험에 대해 찬반논쟁이 일고 있다. 코로나와 같은 사회적 현상과 일부 여행 소외계층에게는 이러한 비대면 관광경험은 긍정적으로 평가받는다. 하지만 관광의 본질은 대면(對面) 서비스에 의한 직접경험이기 때문에 사람이 직접 보고, 느끼고, 경험하면서 만족감을 얻는 소비행위가 간과되어서는 안 된다는 것이다.

5) 플랫폼과 관광 서비스 산업

플랫폼(Platform)의 정의와 범위는 산업 혹은 분야마다 차이가 있다. Gawer(2009)는 플랫폼을 소비자와 제공업체 간의 매개적 역할을 하며 2차적으로 파생할 수 있는 서비스나 상품을 생산하도록 도와주는 기반으로 정의하였다. Rochet와 Tirole(2003)은 두 사용자 간의 상호작용이 가능하도록 서비스나 제품을 제공하는 시장이라 하였다. 경제학적 의미에서 플랫폼은 경제주체들의 중개수단으로 정의되기도 한다(손상영 외, 2008). 플랫폼은 일반적으로 사용자와 사업자(혹은 개발자) 간 서비스를 제공하는 네트워크를 이용하여 열차나 버스 승강장과 같은 역할을 해주는 것으로 인식되고 있다.

관광산업의 플랫폼 비즈니스 모델은 크게 두 가지로 분류할 수 있다(이효정 외, 2018). 첫 번째 비즈니스 모델은 통합 · 조정자(Integrator) 관광 플랫폼인데, 이는 외부의 사업자가 중간에 있는 플랫폼 사업자를 통해서만 고객에게 관광 서비스 상품을 전달할 수 있는 모델이다. [그림 14-5]에서처럼 이 모델은 플랫폼에 의한 통제가 강한 형태인데, 온라인 여행사(Online Travel Agency : OTA)가 대표적이다.

전 세계 OTA 시장은 부킹닷컴 · 아고다를 거느린 부킹홀딩스와 호텔스닷컴 · 익스피디아를 보유한 익스피디아 계열이 양분하고 있다. 그 뒤를 이어 중국 시트립 계열의 트립닷컴과 스카이스캐너가 뒤따르고 있다(최경은, 2019). 국내 주요 OTA업체로는 인터파크투어, 하나투어, 야놀자, 여기어때 등이 있다.

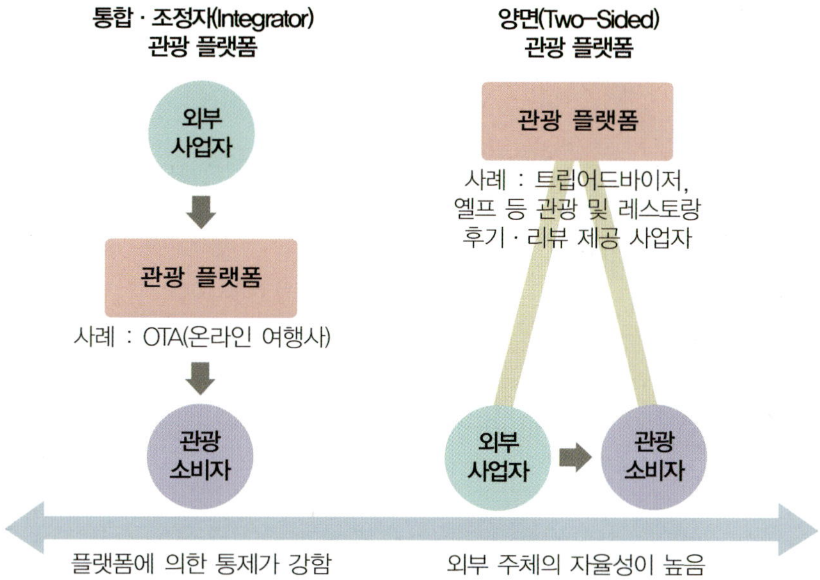

자료 : 이효정 · 김수경 · 차윤지(2018). 관광 트랜스포메이션 : 관광 新소비 트렌드와 초융합 관광시대 도래. 삼정KPMG 경제연구원, 60 : 23

[그림 14-5] 관광산업의 플랫폼 비즈니스 모델

[그림 14-6]에서처럼 전 세계 온라인 여행시장은 2018년 1조 1,666억 원에서 2023년까지 연평균 13.16%의 성장률을 보이며 1조 1,345.5억 달러 규모로 성장할 것으로 전망된다. 한편, 국내 온라인 여행시장도 큰 폭의 성장이 예상되는데, 2018년 217억 원에서 약 52% 증가한 329억 원에 이를 것으로 전망된다. 2016년 기준 국내 온라인 쇼핑시장 중 여행 및 예약 서비스의 규모는 11조 2,880억 원이었다(그림 14-7 참조). 이는 전체 온라인 쇼핑시장 상품군 중 17.2%로 가장 높은 비중을 차지한다.

야놀자는 호텔, 레저시설, 레스토랑 등의 여가산업에 적용할 수 있는 글로벌 Hospitality 데이터 플랫폼인 SaaS(Software as a Service)를 개발하여 숙박, 레스토랑, 철도, 렌터카, 항공 등 여행/여가 관련 모든 카테고리에서 예약 서비스를 제공하고 있다(KB 지식 비타민, 2020). 야놀자의 2020년 호텔 예약 거래액은 5천억 원 수준으로 2016

년 이후 연평균 153%의 성장률을 기록하고 있으며, 특급호텔 거래액은 연평균 203% 성장해 전체 호텔 거래액의 절반을 차지하고 있다(뉴시스, 2020).

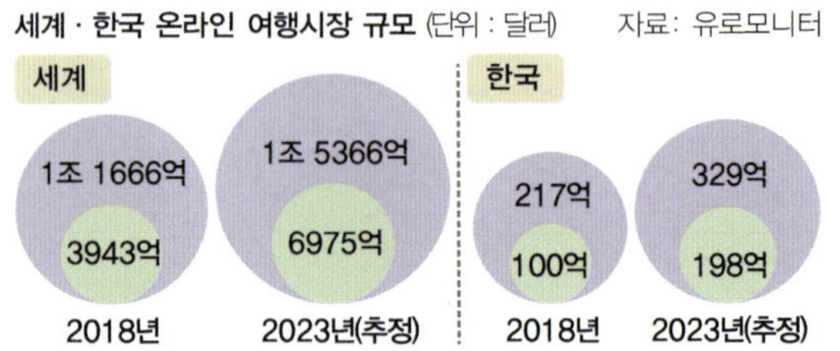

글로벌 주요 온라인 여행사(OTA)

주요 플랫폼		국적	창립
부킹홀딩스	부킹닷컴, 아고다, 카약, 호텔스컴바인 등	미국	1997
익스피디아그룹	익스피디아닷컴, 호텔스닷컴, 트리바고 등	미국	1996
시트립	트립닷컴, 스카이스캐너	중국	1999

자료 : 한겨레신문(2019.10.9.). 내 손 안의 여행사… OTA 질주에 여행업계 지형 바뀐다

[그림 14-6] 세계 및 국내 온라인 여행시장 규모

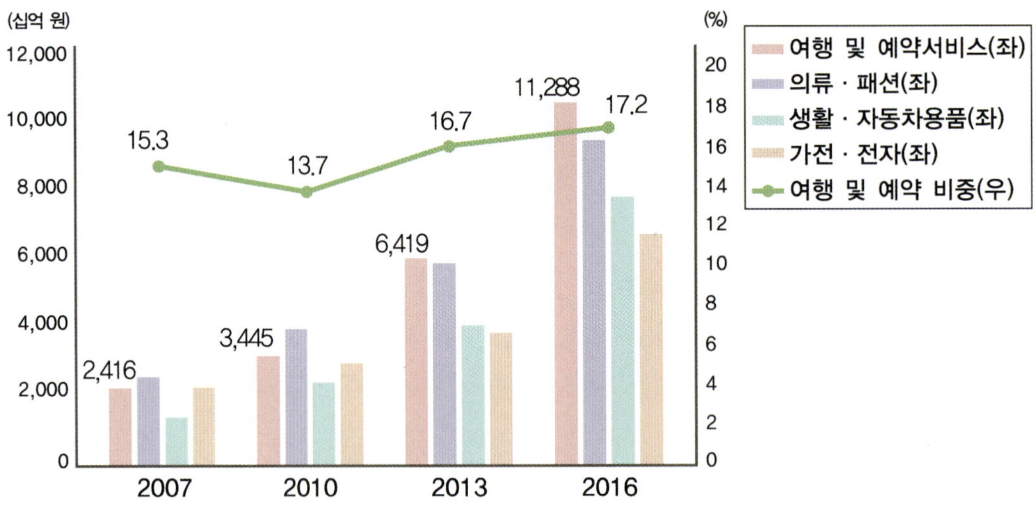

자료 : 이효정 · 김수경 · 차윤지(2018). 관광 트랜스포메이션 : 관광 新소비 트렌드와 초융합 관광시대 도래. 삼정KPMG 경제연구원, 60 : 25. 재인용

[그림 14-7] 국내 온라인쇼핑 시장 상품군별 현황

두 번째 비즈니스 모델은 양면(Two-Sided) 관광 플랫폼이다. 이는 관광 플랫폼을 통해 상호작용하는 두 개의 주체가 서로 가치를 높여가는 양면시장(Two-Sided Market)이 나타날 때 해당되는 모델이다(이효정 외, 2018). 이 경우 관광 플랫폼은 두 개의 주체가 상호작용할 수 있도록 환경적 기반을 조성하며, 이에 대한 대가는 두 개의 주체 또는 이 중 하나의 주체로부터 받는다.

양면 관광 플랫폼의 대표적인 사례로 검색엔진에 해당하는 인터넷 포털(예 : 네이버, 다음, 구글)과 관광 및 레스토랑 리뷰 및 후기를 제공하는 트립어드바이저(Tripadvisor)나 옐프(Yelp)와 같은 사업자를 들 수 있다. 인터넷 포털과 리뷰 · 후기 사이트에서 정보 얻기를 희망하는 관광 소비자와 인터넷 포털과 리뷰 · 후기사이트에서 관광상품 소개하기를 희망하는 관광기업이 바로 두 개의 주체이다. 인터넷 포털과 관광리뷰 및 후기 제공 사이트는 관광 소비자에게는 대가 없이 무료로 정보를 제공한다. 하지만 관광기업으로부터는 광고비와 수수료를 대가로 받으며 플랫폼 비즈니스를 전개한다. 트립어드바이저에서 관광 소비자가 호텔의 '가격보기'를 클릭할 경우 트립어드바이저는 해당호텔에 비용을 청구하기도 한다.

지금까지 4차 산업혁명의 핵심기술들이 무엇이고 그들이 관광 서비스 산업에 어떻게 활용되고 있는지 사례를 통해 살펴보았다. 관광산업 측면에서 인공지능, 사물인터넷, 가상현실 및 증강현실 등 4차 산업혁명의 주요 기술들이 여행업, 호텔업, 유원시설업, 카지노업, 항공업 등에 활용된 사례를 요약하면 [표 14-6]과 같다.

[표 14-6] 관광 서비스 기업의 4차 산업혁명 기술의 활용사례

구분	핵심기술	내용
여행업	가상 여행보조 서비스 제공	• 모바일 여행사 Pana는 AI기능을 탑재한 가상 컨시어지 서비스 제공(여행옵션, 예약방법, 고객응대, 여행가격 알림)
	맞춤형 관광정보 제공	• 구글 트립스는 구글 이용자의 개인별 히스토리를 토대로 관광 목적지 관련 정보 및 레스토랑 등을 맞춤형으로 추천
	챗봇 서비스	• AI기술을 활용한 챗봇 시스템의 웹사이트 구현으로 관광객 문의사항을 처리함

구분	핵심기술	내용
숙박업 (호텔업)	VR경험 객실 서비스	• 메리어트 인터내셔널은 호텔 객실 내 엔터테인먼트 옵션으로 VR 룸서비스 제공 • 르완다의 아이스크림 가게 및 칠레의 안데스산맥 가상투어 서비스
	호텔용 IoT 전원 자동화	• 앰배서더 호텔은 '아이스테이(iStay)'를 통해 객실의 조명, 음악, 온도, 커튼 & 블라인드, 컨시어지 서비스 등을 스마트폰의 QR코드 스캔으로 제어
	음성인식 로봇	• 일본 Henn-Na 호텔은 체크인, 짐 운송, 청소 등에 음성인식 기능과 인공지능이 탑재된 로봇 사용
	챗봇(Chatbot · 채팅로봇)	• 에어비앤비 이용자는 챗봇 '호스트봇(Hostbot)'을 통해 집주인과 대화 가능
	인공지능 컨시어지	• 미국 힐튼호텔은 IBM 인공지능 왓슨을 탑재한 고객안내 로봇 '코니'를 도입하여 관광객 응대를 위한 컨시어지 서비스에 활용
항공업 교통	안내 로봇	• KLM 항공은 공항 환승승객을 게이트로 이동시키는 업무를 지원하는 로봇 가이드 배치
	IoT 이용 수화물 추적	• 델타항공은 IoT를 이용한 앱의 모바일 탑승권 링크를 통해 수화물 추적
	블록체인 기반 로열티 프로그램	• 싱가포르 항공은 KrisPay라는 블록체인 기술기반의 전자지갑(Wallet)을 도입하여 가맹점에서 활용가능
	IoT 기반 주차공간 서비스	• 북촌 한옥마을은 '파킹플렉스' 앱을 도입하여 주차공간을 서로 공유함
카지노	로봇딜러	• 홍콩 파라다이스 엔터테인먼트는 여성 카지노 딜러 대신 카드의 용량을 제한하는 로봇딜러 배치
유원 시설업	VR 테마파크	• 중국 구이양에 VR 및 기타 기술을 활용한 테마파크를 개장하여 과학기반 VR 경험 제공
	웨어러블 기기	• 디즈니는 웨어러블 기기인 매직밴드로 디즈니 호텔 체크인, 어트랙션 체크인, 음식 및 상품구입비 청구

자료 : 전효재 · 한희정(2018). 4차 산업혁명에 따른 미래 관광일자리 창출 방안 연구. 한국문화관광연구원, p.21. 내용 수정 보완

제2절 미래관광 메가트렌드

메가트렌드는 미래의 산업발전에 대한 부정적, 긍정적 요소를 동시에 포함하고 있다. 미래의 메가트렌드는 관광 서비스 기업의 공급 측면에도 영향을 미치지만 사회·경제·환경변화로 인해 관광수요의 변화에도 영향을 미치므로 메가트렌드에 대한 관심은 그 의미가 크다고 하겠다. 본 절에서는 메가트렌드의 개념과 유사개념의 차이점을 설명한다. 그리고 OECD가 제시한 미래관광의 메가트렌드가 무엇이고 그것이 관광서비스 산업과 관광정책 기관으로 하여금 미래에 무엇을 준비하고 어떻게 대응해야 하는지에 대해 학습한다.

1 메가트렌드의 개념

트렌드는 특정한 시점에 징후로 출발하나 광범위한 대중적 지지를 얻어 5년 이상의 시간적 주기를 가지고 변화를 촉발하게 되는 사회문화 현상으로 정의된다(김상훈, 2017). 트렌드와 유사용어로 메가트렌드, 문화, 패드, 마이크로 트렌드가 있는데, 이들을 시간적 범위를 기준으로 정리해 보면 [그림 14-8]과 같다. 트렌드가 1~5년간 지속되는 현상(경향 혹은 추세)을 의미하는 데 반해, 메가트렌드(Megatrend)는 그 트렌드가 10년 이상(보통 20~30년) 계속되는 현상이나 추세를 말한다.

산업연구원은 2019년 「한국 산업발전 비전 2030」의 보고서에서 네 가지 메가트렌드를 제시하였다. 그리고 메가트렌드가 산업 전반에 미치는 영향을 조사한 결과, 서비스 산업은 메가트렌드 전체의 영향도가 59.2점으로, 제조업(55.7점)이나 산업 전체(55.1점) 평균보다 높게 나타났다. 이러한 결과는 서비스 산업이 메가트렌드의 영향을 더 많이 받는다는 것을 의미한다. 세부적으로 4차 산업혁명 및 신기술 혁신 메가트렌드가 나머지 메가트렌드보다 서비스 산업에 대한 영향정도가 상대적으로 높았다(표 14-7 참조).

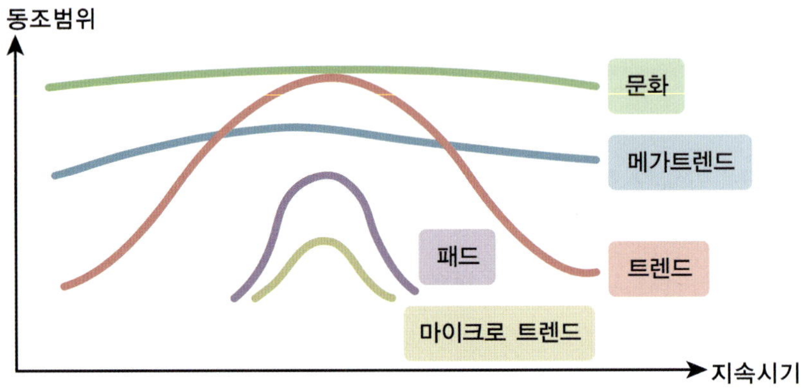

- 마이크로 트렌드 : 가장 단기간, 소비자가 동조하는 작은 변화
- 패드(Fad) : 대부분 1년 이내로 비교적 짧게 지속되는 변화, 유행
- 트렌드 : 1~5년까지 지속되는 움직임
- 메가트렌드 : 트렌드가 10년 이상 계속되면 이를 메가트렌드로 봄
- 문화 : 시간과 세대를 넘어 연속성을 가지고 유지

자료: 김난도 · 권혜진 · 김희정(2008). 트렌드 코리아 2009. 미래의창

[그림 14-8] 트렌드의 시간적 범위와 유형

[표 14-7] 서비스업 전반에 미치는 메가트렌드의 영향

메가트렌드	메가트렌드의 세부 항목	영향도
4차 산업혁명 및 신기술 혁신의 급진전	4차 산업혁명 신기술의 도입 및 활용 확대	72.9
	4차 산업혁명 신기술에 따른 사회 · 경제 구조의 변화	70.4
	신기술로 인한 새로운 사회문제 등장	51.3
도시화 진전과 고령화 등 인구구조의 급속한 변화	도시화의 진전	43.3
	인구 및 가구구조의 변화	41.7
자원 및 에너지 구조의 변화와 환경문제 대응을 위한 규제강화	자원 및 에너지 구조의 변화	46.7
	환경문제 부상과 환경규제 강화	46.3
중국의 변동성 증대 등과 세계경제 및 통상질서의 변화	중국의 변동성 증대	40.8
	GVC(글로벌 가치사슬) 및 세계 통상질서의 변화	49.2
	한반도 평화 프로세스의 진전	62.5
	세계적 불안요인 증대	36.7

주: 서비스 산업은 분배 서비스(도소매업, 운송, 통신), 생산자 서비스(금융보험, 임대 등), 개인 서비스(음식, 숙박, 문화 등), 사회 서비스(공공행정 및 복지 등) 포함: 2019년(8.1~8.16) 752명의 국책연구자 대상 설문조사, 11점 척도(긍정은 1~5점, 영향 없음 0, 부정은 -1점~-5점)

자료: 산업연구원(2019). 한국 산업발전 비전 2030. 제3권 산업편: 서비스업. 연구보고서, p.16

전 세계 관광객 수는 2016년 12억 명에서 2018년 13억 2,600백 만 명으로, 2030년에는 18억 명까지 증가할 것으로 예측된다(OECD, 2018). 2016년 OECD 국가기준으로 관광산업은 GDP의 4.2%, 고용의 6.9%, 서비스 수출의 21.7%를 차지하였다(UNWTO, 2017). 관광산업은 사회, 경제, 정치, 환경, 기술 등과 같은 다양한 외부환경에 의해 영향을 받고 있고 이러한 환경의 변화가 관광 메가트렌드에 스며들어 있다. 따라서 관광산업의 메가트렌드는 4차 산업혁명 시대에 관광 서비스의 혁신을 재촉하는 촉매제가 될 것이다.

2 미래관광 메가트렌드

OECD(2018)는 2040년 미래관광의 메가트렌드로 네 가지——여행객 수요증가, 지속가능한 관광성장, 기술진보, 여행 이동성——를 제시하였다. OECD 메가트렌드 분석은 사람(People), 지구(Planet), 생산성(Productivity), 그리고 정치(Politics)의 네 가지 범주에 초점을 두고 진행하였다. 사람은 인구학적 특성 변화와 글로벌 중산층 증가로 인한 여행객 수요의 변화와 관련되며, 지구는 기후변화를 비롯한 지속가능한 관광성장과 관련된다. 그리고 생산성은 기술발전에 따른 여행행태의 변화와 관련되며, 정치는 여행 이동성과 관련되어 있다(표 14-8 참조).

[표 14-8] OECD 메가트렌드 프레임워크

범주	메가트렌드 설명
사람(People)	고령화 인구증가와 글로벌 중산층의 증가로 여행수요의 증가
지구(Planet)	지구환경, 기후변화, 자원(식량, 에너지, 물)의 유지관리에 따라 지속가능한 관광 성장
생산성(Productivity)	기술진보(공유경제 플랫폼, 자율자동차, 자동화)의 관광산업 영향
정치(Politics)	국가 혹은 정부의 공공정책(예 : 방문객의 국가 간 이동지원)이 여행객의 이동성에 영향

자료 : OECD(2018). Analyzing megatrends to better shape the future of tourism. OECD Tourism Papers. No. 2018/02. Paris : OECD Publishing, p.12. 내용수정

1) 여행객 수요의 변화

여행객 수요의 변화(Evolving visitor demand) 트렌드를 이끄는 핵심요소에는 세 가지가 있다. 고령화 인구의 증가, 글로벌 중산층 증가, 그리고 MZ세대, 즉 신흥세대의 부상이 있다. 이에 대한 내용을 살펴보면 아래와 같다.

(1) 고령화 인구의 증가

여행객 수요의 변화 트렌드와 관련된 가장 큰 변화는 세계 고령화 인구의 증가이다. 세계인구의 증가속도가 과거보다는 느리지만 개발도상국에 힘입어 2015년 74억에서 2050년에는 97억 명으로 증가할 것으로 예측된다(UN, 2017). [그림 14-9]에서 보듯이 전 세계 인구에서 60세 이상의 비율은 2015년 9억 명에서 2040년에는 17억 명으로 증가하고, 2050년에는 24억 3천 만 명으로 25%를 차지할 것으로 예상된다(UN, 2017). 향후 50년 동안 인구 고령화는 개발도상국, 아프리카, 남아시아에서도 크게 증가할 것으로 보인다.

인구의 고령화에 따라 접근 가능한 관광(Accessible tourism)이 주요 과제로 등장하고 의료관광의 성장 및 모든 구성원이 즐길 수 있는 다세대 여행의 증가 등이 주요 키워드로 등장할 것으로 보인다. 인구 고령화는 관광시장의 성장에 긍정적 영향만 미치는 것이 아니다. 예를 들면, 유럽 선진국의 고령자는 여행에 대한 구매력이 높게 나타나지만 얼마나 지속될지는 미지수이다. 또한, 고령화에 따른 노동인구의 감소로 은퇴연령이 늦춰질 수도 있어 제한적인 연금 등으로 인해 구매력이 감소할 가능성도 있다.

(2) 중산층 인구의 증가

세계 중산층 인구가 2016년에 약 32억 명이었으며 매년 1억 5,000만 명이 증가할 것으로 전망된다(Kharas, 2017). 이들의 소비는 2015년 세계 경제의 1/3에 해당하는 35조 달러(USD)나 되었다. 글로벌 중산층의 대부분을 차지하는 BRICs의 여행 지출액은 2017년 OECD 평균 179억 달러(USD)를 훨씬 상회하는 3,261억[13] 달러에 달했다(그림 14-9 참조). 이러한 성장이 어느 정도 지속될 것인지는 예측하기 어렵기 때문에 향후 이들의 수요와 문화적 차이를 이해하고 대응하는 것이 매우 중요할 것으로 보인다.

---

13) 2017년 기준 브라질 190억 달러, 러시아 311억 달러, 인도 184억 달러, 중국 2,576억 달러의 합계임

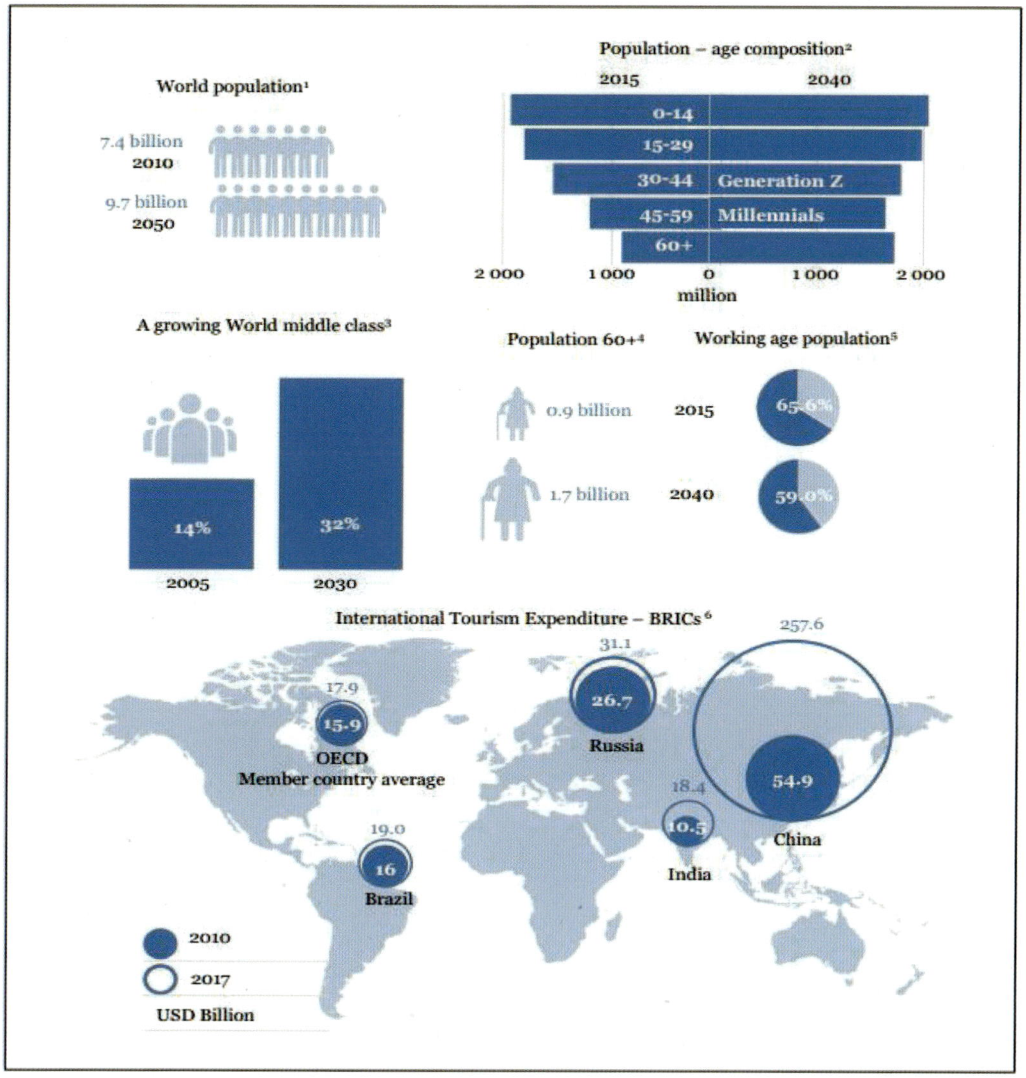

주: 1. UN(2017). World Population Prospects; 2. UN(2017); 3. Bussolo et al.(2014); 4. UN(2017); 5. UN(2017); 6. UNWTO(2017a); OECD(2018). OECD Member Country average refers to 2016 International Tourism Expenditures. Some of the icons were designed by Freepik from www.flaticon.com

자료: OECD(2018). Analyzing megatrends to better shape the future of tourism. OECD Tourism Papers. No. 2018/02. Paris: OECD Publishing, p.14

[그림 14-9] 여행객 수요변화와 관련한 주요 트렌드

(3) 신흥세대 부상

밀레니얼 세대(1980~1990년대 중반 출생)와 Z세대(1990년대 후반~2010년대 초반)는 2040년까지 관광산업에서 중요한 시장의 기회를 제공할 것으로 보인다. 실제로 MZ세대(밀레니얼 + Z세대)는 이동성에 있어 가장 활발하고, 비록 기간은 짧지만 다른 세대보다 더 많은 여행을 하고, 진정성 있는 여행경험을 선호하는 것으로 나타났다(Globetrender, 2017). 특히, 이들 세대는 이전 세대와 달리 디지털 기술과 함께 성장해 왔기 때문에 독립적이고 개방적인 여행행태를 보이며 진정성(Authenticity) 있는 여행경험을 추구하는 경향이 강하다. 예를 들면, 이들은 집이나 운송수단과 같은 제품이나 서비스를 소유하는 것보다 임시 사용하거나 임대하는 것에 매우 개방적이다.

[표 14-9] 여행객 수요변화의 미래 시나리오와 대응방안

구분	주요 내용
미래 시나리오	• 절약형 관광객의 부상 - 경기침체에 따른 구매력 감소와 관광산업 침체 - 유럽의 인구 고령화로 경제성장의 둔화 - 고용불안정과 불평등 → MZ세대 소득감소와 저축부족 → 절약형 관광의 부상 - 아시아 신흥국 중산층의 구매력 부족 • Futuristic 여행자의 시대 도래 - 세계경제의 발전으로 관광수요 증가 - 다양한 여행수요 등장 - 아시아 중산층 증가로 관광과 비즈니스에 긍정적 영향 - 유니버설 디자인의 발전으로 접근성 확대 • 점진적 혁신의 지속 - 고령자 여행객의 프리미엄 여행 vs MZ세대의 가격 민감형 여행 - 관광수요의 다양화 및 업계의 경쟁격화 - Overtourism 이슈화 심화 - 다양한 언어로 정보접근성 증대
대응방안	• 관광수요와 공급의 균형을 위해 관광목적지에 대한 투자전략 수립 • 고령자 관광객의 수요에 대응(신체 및 인지 장애인을 위한 인프라 투자) • 문화 간 이해증진(동시통역 서비스, 다양한 언어 서비스) • 여행경험 공유와 마케팅을 위한 소셜미디어 활용 • 진정성 있고 개인화된 여행경험의 개발과 촉진

자료 : OECD(2018). Analyzing megatrends to better shape the future of tourism. OECD Tourism Papers. No. 2018/02. Paris : OECD Publishing. pp.15-16, 20-22, 24. 내용정리
조아라(2018.1.14.). OECD 미래관광 메가트렌드. 한국문화관광연구원. 문화관광 인사이트. 130호. p.2. 내용수정

여행객 수요변화의 메가트렌드와 관련한 미래 시나리오 및 대응방안을 정리하면 [표 14-9]와 같다. 이 메가트렌드는 향후 절약형 관광객의 증가와 다양한 욕구를 지닌 퓨처리스틱 여행자 시대의 도래를 촉진할 것으로 예상된다. 또한, 관광기업이나 산업은 증가하는 고령자에 대해 접근 가능한 관광이 되도록 그리고 MZ세대들에게는 디지털 기술 등을 여행에 편리하게 활용할 수 있도록 지속적인 혁신이 요구된다.

이러한 미래 현상에 대응하기 위해 정책 입안자와 관광산업은 관광수요와 공급의 균형을 위해 관광 목적지에 대한 투자전략을 세우고, 고령자의 접근성 향상을 위한 인프라를 개선하며, 여행객에게 동시통역 서비스나 다양한 언어 서비스 제공을 통해 타 문화에 대한 이해증진의 노력을 해야 할 것이다. 뿐만 아니라 MZ세대들을 위해 여행경험 공유와 SNS를 활용한 마케팅 활동도 적극 추진해야 할 것으로 보인다.

2) 지속가능한 관광성장

지속가능한 관광성장(Sustainable tourism growth) 트렌드를 이끄는 핵심요소에는 네 가지가 있다. 온실가스 배출, 수자원 관리, 식량생산과 낭비 최소화, 그리고 경제적 · 사회문화적 웰빙이 있다. 이에 대한 내용을 살펴보면 아래와 같다.

(1) 온실가스 배출

전 세계 온실가스 총배출량은 2016년에 약 51.9기가톤(1기가 = 10억) 이산화탄소 상당량(GtCO2e)에서 2025년에는 61.0, 2030년에는 64.7로 증가할 것으로 보인다(UNEP, 2017). [그림 14-10]에서처럼 관광부문이 전 세계 온실가스 배출의 약 5%를 차지하고 있는데(UNWTO, 2017b), 관광 교통수단이 온실가스 배출량의 75%를 차지하고 있다. 이 중 항공기가 40%로 가장 많고 뒤를 이어 자동차 32%, 숙박업 20%, 크루즈가 8%를 차지하고 있다. 특히, 항공부문의 배출량이 꾸준히 증가하고 있는데, 2035년에는 2015년 7억 8,100만 톤의 3배 이상의 탄소를 배출할 것으로 보인다(CREST, 2016). 온실가스의 배출량 증가는 기상이변(홍수, 폭풍, 겨울철 강설량 감소)으로 이어져 항공기 운항의 제약이나 여행의 포기 등으로 관광에 부정적 영향을 미칠 수도 있다.

(2) 수자원 관리

신선한 물의 공급과 깨끗한 물의 사용은 관광 혹은 관광산업에서 매우 중요하다. 관광객들은 샤워를 하거나 화장실을 이용할 때, 스키와 같은 활동에 참여할 때, 그리고 스파, 사우나, 헬스장 또는 수영장을 이용할 때 대량의 물을 소비한다. 호텔 정원과 골프장 유지에도 물이 필요하며 관광 인프라 개발(숙박 포함)과 식량 및 연료 생산에도 사용된다. 수자원의 부족은 리조트나 숙박업에 심각한 영향을 미치게 된다. 수자원에 대한 지역적 갈등도 곳곳에서 나타나고 있다(ITP, 2013). 물 소비량은 2010년 대비 2050년에는 152% 증가할 것으로 예측된다. 수자원의 수요증가와 공급감소로 인해 향후 수자원의 부족현상은 지속될 것으로 예상된다.

(3) 식량생산과 낭비 최소화

식량생산과 낭비의 최소화는 관광의 지속가능성에 폭넓게 영향을 미칠 수 있다. UNTO-UNEP(2008)는 2005년 한 해에만 전 세계 관광객이 250억 일(Day)을 여행하였다. 이는 관광객 1인당 하루 평균 세 번 식사하는 경우로 가정하면 하루에 약 2억 번에 해당하는 식사 수이다. 관광객의 증가에 따라 식량에 대한 소비증가와 남겨진 음식은 지구환경에 부정적인 영향을 미치게 된다.

관광은 환경의 가치에 대한 인식수준을 높이고 생물다양성 보전을 위한 기금을 지원함으로써 지속가능한 성장을 견인할 수 있다. 가령 호텔은 유기농 식자재 구매정책을 통해 지속가능한 식량생산과 소비 최소화에 중요한 역할을 할 수 있다. 스칸딕 호텔(Scandic Hotel) 체인은 유기농과 공정거래 커피만 사용하고 있는데, 이는 관광산업이 지속가능한 농업을 이끌 가능성을 보여주는 좋은 사례다. 지속가능한 브랜드에 대한 추가비용을 지불할 의향에 대해 전 세계 소비자의 66%(2015년)가 있다고 응답했는데, 이는 2014년 55%에서 11% 증가한 수치이다. 반면 밀레니얼 세대는 2014년 50%에서 2015년 73%로 급증하였다(Nielsen, 2015). 유엔은 관광이 지속가능한 성장에 기여할 잠재력이 높다고 평가하면서 2017년을 '세계지속가능한 관광의 해'로 선포하였다.

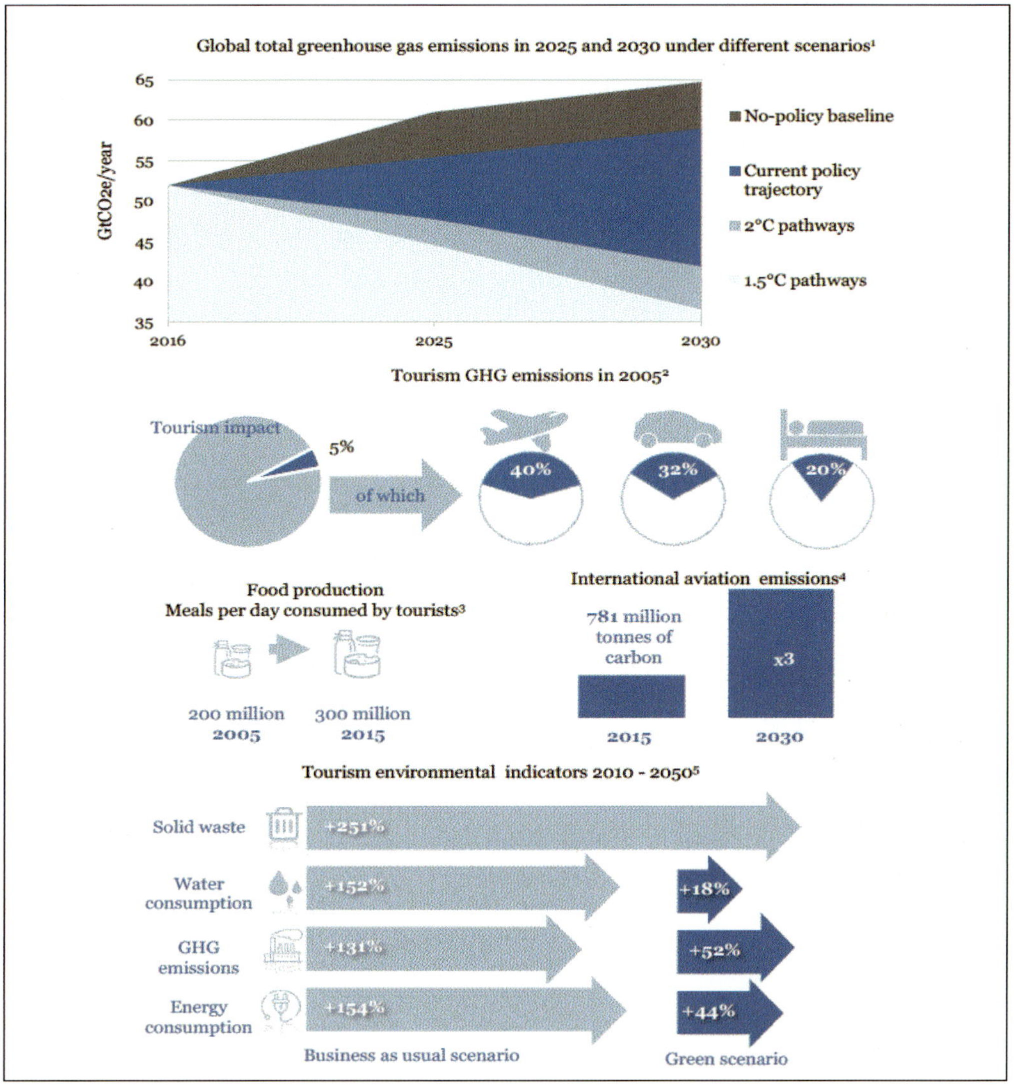

주 : 1. UNEP(2017); 2. UNWTO(2017b); 3. UNWTO-UNEP(2008); 4. CREST(2016); 5. UNEP-UNWTO (2010). Some of the icons were designed by Freepik from www.flaticon.com

자료 : OECD(2018). Analyzing megatrends to better shape the future of tourism. OECD Tourism Papers. No. 2018/02. Paris : OECD Publishing, p.25

[그림 14-10] 지속가능한 관광성장 관련 주요 트렌드

(4) 경제적 · 사회문화적 웰빙

경제적 그리고 사회문화적 차원에서 지속가능한 관광의 중요성도 점차 증가하고 있다. 잘 계획된 관광개발은 지역사회의 경제, 사회, 문화, 복지에 기여하지만 급격한 관광성장과 무계획적인 관광성장은 인구과잉과 지역사회의 환경에 부정적인 영향을 초래할 수 있다. 유명 관광지에서는 수용능력을 넘어 몰리는 오버투어리즘(Overtourism) 논란이 가중되고 있고, 일부지역에서는 관광객의 유입으로 재산세 및 생활비가 증가하는 현상이 나타나고 있다(Kim et al., 2013).

[표 14-10] 지속가능한 관광성장의 미래 시나리오와 대응방안

구분	주요 내용
미래 시나리오	• 사회적 · 환경적 무책임의 시대 - 여행의 환경적 및 사회적 책임으로 비용증대 → 지속가능한 관광의 비용증가 - 오버투어리즘으로 인한 관광지 훼손 - 이산화탄소 배출량 감축으로 항공여행 감소 → 항공권 가격급등 → 관광침체 → 지역경제 침체 • 녹색성장 지속 - 환경친화적인 지속가능한 관광 성장지속 - 관광기업의 효율적 에너지 사용 - 지속가능성은 사회적, 경제적, 환경적 목적이 되고 있음 • 지속가능성에 대한 상반된 견해 - 긍정측면 : 일자리 제공, 전통문화 보호, 지역사회 참여 - 부정측면 : 지속가능한 관광의 둔화, 국가 간 환경규제 불일치(양극화) → 기후변화에 부정적 영향
대응방안	• 정책조정과 통합(예 : 고용의 질, 일자리 창출, 투자, R&D 등) • 산업과 지역사회의 긴밀한 협력(예 : 대량관광의 폐해 해결) • 녹색성장을 위한 안정적 · 장기적 전략수립 • 자원의 효율성 증진 및 정보격차 완화 • 지속가능한 관광을 위한 투자 및 자금조달 방식 확대

자료 : OECD(2018). Analyzing megatrends to better shape the future of tourism. OECD Tourism Papers. No. 2018/02. Paris : OECD Publishing, pp.26-27, 30-31, 34. 내용정리
조아라(2018.1.14.). OECD 미래관광 메가트렌드. 한국문화관광연구원. 문화관광 인사이트. 130호. p.3. 내용수정

이러한 문제를 해결하기 위해서는 관광수요의 분산이 중요하다. 관광수요 분산을 위해 세계 각지에서 다양한 시도가 이뤄지고 있다. 네덜란드 암스테르담은 여행자를 도심에서 외곽으로 분산시키기 위해 여행패스(Travel Ticket)를 고안했다. 포르투갈은 해안지역 관광객 분산을 위해 내륙지역 투자를 지원하는 프로그램(Valorizar program)을 운영하고 있다. 그리스는 비수기 휴가를 촉진하기 위해 인센티브를 제공하고 있으며, 이탈리아 북부의 친퀘테레(Cinque Terre) 공원은 관광객 수를 실시간으로 확인할 수 있는 앱을 시범운영하고 있다.

지속가능한 관광성장의 트렌드와 관련하여 미래 시나리오와 대응방안을 정리하면 [표 14-10]과 같다. 이 메가트렌드는 미래에 사회적 · 환경적으로 무책임의 시대를 야기할 수 있다. 즉, 지속가능한 관광의 비용증가로 관광수요가 감소하고, 이는 관광기업이 지속가능한 관광에 대한 투자를 축소시켜 결국 환경에 부정적 영향을 미치게 된다는 것이다. 그러나 그 어느 때보다 환경 친화적이고 사회적으로 의식적인 여행을 하기 때문에 지속가능한 관광은 계속 확대되어 지속가능한 관광이 더이상 틈새시장으로 인식되지 않을 수도 있다. 마지막 시나리오는 위와 같이 지속가능한 관광성장에 대해 상반된 견해가 공존한다는 시나리오다.

이러한 잠재 시나리오에 대응하기 위해 정책 입안자와 관광산업은 지속가능한 관광성장을 위한 정책의 조정과 통합 그리고 지역사회와의 긴밀한 협력이 중요하다. 그리고 녹색성장을 위한 안정적이고 장기적인 전략수립, 자원의 효율성 증진 및 정보격차 완화, 지속가능한 관광을 위한 투자를 확대해야 할 것으로 보인다.

3) 기술진보

기술진보(Enabling technologies) 트렌드를 이끄는 핵심요소에는 세 가지가 있다. 디지털 플랫폼, 공유경제 플랫폼, 그리고 새로운 기술발전이 있다. 이에 대한 내용을 살펴보면 아래와 같다.

(1) 디지털 플랫폼

디지털 플랫폼(Digital platforms)은 여행계획이나 예약을 편리하고 쉽게 할 수 있도록 사용되며 그 영향력은 더욱 증가할 것으로 보인다. 특히, SNS는 MZ세대의 효과적인 의사결정 수단으로 사용되고 있다. 온라인 여행 플랫폼 Expedia(2018)의 보고서에 따르면, 밀레니엄 세대의 27%가 예약하기 전에 의견수렴을 위해 SNS에 미래 여행계획에 대해 게시했으며, Z세대의 36%는 다른 사용자의 SNS에서 여행 목적지에 대한 게시물을 보고 목적지를 선택하는 것으로 나타났다.

(2) 공유경제 플랫폼

[그림 14-11]에서처럼 전 세계에서 공유경제로 창출되는 매출은 2014년 150억 달러(USD)에서 2025년에는 3,350억 달러로 급증할 것으로 전망된다(PwC, 2015). Airbnb, HomeAway, Couchsurfing과 같은 홈 공유 플랫폼은 현재 호텔업계의 강력한 경쟁자가 되고 있다. Airbnb 예약은 2011년 400만 건에서 2014년 4,000만 건, 2017년 8,000만 건으로 빠른 속도로 증가하였다(Durye, 2012; Somerville, 2015). 차량공유 기업도 빠르게 성장하고 있다. 미국의 차량공유 기업(예 : Uber, Lyft, BlaBlaCar)은 2010년과 2014년 사이 69% 증가했으며, 2015년에만 63% 증가하였다(Hathaway & Muro, 2017).

(3) 새로운 기술발전

인공지능과 동시통역 기술, 사물인터넷, 자율주행 차량, 블록체인, 가상현실(VR) 등은 관광경험과 관광산업을 크게 변화시킬 것으로 보인다. 인공지능에 의한 실시간 번역은 서로 다른 언어 사용지역으로의 여행 편리성을 높여주고 있고, 인공지능 가상 도우미는 여행객에게 상담을 해주고 있다(Boztas, 2017). 자율자동차의 빠른 성장은 관광객 이동성에 긍정적 영향을 미칠 것으로 보인다(IHS Markit, 2016). 블록체인 기술은 보다 안전한 개인정보 보호를 가능하게 하며, 여행 서비스 제공자와 고객 간의 안전하고 효과적인 커뮤니케이션을 가능하게 하고 있다(Gjerding, 2017). 가상현실(VR) 기술은 편안하게 집에서 새롭고 이국적인 장소를 쉽게 경험하는 데 도움이 되고 있다.

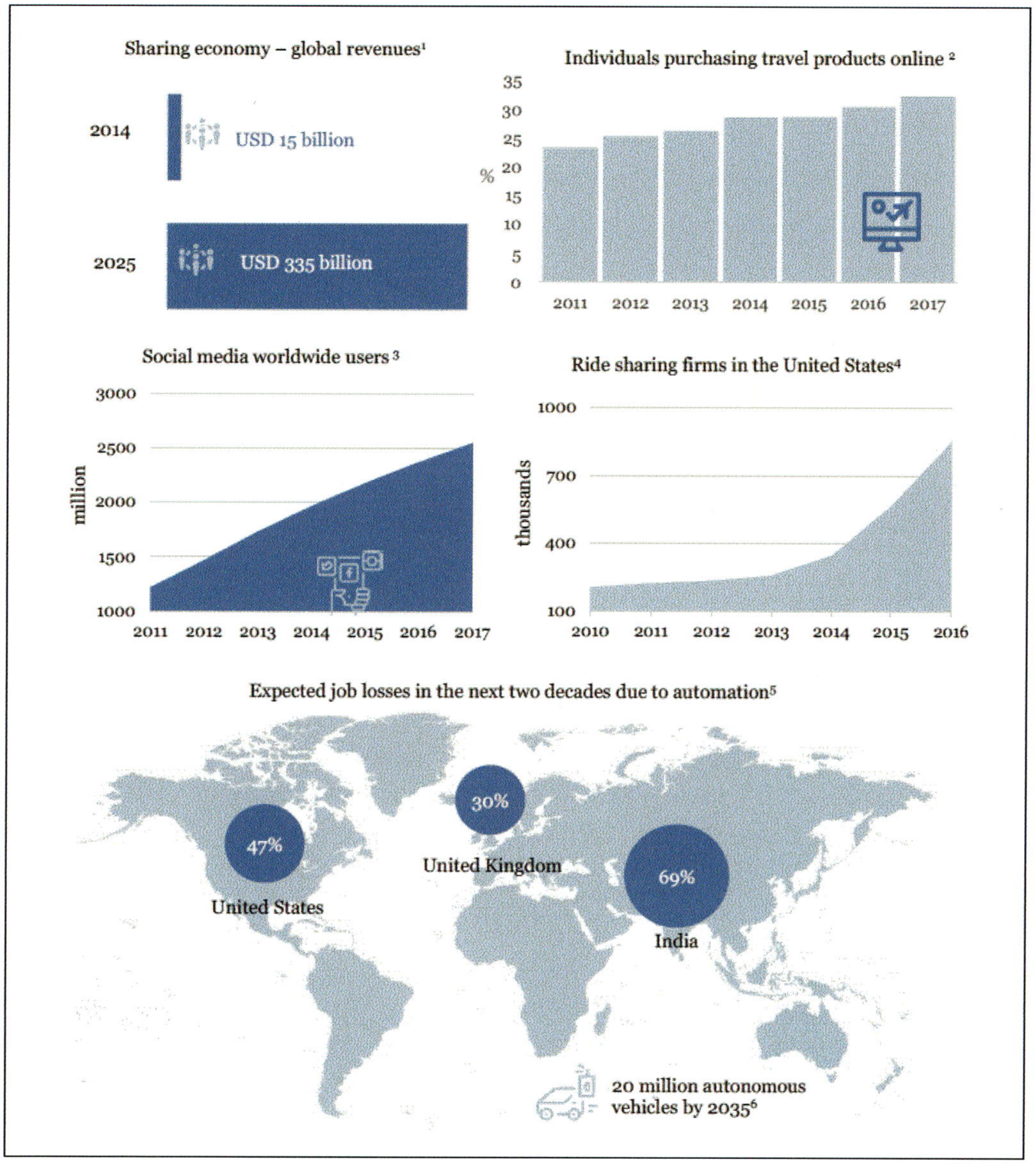

주 : OECD infographics based on various sources : 1. PwC(2015); 2. OECD Dataset : ICT Access and Usage by Households and Individuals(extracted in June 2018); 3. UNWTO/GTERC(2017); 4. Hathaway and Muro(2017); 5. Frey and Osborne(2013) and Kim(2016); 6. IHS markit(2016). Some of the icons were designed by Freepik from www.flaticon.com

자료 : OECD(2018). Analyzing megatrends to better shape the future of tourism. OECD Tourism Papers. No. 2018/02. Paris : OECD Publishing, p.36

[그림 14-11] 기술진보 관련 주요 트렌드

기술진보의 메가트렌드와 관련하여 미래 시나리오와 대응방안을 정리하면 [표 14-11]과 같다. 기술발전은 여행객의 다양한 욕구충족과 개별화된 여행경험을 창출하는 데 도움이 된다. 하지만 기술발전을 활용한 여행경험은 소수 부유한 엘리트의 전유물이 되어 오히려 여행비용을 증가시킬 수도 있다. 또한, 기술발전이 관광산업의 발전에 기여하지만 글로벌 플랫폼 기업의 독점이나 유명 관광지의 오버투어리즘과 같은 문제가 등한시되는 기술 근시안(Myopia)의 함정에 빠질 수 있다.

이러한 잠재 시나리오에 대응하기 위해 정책 입안자와 관광산업은 신기술을 적극 활용하도록 조직의 혁신문화를 장려하고, 중소기업의 디지털 경제로의 전환을 지원하고, 관광인력의 양성을 위한 산학연 협력을 도모해야 한다. 또한, 미래 신기술에 능한 직원을 채용하고 국제협력을 통해 데이터 보안 및 개인정보 보호를 강화하도록 노력해야 할 것으로 보인다.

[표 14-11] 기술진보와 관련한 미래 시나리오와 대응방안

구분	주요 내용
미래 시나리오	• 기술적 유토피아(Utopia)의 수용 - 지원기술에 의한 여행경험 향상(VR · AR로 여행경험 증진, 이동성 제약 해소 등) - 디지털 기술에 의한 실시간 여행정보 제공(AI로 여행선택 확대, 동시통역기로 언어극복) - 블록체인 기술활용으로 여권 · 보안 · 비자 인증강화, 암호화폐로 환전 비용 제로화 • 하이테크 자본주의 디스토피아(Dystopia)와의 전쟁 - 관광은 소수 엘리트의 전유물(일반인은 VR로 경험) - 인공지능과 로봇이 공항 일자리 대체 - 개인정보 및 전자 인프라에 대한 해킹 • 기술근시안(Myopia)의 함정 - 기술발전이 관광산업의 발전에 기여 - 글로벌 플랫폼 기업의 독점이나 유명 관광지의 오버투어리즘과 같은 문제 등한시 우려
대응방안	• 신기술을 활용하여 새로운 기회를 포착하도록 혁신문화 장려 • 중소기업의 디지털 경제로의 전환지원 • 미래기술 활용 가능한 관광인력의 양성을 위한 산학연 협력 • 미래 신기술에 능한 직원채용과 교육훈련(예 : 문화체육관광부) • 국제협력을 통한 개인정보의 보호 및 관리

자료 : OECD(2018). Analyzing megatrends to better shape the future of tourism. OECD Tourism Papers. No. 2018/02. Paris : OECD Publishing, pp.30-31, 36-39, 42-44. 내용정리
조아라(2018.1.14.). OECD 미래관광 메가트렌드. 한국문화관광연구원. 문화관광 인사이트. 130호. p.4. 내용수정

4) 여행 이동성

여행 이동성(Travel mobility) 트렌드를 이끄는 핵심요소에는 네 가지가 있다. 항공교통, 출입국 정책, 테러 · 팬데믹 · 대규모 위협, 그리고 자연재해와 정치적 불안이다. 이에 대한 내용을 살펴보면 아래와 같다.

(1) 항공교통

여행 이동성은 국경을 자유롭게 넘나드는 능력과 관련된 것으로 교통, 국경통제, 안전과 보안 등에 의해 영향을 받는다. 세계관광기구(UNWTO)에 따르면, 2015년 국제 관광객이 가장 많이 이용한 이동수단은 항공기(54%)였으며, 이어 육로(39%), 수상(5%), 철도(2%) 순으로 나타났다(UNWTO, 2016a). 항공기를 이용하는 여행객 수는 2016년 38억 명에서 2035년 72억 명으로 약 두 배 증가할 것으로 예상된다(그림 14-12 참조). 국제교통포럼은 도로 및 철도이용 여행객이 2050년까지 120%에서 230% 사이 성장할 것으로 예측하였다. 하지만 이러한 성장은 주로 OECD 비회원 국가들에 의해 유발될 것으로 보인다. 세계 크루즈 여행객 수도 2004년 1,310만 명에서 2014년 2,200만 명으로 증가하였고, 2024년에는 3,000만 명에 이를 것으로 예상된다(CLIA, 2015). 운송수단은 목적지간 이동성을 촉진하고 관광의 시너지 효과를 창출한다.

(2) 출입국 정책

각국의 출입국 관련 정책은 여행이동과 여행경험에 중요한 역할을 한다. 입출국 시 보안을 위한 대기시간은 여행객의 가장 큰 불만사항 중 하나이며, 이러한 불만사항은 앞으로 더 악화될 것으로 보인다(WEF, 2016). WEF는 여행객을 위한 입국비자 발급은 가장 대표적인 행정 비효율성 업무이며 이는 해외여행을 단념시키기도 한다고 주장하였다. 실제로, 비자발급 절차를 개선한 국가들에서는 5%에서 25% 사이의 외국인 방문객의 수가 증가하였다(UNTO & WTTC, 2012). 2008년에는 평균적으로 전 세계 인구의 77%가 입국비자를 받아야 했지만 2015년에는 61%로 감소하였다(UNWTO, 2016b). 예컨대, 중국 관광객 유치를 위해 미국, 호주, EU, 캐나다 등은 중국과 상호비자 협정을 맺거나 상호 관광의 해를 선포하면서 상호 방문을 촉진시키고 있다.

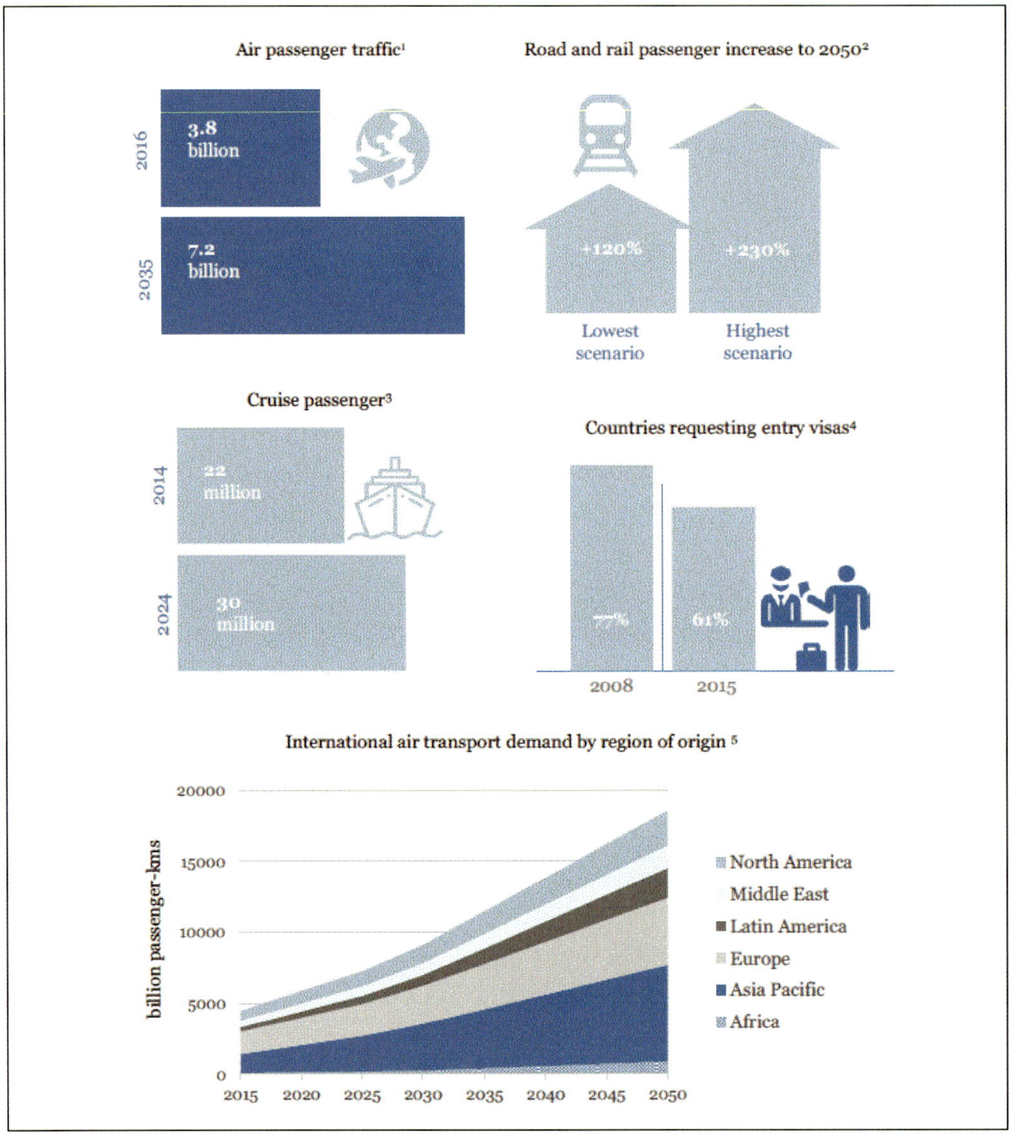

주 : • OECD infographics based on various sources : 1. IATA(2016); 2. OECD/ITF(2015); 3. CLIA(2015), 4. UNWTO(2016b); 5. OECD/ITF(2017); baseline scenario. Some of the icons were designed by Freepik from www.flaticon.com

• passenger-kms(여객킬로미터) : 운항구간의 여객 수에 운항거리를 곱한 합계

자료 : OECD(2018). Analyzing megatrends to better shape the future of tourism. OECD Tourism Papers. No. 2018/02. Paris : OECD Publishing, p.47

[그림 14-12] 여행 이동성 관련 주요 트렌드

(3) 테러, 팬데믹, 기타 대규모 위협

예를 들어, 2009년 멕시코에서 발생한 A형 인플루엔자 바이러스(H1N1)로 인해 관광산업에 있어 50억 달러 정도의 손실이 발생하였고, 미국은 2001년 9월 11일 테러 공격 이후 6년 만에 위기 이전 수준에 도달했다(WEF, 2016). 메르스(MERS 중동호흡기증후군) 발생 당시 5만 4,000여 명이 한국행 여행을 취소했는데, 그로 인한 경제적 손실은 수십억 달러(약 15조 원)에 달한 것으로 추정된다(Misrahi, 2015).

(4) 자연재해와 정치적 불안

관광은 자연재해, 정치적 불안정, 질병 등에 민감하기 때문에 향후의 어떤 현상이 발생하여 어떠한 영향을 미칠 것인지 예측하기 어렵다. 자연재해(예 : 2017년 허리케인 마리아)는 장기간에 걸쳐 국제 및 국내 접근성과 연결성에 손상을 입히게 된다. 정치적 불안정 또한 여행의 부정적 요인이다. 신흥국들의 경제발전은 관광성장에 기여하지만 이들 국가의 정치적 불안정은 장기적으로 관광에 부정적으로 작용할 것으로 보인다(WEF, 2016).

여행 이동성 메가트렌드와 관련한 미래 시나리오와 그에 대한 대응방안을 정리하면 [표 14-12]와 같다. 미래 시나리오로는 세계시민 의식의 강화, 보호주의와 제한적 글로벌 이동성, 그리고 여행 이동성에 대한 의견 상충(국제 관광객 증가로 인한 이동량 증가 vs 보안강화로 이동량 제한) 등을 들 수 있다.

이러한 잠재 시나리오에 대응하기 위해 관광정책 입안자와 관광 관련 부처는 서비스와 인프라 개선을 위한 협력은 물론 교통 인프라에 적극적 투자가 이루어지도록 노력해야 할 것이다. 그리고 비자발급이나 국경이동의 절차 간소화, 지속가능한 여행 이동성 지원방안, 긴급상황 대비 위기관리 대응전략을 마련하는 것이 필요할 것으로 보인다.

[표 14-12] 여행 이동성 관련 미래 시나리오와 대응방안

구분	주요 내용
미래 시나리오	• 세계시민의식 : 연결성, 협력, 원활한 이동성 - 국제협력으로 자유로운 국경이동 - 관료적 장애요소 제거(예 : 업무절차 간소화) - 목적지 내에서의 연결성 확대(민관 협력, 인프라 확대 등) • 보호주의와 제한적인 글로벌 이동성 - 지정학적 긴장으로 2017년 이후 관광 이동성에 대한 국제협력은 오히려 악화 - 여행관련 안전 및 보안에 대한 부정적인 여론 증가 - 기후변화로 발생되는 부정적인 문제로 비용 증가 • 이동성에 대한 상반된 접근 - 2030년까지 국내 및 국제관광의 증가, 이후에는 GDP 및 인구성장 둔화로 감소예상 - 교통수단의 발전으로 여행객 이동성은 확대되지만 관광객 수의 증가는 여행의 이동성을 저해 - 국경개방 양극화(이동성과 보안 개선 국가 vs 그렇지 못한 국가)
대응방안	• 관련 부처의 서비스 및 인프라 개선 및 개발을 위해 협력 • 여행 이동성 지원을 위한 교통 인프라에 투자 • 위험이 낮은 여행객에 대해 비자발급이나 국경이동 간소화 • 지속가능한 여행 이동성 지원방안 강구 • 자연재해, 정치불안, 팬데믹, 테러 등과 같은 상황에 대비해 위기관리 전략 마련

자료 : OECD(2018). Analyzing megatrends to better shape the future of tourism. OECD Tourism Papers. No. 2018/02. Paris : OECD Publishing, pp.49-51, 54-58. 내용정리
조아라(2018.1.14.). OECD 미래관광 메가트렌드. 한국문화관광연구원. 문화관광 인사이트. 130호. p.4. 내용수정

토론주제

- 4차 산업혁명의 핵심기술들은 무엇인가?
- 관광 서비스 산업에서 4차 산업혁명의 어떤 기술이 중요한가? 그 이유는?
- 4차 산업혁명 시대에 개인은 어떤 준비나 노력을 하고 있는가?
- 개인적으로 생각하는 미래의 메가트렌드는 무엇인가?
- 다른 학자나 기관이 제시한 메가트렌드에는 어떤 것들이 있는가?
- 메가트렌드에 잘 대응하기 위해 관광 서비스 기업이 해야 할 일은 무엇인가?
- 과거에 제시된 메가트렌드를 찾고, 현 시점에서 해당 트렌드를 평가한다면?

참고문헌

김규찬 · 이성민 · 김현주 · 윤주(2017). 4차 산업혁명과 문화 · 관광 산업 정책방향. 한국문화관광연구원 연구보고서.

김난도 · 권혜진 · 김희정(2008). 트렌드 코리아 2009. 미래의창.

김상훈(2017). 4차 산업혁명 - 주요 개념과 사례. KIET 산업과 경제. pp.67-80.

김현주(2017.3). 4차 산업혁명과 관광산업의 미래. 한국문화관광연구원, 웹진 문화관광 http://www.kcti.re.kr/webzine2

뉴스1(2019.7.17.). 비서가 된 인공지능(AI)… 여행사 직원 사라지나 https://www.news1.kr/articles/?3672271

뉴시스(2020.11.5). 야놀자 "호텔 예약 거래액 지난 5년간 연평균 153%씩 성장" https://mobile.newsis.com/view.html?ar_id=NISX20201028_0001213561

데일리경제(2018.7.1.). 산업혁명마다 어떻게 다른가? http://www.kdpress.co.kr/news/articleView.html?idxno=78945

동아일보(2019.6.21.). 킹스튜디오에 가면 나도 케이팝 스타 https://www.donga.com/news/Culture/article/all/20190620/96093024/4

매일경제(2017.10.15.). AR · VR, 관광산업 위협 아닌 보완재 https://www.mk.co.kr/news/world/view/2017/10/680278/

산업연구원(2019). 한국 산업발전 비전 2030. 제3권 산업편 : 서비스업. 연구보고서.

손상영 · 황지연 · 이철남(2008). 디지털저작권관리와 경쟁정책. 정보통신정책연구원 연구보고서.

송성수(2017.2.1). 역사에서 배우는 산업혁명론: 제4차 산업혁명과 관련하여. STEPI Insight 207.

신동일(2014). 빅데이터(Bigdata) 활용에 따른 제주관광의 효과 및 과제. 제주발전연구원, 정책이슈브리프, 203 : 1-16.

아시아경제(2021.5.19.). 알파고 이긴 이세돌의 '신의 한 수'… 2억 5천만 원에 팔렸다 https://www.asiae.co.kr/article/2021051823145471966

안연식(2019). 서비스경영. 도서출판 창명.

오유라(2019). 관광분야 빅데이터 활용사례 분석. 한국문화관광연구원 연구보고서.

이효정 · 김수경 · 차윤지(2018). 관광 트랜스포메이션 : 관광 新소비 트렌드와 초융합 관광시대 도래. 삼정KPMG 경제연구원, 60 : 1-34.

인공지능신문(2018.6.29.). 호텔도 인공지능 시대, 국내 최초 AI 호텔 오픈
http://www.aitimes.kr/news/articleView.html?idxno=12073
전효재 · 한희정(2018). 4차 산업혁명에 따른 미래 관광일자리 창출 방안 연구. 한국문화관광연구원 연구보고서.
조아라(2018.1.14). OECD 미래 관광 메가트렌드. 문화관광연구원, 문화관광 인사이트. 제130호 : 1-4.
최경은(2019). 외국계 OTA와 관광숙박업체 거래구조 분석. 한국문화관광연구원.
한겨레신문(2019.10.9.). '내 손 안의 여행사'… OTA 질주에 여행업계 지형 바뀐다
https://www.hani.co.kr/arti/economy/marketing/912614.html#csidxbb57f348966a1d589afef0447cb25bd
한국관광공사 한국관광데이터랩(2022). 빅데이터를 활용한 혼행(혼자 하는 여행) 인식변화 및 행태 분석(2019-2021 BC카드 소비데이터). Data & Tourism. 9호. p.9.
한국경제신문(2019.10.7.). 첨단기술은 물적 · 인적 자원의 세계화 촉진하죠
https://www.hankyung.com/news/article/2019100427841
한국일보(2018.6.18.). 쓰레기부터 미세먼지까지… IoT가 도시문제 해결한다
https://www.hankookilbo.com/News/Read/201806181745016729
Boztas, S.(2017). Automated holidays : How AI is affecting the travel industry. The Guardian, Sustainable Business
https://www.theguardian.com/sustainable-business/2017/feb/17/holidays-travel-automated-lastminute-expedia-skyscanner
CREST(Center for Research in Economics and Statistics)(2016). The Case for Responsible Travel : Trends & Statistics 2016. Washington, DC : Center for Responsible Travel
http://www.responsibletravel.org/whatWeDo/The_Case_for_Responsible_Travel_2016_Final.pdf
Duryee, T.(2012). Airbnb's skyrocketing growth includes four million nights booked in 2011. All Things Digital
http://allthingsd.com/20120126/airbnbs-skyrocketing-growth-includes-four-millionnights-booked-in-2011/
Expedia and The Centre for Generational Kinetics(2018). Generations of the move
https://www.veilleinfotourisme.fr/files/2018-01/Expedia-Generations-on-the-Move.pdf
Frey, C.B., & Osborne, M.A.(2013). The future of employment : How susceptible are jobs to computerisation? Oxford : University of Oxford.
Gawer, A.(2009). Platform dynamics and strategies : From products to services. in Platforms, markets and innovation. Edward Elgar Publishing.
Gjerding, K.(2017). How blockchain technology will dominate the travel sector. Forbes.
Globetrender(2017). From boomers to gen Z : Travel trends across the generations. Globetrender
http://globetrendermagazine.com/2017/05/19/travel-trends-across-generations/
Hathaway, I., & Muro, M(2017). "Ridesharing hits hyper-growth". in The Avenue, The Brookings Institution
https://www.brookings.edu/blog/the-avenue/2017/06/01/ridesharing-hits-hyper-growth/
Hotel & Restaurant(2017.9.11.). 4차 산업혁명과 호텔의 진화, 디지털 환경 주도할 Z세대, 변화 가져올 것

https://hotelrestaurant.co.kr/mobile/article.html?no=3967

IATA(International Air Transport Association)(2016). IATA Passenger Forecast - Global Report, IATA https://www.researchandmarkets.com/reports/3973478/iata-passenger-forecast-global-report

ITP(International Tourism Partnership)(2013). Water Risk Assessment. Stockholm International Water Institute(SIWI).

KB 지식 비타민(2020). 언택트 시대, 관광 산업의 디지털 혁신 : 위기를 기회로 삼는 "야놀자"의 성장 전략. KB금융지주경영연구소, pp.1-12.

Kharas, H.(2017). The unprecedented expansion of the global middle class : An Update. Global Economy and Development at Brookings, Washington, DC https://www.brookings.edu/wp-content/uploads/2017/02/global_20170228_global-middle-class.pdf

Kim, K., Uysal, M., & Sirgy, M.J.(2013). How does tourism in a community impact the quality of life of community residents? Tourism Management. 36 : 527-540.

McKinsey(2011.5.). Big data : The next frontier for innovation, competition, and productivity.

Menor, I.J., Takikonda, M.V., & Sampson, S.E.(2002). New service development : Areas for exploitation and exploration. Journal of Operation Management. 20 : 135-157.

Misrahi, T.(2015). MERS : 5 implications for the tourism industry. WEF https://www.weforum.org/agenda/2015/06/mers-5-implications-for-the-tourism-industry/

Nielsen(2015). Consumer-Goods' Brands That Demonstrate Commitment to Sustainability Outperform Those That Don't. New York : Nielsen.

OECD/ITF(2015). ITF Transport Outlook 2015. OECD Publishing/ITF http://dx.doi.org/10.1787/9789282107782-en

OECD/ITF(International Transport Forum)(2017). ITF Transport Outlook 2017. Paris : OECD Publishing http://dx.doi.org/10.1787/9789282108000-en

OECD(2018). Analyzing megatrends to better shape the future of tourism. OECD Tourism Papers. No. 2018/02. Paris : OECD Publishing.

PwC(2015). The sharing economy, in Consumer Intelligence Series. PwC https://www.pwc.com/us/en/technology/publications/assets/pwc-consumer-intelligence-series-thesharing-economy.pdf

Rochet, J.C., & Tirole, J.(2003). Platform competition in two-sided markets. Journal of the European Economic Association. 1(4) : 990-1029.

Schwab, K.(2016.1.11). The Fourth Industrial Revolution. World Economic Forum.

Somerville, H.(2015). Exclusive : Airbnb to double bookings to 80 million this year-investors, Thomson Reuters.

Techworld online news(2021.7.8.). IoT 서비스 산업별 특화 기술과 적용 사례 http://www.epnc.co.kr/news/articleView.html?idxno=96176

The Science Times(2020.12.23.). 세계 인공지능 시장 급성장… 2025년까지 연평균 38% 성장. 한국과학창의재단 https://www.sciencetimes.co.kr/news

UN(2017). World population prospects : The 2017 revision, key findings and advance tables.

Department of Economic and Social Affairs, Population Division, United Nations, New York https://esa.un.org/unpd/wpp/Publications/Files/WPP2017_KeyFindings.pdf

UNEP(2017). The emissions gap report 2017. United Nations Environment Programme(UNEP), Nairobi
www.unenvironment.org/resources/emissions-gap-report

UNWTO(2016b). Visa openness report 2015. World Tourism Organization, Madrid
http://cf.cdn.unwto.org/sites/all/files/docpdf/2015visaopennessreportonline.pdf

UNWTO(2017b), "FAQ - Climate Change and Tourism", in Sustainable Development of Tourism, UNWTO
http://sdt.unwto.org/content/faq-climate-change-and-tourism(accessed 25 October 2017)

UNWTO(2017a). UNWTO World Tourism Barometer. 15(June)
http://mkt.unwto.org/barometer

UNWTO-UNEP(2008). Climate change and tourism－Responding to global challenges. Madrid : UNWTO.

WEF(2016). Security in Travel Promoting Seamless and Secure Travel through Cross-Border Data Sharing and Collaboration. World Economic Forum, Geneva
http://www3.weforum.org/docs/IP/2016/MO/WEF_AT_SecurityinTravel.pdf

찾아보기

ㄱ

ㄴ

ㄷ

ㄹ

ㅁ

ㅂ

ㅅ

ㅇ

ㅈ

저자 약력

김병용

현) 수원대학교 호텔관광학부 교수
한양대학교 관광학과 졸업(문학사)
연세대학교 경영석사 졸업(MBA)
미국 Iowa State University 호텔외식경영학 석사(MS)
미국 Iowa State University 호텔외식경영학 박사(Ph.D.)
미국 Iowa State University 가정소비자교육학(복수전공) 박사(Ph.D.)
(사)한국관광학회 호텔외식경영분과학회장

[주요 저서]

관광학원론(한올출판사), 관광소비자행동론(한올출판사)

저자와의
합의하에
인지첩부
생략

관광 서비스 경영론

2021년 9월 15일 초 판 1쇄 발행
2023년 1월 15일 제2판 1쇄 발행

지은이 김병용
펴낸이 진욱상
펴낸곳 (주)백산출판사
교 정 성인숙
본문디자인 이문희
표지디자인 오정은

등 록 2017년 5월 29일 제406-2017-000058호
주 소 경기도 파주시 회동길 370(백산빌딩 3층)
전 화 02-914-1621(代)
팩 스 031-955-9911
이메일 edit@ibaeksan.kr
홈페이지 www.ibaeksan.kr

ISBN 979-11-6567-595-0 93320
값 36,000원